KB008599

Bertrand
Russell
Autobio-
graphy

_____

# 인생은
# 뜨겁게

_____

버트런드 러셀
자서전

송은경 옮김

# 인생은 뜨겁게

## 버트런드 러셀 자서전

### 송은경 옮김

BERTRAND RUSSELL AUTOBIOGRAPHY

"거짓과 더불어 제정신으로 사느니,
진실과 더불어 미치는 쪽을 택하고 싶다"

사회평론

# 인생은 뜨겁게
버트런드 러셀 자서전

2014년 2월 20일 초판 1쇄 펴냄
2023년 1월 6일 초판 5쇄 펴냄

지은이  버트런드 러셀
옮긴이  송은경
펴낸곳  (주)사회평론
펴낸이  윤철호
대표  고하영
편집  석현혜·장윤혁·이희원
마케팅  최민규·정하연·조수환
제작  나연희·주광근
표지 디자인  가필드
본문 디자인  토비트

등록번호  제10-876호(1993년 10월 6일)
전화  02-326-1182(마케팅) 02-326-1543(편집)
주소  서울시 마포구 월드컵북로6길 56 사평빌딩

이메일  editor@sapyoung.com
홈페이지  www.sapyoung.com
ISBN  978-89-6435-614-2 03990

───────

제1부 1967년 '조지 앨런 언윈 출판사' 발간
제2부 1969년 동 출판사 발간
제3부 1969년 동 출판사 발간
1975년 3부 통권 발행
(    ) 저자 설명
〔    〕 역자 설명
'조지 앨런 언윈 출판사' 판에서 부록과 편지글을 빼고
제1부의 프롤로그를 전체 프롤로그로 편집함.

이디스에게

오랜 세월을 두고
나는 평온을 찾아 애썼노라,
환희를 맛보았고, 고뇌도 겪었노라,
광기와 마주쳤고,
외로움에 떨었노라,
심장을 갉아먹는 고독의 아픔도 알았노라,
그러나 끝내 평온은 찾지 못하였노라.


이제 늙어 종말에 가까워서야,
비로소 그대를 알게 되었노라,
그대를 알게 되면서
나는 희열과 평온을 모두 찾았고,
안식도 알게 되었노라,
그토록 오랜 외로움의 세월 끝에.
나는 인생과 사랑이 어떤 것인지 아노라.
이제, 잠들게 된다면,
아무 미련 없이 편히 자련다.

# 차 례

프롤로그: 나는 무엇을 위해 살아왔나  8


## 제1부 / 1872~1914  11

1. 유년기  12
2. 청년기  62
3. 케임브리지 시절  82
4. 약혼  121
5. 첫 결혼  147
6. 『수학 원리』  175
7. 다시 케임브리지로  199


## 제2부 / 1914~1944  227

8. 제1차 세계대전  229
9. 러시아  281
10. 중국  315
11. 두 번째 결혼  339
12. 텔레그래프 하우스 시절  362
13. 미국: 1938~1944년  372

# 제3부 / 1944~1967   389

제3부 머리말   390

14. 영국으로 돌아오다   392

15. 국내외 활동   440

16. 트라팔가 광장   488

17. 재단   538


저자 후기: 내가 믿는 것들   573

역자 후기: 러셀, 휴머니즘으로 세상을 깨우치다   580

주요 사건과 저작   586

찾아보기   592

# 나는 무엇을 위해 살아왔나

단순하지만 누를 길 없이 강렬한 세 가지 열정이 내 인생을 지배해 왔으니, 사랑에 대한 갈망, 지식에 대한 탐구욕, 인류의 고통에 대한 참기 힘든 연민이 바로 그것이다. 이러한 열정들이 마치 거센 바람과도 같이 나를 이리저리 제멋대로 몰고 다니며 깊은 고뇌의 대양 위로, 절망의 벼랑 끝으로 떠돌게 했다.

나는 사랑을 찾아 헤매었다. 그 첫째 이유는 사랑이 희열을 가져오기 때문이다. 얼마나 대단한지 그 기쁨의 몇 시간을 위해서라면 남은 여생을 모두 바쳐도 좋으리라 종종 생각한다. 두 번째 이유는 사랑이 외로움—이 세상 언저리에서, 저 깊고 깊은 차가운 무생명의 심연을 들여다보며 몸서리치도록 만드는 그 지독한 외로움—을 덜어 주기 때문이다. 마지막으로, 성인들과 시인들이 그려 온 천국의 모습이 사랑의 결합 속에 있음을, 그것도 신비롭게 축소된 형태로 존재함을 발견할 수 있었기 때문이다. 이것이 내가 추구한 것이며, 비록 인간의 삶에서 찾기엔 너무 훌륭한 것인지도 모르지만 어쨌거나 나는 결국 그것을 찾아냈다.

내가 똑같은 열정으로 추구한 또 하나는 지식이었다. 나는 사람들의 마음을 알아보고 싶었다. 하늘의 별이 왜 반짝이는지 알고 싶었다. 그리고 삼라만상의 유전 너머에서 수들이 힘을 발휘한다고 설파한 피타고라스(그리스의 철학자, 수학자)를 이해해 보고자 했다. 그리하여 나는 많지는 않으나 약간의 지식을 얻게 되었다.

사랑과 지식은 나름대로의 범위에서 천국으로 가는 길로 이끌어 주었다. 그러나 늘 연민이 날 지상으로 되돌아오게 했다. 고통스러운 절규의 메아리들이 내 가슴을 울렸다. 굶주리는 아이들, 압제자에게 핍박받는 희생자들, 자식들에게 미운 짐이 되어 버린 의지할 데 없는 노인들, 외로움과 궁핍과 고통 가득한 이 세계 전체가 인간의 삶이 지향해야 할 바를 비웃고 있다. 고통이 덜어지기를 갈망하지만, 그렇게 하지 못해 나 역시 고통받고 있다.

이것이 내 삶이었다. 하지만 나는 그것이 살 만한 가치가 있다는 것을 알았으므로, 만일 기회가 주어진다면 기꺼이 다시 살아 볼 것이다.

# 제1부

---

## 1872~1914

# 유년기

내가 생생하게 기억하는 맨 처음 일은 1876년 2월에 펨브로크 로지에 도착한 일이다. 정확히 말하자면 실제로 그 집에 당도한 것은 기억에 없고, 도중에 패딩턴으로 짐작되는 런던 종착역에 도착하여 그곳의 큰 유리 지붕을 보고는 그 아름다움에 감탄했던 일이 떠오른다. 펨브로크 로지로 간 첫날, 하인 전용 홀에서 차를 마신 일이 기억난다. 기다랗고 육중한 식탁과 의자들, 그리고 키 큰 걸상 하나만 있는 크고 휑뎅그렁한 방이었다. 하인들은 모두 이 방에서 차를 마셨는데, 단 가정부, 요리사, 여주인의 몸종, 집사는 가정부 방에 따로 모여 일종의 특권층을 이루었다. 나는 높다란 걸상에 앉아서 차를 받았는데, 하인들이 왜 나한테 이렇게 큰 관심을 가질까 궁금해했던 것이 너무도 생생하게 기억난다.

대법관과 여러 저명한 칙선 변호사〔법정 변호사 중에서 국왕의 변호사로 임명된 상급 법정 변호사의 총칭), 기타 유명한 사람들 사이에서 내가 심각한 논의의 대상이 되고 있다는 사실을 그때는 전혀 알지 못했을 뿐 아니라, 펨브로크 로지로 오기 전에 발생한 기이한 사건들에 대해서도 성장해서야 비로소 알게 되었다.

아버지 앰벌리 경이 쇠약 증세로 오랫동안 고생하던 끝에 작고한 지 얼마 되지 않은 때였다. 어머니와 누이는 그보다 1년 반가량 앞서 디프테리아로 사망했다. 훗날 내가 어머니의 일기와 편지들을 보고 알게 된 사실이지만, 어머니는 정력적이고 생기 넘치며 재치 있고 사려 깊고 독창적이고 담대하셨다. 초상화로 보건대 아름다운 분이셨던 게 분명하다. 아버지는 철학적이고 학문을 좋아하셨으며, 속되지 않고 침울한 기질에 고지식한 분이셨다. 두 분 다 열렬하게 사회의 개혁을 주장하였고, 자신들이 믿는 이론을 철저히 실천하고자 하셨다. 아버지는 존 스튜어트 밀의 제자이자 친구였다. 아버지가 어머니와 함께 산아 제한과 여성 투표권을 지지하게 된 것도 그분의 가르침 덕분이었다. 산아 제한을 주창하는 과정에서 아버지는 의원직을 잃었다. 어머니도 급진적인 견해 때문에 이따금 곤경에 빠졌다. 한번은 메리 여왕의 양친이 주최한 가든 파티에서 케임브리지의 공작 부인이 소리 높여 한마디했다. "네, 당신이 누군지 알고 말고요, 그분의 며느님이시죠. 그런데 요즘 듣자 하니, 더러운 급진주의자들과 추잡한 미국인들만 좋아하신다더군요. 온 런던 시내가 그 얘기로 들끓고, 클럽

13

마다 그 얘기를 하지 않는 곳이 없답니다. 당신 속옷이 정말로 더러운지 한번 봐야겠어요."

이탈리아 피렌체 주재 영국 영사가 보내온 아래의 편지가 당시의 상황을 잘 말해 준다.

친애하는 앰벌리 부인께

나는 마치니(1805~72년, 이탈리아의 정치 지도자·혁명가)의 숭배자가 아닐뿐더러, 그의 인격이나 주장에 대해 극도로 혐오하고 증오하는 사람입니다. 게다가 나는 공직에 몸담고 있으니 그와 서신 왕래를 주선하기가 힘듭니다. 그러나 이번 일로 부인의 뜻을 거스르고 싶지는 않은 바, 내가 아는 선에서 그에게 편지를 전할 길을 알아봐 두었으니 우편물에 넣어 대리인에게 맡기십시오.

1870년 9월 22일

A. 패짓 올림

마치니는 어머니에게 자신의 회중시계 케이스를 선물했는데, 지금은 내가 보관하고 있다.

어머니는 회합에 나가 여성의 투표권을 지지하는 연설을 하시곤 했다. 나는 어머니의 일기장에서, 시드니 웨브 부인과 코트니 부인이 참여한 여성 단체 '포터 자매회'를 가리켜 '사교계 변덕쟁이들의 모임'이라고 쓴 구절을 발견했다. 훗날 시드니 웨브 부인을 잘 알게 된 나는 어머니가 그녀를 경박하게 여겼음을 떠올리고 그 안목에 감탄하였다. 그러나 어머니의 편지들, 특히 실증철학파인 헨리 크롬프턴에게 보낸 편지를 보면, 어머니는 때때로 쾌활하고 교태를 부릴 줄도 아는 여성이었으며, 일기장에서 보여 주는 얼굴보다 세상을 대할 때의 얼굴이 더 유연한 분이 아니었나 싶다.

자유사상가인 아버지는 방대한 책을 한 권 쓰셨는데, 사후에 『종교적 믿음의 분석』이란 제목으로 출간되었다. 아버지는 초기 교회 교부들의 저작물들과 불교 관련 서적, 유교에 관한 글 등이 망라된 대형 서고를 갖고 계셨으며, 저서를 준비하기 위해 시골에서 많은 시간을 보내셨다. 그러나 결혼 초기에는 매년 어머니와 더불어 런던의 딘스 야드에 있는 집에서 몇달씩 지내고는 하셨다. 어머니와 나의 이모님인 조지 하워드 부인(나중에 칼라일 부인이 되셨다)은 각자 살롱(대 저택의 응접실에서 열리는 사교 모임)을 만들어 경쟁적으로 운영하셨다. 하워드 부인의 살롱에서는 라파엘 전파前派(화가 라파엘 이전의 이탈리아 예술 양식과 정신으로 되돌아가는 것을 목적으로 하여 1848년에 결성된 영국의 예술가 단체) 화가들을 모두 볼 수 있었고, 어머니의 살롱에서는 밀 이후의 영국 철학자들을 모두 만날 수 있었다.

1867년에 미국으로 건너간 부모님은 보스턴의 모든 급진주의자들과 친분을 쌓았다. 그리고 민주주의를 향한 그들의 열정에 갈채를 보내고, 노예제도 반대를 외치는 용기에 찬탄을 보냈다. 그러나 부모님은 그들이 훗날 사코(미국에 살던 이탈리아 급진주의자로서, 살인죄 누명을 쓰고 반제티와 함께 사형당했다. 배심 판결이 공정치 못했다는 이유로 유럽과 미국 각지에서 큰 물의를 일으켰다)와 반제티를 살해한 사람들의 할아버지 할머니가 되리라고는 예견하지 못하셨다.

부모님은 1864년에 결혼하셨는데, 결혼 당시 두 분 다 스물두 살에 불과했다. 나의 형은, 본인도 자서전에서 자랑했듯이, 부모님이 결혼하고 9개월 4일 만에 태어났다. 우리 가족은 내가 태어나기 얼마 전, [웨일스 지역] 와이 강의 가파른 제방 바로 위쪽 숲 속에 위치한 레이븐스크로프트(지금은 클레이던 홀로 불린다)라는 아주 외진 집에서 살게 되었다. 그 집에서 내가 태어나고 사흘째 되던 날, 어머니는 외할머니께 편지를 써서 나에 대해 이렇게 설명하셨다.

"아기 몸무게가 3.96킬로그램이고 키는 53.3센티미터인데, 대단히 통통하고 못생긴데다, 멀찌감치 떨어진 파란 두 눈이며, 별로 튀어나오지 않은 턱이며, 모두들 프랭크(나의 형)를 쏙 빼닮았다고 합니다. 정말이지 젖먹이 시절 프랭크와 똑같아요. 저는 지금 젖이 많이 불어 있는데, 젖을 즉시 물지 못하거나 뜻대로 안 나오거나 하면 아기는 엄청나게 성을 내며 파르르 떨면서 소리를 지르고 발길질을 해댑니다. 달래 주어야만 겨우 잠잠해지지요. ……아기가 고개를 빳빳이 들고는 아주 활기차게 주위를 살피곤 해요."

부모님은 형을 위해 가정교사를 구했는데, D. A. 스폴딩이었다. 그는 과학방면에 상당한 능력이 있었다. 내가 그렇게 판단하는 것은 윌리엄 제임스의 『심리학』에 그의 저서가 언급된 것을 보았기 때문이다. 그는 다윈주의자로, 닭의 본능을 연구하는 중이었다. 그의 작업을 돕는다는 뜻에서, 부모님은 닭들이 응접실을 포함해 집안 구석구석을 쑥밭으로 만들어 놓아도 내버려 두었다. 당시 그는 폐병이 꽤 진전된 상태였는데, 결국 내 아버지가 돌아가시고 그리 오래지 않아 사망했다. 순전히 원론적인 판단이었겠지만, 어쨌거나 내 부모님은 그가 폐결핵을 앓고 있으니 자식을 두지 않는 것이 마땅하나 혼자 살도록 내버려 두는 것은 부당하다고 보셨다. 그리하여 어머니는 그와 함께 살기로 하셨는데, 그렇게 함으로써 어머니가 조금이라도 즐거움을 느끼셨는지는 알 길이 없다. 우리 가족이 스폴딩과 함께 살았던 기간은 아주 짧다. 내가 태어난 후부터 같이 살기 시작했는데, 내 나이 겨우 두 살 때 어머니가 돌아가셨으니까. 그러나 아버지는 어머니가 돌아가신 후에도 그 가정교사를 그대로 두었다. 그러다 아버지가 돌아가시면서 형과 나의 후견인으로 스폴딩과 코브던샌더슨을 지명하신 것으로 드러났다. 그 두 사람 모두 무신론자였으니, 아버지는 종교적 양육의 폐해로부터 아들들을 보호하고 싶으셨던 것이다. 그러나 당신 아들의 서류를 정리하시던 조부모님이 내 어머니와 관련된 사건들을 발견하셨다. 이 발견은 빅토리아조 시대의 사고방식에 젖어 있는 그분들에겐 극도로 혐오스러운 일이었다. 조부모님은 필요하다면 법을 움직여서라도, 음흉한 불신자不信者들의 손아귀에서 천진한 손자들을 구해 내기로 작정하셨다. 음흉한 불신자들이 호러스 데이비 경Sir(훗날 데이비 경Lord이 됨)을 찾아가 상의하자, 그는 셸리[1792~1822년, 영국의 낭만파 시인]의 선례를 근거로 들면서 소송에 휘말리지 않을 것이라고 안심시켰다. 그리하여 형과 내가 대법관청에서 보호를 받고 있던 중, 앞서 말한 1876년 2월에 코브던샌더슨이 나를 조부모님께 넘겨주었던 것이다. 하인들이 내게 관심을 보인 데는 이 같은 내력이 작용했음이 분명했다.

어머니에 대해서는 생각나는 게 전혀 없지만 내가 조랑말 수레에서 떨어졌을 때 어머니가 같이 계셨던 것 같다. 이 기억을 오랜 세월 혼자 간직해 오다 아주 훗날 확인해 보았는데, 사실이었다. 아버지에 대해선 두 가지 일만 생각난다. 하나는 아버지가 내게 붉게 인쇄된 종이를 한 장 주셔서 그 색깔을 보고 즐거워했던 일이다. 또 하나는 아버지가 욕조에 들어가 계셨던 모습이다. 부모님은 레이븐스크로프트의 정원에 묻히셨다가 나중에 체니스의 가족 묘지로 옮겨졌다. 아버지는 돌아가시기 며칠 전에 할머니께 다음과 같은 편지를 쓰셨다.

사랑하는 어머님께

제가 가급적 빠른 시일 안에 래드클리프를 만나 볼 생각이라고 하면 어머님은 기뻐하시겠지만, 그 이유를 들으면 언짢으실 줄 압니다. 사실은 제가 고약한 기관지염에 걸려 당분간 자리에 누워 있어야 할 것 같습니다. 연필로 적어 보내 주신 편지가 오늘 도착했는데, 어머님도 몸이 편찮으셨다 하니 참으로 송구합니다. 저도 기운이 없기는 하지만 잠을 이룰 수가 없으니 차라리 편지를 쓰는 편이 낫습니다. 이번 병이 매우 위험하지 않다고는 할 수 없지만, 그렇게 되지 않으리라 믿습니다. 그러나 병의 진행 속도와 관련해 너무도 쓰라린 경험을 했기에, 마음을 턱 놓거나 평안하지 못하면서 평안하다 장담하기가 어렵네요. 양쪽 폐에 염증이 생겼는데 점차 나빠지는 모양입니다. 절대로 전보를 치거나 조급하게 행동하거나 하지는 말아 주세요. 여기엔 젊고 훌륭한 의사가 있습니다. 그는 막 개업한 터여서 자기 자신을 위해서라도 저한테 최선을 다할 것입니다. 거듭 말씀드리지만, 저는 회복될 것입니다. 그러나 혹시 상황이 나쁜 쪽으로 뒤집힐 수도 있으니, '침상의 시트를 몸에 감고 즐거운 꿈을 꾸며 누워 있는 사람'처럼 꼼짝하지 않고 조용하게 죽기를 바란다는 것도 밝혀 두고 싶습니다.

저 자신은 걱정도 두려움도 없습니다만 남겨 두고 가야 하는 몇몇 사람들, 특히 어머님을 생각하면 참으로 괴롭습니다. 제가 자격이 있을 때나 없을 때나 변함없이 베풀어 주신 어머님의 깊은 사랑과 보살핌을 사무치게 절감하고 있습니다. 쇠약한 몸으로 고통 속에서 글을 쓰면서, 부적절하기 그지없지만 그 말씀밖에 드릴 수가 없군요. 이따금 어쩔 수 없이 무정하게 굴었던 저 자신이 참으로 한스러울 따름입니다만, 저로선 어머님에 대한 애정을 보여 주고 싶었을 뿐 다른 뜻은 전혀 없었습니다. 저는 하고 싶었던 일을 아주 조금밖에 못했지만 나쁜 일은 별로 하지 않았다고 생각합니다. 제 인생에서 큰일 하나는 이루어 냈다고 생각하며 죽을 것입니다. 사랑하는 제 두 아들에 대해서는, 어머님께서 될 수 있는 대로 자주 보살펴 주시어 아이들이 할머니를 엄마처럼 생각하게 되었으면 좋겠습니다. 제가 묻힐 곳은 어머님도 잘 아시고 제가 아끼는 이곳 숲이 될 것입니다. 아름다운 장소를 준비해 두었습니다. 어머님이 여기 오시기를 어찌 바라겠습니까마는 한번 고려해 주시면 어떨까 합니다.

이런 편지로 고통을 드리는 저 자신이 너무 이기적인지도 모르겠습니다. 하지만 하루하루 편지도 못 쓸 정도로 힘이 빠져 버려 이렇게 편지를 올립니다. 힘이 닿는 한 매일 소식을 전해 드릴 생각입니다. 아버님께도 한없는 사랑을 받아온 점 깊이 감사한다고 전해 주세요. 오래도록 고결한 삶을 사신 아버님이 말년에 아들부터 잃는 고통을 당하시는 일이 없게 되기를 진심으로 바랄 뿐입니다. 애거서와 롤로, 가엾은 윌리에게도 제 깊은 사랑을 전합니다.

수요일 밤, 레이븐스크로프트에서

당신의 사랑하는 아들 올림


할아버지와 할머니가 사셨던 펨브로크 로지는 (런던 근교의) 리치먼드 파크에 있었는데, 2층밖에 안 되는 어수선한 집이었다. 왕실에서 하사한 집으로, 이름은 조지 3세가 광기를 보이던 시절에 열렬히 아꼈던 펨브로크 부인의 이름을 따 붙여겼다. 조부모님이 40대였을 때 여왕께서 이 집을 하사하셨고, 그 후로 두 분은 줄곧 거기에서 사셨다. 킹레이크[1807~91년, 영국의 역사가]가 『크림 반도 침략사』에서 묘사한 각료회의가 열린 곳이 바로 펨브로크 로지인데, 당시 각료 몇 사람이 이집에서 자면서 크림 전쟁의 개시를 결정했다고 한다. 훗날 킹레이크가 리치먼드에 살았기 때문에 나도 그를 잘 기억하고 있다. 한번은 내가 스펜서 월폴 경에게, 나폴레옹 3세에 대해 킹레이크가 왜 그렇게 안 좋은 감정을 가지고 있느냐고 물어보았다. 스펜서 경은, 두 사람이 여자를 두고 다투었노라고 대답했다. "그 얘기 좀 들려주세요." 내가 이렇게 말한 것은 당연했다. 그러자 그는 "아니, 그건 얘기할 수 없네"라고 대답했다. 그러고 나서 얼마 후에 그는 사망했다.

펨브로크 로지에는 약 45제곱 킬로미터나 되는 정원이 있었으나 대부분 방치되어 황폐해져 있었다. 이 정원은 내가 열여덟 살이 될 때까지 내 인생에서 아주 크나큰 역할을 했다. 서쪽으로는, 엡섬 다운스[런던 남쪽의 소도시 엡섬에 있는 유명한 경마장]에서 윈저 성에 이르는 널따란 풍경이 펼쳐지고, 그 중간에 힌드헤드와 리스 언덕이 있었다. 나는 넓은 지평선과 거침없이 펼쳐지는 일몰에 익숙해졌다. 그리고 이후 나는 그 두 가지 없이는 결코 행복하게 살 수 없었다. 정원에는 빼어난 수목들이 많았다. 떡갈나무, 너도밤나무, 마로니에, 스페인산 밤나무, 그리고 인도의 왕족들이 선물한 라임나무, 아주 아름다운 히말라야 삼목, 일본산 삼나무 등등. 정자도 있고, 들장미 울타리와 월계수 덤불 등 어른들 모르게 숨을 수 있는 온갖 비밀 장소들도 있었다. 얼마나 감쪽같은지 숨어 있으면 발각될 염려가 전혀 없었다. 회양목 울타리로 둘러싸인 꽃밭도 몇 개 있었다.

내가 펨브로크 로지에서 사는 동안에도 정원은 점점 더 황폐해져 갔다. 거목들이 쓰러지고, 넝쿨이 길가로 뻗어 나오고, 잔디밭에는 긴 잡초가 무성하고, 회양목 울타리는 너무 자라 나무들로 변해 버렸다. 그 정원은 외국 대사들이 잔디밭을 거닐고 왕족들이 잘 다듬어진 꽃밭에 찬사를 보내던 시절의 화려했던 과거를 기억하고 있는 듯했다. 그것은 과거의 정원이었고, 나도 그것과 더불어 과거에서 살았다. 나는 부모님과 누이에 대한 나만의 공상을 만들어 냈다. 할아버지가 원기 왕성했던 시절을 상상해 보기도 했다. 어른들의 대화를 들어 보면 대부분 오래 전에 있었던 일들에 관한 것이었다. 할아버지가 엘바 섬으로 나폴레옹을 찾아갔던 일, 할머니의 종조부가 미국 독립전쟁 때 지브롤터〔영국의 영토였던 스페인 남단의 항구 도시〕를 방어했던 일, 에트나 산〔이탈리아 시칠리아 섬 동부의 활화산〕 중턱에 용암이 많은 것으로 보아 세상은 기원전 4004년 이전에 창조되었음이 분명하다고 말했다는 이유로 할머니의 조부가 지역사회에서 배척당하신 일 등. 가끔 화제가 좀더 최근의 일로 내려오면 칼라일이 허버트 스펜서를 가리켜 '절대 진공'이라 했다느니, 다윈이 글래드스턴 씨〔영국 자유당 지도자〕의 방문을 받고는 큰 영광으로 여겼다느니 따위의 이야기를 들어야 했다.

나는 가끔 부모님이 어떤 분들이었을까 궁금해지곤 했다. 혼자 있을 때면 정원을 이리저리 돌아다니며 새 알을 주워 모으다가 시간의 흐름을 응시하다가 하기를 반복했다. 내 나름의 기억들로 판단하건대, 어린 날의 중요하고도 또렷한 인상들은 아이다운 소일거리에 열중해 있는 어느 한 순간 의식에 떠오를 뿐, 어른들한테 그것을 얘기하는 일은 없다. 어린 시절에는 외부에서 주어진 일거리 없이 아이 마음대로 보내는 시간들이 중요하다고 생각한다. 순간적인 듯 보이지만 아주 생생한 인상들을 형성하는 시간을 주기 때문이다.

내가 기억하는 할아버지는 여든이 훨씬 넘은 분으로, 휠체어를 타고 정원을 돌거나 당신 방에서 국회 의사록을 읽거나 하셨다. 할아버지가 돌아가셨을 때 나는 불과 여섯 살이었다. 그날, 프랭크 형이(당시 학교에 다니고 있었다) 학기 중인데도 마차를 타고 온 것을 보고 내가 "만세!" 하고 소리쳤더니 유모가 "쉿! 오늘은 '만세'라고 하면 안 돼요!"라고 말했던 기억이 난다. 그 일로 미뤄 보건대, 내게 할아버지는 그리 중요하지 않은 사람이었던 모양이다.

그에 비해, 할아버지보다 스물세 살이나 어린 할머니는 내 유년기를 통틀어 가장 중요한 사람이었다. 할머니는 스코틀랜드 장로교인이었고, 정치적·종교적으로는 자유주의자였지만(일흔의 나이에 유니테리언파가 되셨다), 도덕적 문제에는 매사에 극단적일 만큼 엄격하셨다. 할아버지와 결혼할 당시 할머니는 어리고 수줍음을 많이 타셨다. 할아버지는 친자식 둘과 의붓자식 넷이 딸린 홀아비였는데, 할머니와 결혼하고 나서 몇 년 후에 수상이 되셨다. 할머니로서는 그 일이 분명 가혹한 시련이었을 것이다. 한번은 처녀 적에 시인 로저스가 주최한 조찬에 참석했는데 로저스가 수줍어하는 할머니를 지켜보다가 "혀 좀 놀려 봐요. 아가씬 그럴 필요가 있어!"라고 했다는 이야기를 들은 적이 있다. 할머니의 이야기를 들어 보면 사랑에 빠진 감정이 어떤 것인지 알기는커녕 그 근처에도 못 가 보셨음이 분명했다. 신혼여행을 갔는데 친정어머니와 합류하게 되자 그제야 마음이 놓이더라는 얘기도 하셨다. 또 한번은 그렇게 많은 시들이 왜 사랑 따위의 사소한 주제나 다루어야 하는지 모르겠다며 한탄하시기도 했다. 그럼에도 할머니는 헌신적인 아내였으며, 자기 나름의 정확한 기준들에 근거하여 의무라고 생각하는 일을 행하지 않으신 적은, 내가 아는 한 결코 없었다.

그분은 우리에게 어머니와 할머니로서 빈틈이 없으셨지만 늘 현명했던 것은 아니었다. 동물적 욕구나 넘쳐나는 원기에도 나름의 권리가 있다는 것을 그분이 이해하셨다고 생각되지는 않는다. 할머니는 모든 것을 빅토리아 시대적 정서라는 안개를 통해 보도록 요구하셨다. 모든 사람이 좋은 집에서 살아야 한다고 하시면서도 새 집을 보면 눈꼴사나우니 새 집을 지어선 안 된다고 하셨을 때, 그 두 가지를 동시에 요구하는 것은 일관성이 없다는 점을 이해시키려고 애썼던 일이 기억난다. 할머니가 볼 때는, 모든 감정이 제각기 권리를 가졌으므로 단순한 논리 따위의 냉정한 것들을 내세워 어느 감정이 다른 감정에 양보를 하라고 요구하는 것은 부당했다. 할머니는 자기 시대 기준에 맞는 교양을 쌓으셨고, 불어와 독일어, 이탈리아어를 악센트 상의 작은 흔적도 남기지 않을 만큼 완벽하게 구사하실 수 있었다. 셰익스피어와 밀턴, 18세기 시인들에 대해서도 상세하게 알고 계셨고, 12궁도의 각 궁과 아홉 뮤즈〔그리스 신화에 나오는 아홉 명의 학예의 여신〕의 이름도 외우실 수 있었다. 휘그파 전통에 따라서 영국 역사에 대해서도 약간의 지식을 갖추고 계셨다. 프랑스와 독일, 이탈리아 고전들과는 친숙한 사이였다. 1830년 이후의 정치에 관해서는 몸소 체득한 깊은 지식을 갖고 계셨다. 그러나 사유와 관계된 것은 할머니의 교육에서 완전히 생략되어 있었고, 할머니의 정신적 삶에서 빠져 있었다. 내가 듣기로, 몇몇 사람들이 할머니께 설명해 보려 노력했지만 자물쇠가 어떤 원리인지, 강물이 어떤 작용을 하는지 등에 대해서는 전혀 이해하지 못하셨다.

그분의 도덕성은 빅토리아 시대의 청교도 그 자체여서, 이따금 욕을 하는 사람에게도 좋은 점이 있을 수 있다는 사실을 납득시킬 도리가 없었다. 그러나 여기에도 예외는 있었다. 할머니는 호러스 월폴의 친구들인 베리 양의 가족과 알고 지내셨는데, 책망하는 기색은 전혀 없이 이렇게 말씀하신 적이 있다. "그 사람들은 구식이었어, 욕도 조금 하곤 했지." 할머니 타입의 사람들이 주로 그러하듯, 바이런에 대해서는 일관성 없게도 예외를 인정하셔서, 청춘에 눈 먼 불필요한 사랑의 불운한 희생자로 간주하셨다. 셸리에 대해서는 그 같은 관용을 베풀지 않으셨는데, 그의 일생은 사악하고 시는 너무 감상적이라고 여기셨다. 키츠에 대해선 언급하시는 것을 들어 본 적이 없는 것 같다. 괴테로부터 실러[1759~1805년, 독일의 뛰어난 극작가·시인·문학 이론가]에 이르기까지 대륙[유럽 대륙]의 고전들은 많이 읽으셨지만, 당대의 대륙 작가들에 대해선 아시는 것이 없었다. 한번은 투르게네프가 자신의 소설을 한 권 증정했는데, 할머니는 그것을 읽지 않았을 뿐 아니라 그 사람을 친구들의 사촌 이상의 존재로 보지도 않았다. 그가 책을 쓴다는 건 알았지만 그 정도는 거의 누구나 할 수 있다고 생각하셨다.

현대적 의미의 심리학에 대해서는 물론 전혀 알지 못하셨다. 몇 가지 동기들이 있다는 건 아셨는데, 조국애·공공심·자녀 사랑은 칭찬받을 만한 동기고, 금전욕·권력욕·허영심은 나쁜 동기였다. 착한 사람은 언제나 선한 동기에서 행동한다고 생각하셨고, 나쁜 사람에 대해서는 아무리 악인이라도 전적으로 나쁘다고 할 수 없는 순간들이 있다고 보셨다.

할머니께 결혼이란 것은 혼란스러운 제도였다. 남편과 아내는 분명 서로 사랑할 의무가 있지만, 그것은 너무 쉽게 행해서는 안 되는 의무였다. 왜냐하면 성적 매력이 두 사람을 끌어당겼을 경우 점잖다고만 볼 수 없는 무엇인가가 있기 때문이었다. 물론, 이런 얘기들을 입에 올리려 하지도 않으셨다. 굳이 말하라면 아마도 이렇게 말씀하셨을 것이며, 실제로 그렇게 말씀하신 적도 있다. "난 남편과 아내 간의 애정이 자식에 대한 부모의 애정만큼 훌륭한 것이라고는 절대로 생각지 않아. 거기에는 약간 이기적인 데가 있거든." 성 문제에 있어 그분의 생각이 미칠 수 있는 거리는 그 정도였다. 이 금지된 주제에 약간 더 접근한 경우도 있기는 했던 것 같다. 파머스턴 경에 대해 말씀하실 때였는데, 그다지 좋은 사람은 아니라는 점에서 남자들 중에서도 특이하다고 표현하셨다.

할머니는 술을 싫어하셨고, 담배도 질색이었으며, 늘 채식주의에 가까운 식단을 유지하셨다. 그분의 생활은 엄격했다. 가장 담백한 음식만 드셨고, 8시면 조반을 드셨으며, 차를 다 마시고도 안락의자에 퍼져 앉아 있는 일이 없었다. 여든 살이 될 때까지 쭉 그렇게 하셨다. 할머니는 세속적인 것과는 거리가 멀었으며 속된 영예를 생각하는 사람들을 경멸하셨다. 빅토리아 여왕에 대한 태도는, 유감스럽게도 정중한 것과는 거리가 멀었다. 한번은 할머니가 윈저 궁에 가셨는데 몸이 좀 좋지 않았다. 그러자 여왕이 고맙게도 이렇게 말씀하셨다. "러셀 부인은 앉아 계시오. 그리고 아무개 부인이 그 앞에 서시오." 이 얘기를 할머니는 아주 재미있어하며 말씀하시곤 했다.

열네 살 이후 나는 할머니의 지적 한계를 견디기 힘들게 되었고, 그분의 청교도적 도덕에 대해서도 지나치다고 느끼기 시작했다. 그러나 어렸을 때는 할머니의 크나큰 애정과 각별한 보살핌이 그분을 사랑하게끔 만들었고, 유년기에 필요한 안정감을 제공해 주었다. 너덧 살쯤 되었을 때 잠에서 깨어 누운 채, 할머니가 돌아가시면 얼마나 끔찍할까 생각했던 일이 기억에 남아 있다. 하지만 내가 결혼한 후에 정말로 할머니께서 작고하셨을 때 정작 나는 아무렇지도 않았다. 그러나 돌이켜 보면, 내 인생관의 형성에서 그분이 지닌 중요성을 나이가 들수록 더 깊이 깨닫곤 했다. 그분의 두려움 없는 태도, 공공 정신, 인습에 대한 경멸, 다수의 의견에 대한 무관심이 내게는 늘 좋게 보였으며, 따라 해볼 만하다는 인상을 남겼다. 할머니는 내게 성서를 한 권 주셨는데, 표지 안쪽 여백에 당신이 좋아하셨던 성구들이 적혀 있었다. 그중에는 "다수를 따라 악을 행하지 말지어다"란 구절도 있었다. 할머니가 이 구절을 강조하신 덕분에 훗날 나는 소수에 속하는 것을 두려워하지 않을 수 있었다.

내가 어렸을 당시 할머니에게는 네 형제와 두 자매가 살아 계셨는데, 모두 이따금씩 펨브로크 로지에 오시곤 했다. 형제분들 중에 제일 연장자는 민토 경으로서, 나는 그분을 윌리엄 할아버지라고 불렀다. 그 다음은 외교 분야에서 존경할 만한 경력을 쌓으신 헨리 엘리엇 경이지만, 그분에 대해선 별로 기억이 없다. 셋째는 찰리 할아버지. 봉투에 적힌 그분의 성함이 워낙 길어서(찰리 엘리엇 경, 제독 각하, 배스 상급 훈작사) 기억하는데, 데번포트에 사셨다. 그분은 해군 소장이었는데, 그분 위로 해군 원수라 불리는 더 위대한 제독이 있다고 들었다. 그 얘기를 듣고 나는 약간 속이 상했고 할아버지가 뭔가 했어야 한다고 느꼈다. 가장 어린 분은 미혼의 조지 엘리엇으로, 내게는 도디 할아버지로 통했다. 내가 도디 할아버지를 주목하게 된 이유는 그분이 할머니의 할아버지인 브라이던 씨와 많이 닮았기 때문이었다. 에트나의 용암 때문에 유감스럽게도 이단으로 몰려야 했던 분 말이다. 내게 도디 할아버지는 그 점 말고는 특별한 게 없었다. 윌리엄 할아버지와 관련해서는 아주 가슴 아픈 기억이 있다. 화창한 6월의 어느 날, 나는 순간순간을 마음껏 즐겼는데, 저녁 무렵에 윌리엄 할아버지가 펨브로크 로지에 오셨다. 내가 밤 인사를 해야 할 시간이 되었을 때 그분이 내게 엄숙하게 말씀하셨다. "즐거움을 누리는 인간의 능력은 해가 갈수록 줄어든다. 너도 지금은 저무는 하루를 즐기고 있지만, 오늘 같은 여름날의 즐거움은 두 번 다시 맛보지 못할 것이다"라고. 나는 그만 울음을 터뜨려 버렸고, 잠자리에 든 후에도 오랫동안 훌쩍거렸다. 그러나 그분의 말이 잔인했을 뿐 아니라 진실도 아니었다는 것을 그 후의 경험이 내게 가르쳐 주었다.

내가 접촉한 어른들은 아이들의 강렬한 감정을 헤아리는 능력이 놀라우리만큼 부족했다. 내가 네 살 되던 해 리치먼드에서 사진을 찍게 되었는데, 사진사가 날 가만히 앉혀 두지 못해 애를 먹던 끝에, 얌전히 있으면 스펀지 케이크를 주겠노라고 약속했다. 그때까지 나는 스펀지 케이크를 하나밖에 먹어 보지 못했고, 황홀의 절정에 가까운 맛으로 기억에 남아 있다. 따라서 나는 생쥐처럼 잠잠하게 있었고, 사진사는 완벽한 성공을 거두었다. 그러나 나는 약속된 스펀지 케이크를 받지 못했다.

또 한번은 어른들 중 한 사람이 다른 사람에게 "그 젊은 라이언lyon이 언제 오지?"라고 말하는 것을 들었다. 나는 귀를 쫑긋 세우고 말했다. "라이언lion이 오기로 되어 있어요?" "그렇단다. 일요일에 올 거야. 아주 온순하니까 너도 응접실에서 보게 될 거야." 나는 일요일이 오기를 손꼽아 기다렸고, 일요일 아침에는 내내 시간만 헤아렸다. 이윽고 그 젊은 라이언이 응접실에 도착해 있으니 와서 봐도 좋다는 전갈이 왔다. 나는 부리나케 달려갔다. 그런데 그것은 라이언이란 이름의 평범한 청년이었다. 깨진 환상에 나는 넋이 나가 버렸는데, 그때 느낀 깊은 절망을 생각하면 지금도 화가 치민다.

내 할머니의 가족 이야기로 되돌아가겠다. 할머니의 자매인 엘리자베스 로밀리 부인에 대해선 내게 러디어드 키플링을 이야기해 준 최초의 사람이라는 것 외엔 별로 기억나는 게 없다. 그분은 키플링의 『산간에서 보내온 소박한 이야기』를 무척 좋아하셨다. 할머니의 또 다른 자매로, 내가 로티 작은할머니로 불렀던 샬럿 포털 부인이 있다. 그분은 좀더 발랄한 분이셨다. 어렸을 때 침대에서 굴러떨어졌는데 잠도 깨지 않은 채로, "내 머리가 밑에 내려와 있고 내 자존심이 떨어졌다"라고 중얼거렸다고 한다. 또 어른들이 몽유병에 대해 말하는 것을 듣고는 그 다음 날 밤중에 일어나 몽유병 환자같이 여기저기 어슬렁거렸다는 이야기도 들었다. 아이가 전혀 자지 않는 상태라는 것을 안 어른들은 그 일에 대해 아무 말도 하지 않기로 했다. 다음 날 아침, 어른들의 침묵에 크게 실망한 그녀가 마침내 말했다. "어젯밤에 제가 자면서 걸어다니는 것을 아무도 보지 못하셨나요?" 훗날 그분은 자신의 생각을 운 나쁘게 표현하는 경향이 있었다. 한번은 세 사람이 탈 마차를 준비시켜야 할 상황이 되었는데, 핸섬〔마부석이 뒤에 높다랗게 있고 말 한 필이 끄는 2인승 2륜 마차〕으로 하자니 너무 작겠고 4륜으로 하자니 너무 클 것 같아서, 마부에게 3륜 마차를 대령하라고 했다고 한다. 또 한번은 유럽 대륙에 여행갈 일이 있어 역에 나갔는데, 조지란 이름의 마부가 배웅해 주고 있었다. 로티 작은할머니는 집안일에 관해 몇 자 적어 주어야겠다고 생각했으나 마부의 성을 모른다는 것을 문득 깨달았다. 그리하여 기차가 출발하고 나서야 창으로 고개를 내밀고 소리쳤다. "조지, 조지, 자네 이름이 뭐지?" 그러자 마부가 대답했다. "조지입니다요, 마님." 그때 마부는 소리가 들리지 않을 만큼 멀찍한 곳에 서 있었다.

집에는 할머니 외에 롤로 아저씨와 애거서 아주머니도 계셨는데 두 분 다 미혼이었다. 롤로 아저씨는 내 유년기 초기에 약간 중요한 역할을 하셨다. 과학에 대한 지식이 상당해서 그쪽 이야기를 자주 해주셨기 때문이다. 아저씨는 병적인 수줍음 때문에 평생 고생하셨는데, 정도가 얼마나 심한지 다른 사람들과 만나야 하는 일에선 아무것도 할 수 없었다. 그러나 어린아이였던 나를 대할 땐 수줍어하지 않으셨을 뿐 아니라, 어른들이 그분에게는 기대하지도 않았을 익살꾸러기 기질도 발휘하시곤 했다. 한번은 내가 아저씨한테 교회 유리창에는 왜 색이 칠해져 있느냐고 물어본 기억이 난다. 아저씨가 아주 진지하게 대답하시기를, 옛날에는 그렇지 않았는데 어떤 일이 있고 난 다음부터 그렇게 되었다는 것이었다. 어떤 일인고 하니, 목사가 설교단에 올라가 설교를 하던 중 우연히 유리창을 통해 백색 도료 통을 머리에 얹고 가는 사람을 보았는데, 들통 밑바닥이 빠지는 바람에 그 사람이 백회투성이가 되었다. 그것을 본 목사는 가엾게도 터져 나오는 웃음을 참지 못하여 설교를 계속할 수 없었고, 그 이후로 교회 유리창에 색칠을 하게 되었다는 것이었다. 아저씨는 본래 외무부에서 일하셨으나 시력에 장애가 생겼고, 내가 처음 아저씨를 만났을 때는 읽지도 쓰지도 못하실 정도였다. 그 후 시력은 좋아졌지만 틀에 박힌 일은 두 번 다시 하지 않으려 했다. 롤로 아저씨는 기상학자였다. 1883년에 영국에서 기이한 일몰 현상이 나타나고 푸른 달까지 뜨게 만들었던 크라카타우 섬〔인도네시아의 자바와 수마트라 사이에 있는 작은 화산섬〕 대폭발의 영향에 대해 중요한 연구 작업도 하셨다. 아저씨는 크라카타우 섬의 폭발이 그 같은 일몰 현상을 불러왔다며 그 증거들을 이야기해 주셨고, 나는 아주 주의 깊게 듣곤 했다. 그분과의 대화는 과학에 대한 나의 흥미를 자극하는 데 큰 몫을 했다.

애거서 아주머니는 펨브로크 로지의 어른들 중 가장 나이가 어렸다. 실제로 나보다 열아홉 살 많을 뿐이어서, 내가 그곳에 갔을 당시 아주머니는 스물두 살이었다. 처음 몇 해 동안 아주머니는 나를 교육시키려고 여러 가지로 노력했지만 별로 성공을 거두진 못했다. 애거서 아주머니가 빨강, 노랑, 파랑의 밝은 색 공 세 개를 가지고 와서는 빨간 공을 쳐들고 물었다. "이게 무슨 색이지?" 그러면 나는 이렇게 대답하곤 했다. "노란색." 그러자 이번에는 자신이 키우던 카나리아에게 공을 갖다 대고 물었다. "이게 카나리아랑 같은 색인 것 같아?" "아뇨." 그러나 내가 카나리아는 노란색이란 것을 알지 못했기 때문에 그 방법도 큰 효과가 없었다. 색에 대해 분명 제때 배웠을 텐데도 색을 몰랐던 기억밖에 나지 않는다. 다음으로 아주머니는 읽기를 가르쳐 보려 했으나 읽기는 내 능력 밖이었다. 아주머니가 가르쳐 준 것 중에 내가 제대로 읽어 낸 단어는 딱 하나였는데, 바로 '혹은or'이었다. 다른 단어들도 다 짧았는데 나는 도무지 외우지를 못했다. 다섯 살이 되기 직전에 나를 유치원에 집어넣은 것을 보면 아주머니도 기운이 빠져 버렸던 모양이다. 결국 나는 유치원에 가서야 읽기라는 어려운 기술을 배우는 데 성공했다. 여섯 살인가 일곱 살 되던 해에 아주머니가 다시 내 손을 이끌고 영국 헌정사를 가르쳤다. 나는 정말로 깊은 흥미를 느꼈고, 그래서인지 그때 배운 많은 부분을 지금까지도 기억한다.

아주머니가 질문하고 대답하는 것을 받아 적은 공책이 아직도 내게 남아 있다. 몇 가지 예를 들면 그 관점이 어떠했는지 알 수 있을 것이다.

질문: 헨리 2세와 토머스 베킷은 무엇 때문에 싸웠는가?

대답: 헨리는 주교들이 각자의 법정을 가지고 있는 데서 발생해 온 폐단들을 중지시키고자 속세의 일반법에서 교회법을 분리시켰다. 베킷은 주교 법정의 권력을 약화시키는 데 반대했으나 설득당한 끝에 결국 클라렌든 공회의 법령에 동의했다. (이어서 법령 조항이 나온다.)

질문: 헨리 2세는 나라의 통치를 개선하려 노력했는가, 아닌가?

대답: 노력했다. 나라를 다스리느라 바쁜 와중에도 그는 법 개혁 작업을 결코 잊지 않았다. 순회 법정이 점차 중요시되었고, 지역들의 돈 문제를 최초로 해결했을 뿐 아니라 탄원에 귀 기울이고 소송 사건을 판정했다. 배심에 의한 재판 제도가 제대로 시행된 것은 헨리 2세의 개혁 덕분이다.

베킷이 살해되었다는 것은 언급되지 않고 있다. 찰스 1세가 처형당한 사실은 언급되기는 하되 비난의 어조가 아니다.

애거서 아주머니는 미혼으로 살았다. 한때 부목사와 약혼하기도 했으나 약혼 기간에 아주머니가 정신 착란증을 보여 결국 파혼했다. 아주머니는 구두쇠가 되었다. 큰 집에 살면서도 석탄을 아끼기 위해 방을 여러 개 쓰지 않았고, 목욕도 일주일에 한 번밖에 하지 않았다. 두꺼운 양모 스타킹을 신곤 했는데 늘 발목 위로 쭈글쭈글하게 내려와 있었고, 특정인들의 극단적인 선함이나 극단적인 사악함에 대해 감상적으로 이야기하며 대부분의 시간을 보냈는데 모두 지어낸 얘기들이었다. 형과 내 경우 모두 해당하는 얘기지만, 아주머니는 우리 형제가 아내들과 함께 살고 있는 동안에는 미워하다가 뒤늦게서야 좋아했다. 내가 두 번째 아내를 처음 데리고 갔을 때, 아주머니는 벽난로 장식장 위에 내 첫 아내의 사진을 얹어 놓고는 새 아내에게 말했다. "당신을 보니 사랑스런 앨리스 생각이 절로 나는군. 하느님이 결코 용서하시지 않겠지만 만일 버티〔러셀을 말함〕가 당신을 버린다면 어떻게 될까 하는 생각이 어쩔 수 없이 들어." 한번은 프랭크 형이 아주머니에게 이렇게 말했다. "아주머니는 늘 배후의 아내예요." 그러자 아주머니는 화를 내기는커녕 폭소를 터뜨렸고, 그 뒤로 누구에게나 그 얘기를 되풀이했다. 아주머니를 감상적이며 변덕스런 사람이라고 생각한 사람들은 느닷없이 터져나오는 영리함과 재치에 깜짝 놀라기 일쑤였다. 아주머니는 내 할머니가 지닌 도덕관의 희생자였다. 성을 사악하다고 배우지만 않았어도 아주머니는 행복하고도 성공적인 삶을 살았을 것이다.

형은 나보다 일곱 살이나 많았기 때문에 친구가 되는 경우는 많지 않았다. 방학 때 말고는 멀리 학교에 가 지냈다. 나이 어린 동생들이 그러하듯 나도 형을 숭배했으며, 방학이 시작되어 형이 돌아오면 늘 반가워했다. 그러나 며칠 지나면 방학이 어서 끝나기를 빌었다. 형은 나를 괴롭혔고 은근 슬쩍 겁을 주기도 했다. 여섯 살 때쯤이었던가, 한번은 형이 큰 소리로 "아기야!"라고 불렀다. 내 이름이 아니라고 간주한 나는 한껏 점잔을 빼면서 들은 체도 하지 않았다. 나중에야 형은, 포도 한 송이가 생겨서 내가 오면 주려 했다고 털어놓았다. 당시 내가 과일 종류를 일절 못 먹게끔 금지된 처지였던 것을 감안하면 형의 그 같은 소행은 다소 심각한 박탈 행위였다. 또 하나, 어떤 자그만 종에 얽힌 일도 생각난다. 나는 그 종을 내 것으로 생각하고 있었는데, 종을 가지고 놀기엔 너무 나이가 들어 있던 형이 집에 올 때마다 자기 것이라고 우기며 빼앗아갔다. 형은 어른이 되어서도 그 종을 가졌는데 나로서는 볼 때마다 울화가 치밀지 않을 수 없었다. 부모님이 주고받은 편지들에서도 드러나듯, 아버지와 어머니는 형 때문에 상당히 애를 끓이셨으나 어쨌든 어머니는 형을 이해해 주셨다. 형의 성격이나 생김새가 외가인 스탠리 집안을 똑 닮았기 때문이다. 러셀 가문에서는 절대로 형을 이해해 주지 않았고, 처음부터 사탄의 앞잡이[개구쟁이를 뜻함]로 간주했다.[1] 어른들이 자신을 그렇게 본다는 것을 안 형이 평판대로 살기로 작정하게 된 것도 무리는 아니었다. 형을 내게서 떼어 놓으려는 시도들이 있었는데, 그 사실을 알고 나는 크게 분개했다. 그러나 형의 개성이 너무도 강해, 형과 함께 얼마간 지내고 나는 숨통이 막힐

---

[1] 한번은 우리 할아버지가 아버지에게 편지를 보내, 찰스 제임스 폭스[1749~1806년, 영국의 웅변가·정치가]처럼 어릴 때는 대단히 못된 아이였지만 커서 잘된 경우도 있고 하니, 형이 그러는 것을 너무 심각하게 생각하지는 말라고 타이르셨다.

듯했다. 일생 동안 나는 형에 대해 애정과 두려움이 뒤섞인 태도를 견지했다. 형은 너무도 열정적으로 사랑받고자 갈망했으나 난폭한 기질 탓에 누구의 사랑도 지켜낼 수 없었다. 사랑을 잃게 되면 마음에 상처를 받아 형은 더 잔인해지고 악해졌다. 그러나 형의 악한 행동은 모두 감상적인 이유들에서 나온 것이었다.

펨브로크 로지에서 보낸 처음 몇 년간은, 가족들보다도 하인들이 내 생활에서 더 큰 역할을 했다. 코스 부인이라 불리운 늙은 가정부는 어린 시절의 할머니를 돌봐 준 하녀였다. 똑바르고 정력적이고 엄했으며, 가족에 헌신적이고 내게 늘 잘해 주었다. 매캘파인이란 이름의 집사도 있었는데 대단히 알뜰했다. 그는 이따금 날 무릎에 앉혀 놓고 신문에 난 철도 사고 기사 등을 읽어 주었다. 나는 그를 보기만 하면 기어오르며 말했다. "사고난 것 이야기해 줘." 그리고 미쇼라는 프랑스인 요리사가 있었는데 약간 무서웠다. 나는 그녀를 무서워하면서도 주방에 가고 싶은 충동을 억누를 수 없었다. 그래서 결국 구식 쇠꼬챙이 위에서 고기를 빙빙 돌려가며 굽는 것도 구경하고, 내가 설탕보다도 좋아했던 소금덩어리를 상자에서 훔쳐내 오기도 했다. 그녀가 고기 써는 칼을 들고 추격해 오곤 했지만 나는 늘 힘들이지 않고 빠져나갔다. 바깥에는 맥로비라는 정원사가 있었으나 내가 다섯 살 되던 해에 떠나 버렸기 때문에 별로 기억에 없다. 나는 집지기인 싱글턴 부부를 아주 좋아했다. 구운 사과나 맥주를 주곤 했기 때문인데, 두 가지 다 당시 내게는 엄격하게 금지된 것들이었다. 맥로비의 뒤를 이어 비들러라는 정원사가 왔는데, 그는 사라진 10지파〔야곱의 열두 아들의 자손인 고대 이스라엘 12지파 중 유다와 베냐민의 자손을 제외한 부족들〕가 바로 영국인들이라고 내게 말해 주었다. 그러나 내가 그의 얘기를 그대로 믿었던 것 같지는 않다.

펨브로크 로지에 처음 왔을 때 독일인 보육 교사인 헤첼 양이 나를 맡았던 관계로 나는 이미 독일어로 영어처럼 유창하게 말할 수 있었다. 몇 년 후 그녀가 떠나자 빌헬미나, 줄여서 미나라 불리는 독일인 보모가 왔다. 첫째 날 저녁 그녀가 날 목욕시켜 주었던 일이 생생하게 기억난다. 그때 나는 그녀가 무슨 짓을 할지 모르니 뻣뻣하게 있는 것이 신중한 태도라고 판단했다. 내가 그녀의 모든 노력을 좌절시켰으므로 결국 그녀는 외부의 지원을 요청해야 했다. 그러나 나는 곧 그녀가 좋아졌다. 그녀는 내게 독일어 글자 쓰기를 가르쳤다. 독일어의 대문자와 소문자를 모두 배우고 난 후에 내가 이렇게 말했던 게 기억난다. "자, 이제 숫자 배우기만 남았어요." 그런데 숫자는 독일어나 영어나 똑같다는 사실을 알고 놀라는 한편 마음이 놓였다. 이따금 그녀가 날 찰싹찰싹 때리기도 했는데 그럴 때면 소리쳐 울곤 했던 게 떠오른다. 그러나 그것 때문에 그녀를 내 편이 아니라고 생각한 적은 한 번도 없었다. 그녀는 내가 여섯 살이 될 때까지 함께 있었다. 그녀가 머물던 시절 내게는 아다라는 하녀도 딸려 있었는데, 내가 아직 잠자리에서 일어나기 전인 이른 아침에 불을 피우곤 했다. 그녀는 나무토막에 불이 붙도록 기다렸다가 탄을 피웠다. 나는 나무가 불에 타면서 내는 바작바작하는 소리와 환한 불꽃을 좋아했기 때문에 그녀가 석탄을 넣지 말았으면 하고 늘 바랐다. 그 보모는 나와 한방을 썼는데, 내 기억에 의하면, 옷을 입거나 벗는 일이 한 번도 없었다. 프로이트주의자들이라면 이런 경우를 가지고 자기네 입맛에 맞게 이야기를 만들어 낼지도 모르겠다.

먹는 문제로 넘어가자면, 어린 시절 내내 나는 스파르타식 식사만 했다. 그것은 요즘 건강에 좋다고 인식하는 수준보다 실제로 훨씬 심한 수준이었다. 탈레랑[1754년~1838년, 프랑스의 정치가]의 조카딸인 데체고양 부인이 리치먼드에 살고 있었는데, 그 부인이 감칠맛 나는 초콜릿이 든 큼직한 상자를 내게 주시곤 했다. 나는 그것을 일요일에나 겨우 하나씩 먹을 수 있었지만, 어른들에겐 일요일과 평일을 가리지 않고 나눠 주어야 했다. 나는 빵을 부스러뜨려 육즙에 넣는 것을 아주 좋아했다. 그러나 이것도 아이들 방에서나 가능했을 뿐 식당에서는 절대로 할 수 없는 짓이었다. 나는 저녁을 먹고 제때 깨어나면 식당에서 먹었다. 그래서 아이들 방에서 저녁을 먹으려고 일부러 늦게까지 자는 척하곤 했다. 그러다 결국 어른들은 내가 꾀를 부리고 있음을 눈치채게 되어, 하루는 침대에 누워 있는데 어른들이 나를 여기저기 쿡쿡 찔렀다. 나는 사람이 잘 때는 이렇게 하겠지, 나름대로 상상한 대로 몸을 완전히 경직시키고 있었는데, 실망스럽게도 어른들이 이렇게 말하는 것이 들렸다. "몸을 뻣뻣하게 하고 있는 걸 보니 자는 게 아니야." 내가 왜 자는 척했는지, 아무도 이유를 알아내지 못했다.

어느 날 점심 식사 때 있었던 일도 기억난다. 접시들이 모두 새것으로 바뀌고 나를 제외한 모든 사람들 앞에 오렌지가 놓였다. 당시에는 아이들에겐 과일이 나쁘다고 철석같이 믿었기 때문에 나는 오렌지를 먹을 수 없었다. 하나 달라고 하면 분명 건방지다는 소리를 들을 터였지만 내 앞에도 접시가 놓여 있었기 때문에 감히 이렇게 말했다. "접시는 있는데 아무것도 안 놓였어." 모두들 웃음을 터뜨렸다. 그러나 오렌지는 받지 못했다. 나는 과일은 물론 설탕도 사실상 못 먹었으며, 탄수화물이 많이 든 것도 먹어선 안 되었다. 그런데도 열한 살 때 가벼운 홍역을 앓은 것 말고는 한 번도 잔병치레하지 않았다. 내 자식들이 태어난 이후 아이들에게 관심을 가지게 되었는데, 현대의 아동식 전문가라면 누구나 내가 각종 결핍증에 시달렸을 것으로 생각하겠지만, 어린 시절의 나만큼 건강한 아이는 보지 못했다. 들키면 극도의 공포와 불안을 겪게 되리란 것을 알면서도 야생 능금을 몰래 따먹곤 했던 것이 날 구해 주었는지도 모르겠다.

내가 최초로 거짓말을 하게 된 것도 그와 유사한 자기 보존 본능 때문이었다. 내 보육 교사가, 자기가 없는 동안 딸기를 하나라도 먹으면 안 된다고 엄하게 이르고는 30분 동안 날 혼자 둔 적이 있었다. 그녀가 돌아왔을 때 수상쩍게도 나는 딸기 그릇 주변에 있었다. "너 딸기를 먹고 있었구나." 그녀가 말했다. "안 먹었어요." 내가 대답했다. "혀를 내밀어 봐!" 수치심이 확 밀려오면서 나 자신이 정말로 사악한 사람인 것처럼 느껴졌다.

사실 나는 유별나게 죄책감에 쉽게 빠지곤 했다. 좋아하는 찬송가가 무엇이냐는 질문을 받으면 나는 "세상에 지쳐, 내 죄에 눌려"라고 대답했다. 한번은 가족 기도 시간에 할머니가 '회개한 탕아'의 비유담을 읽어 주셨는데, 다 듣고 나서 내가 이렇게 말했다. "왜 그 부분을 읽으셨는지 알아요. 제가 물주전자를 깨뜨렸다고 그러시는 거죠?" 훗날 할머니는 재미 삼아 그때 일을 이야기하시곤 했다. 당신 자녀들에게 비극적인 결과를 초래한 병적인 성향이 바로 자신의 책임이란 사실을 전혀 모르신 채.

내 어린 시절 추억 중에 가장 생생한 것들은 대부분 굴욕감과 관련되어 있다. 1877년 여름, 조부모님은 캔터베리 대주교한테서 스톤하우스라 불리는 집을 빌리셨는데, (영국 남동쪽에 위치한) 브로드스테어스 근처에 있었다. 기차를 타고 갔는데 내게는 엄청나게 긴 여행으로 느껴졌다. 한참 지나자 우리가 스코틀랜드에 도착한 게 아닌가 하는 생각이 들어서 이렇게 말했다. "우린 지금 어느 나라에 와 있나요?" 어른들이 모두 껄껄대고 웃더니 말했다. "바다를 건너지 않고는 영국에서 빠져나갈 수 없다는 것도 모르니?" 나는 감히 토를 달지 못했고, 수치심에 사로잡혀 조용해졌다. 그곳에 머물던 어느 날 오후, 할머니와 애거서 아주머니와 함께 바닷가로 내려갔다. 그때 나는 새 부츠를 신고 있었는데, 집에서 나올 때 보모가 마지막으로 당부한 말이 있었다. "부츠가 물에 젖지 않도록 조심해라!" 그러나 밀물 때문에 내가 바위 위에서 꼼짝 못하게 되자 할머니와 애거서 아주머니가 물을 건너 기슭으로 가라고 하셨다. 내가 말을 듣지 않자 할 수 없이 아주머니가 나를 안아서 옮겨 주었다. 그들은 내가 무서워서 그런다고 생각했지만, 나는 보모가 당부했다는 얘기를 하지 않았다. 그리고 그 결과로 시작된, 비겁함을 나무라는 설교를 순순히 받아들였다.

그러나 스톤하우스에서 보낸 시간은 대체로 즐거웠다. 노스 포랜드[북쪽 곶이라는 뜻]가 기억이 난다. 당시 나는 영국이 사각형이라고 상상했기 때문에 노스 포랜드를 영국의 네 귀퉁이 중 하나라고 믿었다. 내 흥미를 많이 끌었던 리치버러의 폐허도 생각나고, 더 한층 흥미를 끈 램즈게이트의 '카메라 옵스큐라'[어둠상자의 한 면에 장치한 볼록 렌즈를 통하여 외부 물체의 실상을 초점 유리판 위에 천연색으로 투영시키는 장치]도 기억이 난다. 넘실대는 옥수수밭도 있었는데, 30년 후에 그 근처에 다시 가보니 유감스럽게도 사라지고 없었다. 바닷가의 평범한 즐거움들도 물론 기억난다. 삿갓조개, 말미잘, 바위, 모래, 고깃배, 그리고 등대. 삿갓조개를 잡아당기면 바위에 착 달라붙는다는 사실이 내게는 무척 인상 깊었으므로 애거서 아주머니에게 이렇게 말했다. "아줌마, 삿갓조개들도 생각을 해요?" 그녀의 대답은 "모른다"였다. "그럼 배워야지요." 내가 응수했다.

내 친구 화이트헤드와 내가 어떻게 처음 만나게 되었는지는 잘 기억나지 않는다. 나는 지구가 둥글다고 들었지만 믿으려 하지 않았다. 그러자 집안 어른들은 교구 목사를 불러들여 날 설득해 보라고 했는데, 우연히도 그가 바로 화이트헤드의 아버지였다. 나는 성직자의 인도 아래 그 정설을 받아들여 지구의 정반대쪽을 향해 구멍을 파기 시작했다. 그러나 이 이야기는 들어서 아는 얘기일 뿐이다.

브로드스테어스에 머무는 동안, 이웃에 살고 있던 모세 몬테피오레 경과 만나는 자리에 불려갔다. 그는 크게 존경받는 노령의 유태인이었다(백과사전에 따르면, 그는 1824년에 은퇴했다). 내가 성서 밖에서 유태인의 존재를 알게 된 것은 그때가 처음이었다. 노인을 만나러 가기 전에 집안 어른들이 상세하게 설명해 주었다. 그가 얼마나 존경받을 만한 사람인지, 예전에 유태인들이 얼마나 끔찍하고 불리한 조건들에 시달렸는지, 그리고 그러한 조건들을 제거하고자 그 노인과 우리 할아버지가 크게 힘쓰셨다는 것까지. 이 경우엔 할머니의 가르침이 마음에 깊이 새겨졌지만, 다른 경우에는 혼란스러웠다. 할머니는 열렬한 소小영국주의자[영국 본국의 국익은 영토의 확대보다도 본국 자체에 노력을 집중함으로써 가장 훌륭하게 달성된다고 보는 사람]였기 때문에 식민 전쟁을 강력히 반대하셨다. 줄루족[아프리카 동남부의 민족]과의 전쟁은 대단히 잘못된 것이며, 그 지역 총독인 바틀 프리어 경의 과오가 크다고 하셨다. 그러나 바틀 프리어 경이 윔블던에 살려고 왔을 때 할머니는 날 데리고 그를 만나러 갔을 뿐 아니라, 내가 본 바로는 그 사람을 괴물 취급하지도 않으셨다. 나로서는 굉장히 이해하기 힘든 경우였다.

할머니는 내게 책을 읽어 주시곤 했는데, 주로 마리아 에지워스(1767~1849년, 영국계 아일랜드 작가)의 이야기들이었다. 그 책에 '가짜 열쇠'란 이야기가 나오는데, 할머니는 그것이 아주 좋지 않은 내용이기 때문에 읽어 주지 않겠다고 하셨다. 나는 선반에서 책을 뽑아 할머니께 갖다 드릴 때마다 한 번에 한 문장씩, 결국 그 이야기 전체를 다 읽어 버렸다. 내가 무엇인가를 알려고 들 경우, 이를 막아 보려는 할머니의 시도는 좀처럼 성공하지 못했다. 다소 훗날의 얘기지만 찰스 딜크 경의 이혼 사건으로 아주 떠들썩할 때였다. 할머니는 그 기사가 난 신문을 매일매일 불태워 버리도록 미리 조치하셨다. 하지만 대문간에 와 있는 신문을 내가 가져오곤 했기 때문에 그것이 할머니 손에 들어가기 전에 이혼 사건을 낱낱이 읽어 볼 수 있었다. 한때 그 사람과 함께 교회에 다닌 적이 있어 내게는 그 사건이 특히 흥미롭게 느껴졌고, 제7계명(간음하지 말지니라)을 듣는 그의 기분이 과연 어떠했을까 계속 궁금했다.

글을 거침없이 읽을 수 있게 되자 내가 할머니께 책을 읽어 드리곤 했는데, 그러는 동안 수준 높은 영문학에 대해 상당한 지식을 얻을 수 있었다. 내가 할머니와 함께 읽은 것으로는, 셰익스피어, 밀턴, 드라이든, 쿠퍼의 『과제』, 톰슨의 『나태의 성』, 제인 오스틴, 기타 여러 책들이 있다.

에마벨 후스 잭슨(처녀 때 성은 그랜트 더프)의 『빅토리아

시대의 유년』에 펨브로크 로지의 분위기가 잘 묘사되어 있다. 그녀의 부친은 마운트스튜어트 그랜트 더프 경이고 그 집 식구들은 트위크넘의 큰 저택에서 살았다. 그녀와 나는 네 살 때부터 제2차 세계대전 중에 그녀가 사망할 때까지 친구로 지냈다. 내가 베를렌, 도스토예프스키, 독일의 낭만파 작가들, 기타 문학계의 여러 저명인들을 처음 알게 된 것은 그녀를 통해서였다. 그러나 그녀의 회상에 내가 등장하는 것은 이보다 앞선 시절인데, 이렇게 적고 있다.

내 유일한 남자 친구는 버트런드 러셀이었는데, 할머니인 러셀 부인, 다시 말해 존 경의 미망인과 함께 리치먼드 파크의 펨브로크 로지에 살고 있었다. 버티와 나는 아주 잘 맞는 단짝이었는데, 사실 난 잘생기고 재능 많은 그의 형 프랭크를 남몰래 숭배했다. 입에 담긴 민망하지만, 프랭크는 어린 여자아이들에 대한 내 오빠의 견해를 지지하여·나를 머리카락으로 나무에 묶어 버리곤 했다. 반면에 푸른 벨벳 정장 차림의 버티는 엄한 선생님을 둔 근엄한 꼬마였고, 늘 친절했으므로 나는 펨브로크 로지에 차 마시러 가는 것을 아주 좋아했다. 그러나 그곳이 아이들이 자라기에 얼마나 부적당한 곳인지는 아이인 나도 느낄 정도였다. 버티의 할머니는 늘 조용한 어조로 말했고, 애거서 부인은 항상 하얀 숄을 걸치고 있어 학대받는 사람처럼 보였다. 롤로 러셀은 거의 말이 없었다. 그는 악수할 때 상대의 손가락 뼈를 모조리 부러뜨릴

듯 움켜잡곤 했지만 대단히 다정했다. 그 어른들이 방 안팎으로 떠도는 것을 보면 모두 유령들 같아서 아무도 배고픔을 느끼지 않을 것 같았다. 뛰어난 재능의 어린 두 소년에겐 기묘한 양육 장소였다.

어린 시절을 통틀어 내게 하루 중 가장 중요한 시간은 정원에서 혼자 보내는 시간이었으며, 따라서 내 존재의 가장 강렬한 부분은 항시 고독했다. 나는 깊은 생각을 남들한테 잘 말하지 않았고, 간혹 말하더라도 곧 후회하곤 했다. 나는 정원 구석구석을 훤히 알고 있었기 때문에 해마다 여기저기서 하얀 앵초며 딱새 둥지, 담쟁이덩굴 틈으로 나온 아카시아꽃 따위를 찾아냈다. 어딜 가면 제일 먼저 핀 블루벨〔종 모양의 남빛 꽃이 피는 풀〕을 볼 수 있는지, 어느 떡갈나무에 가장 먼저 잎이 돋는지도 알고 있었다. 내 기억에 의하면, 1878년에는 4월 14일이라는 이른 시기에 한 떡갈나무에 잎이 돋았다. 내 방 창에서는 양버들 두 그루가 내려다보였는데, 둘 다 키가 30미터 정도였다. 해질녘이면 나는 그 나무들 위로 저택의 그림자가 슬금슬금 기어오르는 것을 지켜보곤 했다. 아침에는 아주 빨리 일어났으므로 이따금 금성이 떠오르는 것도 보았다. 그 행성을 숲 속의 등불로 착각한 적도 있다. 거의 매일 아침마다 해돋이를 보았으며, 4월의 화창한 날에는 살그머니 집에서 빠져나가 아침 식사 전에 긴 산책을 하기도 했다. 유년기를 거치면서 외로움도 커졌고, 더불어 대화할 수 있는 사람을 행여 만나려

나 기대하다 절망하는 일도 많아졌다. 완전히 실의에 빠진 나를 구해 준 것은 자연과 책과 (좀더 나중에는) 수학이었다.

그럼에도, 유년기 초반 시절에는 행복했다. 정작 외로움을 참기 힘들게 된 것은 사춘기가 닥치면서였다. 내게는 독일인과 스위스인 여자 가정교사들이 있었으며 나는 그들을 좋아했다. 가족의 결핍으로 괴로움을 느끼기엔 아직 내 지성이 충분히 발달하지 않은 때였다. 그러나 부모님이 살아 계셨더라면 하고 아쉬워했던 일이 기억에 남은 것을 보면 어린 나도 불행한 느낌을 가졌던 것 같다. 여섯 살 때 한 번, 이러한 느낌을 할머니께 털어놓은 적이 있었다. 그러자 할머니는 부모님이 돌아가신 것이 내게는 아주 행운이라고 계속해서 말씀하셨다. 그때는 그 얘기가 못마땅하게 느껴졌으므로 할머니가 질투심 때문에 그러신다고 생각했다. 빅토리아 시대의 관점으로 보면 할머니의 견해를 받쳐 줄 근거가 풍부하게 존재한다는 사실을 나는 물론 알지 못했다. 할머니는 표정이 아주 풍부했으며, 세상에 대한 경험과 지식이 넓었음에도 불구하고 감정을 숨기는 기술을 배우지 못한 분이셨다. 어쩌다 정신병 얘기가 나올라치면 할머니가 발작적인 고통을 느끼신다는 것을 눈치채고 나는 그 이유가 뭘까 한참을 생각했다. 여러 해가 지나서야 보호시설에 할머니의 아들이 있다는 것을 알았다. 그는 엄격한 부대에서 복무했는데 그로부터 몇 년 후에 미쳐 버렸다. 아주 정확하다고는 장담할 수 없지만 내가 들은 바에 따르면, 순수하다는 이유로 상관들이 그를 괴롭혔다. 그 부대에서는 애완용으로 곰을 한 마리 키우고 있었는데, 어느 날 그들이 재미 삼아 곰을 그의 앞에 갖다 놓았다. 그는 달아났으나 기억을 잃었고, 산야를 헤매다가 발견되어 신원이 알려지지 않은 채 구빈원 진료소로 보내졌다. 한밤중에 벌떡 일어나 "곰이다! 곰이야!" 하고 외치다가 옆 침대에 있는 부랑자의 목을 조르기도 했다. 결국 그는 기억을 회복하지 못했지만, 여든 넘게까지 사셨다.

유년기 초반의 기억을 살리려 애쓰다 보면 펨브로크 로지에 처음 도착했을 무렵의 일이었던 것으로 생각되는 것이 하나 있다. 아마도 한 달쯤 지난 때였을 텐데, 따뜻한 햇살을 받으며 녹은 눈 속을 걸어 다녔고 커다란 너도밤나무가 쓰러져 있는 것도 보았다. 나무를 톱질하여 통나무로 자르는 중이었다. 그 다음으로 기억나는 것은 나의 네 번째 생일이다. 그날 나는 나팔을 선물받아 하루 종일 불고 다녔으며, 정자에서 생일 케이크를 먹고 차를 마셨다. 다음으로 아주머니가 색상과 읽기를 가르쳐 준 것이 생각나고, 이어 다섯 살 직전에 시작되어 1년 반가량 이어진 유치원 수업이 아주 생생하게 생각난다. 유치원에 가는 일은 대단히 즐거웠다. 지정된 도구 공작소가 옥스퍼드 가와 버너스 가에 있었는데, 그래서인지 나는 오늘날까지도 무심결에 버너스 가를 알라딘의 궁전쯤으로 생각한다. 유치원에서 공부하는 동안 다른 아이들을 알게 되었지만 대부분 다시는 만나지 못했다. 다만 1929년 밴쿠버의 기차역에서 막 내렸을 때, 유치원 친구인 지미 베일리와 마주친 적은 있다. 지금에야 알게 되었지만 우리를 가르쳤던 착한 숙녀

분은 정통 프뢰벨식 교육을 했으며, 당시 기준으로 보면 놀라
울 만큼 신식이었다. 그때 배운 것들을 나는 지금도 거의 다 상
세하게 기억하지만, 노란색과 파란색 물감을 섞으면 초록색이
된다는 것을 발견한 일이 가장 감격스러웠던 것 같다.

내 나이 불과 여섯 살 때 할아버지가 돌아가셨고, 그 직후
에 우리는 퍼스셔의 세인트 필란스로 여름을 보내러 갔다. 우
툴두툴한 목재 문설주가 서 있던 괴상한 낡은 여관, 강에 놓인
나무 다리, 바위투성이 호숫가, 건너편에 보이던 산이 생각난
다. 그곳에서 보낸 시간은 아주 행복했던 것으로 기억한다. 그
다음에는 별로 즐겁지 못한 일이 떠오른다. 런던의 체섬 플레
이스 8번지의 한 방에서 가정교사가 호통을 치고 있는 장면이
다. 나는 구구단을 외우려고 애를 썼지만 눈물 때문에 계속 막
혀 버리곤 했다.

내가 일곱 살 때 할머니가 런던에서 몇 달 머물 집을 구하
셨는데, 외가에 대해 좀더 알게 된 것이 바로 그때였다. 외할
아버지는 돌아가시고 안 계셨으나 외할머니, 즉 앨덜리의 스
탠리 부인은 딸 모드와 함께 도버 가 40번지의 저택에서 살고
계셨다.[2] 나는 자주 불려가 외할머니와 함께 점심을 먹곤 했는
데, 음식은 맛있었지만 즐거웠던 것 같지는 않다. 외할머니가
남녀노소를 불문하고 아무에게나 신랄하게 퍼붓는 혀를 가졌
기 때문이었다. 나는 외할머니 앞에서 늘 부끄러워 쩔쩔맸는

---

2  독일군 공습 때 완전히 파괴되었다.

데, 스탠리 집안에는 수줍음을 타는 사람이 아무도 없어 그런 내 모습은 외할머니를 짜증나게 만들었다. 나는 좋은 인상을 주려고 필사적으로 노력했지만 번번이 예측 불가능한 방식으로 실패하곤 했다. 한번은 내가 외할머니께, 지난 7개월 사이에 내가 '2와 2분의 1인치' 자랐으니 1년으로 치자면 '4와 7분의 2인치' 자라는 셈이라고 말했다. 그러자 외할머니가 말씀하셨다. "'2분의 1', '4분의 1' 외에, 분수 얘기를 해서는 안 된다는 것도 모르니? 그건 잘난 체하는 거야!" "그런 얘긴 처음 들었는데요." 내가 대답했다. "어쩜 저렇게 제 아버지를 빼닮았는지!" 모드 이모를 쳐다보며 외할머니가 말씀하셨다. 이처럼, 내 나름대로 최선을 다하는데도 어찌된 셈인지 매번 엉뚱한 길로 빠져 버리는 것이었다. 열두 살 무렵에는 이런 일도 있었다. 한 방 가득한 손님들 앞에서 외할머니가 날 부르시더니, 통속적 학문에 관한 책들을 쭉 열거하고는 그걸 다 읽었느냐고 물으셨다. 나는 한 권도 읽은 일이 없었다. 결국 외할머니는 한숨을 쉬면서 손님들을 향해 말씀하셨다. "난 똑똑한 손자가 하나도 없다우."

외할머니는 18세기 인물의 전형으로서 합리주의적이지만 상상력이 부족하고, 계몽에 열심이었으며, 선량한 척 점잔빼는 빅토리아 시대를 경멸하셨다. 거턴 칼리지 설립에 관계한 주요 인물 중 한 사람으로서 거턴 홀에 초상화도 걸려 있지만, 외할머니의 사망과 함께 그분의 방침도 폐기되었다. 외할머니는 이렇게 말씀하시곤 했다. "내가 살아 있는 한 거턴에

부속 예배당이 들어서는 일은 없을 게야." 지금 있는 예배당
은 외할머니가 돌아가신 당일부터 짓기 시작한 것이다. 내가
사춘기에 들어서자마자 외할머니는 내 교육에 있어서 평소 미
흡하다고 생각하셨던 부분들을 상쇄하기 위한 노력을 시작하
셨다. 외할머니는 이렇게 말씀하시곤 했다. "그 누구도 '나'에
맞서 무어라고 할 수 없지만 나는 늘 말하지. 제7계명〔간음하
지 말지니라〕을 어기는 것이 제6계명〔살인하지 말지니라〕을 어기
는 것만큼 나쁘지는 않다고. 제7계명을 어기자면 어쨌거나 상
대방의 동의란 게 필요하니까 말이야." 한번은 내가 『신사 트
리스트럼 샌디의 생애와 의견』〔18세기 로렌스 스턴의 소설〕을 내
생일 선물로 부탁하여 외할머니를 크게 기쁘게 해드렸다. 외
할머니가 말씀하셨다. "글귀는 안 써넣겠다. 그랬다간 사람들
이 너한테 참 이상한 외할머니도 두었구나 할 테니까!" 그럼에
도 외할머니는 책에 글을 써주셨다. 그 책은 저자가 자필한 초
판본이었다. 내 기억으로는 이것이, 외할머니를 기쁘게 해드
리는 데 성공한 유일한 경우다.

　외할머니는 당신이 어리석다고 생각하는 모든 것들을 심
하게 경멸하셨다. 언젠가 한번은, 젠체하는 성향의 손녀 하나
가 외할머니를 뵈러 오면서 데리고 온 애완견이 짖어대 외할
머니를 괴롭혔다. 손녀는 개가 천사라고 항변했다. "천사? 천
사라구?" 외할머니가 분개하여 말씀하셨다. "말도 안 되는 소
리! 이놈이 영혼이라도 가졌다는 거냐?" "물론이죠, 할머니."
젊은 손녀가 단호하게 대답했다. 그날 오후, 그 손녀가 계속

머물고 있는데도 외할머니는 손님들을 하나씩 붙잡고 이렇게 말씀하셨다. "저 멍청한 그리셸이 뭐라고 하는지 아세요? 글쎄, 개한테도 영혼이 있대요." 오후가 되면, 당대의 가장 저명한 문필가들을 포함해 많은 손님들이 차를 마시러 물밀듯 들이닥치는 커다란 응접실에 앉아 있는 것이 외할머니의 일과였다. 손님 중에서 누군가 방에서 나가면 외할머니는 남은 사람들을 향해 한숨을 쉬며 이렇게 말씀하시곤 했다. "바보들은 정말 피곤하게 한다니까."

외할머니는 자코바이트〔제임스 2세의 망명(1688년) 후 그를 지지한 사람, 또는 그를 통해 스튜어트 왕조의 부활을 바랐던 사람을 일컫는 말〕로 키워졌다. 외할머니의 가족은 아일랜드 딜런 파로, 보인 강 전투〔1690년, 아일랜드 동부의 보인 강 부근에서 윌리엄 3세가 폐위된 제임스 2세를 격파했음〕 이후 프랑스로 피난하여 프랑스군 내부에 사병 부대를 두고 있었다. 프랑스 혁명을 계기로 외할머니 일가는 아일랜드와 화해했으나, 외할머니는 부친이 대신으로 근무했던 이탈리아 피렌체에서 성장하셨다. 피렌체 시절, 외할머니는 '젊은 왕위 요구자the Young Pretender'〔제임스 2세의 손자 찰스 에드워드 스튜어트를 칭하는 말. 제임스 2세의 아들인 제임스 프랜시스 에드워드 스튜어트는 'the Old Pretender'로 불리었음〕의 미망인에게 일주일에 한 번씩 문안을 가곤 했다. 외할머니는 당신 선조들이 딱 한 가지 점에서 어리석었다고 보셨는데, 바로 자코바이트였다는 점이었다. 나는 외할아버지에 대해선 전혀 알지 못했으나, 외할머니에게 호통을 치곤 하셨다는 말을 듣고, 그게 사실이라면 아주 대단한 분이셨을 거라고 생각했다.

외할머니에겐 아들딸로 이루어진 대가족이 있었는데, 그들 대다수가 일요일마다 외할머니 댁에 와 오찬을 함께했다. 장남인 헨리는 이슬람 교도였고 귀머거리에 가까웠다. 차남인 뤼프는 자유사상가로서, 런던 교육위원회에서 교회 측과 싸우느라 시간을 다 보냈다. 셋째 아들인 앨거넌은 로마 가톨릭 사제로서, 교황의 시종 겸 엠마우스의 주교였다. 뤼프는 재치 있고 박학다식하고 날카로웠다. 앨거넌은 재치는 있으나 뚱뚱하고 욕심이 많았다. 이슬람 교도인 헨리는 가계의 장점을 하나도 갖고 있지 못했으며, 내가 본 중에 제일 따분한 사람이었던 것 같다. 귀가 먹었는데도 그는 다른 사람들이 자기한테 하는 말을 다 듣는다고 주장했다. 매주 일요일 오찬 시간이면 격렬한 논쟁이 벌어지곤 했다. 아들들이 대표하는 종교가 다 다를 뿐 아니라, 딸과 사위들 중에도 영국 국교회, 유니테리언파, 실증주의파 대표들이 있었기 때문이다. 논쟁이 가열되어 사납다 싶은 수준에 이르면 헨리가 그때서야 소란이 벌어졌음을 알아차리고, 무엇 때문에 그러느냐고 묻곤 했다. 그러면 바로 옆에 앉은 사람이 헨리의 귀에다 대고 논쟁이 벌어진 이유를 큰 소리로 말해 주는데, 당연히 자기 생각에 치우친 설명인 경우가 많아서 다른 사람들이 모두 이렇게 소리치곤 했다. "아니, 아니야, 헨리. 그게 아니라구!" 이때쯤이면 그 소음이 정말 끔찍해졌다. 뤼프 외삼촌이 일요일 오찬 때 즐겨 쓰는 기교는 이렇게 물어보는 것이었다. "여기 모인 사람들 중에, 아담과 이브 이야기를 문자 그대로 믿는 사람이 누가 있어?" 그가 이렇게 묻는 목적은 평소 의견을 같이하기 싫어하는 이슬람 교도 형과 가톨릭 사제 동생을 억지로라도 화해시키기 위함이었다. 그들이 무슨 건으로 떼지어 공격해 올지 알 수 없었기 때문에 나는 늘 두렵고 떨리는 마음으로 그 오찬에 가곤 했다. 그들 중에 내가 의지할 수 있는 유일한 친구가 있었는데, 스탠리 집안 사람은 아니었다. 바로 륄프 외삼촌의 아내이자 휴 벨 경의 누이였다. 외할머니는, 륄프 외삼촌이 이른바 '장사꾼 집안'으로 장가가는 것에 반대하지 않았으니 당신 자신이 아주 너그러운 사람이라고 늘 생각하셨지만, 휴 벨 경이 억만장자였기 때문에 외할머니의 얘기가 그리 크게 와 닿지는 않았다.

만만찮은 사람이긴 했으나 외할머니에게도 한계는 있었다. 한번은 글래드스턴이 차를 마시러 오기로 했다. 사전에 외할머니가 우리 모두에게 말씀하기를, 아일랜드 자치 문제에 대한 그 사람의 정책이 어떤 점에서 실수인지를 그에게 정확하게 설명하겠노라고 했다. 그가 와 있는 동안 나도 줄곧 함께 있었지만 외할머니는 비판의 말을 단 한 마디도 입에 담지 않으셨다. 매 같은 그의 눈초리에 외할머니조차 위압을 당하셨던 것이다. 외할머니의 사위인 칼라일 경이 내게 들려준 일화는 한층 더 굴욕적인 내용이었다. 나워스 성에서 있었던 일인데, 당시 외할머니는 거기 머물고 계셨다. 역시 그곳에 머물고 있던 번존스[19세기 말 영국의 대표적인 화가이자 디자이너]에게

거북 모양의 담배 쌈지가 있었다. 그 성에는 진짜 거북도 있었
는데, 하루는 그놈이 실수로 서재에 들어가 돌아다녔다. 그것
을 본 젊은 사람들이 짓궂은 장난을 생각해 냈다. 저녁을 먹는
사이 번존스의 담배 쌈지를 응접실 난로 근처로 옮긴 것이었
다. 식사를 마치고 돌아온 숙녀들은 우연히 발견한 척하면서
이번에는 거북의 등이 말랑말랑해졌다며 놀라 탄성을 질렀다.
칼라일이 서재에서 적당한 백과사전을 들고 와서는, 거북의
등이 열을 많이 받으면 때로 그렇게 되는 수가 있다고 꾸며 내
어 읽어 주었다. 외할머니는 자연 현상에 그런 면이 있다는 것
에 대단한 흥미를 나타내셨고, 그 후에도 자주 그 얘기를 하시
곤 했다. 여러 해가 지난 후, 아일랜드 자치 문제를 두고 외할
머니가 엄마인 칼라일 부인과 말다툼을 벌이는 걸 보고 심술
이 난 손녀가 외할머니께 그 사건의 진상을 말해 버렸다. 외할
머니는 이렇게 받아치셨다. "뭐라고 해도 좋다만 내가 네 말을
믿을 정도로 바보는 결코 아니야."

스탠리 가문 기질을 물려받은 내 형은 외갓집 사람들을
좋아하고 러셀 집안 사람들을 싫어했다. 나는 러셀 집안을 좋
아하고 스탠리 집안을 두려워했다. 그러나 나이가 들수록 감
정이 바뀌어 갔다. 나의 수줍음과 감수성과 형이상학적 성향
은 러셀 가문에서 물려받은 것이고, 정력과 건강과 이성적인
정신은 스탠리 가문에서 받은 것이다. 대체적으로 보자면 후
자가 전자보다 나은 유산인 것 같다.

기억을 더듬어 어린 시절로 되돌아갈 때 생생하게 떠오르

는 그 다음 일은 우리가 본머스에서 보낸 1880~81년 사이 겨울이다. 내가 토머스 하디란 이름을 처음 알게 된 것도 그곳에서였는데, 세 권으로 된 그의 책 『수석 나팔수』가 응접실 탁자 위에 놓여 있었다. 그것을 기억하는 유일한 이유는, 내가 수석 나팔수가 뭔지 궁금해했다는 것과 그 소설을 『광란의 군중을 떠나서』의 저자가 썼다는 것 때문이다. 사실 그때 나는 광란의 군중이 무엇인지도 알지 못했다. 그곳에 있을 때 내 독일인 가정교사가, 산타클로스를 믿지 않으면 성탄절 선물을 못 받는다고 말해 주었다. 그 말에 나는 울음을 터뜨리고 말았다. 산타클로스의 존재를 믿을 수 없었기 때문이다.

그곳과 관련된 다른 기억은, 전례 없이 눈보라가 드셌다는 것과 내가 스케이트를 배웠다는 것이 전부다. 그때부터 소년기 내내 나는 스케이트 타는 재미에 푹 빠져 지냈다. 스케이트를 탈 기회가 생기면 절대로 놓치지 않았는데, 심지어 빙판이 안전하지 못할 때도 탔다. 한번은 도버 가에 머물고 있을 때 세인트 제임스 공원에 스케이트를 타러 갔다가 물에 빠지기도 했다. 물이 뚝뚝 떨어지는 꼴로 거리를 달리자니 망신스럽기도 했지만, 그 후로도 얇은 빙판에서 스케이트 타기를 계속했다. 그 다음 해의 일은 전혀 생각나는 게 없지만, 열 번째 생일만큼은 어제 일처럼 생생하게 기억난다. 그날은 날씨가 화창하고 포근해서 만개한 노란 등나무꽃 밑에 앉아 있었는데, 얼마 안 있어, 당시 면접을 보러 왔다가 결국 내 가정교사가 되는 스위스인 숙녀가 다가왔다. 나와 공놀이를 하라는 명을 받고 나온 것이었다. 그녀가 공을 '잡았다'는 표현을 엉터리로 해서 [caught라고 해야 할 것을 catched라고 했다] 내가 고쳐 주었다. 내가 생일 케이크를 자르는 순간, 첫 조각을 제대로 빼내지 못해 무척 부끄러웠던 기억이 남아 있다. 그러나 내 머리에 주로 남아 있는 것은 그날 햇빛에 대한 인상이다.

열한 살이 되자 형을 선생 삼아 유클리드 기하학을 공부하기 시작했다. 그것은 내 인생의 큰 사건 중에 하나였고, 마치 첫사랑처럼 매혹적이었다. 세상에 그처럼 감미로운 것이 있으리라고는 상상도 하지 못했다. 제5정리를 배운 후에 형이, 이것은 일반적으로 어렵다고들 한다고 말해 주었지만, 나는 아무런 어려움도 느끼지 못했다. 내게 약간 지적인 소질이 있나 보다 하는 생각이 그때 처음으로 스쳤다. 그 순간부터, 내 나이 서른여덟에 화이트헤드와 함께 『수학 원리*Principia Mathematica*』를 완성하기까지, 수학은 나의 주요 관심사이자 행복의 주 원천이었다. 그러나 행복이란 게 모두 그러하듯, 그것은 순수하지가 못했다. 나는 유클리드가 사물을 증명했다고 배웠는데, 그가 공리에서 출발했다는 것이 크게 실망스러웠다. 처음에는 내게 합당한 근거를 제시하지 않으면 받아들이지 않겠다고 우겼으나, 형이 이렇게 말했다. "공리를 받아들이지 않으면 더는 진도를 나갈 수 없어." 나는 계속하고 싶었기 때문에 마지못해 한시적으로 인정했다. 그때 내가 느꼈던 수학의 전제들에 대한 의혹이 계속 이어져, 훗날 내 작업의 방향을 결정지었다.

기초 대수학은 훨씬 더 어렵게 느껴졌는데, 가르치는 방식이 나빠서 그랬던 것 같다. 나는 달달 외워서 깨우쳐야 했다. '두 수의 합의 제곱은 각 수의 제곱에 두 수의 곱의 2배수를 더한 것과 같다.' 이것이 무슨 뜻인지 나로선 도무지 감이 잡히지 않았다. 그대로 외우지 못할 때에는 가정교사가 집어던진 책에 머리를 얻어맞곤 했는데, 그러한 방식은 내 지적 능력을 전혀 자극하지 못했다. 그러나 대수의 기초를 끝내고 나자 모든 것이 순조롭게 진행되었다. 나는 내가 아는 지식으로 새 가정교사를 감동시키는 것에 재미를 느끼곤 했다. 열세 살 때 새 가정교사가 왔는데, 한번은 내가 동전을 돌리는 것을 보고 그가 물었다. "저 동전이 왜 뱅뱅 돌지?" 내가 대답했다. "제가 손가락으로 우력〔짝힘. 반대 방향으로 작용하여 회전을 일으키는 데 도움을 주는, 크기가 같은 한 쌍의 평행력〕을 발생시키기 때문이죠." "우력에 대해 뭘 아니?" "아, 그것에 대해선 뭐든지 알아요." 내가 뽐내며 대답했다.

할머니는 내가 공부를 너무 많이 한다고 늘 걱정하셨으므로 수업시간을 아주 짧게 하도록 지시하셨다. 그 결과 나는 침실에서 촛불 하나만 켜놓고 남몰래 공부하곤 했는데, 작은 소리만 들려도 재빨리 촛불을 끄고 침대로 뛰어들어 갈 수 있도록 추운 밤에도 잠옷 차림으로 책상에 앉아 있었다. 나는 라틴어와 그리스어를 싫어했다. 아무도 쓰지 않는 말을 배우는 것은 어리석은 짓에 불과하다고 생각했기 때문이다. 내가 제일 좋아한 것은 수학이었고, 수학 다음으로는 역사를 좋아했다.

비교할 상대가 아무도 없었으므로 오랫동안 내가 다른 아이들보다 잘하는지 못하는지 전혀 모르고 지냈는데, 한번은 롤로 아저씨가 하는 말을 듣게 되었다. 문간에서 베일리얼〔옥스퍼드 대학에서 가장 오래된 칼리지의 하나〕 학장인 자우잇에게 작별 인사를 하던 중에 아저씨가 이렇게 말씀하셨다. "그래요, 그 아인 정말 아주 잘할 겁니다." 어째서 그런 생각이 들었는지는 모르겠지만, 그것이 내 공부에 대한 얘기라는 것을 알았다. 내게 지적 능력이 있다는 것을 깨닫는 순간부터 나는 할 수만 있다면 지적으로 중요한 일을 성취해 내리라 결심했고, 청년기를 통틀어 내 야망에 방해가 되는 그 어떤 것도 허용하지 않았다.

그러나 내 유년기가 온통 무겁고 진지한 것뿐이었다고 생각한다면 큰 오산이다. 나도 인생에서 기대할 수 있는 재미를 최대한 맛보았으며, 그중 일부는 내가 생각해도 약간 짓궂은 것이었다. 우리 집 주치의는 양고기 모양의 구레나룻을 한 스코틀랜드 출신의 노인으로, 사륜 마차를 타고 오곤 했다. 의사가 진찰하는 동안 마차는 문 앞에서 기다렸는데, 마부가 자기 주인의 직업이 훌륭하다는 것을 과시할 요량으로 한껏 멋을 부린 중산모를 쓰고 있었다. 나는 바로 위쪽 지붕으로 올라가 홈통에 쌓인 썩은 장미 꽃봉오리들을 그 훌륭한 모자의 편평한 꼭대기로 떨어뜨리곤 했다. 그것들이 사방으로 퍼지면서 모자가 재미난 모양으로 찌그러질 즈음 재빨리 머리를 숨겼기 때문에 마부로서는 하늘에서 떨어졌나 보다 할 수밖에 없었다. 어떤 때는 더 심한 짓도 했다. 마차가 달리는 중에 마부를 겨냥해 눈 뭉치를 던져서 마부는 물론 그의 주인의 귀중한 목숨까지 위험한 상황으로 몰아넣었다.

또 하나 내가 아주 즐겼던 놀이가 있다. 일요일에 하이드 파크가 사람들로 북적대면, 나는 우리 땅 언저리에 서 있는 커다란 너도밤나무 맨 꼭대기로 올라가곤 했다. 그 위에서 거꾸로 매달려 비명을 지르면서 사람들이 날 구조하는 방법을 심각하게 의논하는 모습을 구경했다. 그들의 의견이 거의 모아졌다 싶을 때, 나는 몸을 일으켜 조용히 내려오곤 했다. 지미 베일리와 함께 지낼 때는 훨씬 더 위험한 장난질을 했다. 우리는 할아버지가 타고 다니던 휠체어가 헛간에 보관되어 있다는 것을 떠올렸다. 우리는 그것을 끌어내어 언덕이 보이면 아무 데나 끌고 올라가 질주해 내려왔다. 장난이 들통나자 어른들은 불경스러운 짓이라며 침울한 분위기 속에서 호되게 질책했다. 그러나 우리의 장난질 중에 어른들의 귀에 들어가지 않은 것도 있었다. 우리는 나뭇가지에 밧줄을 묶고 거기에 매달린 채 한 바퀴 빙 돌아 출발 지점으로 돌아오는 놀이를 즐겼는데, 오랜 연습 끝에야 가능한 놀이였다. 돌다가 멈춰 버리거나 거친 나무 껍데기에 등이 부딪혀 고생하지 않으려면 아주 대단한 기술이 필요했다. 다른 친구들이 놀러 오면 우리가 먼저 제대로 된 시범을 보여 주었다. 그리고 따라하던 아이들이 실패하고 아파 어쩔 줄 모르는 모습을 보면서 짓궂게 깔깔거렸다.

우리가 해마다 석 달씩 롤로 아저씨와 함께 지내던 시절,

아저씨는 암소 세 마리와 당나귀 한 마리를 키우셨다. 그 당나귀는 암소들보다 영리해서 코를 이용해 농장 사이사이에 세워져 있는 문을 열 줄도 알았지만, 아저씨는 당나귀가 제멋대로 나대는 바람에 아무 쓸모도 없다고 하셨다. 나는 그 말을 믿지 않았고, 몇 차례 시도와 실패 끝에 마침내 안장이나 고삐 없이 당나귀를 탈 수 있게 되었다. 녀석은 발길질을 해대고 껑충껑충 뛰고 하면서도, 내가 돌멩이를 가득 채운 깡통을 녀석의 꼬리에 매달아 요란한 소리를 즐길 때 빼고는 한 번도 날 떨어뜨리지 않았다. 나는 녀석을 타고 그 지역 일대를 두루 돌아다녔는데, 심지어 녀석을 타고 아저씨네 집에서 5킬로미터쯤 떨어진 곳에 사는 울즐리[영국의 육군 원수를 지냈음] 경의 딸을 보러 가기도 했다.

# 청년기

나의 유년기는 대체로 행복하고 수월했으며, 나는 주위의 어른들 대부분에게 애정을 느꼈다. 그러다 현대 아동 심리학에서 말하는 이른바 '잠복기'에 도달하면서 아주 뚜렷한 변화가 왔던 것으로 기억된다. 이 단계로 접어들면서 나는 속어를 쓰고, 감정이 없는 척하고, 전반적으로 '남자다워' 보이는 척하는 데서 즐거움을 느끼기 시작했다. 나는 집안 어른들도 무시하기 시작했다. 그들이, 속어를 쓰면 기겁을 하고 나무에 오르면 위험하다는 터무니없는 생각을 가졌다는 것이 주된 이유였다. 내게는 금지된 것들이 너무 많았기 때문에 속이는 습관이 생겨났고, 스물한 살이 될 때까지 그 습관을 유지했다. 무슨 일을 하든 혼자 알고 있는 편이 낫다고 생각하는 버릇이 제2의 천성이 되어 버렸으며, 이렇게 해서 생겨난 은폐 충동을 아직까지 한 번도 완벽하게 정복해 보지 못했다. 지금도, 누군가가

방에 들어오려 하면 읽고 있던 것을 감추거나, 내가 어디에 다녀왔는지 무엇을 했는지 별로 밝히고 싶어 하지 않는 편이다. 이 충동을 극복하려면 굳은 의지를 가지고 노력해야만 가능할 것이다. 어리석은 금지 사항들 속에서 내 길을 찾아야 했던 시절로 인해 생겨난 것이기 때문이다.

청년기는 대단히 외롭고 불행한 시기였다. 정서적으로나 지적으로나, 집안 어른들을 상대로 절대 불가침의 비밀을 간직해야만 했다. 나의 관심은 성性과 종교와 수학으로 갈라져 있었다. 사춘기 때 성에 몰두했던 일을 생각하면 지금도 불쾌해진다. 그 시절에 내 감정이 어떠했던가를 기억해 내고 싶은 마음은 없지만, 지난 일을 아쉬워하는 태도에서 벗어나 있는 그대로 진술하고자 최선을 다할 것이다.

성이란 것이 현실로 처음 다가온 것은 열두 살 때, 유치원 친구의 하나인 어니스트 로건을 통해서였다. 어느 날 밤 그 친구와 한 방에서 자게 되었는데, 그 친구가 성교란 무엇인지 그것이 어떤 역할을 하여 아이를 낳게 되는지를 재미있게 예까지 덧붙여 가며 설명해 주었다. 나는 아직 신체적 반응이 전혀 없는 상태였지만 그의 이야기가 너무나 재미있게 느껴졌다. 자유연애야말로 유일한 합리적 제도이며, 결혼 제도는 기독교적 미신과 이해를 같이한다는 생각이 당시의 내게는 명백한 것처럼 보였다. (내가 이런 생각을 품게 된 것은 성에 대해 처음으로 알고 나서 불과 얼마 후였던 게 확실하다.) 열네 살 때 가정교사가, 조만간 몸에 중대한 변화가 생길 것이라고 일러 주었다. 그 무렵에는 나도 그의 말뜻을 어느 정도 이해할 수 있었다. 그 시기에 나는 또 다른 친구, 지미 베일리와 함께 지내고 있었다. (1929년에 밴쿠버에서 재회한 그 친구 말이다.) 그 친구와 나는 온갖 이야기를 나누곤 했으며, 일하는 아이를 끌어들이기도 했다. 그 아이는 우리와 동갑이거나 한 살 정도 많았는데 우리보다 훨씬 더 많이 알았다. 어느 날 오후 우리가 그 아이와 함께 수상쩍은 대화를 나누며 시간을 보냈다는 사실이 밝혀지자, 어른들은 깊은 시름이 느껴지는 어조로 훈계를 한 다음 우리를 침실로 들여보내고 빵과 물만 주었다. 그 같은 조치에도 불구하고 이상하게도 성에 대한 관심은 사라지지 않았다. 우리는 많은 시간을 상스럽다고 여겨지는 부류의 대화를 나누었고, 우리가 모르는 사실들을 찾아내려 애썼다. 이 목적에는 의학사전이 아주 유용하다는 것도 알았다. 열다섯 살이 되자 나는 욕정을 느끼기 시작했는데, 참기 어려울 정도로 강렬했다. 공부를 하려고 앉으면 집중하려고 아무리 애를 써도 아랫도리가 발기되면서 계속 정신이 흐트러지곤 했다. 나는 결국 자위행위를 하게 되었다. 그러나 언제나 적당 선을 유지했다. 이런 짓이 너무도 부끄럽게 생각되어 중단해 보려고도 했다. 하지만 스무 살이 될 때까지 계속했는데, 어느 날 사랑에 빠지면서 갑자기 안 하게 되었다.

사춘기가 다가온다고 일러 주었던 그 가정교사가 몇 달 후에, 여자의 젖가슴이 아니라 남자의 가슴 얘기라고 우연히 언급했다. 그 말이 얼마나 참기 힘든 강렬한 감정을 불러일으켰던지 내가 마치 쇼크 받은 사람 꼴이 되자 그가 날 점잖다며 격려해 주었다. 하루에도 수십 번 여자의 몸을 보고 싶은 욕망에 휩싸인 나는 하녀들이 옷을 갈아입을 때 창으로 훔쳐보려고도 해보았지만 번번이 실패했다. 어느 해 겨울, 친구와 나는 땅굴 집을 만드느라 한철을 다 보냈다. 기어들어 가야 하는 길다란 통로와 180세제곱센티미터 크기의 방이 있는 공간이었다. 나는 하녀를 하나 꾀어 땅굴 집에 데리고 들어가, 키스도 하고 포옹도 해보았다. 한번은 그녀에게 나와 같이 하룻밤을 보내고 싶으냐고 물었더니 그럴 바엔 차라리 죽어 버리겠다고 대답하기에 곧이곧대로 믿었다. 게다가 그녀는 놀라움을 나타내면서, 내가 착한 소년인 줄 알았노라고 했다. 결과적으로 더는 아무런 일도 진전되지 않았다.

그 무렵 나는 성에 대해 사춘기 이전에 간직했던 합리주의적 관점을 완전히 상실하고, 인습적인 견해가 가장 건전하다고 받아들였다. 그러면서 나 자신의 심리에 큰 흥미를 느끼게 되었고, 꼼꼼하게 이성적으로 연구해 보았다. 그러나 모든 성찰은 병적이라는 얘기를 듣고, 나 자신의 생각과 감정에 관심을 가지는 이러한 현상 역시 정신적 탈선의 또 다른 증거라고 여기게 되었다. 그러나 2, 3년 정도 성찰의 시간을 가진 후 문득 깨달았다. 이것은 중요한 지식을 다량 얻을 수 있는 유일한 방법이므로 병적이라고 비난받아서는 안 된다는 것을.

성과 육체에 이처럼 몰두함과 동시에 엄청나게 강렬한 이상주의적 감정에 사로잡히곤 했다. 하지만 그것 역시 성에 원천을 둔 감정이라는 것을 그때는 알지 못했다. 나는 일몰과 구름의 아름다움, 봄가을의 나무들에 아주 큰 흥미를 느꼈다. 그러나 그 같은 관심은 결국 성의 무의식적인 승화이자 현실 도피를 위한 시도인 탓에, 대단히 감상적일 수밖에 없었다. 나는 「인 메모리엄」〔수필가이자 시인인 아서 헨리 핼럼을 애도한 테니슨의 비가〕 같은 아주 나쁜 시들부터 시작하여 폭넓게 시를 읽었다. 열여섯, 열일곱 살 때 읽은 것 중 기억나는 것으로는, 밀턴의 시 전부와 바이런의 시 대부분, 셰익스피어와 테니슨〔영국 빅토리아 시대의 대표적 시인〕의 작품 다수, 그리고 셸리의 시들이 있다. 셸리와는 우연히 마주쳤다. 어느 날 도버 가의 모드 아주머니 댁 응접실에서 앉아 기다리다가 책을 펼치니 「알라스토르」〔복수의 신이란 뜻〕가 나왔는데, 그때까지 내가 읽은 것 중에 가장 아름다운 시인 것 같았다. 나를 감탄시킨 주요소가 그 시의 비현실성이었음은 물론이다. 반쯤 읽었을 때 아주머니가 오셨으므로 책을 다시 갖다 꽂아 놓아야 했다. 셸리가 위대한 시인인 것 같지 않으냐고 어른들에게 물었더니 모두들 그를 나쁘게 생각하는 것이었다. 그러나 그런 반응들도 날 단념시키지는 못했으며, 틈이 날 때마다 그의 시를 읽고 외웠다. 내 생각이나 느낌을 이야기할 대상이 아무도 없었으므로 나는 셸리와 알고 지낼 수 있다면 얼마나 근사할까 상상해 보기도 하고, 살아 있는 사람 중에 이처럼 공감이 느껴지는 사람을 한 번 만나 볼 수나 있을까 의문하기도 했다.

시와 더불어 내 관심을 크게 끈 것은 종교와 철학이었다.

할아버지는 영국 국교회파였고, 할머니는 스코틀랜드 장로교 파였다가 나중에 유니테리언파가 되셨다. 나는 주일마다 번갈 아 가며 피터섬의(성공회) 교구 교회와 리치먼드 장로교 교회 에 나가야 했고, 집에 있을 때는 유니테리언파의 교리를 배웠 다. 내가 열다섯 살 무렵까지 믿은 것이 바로 유니테리언파 교 리였다. 열다섯 살 때 나는 기독교의 근본적 믿음들을 지지한 다고 여겨져 온 합리론들을 체계적으로 연구하기 시작했으며, 무수한 시간 동안 이 주제를 놓고 숙고했다. 그러나 혹시 상처 가 될까 두려워 아무에게도 말할 수 없었다. 믿음이 점차 사라 진다는 것과 침묵해야 한다는 것 때문에 나는 고통이 심했다. 만일 하느님과 자유와 영생〔혹은 불멸성〕을 믿지 않게 된다면 아주 불행해질 것만 같았다. 그러나 이런 교리들을 뒷받침한 다는 이유들은 너무도 설득력이 없다는 것을 알았다. 나는 그 것들을 한 번에 하나씩 아주 심각하게 고찰해 보았다. 제일 먼 저 넘어야 할 산은 자유 의지였다. 열다섯의 나이에 나는 이렇 게 확신하게 되었다. '산 것이든 죽은 것이든 물질의 운동은 전 적으로 역학의 법칙에 맞춰 진행된다. 따라서 의지는 육체에 아무런 영향도 미칠 수 없다.' 이 무렵 나는 '그리스어 연습장' 이라고 제목 붙인 공책에다 영어로 된 내 생각들을 그리스어 로 적어 보곤 했다. 내가 무슨 생각을 하고 있는지 다른 사람 이 알게 될까 두려웠기 때문이다. 인체를 기계로 보는 내 믿음 도 기록되어 있다. 당시 나는 유물론자로 바뀌면서 느끼는 지 적 만족감을 발견했어야 마땅하지만, 그 근거가 데카르트(나는 그가 카테시안 좌표(데카르트 좌표, 평행 좌표로도 불리는 수학 용어)의 창안자라는 것만 알았을 뿐 아는 바가 없었다)의 근거와 거의 동일했던 탓에, 의식은 부인할 수 없는 논거이며 따라서 순수 유물론은 불가능하다는 결론에 도달해 있었다. 이것이 열다섯 살 때의 일이다. 그로부터 2년쯤 후에는, 사후에는 아무런 생명도 존재하지 않는다고 믿게 되었으나 여전히 하느님을 믿고 있었다. '제1원인'(신을 우주 최초의 창시자로 보는 철학적 용어)론을 반박한다는 것이 불가능해 보였기 때문이다. 그러나 열여덟 살 때 케임브리지 대학에 진학하기 직전, 밀의『자서전』을 읽던 중 밀의 부친이 아들에게 다음과 같이 가르쳤다는 대목을 발견했다. "'누가 나를 만들었는가?'라는 의문에는 대답이 있을 수 없다. 그렇게 묻는 즉시, '누가 하느님을 만들었는가?'라는 보다 깊은 의문이 떠오르기 때문이다." 이 구절이 나로 하여금 '제1원인'론을 포기하고 무신론자가 되도록 이끌었다. 종교적 회의로 보낸 긴 세월 동안 나는 점차 사라져 가는 믿음 때문에 대단히 불행했다. 하지만 과정이 끝나고 나자 놀랍게도 그 주제를 모두 정리하고 크게 기뻐하는 나 자신을 발견했다.

이 기간 동안 나는 닥치는 대로 책을 읽었다. 혼자 이탈리아어를 익혀 단테와 마키아벨리를 읽을 수 있을 정도가 되었다. 콩트도 읽었으나 그 사람에 대해선 그다지 관심이 가지 않았다. 밀의『정치경제학』과『논리학』을 읽을 때는 공들여 내용을 발췌했다. 칼라일의 저서도 지대한 관심을 가지고 읽었지만, 종교를 지지하는 너무나 감상적인 주장에는 전혀 동조할 수 없었다. 왜냐하면 당시 나는 다음과 같은 생각을 하고 있었기 때문이다. '과학의 명제에서 요구되는 것과 같은 유의 증거가 존재하지 않는 한, 신학적 명제를 수용해서는 안 된다.' 이러한 생각은 그 후로도 쭉 이어졌다. 에드워드 기번도 읽었고, 밀먼의 『기독교의 역사』도 읽었다. 『걸리버 여행기』는 검열 과정에서 삭제되기 이전의 원본으로 읽었는데, 거기 등장하는 야후(『걸리버 여행기』에 나오는 사람 모습의 짐승들로, 사람이 가진 악덕을 모두 갖추었음)에 대한 설명에 큰 영향을 받아 그 관점에서 사람들을 보기 시작했다.

그러나 이와 같은 정신적 활동이 전부 깊숙이 매장되어 있었다는 점, 즉 다른 사람들과의 교제에서 흔적조차 드러내지 않았다는 점을 고려해야 한다. 사교적 측면에서 볼 때 나는 수줍고 어리고 서투르고 예절 바르고 착했다. 서툴러 고민하는 일 없이 무난히 대인 관계를 유지하는 사람들을 나는 부러운 눈으로 지켜보곤 했다. 캐터몰이라는 청년이 있었는데, 아마 약간 천한 사람이었을 것이다. 그러나 그는 스스럼없이 멋진 처녀와 함께 걸었고 여자를 즐겁게 해주기까지 했다. 나는 내가 어떤 여자에게 관심을 가지게 되더라도 즐겁게 해주는 법을 절대로 배우지 못할 것이라고 생각했다. 열여섯 번째 생일 바로 직전까지만 해도 나는 이따금 가정교사들을 상대로 무엇인가를 이야기할 정도는 되었다. 그때까지는 집에서 교육을 받았기 때문이다. 그러나 가정교사들이 석 달 이상 머무는 경우가 드물었다. 왜 그런지 그때는 이유를 알지 못했지만, 지금 생각하니, 터무니없는 요구를 해오는 집안 어른들을 속여 넘길 요량으로 내가 새 가정교사가 올 때마다 꼬드겨서 음모에 가담하게 만들곤 했기 때문인 것 같다. 나를 맡았던 한 가정교사는 불가지론자였기 때문에 함께 종교를 논할 기회가 가끔 있었다. 그 사실이 발각되어 그가 해고된 것이 아닌가 싶다. 집안 어른들이 제일 좋아해서 가장 오랫동안 나와 함께했던 가정교사는 폐병으로 죽어 가던 사람이어서 입 냄새가 견디기 힘들 만큼 고약했다. 건강을 생각할 때 그런 사람 곁에 나를 계속 둔다는 것은 결코 현명한 처사가 아니었지만, 어른들이 그것까지는 고려하지 못했다.

열여섯 번째 생일을 앞두고 나는 올드 사우스게이트의 육군 예비학교에 다니게 됐다. 내가 그곳 교사에게 맡겨진 것은 입대를 준비하기 위해서가 아니라 케임브리지 대학 트리니티 칼리지의 장학생 선발 시험에 대비하기 위해서였다. 그러나 거기에 있던 다른 학생들은, 성직에 진출하려는 한두 명의 탕아를 제외하고는 거의 대부분이 군에 입대할 사람들이었다. 모두 열일곱, 열여덟, 열아홉의 나이였고, 내가 제일 어렸다. 그들은 막 창녀 집에 들락거리기 시작한 나이였기 때문에 주요 화제도 그것이었다. 그들 중에 가장 숭배받는 사람은 매독에 걸렸다가 완쾌되었다고 주장하여 크게 명성을 떨치고 있던 청년이었다. 그들은 빙 둘러앉아 음탕한 이야기를 나누곤 했다. 어떤 사건이든 그들에겐 음탕한 이야깃거리가 되었다.

한번은 교사가 그들 중 한 사람을 이웃집에 보내 쪽지를 전하게 했다. 그는 돌아오기가 바쁘게 다른 친구들 앞에서 이렇게 이야기했다. "초인종을 울리니 하녀가 나오더군. 그래서 내가 이렇게 말했지, '편지letter 가져왔습니다.' (French letter[콘돔을 뜻하는 속어]란 의미였다.) 그러자 여자가 '편지를 가져다주니 고맙네요'라고 대답하지 뭐야." 하루는 예배 시간에 찬송가를 불렀는데, '이제 내가 나의 에버니저를 높이 쳐들 것이니'라는 가사가 나왔다. 그러자 청년들이, "그걸 그렇게 부르는 건 난생 처음 들어보네!"[찬송가 속의 에버니저는 사람 이름이지만, 여기서는 남성의 성기를 칭하는 것으로 받아들여 농담하고 있다]라고 말했다.

나도 예전엔 남모르게 성에 몰두했었지만, 이처럼 무지막지한 형태로 접하게 되니 충격이 매우 컸다. 나는 대단히 청교도적인 관점으로 변하게 되었고, 깊은 사랑이 없는 섹스는 짐승과도 같다고 단정했다. 나는 뒷전으로 물러나, 될 수 있으면 다른 사람들과 어울리지 않았다. 그러나 청년들은 나를 놀려 먹기 딱 좋은 존재로 보았다. 그들은 나를 의자에 앉혀 놓고 내가 아는 유일한 노래를 불러 대곤 했다.

늙은 아브라함은 죽어 버렸어,
다신 그를 못 볼 거야,
그는 낡고 큰 외투를 입고는 했지,
앞단추가 모두 내림 단추였어.

71

다른 외투도 하나 있었어,

그건 종류가 달랐어,

앞에서 채우는 내림 단추가 아니라,

뒤에서 채우는 올림 단추였어.


내가 그들의 관심에서 벗어나려면 침착하면서도 상냥한
태도를 유지하는 수밖에 없다는 것을 곧 깨달았다. 한 학기인
가 두 학기가 끝나자 놀려 먹기 좋은 소년이 또 하나 들어왔
는데, 참을성이 없다는 약점까지 겸비한 아이였다. 덕분에 나
는 그들에게서 풀려날 수 있었다. 또한 그들의 대화에도 점차
익숙해져서 충격받는 일도 없어졌다. 그럼에도 불구하고 나는
매우 우울하게 지냈다. 들판을 가로질러 뉴사우스게이트로 이
어지는 좁다란 길이 있었는데, 혼자 거기에 가서 일몰을 바라
보며 자살을 생각하곤 했다. 그러나 수학을 더 알고 싶었기 때
문에 자살을 감행하지 못했다. 그러한 음탕한 대화가 상습적
으로 이루어진다는 것을 알면 어른들은 물론 기겁을 했겠지
만, 나로선 수학 공부가 잘되는 중이었기 때문에 그냥 그대로
지내고 싶었다. 그래서 그곳의 실상에 대해 어른들에게 한 마
디도 하지 않았다. 그해가 가고 6개월 더 그 교사 밑에 있다가
1889년 12월 장학생 선발 시험을 보았는데, 2등급 장학금을
따냈다. 그때부터 케임브리지로 가기 전까지 열 달 동안은 집
에서 지내면서 예비학교 교사가 날 위해 채용해 준 사람한테
서 지도를 받았다.

　　예비학교에 있을 때 에드워드 피츠제럴드라는 친구를 사
귀었다. 그의 모친은 미국인이고 부친은 캐나다 사람이었다.
훗날 그 친구는 위대한 등반가로 널리 알려지게 되었으며 뉴
질랜드, 알프스 산맥, 안데스 산맥 등지에서 여러 차례 위업을
쌓았다. 그는 집안이 대단히 부유하여 러틀랜드 게이트 19번
지의 큰 저택에서 살았다.[1] 그에게는 시를 쓰는 누나가 있었는
데, 러틀랜드 게이트에서 나도 자주 마주치곤 했던 로버트 브
라우닝의 가까운 친구이기도 했다.[2] 훗날 그녀는 에드먼드 피
츠모리스 부인이 되었다가, 나중에 필리피 부인이 되었다. 그
녀는 동생과 나이 차이가 상당히 났으며, 뛰어난 고전 문학자
이기도 했다. 나는 그녀에게 낭만적인 동경을 품었으나 나중
에 만나 보니 아주 따분한 사람인 것 같았다. 에드워드는 미국
에서 자랐으며 굉장히 세련된 친구였다. 게으르고 활발하지
않은 성격이었지만 아주 여러 방면에서, 특히 수학에 뛰어난
능력을 보였다. 이름난 와인이나 시가의 연도를 줄줄 외우기
도 하고, 겨자와 고춧가루를 섞어 숟가락으로 푹 떠서 먹기도
하고, 대륙에 있는 매음굴에 대해서도 잘 알았다. 문학 지식도
폭넓었으며, 케임브리지 대학을 다닐 때에는 초판본의 훌륭한
서적들을 소장하고 있기도 했다.

---

1　그 집은 이제 없어졌다.
2　나는 두 살이 채 못 되었을 때도 로버트 브라우닝을 만난 적이 있다. 펨브로크 로
지에 점심을 먹으러 온 그는, 모두들 그가 데리고 온 배우 살비니의 이야기를 듣고
싶어 하는데도 자기만 쉴 새 없이 이야기했다. 참다못한 내가 귀청이 울리도록 소리
쳤다. "저 사람은 그만 얘기했으면 좋겠어." 그러자 그가 입을 다물었다.

그가 처음 예비학교에 왔을 때 나는 대뜸 그가 좋아졌다. 그곳에 있는 다른 아이들과 달리 어느 정도 개화된 친구였기 때문이다. (내가 거기 있을 당시 로버트 브라우닝이 사망했는데, 그 유명한 시인 이름을 들어본 사람이 한 명도 없을 정도였다.) 우리는 둘 다 주말엔 집에 가서 보내곤 했는데, 도중에 그가 항상 나를 데려가 식구들과 점심 식사를 하게 하고 이어 마티네〔연극, 음악회 등의 낮 공연〕로 데리고 갔다. 우리 집안 어른들이 그 가문에 대해 캐물었지만 로버트 브라우닝의 증언을 듣고는 안심하셨다. 너무도 오랫동안 외로웠던 나는 약간 어리석다 싶을 만큼 피츠제럴드에게 애정을 퍼부었다. 8월에 그 친구와 가족들이 함께 해외로 여행 가자고 초청했을 때 나는 이루 말할 수 없이 기뻤다. 외국 여행은 두 살 때 해본 후로 처음이었으므로 다른 나라들을 보게 된다는 생각에 너무나 흥분되었다. 우리가 맨 처음 간 곳은 프랑스 파리였는데, 마침 1889년도 박람회가 열리고 있었다. 그해에 새로 세워진 에펠 탑 꼭대기에도 가보았다. 그 다음에는 스위스로 가서 일주일 정도 여기저기 돌아다닌 끝에 엥가딘〔스위스의 인 강 상류부에 있는 휴양지〕에 당도했다. 친구와 나는 피츠 코르바치와 피츠 팔뤼라는 두 개의 산을 등반했는데, 두 번 다 눈보라가 몰아쳤다. 두 번째 등반은 아주 아슬아슬했다. 안내인 중 한 명이 절벽 아래로 떨어져 밧줄로 끌어올려야 했기 때문이다. 떨어지는 와중에도 맹세의 말을 잊지 않는 그의 침착함이 감동적이었다.

그러나 불행하게도 이 시기에 피츠제럴드와 나 사이에 다소 심각한 의견 대립이 있었다. 자기 어머니에 대한 그의 태도가 용서할 수 없을 만큼 무례해 보였으므로 젊은 혈기를 참지 못하고 내가 그를 비난했기 때문이다. 그는 엄청나게 화를 냈고, 차가운 분노가 몇 달이나 지속되었다. 예비학교로 되돌아와 숙소를 함께 쓰면서도 그는 불쾌한 이야기만 열심히 해댔으며, 그 방면으로 대단한 능력을 발휘했다. 나는 그를 엄청나게, 돌이켜 보면 나 자신도 이해하기 힘들 정도로 미워하게 되었다. 한번은 너무도 분통이 터져 그의 목을 움켜잡고 조르기 시작했다. 죽여 버릴 생각이었으나 그의 얼굴빛이 흙빛으로 변하기 시작하자 화가 누그러졌다. 내게 살해 의도가 있었다는 것을 그가 눈치챘던 것 같지는 않다. 그 일 이후, 그가 케임브리지에 머무는 내내 우린 아주 좋은 친구 사이를 유지했다. 그러나 그가 2학년 말에 결혼을 하면서 우리의 좋은 관계도 종말을 고했다.

이 시절, 나는 집안 어른들과의 공감대에서 점점 빠져나오고 있었다. 정치 문제에 관해서는 계속 의견이 같았지만, 그 밖의 다른 부분들에서는 그렇지 못했다. 처음에는 내가 생각하는 것들을 얘기해 보려고도 했으나 어른들이 늘 나를 비웃었기 때문에 입을 꾹 다물게 되었다. 나는 인류의 행복이 모든 행위의 목표가 되어야 한다고 생각하고 있었다. 그러나 놀랍게도, 다르게 생각하는 사람들이 있다는 것을 알았다. 행복에 대한 믿음을 공리주의라고 하며 그것이 수많은 윤리론 중 하나에 불과하다는 것도 알았다. 이후로 나는 그것에 매달리

게 되었고, 할머니 앞에서도 나는 공리주의자라고 말할 정도
로 분별이 없었다. 할머니는 나를 막기 위해 조롱을 무기로 삼
으셨다. 한번은 윤리에 관련된 수수께끼를 내시고는 공리주의
원칙에 따라 풀어 보라고 하셨다. 나는 할머니가 공리주의를
반박할 근거를 충분히 갖고 있지 못하다는 것, 할머니의 반론
은 지적인 것이 못 된다는 것을 간파했다. 할머니는 내가 형이
상학에 관심이 있다는 것을 아시고는, 다음과 같은 격언에 모
든 주제가 요약되어 있다고 하셨다. '정신이란 무엇인가? 아
무려면 어때. 물질이란 무엇인가? 신경 쓰지 마. What is mind?
no matter; what is matter? never mind.' 이 얘기도 열다섯 번,
열여섯 번씩 듣고 나니 시들해졌지만, 어쨌거나 형이상학에
대한 할머니의 혐오는 생이 끝나는 날까지 계속되었다. 다음
의 시에 할머니의 태도가 잘 표현되어 있다.


오, 형이상학적 학문이여
참으로 짓궂구나,
미로와 같은 이 인생을 더 복잡하게만 만드나니.
의지니 운명이니 하는 깜깜한 수수께끼들에
불을 밝혔노라고 뽐내기 위해
그것들을 뒤섞어 더욱더 흐릿하게 만들어 버리나니.


모든 행위의 원인을
너는 자만 속에 설명하네.

구석구석 빠짐없이 정신을

여행했노라며,

모든 문제를 풀었노라며,

공리를 너 자신의 박식한 추측이라 부르네.


네가 옳고 그름을 그처럼 해부하여

그 조각들을 그렇게 이어 놓았으니,

우리가 어느 쪽을 따르느냐는 중요해 보이지도 않아.

그러나 네가 엮어 놓은 거미집들에

어리석은 파리들이 걸려들었으니,

그것을 떨어내는 데 기적의 빗자루 따윈 필요치도 않아.


웃음이 무엇인지, 눈물, 한숨,

사랑, 미움, 분노, 동정이 무엇인지,

너는 나보다 알지 못하지.

형이상학이여, 그럼, 안녕,

나는 너 없이도 살 수 있으며,

이제 곧 너는 유행에서 뒤처질 거라고 생각해.


내가 장성하고 난 뒤 할머니가 이렇게 말씀하신 것이 생각난다. "네가 또 책을 쓰고 있다며!" 그것은 '네가 또 사생아를 가졌다면서!' 식의 어조였다. 할머니로서는 수학이 유용한 목적에 쓰일 수도 있다는 것을 믿기 힘들었겠지만, 어쨌거나 수학을 공부하는 것을 적극 반대하지는 않으셨다. 할머니는 내가 유니테리언파 성직자가 되기를 바라셨다. 나는 스물한 살이 될 때까지 종교적 견해에 대해선 입을 다물었다. 사실 열네 살 이후로는, 내 흥미를 끄는 모든 것들에 대해 완전히 벙어리가 되지 않는 한 집에서 지내는 시간은 견디기 힘들었다. 할머니도 농담이란 것을 하긴 하셨으나 재미는 별로 없고 온통 적의에 찬 것뿐이었다. 그럴 때 친절하게 맞장구쳐 주는 법을 알았더라면 좋았겠지만, 나는 다만 상처받고 비참한 심경이 될 뿐이었다. 애거서 아주머니 역시 심술궂었으며, 롤로 아저씨는 당시 첫 아내의 죽음으로 슬픔 속에 홀로 침잠해 계셨다. 베일리얼에 다니던 형은 불교 신자가 되었는데, 이따금 내게 영혼은 가장 작은 봉투에도 담을 수 있다고 말하곤 했다. 내가 본 작은 봉투들을 모조리 떠올리고, 영혼이 그 속에서 마치 심장처럼 쿵쿵대는 모습을 상상해 보았던 기억이 난다. 형과의 대화를 통해 밀교密敎란 것을 알게 되었지만 그 정도의 이해로는 내게 아무 도움이 되지 못했다. 형이 성인이 된 후로는 얼굴 보기도 어려웠다. 가족들은 형을 나쁘게 보았고 따라서 형도 집을 멀리했기 때문이다. 나는 자라서 수학 분야에서 뭔가 중요한 일을 하리라 결심하고 고무되어 있었다. 그러나 친구로 사귈 수 있는 사람이나 내 생각을 자유롭게 말할 수 있는 상대를 만나게 되리라고는 상상하지 못했을 뿐 아니라, 내 인생의 한 일부가 커다란 불행에서 벗어나게 되리라는 기대도 하지 않았다.

사우스게이트에 있는 동안 나는 정치학과 경제학에 많은 관심을 가지게 되었다. 밀의『정치경제학』을 읽고는 통째로 받아들이고 싶었다. 허버트 스펜서도 읽었다. 『인간 대 국가』에서는 너무 교조적으로 보이긴 했으나, 그의 성향에 폭넓은 공감을 느꼈다.

애거서 아주머니가 읽고 크게 탄복했다는 헨리 조지의 책들을 소개해 주셨다. 나는 토지의 국유화가 사회주의자들이 사회주의에서 얻고자 하는 것들을 모두 확보해 줄 것으로 확신하게 되었으며, 이러한 견해는 제1차 세계대전 때까지 지속되었다.

할머니와 애거서 아주머니가 글랜드스턴의 아일랜드 자치 정책을 열렬히 지지하셨던 관계로 아일랜드의 국회의원들이 펨브로크 로지를 자주 방문하곤 했다. 이때가 마침 찰스 파넬(1846~91년, 아일랜드의 민족운동가)이 살인 사건에 연루된 증거 서류가 확보됐다고《타임스》지가 발표했을 때였다. 1886년까지 글래드스턴을 지지했던 사람들 대다수를 포함해 거의 대부분의 상류 계급이 이 견해를 받아들였으나, 1889년 증거 서류 위조자 피곳이 '주저함'이란 단어조차 쓰지 못한다는 사실이 극적인 반증 자료로 등장하자 분위기가 달라졌다. 할머니와 애거서 아주머니는 파넬의 추종자들이 폭력단과 연계되었다고 보는 견해를 언제나 격하게 거부하셨다. 두 분은 파넬을 숭배하셨으며, 나도 그 사람과 악수를 한 번 한 적이 있다. 그러나 파넬이 추문에 연루되자(오세이 부인과의 사통 혐의) 두 분은 글래드스턴에 동조하여 파넬에 대한 지지를 거두어들였다.

나는 애거서 아주머니와 함께 아일랜드에 두 번 가보았다. 아일랜드의 애국자 마이클 대빗과 함께 산책하기도 하고 나 혼자 하기도 했다. 그곳의 아름다운 경치는 내게 깊은 인상을 남겼다. 특히 위클로 지방의 루갈라라는 작은 호수가 기억에 남는다. 그 후로 그 호수를 생각할 때면, 뚜렷한 이유도 없이 이런 시구가 떠오르곤 했다.

물결이 자갈밭 기슭으로 밀려오듯
우리의 일각 일각도 종말을 향해 서두르나니.

50년 후, 더블린에 사는 친구 크롬프턴 데이비스를 방문했을 때 그에게 루갈라로 데려다 달라고 졸랐다. 그러나 그는 내 기억 속의 '자갈밭 기슭'이 아니라, 호수에서 한참 위쪽에 있는 숲으로 데려갔다. 나는 옛 추억을 부활시키려 들지 말라는 그의 말에 수긍하면서 자리를 떴다.

1883년 롤로 아저씨가 힌드헤드 언덕에 있는 집을 한 채 구입하자, 우리 모두 해마다 그곳에 가서 석 달씩 머무는 일이 여러 해 계속되었다. 당시만 해도 힌드헤드에는, '왕족의 오두막'과 '일곱 그루 가시나무'라는 방치된 역마차 여관들 외에 집이라곤 없었다. (지금은 두 여관 다 영업 중이다.) 존 틴들(영국의 물리학자)의 집이 막 건축되고 있었는데, 나중에 그 집이 유행을 이끌었다. 나는 어른들이 틴들을 만나는 자리에 자주 끼이곤 했으며, 그의 책 중 하나인 『물의 형태』를 선물받기도 했다. 나는 그를 저명한 과학자의 한 사람으로 존경하고 있었기 때문에 그에게 어떤 인상이든 남기고 싶은 마음이 간절했다. 다소나마 성공한 경우가 두 번 있었는데, 그가 롤로 아저씨와 얘기를 나누고 있을 때 내가 구부러진 지팡이 두 개를 손가락 하나에 얹고 균형을 유지한 것이 그 첫 번째였다. 틴들이 내게 뭘 하는 거냐고 묻기에, 중력의 중심을 결정하는 실제 방법을 생각해 보는 중이라고 대답했다. 두 번째 기회는 그로부터 몇 년 후, 내가 그에게 피츠 팔뤼를 등반했다고 얘기했을 때였다. 그도 선구적인 등반가였던 것이다.

힌드헤드에서 무성한 히스[식물의 일종]를 헤쳐 가며 블랙다운을 넘고 펀치볼 분지를 내려가 멀리 처트의 데블스 점프까지 쏘다니면서 나는 표현하기 힘든 기쁨을 발견했다. 특히 '번치 수녀의 길'이라 불리는 자그만 도로를 답사한 일이 기억에 남는다. (지금은 이곳에도 주택들이 꽉 들어찼으며 '번치 레인'이란 표지판이 붙어 있다.) 이 길은 점점 줄어들다가 결국 허트 힐 정상으로 이어지는 오솔길이 되었다. 한번은 무심히 걸어가는데, 느닷없이 서섹스 절반과 서리 대부분이 들어오는 확 트인 풍경과 마주쳤다. 이런 순간들이야말로 내 인생에서 중요한 것들이었다. 대체적으로 야외에서 생긴 일들이 집 안에서 있었던 일들보다 더 깊은 감명을 주었던 것 같다.

## «3»
# 케임브리지 시절

아버지는 케임브리지 대학을 졸업했고, 형은 옥스퍼드 대학에 다녔다. 나는 수학에 흥미가 많았기 때문에 케임브리지 대학으로 진학했다. 케임브리지에 처음 간 것은 1889년 겨울, 입학 장학생 선발 시험을 보기 위해서였다. 나는 뉴코트관 내에 있는 방에 묵었는데 너무 부끄러움을 타서 화장실 가는 길조차 물어보지 못했다. 그래서 매일 아침마다 시험이 시작되기 전에 역까지 걸어다녔다. 뉴코트관 정문에서 뒤뜰[케임브리지 대학의 몇몇 학교 기숙사에 있는 뒤쪽 정원. 강에 면해 있어 아름답기로 유명함]이 보였으나 사유지인 것 같아 감히 들어가 보지는 못했다. 아버지의 재학 시절 때 해로 학교 교장이었던 학장이 나를 식사에 초대했다. 거기서 처음으로 찰스와 보브(로버트) 트리벨리언을 만났다. 보브는 특이하게도 찰스의 옷 중에 두 번째로 좋은 양복을 빌려 입고 왔는데, 누군가가 외과 수술 이야기를 하자 식사 도중 기절해 버렸다. 사교적인 자리에서 그런 끔찍한 일을 당하자 나는 깜짝 놀랐다. 하지만 그보다 몇 달 전에 글래드스턴과 '단둘이' 있게 되었던 때보다는 덜 무서웠다. 당시 그는 펨브로크 로지에 묵으려고 왔는데, 그가 오리라는 얘기를 아무도 듣지 못한 상황이었다. 집 안에 남자라곤 나밖에 없었으므로 여자들이 물러가자 식탁에는 나와 그 사람만 달랑 남게 되었다. 그가 한 말은 딱 한 마디였다. "아주 훌륭한 포트 와인〔포르투갈 원산 적포도주〕이긴 한데 왜 이걸 클라레〔프랑스 보르도산의 적포도주〕 잔에 담아 주었을까?" 나도 그 답을 알지 못했으므로 쥐구멍에라도 숨고 싶었다. 그때만큼 고민스럽고 무서웠던 적은 없다.

나는 장학생 시험을 잘 보려고 무진 애를 쓴 탓에 약간 신경과민이 되어 공부가 잘되지 않았다. 그런데도 2등급 장학금을 따내자 엄청나게 기뻤다. 그때 처음으로, 능력 있는 동시대인들과 나 자신을 비교해 볼 수 있었기 때문이다.

1890년 10월 초, 케임브리지 대학에 다니기 시작한 다음부터는 만사가 순조로웠다. 당시 학내에서 기숙하던 사람들은 나중에 나와 절친한 친구들이 되었는데, 첫 학기 첫 주 동안에 그들이 모두 날 찾아왔다. 그때는 이유를 몰랐지만 나중에 알고 보니, 장학생 시험을 심사한 화이트헤드가 생어와 나를 주목하라고 말했다는 것이다. 생어도 신입생이었는데, 수학을 잘한다는 점과 2등급 장학생이 되었다는 점이 나와 똑같았다. 생어와 나는 둘 다 휴웰스 코트에 기거했다. 지도 교수인 웨브는 학생들이 쓴 원고를 서로 돌려보게 했는데, 내가 쓴 원고를 생어에게 갖다 주어야 하는 운명에 처하게 되었다. 그를 처음 본 자리에서 나는 그의 선반에 놓인 책들에 감명을 받았다. 내가 말했다. "드레이퍼의 『유럽의 지적 발달』을 가지고 있구나. 나도 아주 좋은 책이라 생각하는데." "그 책을 아는 사람을 만나긴 네가 처음이야!" 그 순간부터 대화가 술술 이어졌고, 30분쯤 지나자 우리는 평생 친구가 되어 있었다. 우리는 공책을 내놓고 서로 수학을 얼마나 공부했나 비교해 보기도 했다. 신학과 형이상학에서도 의견이 일치했다. 다만 정치 쪽에서는 의견이 달랐다(당시 그는 보수당원이었으나 훗날 노동당에 가입했다). 그가 버나드 쇼〔1856~1950년, 아일랜드의 극작가 · 문학 비평가 · 사회주의 선전 문학가. 1925년 노벨 문학상 수상〕에 대해 언급할 때까지는 나는 그 사람 이름을 들어보지도 못한 터였다. 우리는 수학을 같이 공부하곤 했다. 그는 믿기 어려울 정도로 문제 푸는 속도가 빨라서, 내가 아직 질문을 이해하지도 못했을 때 벌써 절반이나 풀고 있었다. 4학년 때는 둘 다 윤리학에 열중했으나 그는 경제학을, 나는 철학을 했다. 펠로십〔특별 연구원 장학금〕도 둘이 동시에 따냈다.

그는 이 세상 누구보다 친절한 사람이었다. 그의 마지막 몇 년 동안에는 내 아이들도 나 못지않게 그를 사랑했다. 날카로운 지성과 따뜻한 애정을 그처럼 완벽하게 겸비한 사람은 내가 알기로 그 친구 외에 아무도 없었다. 그는 나중에 대법관청 법정 변호사가 되었는데, 법조계에서는 자먼의 해박한 편집이 돋보이는『의지에 관하여』의 저자로 널리 알려졌다. 그는 자먼 친척들의 반대로, 자먼이 유언을 남기지 않고 사망했다는 사실을 책 서문에서 언급하지 못한 것을 안타까워하곤 했다. 그는 아주 훌륭한 경제학자이기도 했으며, 마자르어〔헝가리 주요 종족의 언어〕나 핀란드어 같은 변방국의 언어를 포함한 여러 나라 언어를 읽을 수 있는 놀라운 재능의 소유자였다. 그는 나와 함께 이탈리아에서 도보 여행을 할 때 여관 주인과 말할 일이 있으면 매번 나한테 떠맡기곤 했다. 그러나 이탈리아어로 된 책을 읽던 중 그의 이탈리아어 지식이 나보다 월등히 낫다는 것을 알았다. 1930년 그가 세상을 떠난 것은 내게 큰 슬픔이었다.

케임브리지에 입학한 후 첫 학기에 얻은 또 다른 친구들은 주로 화이트헤드가 추천해 준 친구들이었다. 나중에 안 사실이지만, 장학생 선발 시험에서 나보다 높은 점수를 받은 사람이 한 명 더 있었는데 화이트헤드는 둘 중에 내가 더 낫다고 보았다. 그래서 그는 시험관 회의에 앞서 채점표를 태워 버리고는 그 사람보다 나를 먼저 추천했다고 한다. 나와 가장 가까웠던 두 친구는 크롬프턴과 시어도어 루엘린 데이비스 형제였다. 그들 부친은 커크비 론즈데일의 교구 목사로, 골든 트레저리판 플라톤의『공화국』을 번역하기도 했다. 그는 뛰어난 학자인 동시에, F. D. 모리스의 관점을 이어받은 광교회파〔영국 국교회의 일파〕이기도 했다. 그에게는 아들 여섯과 딸 하나가 있었는데 크롬프턴은 여섯 아들 중 다섯째, 시어도어는 막내였다. 들리는 말로는 여섯 아들이 모두 아버지의 도움 없이 장학금으로 학교를 다녀 어렵사리 공부를 마쳤다고 하는데, 나는 그 얘기가 사실일 것으로 본다. 아들들 대부분이 외모 또한 수려했으며 크롬프턴도 그중 하나였다. 그 친구는, 때로는 장난기가 번뜩이고 때로는 매우 진지하고 흔들림 없는 모습으로 변하는 아주 멋진 푸른 눈을 가지고 있었다. 그 집에서 제일 사랑받는 동시에 능력 있는 아들은 막내인 시어도어였다. 내가 처음 그들을 알게 되었을 당시 그들 형제는 칼리지의 숙소를 함께 쓰고 있었다. 두 사람 다 특별 연구원이 되었으나 둘 다 학교에 남지 않았다. 나중에 둘은 웨스트민스터 사원 근처, 한적하고 구석진 거리의 작은 집에서 함께 살았다. 두 형제 모두 유능하고 고결하고 정열적이었으며, 이상이나 견해도 대체로 같았다. 시어도어는 크롬프턴에 비해 다소 현실적인 인생관을 가지고 있었다. 그는 나중에 보수당 역대 재무장관들의 개인 비서로 일하면서 장관들을 차례로 자유무역주의자로 변화시켰다. 당시 정부의 다른 각료들이 전혀 다른 견해를 가지고 있던 시절에 말이다. 그는 믿기 힘들 정도로 열심히 일하면서도 꼭 시간을 내서 친구 자녀들에게 선물을 하곤 했는데, 항상 가장 적절한 선물이었다. 그를 알고 있는 사람들은 거의 모두 그에게 깊은 애정을 가졌다. 그와 결혼하게 된다면 기뻐하지 않을 여자가 없었으나 내가 알기로 딱 한 사람만이 예외였다. 바로 그녀가, 그가 결혼하고 싶어 한 유일한 여자였음은 물론이다.

1905년 봄, 시어도어는 커크비 론즈데일 근처 연못에서 시체로 발견되었다. 그의 나이 서른네 살이었다. 역으로 가던 길에 거기에서 멱을 감으려 한 모양이었다. 다이빙을 하다가 바위에 머리를 부딪힌 것으로 추정되었다. 동생을 누구보다 사랑했던 크롬프턴은 견디기 힘들 만큼 고통스러워했다. 나는 시어도어가 죽고 몇 주 동안 크롬프턴과 함께 지냈으나 무어라고 해줄 말이 없었다. 슬픔에 잠긴 그의 모습은 보기에도 힘들 정도였다. 그 후로는 웨스트민스터의 종소리만 들으면 그 당시 괴로운 심정으로 지새곤 했던 밤들이 떠오르곤 한다. 사고 후 처음 돌아온 일요일에 나는 그의 부친이 주관하는 예배에 참석했다. 그는 결연한 각오로 냉정을 유지하며 평소처럼 예배를 드렸다. 그러나 주저앉아 울고 싶은 것을 겨우 참고 있는 것처럼 보였다. 크롬프턴도 서서히 그 상처에서 회복되어 갔지만 결혼하기 전까지는 완전히 상처가 아물지 않았다. 그 후로 몇 년 동안 그의 모습을 한 번도 볼 수 없었는데, 나는 그 이유를 전혀 짐작할 수 없었다. 첼시에 살던 어느 날 저녁, 초인종 소리에 나가 보니 크롬프턴이 현관 계단에 서 있었다. 그는 마치 우리가 어제 만났던 것처럼 행동했고, 여전히 매력적이었다. 그는 자고 있는 우리 아이들을 굳이 보겠다고 우겼다. 아마도 시어도어가 죽고 나서 겪은 고통에 내가 너무 깊이 연관되어 있어 오랜 시간 나라는 존재가 힘겹게 느껴졌던 것 같다.

크롬프턴과 관련해 가장 오래된 기억 가운데 하나는 칼리지의 나선식 계단 제일 컴컴한 곳에서 그와 만난 일이다. 그가 사전 설명도 없이 불쑥, "호랑아, 호랑아, 환히 불타오르는"이 란 구절〔윌리엄 블레이크의 시 「호랑이」의 첫 줄〕을 인용했다. 나 는 그 순간까지 블레이크에 대해 들어 본 적이 없었다. 크롬 프턴이 읊조리는 그 시가 얼마나 감동적이었는지, 아찔한 현 기증과 함께 벽에 몸을 기대야 할 정도였다. 크롬프턴과 관계 된 사건들이 거의 매일 떠오르곤 한다. 때로는 익살스런 모습 이거나 때로는 야비함이나 위선을 혐오하는 찡그린 얼굴이다. 그러나 대부분은 따뜻하고 후덕한 정이 느껴지는 모습이다. 내가 혹시 정직에서 벗어난 짓을 하고픈 유혹을 받더라도 그 가 못마땅해할 것을 생각하면 지금도 스스로를 억제할 수 있 다. 그는 재치와 열정, 지혜, 냉소, 정다움, 고결함을 모두 갖추 고 있었으며, 그 점에서는 그를 필적할 사람이 없다. 그 밖에 도 강렬하고 변함없는 정까지 지니고 있었는데, 그 정이 훗날 분해되어 가는 세상을 살아가는 나를 비롯한 많은 사람들에게 흔들림 없는 닻이 되어 주었다.

그는 자기 자신에게 매우 충실한 편이었다. 선을 위해서 든 악을 위해서든 다수를 따라가지 않는 능력이 있었다. 친구 들이 흥분하는 모든 명분들을 공공연히 경멸하면서도 즐겼고, '이러저러한 것을 위한 모임'이니 '이러저러한 것을 촉진하기 위한 세계 연맹'이니 하는 것들을 냉소하고 비웃었다. 그러면 서도 자기 내면에서 자신은 항상 십자군이었다. 영국에 맞서는 아일랜드를 위해, 대기업에 맞서는 소기업을 위해, 가진 자에

맞서는 무산자를 위해, 독점에 맞서는 경쟁을 위해 싸웠다. 그
는 지가 과세안에 찬성했으므로 주로 그 문제로 열을 올렸다.

현재 헨리 조지는 거의 잊혀진 선지자에 불과하다. 하지만
1890년, 내가 크롬프턴을 처음 알게 된 당시만 해도, 모든 지
대는 지주 개인이 아닌 국가에 납부해야 한다는 그의 이론은
당시 경제 상황에 만족하지 못하는 사람들 사이에는 사회주의
의 강력한 대안으로 인식되고 있었다. 크롬프턴은 이미 헨리
조지의 열렬한 지지자였다. 예상대로 그는 사회주의에 대해서
는 강한 혐오감을, 사기업을 위한 자유라는 원칙에 대해서는
강한 애착을 가지고 있었다. 사업을 해서 돈을 버는 자본가는
혐오하지 않았으나, 사업하는 사람들에게 필요한 땅을 소유했
다는 이유 하나로 타인의 사업에 사용세를 징수하는 사람, 혹
은 그렇게 할 수 있는 사람은 완전히 악마 보듯 했다. 지주에게
서 나오는 모든 세입을 국가에서 향유한다면 거대 괴물이 될
텐데 그 문제는 어떻게 해결할 수 있다는 것인지, 그가 한 번이
라도 자문해 보았다고는 생각하지 않는다. 결국 헨리 조지나
크롬프턴이 생각한 개혁은 개인주의적 자유주의의 완성으로
서, 독점 권력이 짓누르고 있던 에너지를 풀어준다는 의미였
다. 1909년, 그는 로이드 조지가 헨리 조지의 원칙들을 실행하
는 중이라고 믿고, 로이드 조지의 예산안(부유층의 증세를 전제
로 하는 획기적인 예산안)을 성립시키는 데 동참했다.

제1차 세계대전 초기에 크롬프턴은 체신성 소속 사무 변
호사로 일했으나, 아내의 정치적 소신에 적극 동조했기 때문

에 곧 그 자리에서 쫓겨나고 말았다. 그의 아내는 아일랜드 국수주의자로, 신페인당〔1905년 무렵에 결성된 아일랜드의 정당. 아일랜드는 영국으로부터 완전 독립하여 독자적 발전을 이루어야 한다고 주장했음〕 당원이란 이유로 투옥되어 있었다. 당시의 편견에도 불구하고 그는 해직되기 바쁘게 시 사무 변호사들로 구성된 유명 합자사인 카워드 – 챈스에 파트너로 영입되었다. 공개되지는 않았지만, 1921년 아일랜드 자치 정부를 확립시킨 평화 조약을 기초한 사람이 바로 크롬프턴이었다. 그는 천성이 이기적이지 못하여, 자신이 지지를 얻고자 다른 사람들을 방해하는 일은 결코 없었다. 게다가 대중적 인정이나 명예에 신경을 쓰지 않았기 때문에 화려한 성공을 이룬다는 것은 불가능했다. 비록 그가 불멸의 존재가 되지는 않았지만 그의 자질만은 아주 뛰어났다.

크롬프턴을 훌륭하면서도 유쾌한 사람으로 느끼게끔 하는 것은 그의 능력이 아니라 강렬한 사랑과 증오, 뛰어난 유머 감각, 바윗돌 같은 정직이었다. 그는 내가 아는 사람들 중에서도 가장 재치 있는 사람이었으며, 인류에 대해서는 지대한 사랑을, 개별 인간들 대다수에 대해서는 경멸과 증오를 동시에 품고 있었다. 고결한 성직자 같은 사람은 결코 아니었다. 우리 둘 다 젊을 때였는데, 한번은 그와 함께 시골길을 산책하던 중에 어느 농부의 밭 귀퉁이를 밟고 지나갔다. 노발대발한 밭 주인이 시뻘게진 얼굴로 고함을 치며 우리를 뒤쫓아 왔다. 크롬프턴이 귀에 손을 얹고는 유순하기 그지없게 말했다. "조

금 더 크게 말씀해 주실래요? 제가 귀가 좀 어둡거든요." 농부
는 더 큰 소리를 내려고 안간힘을 쓰던 끝에 결국 입을 다물
고 말았다. 그가 죽기 얼마 전에 이 얘기를 하는 것을 들은 적
이 있었다. 과장까지 해가며 아주 상세하게 이야기했는데, 자
기가 한 짓을 나한테로 돌리는 것이었다. 내가 끼어들어 말했
다. "한 마디도 믿지 말게. 내가 아니고 모두 크롬프턴이 한 짓
이야." 결국 그는 정이 듬뿍 느껴지는 킬킬거리는 웃음으로 얼
버무리고 넘어갔다.

　그는 아주 허름한 옷차림을 즐겼는데 얼마나 심했는지 친
구들이 타이를 정도였다. 서부 오스트레일리아가 오스트레일
리아 연방에서 탈퇴하려고 소송을 제기했을 때였다. 그가 일
하던 법률 회사가 그 일을 맡게 되어, 국왕의 예복실에서 사건
경위를 보고하기로 되어 있었다. 그때 크롬프턴은 벨을 울려
국왕의 시종을 불러다 놓고 이렇게 말했다고 한다. "내 바지가
예의에 맞지 않는다는 것을 조금 전에야 알게 되었소. 국왕 예
복실에서 사건 보고를 하기로 되어 있다고 알고 있는데, 혹시
그 방에 국왕께서 두고 간 낡은 바지라도 있으면 아주 유용하
게 쓸 수 있을 것 같소."

　그는 싫어하는 것도 많고 혐오의 강도도 남들보다 훨씬
높았다. 하지만 그의 표현은 늘 사람을 웃게 만들었다. 한번은
우리 둘과 그의 부친, 그리고 주교 한 사람이 손님으로 초대된
자리가 있었다. 주교는 온화하기 그지없고 남의 비위를 절대
로 거스르지 않는 유형의 성직자였다. 말 그대로 파리 한 마리

도 죽이지 못할 것 같은 사람이었다. 불행하게도 그의 정치관은 다소 반동적이었다. 나중에 우리끼리 남게 되자 크롬프턴은 마치 해적선에 함께 잡힌 동료 포로에게나 어울릴 법한 태도로 으르렁거렸다. "아무래도 절망적인 인간 같아."

1905년 말에 자유당 정부가 집권하면서, 뚱뚱하고 편안하고 남들을 잘 달래는 성격의 홀데인 경이 육군성에 들어앉자 크롬프턴은, 그런 사람이 임명된 것은 군 개혁안이 제기되었을 때 장성들이 졸도하는 것을 방지하기 위해서라고 아주 심각한 투로 말했다.

그는 또한 자동차의 횡포를 몹시 못마땅해했다. 달리는 차들에 신경도 쓰지 않고 런던의 도로들을 횡단하곤 했는데, 차들이 빵빵거리면 유난히 원통한 사람처럼 주위를 돌아보며 소리쳤다. "그 소리 좀 내지 마!" 그리하여 모자를 뒤로 젖혀 쓰고 꿈을 꾸듯 멍하니 돌아다녀도, 그를 아주 대단한 사람으로 여긴 운전자들은 그가 지나갈 때까지 끈기 있게 기다려 주곤 했다.

그는 찰스 램(1775~1834년, 영국의 수필가)이나 사무엘 존슨(1709~84년, 영국의 사전 편집자·비평가·시인) 박사 못지않게 런던을 사랑했다. 한번은 미나리아재비 따위나 읊는다며 워즈워스를 통렬히 비난하기에 내가 이렇게 물었다. "그럼 그가 웨스트민스터 다리를 읊으면 맘에 들겠는가?" "아, 물론이지, 실제 규모 그대로 다뤄 주기만 한다면." 그의 말년에는 그와 우리 부부 셋이서 종종 저녁 식사 후에 런던을 산책했다. 세인트 클레먼트 데인스의 렌 교회를 지날 때면 크롬프턴은 우리 팔을 붙들고서 붉고 푸르스름한 저녁 하늘을 배경으로 희미하게 솟아 있는 첨탑을 쳐다보라고 종용했다. 그것은 그가 좋아하는 광경 중 하나였다. 이따금 이렇게 산책하던 길에 마주친 사람들과 얘기를 나누는 데 빠져들기도 했다.

그가 어느 공원 수위와 아주 열심히 토론하던 것이 기억나는데, 아마 지가 문제가 화제였을 것이다. 처음에 수위는 자신의 계급과 공식적 지위를 망각하지 않기로 작정한 듯, 정중하게 거절하며 서먹한 태도로 크롬프턴을 대했다. 낯선 사람끼리 너무 쉽게 대화해서는 안 된다, 신사 양반과 노동자 계층은 쉽게 어울릴 수 있는 사이가 아니다, 근무 중인 공무원에게는 누구도 말을 걸어선 안 된다, 뭐 이런 정도로 생각했을 것이다. 그러나 뻣뻣하던 그의 태도는 금세 누그러졌다. 크롬프턴은 진정한 의미에서 민주적인 사람이었다. 자기 사무실 서기나 집의 하인들에게 말하는 투나, 자기에게 일을 맡긴 인도 귀족 같은 중요한 사람에게 말하는 어조가 똑같았다. 방이 두 개밖에 없는 아일랜드의 오두막에서의 태도와 화려한 축하 파티에서의 태도가 한 치도 틀리지 않았다. 우리집 하녀가 그의 가족과 같은 지방 출신이라는 얘기를 듣고는 자리에서 일어나 그녀에게 고개 숙여 인사하고 악수를 나눌 정도였다. 크롬프턴의 그 엄숙하고 정중한 태도가 아직도 기억에 남는다.

그는 기질적으로 무정부주의에 끌렸다. 제도니 조직이니 획일이니 하는 것을 워낙 싫어했기 때문이다. 한번은 그와 함께 웨스트민스터 다리에 서 있었는데, 수많은 차량들 중간에 끼인 자그만 당나귀 마차를 가리키며 즐거워했다. "내가 좋아하는 게 바로 저거야. 온갖 것들을 위한 자유."

또 한번은 아일랜드에서 함께 걷다가 버스 정류장으로 가는 길이었다. 거기서. 나는 아무 생각 없이 제일 크고 안락한 버스 쪽으로 향했다. 그러자 그는 꽤나 충격받은 표정으로 내 팔을 붙들고 작고 꾀죄죄한 '구식' 버스로 총총 걸어갔다. 그 버스가 용감하게도 대형 연합체에 도전하고 있는 중이라고 설명하면서 말이다.

그의 견해는 다소 흔들리는 때도 있었다. 하지만 그는 자신이 가진 편견이 분방하게 뻗어 나가는 것을 오히려 즐기는 편이었다. 계산적이다 싶은 것은 무엇이든 끔찍하게 싫어했다. 내가 이길 가능성이 없는 전쟁은 정당화될 수 없다고 말하자 그는 큰 충격을 받았다. 그의 눈에는 거의 가망이 없는 영웅적인 도전이 훌륭해 보였던 것이다. 그의 편견 중 많은 부분이 나의 감정과 거의 일치했으므로 그런 것들을 놓고 논쟁하는 것은 한 번도 생각해 보지 않았다. 그래 본들 승산도 없었겠지만.

기질로 보나 견해로 보나 그가 '빈민법 개정 추진 위원회'를 만든 시드니 웨브 일가를 미워한 것은 당연했다. 크롬프턴은, 다른 사람들이 모두 그 시도에 반대하자 결국 그들이 어쩔 수 없이 무방비 상태의 극빈자들을 조직하게 되었다고 말하곤 했다. 그들의 조직화 작업이 한 차례 성공하자 그는, 그

들이 감자에 구멍을 뚫으려고 의족을 단 극빈자를 고용했다고
거침없이 말했다.

그는 여러 해 동안 내 변호사로도 일했다. 친구 간의 도리
때문에 맡았을 뿐 별로 달갑지 않은 직무였을 것이다. 그가 맡
는 일은 대부분 아주 중대한 사건들로, 인도 왕족이나 영연방
정부, 주요 은행 등과 관련된 일들이었다. 그는 법률 문제에 있
어 한 치도 굽힘 없는 정도를 걸었으며, 실력과 인내심까지 갖
추고 있었다. 천성으로 보자면 누구보다 조급한 사람이어야 마
땅할 그가 그 같은 인내력을 발휘한다는 것은 참으로 놀라운 일
이었다. 그는 상대편의 신임까지도 살 정도였으며, 교묘한 책
략으로는 결코 얻을 수 없는 결과들을 이루어 냈다. 법률 상담
도중 누군가가 다소 정도에서 벗어난 길을 제안한 적이 있다.
그때 돌같이 굳어졌던 그의 얼굴을 나는 잊지 못한다.

근본이 진지한 사람임에도 그는 거의 늘 쾌활했다. 책임
이 막중한 일을 온종일 지치도록 하고 난 뒤에, 저녁때면 샴페
인을 거나하게 즐기고 온 사람처럼 기분 좋은 모습으로 만찬
회에 나타나 끊임없이 사람들을 즐겁게 했다. 그가 느닷없이
심장마비로 사망한 때도 만찬회 도중이었다. 본인이 그런 일
을 예감했는지는 모르겠지만 아무한테도 얘기한 적이 없었다.
나중에 친구들이 기억해 낸 바로는, 자신이 오래 살지 못할 거
라는 얘기를 슬쩍 비친 적은 있다. 하지만 그를 아끼는 사람들
에게 큰 걱정을 안길 정도는 아니었다고 한다.

말년의 그는 철학에 대한 책을 쓰느라 여가 시간의 대부

분을 쏟아부었다. 본인은 그 작업을 '파이 접시'라고 비하하면서, "가진 재능은 파이 접시 만드는 것이 전부고, 품은 야망은 죽기 전에 정말로 훌륭한 파이 접시를 만들어 내는 것뿐이다"라고 어느 연극에 나오는 노인의 대사를 인용해 넌지시 자신의 작업을 암시했다. 젊은 시절 그가 지적인 면에서 주로 몰두한 분야는 그리스 시에 이어 철학이었다. 내가 그를 처음 알게 되었을 때 우리는 윤리학과 형이상학에 대한 논쟁으로 많은 시간을 보냈다. 중년기에는 바쁜 직업 생활이 그를 현실적인 사무에 묶어 놓았지만 마침내 그는 순수한 사유의 시간을 낼 수 있었으며, 진심으로 기뻐하면서 그 시간으로 다시 돌아갔다. 하지만 사람들이 이따금 제일 아끼는 것을 잃어버리듯, 그는 거의 마무리되어 가던 원고를 분실하고 말았다. 열차에 두고 내렸다는데 영영 되찾지 못했다. 누군가 돈이 되려나 하고 집어 갔을 것이다. 그는 분실 사건을 서글픈 어조로 간략하게 언급하고, 수중에 있는 기록 몇 점을 기초로 완전히 다시 쓰는 수밖에 도리가 없다고 말하고는 화제를 바꾸어 버렸다. 그가 사망하기 직전 몇 달 동안은 자주 보지 못했다. 그러나 일단 만났다 하면 변함없이 쾌활하고 다정한 모습이었다. 당시 그는 사라진 원고를 다시 쓰느라 남은 정력을 대부분을 쏟아붓고 있었다. 그러나 결국 파이 접시는 영영 마무리되지 못했다.

나의 케임브리지 시절 또 한 명의 친구는 철학자인 맥태거트인데, 나보다 더 수줍음을 타는 사람이었다. 어느 날 내 방문을 아주 얌전하게 노크하는 소리가 들렸다. "들어와요." 그러나 아무도 들어오지 않았다. 내가 다시 소리를 높여 들어오라고 했다. 그제야 문이 열렸고, 맥태거트가 현관에 서 있었다. 당시 그는 노조 위원장을 맡고 있었으며 연구위원이 될 참이었다. 형이상학 분야에서 명성을 날리고 있는지라 내가 경외감을 품고 있는 대상이었다. 그러나 그는 너무 부끄러워 들어오지 못했고 나 역시도 부끄러워서 들어오란 소리를 못했다. 그런 상태로 몇 분이 지났는지 모르겠지만 아무튼 그가 결국 방으로 들어섰다. 그 후로 나는 그의 조찬 모임에 자주 나가곤 했는데, 음식이 부족하기로 유명한 모임이었다. 한번 참석해 본 사람은 누구나 그 다음부터 달걀을 한 알씩 꼭 들고 갈 정도였다. 맥태거트는 헤겔주의자였으며 당시만 해도 아직 젊고 열정적이었다. 그는 우리 세대에게 지적으로 큰 영향을 주었으나 돌이켜 보면 크게 좋은 영향은 아니었던 것 같다. 그의 영향 아래 있던 2, 3년 동안에는 나도 헤겔주의자였다. 4학년 때 별안간 헤겔주의자가 된 그 순간을 나는 정확히 기억한다. 담배를 사러 나갔던 나는 트리니티 가를 따라 돌아오던 중에 갑자기 담뱃갑을 공중으로 집어던지며 외쳤다. "위대한 신은 죽었다! 존재론적 논법이 옳아!" 그러다 1898년 이후로는 맥태거트의 철학을 받아들이지 않게 되었지만, 그를 여전히 좋아했다. 그런데 제1차 세계대전이 한창인 어느 날 그가 내게, 나의 견해를 더는 참아 줄 수 없으니 앞으로는 찾아오지 말라고 당부했다. 훗날 그는 나를 강사직에서 몰아내는 데 앞장섬으로써 자신의 견해를 굳게 지켰다.

케임브리지 재학 시절 초창기에 만난 후로 계속 우정을 유지한 또 다른 두 친구는 로스 디킨슨과 로저 프라이였다. 디킨슨은 온순함과 연민의 정으로 상대의 애정을 불러일으키는 사람이었다. 그가 연구위원으로 있고 나는 아직 재학생이던 시절, 내가 불유쾌한 사실들을—아니, 그렇게 생각되는 것들을—다소 잔인하게 말해서 그에게 상처를 주곤 한다는 것을 깨닫게 되었다. 나를 신랄하게 만드는 세상이 그에게는 서글프게만 느껴질 뿐이었나 보다. 그의 말년에는 만날 때마다 내가 너무 적나라한 리얼리즘으로 그의 불행을 더해 주는 건 아닌지 염려할 정도였다. 리얼리즘은 적확한 단어가 아닐지도 모르겠다. 나의 본뜻은, 자신이 참기 힘든 것을 설명할 때 타인들을 자신의 분노에 공감하도록 만들기 위해 지나치게 냉정한 태도를 견지하는 것을 말한다. 그는 내게 코델리아〔셰익스피어의 『리어 왕』에서, 왕의 세 딸 중 막내〕를 닮았다고 했지만, 그렇다고 그가 리어 왕을 닮았다고는 말할 수 없다.

수줍음을 타던 나는 케임브리지에 진학한 순간부터 놀랄 만큼 사교적으로 변했다. 집에서 사교육을 받았다는 사실이 장애로 느껴진 적은 한 번도 없었다. 마음 맞는 사람들 속에서 영향을 받다 보니 점잔 빼는 일도 점점 줄어들었다. 상대가 혐오하거나 조롱하리라 걱정할 필요 없이 자유로이 내 생각을 말하고 대답할 수 있다는 것을 처음 알았을 때는, 그야말로 황홀할 지경이었다. 이 대학 어딘가에 내가 아직 만나 보지 못한 진짜 똑똑한 사람들이 있을 것이며, 그들을 만나면 나보다 지적으로 선배라는 것을 대뜸 알아볼 수 있을 것이라고 한동안 생각했다. 하지만 2학년이 되자 대학에서 제일 똑똑한 사람들은 모두 알아버렸다는 것을 깨달았다. 나로서는 실망스러운 일이기도 했지만 한편으로 자신감을 키우는 계기가 되었다.

그런데 3학년 때 G. E. 무어를 만났다. 당시 신입생이었던 그는 몇 년 지나자 천재에 대한 나의 이상을 만족시켜 주었다. 그 시절의 그는 잘생기고 호리호리했으며, 영감에 찬 듯한 눈길과 스피노자(네덜란드의 유태인 철학자로서 17세기 합리론의 주요 이론가) 못지않은 열정적인 지성을 갖추고 있었다. 그에게는 기가 막힐 정도의 순수함 같은 것도 있었다. 딱 한 번 그를 거짓말하게 만든 적이 있는데, 그것도 속임수를 쓴 끝에야 가능했다. "무어, 자네는 '항상' 진실을 말하는가?" 그가 대답했다. "아니오." 이것이 그가 해본 유일한 거짓말일 거라고 나는 믿는다. 그의 가족이 (런던 남부의) 덜위치에 살고 있어서 그들을 만나러 간 일이 있다. 그의 부친은 은퇴한 의사였다. 모친은 콜로세움(로마의 원형 경기장) 그림이 새겨진 큼직한 사기 브로치를 달고 있었다. 그에겐 형제 자매가 많았는데, 가장 흥미로운 사람은 시인인 스터지 무어였다.

무어는 지성의 세계에서는 겁도 없고 모험적인 반면, 일상 세계에서는 어린아이였다. 4학년 때 그와 함께 노퍽 주 해안을 도보로 며칠 여행한 적이 있다. 그때 우리는 우연히 한 실속 없는 사람과 마주치게 되었다. 그 사람이 아주 거칠고 상스러운 취향을 곁들여 페트로니우스(로마의 풍자 작가)에 대해 말하기 시작했다. 나는 이런 사람도 있으려니 하고 재미를 느껴 계속 말하도록 그를 은근히 부추겼다. 무어는 그 사람이 사라질 때까지 입을 꾹 다물고 있다가 이윽고 날 바라보며 말했다. "그 사람, 끔찍했어요." 나는 그가 일생을 통틀어 불미스러운 이야기나 대화에서 한 치라도 즐거움을 느낀 적이 없을 것이라 믿는다. 무어도 나처럼 맥태거트의 영향을 받아 잠깐 헤겔주의자가 되기도 했다. 그러나 그는 나보다 빨리 빠져나갔으며, 내가 칸트와 헤겔을 모두 포기하게 되기까지 그와 나눈 대화가 크게 작용했다. 나보다 두 살 아래였음에도 그는 나의 철학관에 큰 영향을 끼친 것이다. 무어의 친구들이 특히 즐긴 것 중에 하나는 그가 파이프에 불을 붙이는 과정을 지켜보는 것이었다. 그는 성냥을 켰다가도 논쟁이 시작되면 성냥이 다 탈 때까지 논쟁을 계속했다. 다시 성냥을 켜고 또 하나 켜고 하다가 성냥 한 통을 다 비워 버렸다. 그의 건강을 생각하면 물론 다행스러운 일이었다. 잠깐씩이나마 논쟁을 하는 동안에는 담배를 피우지 않을 수 있었으니까.

그 다음으로, 트리벨리언 삼형제가 있다. 맏이인 찰스가 셋 중에서 가장 능력이 떨어진다는 것이 우리 모두의 견해였다. 둘째인 보브는 내 각별한 친구였다. 그는 나중에 시인이 되었는데, 대단히 학구적이긴 하나 영감이 별로 없는 시인이었다. 그러나 젊었을 때는 매우 재미있고 별난 기질을 보였다. 한번은 레이크 지방〔영국 잉글랜드 서북부의 호수가 많은 산악 지방〕에서 독서 발표회가 있었다. 늦잠을 잔 에디 마시〔1872~

1953년, 학자·번역가)가 아침 식사가 준비되었나 알아보려고 잠옷 차림으로 웅크린 채 불쌍한 몰골로 내려왔다. 보브가 그에게 '차갑고 하얀 유령'이란 별명을 붙였고, 그 이름은 한동안 그를 따라다녔다. 막내인 조지는 보브보다 많이 어렸다. 내가 그를 잘 알게 된 것은 더 나중 일이다. 조지와 찰스는 걷는 것을 무척 좋아했다. 언젠가 한번 조지와 함께 데번셔에서 도보 여행을 하게 된 나는 그에게 하루에 40킬로미터씩만 걷기로 다짐받았다. 마지막 날까지는 약속을 잘 지켜 주었다. 그러더니 갑자기, 이제는 좀 걸어 봐야겠다며 날 남겨 두고 가버렸다. 또 한번은 나 혼자 도보 여행을 할 때였는데, 어느 날 저녁 리저드(영국 잉글랜드 서남부의 곶)에 당도하여 한 숙소에 들어갔다. "혹시 트리벨리언 씨인가요?" 숙소 주인이 물었다. "아니오. 지금 그를 기다리는 겁니까?" 내가 되묻자 "네, 부인은 벌써 여기 와 있거든요"라고 대답했다. 나는 깜짝 놀랐다. 그날이 바로 그의 결혼식 날이란 것을 알고 있었기 때문이다. 신부는 풀이 죽은 채 혼자 있었다. 그가 걷지 않고 하루를 다 보낼 수는 없다며 트루로에 그녀를 두고 가버렸다는 것이다. 그는 밤 10시쯤에 지칠 대로 지쳐서 도착했다. 64킬로미터를 기록적인 시간에 돌파했다고 했지만, 나로서는 신혼여행을 그렇게 시작한다는 것이 좀 기이하게 느껴졌다. 1914년 8월 4일, 그와 나는 스트랜드 가를 걸으며 입씨름을 했다. 그 후로는 한번밖에 만나지 못했는데, 1944년 트리니티 칼리지로 돌아와 보니 그는 학장이 되어 있었다. 그가 아직 대학생이었던 시절,

트리벨리언 가문에는 결혼에 실패하는 일이 절대로 없었다고 말한 적이 있었다. 그리고 이렇게 설명했다. "모두들 서른이 될 때까지 기다렸다가 감각 있고 돈도 있는 여자와 결혼하거든." 나도 이따금 어려운 시절이 있긴 했지만 그 같은 규정에 따르지 않은 것을 후회해 본 적은 없다.

보브 트리벨리언은 내가 아는 사람들 중 최고의 독서광이었던 것 같다. 그에겐 책 속에 든 것이 흥미롭게 느껴지고 현실 생활은 하찮은 것에 불과했다. 그는 정평 있는 역사서에 다루어진 세상의 모든 대전투와 관련된 전략과 전술을 상세히 알고 있었는데, 그 점에선 그들 가족이 다 그랬다. 그런데 마른〔프랑스의 강〕 전투가 최고조에 달했을 당시 마침 나는 그와 함께 있게 되었다. 그날은 일요일이었으므로 3킬로미터 넘게 걸은 끝에 겨우 신문 한 부를 구할 수 있었다. 그러나 그는 마른 전투가 그만한 값어치가 있는 흥미로운 전투라고 생각하지 않았다. 신문 따위에나 다루어지는 전투는 천박하기 때문이란 것이다. 언젠가 나는 사람들이 비관주의자인지 아닌지 알아보려고 질문을 하나 만들어 여러 사람들을 시험해 본 적이 있다. "만일 당신에게 세상을 파멸시킬 만한 힘이 주어진다면 과연 그렇게 할 것인가?" 하는 질문이었다. 그의 아내와 아이도 같이 있는 자리에서 그에게 이 질문을 했더니 이렇게 대답했다. "뭐라구? 내 서재를 파멸시켜? 절대로 안 되지!" 그는 늘 새로운 시인들을 찾아내어 그들의 시를 낭송하곤 했는데, 시작할 때는 언제나 업신여기듯 이렇게 말했다. "이건 그 사람의 걸작에 들지 않아." 한번은 그가 내게 새로운 시인에 대해 얘기하고는 그의 작품을 읽어 주겠다고 했다. 내가 말했다. "좋아. 하지만 그의 걸작이 아니거든 읽지 말게." 그러자 그는 아주 난처해하더니 시집을 치워 버렸다.

케임브리지 시절은 즐거웠지만 관리직 교수들은 별 도움이 되지 못했다. 학장은 새커리(1811~63년, 인도 태생의 영국 소설가)의 소설 『영국 속물 열전』에 묘사된 그대로였다. 주로 "30년 전 오늘만 해도"라든가 "100년 전 오늘 피트 씨가 무엇을 하고 있었는지 혹시 기억하는가?" 따위의 말로 시작하여, 역사에 언급된 정치인들이 모두 얼마나 위대하고 선했는지를 보여 주기 위해 지루하기 짝이 없는 역사 속 일화를 들려주곤 했다. 내가 수학 졸업시험에서 7위로 1급 합격자가 되었을 때 보내온 편지에 그의 서간 문체가 잘 드러나 있다.

친애하는 B. 러셀 군
이처럼 큰일을 달성하여 우리를 얼마나 기쁘게 해주었는지 말로 다할 수 없네. 내가 해로 학교에서 라틴어 산문 부문 5위 상을 자네 부친의 손에 쥐여 준 게 불과 33년 전 일이건만, 이제 또 그의 아들이 우리 칼리지에서 높이 평가될 만한 뛰어난 수학 성적을 기록하여 그의 모친과 아들을 축하해 주게 되었으니.
자네의 수학적 능력은 우리도 익히 알고 있었네. 그러나 수학에만 전념하지 않고 다른 쪽으로 크게 정신이 팔렸다는 것도 알고 있었지. 물론 그것이 훨씬 더 중대한 주제였을 수도 있겠지만 말일세. 만일 그로 인해 자네의 수학적 위치가 흔들렸다면 나로서는 물론 유감이었겠지. 그러나 지금은 이를 보충하기 위한 내실 있는 노력이 있었다는 것을 이해하게 되었네.

이제 다행히도 축하받을 일만 남았으니, 자네는 수학적 폐물이나 남기고 떠나는 건 아닌지 걱정할 필요 없이, 도덕 과학[철학이나 경제학 등의 과목을 지칭하는 케임브리지 대학교의 용어] 졸업 시험과 펠로십을 조용히 기다리면 되겠지.

나로선 영광이지만 러셀 부인과 스탠리 부인에게도 몇 줄 적어 볼까 하네. 오늘은 두 분에게도 행복한 날일 테니까.

케임브리지 트리니티 학장 숙소

1893년 6월 13일

몬터규 버틀러(트리니티 학장)

언젠가 한번은 트리니티 학장 숙소에 아침 식사를 하러 갔는데, 마침 그의 처제 생일이었다. 앞으로도 오래오래 살라고 축복한 다음에 그가 말하기를, "그러고 보니, 처제, 딱 펠로폰네소스 전쟁[기원전 431~404년]만큼 살았군." 그녀는 그 기간이 얼마인지는 알지 못했으나, 바라는 이상으로 길지나 않을까 우려했다. 그의 아내는 크리스천 사이언스[1866년경에 미국인 메리 베이커 에디가 창시한 기독교의 한 파. 성서에 바탕을 둔 가르침과 신앙의 힘으로 병을 고치는 것이 특징임]를 열심히 믿었는데, 그것이 효과가 있어 그의 수명을 일반적인 기대보다 20년 이상 연장시켰다. 그것은 그녀가 남편의 병을 인정하지 않았기 때문에 가능했다. 그가 병이 나면 그녀는 학교 협의회에 연락하여, 학장이 침대에 누워서는 일어나려 하지 않는다고 말하곤 했다. 그러나 크리스천 사이언스의 도움을 받지 않은 부학장 올더스 라이트나 조이 프라이어도 수석 학장 못지않게 오래 살았다는 것을 밝혀 두고 싶다.

내가 대학생이던 시절, 그 세 사람이 프레더릭 황후를 영접하려고 모자를 벗은 채 정문에 서 있던 모습이 기억난다. 당시 그들은 이미 노인네들이었는데, 15년 후에 다시 만났을 때도 더 늙은 것 같아 보이지 않았다. 올더스 라이트는 아주 근엄한 사람으로, 늘 쇠꼬챙이처럼 똑바로 서 있었으며 중산모를 쓰지 않고는 절대로 문밖에 나가지 않았다. 심지어, 불이 나서 새벽 3시에 자다가 일어나 뛰쳐나왔을 때도 그의 머리에는 당연한 듯 중산모가 얹혀 있었다. 그는 라틴어를 영어식 발음으로 읽을 것을 고집한 반면, 부학장은 대륙식 발음으로 읽었다. 그 두 사람이 번갈아 감사 기도를 한 줄씩 읽으면, 특히 부학장이 빠르게 재잘거리고 학장이 과장되게 점잔을 빼가며 발음하면 그 효과가 기묘했다. 학부생이었을 때는 그들을 그저 재미있는 인물들로만 생각했다. 하지만 내가 정작 연구위원이 되어 대학 협의회에 참석하게 되자 그들이 얼마나 심각한 악의 세력인지를 깨닫게 되었다. 성직자이자 부학생감이었던 사람은 자신의 어린 딸을 강간하고 나중에는 매독에 걸려 온몸이 마비되었다. 그래서 결국 물러나게 되었는데, 그런데도 학장은 대학 협의회에서, 예배에 규칙적으로 참석하지 않은 사람들은 그 양반의 설교가 얼마나 훌륭했는지 알지 못할 것이라고 일부러 덧붙이기까지 했다. 대학에서 이 세 사람 다음으로 중요한 인물은 고참 수위였다. 왕족 같은 위엄을 풍겼으므로 학생들은 그를 에드워드 7세가 될 분의 사생아쯤으로 여길 정도였다. 내가 연구위원이 되고 나서 한번은, 평의원들이 닷새나 계속 극비리에 만났다는 사실을 알았다. 그들이 왜 모였는지, 아주 어렵사리 알아낼 수 있었다. 고참 수위가 침실 담당 사환 다섯 명(그들 모두가 법적으로 '젊지도 않고 이쁘지도 않은' 사람들이었다)과 불미스러운 관계를 가졌다는 뼈아픈 사실을 확인하기 위한 회의였던 것이다.

학생 시절에는 교수들을 대학에서 불필요한 존재라고 생각했다. 강의를 들어도 내 공부에 아무런 도움도 받지 못했으므로, 이 다음에 내가 강사가 되면 학생들에게 도움이 되는 강의를 할 수 있다는 생각을 절대 품지 않으리라 다짐했다. 그리고 그 맹세를 지켜왔다.

케임브리지로 가기 전에도 이미 철학에 관심이 있었지만, 그때까지는 밀의 저서 외에는 그다지 읽어 보지 못했다. 당시 내가 가장 하고 싶었던 일은 수학을 진리라고 규정할 수 있는 근거를 발견하는 것이었다. 하지만 밀의 『논리학』에 담긴 이론들은 수학이 진리임을 밝히는 데 아주 부적당하다고 나름대로 이미 결론 내린 상태였다. 내가 밀의 이론들을 읽은 것은 열여덟 살 때였다. 내게 수학을 가르친 가정교사들은 미적분학이 오류투성이라고 생각하게끔 만들었을 뿐, 달리 생각할 만한 어떤 적합한 이유도 제시해 주지 못했다. 따라서 나를 괴롭히는 문제는 철학과 수학, 두 가지였다. 수학과 관련된 문제의 경우, 유럽 대륙에서는 이미 문제를 대부분 해결해 내고 있었다. 그러나 영국에는 유럽 대륙 쪽의 작업이 거의 알려져 있지 않았다. 케임브리지를 떠나 외국에서 살게 되면서 비로소 대학 시절 3년 동안 내가 과연 무엇을 배웠어야 했는가를 알 수 있었다. 그러나 철학의 경우는 문제가 또 달랐다. 나는 해럴드 요아킴과 알고 지냈는데, F. H. 브래들리의 친구이기도 한 그는 당시 옥스포드 머턴 칼리지에서 철학을 가르쳤다. 요아킴의 누이가 롤로 아저씨와 결혼했기 때문에 이따금 테니스 모임 같은 데서 그를 만날 수 있었다. 나는 그에게 부탁하여 내가 꼭 읽어야 할 긴 도서 목록을 얻었다. 그리고 수학을 공부하는 와중에 그 책들을 읽기 시작했다. 그러다 마침내 여유가 생기자 아주 열정적으로 철학에 몰두했다. 4학년 때는, 수학과 철학에 관한 수많은 책들뿐 아니라 위대한 철학자들의 책 대부분을 읽었다. 이 주제와 관련해, 제임스 워드가 늘 새로운 책들을 제공해 주곤 했는데, 나는 그에게 책을 돌려줄 때마다 아주 안 좋은 책이라고 말했다. 그는 실망하여, 날 만족시켜 줄 책을 찾아내기 위해 수고를 마다하지 않았다. 그러다 결국 그에게서 작은 책자 두 권을 받게 되었는데 그때 나는 이미 연구위원이 된 후였다. 그 책들은 워드 자신도 읽어 보지 않았을 뿐 아니라 별 가치가 있다고 생각하지도 않았을 것이다. 바로 게오르크 칸토어(1845~1918년, 독일의 수학자)의 『집합체』와 프레게(1848~1925년, 독일의 수학자이자 논리학자)의 『개념 기호법』이었다. 이 두 책이 내가 원하던 것의 골자를 마침내 제공해 주었다. 그러나 프레게가 쓴 책은 몇 년간 간직한 끝에야 비로소 뜻을 이해할 수 있었다. 그 책에 담긴 대부분의 내용을 나 자신이 독자적으로 발견하기 전까지는 그 책을 제대로 이해하지 못했던 게 사실이다.

그 무렵 나는, 케임브리지 대학에 입학할 때의 수줍고 점잔 빼던 모습을 완전히 벗어 버렸다. 학내 숙소로 들어가기 몇 달 전에 방 문제로 지도 교수를 만나러 갔던 일이 생각난다. 대기실에서 기다리면서 《그란타》(대학신문이었다)를 뒤적이고 있었다. 마침 '5월제 주간'이었는데, 이 일주일 동안에는 학생들이 공부에 매진하지 않는다는 것을 신문에서 읽고 충격을 받았다. 그러나 4학년쯤 되자 나도 명랑하고 잘 노는 대학생이 되어 있었다. 한번은 범신론에 대해 읽고 친구들 앞에서 내가 신이라고 선언했다. 그러자 친구들이 내 양 옆에 촛불을 켜 놓고는 숭배 행위를 흉내 내기도 했다. 나는 철학이 아주 재미있었다. 그리고 위대한 철학자들이 심상에 제공해 주는 세상을 이해하는 기묘한 방식들을 즐겼다.

내가 케임브리지 시절에 누린 가장 큰 즐거움은 아마 '소사이어티' 그룹과 관련되어 있을 것이다. 이것은 자체 회원들이 부른 명칭이고, 우리 모임의 존재를 아는 외부인들은 '사도회'라 불렀다. 각 학년에서 평균 한두 명씩 참가하는 작은 토론 모임으로, 매주 토요일 밤에 만났다. 1820년부터 존재했던 모임이기 때문에 그때 이후 케임브리지를 다닌 사람들 가운데 좀 뛰어나다 싶은 사람은 대부분 이 모임의 회원이었다. 모임은 비밀리에 운영되었다. 회원으로 선발될 만하다고 평가되는 사람들이 그 사실을 미리 눈치채지 못하게 하기 위해서였다. 알고 지내면 아주 좋은 사람들을 내가 그렇게 빨리 사귀게 된 것도 '소사이어티'가 있었기 때문이다. 회원인 화이트헤드가 후배 회원들에게 생어와 내가 제출한 장학 시험 답안을 칭찬하면서 잘 지켜보라고 당부했다. 아주 드문 경우를 제외하고는 회원들 모두가 한 번씩은 가까운 친구 사이로 지낸 사람들이었다. '금기나 제한을 두지 않는다, 어떤 말이 나와도 놀라지 않는다, 절대적인 사색의 자유를 가로막지 않는다'는 것이 토론의 원칙이었다. 우리는 온갖 것들을 두고 토론했는데, 미숙한 면도 물론 있었겠지만 훗날의 삶에서는 기대하기 힘들 초연함과 관심이 배어 있었다. 모임은 보통 새벽 1시나 되어야 끝났고, 나는 그 시간 이후에도 회원 한둘과 함께 네빌스 코트의 안뜰 회랑을 왔다갔다 거닐며 이야기하곤 했다.

어쩌면 우리가 스스로를 너무 크게 생각했는지도 모르겠다. 우리한테는 지성의 양심이라는 미덕이 있다고 생각했으니까. 우리가 일반 세상보다 지성의 양심에 대해 더 많이 고민하고 이를 성취했다는 사실에는 의심의 여지가 없으며, 그 점에서는 케임브리지의 최고 지성들이 돋보였다고 나 자신도 생각

하고 싶다. 내가 선발된 것은 2학년 중반 때였는데, 그 전까지
는 회원 모두와 이미 절친한 사이였음에도 그런 모임이 있는
지조차 알지 못했다.

나는 1892년 초에 '소사이어티' 회원으로 뽑혔다. 지금부
터 축하 편지들을 소개하겠는데, 당시 우리 '소사이어티'가 독
일의 형이상학을 조롱하는 의미에서 사용했던 몇 가지 문구에
대해 먼저 설명해야겠다. '소사이어티'는 스스로를 실재의 세
계The World of Reality로 가정했다. 따라서 그 밖의 모든 것들
은 현상Appearance이었다. '소사이어티' 회원이 아닌 사람들
은 '현상들phenomena'로 불리었다. 시간과 공간은 실재하지
않는다는 것이 형이상학자들의 주장이었기 때문에, 우리 '소사
이어티'에 들어온 사람들은 시공의 속박에서 벗어난 사람들로
가정되었다.

친애하는 러셀

자네가 우리 모임에 가입했다는 소식을 오늘 아침에 우편물
을 통해 알게 되었네. 야호! 참으로 반가운 소식이야. 내가
얼마나 기쁜지, 그리고 케임브리지에서 지금 당장 진심 어린
축하 악수를 건네지 못해 얼마나 아쉬운지, 오늘 오후 우편
으로 몇 마디 전하지 않고는 못 배기겠네. 자네도 나름의 감
회가 있겠지만, 내 경우는 회원이 되면서 진실로 새로운 인
생이 시작되었고 케임브리지의 진정한 모습을 볼 수 있었지.

편지를 얼른 보내고 싶은 마음에 내 경험을 좀더 길게

들려주지 못해 아쉽네. 내 안부는 시어도어가 전해 줄 테지만, 자네가 몸이 좋지 않았다는 얘길 듣고 진심으로 걱정했네. 얼른 회복하길 비네. 웨브[1]가 자넬 들들 볶지 않았으면 좋겠어.

이렇게 서두는 것을 용서하게. 뻔뻔하게도 지금 우리를 갈라놓은 척하는 저 엉터리 협잡꾼들인 시간과 공간이 원망스럽네. 하지만 우리는 잘 알고 있지. 내가 처음이나 지금이나 앞으로도 영원히 함께할 인연들이 진정한 존재이며, 그것에 관한 한 시공도 어쩔 도리가 없다는 것을 말일세.

추신: 생어에게 따로 편지 쓸 시간이 없는 탓에 생어에게 보내는 쪽지를 동봉하네. 그에게 좀 전해 주게. 시간 나거든 내게도 편지를 주게.

인도 뱅골

1892년 3월 9일, 수요일

자네의 벗 크롬프턴 데이비스

친애하는 러셀

지난 2월의 그 기쁜 소식을 축하하는 많은 얘기들이—사도회 입장에서는 전혀 설명할 수 없는 시공의 속박으로 인하여—인도를 거쳐 이제야 내게 도착했네.

말할 수 없이 기쁘네. 화이트헤드 선배의 통찰력에 대

---

1 나의 수학 지도교수.

해선 자네도 들었을 줄 아네. 입학 장학생 시험 답안에서 자네와 생어의 사도적 자질을 탐지하고 우리에게 잘 지켜보라고 하셨지.

영국으로 돌아가 토요일 밤 모임에 나가면, 기독교가 과연 사랑의 종교인가에 대해 시어도어와 밤새 이야기하고 싶다네. 나는 기독교를 '유일하게 사랑의 종교가 아닌 종교'라고 말할 수밖에 없네. 인격적 신이라는 개념과 진정한 사랑이란 개념이 어떻게 활기차게 공존할 수 있다는 것인지 나로서는 이해가 되지 않아.

'애벌레들'[2]은 어떤가? 나는 트리벨리언(보브)이란 후배가 아주 유망한 최고의 풋내기라고 들었네.

우편 시간에 맞춰 써야 할 편지가 너무 많아. 내년 1월 중순에나 보세.

뉴질랜드 타라나키 뉴플리머스

1892년 5월 17일

엘리스 맥태거트

우리가 회원이었던 시절 이후 얼마 되지 않아 '소사이어티'는 몇 가지 점에서 크게 달라졌다.

나보다 열 살쯤 어린 세대의 경향을 주도한 것은 리턴 스트레이치와 존 메이나드 케인스였다. 그 10년의 세월이 지적

---

2 회원으로 선발하려고 찍어 둔 사람들을 우리는 이렇게 불렀다.

풍토에 일으킨 변화가 얼마나 엄청난지, 놀라울 정도다. 우리 세대는 여전히 빅토리아 여왕 시대인 반면, 그들은 에드워드 국왕 시대였다. 우리는 정치와 자유 토론에 의한 순차적인 진보를 믿었다. 그리고 좀더 확신을 가진 사람들은 대중의 지도자가 될 포부를 가졌을지도 모르지만 대중과 결별하고자 한 사람은 아무도 없었다. 하지만 케인스와 리턴은 필리스틴〔고대 팔레스타인에 정주하여 이스라엘 최대의 적이 되었다. 여기서는 대중, 범속한 사람들이란 뜻으로 쓰였음〕들과 어떤 혈연 관계도 맺지 않으려 했다. 그들은 차라리 은퇴하여 우수한 영혼들과 교양 있는 정서 속에서 사는 삶을 지향했으며, 엘리트 집단끼리 서로 열심히 찬양하는 것을 선善으로 생각했다. 이 점에 대해 그들은 얼토당토않게도 G. E. 무어에게 책임을 돌렸고 무어의 제자들이라고 자처했다. 케인스는 '초기의 믿음들'이란 회고문에서, 자신들이 무어를 존경했으나 다른 한편 무어의 이론에서 많은 부분들을 무시하곤 했다고 털어놓았다. 무어는 도덕에 적당히 비중을 두었을 뿐 아니라 유기적 개체론을 주장하여, 선이 일련의 고립된 열정적 순간들로 이루어진다는 견해를 피해 간 사람이었다. 그러나 제자라고 자처하는 사람들은 그의 가르침에서 이 같은 측면을 무시하고 그의 윤리학을 케케묵은 여학교식 감상의 옹호론으로 격하시켰다.

케인스는 이 같은 환경에서 탈출하여 넓은 세계로 들어갔지만, 스트레이치는 결코 탈출하지 못했다. 그러나 케인스의 도피도 완벽하지는 않았다. 세상 이곳저곳을 돌아다녔지만, 이교도의 땅에 떨어진 주교 같은 감정이 어딜 가나 그를 따라다녔다. 진정한 구원은 다른 곳에, 케임브리지의 충실한 지지자들 속에 있었다. 그는 정치학과 경제학에 관심을 가졌을 때도 영혼만은 고향에 남겨 두었다. 그의 저작들 대부분에서 뭔가 난해하다, 겉만 번지르르하다, 비인간적이다 싶은 느낌을 받는 이유도 바로 그 때문이다. 위대한 예외가 하나 있긴 하다. 바로 『평화의 경제적 귀결』이 그것인데, 이 책에 대해서는 잠시 후에 좀더 이야기할 것이다.

케인스는 그의 부친을 통해, 그리고 리턴 스트레이치는 그의 모친을 통해 처음 인사를 나누었다. 내가 어렸을 때 케인스의 부친은 케임브리지에서 낡은 형식 논리를 가르쳤다. 그 분야의 새로운 발전들이 그의 교수법을 어느 정도나 변화시켰을지 모르겠다. 그는 도덕성을 제일로, 논리를 그 다음으로 치는 열렬한 비국교도였다. 케인스에게도 비국교도 정신의 흔적이 남아 있었으나, 사실과 이론은 많은 사람들에게 다소 충격적인 결론으로 이어질 수도 있다는 깨달음이 부가되었다. 그리고 그의 성격 중에 지적 오만의 성향이 작용하여, 부르주아의 코를 납작하게 만드는 것도 불쾌하진 않다고 생각했을 것이다. 『평화의 경제적 귀결』에서는 다행히도 이 성향이 잠시 정지 상태였다. 베르사유 조약이 재앙을 초래했다는 확고한 믿음이 그의 열렬한 도덕가적 성향을 지나치게 흥분시킨 나머지 그는 자신이 똑똑해야 한다는 것조차 망각해 버렸다. 그럼에도 불구하고 똑똑한 척하는 짓을 중단하진 않았다.

나는 그의 경제 및 정치 방면 작업과 관련해 접촉한 적이 전혀 없었다. 그러나 그의 『개연성에 관한 논문』에 대해서는 상당한 관심이 있었으므로 많은 내용들을 그와 세세하게 토론했다. 그 책은 1914년에 거의 마무리되었으나 전쟁이 끝날 때까지 묵혀 두어야 했다.

그는 늘 과로하는 경향이 있었으며, 그의 죽음도 사실 과로 때문이었다. 1904년에 나는 길도 나지 않은 넓은 황야의 한 외딴집에 머물고 있었는데, 어느 날 그가 내게 편지를 써 보냈다. 평온한 주말을 보내고 싶다는 그의 소망을 듣고 나는 그곳으로 그를 불러들였다. 하지만 그가 도착하고 5분도 채 못 되어 느닷없이 부총장이 학교 일거리를 잔뜩 들고 나타났다. 그 밖에도 식사 때마다 예고 없이 사람들이 찾아왔고, 일요일 아침 식사 때는 여섯 명이나 오기도 했다. 월요일 아침까지 예고 없이 찾아온 손님이 무려 스물여섯 명에 달해, 케인스가 올 때보다 더 지쳐서 돌아가지나 않을까 염려할 정도였다. 1914년 8월 2일은 일요일이었는데, 트리니티의 그레이트 코트를 허겁지겁 가로지르는 그와 마주쳤다. 무슨 일로 그렇게 바쁘냐고 물었더니 런던에 가려고 처남의 오토바이를 빌리러 간다고 했다. "기차를 타고 가지 그러나." 그러자 그가 "시간이 없어서요" 하고 대답했다. 그때는 그의 용무가 무엇인지 몰랐다. 그런데 며칠 안 있어, 공황을 야기한 사람들이 10퍼센트까지 올려놓았던 은행 이자가 5퍼센트로 떨어졌다. 이것이 바로 그의 용무였던 것이다.

나는 케인스의 이론에 대해 전문적 소견을 가질 만큼 경제학을 알지는 못한다. 하지만 나름대로 판단하건대, 영국인들이 최근 들어 대규모 실업 사태를 겪지 않은 것은 그 사람 덕분이 아닌가 싶다. 좀더 비약하자면, 전 세계의 경제 관료들이 그의 이론을 채택했더라면 대공황은 일어나지 않았을 것이라고 말하고 싶다. 미국에는 아직도 경제 공황을 신의 행위로 보는 사람들이 많다. 경제 공황이 신의 섭리 여하에 달려 있지 않다는 것을 케인스가 입증해 보였다고 나는 생각한다.

내가 그를 마지막으로 본 것은 상원 의회에서였다. 그때 그는 미국에서 차관 교섭을 하고 돌아와 상원 의원들 앞에서 능란하게 차관을 권고하는 연설을 했다. 처음에는 상원 의원들 중 많은 사람들이 미심쩍어하는 태도였다. 그러나 그가 연설을 끝내자, 비버브룩 경과 소수에 속하기를 좋아하는 나의 두 사촌을 빼고는 불신자가 거의 없을 정도였다. 대서양을 건너와 땅에 내리기 바쁘게 그처럼 애를 썼다는 것을 감안하면 참으로 대단한 분투였는데, 결국 그에게는 무리였던 것으로 드러났다.

케인스의 지적 능력은 내가 아는 사람 중 가장 예리하고 명석했다. 그와 토론하다 보면 마치 내가 목숨을 걸기라도 한 듯 열정적으로 변하고, 끝내고 나올 때면 약간 바보가 된 기분이 들 때가 많았다. 나는 이따금 너무 똑똑하면 깊이는 없을 거라고 믿고 싶었지만, 올바른 생각은 아니었던 것 같다.

앞서도 말했듯, 리턴 스트레이치는 그의 모친을 통해 처음 알게 되었다. 그의 모친과 나는 여성 투표권을 확보하기 위해 조직된 단체의 동료 회원이었다. 그녀의 남편인 리처드 스트레이치 경은 인도에서 관리로 일하다 퇴직한 사람이라 그런지 인도의 영국 귀족 분위기가 물씬 풍겼다. 나는 그 집 식구들과 처음으로 식사를 함께할 때 약간 당혹스러운 경험을 했다. 아들딸의 수가 헤아리기 힘들 만큼 너무 많아서, 익숙하지 못한 내 눈에는 남자가 몇이다 여자가 몇이다 정도만 느낄 뿐 모두 똑같아 보였다. 내가 도착했을 때는 가족이 다 모이지 않은 상태였으나 차례차례 20분 간격으로 들어왔다. (그중 하나가 리턴이었다는 것을 나중에야 알았다.) 나는 방금 본 사람이 새로 들어온 사람인지, 이미 들어와 있던 사람들 중에 누가 자리만 바꾼 것인지 도무지 분간이 안 되어 아주 신경을 써가며 장내를 둘러봐야 했다. 시간이 지날수록 내가 돌아버렸나 싶을 정도로 정신이 없었다. 나중에 자상한 친구들이, 내가 본 그대로가 진실이었음을 가르쳐 주었다.

스트레이치 부인은 아주 정력적인 여성으로, 자녀들 중 적어도 몇은 이름을 떨쳐 주기를 간절히 바랐다. 그녀는 문장 감각이 아주 뛰어났는데, 사우스의 설교문을 자녀들에게 읽어 주곤 했다. 내용을 전달한다기보다는(그녀는 자유사상가였다), 영어 문체의 운율 감각을 키워 주기 위해서였다. 일반 학교에 보내기가 망설여질 정도로 섬세했다는 리턴이 어머니의 눈에는 가장 총명하게 보였던 모양이다. 그는 장차 작가가 될 수 있도록 아주 헌신적인 보살핌 속에서 자랐다. 당시에 나는 그의

117

글이 유쾌하고 재미있게 느껴졌다. 그가 『빅토리아 시대의 명사들』을 출간 전에 보여 준 일이 있다. 나는 그것을 투옥되어 있을 때 다시 한 번 읽어 보았다. 읽다가 얼마나 요란하게 웃었는지 교도관이 내 감방 앞으로 오더니, 형무소는 벌 받는 데라는 것을 명심하라고 일러 주었다.

리턴은 늘 괴짜였으며 점점 더 그렇게 변해 갔다. 턱수염을 기를 때는 보기 좋게 자랄 때까지 친구들한테 보여 주지 않으려고, 홍역을 앓고 있다고 말하고 다녔다. 그는 옷도 아주 이상하게 입었다. 내가 아는 한 농부의 아내는 하숙업을 겸하고 있었는데, 리턴이 방을 구하러 왔을 때의 이야기를 들려주었다. "처음에는 정말 부랑자인 줄 알았어요. 그런데 다시 한 번 보니까 신사분이 맞긴 한데 너무 괴상했어요." 그는 늘 끽끽대는 목소리로 말을 했으며, 그것이 때때로 말하는 내용과 우스꽝스러운 대조를 이루곤 했다. 한번은 그와 이야기를 나누고 있었는데, 문학이 지향해선 안 될 사항으로 처음에는 이것을 꼽다가 나중에는 저것을 지목했다. 내가 듣다못해, "그렇다면, 리턴, 문학이 대체 무엇을 목표로 해야 한다는 건가?" 하고 물었더니 "열정"이라고 단언했다. 그럼에도 그는 인간사를 대하는 태도에서는 귀족처럼 보이기를 좋아했다. 그와 내가 함께한 자리에서 누군가, 젊은이들은 인생에 대해 생각하는 경향이 있다고 주장했다. 그가 반박하고 나섰다. "인생을 생각한다니 말도 안 돼. 거기에는 아무것도 없으니까." 그가 위대한 사람이 되지 못한 것도 바로 이 같은 태도 때문이었을 것이다.

그의 문체는 지나치게 수사학적이어서, 때로 심술이라도 섞이면 T. B. 매콜리[1800~59년, 영국의 역사가·저술가·정치가]의 문체와 비슷하다는 느낌을 받는다. 역사적 진실에 관심이 없는 그는 앞으로도 늘 명암 효과를 좀더 극적으로 살려 유명인들의 어리석음이나 죄악을 분명하게 보여 주는 선에서 자신의 작품을 고쳐 나갈 게 분명하다. 공격이 지나치다고 생각할지도 모르지만 나로서는 정말 진지하게 하는 말이다.

내가 무어의 우수성을 처음 알게 된 것은 '소사이어티'에서였다. 그가 보고서를 읽던 게 생각나는데, 이렇게 시작하는 글이었다. "태초에 물질이 있었으니 물질이 악마를 낳고 악마가 하느님을 낳았다." 보고서는, 먼저 하느님이 죽고 이어 악마가 죽어 태초와 마찬가지로 물질만이 남았다는 말로 끝맺었다. 이것을 읽을 당시 그는 아직 신입생이었으며, 루크레티우스[고대 로마의 시인이며 철학자]의 열렬한 추종자였다.

우리는 일요일이 되면 보통 느지막하게 아침 식사를 하고 저녁 먹을 시간이 될 때까지 걸으면서 하루를 보냈다. 나는 케임브리지 대학에서 사방 16킬로미터 안의 도로나 보도를 훤히 알게 되었을 뿐 아니라, 점차 훨씬 먼 거리에 있는 길들도 많이 알게 되었다. 케임브리지에 있는 동안 나는 대체로 즐겁고 마음도 평온했으나 달 밝은 밤이 되면 잠시 미쳐 산야를 돌아다니기도 했다. 물론 성적 욕구 때문이었는데, 그때는 그런 줄 몰랐다.

내가 나오고 나서 '소사이어티'가 변한 게 한 가지 있다.

회원인 조지 트리벨리언과 리턴 스트레이치 간에 오랫동안 질 질 끄는 긴 싸움이 벌어진 것이다. 대개의 경우 승자는 리턴 스트레이치였다. 리턴 시절 이후로 회원들 사이에는 한때 동성애가 번졌다. 그러나 우리 때만 해도 그런 동성애는 전혀 없었다.

케임브리지가 내게 친구와 지적 토론의 경험을 주었다는 점에서는 내 인생에서 중요하지만, 실제 학문 면에서는 그렇지 못했다. 수학 공부가 어땠는지는 이미 이야기했을 것이다. 철학의 경우에도 마찬가지로, 배우는 것들이 대부분 오류투성이로 느껴졌으며, 훗날 그때 붙은 사고방식을 하나씩 떨쳐내는 데 여러 해가 걸렸다. 내가 거기에서 배운 사고방식 중 정말로 귀중한 것이 하나 있다면 지적 정직뿐이다. 이 덕목은 내 친구들뿐 아니라 교수들 사이에도 확실하게 존재했다. 가르치는 학생이 잘못을 지적한다고 해서 화를 내는 교수는 한 명도 없었던 것으로 기억한다. 반면에 학생들이 분노를 드러내는 것은 아주 여러 번 보았다. 한번은 유체정역학(물의 평형과 압력을 다루는 유체역학의 한 부문)을 강의하는 시간 중간에 한 학생이 말했다. "그 뚜껑에 원심력이 작용한다는 것을 잊으셨나요?" 강사가 깜짝 놀라며 이렇게 말했다. "20년에 걸쳐 이런 식으로 예를 들어왔네. 하지만 자네 말이 옳아." 전쟁이 한창이던 시절, 나는 케임브리지에서도 지적 정직이 한계를 가진다는 것을 알고 충격을 받았다. 그 전까지만 해도, 내가 어디서 살고 있든 고향이라 할 만한 곳은 케임브리지뿐이라고 느꼈다.

# 약혼

1889년 여름, 나는 힌드헤드 언덕에 있는 롤로 아저씨네 집에 머물고 있었다. 어느 일요일, 아저씨가 날 데리고 긴 산책 길에 나섰다. 펀허스트 근처의 프라이디 언덕을 내려가고 있을 때 아저씨가 말씀하셨다. "이 집에 새 식구들이 이사를 왔으니 한번 들러 볼까." 나는 수줍음을 타서 영 내키지 않았다. 그래서 무슨 일이 있더라도 저녁 먹을 때까지 있지는 말자고 아저씨께 간청했다. 아저씨는 그렇게 하겠다고 해놓고는 계속 눌러앉았는데, 결과적으로 나에겐 잘된 일이었다. 그들은 피어솔 스미스라는 미국인 가족으로, 연로한 부모와 출가한 딸과 코스텔로라 불리는 사위, 그리고 [미국 펜실베니아의] 브린모 칼리지에 다니다 방학을 맞아 집에 와 있는 둘째 딸, 옥스퍼드 베일리얼 칼리지에 다니는 아들이 있었다. 아버지와 어머니는 한창 시절에 유명한 복음 전도사들이었다. 그러나 아버지는 젊은 여자와 입맞춤하다가 발각돼 나쁜 소문이 퍼져 결국 신용을 잃어버렸고, 어머니는 나이가 많아 그런 고달픈 생활을 하기가 힘들어졌다. 사위인 코스텔로는 똑똑한 사람으로 런던의 주 의회에 속한 급진주의자였다. 그는 우리가 저녁을 먹고 있을 때 런던에서 막 도착했는데, 당시 확산되고 있던 부두 대파업과 관련한 최신 소식을 가지고 왔다. 부두 파업은 상당한 관심거리이자 중대사였다. 노동조합주의가 하층 계급으로 깊숙이 침투하는 계기가 되었기 때문이다. 그가 실상을 설명하는 동안 나는 입을 다물지 못했다. 마치 현장을 보는 듯한 느낌이었기 때문이다. 베일리얼에 다니는 아들은 화려한 경구들을 섞어 가며 여유 만만하고 오만한 태도로 이야기했는데, 모르는 게 없어 보였다. 그러나 무엇보다 내 관심을 끈 사람은 바로 브린 모에 다닌다는 딸이었다. 글래스고의 1921년 5월 10일자 《불레틴》지에서 발췌한 아래의 설명처럼, 그녀는 매우 아름다웠다.

"20여 년 전 에든버러에서 버트런드 러셀의 부인을 만난 일이 생각난다. 시민 환영회 같은 자리였다. (금주 운동 대표들을 환영하는 자리였던가?) 당시 그녀는 상상할 수 있는 가장 아름다운 여성 중 한 명이었으며, 퀘이커 교도 집안 출신임에도 불구하고 황후 같은 위엄을 타고난 여성이었다. 그 자리에 모였던 우리는 침이 마르도록 그녀를 칭찬하던 끝에, 점잖고 차분한 에든버러식으로 그녀를 그날 저녁의 여왕으로 추대했다."

그녀는 내가 아는 어떤 젊은 여자보다 개방적이었다. 대학을 다니고 있고, 단신으로 대서양을 건너왔다. 그리고 곧 알게 된 사실이지만 월트 휘트먼과도 친한 사이였다. 그녀가 내게 『에케하르트』라는 독일 책을 읽어 보았느냐고 물었는데, 마침 내가 그날 아침에 다 읽은 책이었다. 정말 행운이라고 느꼈다. 그녀는 다정했으며, 내가 수줍어하지 않도록 배려해 주었다. 나는 첫눈에 그녀를 사랑하게 되었다. 그해 여름에는 그 집 식구들을 다시 만나지 못했지만, 그 후로 롤로 아저씨와 매년 석 달씩 함께 지내는 동안에는 일요일마다 그 집까지 6.5킬로미터를 걸어갔다. 그리고 점심때쯤 도착하여 저녁 먹을 때까지 머물곤 했다. 저녁 식사가 끝나면 그들은 숲 속에 모닥불을 피우고 둘러앉아 흑인 영가를 부르곤 했는데, 당시 영국에는 알려지지 않은 노래들이었다. 괴테가 그러했듯, 나도 미국을 낭만적인 자유의 땅으로 생각했다. 게다가 나를 구속해 온 우리 집안의 많은 편견들이 그들 가족에게는 전혀 없다는 것도 알았다. 무엇보다도 그들이 고상한 취미로부터 해방되어 있다는 게 좋았다. 내가 시드니 웨브를 처음 만난 것도 그 집에서였으며, 당시 그는 아직 미혼이었다.

나는 몇 년 동안 시드니와 비어트리스 웨브〔영국의 사회주의 경제학자 부부〕와 함께 집을 같이 쓴 적도 있을 정도로, 그들을 깊이 알고 지냈다. 그들은 내가 본 부부 가운데 가장 완벽하게 결합된 부부였으나, 본인들은 사랑이나 결혼과 관련한 낭만적인 견해를 대단히 싫어했다. 결혼이란 본능을 법적 틀에 끼워 맞추기 위해 고안된 사회제도라는 것이 그들의 생각이었다. 결혼하고 처음 10년 동안 웨브 부인은 이따금 이렇게 말했다. "시드니가 늘 말하듯, 결혼이란 감정의 휴지통이에요." 세월이 더 흐른 뒤에는 약간 변화가 있었다. 거의 주말마다 다른 부부를 불러 함께 지냈으며, 일요일 오후에는 시드니와 숙녀, 비어트리스와 신사로 짝을 이루어 활기차게 산책하며 시간을 보냈다. 적절한 시점에서 시드니는 이렇게 말하곤 했다. "지금 이 순간 비어트리스가 무슨 얘길 하고 있는지 나는 다 안다오. '시드니가 늘 말하듯, 결혼이란 감정의 휴지통이에요'라고 말하고 있을 게요." 시드니가 실제로 그런 말을 했는지 안 했는지는 아무도 모른다.

나는 시드니를 그가 결혼하기 전부터 알았다. 그러나 훗날 두 사람의 변한 모습에 비하면 당시의 그는 그 절반에도 미치지 못하는 존재였다. 두 사람은 대단히 긴밀한 협력 관계를 유지했다. 지나친 단순화인지도 모르지만 나는 그녀가 아이디어를 내고 그가 일을 처리한다고 생각했다. 그는 아마도 내가 아는 가장 부지런한 사람일 것이다. 부부가 같이 지방 행정부에 관한 책을 쓸 때였다. 그들은 전국의 모든 지방 행정부 공무원들 앞으로 회람장을 발송해 질문을 하고, 질문에 응해 주는 사람에게는 곧 나올 자신들의 책을 세금 공제된 가격에 합법적으로 살 수 있음을 일일이 알려 주었다. 그들 부부에게 우리집을 빌려 주었을 때 회람장에 대한 답신이 하루에 천 통씩 날아오자, 봉사해 주고 존경을 받을 것인가 분통을 터뜨리고 말 것인가의 기로에서 열렬한 사회주의자였던 우체부가 고민을 했을 정도다. 웨브는 본래 관청의 하급 부서 사무관이었으나 탁월한 근면함 덕택에 상급 부서로 오르는 데 성공했다. 그는 다소 진지한 성격이라 정치 이론 같은 신성한 주제를 두고 농담하는 것을 좋아하진 않았다. 한번은 내가, "민주주의에는 단 하나라도 장점이 있다. 의원이 멍청하다면 그를 뽑은 사람들이 더 멍청한 셈이니, 적어도 의원들은 선거인들보다는 덜 멍청할 수 있다"라고 말했다. 웨브는 진심으로 화를 내며 신랄하게 말했다. "내가 좋아하지 않는 게 바로 그 따위 얘기라네."

웨브 부인의 관심사는 남편보다 폭넓었다. 그녀는 도움이 되는지 안 되는지를 떠나 개개인들에게 상당한 흥미를 보였다. 또한 정통으로 인정받는 어떤 종파에도 속하지 않았지만 매우 종교적이었다. 비록 사회주의자인 관계로 영국 국교회가 국가 제도라는 이유를 들어 그쪽을 선호하기는 했지만 말이다. 그녀의 형제는 모두 아홉 자매였다. 아버지는 포터라는 자수성가한 사람이었는데, 재산의 대부분이 크림 반도에서 군용 막사를 짓는 사업으로 벌어들인 것이었다. 그는 허버트 스펜서의 제자였으며, 웨브 부인은 그 철학자의 교육 이론이 낳은 가장 주목할 만한 성과였다. 유감스럽게도 그녀와 이웃해 사셨던 우리 어머니는 그녀를 '사교계의 변덕쟁이'라고 하셨지만, 훗날의 웨브 부인을 보셨다면 어머니의 판단도 혹시 바뀌지 않았을까 싶다.

사회주의에 관심을 가지게 된 그녀는 페이비언 협회(1884

년 조지 버나드 쇼, 웨브 등이 창설한 페이비언주의를 주창하는 사회주의 단체. 평화적 수단에 의해 점진적으로 사회주의를 펴나갈 것을 주장) 회원들을 하나씩 평가해 보기로 했는데, 특히 세 사람이 가장 눈에 띄었다. 웨브, 버나드 쇼, 그레이엄 월러스가 바로 그들이었다. 그리하여 남녀 역할만 바뀌었을 뿐 파리스의 심판〔트로이의 왕자 파리스가 헤라와 아테나, 아프로디테 중 누가 가장 아름다운 여신인가를 판정해야 하는 상황에서, 세상에서 가장 아름다운 여자를 아내로 삼도록 해주겠다고 제안한 아프로디테 여신을 택했다는 이야기〕비슷한 과정을 겪다가 마침내 시드니가 아프로디테 역으로 부상했다.

웨브는 그 당시 자신의 수입에만 의존해 살았으나 비어트리스는 아버지에게 물려받은 상당한 자산이 있었다. 비어트리스는 지배 계급의 심성을 가졌으나 시드니는 그렇지 않았다. 돈을 벌지 않아도 살 정도는 된다고 생각한 그들은 연구와 좀 더 차원 높은 선전 작업에 일생을 바치기로 결심했다. 그리고 양쪽 분야 모두에서 놀라운 성공을 거두었다. 그들의 저서는 근면에 의한 산물이고 '런던 정치경제대학'은 시드니의 수완으로 성취한 것이었다. 만일 비어트리스의 자신감이 뒷받침해 주지 않았다면 시드니의 능력이 그렇게까지 화려한 결실을 맺기는 어려웠을 것이라고 생각한다. 한번은 그녀에게, 어릴 때 혹시 수줍어해 본 적이 있느냐고 물어보았다. 그녀가 대답하기를, "아니, 전혀. 사람들이 꽉 들어찬 방에 들어가기가 망설여질 때면 나 자신에게 이렇게 타이르곤 했지. '너는 세상에서 제일 똑똑한 나라의 제일 똑똑한 계층 중에서도 제일 똑똑한 축에 드는 가문의 제일 똑똑한 일원인데 무엇 때문에 겁을 집어먹니?' 하고."

나는 아주 중요한 문제들에서 웨브 부인과 의견이 달랐지만 그녀를 좋아했고 또 존경했다. 내가 무엇보다도 존경한 것은 그녀의 뛰어난 능력이었다. 그리고 그 다음으로는 그녀의 고결함이었다. 그녀는 공적인 목적을 위해 살았다. 개인적 야망이 없지 않았는데도 그것 때문에 빗나간 일은 없었다. 내가 그녀를 좋아한 까닭은, 개인적으로 애정을 느끼는 사람들에게 따뜻하고 자상한 친구가 되어 주었기 때문이다. 그러나 종교, 제국주의, 국가 숭배에 대한 생각은 나와 달랐다. 특히 이 마지막 항목이 페이비언주의의 핵심이었다. 바로 그 점이 웨브 부부는 물론 버나드 쇼조차도 무솔리니와 히틀러에게 지나친 관용을 베풀고 결국에는 어처구니없게도 소비에트 정부에 아첨하는 상황으로까지 치닫게 했다고 나는 생각했다.

그러나 일관된 사람이란 거의 존재하지 않으며, 웨브 부부도 거기에서 예외는 아니었다. 한번은 내가 쇼에게, 웨브에겐 상냥한 면이 좀 부족한 것 같다고 했더니 이렇게 말했다. "아닐세, 자네가 크게 잘못 안 거야. 일전에 웨브와 내가 네덜란드에서 전차를 타고 가면서 비스킷을 꺼내 먹고 있었어. 그때 수갑이 채워진 죄수 하나가 경관들에 이끌려 전차에 탔지. 다른 승객들은 모두 겁을 먹고 슬금슬금 피했는데 웨브가 일어나 죄수한테 가더니 비스킷을 주더라구." 웨브나 쇼에 대해 나도 모르게 지나치게 비판적이 될 때마다 나는 이 이야기를 떠올리곤 한다.

웨브 부부가 몹시 싫어한 사람들이 있었다. 두 사람 모두 허버트 조지 웰스[1866~1946년, 영국의 소설가 · 언론인 · 사회학자]를 미워했는데, 그 이유는 첫째 그가 웨브 부인의 엄격한 빅토리아적 도덕관을 거역했기 때문이고, 둘째 페이비언 협회에서 웨브가 장악한 지배 권력을 웰스가 위협했기 때문이었다. 램지 맥도널드[1866~1937년, 영국 노동당 당수와 제1차 세계대전 후 수상 역임]의 경우는 아주 초창기부터 미워했다. 그들이 그에 대해 한 말 중에 그나마 가장 호의적이었다고 할 수 있는 것은, 최초로 노동당 정부를 구성할 때 웨브 부인이 그를 지도자의 아주 훌륭한 대역이라고 한 얘기다.

그들의 정치 이력은 다소 기이했다. 처음에 그들은 보수당원들과 협력했다. 아서 벨푸어[1848~1930년, 영국 보수당 의원, 총리 역임, 이스라엘과 아랍 민족 간의 분쟁 원인이 된 벨푸어 선언으로 유명함]가 더 많은 공적 자금을 투자하는 데 노력을 기울이는 것이 마음에 들었기 때문이다. 1906년에 보수당이 실각하자 웨브 부부는 슬며시 자유주의자들과 협력해 보려 했으나 결실이 없었다. 그러나 마침내 사회주의자인 자신들이 좀 더 편안하게 느낄 수 있는 곳은 노동당뿐이라고 판단했고, 말년에는 충성스러운 당원이 되었다.

웨브 부인은 건강상의 이유와 종교적 이유로 몇 년 동안 단식에 빠져 있었다. 아침은 먹지 않았고 저녁도 아주 조금 먹었다. 그녀가 알차게 먹는 끼니는 점심뿐이었다. 거의 매일 많은 유명인들과 점심을 같이했으나 늘 배가 고팠으므로, 식사하라는 전갈이 오자마자 손님들을 제치고 달려가 먹기 시작했다. 그런데도 그녀는 굶주림이 자신을 좀더 영적인 존재로 만들어 준다고 믿었다. 언젠가 내게 굶은 덕분에 절묘한 환영들을 보았다고 말하기도 했다. 나는 이렇게 대꾸했다. "네, 적게 먹으면 환상이 보이지요. 그리고 너무 많이 마시면 뱀이 보인답니다." 아마 그녀는 이 말을 용서할 수 없을 만큼 경박하다고 생각했을 것이다. 그녀에겐 이처럼 종교적 성향이 있었으나 시드니는 그렇지 않았다. 아내의 그런 면 때문에 다소 불편했을 텐데도 그는 아내를 결코 나쁘게 보지 않았다. 그들 부부와 내가 노르망디의 한 호텔에 머물 때, 그녀는 우리가 식사를 하는 그 고통스러운 광경을 참을 수 없어 아침마다 위층에 올라가 있곤 했다. 그러나 시드니는 내려와서 롤빵과 커피를 먹었다. 호텔에서 맞은 첫날 아침, 웨브 부인이 하녀 편으로 쪽지를 보내왔다. "우리는 시드니의 아침 식사에 절대로 버터를 놓지 않아요." 그들의 친구들은 그녀의 입에서 '우리'라는 말이 쓰일 때마다 기뻐했다.

두 사람 다 근본적으로는 비민주적이어서, 대중을 교묘하게 속이거나 공포로 몰아넣는 것을 정치인이라면 으레 하는 일쯤으로 여겼다. 웨브 부인이 내게 자기 부친이 주주 모임에 대해 이야기한 것을 되풀이해 말했을 때 나는 그녀가 갖고 있는 정부 개념이 어디에서 나왔는지를 깨달았다. 주주들이 자기 분수를 지키도록 만드는 것이 이사들의 공인된 직분인데, 정부와 선거민의 관계에 대한 그녀의 시각이 그와 유사했던 것이다.

웨브 부인은 아버지가 그녀에게 들려준 이야기 때문에 위대한 사람들에 대한 지나친 존경을 품지 않게 되었다. 크림 반도에서 프랑스군의 겨울 막사를 지어 주고 난 후 그녀의 아버지 포터는 대금을 받기 위해 파리로 갔다. 막사를 짓느라 자본을 거의 다 써버린 상태였으므로 그로서는 대금을 받는 일이 상당히 중요했다. 그러나 파리에서 만난 모든 사람들이 대금을 인정하면서도 막상 결제는 해주지 않았다. 결국 그는 비슷한 용무로 파리에 와 있던 브레시 경을 만났다. 그가 어려움을 설명하자 브레시 경이 그를 비웃으며 말했다. "여보시오. 요령을 통 모르시네. 담당 장관한테 50파운드, 그 밑의 직원들한테 1인당 5파운드씩 상납해야지." 포터가 그렇게 했더니 그 다음 날 바로 돈이 나왔다.

시드니는 파렴치하다고 볼 수도 있는 책략들을 주저하지 않고 사용했다. 그가 내게 한 얘기로 예를 들자면, 위원회에서 어떤 사항을 관철시키고 싶은데 위원 대다수가 그와 생각이 다를 경우, 그는 논점이 두 번 나오게끔 결의문을 작성하곤 했다. 그러고는 처음에 나오는 논점을 놓고 긴 토론을 벌이다가 끝에 가서 자비롭게 양보해 주었다. 잠시 후, 같은 결의문에 똑같은 논점이 또 한 번 등장한다는 것을 눈치채는 사람은 거의 없다는 것이 그의 얘기의 결론이었다.

　웨브 부부는 영국의 사회주의에 지적 골격을 부여하는 데 큰 역할을 했다. 그들의 역할은 지난날 벤담주의자들이 급진주의자들을 위해 수행했던 역할과 조금 비슷했다. 웨브 부부와 벤담주의자들은 다소 건조하고 냉담하다는 측면에서, 또 감정이란 휴지통에나 가야 할 것이라고 믿었다는 점에서 공통점이 있었다. 그러나 벤담주의자들과 웨브 부부 모두 열렬한 지지자들을 상대로 자신들의 주의 주장을 가르쳤다. 벤담과 로버트 오웬〔영국의 공상적 사회주의자〕이 균형이 잘 잡힌 지적 결과물을 생산할 수 있었던 것처럼, 웨브 부부와 키어 하디〔영국의 노동운동가〕도 그러한 결과물을 낳는 데 성공했다. 어떤 사람에게 인류의 가치를 더해 주는 행위 전부를 요구할 수는 없는 법이다. 그중 일부만 가졌다 해도 충분하다. 웨브 부부는 이 시험에서 통과했으며, 만일 그들이 존재하지 않았다면 영국의 노동당은 훨씬 더 황폐하고 미미한 존재가 되었을 게 분명하다. 그들의 역할은 웨브 부인의 조카인 스태퍼드 크립스 경에게 전해졌는데, 어쨌거나 그들이 없었더라면 우리가 지나온, 또 지금도 겪고 있는 저 험한 세월을 영국의 민주주의가 과연 한결같은 끈기로 버텨 낼 수 있었을지 의심스럽다.

　집에 가서 시드니 웨브를 만났다고 이야기하자 할머니도 리치먼드에서 그가 강연하는 것을 들어 보았다고 하시고는 "그 사람 별로……"라고 말끝을 흐리셨다. "뭐가요?" 내가 파고들자 할머니가 마침내 말씀하셨다. "생각이나 행동이 그리 신사적이지 않아."

나는 집안 어른들의 그런 트집을 피해 피어솔 스미스 가족에게로 달아났다. 그들과 함께 있으면 나는 수다스러워지고 소심한 모습에서 벗어날 수 있었다. 나 스스로 아주 총명하다고 생각할 만큼 말을 많이 하게 되었던 것이다. 그 집에서 흥미로운 사람들을 만났는데, 윌리엄 제임스도 그중 한 사람이다. 로건 피어솔 스미스는 내게 1890년대의 교양을 가르쳐 주었다. 플로베르, 월터 페이터[1839~94년, 영국의 비평가·수필가·소설가] 등등. 또한 좋은 글쓰기의 규칙도 가르쳐 주었는데 예를 들자면, "단어를 연달아 네 개 쓰고 나면 반드시 콤마를 찍어라, 문장의 서두 외에는 절대로 'and'를 쓰지 마라" 등등. 월터 페이터의 문체에서 삽입구로 가득한 문장을 작성하는 법도 배웠다. 마네, 모네, 드가를 어떻게 평하는 것이 옳은지도 배웠다. 당시 이 화가들은 훗날의 마티스나 피카소에 버금가는 위치를 차지하고 있었다.

로건은 나보다 일곱 살이 많았으며, 도덕적인 충고를 많이 해주었다. 당시 그는 필라델피아 퀘이커 교리의 윤리관에서 파리에서 라틴 구역 보헤미안의 윤리관으로 넘어가는 과도기적 상태였다. 정치적으로는 사회주의자였는데, 그를 그렇게 바꾸어 놓은 것은 페이비언 협회 창설자의 한 사람인 그레이엄 월러스였다. (그러나 그레이엄 자신은 나중에 자유주의로 돌아갔다.) 로건은 퀘이커 교도의 박애주의적 실천과 사회주의 신조를 조화시키려 애썼다. 성도덕 면에서는 마니교(금욕적 계율에 의한 인간의 구제를 주장하는 종교) 교도에 가까울 정도로 상당히 금욕적이었으나, 종교적으로는 불가지론자였다. 그의 바람은 자유사상을 품은 젊은이들을 설득하여 높은 수준의 개인적 수양을 쌓게 하고 극기 정신을 갖도록 만드는 것이었다. 이러한 목적 아래 그는 우스개 삼아 '군자교君子敎'라는 것을 만들기도 했는데, 나도 거기에 가입하여 몇 년 동안 그 규율에 따랐다.

나는 해가 갈수록 그 집의 딸 앨리스에게 빠져들었다. 그녀는 오빠인 로건보다 덜 경박했으며, 언니인 코스텔로 부인에 비해 무책임한 면도 적었다. 펨브로크 로지 같은 분위기에서 자랐지만 나는 꾸밈없는 호의라는 덕목을 소중하게 생각했다. 그녀는 이 덕목을 완벽하게 실천하면서도 점잔 빼는 태도나 편견이 없어 보였다. 그녀는 나보다 다섯 살 연상이었기 때문에, 내가 성년이 될 때까지 미혼으로 있어 줄 것인지 궁금했다. 그럴 가능성은 적어 보였지만 나는 결국, 만일 그녀가 기다려 준다면 청혼을 하리라 결심하게 되었다. 한번은 본 윌리엄스 판사를 방문하기 위해 앨리스와 그녀의 오빠 로건과 함께 리스 언덕에 간 적이 있다. 본 판사의 아내는 엘리자베스 여왕 시대 스타일의 주름 깃을 즐겨 착용하여 그걸 안 하면 이상해 보일 정도였다. 도중에 내가 앨리스 남매의 유도 질문에 넘어가, 첫눈에 사랑에 빠진다는 얘기를 믿는다고 대답하자 그들은 내가 너무 감상적이라며 놀렸다. 나는 앨리스가 우리 할머니의 숙녀상에 맞지 않는다는 것을 알고 있었으나, 제인 오스틴의 작품에 나오는 엘리자베스 베넷과 닮았다고 생각했다.

이러한 태도를 취하면서 스스로의 관대함을 즐겼던 것 같다.

나는 1893년 5월을 맞아 성인이 되었고, 그 순간부터 앨리스와 나의 관계는 멀리서 동경하는 차원을 뛰어넘기 시작했다. 그 다음 달에는 수학 졸업 시험에서 7위로 1급 합격자가 되었고, 법적·재정적으로 독립했다. 앨리스가 자기 사촌과 함께 케임브리지를 방문한 덕택에 그녀와 대화할 기회가 그 어느 때보다 많았다. 여름방학이 되자 그녀가 먼젓번 사촌과 함께 다시 왔다. 나는 그날 안으로 보내 주겠다고 그녀를 설득하여 사촌을 먼저 보냈다. 우리는 강둑으로 올라가 이혼을 주제로 이야기했는데, 그녀가 나보다 찬성하는 편이었다. 그녀는 이론상으론 자유연애 주창자였다. 실제 내 견해는 다소 엄격했음에도 불구하고 그녀의 견해가 좋게만 보였다. 그러나 막상 그녀의 언니가 남편을 버리고 미술 평론가인 베런슨〔1865~1959년, 리투아니아 출생의 미국 미술사가〕과 결혼하자 그녀는 대단히 수치스러워했다. 나는 약간 어리둥절해졌다. 실제로 그녀는 우리가 결혼하기 전까지는 베런슨을 만나려고도 하지 않았다. 그녀가 다시 케임브리지에 찾아와서 나는 크게 들떴고, 정기적으로 편지 왕래도 시작했다. 그전에는 해마다 해즐미어에서 여름을 보냈지만, 할머니와 애거서 아주머니가 롤로 아저씨의 두 번째 부인과 원만하게 지내지 못했기 때문에 그럴 수가 없게 되었다.

그러나 나는 9월 13일에 이틀 묵을 예정으로 프라이디 언덕에 갔다. 바람기 한 점 없는 따뜻한 날씨에 이른 아침 계곡에는 안개가 서렸다. 셸리가 "황금빛 안개"라고 표현한 것을 두고 로건이 비웃던 것이 떠올랐다. 내가 로건의 말을 받아, 바로 오늘 아침에도 황금빛 안개가 끼었으나 형이 자고 있어서 못 보았노라고 놀렸다. 나는 아침 식사 전에 앨리스와 산책하기로 약속했기 때문에 일찌감치 일어나 돌아다녔다. 우리는 언덕의 너도밤나무 숲에 가 앉았다. 사방 어디를 보아도 나무 줄기들 사이로 먼 경치가 슬쩍슬쩍 보였다. 이슬이 촉촉이 내려앉은 상쾌한 아침이었다. 나는 문득 인간의 삶에도 행복이 있을지 모른다는 생각이 들기 시작했다. 그러나 숲에 앉아 있는 동안 무엇을 할까 고민할 뿐, 부끄러워서 아무것도 하지 못했다. 아침을 먹고 나서야, 그것도 엄청난 망설임과 불안 속에, 비로소 결혼 신청을 하기로 마음을 먹었다. 당시에는 그것이 관례였다. 그녀는 받아들이지도 거절하지도 않았다. 키스하거나 손을 잡아 볼 생각은 하지도 못했다. 우리는 만남과 편지 왕래를 계속하면서 이쪽이든 저쪽이든 자연스럽게 시간이 가면 알 수 있으리라고 결론 내렸다. 이 모든 얘기가 바깥에서 이루어졌는데, 점심을 먹으려고 들어가 보니 그녀에게 편지가 한 통 와 있었다. 헨리 서머싯 부인이 보낸 것으로, 그녀에게 시카고 만국박람회에 와서 금주 운동 강연을 도와달라는 초청 내용이었다. 당시에는 미국이 금주 덕목을 잘 지키지 못하는 것으로 인식되어 있었다. 어머니에게 철저한 금욕에 대한 믿음을 물려받았던 앨리스는 이 초청을 받고 크게 고무되었다. 의기양양하게 편지를 읽어 주고는 흔쾌히 받아들였는데, 그런 그녀를 보면서 약간 우울해지는 느낌이었다. 그녀를 몇 달 동안 못 보게 될 뿐 아니라, 자칫하면 그녀가 다른 흥미로운 길로 접어드는 계기가 될 수도 있기 때문이었다.

집으로 돌아와 식구들에게 앨리스에게 결혼 신청을 했다고 알리자, 약속이나 한 듯 상투적인 반응을 보였다. 그녀는 숙녀가 아니라 어린 너를 꾀어 한몫 챙기려는 저급한 협잡꾼이다, 순진한 너를 이용하려는 엉큼한 여자다, 교양 있는 정서를 전혀 모르는 사람이다, 그녀의 저속함이 너를 끊임없이 수치스러운 상황으로 몰아넣을 것이다 등등. 그러나 내게는 아버지한테 물려받은 2만 파운드가량의 돈이 있었으므로 어른들이 뭐라고 하든 신경 쓰지 않았다. 그때부터 가족들과 긴장 상태를 유지한 나는 결혼한 후에도 계속 그랬다.

그 무렵 내게는 자물쇠가 달린 일기장이 있었는데, 아무도 모르는 곳에 깊이 숨겨두곤 했다. 나는 그 일기장에다 앨리스에 대해 할머니와 나눈 대화와 그에 대한 내 감정을 기록했다. 그로부터 오래지 않아 아버지의 옛날 일기장이 내 손에 들어왔다. 일부가 속기로 적힌 것으로 보아 비밀 일기였던 게 분명했다. 내가 앨리스에게 청혼했을 때와 똑같은 나이에 어머니에게 청혼했다는 것, 그때도 할머니는 내게 한 것과 거의 똑같은 말씀을 하셨다는 것, 아버지도 일기장에다 나와 똑같은 생각을 적었다는 것을 알았다. 나는 섬뜩해졌다. 내가 나 자신의 인생을 살고 있는 것이 아니라 아버지의 인생을 다시 한 번 살고 있는 듯 느껴졌던 것이다. 그 일로 인해 한때 유전을 맹신

하기도 했다.[1]

사랑에 푹 빠져 있었던 나는 육체적 관계에 대한 욕구조차 전혀 느끼지 못했다. 어느 날 밤, 우아하지 못한 사랑을 나누는 관능적인 꿈을 꾸고는 내 사랑의 신성함이 더럽혀졌다고 느낄 정도였다. 그러나 이 문제는, 차츰 본능에 맡기게 되었다.

1894년 1월 4일 또 하나 중요한 사건이 있었다. 나는 그때 그로브너로 44번지의 부모님 집에 있던 앨리스를 만나기 위해 리치먼드에서 와 있었다. 그날은 눈보라가 엄청나게 몰아쳤다. 런던 전체가 15센티미터나 쌓인 눈 속에 파묻혔기 때문에 나는 복스홀에서부터 눈을 헤치고 걸어가야 했다. 눈이 기묘한 격리 효과를 가져온 듯 런던 시내가 마치 외로운 산정처럼 조용해져 있었다. 그때 처음으로 앨리스와 키스했다. 그 방면에서는 앞서 얘기한 하녀와의 경험이 전부인 탓에 사랑하는 여인과 키스하는 것이 얼마나 황홀한지 상상도 하지 못했다. 비록 그녀는 나와 결혼할 것인지 아닌지 마음을 결정하지 못했노라고 말했지만, 어쨌거나 우리는 식사 때만 빼고 아침부터 밤까지 거의 말도 하지 않고 입맞춤만 했다. 중간에 내가 『에피사이키디언』을 낭독한 것 말고는 말이다. 나는 밤이 이슥해져서야 집에 도착했다. 눈보라 속을 역에서부터 1.5킬로미

---

1  나는 1894년 9월 2일에 앨리스에게 보낸 편지에서 이렇게 적었다. "조지 아주머니가 아주 친절하시긴 했지만 너무 꼬치꼬치 캐물으시더군(여자들 대부분이 그렇듯이). 옛날에 우리 할머니가 결혼에 대해 생각만 해도 열병 비슷한 증세를 보이면서 야단법석을 떨며 걱정하곤 했다는 이야기까지 하셨어."

터쯤 걷는 바람에 몸은 피곤했으나 가슴에는 환희가 넘쳤다.

내가 케임브리지에서 다음 학기를 보내는 동안 그녀의 감정은 왔다갔다하고 있었다. 어떤 때 보면 나와 결혼하고 싶어 안달하는 것 같고, 어떤 때는 계속 자유를 누리기로 한 것 같았다. 그 무렵 나는 1년 안에 도덕과학 졸업 2차 시험을 보게 되어 있었으므로 아주 열심히 공부해야 할 상황이었다. 그러나 잘되든 못 되든 사랑 때문에 공부에 집중하지 못한 적은 한 번도 없었다. 부활절 방학이 되자 나는 모드 이모와 함께 처음으로 로마를 방문해 몬시뇨르〔주교, 대주교 등 고위 성직자에게 주어지는 존칭〕인 외삼촌과 지냈다. 그 다음에는 파리로 갔다. 당시 로건은 그곳에 아파트를 가지고 있었고, 그의 어머니와 앨리스는 근처에 머물고 있었다. 나는 파리에 와서 공부하는 미국인 미술학도들의 생활을 처음으로 접했는데 상당히 자유롭고 즐거워 보였다. 앨리스가 로저 프라이가 디자인한 드레스를 입고 등장했던 무도회가 기억난다. 그리고 내게 문화를 주입시킬 목적으로 룩셈부르크의 인상파 그림전에 데리고 갔으나 그다지 성공하지 못했던 일도 기억난다. 밤이면 로건이 특유의 뛰어난 재치로 온밤을 채우는 동안 나는 퐁텐블로 부근의 센 강에서 앨리스를 옆에 앉히고 보트를 타기도 했다. 케임브리지로 돌아오자 제임스 워드가 진지하게 충고했다. 열심히 공부해야 할 때 내가 유럽 대륙에서 마지막 방학을 낭비하고 왔다는 것이었다. 그러나 나는 그의 얘기를 심각하게 받아들이지 않았으며, 결국 뛰어난 성적으로 1등급을 차지했다.

# 4. 약혼

졸업 시험이 끝날 무렵 앨리스는 확실하게 나와 약혼하기로 동의했다. 끊임없이 반대해 온 집안 어른들이 그 소식을 듣고는 뭔가 단호한 조치를 취해야 한다고 생각하기 시작했다. 그러나 그들에겐 내 행동을 막을 힘이 없었으며, 그녀의 성격에 대해 아무리 혹평해도 효과가 전혀 없었다. 마침내 어른들이 무기를 하나 찾아냈는데, 그 때문에 하마터면 그들에게 승리가 돌아갈 뻔했다. 양고기 모양의 구레나룻을 한 스코틀랜드 출신의 진지한 노인인 우리 집 주치의가 내가 어렴풋이 알고 있던 가족의 역사를 모조리 얘기해 주기 시작한 것이다. 윌리엄 아저씨가 돌아버린 내력, 애거서 아주머니가 이상한 망상에 사로잡히는 바람에 결국 약혼을 파기한 경위, 그리고 아버지가 간질로 고생한 얘기까지(그 후 의학계의 권위자들한테 들은 설명으로 볼 때 아버지의 간질이 과연 옳은 진단이었는지 의심스럽다). 그 당시에는 과학적인 사람이라고 자처하는 사람들조차 유전에 대해 다소 미신적인 태도를 가지고 있었으며, 열악한 환경과 몰지각한 도덕 교육 때문에 수많은 정신 장애가 빚어진다는 사실을 아는 사람은 거의 없었다. 암흑 같은 인생이 내 숙명인 양 생각되기 시작했다. 나는 입센의 『유령』과 비에른손의 『쿠르트가의 유산』을 읽기까지 했다. 앨리스의 친척 중에 약간 이상한 사람이 있었다. 가족들이 얼마나 강조했던지 나는 거의 미쳐 버릴 지경이었다. 어른들은 우리가 결혼할 경우 태어날 아이들이 정신 이상이 될 가능성이 있는지 없는지, 최고의 의학적 소견을 들어 보자고 설득했다. 이것은 우리 가족들과 내통한 주치의가 부추긴 것이라 당연히, 유전학적으로 볼 때 우리가 아이를 가져서는 안 된다는 소견이 나왔다. 리치먼드의 주치의 집에서 이 같은 답신을 받고 난 후 앨리스와 나는 리치먼드 그린 공원을 거닐며 그 문제를 의논했다. 나는 의사들의 말을 그대로 믿었고 또 아이를 간절히 바랐기 때문에 약혼을 파기하는 쪽으로 기울어졌다. 앨리스는 자신은 아이를 크게 바라지 않으니 자녀를 낳지 않더라도 결혼하겠다는 의견이었다. 30분쯤 의논을 한 후 나는 그녀의 의견 쪽으로 기울어졌다. 그래서 우리는 결혼은 하되 자식은 낳지 않겠다고 모두에게 선언했다. 산아 제한이라고 하면 오늘날에는 로마 가톨릭교에서나 펄쩍 뛰지만, 당시만 해도 그것은 혐오스러운 행위로 인식되었다. 가족들과 주치의는 머리를 쥐어뜯었다. 주치의는 내게, 자신의 의료 경험으로 볼 때 피임 기구를 쓰게 되면 건강을 크게 해칠 것이 확실하다고 엄숙하게 단언했다. 가족들도, 내 아버지가 피임 기구를 사용한 탓에 간질에 걸린 것처럼 은근히 이야기했다. 한숨과 눈물과 신음과 병적인 공포로 뒤덮인 무거운 분위기가 이어져 숨쉬기도 힘들 지경이었다. 당시에는 누구나 정신 이상을 유전이라고 보았기 때문에, 아버지가 간질을 앓았고 친척들이 망상증에 걸리거나 정신 이상이 되었다는 사실이 나를 공포로 몰아넣었다. 확실한 지식도 없으면서 그런 식으로 이해하고 있었던 것이다. 1893년 7월 21일(나중에 알고 보니 앨리스의 생일이기도 했다)에는 꿈을 꾸었는데, 어머니가 돌아가신 게 아니라 미쳐 버렸다는 것을 알고 내가 결혼하지 않는 것이 도리라고 느끼는 내용이었다. 나는 두려움을 떨쳐내기가 상당히 힘들었다. 이 점은 다음에 소개하는 글들에 잘 나타나 있다. 나는 이것을 아무에게도 보여 주지 않았으며, 앨리스한테도 아주 훗날에야 보여 주었다.

(1894년 7월 20~21일) 한밤중. 오늘밤은 내가 앨리스 꿈을 꾼 기념일이자 그녀의 생일이기도 하다. 묘한 우연의 일치지만, 내 꿈이 대부분 현실로 나타나는 걸 감안하면 상상력을 크게 자극할 수밖에 없다. 나는 늘 미신적이었으며 또한 행복감이 날 그렇게 만들었다. 한 사람에게 그처럼 푹 빠지다니 놀라운 일 아닌가. 내게는 그 어떤 것도 그녀와 관계된 얘기가 아니면 가치가 없다. 심지어 나의 앞길, 미덕을 추구하는 노력, 나의 지성(대단한 것은 못 되지만), 내가 소망하는 그 모든 것들이 그녀에게 주는 선물일 때만 그 가치를 지니며, 그녀의 사랑을 내가 얼마나 소중하게 생각하는지를 보여 주는 도구에 지나지 않는다. 그리고 나는 행복하다. 너무도 행복하다. 하느님 덕분이지만, 무엇보다도 내 열정에는 욕정이 전혀 들어 있지 않다고 여전히 말할 수 있다. 그러나 내가 가장 행복하여 기쁨 자체인 바로 그 순간, 내 주위를 맴도는 상실의 공포로 느닷없이 추락할 것만 같다. 이렇게 여리고 불안정한 기초 위에 놓여 있으니 상실 또한 그 얼마나 쉬울 것인가! 내가 그녀의 생일에 꾼 꿈, 그 꿈에서처럼 가족들이 날 속여 왔다는 것을 나중에야 안 것, 반복되는 가족들

의 엄중한 경고, 내 가족들의 삶을 이끈 절망적이고도 견디기 힘든 비극들이 차례차례 밝혀진 것. 그리고 무엇보다도, 숙명처럼 영원히 펨브로크 로지를 떠돌며 내가 아무리 맞서 싸우려 해도 내 영혼 깊숙이 파고들어 앨리스와의 사랑에서 오는 기쁨까지도 앗아가 버리는 그 음울함. 이 모든 것들에 유전의 두려움까지 가세하여 가슴을 억누른다. 그로 인해 나는 우리 가족이 어떤 운명에 놓여 있는 것처럼 생각하게 되었고, 남들은 타고난 권리인 양 당연하게 누리는 자유의 품으로 달아나려고 맞서 싸워도 보았지만 헛일이었다. 가장 큰 문제는 이 끔찍한 것이, 피할 수 없는 일이긴 해도 앨리스까지 끌어들이고 있다는 것이다. 원래의 나는 어둠 그 자체라서 나 스스로 빛에 도달하지 못하고 잔인한 운명에 이끌려 그녀까지 끌고 들어가 버릴 것 같다. 운명이 느닷없이 들이닥칠지, 질질 끌며 고문하면서 우리의 에너지를 짜내고 우리의 사랑을 파멸시킬지 그건 나도 모르겠다. 어쨌거나 나는 가문의 유령 때문에 공포에 사로잡혀 있으며, 그것이 보이지 않는 차고 끈적끈적한 손으로 날 붙잡고 있는 것만 같다. 음울한 전통에서 달아나려 하는 나에게 복수라도 하듯.

물론 이런 생각은 모두 어리석은 것이다. 아마도 초콜릿 케이크를 먹고 밤늦게까지 앉아 있는 바람에 그랬을 것이다. 그러나 그럼에도 불구하고 현실이라는 이름으로 나를 공격한다. 그것도 사소한 것을 구실로 폭압적이 된다. 집안 식구들에겐 고통스럽겠지만, 당분간 그들과 만나는 것을 좀 피하고 펨브로크 로지에도 자주 가지 말아야겠다. 그렇게라도 하지 않으면 나 자신이 정말로 미쳐 버릴까 두렵다. 나에게 펨브로크 로지는 미치광이 영혼들이 떠도는 가족묘와도 같다. 최근 앤더슨 박사한테 들은 얘기를 생각하면 특히 더 그런 생각이 든다. 여기는 다행히도 모든 것이 밝고 건강하며, 더구나 나의 앨리스가 있다. 펨브로크 로지와 그것이 내게 물려준 그 소름끼치는 유산을 잊고 있을 때는 불길한 생각 대신 서로의 사랑에서 오는 그 순수한 기쁨만을 생각할 수 있다. 그것은 너무도 크고 신성한 기쁨이어서, 사람들이 욕하는 이 세상에 어떻게 이런 것이 존재할 수 있을까 아직도 의아할 정도다. 내 간절한 소망은, 우리의 사랑이 그녀에게 더 이상의 것을 알게 하지 말고 기쁨만 가져다주었으면 하는 것이다. 그러나 슬프게도 이미 그녀는 알기 시작했다. 얼마나 끔찍한 삶이 있을 수 있는지, 그 속에 얼마나 깊은 고통이 담겨 있을 수 있는지.

이때 생겨난 두려움이 그 후로도 끊임없이 잠재의식 속에서 날 괴롭혔다. 전에는 그런 일이 없었는데, 주로 미치광이의 손에 살해당하는 끔찍한 악몽에 시달리게 되었다. 그러다 비명을 지르기도 했는데, 한번은 날 죽이려고 달려들기에 방어를 한답시고 잠결에 아내의 목을 조를 뻔한 일도 있다.

그 같은 두려움이 수년간 나로 하여금 심각한 감정을 모두 피하고, 되도록 적당히 가벼운 지식인으로 살도록 만들었다. 그리고 행복한 결혼 생활 덕분에 점차 정신적 안정을 찾아 갔다. 그러던 어느 날, 나는 새로운 감정의 폭풍을 경험하고 나 자신이 멀쩡한 정신을 유지할 수 있다는 것을 알았다. 그러 한 경험을 하고 난 뒤 정신 이상에 대한 두려움을 떨쳐낼 수 있 었다. 하지만 무의식 속에는 두려움이 계속되고 있었다.

결혼을 어떻게 할지 결정을 못 내리던 차에 새로운 의사 를 만나면서 모든 문제가 종결되었다. 그 의사는 자신도 몇 년 동안 피임 기구를 써왔지만 나쁜 영향은 전혀 없으니 걱정 말 라며, 우리가 결혼하지 않으면 오히려 바보들이라고 쾌활하게 장담했다. 그리하여, 두 세대에 걸친 가족들 모두에게는 충격 이었겠지만, 우리는 그들을 무시하고 우리 생각대로 밀고 나 갔다. 실제로 결혼 2년 후에 우리는, 과거에 상담했던 의학 계 권위자들의 얘기가 모조리 엉터리였다는 결론에 도달했으 며―사실이 그러했다―가능하면 아이를 갖기로 결정했다. 그 러나 앨리스가 불임증이라는 사실이 밝혀지면서, 결국 과거의 모든 소동이 공연한 짓이 되어 버렸다.

소동이 매듭지어지자 나는 앨리스의 가족들과 같이 살기 위해 프라이디스 힐로 옮겼다. 그리고 그곳에서 비非유클리드 기하학을 주제로 차분히 펠로십 논문을 쓰기 시작했다. 내 가 족들은 거의 매일 편지를 보내 '네가 지금 이끌고 있는 삶'에 대해 이야기했다. 그러나 그들의 말을 들었다가는 분명 나를 정신 이상으로 몰아갈 것이며, 앨리스와 함께할 때 정신적으 로 더 건강하다는 게 나의 확고한 생각이었다. 우리는 점점 더 가까워지고 있었다.

　그러나 가족들은 끝까지 포기하지 않았다. 8월이 되자 그들은 당시 파리 주재 영국 대사였던 더퍼린 경을 설득하여 내게 대사관 명예 직원 자리를 제의하게 만들었다. 나는 받아들일 의사가 전혀 없었다. 그러자 할머니가 손자의 도리를 강조하기 시작했다. 자신이 세상을 하직할 날도 머지않았으니, 당분간 떨어져 지내면서 여자한테 홀렸던 내 마음이 어떻게 변하는지 시험이라도 해보자는 것이었다. 나는 할머니가 돌아가신 후 자책감에 시달리고 싶지 않았으므로 딱 석 달만 파리에 가 있기로 동의했다. 그렇게 했는데도 내 감정에 아무 변화가 없다면 가족들도 더는 내 결혼에 적극 반대하지 못할 것이라는 계산이 들어 있었다. 그러나 나의 외교관 경력은 짧고 불명예스러웠다. 나는 그 일이 싫었으며, 프랑스 사람들과 그 냉소적인 분위기, 그리고 무엇보다도 앨리스와 떨어져 있는 게 너무나 싫었다. 프랭크 형이 날 찾아왔다. 그때는 몰랐지만, 내 상황을 판단하기 위해 가족들이 보낸 것이었다. 형은 내 입장을 강하게 비난했다. 마침내 11월 17일자로 석 달이 채워지자마자 나는 파리의 흔적을 모조리 털어내고 앨리스에게 돌아갔다. 그러나 먼저 그녀와 화해부터 해야만 했다. 파리에 머물던 후반기에 내가 그녀의 언니를 자주 만난 것을 두고 앨리스가 질투를 느꼈기 때문이다. 그러나 화해하는 데는 10분 정도밖에 걸리지 않았다.

　파리에 있으면서 그나마 얻은 것이 하나 있다면 조나단

스터지스와 맺은 우정이라고 할 수 있다. 나는 그에게 아주 큰 애정을 느꼈다. 그가 죽고 여러 해가 지난 후 라이에 있는 헨리 제임스의 집을 보러 간 일이 있었다. 당시 그 집은 박물관 비슷하게 운영되고 있었는데, 그곳에서 벽에 걸린 스터지스의 초상화와 불쑥 마주치게 되었다. 그것이 얼마나 큰 충격이었던지 정작 그 집에 대해서는 아무런 기억도 남아 있지 않다. 그는 장애인이었으나 감수성이 풍부하고 문학에도 조예가 깊었으며, 미국판 귀족이라 할 수 있는 계층에 속했다(그는 J. P. 모건의 조카였다). 굉장히 재치 있는 사람이었다. 한번은 그를 트리니티에 있는 펠로 화원으로 데리고 들어갔더니 이렇게 말했다. "아, 그렇지! 조지 엘리엇이 마이어스에게 '신은 없다, 그럼에도 불구하고 우리는 선해야 한다'고 말한 곳이 바로 여기야. 그러자 마이어스는 '신은 있다, 그럼에도 불구하고 우리는 선할 필요가 없다'고 판결했지." 나는 파리에 있는 동안 그를 계속해서 만났고, 그 이후 그가 세상을 떠날 때까지 우정을 유지했다.

# 첫 결혼

앨리스와 나는 1894년 12월 13일에 결혼식을 올렸다. 그녀의 가문은 200년 넘게 필라델피아 퀘이커 교도로 살아왔으며, 그녀도 여전히 친우회Society of Friends[1650년경 영국의 조지 폭스가 창시한 기독교의 한 파로서 보통 퀘이커라 부름] 신자였다. 그래서 우리는 세이트 마틴 레인에 있는 퀘이커 교도 집회장에서 결혼식을 올렸다. 참석한 퀘이커 교도 중 한 사람이 성령의 힘을 받아 가나[예수가 최초의 기적을 행했다고 알려진, 이스라엘 갈릴리 지방의 고대도시]의 기적에 대해 설파하자, 절대 금주주의자인 앨리스가 못마땅해하던 것이 어렴풋이 생각난다. 우리는 약혼 기간에도 기독교에 대해 자주 얘기하곤 했으나 결혼한 몇 달 후까지도 그녀의 견해를 바꿔 놓을 수 없었다.

그녀가 생각을 바꾼 데에는 다른 요인들도 작용했다. 당시 미국 여성들이 대부분 그러했듯, 앨리스도 자라면서 받아

온 교육 때문에 성은 추잡하다고, 여자들은 모두 성을 싫어하며 남자들의 짐승 같은 욕정이야말로 행복한 결혼 생활의 주요 장애물이라고 생각하고 있었다. 따라서 그녀는 아이를 원할 때만 성관계를 해야 한다고 생각했다. 우리는 이미 자녀를 갖지 않기로 결정한 상황이었으므로 성에 대한 기존의 입장도 수정해야 마땅했으나, 그녀는 여전히 아주 가끔씩만 성관계를 요구해야 한다고 생각했다. 나는 그 문제를 따지고 들지 않았으며 따질 필요도 별로 느끼지 못했다.

결혼할 당시 우리는 둘 다 전혀 성관계 경험이 없었다. 그런 부부들이 흔히 그러하듯 우리도 출발점에서 약간의 어려움을 발견했다. 그 때문에 신혼기를 어렵게 보냈다는 사람들도 있었지만, 우리 부부는 그렇지는 않았다. 우리에겐 그러한 난관들이 우스꽝스럽게만 보였으므로 곧 극복할 수 있었던 것이다. 그러나 결혼하고 3주쯤 지난 어느 날 성욕 때문에 몹시 피로한 적이 있었는데, 갑자기 그녀가 미워지면서 내가 왜 이 여자와 결혼하고 싶어 했는지 이해가 되지 않았던 게 기억난다. 하지만 그 마음은 암스테르담에서 베를린까지 여행하는 동안에 지속되었을 뿐 그 후로는 두 번 다시 그런 기분에 빠지지 않았다.

우리는 결혼하고 몇 년간은 다른 여러 나라들을 실컷 구경하기로 했기 때문에 1895년 3월까지는 베를린에서 보냈다. 나는 대학에 나가 주로 경제학을 공부했으며 펠로십 논문 준비도 계속했다. 우리는 일주일에 세 번씩 음악회에 갔고, 당시 아주 나쁘게 인식되고 있던 사회민주당원들과도 안면을 트기 시작했다. 그곳 대사의 아내인 어민트루드 말렛 부인이 나의 사촌누이였던 관계로 우리 부부는 대사관 만찬에 초대를 받은 적도 있다. 모두들 다정하게 대해 주었고, 대사관원 모두가 우리 집에 들르겠다고 말했다. 그러나 그들 중 누구도 오지 않아 우리가 대사관에 가보았더니 아무도 없었다. 우리는 무슨 영문인지 오랫동안 아무 눈치도 채지 못했으나, 결국 알고 보니, 앨리스가 대사에게 우리 부부가 사회주의자들의 모임에 다녀왔다고 말한 것이 원인이었다. 우리는 그 사실을 어민트루드 부인이 우리 할머니께 보낸 편지를 통해 알았다. 할머니는 앨리스에 대해 편견을 갖고 계셨는데도 이 문제에서는 전적으로 앨리스를 편들어 주셨는데, 바로 문제된 이슈가 공적인 것이었기 때문이다. 할머니나 애거서 아주머니는, 공적인 정치 이슈에 관해서는 자유주의자가 아니라고 보면 틀림없었다.

이때쯤엔 나의 지적 야망이 형태를 갖춰 가고 있었다. 나는 직업을 갖지 않고 저술에 전념하기로 결심했다. 쌀쌀하지만 화창한 초봄 어느 날, 티르가르텐〔베를린에 있는 주택지구〕에서 혼자 걸으며 장래의 작업 계획을 구상했던 일이 기억난다. 나는 두 개의 연작물을 쓰기로 했는데, 하나는 순수 수학에서 생리학에 이르는 각 학문의 철학에 관한 것이고, 또 하나는 사회 문제들에 관한 것이었다. 과학적이고 실용적이기만 하다면 두 연작물이 결국에는 하나의 종합체로 만나겠거니 기대했다. 이 같은 나의 계획은 주로 헤겔 사상의 영향을 받고 있었다. 그럼에도 후기에 가서야 어느 정도 계획대로 할 수 있었는데, 좌우간 최대한 많이 해보려 노력했다. 아무튼 그 순간은 나의 목적과 관련해 중요하고도 창조적인 순간이었다.

봄이 되자 우리는 피에졸레〔이탈리아 중부 피렌체 부근의 도시〕로 가 자그만 별장에서 살고 있던 앨리스의 언니와 함께 지냈다. 베런슨은 그 옆에 있는 또 다른 작은 별장에 살고 있었다. 그 집에서 나온 후에는 아드리아해 해안을 따라 쭉 내려가며 페자로, 우르비노, 라벤나, 리미니, 안코나 등 여러 다른 고장들에서 머물렀다. 이때가 내 인생에서 가장 행복했던 시간의 하나로 기억에 남아 있다. 이탈리아, 봄, 첫사랑이 한데 어울렸으니 제아무리 침울한 사람도 얼마든지 행복하게 지낼 수 있었을 것이다. 우리는 알몸으로 바다에서 놀다가 모래사장에 드러누워 몸을 말리곤 했는데, 그것은 사실 다소 위험이 따르는 장난이었다. 염세를 내지 않고 바다에서 소금을 캐가는 사람들을 단속하기 위해 경관이 수시로 지나다녔기 때문이다. 다행히도 우리는 한 번도 들키지 않았다.

이 무렵, 펠로십 논문에 대해 진지해질 필요를 느끼기 시작했다. 8월까지는 논문을 끝내야 했던 것이다. 그래서 우리는 펀허스트에 정착했고 나는 처음으로 진지한 창작 작업을 하게 되었다. 희망이 보이는 날과 절망하는 날들이 교차하던 끝에 마침내 논문이 완성되자 기하학의 기초와 관련된 모든 철학적 문제들을 내가 해결한 것 같은 기분에 사로잡혔다. 창작 작업에서 느끼는 희망과 절망은 모두 허위라는 것, 작업의 결과가 우울한 날에는 안 좋아 보이고 즐거운 날에는 아주 좋아 보이지만 둘 다 바른 판단이 아니라는 것을 당시의 나는 아직 알지 못했다. 내 논문은 수학적인 부분과 철학적인 부분으로 나뉘어 있었기 때문에 화이트헤드와 제임스 워드가 검토했다. 심사 결과가 발표되기 전에 화이트헤드가 아주 공정하면서도 약간 심하게 비평을 했다. 나는 내 논문이 아무 가치가 없는 모양이니 결과 발표를 기다릴 것도 없다고 단정지었다. 그런데 예의상 제임스 워드를 찾아가 보았더니 그는 정반대로 이야기하면서 극구 칭찬하는 것이 아닌가. 다음 날 내가 펠로Fellow로 선발되었다는 것을 알게 되었는데, 화이트헤드가 빙그레 웃으며 그제야 털어놓기를, 내 논문에서 중대한 결점을 찾아낼 마지막 기회라고 생각하여 그랬다는 것이었다.

결혼 생활은 행복했으며 연구 작업도 충실하게 진행되었다. 감정상의 어려움이 전혀 없었으므로 내 모든 에너지를 지적인 작업에 쏟아부을 수 있었다. 결혼한 첫해에 나는 수학과 철학 양 분야에서 폭넓은 책들을 읽었다. 저작의 양도 어느 정도 늘어나 훗날 다른 작업을 할 수 있는 토대가 마련되었다. 아내와 나는 외국을 여행하면서 여가 시간에는 독서를 많이 했는데, 주로 역사에 관한 책들을 읽었다. 저녁을 먹고 나면 아내와 나는 번갈아 가며 책을 읽어 주곤 했는데, 이런 방법으로 기본적인 역사책들을 다수 읽어 냈다. 우리가 이런 식으로 읽은 것 중에 마지막 책은 아마 그레고로비우스의 『로마 시사』였을 것이다. 이때가 내 생에서 지적으로 가장 풍성한 수확의 시기였으며, 그것을 가능케 해준 내 첫 아내에게 감사를 표하지 않을 수 없다. 처음에 아내는 전원에서 조용하게 살자는 내 생각에 반대했지만, 나는 내 일을 위해 그렇게 하기로 마음먹은 상태였다. 나는 아내와 내 일에서 충분한 행복을 느꼈으므로 더는 아무것도 필요하지 않았다. 그러나 사실 우리가 시골에서 조용하게 보내는 시간은 1년의 절반 정도에 불과했으며, 그것이 우리의 원칙이기도 했다. 그 기간 중에도 아내는 여성 투표권이나 절대 금주 지지 연설을 하기 위해 종종 외부로 나가곤 했다. 나는 아내를 기쁘게 해주기 위해 절대 금주가가 되었으며, 그것이 습관이 되어, 최초의 동기가 더는 내게 의미가 없어진 후에도 계속 금주가로 남았다. 제1차 세계대전 중에 국왕이 금주 서약을 할 때까지도 나는 술에 빠지지 않고 지냈다. 국왕이 서약한 동기는 독일인들에 대한 살상을 촉진하는 데 있었기 때문에, 평화주의와 알코올이 무슨 관련이라도 있는 것처럼 보였다.

1895년 가을, 펠로십 선발이 끝난 후 우리는 독일 사회민주주의를 공부하기 위해 베를린으로 되돌아갔다. 베를린에 체류하면서 우리는 거의 사회주의자들하고만 교제했다. 베벨과 리프크네히트 형제 중 형도 알게 되었다. 제1차 세계대전 직후에 사망한 동생 리프크네히트는 그 무렵 아직 소년이었다. 내 기억에는 없지만, 우리가 그의 부친 집에서 식사를 하게 되었을 때 분명 동생을 만났을 것이다. 당시 사회민주당원들은 격렬한 혁명론자들이었는데, 그들이 권력을 얻으면 어떻게 될까

를 헤아리기엔 내가 너무 어렸다. 1896년 초, 나는 런던 정치경제대학에서 그들에 대한 강좌를 맡아 강의했다. 당시 그 학교는 아델피의 존애덤 가에 있었다. 독일 사회주의자를 다룬 강사로는 아마 내가 처음이었을 것이다. 그곳에서 윌리엄 휴인스를 알게 되었고, 그때부터 1901년까지 그의 영향을 상당히 많이 받았다. 그는 가톨릭 집안 출신이었는데, 교회 대신 영국 제국주의를 숭배의 대상으로 삼았다.

그 시절의 나는 훗날에 비해 훨씬 더 예민한 편이었다. 정치경제대학에서 강의할 당시 아내와 나는 애슐리 가든 90번지의 아파트에서 살았는데, 승강기 소음이 신경 쓰여 작업을 할 수가 없었다. 그래서 나는 매일 그로브베네로에 있는 장인의 집까지 걸어가, 그곳에서 게오르크 칸토어를 읽고 요지를 공책에 베끼기도 하면서 시간을 보냈다. 당시 나는 그의 모든 주장이 오류라고 잘못 생각하고 있었는데, 그러면서도 아주 꼼꼼히 다 읽었다. 훗날 내가 오히려 오류를 범했다는 것을 깨달았을 때, 그것이 큰 도움이 되었다.

봄이 되자 우리는 펀허스트에 '밀행어'란 이름의 작은 노동자용 집을 사서 널찍한 거실을 만들고 침실 두 개를 증축했다. 내 일생에서 가장 행복한 시간들이 바로 이 집에서 흘러갔다. 나는 관심 있는 분야의 지식을 많이 습득했고, 내 창작물도 전문가들한테 기대 이상의 평가를 받았다. 재학생 시절에는 내 능력이 크게 뛰어나다고 생각지 않았으나, 나중에 알고 보니 그런 편이었다. 맥태거트의 글이 내게는 따라가기 힘든 이상으로 느껴지면서 나도 저만큼 잘 쓸 수 있을까 부러워했던 기억이 난다. 결혼하고 나서 몇 년이 흐르는 사이, 화이트헤드가 서서히 스승에서 친구로 바뀌어 갔다. 1890년 케임브리지 신입생이었을 때 나는 그의 통계학 강의를 들은 적이 있다. 그가 학생들에게 교과서에 나오는 35번 항목을 연구해 보라고 지시했다. 이어서 날 쳐다보며 말했다. "자네는 이미 아는 것이니 공부할 필요 없네." 그것은 내가 열 달 전 장학생 선발 시험 때 인용했던 항목이었다. 그 사실을 기억해 줌으로써 그는 나의 호의를 얻을 수 있었다.

영국에서는 화이트헤드가 수학자로만 알려졌고, 철학자로서 그의 면모는 미국에서 발휘됐다. 철학에 있어서는 그와 내가 의견이 맞지 않았으므로 공동 작업을 계속하기란 불가능했으며, 결국 그가 미국으로 간 후에는 자연히 만날 기회도 적어졌다. 우리 사이가 멀어지기 시작한 것은 제1차 세계대전 때였다. 그가 평화론자였던 내 견해에 철저히 반대했던 것이다. 이 문제를 두고 서로 의견이 다른 가운데도 나보다는 그가 더 관대했다. 그러므로 그때의 견해차로 인해 우리의 우정이 식었다면 그의 탓이라기보다 내 탓이 훨씬 더 컸다.

당시 열여덟 살에 불과했던 그의 차남이 전쟁이 끝나기 몇 달 전에 사망하고 말았다. 그에게는 너무도 큰 슬픔이었으나 그럼에도 그가 연구를 계속할 수 있었던 것은 도덕적으로 엄청난 자기 수양을 쌓았기 때문이었다. 그가 기계적이기만 한 우주를 믿는 데서 벗어나 여러 방향의 길을 모색하게 되고 결국 철학 쪽으로 생각을 선회하게 된 데는 아들을 잃은 고통이 크게 작용했다. 그의 철학은 아주 모호해서 내가 결국 이해하지 못하고 넘어간 부분도 많았다. 그는 늘 내가 좋지 않게 생각했던 칸트 쪽으로 기울어 있었으며, 자신의 철학을 발전시키게 되었을 때는 베르그송의 영향을 크게 받고 있었다. 그는 우주의 통일성이란 측면에 감명을 받아, 과학적 추론들도 그것을 통해서만 정당화될 수 있다고 보았다. 나는 기질 때문에 정반대 방향으로 나아갔지만, 과연 순수 이성이란 것이 우리 중 누가 더 옳은가를 판단할 수 있었을지 나로선 의심스럽다. 그의 견해를 선호하는 사람들은, 그가 평범한 사람들에게 위안을 주는 것이 목표였던 반면 나는 철학자들에게 불편을 주는 것이 목표였다고 말할지도 모르겠다. 그러나 내 견해에 호의적인 사람이라면, 그가 철학자들을 기쁘게 해준 반면 나는 평범한 사람들을 재미있게 해주었다고 반박할 수 있을 것이다. 어쨌거나 우리는 끝까지 애정을 유지하면서도 각자 다른 길을 걸었다.

화이트헤드는 관심의 폭이 엄청나게 넓은 사람이었으며 역사 지식도 대단하여 우리를 놀라게 만들곤 했다. 한번은 우연히 발견했는데, 그가 아주 진지하지만 약간 괴짜스러운 파올로 사르피의 『트리엔트 공의회사』를 머리맡에 두고 잠자리용 책으로 이용하고 있었다. 어떤 것이든 역사적 주제가 등장했다 하면 어김없이 그가 도움이 될 만한 자료를 제공해 주곤 했는데, 이를테면 에드먼드 버크〔1729~97년, 아일랜드의 정치가·웅변가·저술가)의 정치적 견해와 그 도시에서 그가 가진 이권 사이에 어떤 관련이 있는가, 후스(1369?~1415년, 보헤미아의 종교 개혁가)의 이단론은 보헤미아의 은광들과 어떤 관계가 있는가 따위의 것들이었다.

화이트헤드는 유쾌한 기질에 대단히 온순한 사람이었다. 내가 재학할 때는 그에게 '아기 천사'란 별명이 붙어 있었는데, 말년의 그를 아는 사람들이 들었다면 지나치게 무례하다고 생각할지 모르겠으나, 그 당시에는 그에게 잘 어울리는 별명이었다. 그의 가족은 켄트 지방 출신으로서 성 아우구스티누스(로마의 수도사, 597년에 영국에 상륙한 선교사단의 수장으로서 영국의 기독교 교화에 공헌했음)가 그 지방에 상륙한 무렵부터 줄곧 성직에 몸담아온 사람들이었다. 로마 가톨릭의 확산을 크게 우려한 우리 할아버지가 화이트헤드의 누이를 붙들고 영국 국교회를 버리지 말라고 간청했다는 이야기를 그는 아주 재미있어 하며 늘어놓곤 했다. 그것이 너무도 확률이 낮은 우연이란 점이 재미있었던 모양이다. 화이트헤드의 신학적 견해는 정통에서 벗어나 있었으나, 정서적인 면에서 영국 국교회 목사의 분위기 같은 것이 남아 있다가 훗날 그의 철학 저서들에서 표출되었다.

그는 대단히 겸손한 사람이어서, 자신의 결점을 좀 특색 있게 보이려 한다는 정도가 제일 뽐내는 축에 속했다. 케임브리지에 자매간인 노부인 둘이 있었는데, 마치 크랜퍼드(미국 뉴저지 주의 도시)에서 금방 온 것 같은 태도를 가진 사람들이었다. 실제로도 진보적이다 못해 과감할 정도의 견해를 보였으며 모든 개혁 운동의 최전선에 서 있었다. 그들을 처음 본 화이트헤드는 겉모습만 보고 오해하여 그들에게 약간 충격을 주는 것도 재미있겠다고 생각했다. 그러나 그가 다소 급진적인 견해를 피력하기 시작하자 부인들이 말했다. "오! 화이트헤드 씨, 당신한테서 그런 얘기를 듣게 되다니 정말 기뻐요." 그것은 그들이 여태까지 그를 반동의 중심 인물쯤으로 보았음을 암시하는 말이었다. 화이트헤드는 그때 일을 다소 아쉬운 투로 이야기하곤 했다.

일에 대한 그의 집중력은 참으로 남달랐다. [케임브리지 근교의] 그랜체스터에서 그와 함께 지내던 어느 무더운 여름날, 친구 크롬프턴 데이비스가 찾아왔다. 나는 크롬프턴을 정원으로 데리고 들어가면서 주인한테 인사나 하라고 했다. 화이트헤드는 수학에 관한 글을 쓰고 있는 중이었다. 그가 있는 곳으로 간 크롬프턴과 나는 1미터도 안 떨어진 지점에서, 한 장 한 장 지면을 기호들로 채우는 그를 지켜보았다. 결국 그가 한 번도 우리를 쳐다보지 않았으므로 한참 후에 우리는 경외심을 느끼며 물러나야 했다.

화이트헤드를 잘 아는 사람들은 일상적인 접촉에서는 볼 수 없는 많은 면들이 그에게 있다는 것을 깨닫게 되었다. 사교적인 면에서는 다정하고 합리적이고 침착한 듯 보였지만, 사실 그는 침착하지도 않았고 '합리적 인간'이라는 비인간적인 괴물도 분명 아니었다. 아내와 자녀들에 대한 그의 헌신은 깊고도 열정적이었다. 그는 항시 종교의 중요성을 깊이 느끼고 있었다. 젊었을 때는 뉴먼 추기경[1801~90년, 영국의 성직자, 저술가]의 영향을 받아 하마터면 로마 가톨릭으로 개종할 뻔했다. 말년에 철학을 하게 됨으로써 그는 종교에서 원했던 것을 다소나마 얻을 수 있었다. 극도로 자제된 생활을 하는 사람들이 보통 그러하듯, 그는 걸핏하면 괴로운 독백에 의존했다. 그리하여 혼자 있게 되었다 싶으면 단점이라 생각되는 것들에 대해 자기 자신에게 욕을 내뱉곤 했다. 그는 결혼하고 처음 몇 년간 경제적으로 힘들게 살았다. 그러나 감당하기 매우 힘들었다고 느꼈고, 자신의 일이 중요하긴 하지만 돈은 안 된다는 것을 잘 알면서도, 그 문제 때문에 일을 제쳐놓은 적은 한 번도 없었다.

그에게는, 내가 가장 깊이 알고 지냈을 당시에는 발휘할 기회가 별로 없었던 실무적인 능력이 있었다. 그는 놀라우리만큼 빈틈없는 면이 있었고 그 덕에 위원회에서도 뜻대로 성취할 수 있었다. 평소 그를 관념적이고 세상 물정에 어두운 사람으로 생각하던 사람들이 그런 자리에서 그의 태도를 보면 깜짝 놀랄 정도였다. 한 가지 결점만 아니었어도 그는 유능한 행정가가 되었을지도 모른다. 그 결점이란 바로, 편지를 받고도 절대로 답장해 주지 않는 버릇이었다. 한번은 내가 수학에 관련된 한 문제 때문에 편지를 써 보냈다. 당시 나는 푸앵카레 [1854~1912년, 프랑스의 수학자·물리학자]의 견해에 반대하는 글을 쓰고 있었는데, 거기에 그 문제의 해답이 절박하게 필요한 상황이었다. 그에게서 답장이 없었으므로 재차 편지를 보냈다. 그래도 답을 주지 않기에 전보를 쳤다. 역시 묵묵부답이었으므로 이번에는 반신료를 선불하고 전보를 쳤다. 그러나 결국에는 내가 브로드스테어스까지 직접 가서야 대답을 들을 수 있었다. 그의 친구들도 이 괴벽을 점차 알게 되었으므로, 드물지만 어쩌다 누군가 그의 편지를 받기라도 하면 모두 모여서 그 사람을 축하해 주곤 했다. 편지에 일일이 답장해 주다 보면 저술 작업을 할 시간이 없다는 것이 그의 변명이었다. 반박의 여지가 없는 완벽한 변명이었다.

스승으로서 화이트헤드는 매우 완벽했다. 그는 자신이 관계해야 할 사람들에게 개인적으로 관심을 가졌으므로 그들의 강점과 약점을 모두 알고 있었다. 그리고 제자에게서 그 사람이 할 수 있는 최고의 것을 이끌어 내곤 했다. 학생들을 억압하거나 빈정대거나 잘난 척하거나, 기타 저급한 선생들에게서 흔히 볼 수 있는 모습을 그는 한 번도 보이지 않았다. 그는, 나에게도 그랬지만, 자신과 만나게 된 좀더 유능한 모든 청년들의 가슴에 아주 진실하고 지속적인 애정을 불러일으켰다.

화이트헤드와 그의 부인이 시골에 있는 우리한테 와서 지내기도 하고, 우리가 케임브리지로 가 그들과 함께 지내기도 했다. 연로한 학장 몬터규 버틀러의 사택에 머물며 앤 여왕의 침대에서 잔 적도 있었지만, 다행히도 그런 일은 두 번 다시 없었다.

독일 사회주의에 관한 나의 강의가 묶여 1896년에 책으로 출간되었다. 나로서는 첫 책이었지만 수리 철학에 전념하기로 이미 마음을 굳혔기 때문에 크게 관심을 두지는 않았다. 내가 펠로십 논문을 고쳐 쓰자 케임브리지 대학 출판부에서 그것을 받아들여 1897년에 『기하학의 기초에 관한 소론』이란 제목으로 출판했다. 나는 나중에 이 책이 지나치게 칸트적이라고 생각하게 되었지만, 어쨌거나 나의 첫 철학 저서가 당시의 정통파에 도전하지 않았다는 것은 내 평판에는 다행한 일이었다. 칸트를 비판하면 칸트를 이해하지 못한 사람으로 싸잡아 매도하고 내쳐 버리는 것이 당시 학계의 관례였기 때문에, 그 같은 비판을 면하려면 일단 칸트에 동의하고 보는 것이 유리했다. 그 책은 실제 가치보다 훨씬 높이 평가되었다. 그때 이후로는 책을 낼 때마다 학계 평론가들에게 질이 떨어졌다는 평가를 자주 받았다.

1896년 가을, 앨리스와 나는 석 달 예정으로 미국에 갔다. 주요 목적은 내가 그녀의 친척들과 안면을 트는 데 있었다. 우리는 먼저 뉴저지 캠던에 있는 월트 휘트먼의 집을 방문했다. 그리고 거기에서 곧바로 앨리스의 사촌이 사는 밀빌이라는 작은 공업 도시로 갔다. 본드 토머스란 이름의 그 사촌은 오랜 세월 가업으로 이어 온 유리 공장의 지배인이었다. 그의 아내인 이디스는 앨리스네 집안의 절친한 친구였다. 인구 조사 통계상 그 도시의 주민은 1만 2명으로 되어 있었는데, 그 부부는 늘 자신들이 바로 그 두 명이라고 말하곤 했다. 남편은 단순한 사람이었으나 아내는 문학적 야망을 품고 있었다. 그녀는 스크리브〔1791~1861년, 프랑스의 극작가〕양식으로 서툰 희곡들을 쓰면서, 밀빌에서 탈출하여 유럽 문학계의 대가들과 친분을 쌓을 수만 있다면 자신의 재능을 인정받을 것이라고 생각했다. 남편은 겸손하게 아내에게 헌신했으나, 그녀는 좀더 훌륭한 자질을 가졌다고 판단되는 남자들과 각종 염문을 뿌리곤 했다. 당시 그 지역 주변은 황량한 삼림으로 덮여 있었는데, 그녀는 마차에 날 태우고 먼지 이는 흙길을 따라 장시간 드라이브를 하곤 했다. 그녀는 언제 필요할지 아무도 알 수 없는 법이라고 말하며 늘 연발 권총을 가지고 다녔다. 그 후의 사건들을 돌이켜 보면서 나는 그녀가 『헤다 가블러』〔입센의 희곡 중 하나, 1890년 작, 미모와 재기를 타고난 주인공 헤다가 강한 에고이즘으로 남을 파멸시키고, 자신도 권총 자살하는 모습을 그림〕를 읽고 있었던 게 아닐까 추측했다. 2년 후 그 부부가 우리와 함께 지내려고 베네치아로 왔을 때 나는 그녀에게 여러 작가들을 소개해 주었다. 그런데 그녀가 밀빌에 외따로 떨어져 10년 동안 공들여 빚어낸 작품이 아무 가치도 없는 것으로 드러났다. 그녀는 크게 낙담하여 미국으로 돌아갔는데, 그 다음에 우리가 들은 소식은, 그녀가 남편에게 받았던 연애 편지들을 가슴에 얹고 그 위에 대고 총을 쏘아 자살했다는 것이었다. 남편은 그 후에 다른 여자와 재혼했는데 전처와 아주 똑같은 여자였다고 한다.

　우리가 미국에서 그 다음으로 간 곳은 브린 모였다. 우리는 브린 모 대학 총장으로 있던 본드 토머스의 누이 케어리 토머스와 함께 지낼 예정이었다. 그녀는 집안 사람들이 모두 경외심에 가까운 감정으로 대하는 숙녀였다. 그녀에겐 엄청난 정력이 있었고, 기업가 못지않게 효율적으로 수행하는 교육에 대한 믿음이 있었으며, 남성들에 대한 뿌리 깊은 경멸도 품고 있었다. 내가 그녀를 처음 만난 곳은 프라이디스 힐이었는데, 그녀가 도착하기 전에 로건이 이렇게 말했다. "자, 자네의 케어리를 만날 준비를 하게나." 그녀에 대한 그 집안 사람들의 태도가 어떤 것인지 잘 보여 주는 말이었다. 그런데 그녀가 별 것 아닌 얘기에도 쉽게 놀라곤 했으므로 나는 그녀를 그리 대단하게 생각할 수 없었다. 그녀는, 학문적인 주제로 글을 쓰려는 사람이라면 먼저 문학 작품부터 읽어야 한다는 아주 존경할 만한 견해를 가지고 있었다. 그래서 나도, 비유클리드 기하학 분야의 모든 진보는 과거의 문학을 전혀 알지 못한 채 이루어졌으며 어떻게 보면 바로 그랬기 때문에 진보가 가능했다고 진지하게 그녀를 일깨워 주었다. 그 얘기를 듣고 난 후로 그녀는 나를 '파르쇠르'〔익살꾼, 농담만 하는 사람이란 뜻의 프랑스어〕에 불과하다고 보았다. 그러나 여러 가지 일들을 겪으면서 그녀에 대한 내 느낌이 옳았음을 확인할 수 있었다. 예를 들어 한 번은 파리에서 그녀와 함께 '새끼 독수리'란 극을 보러 갔는데, 눈치를 보니 1830년에 프랑스에서 혁명이 있었다는 것을 전혀 모르는 것 같았다. 내가 프랑스 역사를 간략하게 이야기해 주었더니, 며칠 후에 그녀는 자신의 비서가 프랑스 역사 입문서를 갖고 싶어 하니 한 권 추천해 달라고 말했다. 그러나 브린 모에서는 그녀가 제우스 신이었고 모든 사람들이 그녀 앞에서 벌벌 떨었다. 그녀는 그윈이라는 친구와 함께 살고 있었는데, 그윈은 거의 모든 면에서 그녀와 정반대인 사람이었다. 그윈은 의지력이 아주 약하고 부드러운 성격이었으며, 게을렀으나 문학에 대해서는 비록 편협하긴 해도 확실한 감각이 있었다. 두 사람은 아주 어릴 때부터 친구였으며 박사 학위를 따기 위해 함께 독일로 가기도 했으나 케어리만 학위를 따는 데 성공했다. 우리가 그들과 함께 지낼 당시에는 두 사람의 우정에 약간씩 금이 가고 있었다. 그윈은 2주마다 사흘씩 가족이 있는 집에 다녀오곤 했는데, 그녀가 떠날 시간이 되면 개럿이라는 또 다른 여인이 정확하게 도착하여 그윈이 돌아오는 순간 가버리는 일이 반복되었다. 그 사이 그윈이 호더라는 훌륭한 청년과 사랑에 빠지게 되었는데, 호더는 바로 브린 모에서 학생들을 가르쳤다. 이 사실을 안 케어리는 노발대발했다. 그리하여 밤마다 우리가 잠자리에 들 즈음이면 옆방에서 그윈을 꾸짖는 그녀의 성난 목소리가 몇 시간씩 들려오곤 했다. 호더에게는 처자가 있었으나 대학에서도 여학생들과 스캔들이 있었다는 소문이 나돌았다. 그러나 이 모든 장애에도 불구하고 그윈은 결국 그와 결혼했다. 그녀는 엄격한 고高교회파〔교회의 권위와 의식을 중시하는 영국 국교회의 한 파〕의 목사에게 예식을 맡겨 호더가 브린 모에 재직할 당시의 아내가 합법적인 부인이 아니었음을 분명히 해야 한다고 우겼다. 문제의 목사가 이혼한 사람들의 결혼을 주관하려 하지 않았기 때문이다. 호더는 이혼 사실을 인정했으나 그윈은 전혀 그렇지 않은 것처럼 행동했다. 그는 떠들썩한 생활에 지친 나머지 결혼하고 나서 얼마 안 있어 죽어 버렸지만, 대단히 뛰어난 지성의 소유자로 여자들이 없는 자리에서는 흥미로운 이야기도 곧잘 했던 사람이었다.

브린 모에 있는 동안 나는 비유클리드 기하학에 대해 강의를 하고, 앨리스는 모계 재산 증여에 찬성하는 강연도 하고 자유 연애를 지지하는 입장에서 여성들과 사적인 좌담회를 갖기도 했다. 그런데 이것이 물의를 일으켜 우리는 그 대학에서 거의 쫓겨나다시피 했다. 우리는 그곳을 떠나 볼티모어로 갔고, 나는 존스 홉킨스 대학에서 같은 주제로 강의를 맡았다. 그곳에서 우리는 앨리스의 아저씨이자 케어리의 부친인 제임스 토머스 박사와 함께 지냈다. 토머스 집안은 기묘한 가족이었다. 존스 홉킨스에 다니는 아들은 뇌수술에 일가견이 있었다. 브린 모에 다니는 딸 헬렌은 불행하게도 귀머거리였다. 그녀는 다정하고 친절했으며 아주 아름다운 붉은 머리털을 갖고 있었다. 나는 여러 해 동안 그녀를 매우 좋아했는데 1900년에는 감정이 절정에 달했다. 한두 번 그녀에게 키스하려고 했으나 거절당했다. 결국 그녀는 록펠러 재단 예방 의학 연구소 소장인 사이먼 플렉스너와 결혼했다. 나는 그녀와 아주 좋은 우정을 유지했으나 말년에는 별로 만나지 못했다. 토머스 집안의 또 다른 딸은 독실한 정통파 퀘이커 교도로 살았다. 그녀는 퀘이커 교도가 아닌 사람들을 가리켜 늘 '속인'이라고 칭했

다. 그 집안 사람들은 대화할 때 모두 '그대'란 말을 사용했으
며, 앨리스와 나도 둘이 얘기할 때는 그렇게 했다. 퀘이커교의
교리 중에는 친숙하지 못한 사람들에게는 약간 이상하게 느껴
지는 것들이 있었다. 한번은 장모님이 주기도문을 "건방지다"
고 표현하면서 자신은 그렇게 생각하도록 교육받았다고 말했
다. 처음에는 약간 당혹스러웠으나, 퀘이커 교도가 하지 않는
것을 퀘이커 교도가 아닌 사람들이 하는 경우 무엇이든 '건방
지다'고 표현한다고 장모님이 설명해 주셨다. 퀘이커교에서는
기도가 성령에 의해 일어나야 한다고 보기 때문에 굳어진 신
앙 형식들에 따르는 것은 모두 이 경우에 해당한다. 주기도문
의 경우도 굳어진 신앙 형식이기 때문에 '건방지다.' 또 한번은
식사를 하는 자리에서, 십계명도 존중하지 말도록 배웠노라고
말씀하셨다. 그것 역시 '건방지다'는 것이었다. 성령의 인도라
는 교리를 십계명도 존중하지 않을 정도로 철저하게 받아들이
는 퀘이커 교도가 지금도 있는지 어떤지는 모르겠다. 다만 내
가 최근 몇 년 사이 그런 사람을 못 만났다는 건 분명하다. 과
거에 그러한 태도를 가졌던 고결한 사람들이 실제로 십계명을
어겼다는 얘기는 물론 아니다. 그런 일이 일어나지 않도록 그
들의 성령이 보살펴 주었을 테니까. 극단적인 퀘이커 교도들
사이에서는 그와 같은 교리들이 미심쩍은 결과를 빚기도 한
다. 장모님이 자신이 알고 있는 여러 다양한 기인들에 대해 적
어 놓은 것을 본 적이 있는데, '신성한 인도자'라는 제목이 달
린 장이 있었다. 그것을 읽어 보면 누구나 간통에 대한 이야기

라는 것을 금방 알 수 있었다.

필라델피아의 유서 깊은 퀘이커 교도 가문들을 접하면서 받은 인상은 그들이 모두 쇠퇴한 소귀족주의에 빠져 있다는 것이었다. 90대의 늙은 수전노들은 자기 재산 걱정이나 하고 앉아 있고, 60~70대의 자식들은 발휘할 수 있는 인내심을 다 발휘해 부모의 죽음을 기다리고 있었다. 갖가지 형태의 정신 장애를 쉽게 볼 수 있었다. 분명 정신이 멀쩡한 사람들이 아주 바보 같은 짓을 하기 일쑤였다. 필라델피아에는 앨리스의 아주머니가 있었는데, 처녀로 사는 그녀는 대단한 부자인 동시에 대단히 불합리한 사람이었다. 나를 대단히 좋아하면서도, 예수의 피가 구원을 가져왔음을 말 그대로 믿지 않는다고 음흉한 의심을 품었다. 내가 의심받을 만한 얘기를 한 적도 없는데 왜 그런 생각을 갖게 되었는지 모르겠다. 추수감사절에 우리는 그녀와 만찬을 함께했다. 그녀는 식탐이 아주 많은 노부인이었으므로 거대한 위에 걸맞은 잔칫상이 차려졌다. 우리가 막 음식을 떠먹으려 할 때 그녀가 말했다. "여기서 잠깐 가난한 사람들을 생각하자꾸나." 그렇게 하면 식욕이 더 돋는다는 것을 잘 아는 모양이었다. 그녀의 조카 두 명이 이웃에 살고 있어 저녁마다 그녀를 보러 왔다. 그들은 그녀가 죽으면서 유럽에 있는 조카들에게도 똑같은 몫의 유산을 떼어 준다는 것이 부당하다고 생각하고 있었다. 그러나 그녀는 유럽에 사는 조카들 자랑하기를 좋아했으며, 마음만 먹으면 얼마든지 곯릴 수 있는 이웃의 조카들보다 그들을 더 중요하게 여겼다. 결과적으로 그들은 그녀 옆에 있지 않아도 밑지는 게 없었다.

그 시절만 해도 미국은 신기하리만큼 순진한 나라였다. 오스카 와일드(1854~1900년, 아일랜드 출신의 유미주의 작가 · 비평가, 동성애에 연루되어 유죄 판결을 받고 2년간 복역한 바 있음)가 했다는 짓이 무엇인지 설명해 달라고 하는 사람들이 많다. 우리는 보스턴에서 퀘이커 교도 노부인 두 명이 운영하는 하숙집에 묵었는데, 그중 한 명이 아침 식사 때 식탁 건너편에서 큰 소리로 내게 물었다. "요즘 오스카 와일드가 대중 앞에 별로 나서지 않고 있는데, 그 사람 요즘은 뭘 하고 있대요?" 내가 대답했다. "지금 감옥에 있습니다." 다행히도, 그가 무슨 짓을 했느냐는 질문은 이어지지 않았다. 당시의 나는 브리튼족답게 배타적인 우월감으로 미국을 바라보았다. 그러나 학계의 미국인들, 특히 수학자들과 만나 본 결과, 거의 모든 학문에 있어서 영국보다 독일이 앞서 있다는 것을 깨닫게 되었다. 그리하여 알 가치가 있는 모든 것은 케임브리지가 다 안다는 믿음이 여행 과정에서, 내 의지와 상관없이 서서히 무너졌다. 이런 측면에서는 그 여행이 아주 유용했다고 볼 수 있다.

1897년도에 대해서는, 내 책 『기하학의 기초』가 그해에 출간되었다는 것 말고는 별로 기억나는 것이 없다. 그 책과 관련해 루이 쿠튀라(1868~1914년, 프랑스의 철학자 · 논리학자)에게 칭찬의 편지를 받고 무척이나 기뻐했던 일도 생각난다. 당시 나는 그의 책 『수학적 무한』을 읽어 보기는 했으나 그를 만난 적은 없었다. 미지의 외국인들한테서 찬사의 편지를 받고 싶다는 생각은 했지만, 그 꿈이 실현되기는 그때가 처음이었다. 그는 영어를 전혀 모르는 탓에 '사전으로 무장하고' 내 책을 읽느라 고생한 이야기를 들려주었다. 그로부터 바로 얼마 후에 나는 그를 만나기 위해 캉[프랑스 서북부의 도시]으로 갔다. 당시 그는 그곳에서 교수로 일하고 있었다. 그는 내가 너무 젊다는 사실에 놀랐으나, 그럼에도 불구하고 우정이 시작되어 1914년 동원령 기간에 그가 트럭에 치여 사망할 때까지 지속되었다. 말년에는 그가 국제어 문제에 푹 빠져 있었던 관계로 나와는 연락이 끊어졌다. 그는 에스페란토[폴란드의 자멘호프가 창안한 국제어로서 유럽에서 가장 중요한 몇 개의 언어 중에서 가장 자주 쓰이는 낱말들을 바탕으로 했음]보다 이도Ido[1907년에 에스페란토를 개정·간략화한 언어]를 옹호하는 쪽이었다. 그의 설명에 따르면, 인류의 지난 역사를 통틀어 에스페란티스트[에스페란토를 쓰는 사람들]만큼 크게 타락한 사람들이 없었다. [에스페란토에서 에스페란티스트가 파생된 것처럼] 이도를 가지고 에스페란티스트에 해당되는 단어를 만들어 내기가 쉽지 않다는 점을 그는 매우 안타깝게 생각했다. 내가 '이디어트 idiot'[영어로 백치, 바보란 뜻도 있음]를 제안해 보았지만, 그는 크게 달가워하지 않았다.

1900년 6월, 더워서 푹푹 찌는 날에 파리에서 그와 함께 점심을 먹었던 일이 기억난다. 동석했던 화이트헤드 부인이 심장이 약하여 졸도할 것처럼 보였으므로 쿠튀라가 의사를 부르러 간 사이 누군가가 창문을 열었다. 그가 돌아오더니 다시 창을 굳게 닫으며 말했다. "공기도 좋지만, 이건 흐르는 공기가 아니오." 1905년에는 그가 날 만나러 파리의 한 호텔로 왔다. 데이비스 씨와 그의 딸 마거릿(크롬프턴 및 시어도어의 부친과 누이)도 동석하여 그의 이야기를 듣고 있었다. 그는 30분 동안 한순간도 쉬지 않고 말을 한 후에 이렇게 지적했다. "잠자코 있는 사람들이 현명한 사람들입니다." 그 순간 데이비스 씨가 여든의 고령에도 불구하고 방에서 뛰쳐나갔고, 곧이어 터져나오는 그의 웃음소리가 들려왔다. 쿠튀라는 한때 수리 논리학에 대한 내 생각을 열렬히 대변하기도 했으나 늘 신중한 편은 못 되었으므로, 나는 오랫동안 푸앵카레와 싸우는 과정에서 때때로 나 자신은 물론 쿠튀라까지 방어해야 하는 것이 약간 부담스럽기도 했다. 그의 가장 귀중한 저서는 라이프니츠의 논리학에 관한 것이었다. 라이프니츠가 좋은 평가를 받으려고 자신의 저작 중에 이류들만 출간했기 때문에 최고의 저작들은 모두 원고 상태로 남겨져 있었다. 그 후의 편집자들도 자신들이 보기에 훌륭한 것들만 출간했기 때문에 그의 최고 저작들은 계속 활자화되지 못한 채 방치되었다. 그것을 최초로 발굴한 사람이 바로 쿠튀라였다. 내가 기뻐한 것은 당연했다. 그의 작업으로, 내가 책을 쓰면서 채택했던 라이프니츠에 관한 해석에 대한 증거 문서가 보강되었기 때문이다. 당시나의 해석은 쿠튀라의 저서가 없었다면 불충분한 것으로 남겨질 뻔한 근거들에 기초해 있었다. 쿠튀라를 처음 만났더니 자신은 어떤 종류든 '스포츠'는 절대 하지 않는다고 말했다. 그로부터 얼마 후에 내가 자전거를 타느냐고 물었더니 이렇게 대답했다. "물론 안 타지. 나는 스포츠맨이 아니니까." 나는 그와 여러 해 동안 서신 왕래를 했다. 그러나 보어 전쟁[1899~1902년, 영국과 트란스발 공화국 및 오렌지 자유국과의 전쟁] 초기에 내가 제국주의자 입장에서 편지를 써 보낸 것이 지금 생각하면 무척 후회가 된다.

1898년이 되자 앨리스와 나는 해마다 일정 기간을 케임브리지에서 보내기로 하고 1902년까지 그대로 지켰다. 그 무렵 나는 맥태거트와 스타우트에 이끌려 뛰어들었던 독일 관념주의라는 욕조에서 서서히 빠져나오고 있었다. 이 과정에서 내게 큰 도움을 준 사람은 당시 내가 대단하게 보았던 무어였다. 그것은 내게 강렬한 흥분을 맛보게 했다. 감각의 세계는 실재하지 않는다고 생각하다가, 식탁이나 의자 따위가 현실로 존재함을 다시 믿을 수 있게 되었으니 말이다. 그러나 내가 가장 흥미를 느낀 것은 역시 논리적인 측면이었다. 관계들이 실재한다고 생각하면 즐거웠고, 모든 명제는 주어-술어의 형태를 취한다는 믿음이 형이상학에 미칠 그 엄청난 영향을 밝혀 보고 싶었다. 내가 라이프니츠를 읽게 된 것은 우연히 그에 관한 강의를 맡게 되면서였다. 맥태거트가 뉴질랜드로 가고 싶어 하자 학교 측에서 내게 이 강좌에 한해 그를 대신해 달라고 요청해 왔던 것이다. 나는 라이프니츠를 연구하고 비평하는 가운데, 그동안 주로 무어의 지도하에 이끌려 왔던 논리학에 대한 새로운 관점들을 예증하는 기회를 가질 수 있었다.

우리는 두 해 연속 가을을 베니스에서 보냈으므로 그곳에 대해 훤히 알게 되었다. 결혼한 첫해부터 제1차 세계대전이 발발하기까지 이탈리아에 가지 않았던 해가 없었던 것 같다. 어떤 때는 걸어서, 어떤 때는 자전거를 타고 갔으며, 부정기 화물선을 타고 작은 항구들을 일일이 거쳐 베니스에서 제노아까지 가본 적도 있었다. 나는 작고 외진 마을들과 아펜니노 산맥의 산악 풍경을 특히 좋아했다. 전쟁이 터진 후로는 1949년이 되도록 이탈리아 땅을 다시 밟을 수 없었다. 1922년에 회의 참석차 이탈리아에 가려 했다. 하지만 당시 아직 '쿠데타'를 완수하지 못했던 무솔리니가 회의 주최자들에게 연락을 취하여, 나한테는 아무 해도 입히지 않겠으나 내게 말을 거는 이탈리아인은 모조리 암살당하게 될 것이라고 전했다. 내가 떠난 자리마다 혈흔이 남겨지는 것을 원치 않았기 때문에 그 나라를 피할 수밖에 없었다. 비록 무솔리니가 더럽혀 놓긴 했으나, 나는 그 나라를 지극히 사랑했으므로.

1899년 여름은 샐리 페어차일드를 마지막으로 본 때로 기억한다. 그 후 1940년 어느 오후에야 그녀를 다시 만났는데, 둘 다 이미 노인이 되어 있었으니 서로의 모습에 놀랄 만도 했다.

내가 그녀를 처음 알게 된 것은 1896년, 우리가 보스턴에 머물 때였다. 그녀는 보스턴의 다소 기울어가는 귀족 집안 출신이었다. 얼굴이 눈에 띄게 아름다운 건 아니었으나 거동이 내가 아는 누구보다도 품위가 있었다. 무수한 남자들이 그녀와 사랑에 빠졌다. 그녀는 이렇게 말하곤 했다. "영국 남자가 청혼하려 하는 순간이 언제인지 정확하게 알아맞히는 방법이 있어요. '주지사가 만만찮은 사람이던데 당신은 용케 잘 버틴 것 같군요'라는 말로 항상 서두를 시작하기 때문이지요."

두 번째로 그녀를 만난 것은 나의 아저씨인 피트리버스 장군의 시골집 러시모어에 그녀가 모친과 함께 와서 머물고 있을 때였다. 그 집 가족은 장군만 빼고 대부분이 약간 정신 이상이었다. 스탠리 집안 출신인 피트리버스 부인은 손님들이 베이컨이나 계란을 남기면 다시 모아 둘 정도로 구두쇠였다. 맏아들은 근위병이었는데 대단히 똑똑하고 정확한 사람이었다. 그는 항상 아침 식사 때를 넘기고 내려와 새로 음식을 달라고 종을 울려 댔다. 그러면 아주머니가 하인에게 소리를 지르면서, 손님이 접시에 남긴 것이 많이 있으니 다시 차릴 필요가 없다고 말했다. 그러나 하인은 그녀의 말엔 들은 척도 않고 조용조용 근위병의 지시에만 따르곤 했다. 화가인 둘째 아들은 정신도 이상하고 불량하기는 해도 우울한 면은 없었다. 셋째 아들은 좋은 사람이긴 하나 무능력했다. 운 좋게도 엘스페스 펠프스라는 양재사와 결혼함으로써 궁핍은 면할 수 있었다. 그리고 이 집 식구 중에 가장 흥미로운 사람인 세인트 조지가 있었다. 그는 전등을 제일 먼저 발명한 사람 중에 하나였으나, 밀교를 접하면서 그 모든 것을 던져 버리고 성자들을 만나기 위해 티베트를 방랑하며 시간을 보냈다. 본국으로 돌아온 그는 에디슨과 스완이 전등을 만들고 있는 것을 알고 자신의 특허

권에 대한 침해 행위로 간주했다. 그리하여 길고 긴 법정 다툼으로 돌입했으나 번번이 패소하는 바람에 결국 파산하고 말았다. 이 경험은 그에게 세속의 욕망을 극복해야 한다는 불교의 믿음을 확인시켜 주었다. 나의 외할머니는 종종 그에게 휘스트 게임〔카드 놀이의 하나로서 보통 네 사람이 함〕을 시켜 놓고, 그가 패를 나누어 줄 차례가 되면 이렇게 말씀하시곤 했다. "네가 패 나눌 차례가 되니 좋구나. 그걸 하다 보면 성자연하는 태도가 사라질 테니 말이야." 그는 성자 같은 분위기와 회사 사장 같은 분위기를 거의 같은 비율로 갖고 있었다. 샐리 페어차일드에게 혹하여 그녀와 모친을 러시모어로 초청한 것도 바로 그였다. 그 집안이 언제나 그러하듯 음식이 충분하지 못하여, 한번은 점심 때 샐리와 화가가 마지막 남은 라이스 푸딩 접시를 두고 밀고 당기는 싸움을 벌이기도 했는데, 유감스럽게도 화가에게 승리가 돌아갔다. 샐리가 떠나던 날, 본인이 타고자 하는 기차가 있었는데도, 역으로 가는 도중에 그녀가 꼭 들러야 할 유적지가 있으니 나중 기차를 타야 한다고 피트리버스 부인이 우겼다. 샐리가 세인트 조지에게 지원을 요청하자 처음에는 도와주겠다고 하더니 사태가 심각해지자 느닷없이 인간의 욕망은 헛되다고 설교를 하는 것이었다. 그 일 때문에 그녀는 그의 청혼을 거절해 버렸다. (훗날 그도 결혼을 했으나 성 불능이란 이유로 이혼했다.)[1]

---

1   그는 앨프레드 경의 누이인 이디스 더글러스 부인과 결혼했다.

1899년 여름, 그녀는 프라이디스 힐에 와 오래 머물렀고, 나는 그녀를 아주 좋아하게 되었다. 당시에는 내가 그녀를 사랑한다고도 생각지 않았고 손에 입맞추는 정도였을 뿐 그 이상 넘어선 적도 없었지만, 세월이 흐르면서 그녀가 내게 깊은 인상을 남겼다는 것을 깨닫게 되었다. 그때 우리는 당시의 엄격한 규약에 묶여 서로의 감정을 표현하지는 못했지만, 땅거미 지는 여름날 저녁 그녀와 함께했던 산책이 어제 일처럼 눈에 선하다. 1899년 가을에 보어 전쟁이 터졌다. 그때 나는 자유주의적 제국주의자 입장이었기 때문에 처음에는 전혀 친親보어〔네덜란드계의 남아프리카 이주자들〕파가 아니었다. 영국이 패배하자 나는 큰 걱정에 빠져 전쟁 소식 외에는 아무 생각도 할 수 없었다. 당시 우리는 밀행어에서 살고 있었으므로 나는 오후가 되면 저녁 신문을 구하기 위해 역까지 6.5킬로미터나 걸어가곤 했다. 미국 사람인 앨리스는 그 문제를 나처럼 생각하지 않았으므로 내가 그 문제에 몰두하는 것에 대해 약간 짜증스러워했다. 보어인들이 패배하기 시작하자 내 관심도 점차 줄어들다가 1901년 초 무렵에는 나도 친보어파가 되어 있었다.

1900년, 나의 책 『라이프니츠 철학에 대한 비판적 해설』이 출간되었다. 그해 7월 나는 파리로 갔다. 그곳에서 내 삶의 새로운 장이 시작되었다.

# 『수학 원리』

1900년 7월, 파리에서 그해 박람회의 일환으로 국제철학대회가 열렸다. 나는 화이트헤드와 함께 회의에 참석하기로 하고, 논문 발표 요청도 받아들였다. 파리에 도착한 우리는 짐 때문에 프랑스의 저명한 수학자 보렐과 약간은 꼴사나운 만남을 연출했다. 케어리 토머스가 지난번에 자신이 영국에 두고 간 빈 트렁크 열두 개를 가져와 달라고 앨리스에게 부탁한 상황이었고, 보렐은 화이트헤드 부부에게 영국에서 교편을 잡고 있는 자신의 질녀를 데리고 오도록 부탁해 놓고 있었다. 노르역은 엄청나게 혼잡했고, 우리 짐은 모두 하나로 묶어 짐표를 한 장만 끊은 상태였다. 보렐 질녀의 짐이 금방 나타났고, 곧이어 우리 짐도 순조롭게 등장했으나, 케어리의 빈 트렁크가 열한 개밖에 보이지 않았다. 우리는 열두 번째 트렁크를 기다리고 있었는데, 참다 못한 보렐이 내가 쥐고 있던 짐표를 빼앗더니 여행용 손가방만 달랑 든 자신의 질녀를 데리고 나가 버렸다. 남겨진 우리는 케어리의 트렁크는 물론 우리 자신의 짐에 대해서도 소유권을 주장할 수 없게 되어 버렸다. 화이트헤드와 나는 한꺼번에 모든 짐을 다 들고 그것을 무기 삼아 빙 둘러선 직원들을 돌파하기 시작했다. 직원들이 크게 놀라 당황하는 사이 우리는 성공적으로 밖으로 나올 수 있었다.

그곳에서 페아노[이탈리아의 수학자]를 만난 것을 생각하면 국제철학대회는 나의 지적 인생에 한 전기가 된 학술대회라고 할 수 있다. 나는 그의 이름을 이미 알고 있었고 저작도 일부 읽어 보긴 했으나, 그의 표시법을 완전히 익히려 애써 본 적은 없었다. 대회에서 토론이 이어지는 가운데 나는 그가 항상 다른 사람들보다 정확하다는 것, 자신이 시작한 논제에서는 꼭 이기고 만다는 것을 확인할 수 있었다. 하루하루 날짜가 지나면서, 나는 이것이 그의 수학적 논리 덕분이라고 판단하게 되었다. 그래서 그에게 모든 저작물을 달라고 부탁하여 대회가 끝나기 바쁘게 펀허스트로 가 처박혔다. 그리고 책 속의 단어 하나하나를 조용하게 연구하기 시작했다. 그의 표시법이 내가 오랫동안 찾아왔던 논리 분석의 도구가 될 수 있다는 확신이 들기 시작했다. 그리고 그를 연구하면서 내가 오래 전부터 하고 싶었던 작업을 위한 새롭고도 강력한 기법을 획득해 가고 있다는 것을 느낄 수 있었다. 8월 말이 되자 나는 그의 학파가 낸 모든 저작물에 완전히 익숙해져 있었다. 이어 9월에는 그의 방법을 관계 논리학으로 확장하는 작업을 했다. 돌이켜 보면 그 한 달의 매일매일이 내게는 따뜻하고 화창하게 느껴졌던 것 같다. 화이트헤드 부부도 펀허스트에서 우리와 함께 지내고 있었으므로, 그에게 나의 새로운 생각들을 설명했다. 매일 저녁 그와 벌인 토론은 다소 어렵게 끝났으나 아침이면 전날 밤의 어려움이 내가 자는 사이에 저절로 해결되어 있었다. 그때는 지적 도취의 시기였다. 내가 느끼는 흥분은 안개 속에서 산을 오르다 마침내 정상에 도달해 보니 갑자기 안개가 싹 걷히고 사방의 먼 풍경들이 한눈에 들어왔을 때의 기분 같은 것이었다. 나는 여러 해 차수次數나 기수基數 같은 수학의 기본적 개념들을 분석하는 데 주력해 왔다. 그런데 갑자기 몇 주일의 공백 후에, 오랫동안 날 좌절시켰던 문제들의 명확한 해답인 듯 보이는 것을 발견했다. 또한 이 해답들을 발견하는 과정에서 새로운 수학적 기법을 도입하게 되었는데, 그것을 이용하면 과거에 철학자들이 모호함의 세계에 내맡겼던 영역들을 정복하여 엄격한 공식이라는 정확성의 세계로 끌어낼 수 있었다. 지적인 면에서 1900년의 그 9월은 내 인생 최고의 절정기였다. 나는, 이제야 마침내 가치 있는 무엇인가를 해냈다고 중얼거리며 돌아다녔고, 그것을 기록하기도 전에 길에서 차에 치여 횡사하는 일이 없도록 조심해야겠다는 생각까지 들었다. 내 생각들을 논문으로 구체화시켜 페아노에게 보내 그의 저널에 싣도록 부탁했다. 10월 초부터는 그동안 수차례 시도하다 실패했던 『수학의 원리*The Principles of Mathematics*』 집필에 들어갔다. 출간된 책을 가지고 설명하자면, 3, 4, 5부는 그해 가을에 씌어졌고, 1, 2부와 7부도 그 무렵에 썼으나 나중에 수정 작업을 해야 했기 때문에 결국 1902년 5월까지는 완결된 형태가 아니었다. 그해 10월, 11월, 12월에 걸쳐 매일 10쪽씩 쓴 끝에 마침내 세기 마지막 날에 탈고할 수 있었다. 그 즉시 헬렌 토머스에게 편지하여 내가 막 20만 자에 달하는 책을 끝냈노라고 자랑했다.

나의 이 같은 승리감은 기묘하게도 세기의 종말과 더불어 날아가 버렸고, 그 순간부터는 지적 · 정서적 문제들이 동시에 날 괴롭히기 시작하여 처음 맛보는 깊은 절망감으로 몰아넣었다

1901년 사순절 기간에는 화이트헤드 부부와 공동으로 다우닝 칼리지에 있는 메이틀런드 교수의 자택을 빌렸다. 메이틀런드 교수는 건강상의 이유로 마데이라〔아프리카 서북 해안에 있는 섬〕로 떠나고 없었다. 그 집 가정부는 그가 "마른 토스트〔버터를 바르지 않은 것〕만 먹어 몸이 바싹 말라 버렸다"고 귀띔해 주었지만 의학적 진단은 그게 아니었을 것이다. 그 당시 화이트헤드 부인은 점점 더 병약해지고 있었고, 심장 장애로 큰 통증에 시달리곤 했다. 화이트헤드는 아내에게 극진한 동시에 많이 의지하는 편이었으므로, 만일 그녀가 죽는다면 그가 과연 제대로 작업을 할 수 있을지조차 의심스러웠다. 어느 날 길버트 머리〔1866~1957년, 영국의 고전학자〕가 당시 미출간 상태이던 자신의 번역서 『히폴리투스』를 일부 발표하기 위해 뉴넘으로 왔다. 앨리스와 함께 가서 들었는데 아름다운 시들이 매

우 감명 깊었다. 집으로 돌아와 보니 화이트헤드 부인이 평소보다 더 격심한 통증에 시달리고 있었다. 그녀는 고통 때문에 모든 사람과 모든 것으로부터 차단된 듯 보였는데, 바로 그때 인간의 영혼은 모두 고독하다는 느낌이 느닷없이 나를 사로잡았다. 결혼한 후로 나는 정서상으로는 조용하고 피상적인 생활을 영위해 왔고, 좀더 깊은 문제들을 모두 잊은 채 가벼운 지식인으로 만족해 왔다. 그런데 갑자기 발 밑에서 땅이 무너지는가 싶더니 완전히 다른 영역에 들어서 있는 나를 발견했다. 그 5분의 시간에 나를 스친 생각은 이러했다. '인간 영혼의 외로움은 견디기 힘들다. 종교적 스승들이 설파한 것과 같은 지고의 강렬한 사랑 외에는 어떤 것도 그 외로움을 간파할 수 없다. 이 동기에서 나오지 않은 것들은 모두 해로우며 잘해 본들 무용하다. 따라서 전쟁은 잘못된 것이고, 사립학교 교육은 옳지 않으며, 폭력의 사용에 반대해야 한다. 인간 관계에 있어서는 각 개인이 가진 외로움의 응어리 속으로 파고들어가 호소해야 한다.' 화이트헤드의 막내인 세 살배기 꼬마가 방에 들어와 있었다. 나는 그 전까지 그 아이를 주목한 적이 없었고, 아이도 내게 관심이 없었다. 발작적인 고통을 겪고 있는 엄마에게 방해가 되지 않도록 아이를 데리고 나갈 필요가 있었다. 나는 아이의 손을 잡아 바깥으로 이끌었다. 아이는 흔쾌히 따라왔고, 나와 함께 있는 것을 편안하게 느꼈다. 그날을 시작으로 우리는 가까운 친구 사이가 되었고, 1918년 전쟁의 와중에 그가 사망할 때까지 우정이 이어졌다.

　그 5분이 흐른 뒤 나는 완전히 다른 사람이 되어 있었다. 한동안 신비주의적 깨달음 같은 것에 사로잡히기도 했다. 거리에서 마주치는 사람들의 깊은 내면이 다 보이는 것 같았다. 물론 그것은 망상이었지만, 그럼에도 현실에서 모든 친구들과 수많은 지인들과의 관계가 전보다 훨씬 더 친밀해져 있었다. 그동안 제국주의자였던 나는 그 5분 사이에 친보어파로, 평화론자로 변해 버렸다. 오랜 세월 정확성과 분석에만 매달려 왔던 내가, 미에 대한 신비한 감정, 아이들에 대한 깊은 관심, 인간의 삶을 견딜 만한 것으로 만들어 줄 철학을 찾아내고자 하는, 부처님 못지않게 깊은 열망으로 충만해 있음을 발견했다. 야릇한 흥분감이 날 사로잡았는데, 거기에는 강렬한 아픔도 담겨 있었지만 승리감도 약간 배어 있었다. 내가 고통을 지배하고 내 생각대로 주물러 지혜로 가는 통로를 만들 수도 있다는 사실에서 오는 승리감이었다. 그 당시에는 내가 신비한 통찰력을 가지게 되었다고 생각했으나 곧 그것이 대부분 사라지면서 분석하는 습관이 다시 고개를 들었다. 그러나 그 순간에 내가 보았다고 생각한 것의 일부가 계속해서 나에게 남아, 제1차 세계대전에 대한 나의 태도를 형성시키고, 아이들에게 관심을 가지게 하고, 사소한 불행에 신경 쓰지 않게 하고, 나의 모든 인간 관계에서 정서적인 부분을 일정하게 유지하도록 만들었다.

　사순절 기간이 끝나자 앨리스와 나는 펀허스트로 되돌아갔고, 그곳에서 나는 수학의 논리적 연역을 완전히 마무리하는 작업에 착수했는데, 그것이 훗날 『수학 원리 Principia Math-ematica』가 되었다. 나는 작업이 거의 마무리되었다고 생각했으나 5월이 되자 2월에 겪었던 정서적 역행 현상 못지않게 심각한 지적 역행이 찾아왔다. 칸토어가 최대 수는 존재하지 않음을 입증했지만, 내가 볼 때 세상 만물의 수는 최대한 커야 할 것 같았다. 그래서 나는 그의 증거를 꼼꼼하게 점검하고 존재하는 모든 것들의 집합에 그것을 적용해 보려 애썼다. 그 과정에서, 자기 자신의 구성원이 아닌 집합들을 포착하고 그러한 집합들의 집합은 그 자체의 구성원인지 아닌지 의문하게 되었다. 그리고 어느 쪽 대답에든 모순이 내포되어 있다는 것을 알았다. 처음에는 그 모순이 아주 쉽게 극복되리라 생각했고 추론 과정에 사소한 오류가 있나 보다 했다. 그러나 사실이 그렇지 않다는 것이 점점 명백해졌다. 부랄리-포르티도 그 비슷한 모순을 이미 발견했으며, 논리 분석적 측면에서, 모든 크레타 사람은 거짓말쟁이들이라고 말한 크레타 섬사람 에피메니데스에 관한 저 고대 그리스의 모순과 밀접한 관련이 있는 것으로 밝혀졌다. 어떤 사람에게 다음과 같이 쓰인 종이를 한 장 주면 에피메니데스의 경우 본질적으로 같은 모순이 탄생하게 된다. "이 종이 뒷면에 적힌 진술은 거짓이다." 그래서 종이를 뒤집어 보면 이번에는 이렇게 적혀 있다. "이 종이 뒷면에 적힌 진술은 참이다." 다 큰 어른이 이런 사소한 것을 가지고 시간을 낭비할 필요는 없겠지만 내 입장은 그렇지가 못했다. 평범한 전제들 위에서도 그러한 모순을 피할 수 없다면 분명 뭔가 잘못된 것이 있었다. 사소하든 아니든 그 문제는 하나의 도전이었다. 1901년 후반기까지는 그 문제가 쉽게 해결되리라 생각했지만 연말쯤 되자 그것이 엄청난 과제라는 결론에 도달하였다. 그리하여 나는 그 문제의 해결을 뒤로 미룬 채 『수학의 원리』를 마무리하기로 결심했다. 그해 가을에는 두 학기짜리 수리 논리학 강의를 맡게 되어 앨리스와 함께 케임브리지로 가 지냈다. 『수학 원리』의 개요도 강의 내용에 포함되었으나, 그 모순을 처리하는 방법에 대해선 전혀 다루지 못했다.

강의가 끝나갈 무렵, 월은 당시 그랜체스터의 밀 하우스에서 화이트헤드 부부와 함께 살고 있었는데, 앞서 겪은 것보다 심각한 타격이 찾아왔다. 어느 날 오후 자전거를 타러 나갔는데, 전원 도로를 따라 달리다 갑자기 내가 앨리스를 더는 사랑하지 않는다는 것을 깨달은 것이다. 그 바로 전까지도 그녀에 대한 내 사랑이 식었다는 생각조차 해본 적이 없던 나였다. 어쨌거나 이 발견으로 제기된 문제는 매우 심각했다. 우리는 결혼한 후로 더할 수 없이 친밀한 사이로 지내왔다. 잠자리도 항상 함께하고 탈의실도 따로 쓰지 않을 정도였다. 서로에게 일어난 모든 일을 함께 이야기했다. 그녀는 나보다 다섯 살이 많았으므로 나보다 훨씬 더 현실적이고 세상 지혜가 많다고 인정해 일상생활의 많은 문제들에서 그녀에게 우선권을 내주는 것에 익숙해져 있었다. 그녀가 여전히 나에게 헌신적이라는 것도 잘 알고 있었다. 그런 그녀에게 잔인하게 하고 싶지는 않았으나, 당시의 나는 친한 관계에서는 반드시 진실을 말해야 한다고 믿고 있었다. (의혹에 대해 최대한 마음을 열고 생각해야 한다는 것을 경험으로 배웠던 것이다.) 그녀를 사랑하지 않으면서 사랑하는 척하는 짓을 과연 얼마나 더 할 수 있을지 의심스러웠다. 그녀와 성관계를 하고 싶은 욕구도 사라졌으므로, 내 감정을 숨기려 한들 그것만으로도 넘기 힘든 장벽이 될 터였다. 이 같은 위기의 순간에 아버지의 까다로운 성격이 내게서 불쑥 튀어나왔다. 그리하여 나는 앨리스를 도덕적으로 비난하면서 스스로를 정당화하기 시작했다. 내가 더 이상 사랑하지 않는다고 바로 털어놓지는 않아도 뭔가 빗나가고 있음을 그녀가 감지했음은 물론이다. 그녀가 몇 달 동안 휴양지에 가 있다가 돌아왔을 때 나는 방을 함께 쓰고 싶지 않다고 말했고, 결국에는 내 사랑이 끝장났음을 고백했다. 그리고 그녀의 성격을 비난함으로써 내 태도를 그녀와 나 자신에게 정당화시켰다.

돌이켜 보면 그때 나의 독선적인 태도가 냉정해 보이기는 하지만, 나의 비판에도 그만한 근거가 있기는 했다. 그녀는 인간의 한계를 넘어설 정도로 완전무결하게 정숙해 보이려고 애썼는데, 그 결과 위선에 이르고 말았다. 오빠인 로건과 마찬가지로 심보가 고약한 면이 있어, 사람들이 서로를 나쁘게 생각하도록 만드는 것을 즐겼다. 그러나 그녀 자신은 그 점을 자각하지 못한 채 본능적으로 치밀한 방법을 구사했다. 남을 칭찬할 때도 다른 사람들이 그녀를 관대하다고 생각하게끔, 그녀에게 칭찬받는 사람이 욕먹을 때보다 더 나쁘게 생각되게끔 만들곤 했다. 심술 때문에 거짓말을 하는 경우도 종종 있었다.

화이트헤드 부인에게 내가 아이들을 싫어하니 되도록 내 눈
에 안 띄게 해달라고 하고, 나에게 와서는 화이트헤드 부인이
자녀들을 별로 자주 안 만나니 나쁜 엄마인 것 같다고 말하는
식이었다. 자전거를 타고 가던 그때 그런 일들이 한꺼번에 떠
오르면서, 내가 예전에는 늘 그녀를 성자처럼 생각했지만 이
젠 그렇지 않다는 것을 깨달았다. 그러나 혐오감이 너무 심해
진 나머지 그녀가 실제로 지닌 좋은 덕성들을 망각해 버렸다.

앨리스에 대한 내 감정이 변하게 된 데에는, 그녀의 어머
니와 오빠의 일면 중에 내가 싫어하는 특성들이 그녀에게도
어느 정도 있음을 간파한 것도 한 이유가 되었다. 앨리스는 자
기 어머니를 무한히 존경하여 성인이자 현자라고 생각했다.
그것은 사실 너무도 일반적인 견해였다. 윌리엄 제임스 같은
사람도 그렇게 생각했으니까. 그러나 나는 점점 장모가 아주
나쁜 사람이라고 생각하게 되었다. 장모는 남편인 장인을 경
멸했으며 더할 수 없이 굴욕적으로 대했다. 남편에게 이야기
하거나 남편에 대해 말할 때, 경멸감을 분명히 드러내는 어조
가 아닌 적이 한 번도 없었다. 장인이 어리석은 노인네라는 건
물론 부인할 수 없었지만 장모에게 그런 대우를 받을 이유가
없었으며, 자비심이 조금이라도 있다면 누구도 그에게 그렇게
할 수 없었을 것이다. 장인에게는 애인이 있었는데, 그는 어리
석게도 아내가 그 사실을 알지 못하리라 생각했다. 장인은 애
인의 편지를 조각조각 찢어서 휴지통에 버리곤 했다. 장모가
그 조각들을 끼워 맞추어 앨리스와 로건에게 읽어 주면 모두

들 배꼽을 잡고 웃었다. 장인이 사망하자 장모는 남편의 의치를 뽑아 팔아먹었으며, 남편이 죽으면서 정원사에게 5파운드에 해당하는 선물을 주라고 한 부탁도 들어주지 않았다. (나머지 가족들이 장모의 도움 없이 그 돈을 마련했다.) 그때 딱 한 번 로건도 자기 어머니를 나쁘다고 생각하여 그 몰인정함에 눈물을 쏟았으나, 이내 어머니를 존경하는 평소의 태도로 돌아갔다. 로건이 세 살 반이었을 때 장모가 쓴 편지가 있다.

로건과 내가 오늘 첫 '정기전'을 가졌는데, 본인은 뭐가 뭔지도 모르겠지만, 어쨌거나 그 아이가 승자가 되었어요. 아이가 시퍼렇게 멍들 때까지, 내가 더 때릴 힘이 없을 때까지 매질을 했는데도 도무지 항복을 하지 않았거든요. 그렇지만 녀석에게 좋은 교훈이 될 겁니다.

과연 그랬다. 장모는 두 번 다시 로건을 시퍼렇게 멍들도록 매질할 필요가 없었다. 장모는 가족들에게 남자는 짐승이고 바보이며 여자는 성인이어서 섹스를 싫어한다고 가르쳤다. 그래서 로건은 동성애자가 되었는데, 그것은 충분히 예상된 일이었다. 장모의 페미니즘이 얼마나 지나쳤던지 신성神性에 존경심을 가지는 것조차 힘들어할 정도였다. 하느님이 남자이기 때문이었다. 술집 앞을 지나칠 때면 장모는 이렇게 중얼거리곤 했다. "오 하느님, 집안 단속 좀 하소서." 만일 창조주가 여자였다면 알코올 문제 따위는 없었을 거란 게 장모의 생각이었다.

나는 자기 어머니를 지지하는 앨리스를 견디기가 힘들었다. 한번은 프라이디스 힐을 세놓게 되었는데, 집을 빌리기로 한 사람이 편지로, 배수 시설이 위생 검사에서 통과되었는지 물어왔다. 모든 가족이 식탁에 앉아 있을 때 장모가 말하기를, 그런 검사는 안 받았으나 받았다고 대답하겠다고 말했다. 내가 항의했으나, 로건과 앨리스는 마치 내가 선생님 말씀을 가로막는 악동이라도 되는 양 '쉬쉬' 하며 입을 막았다. 나는 이따금 앨리스와 장모에 대해 이야기해 보려 했으나 불가능하다는 것을 알았다. 결국 그 노부인에 대한 나의 혐오감이 장모를 존경하는 모든 사람에게로 번져갔고, 앨리스도 예외는 아니었다.

그랜체스터에서 보낸 시간은 내 일생에서 가장 우울한 순간들이었다. 침실에서 그곳 물방앗간이 내려다보였는데, 그 도랑물 소리와 나의 절망이 실타래처럼 뒤섞여 엮이는 것만 같았다. 잠들지 못하고 긴 밤을 지새다 보면 처음에는 나이팅게일의 울음소리가 새벽녘에는 새들의 합창이 들려왔고, 떠오르는 아침 해를 내다보며 바깥의 아름다움에서 위안을 찾으려고도 해보았다. 바로 1년 전에 인간의 본질적인 운명으로 느꼈던 그 외로움을 이번에는 내가 격심하게 겪었다. 홀로 그랜체스터 주변의 벌판을 걷노라면 바람에 흔들리는 버들가지가 평화의 땅에서 소식이라도 실어올 것만 같았다. 저자들이 믿음에서 얻어 낸 위안 속에 뭔가 독단적이지 않은 것이 있기를 기대하면서, 테일러의 『성스러운 죽음』 같은 종교 서적들도 읽었다. 순수한 묵상에서 피난처를 구하는 과정에서 '자유인의 숭배'를 쓰기 시작했다. 산문의 운을 짓는 것이 내가 위안을 찾을 수 있는 유일한 작업이었다.

『수학 원리』를 저술하는 동안 화이트헤드 부부와 나의 관계는 힘들고도 복잡했다. 세상에 드러나는 화이트헤드의 모습은 차분하고 합리적이고 사려 깊고 분별이 있었으나, 그를 깊이 아는 사람들은 그것이 겉모습에 불과하다는 것을 알았다. 자제력 강한 사람들이 흔히 그러하듯, 그는 온건하다고 보기 힘든 충동들로 고생하고 있었다. 그는 아내를 만나기 전까지 가톨릭 교회에 들어가기로 마음을 굳히고 있다가 그녀와 사랑에 빠지면서 마지막 순간에 간신히 꿈을 접었다. 늘 돈 걱정에 사로잡혀 있으면서도 합리적으로 대처하지 않고 무모하게 돈을 쓰면서, 그럴 여유가 있다고 스스로를 설득했다. 그는 자기 자신에게 험한 욕설을 마구 퍼부어 부인과 하인들을 겁먹게 만들곤 했다. 때로는 며칠씩 완전히 입을 봉하여 집안 식구 누구와도 말하지 않았다. 화이트헤드 부인은 그가 미쳐 버리지나 않을까 늘 염려했다. 지금 생각해 보면, 그녀의 견해에는 멜로드라마 같은 요소가 들어 있었으므로 그러한 염려도 과장된 것이 아니었나 싶다. 그러나 그녀가 생각하는 만큼은 아니어도 그럴 위험은 분명히 있었다. 그녀는 남편에 대해 내게 아주 솔직하게 이야기했는데, 그러다 보니 나도 모르는 사이에 남편의 정신을 온전하게 지키려는 그녀의 동맹군이 되어 있었다. 그는 어떤 일이 있어도 일을 소홀히 하는 법이 없었으나, 사람이 감당할 수 있는 선 이상으로 자제력을 발휘하고 있어 어느 순간에 주저앉아 버릴 것만 같은 느낌을 주었다. 화이트헤드 부인은 그가 케임브리지의 상인들과 더불어 거액의 외상을 만들어 놓았다는 사실을 발견하고도 그를 벼랑으로 내몰게 될까 두려워, 빚 갚을 돈이 없다는 말을 남편에게 감히 하지 못했다. 필요한 자금은 내가 남모르게 대주곤 했다. 화이트헤드를 속이는 것이 정말 싫었지만, 만일 그가 그 사실을 안다면 견디기 힘든 굴욕감을 느낄 게 분명했다. 그러나 그의 가족은 먹고살아야 했고 『수학 원리』는 집필되어야만 하는 상황이었으므로, 목적을 달성하려면 다른 방도가 없다고 생각했다. 나는 내가 파악할 수 있는 자산은 모두 갖다 바쳤으며, 일부는 빌려서 대기까지 했다. 방법이 목적에 정당했기를 바랄 뿐이다. 이 일에 대해선 1952년이 될 때까지 아무한테도 말하지 않았다.

그 사이 앨리스는 나보다 더 힘들어했고, 그녀의 불행이 다시 나를 힘들게 했다. 예전에는 그녀의 가족과 많은 시간을 보냈으나, 내가 그녀에게 장모를 더는 견디기 힘들다고 털어놓았으므로 우리는 펀허스트를 떠나야 했다. 우리는 우스터셔의 브로드웨이 근처에서 여름을 보냈다. 아픔이 날 감상적으로 만들어, "우리의 가슴은 죽어 버린 희망의 재를 위해 화려한 성전을 짓는다" 따위의 구절을 짓기도 했다. 심지어 마테를링크(1862~1947년, 1911년에 노벨 문학상을 수상했음)까지 읽어 보았다. 그보다 앞서 그랜체스터에 머물 때, 괴로움이 최고조에 달한 상황에서 『수학의 원리』를 마무리했다. 탈고한 날은 5월 23일이었다. 브로드웨이에 머물 때는 『수학 원리』 작업에 매진했다. 그 무렵에 이 작업을 함께해 주겠다는 화이트헤드의 확답을 받아 냈으나, 당시 내가 빠져 있던 비현실적이고 불성실하고 감상적인 정신 상태가 작업에까지 영향을 주었다. 화이트헤드에게 서두 부분 원고를 보냈던 게 기억나는데, 그의 대답은 이러했다. "증명을 간략하고 말끔해 보이게 만들기 위해 모든 것을, 심지어 책의 목적까지 희생시켰다." 내 저작의 이러한 결함은 정신 상태의 도덕적 결함에서 온 것이었다.

가을이 되어 우리는 체인워크의 한 주택을 6개월 예정으로 빌렸다. 그러자 생활이 조금 견딜 만해졌다. 우리는 아주 많은 사람들을 만났는데, 대부분 재미있거나 상냥한 사람들이어서 우리 둘 다 서서히 대외적인 삶을 살기 시작했다. 그러나 그 삶은 늘 무너져 내리고 있었다. 앨리스와 한집에 사는 동안에는 그녀가 이따금 잠옷 차림으로 내려와 함께 자자고 간청하기도 했다. 나는 가끔 응해 주었으나 결과는 완전 불만족이었다. 이런 식의 생활이 9년이나 지속되었다. 그 세월 동안 그녀는 내 마음을 돌리려고 애썼고, 다른 남자에게 관심을 주는 일이 결코 없었다. 나 역시 그 기간 동안 한 번도 외도를 하지 않았다. 그녀의 괴로움을 덜어 주고 싶은 마음에 1년에 두 번 정도 성관계를 시도했지만, 그녀에게서 더 이상 매력을 느끼지 못했으므로 쓸데없는 짓이 되곤 했다. 그렇게 질질 끈 세월을 돌이켜 보면, 그녀와 한집에서 사는 것을 진작에 끝냈어야 했던 것이 아닌가 생각되지만, 내가 남아 주길 그녀가 원했고 내가 떠나면 자살해 버리겠다고 위협까지 했다. 나로서도 달리 여자를 찾고 싶은 마음은 없었기 때문에 그녀가 원하는 대로 해주지 못할 이유가 없다고 생각했다.

1903년과 1904년에는 처트와 틸퍼드에서 여름을 보냈다. 나는 매일 밤 11시부터 새벽 1시까지 그곳 공유지 근처를 습관적으로 배회했는데, 쏙독새가 세 가지의 다른 소리를 낸다는 것을 그때 알았다. (사람들은 대부분 한 가지 소리만 내는 줄 안다.) 나는 앞서 언급한 모순을 해결해 보려고 무진 애를 썼다. 아침마다 백지 한 장을 앞에 놓고 앉았다. 그리고 중간에 잠깐 점심 먹는 것 외에는 온종일 그렇게 앉아 백지를 응시하곤 했다. 저녁때가 되었는데도 종이가 텅 비어 있는 날도 종종 있었다. 겨울에는 런던에서 지냈으며, 나도 겨울에는 작업을 시도하지 않았다. 그러나 1903년과 1904년의 여름은 지적으로 완전 교착 상태였다. 그 모순을 해결하지 않고는 앞으로 나아갈 수 없을 것 같았다. 어떤 어려움이 있더라도『수학 원리』를 완성하고 말겠다고 결심했지만 자칫하다간 내 남은 생을 전부 백지만 바라보다 끝내게 될 것 같았다. 그것이 평범한 모순이란 사실, 심각하게 주목할 가치도 없어 보이는 문제들을 붙잡고 시간을 소비한다는 사실을 생각하면 한층 더 괴로웠다.

물론 내 시간을 전부 절망과 지적 노력에 바쳤다는 애기는 아니다. 앞서 언급했듯, 메이나드 케인스가 틸퍼드로 와서 토요일부터 월요일까지 우리와 함께 지내기도 했다.

1905년이 되자 상황이 좋아지기 시작했다. 앨리스와 나는 옥스퍼드 근처에 살기로 하고 배글리우드에 직접 집을 지었다. (그때는 그곳에 다른 집은 한 채도 없었다.) 1905년 봄에 그곳으로 살러 갔는데, 이사하고 얼마 되지 않아 내 나름의 '기술론'을 발견했다. 그것은 그토록 오랫동안 나를 괴롭혔던 난제들을 극복하는 첫걸음이 되었다. 그 일이 있은 직후 앞서 언급했던 시어도어 데이비스의 사망 사건이 발생했다. 1906년에는 '유형론'을 발견했다. 그 뒤로는 책 쓰는 일만 남아 있었다. 화이트헤드는 교수 일 때문에 이 기계적인 작업을 할 여가가 별로 없었다. 1907년부터 1910년까지, 나는 1년에 8개월 정도 매일 10시간에서 12시간씩 그 작업을 했다. 원고가 점점 더 방대해지자 산책길에 나설 때마다 집에 불이 나 원고가 타버리지나 않을까 염려되곤 했다. 물론 그것은 타자기로 치거나 남을 시켜 베낄 수 있는 성질의 원고가 아니었다. 마침내 그것을 대학 출판부로 옮기게 되었을 때, 양이 얼마나 엄청났던지 낡은 4륜 마차까지 대령시켜야 했다. 그러나 우리의 어려움은 끝나지 않았다. 대학 출판부 측은 책을 내게 되면 600파운드의 손실이 발생하리라 예상했는데, 대학 특별 평의원들이 그중 300파운드까지는 기꺼이 대주겠지만 그 이상은 부담하기 어렵다고 했다. 왕실 학회 측에서 인심 좋게 200파운드를 대주었고, 나머지 100파운드는 우리가 마련해야 했다. 결국 우리는 10년 동안 일하고 각자 50파운드씩 손해 보는 장사

를 한 셈이었다. 〔책을 써서 본 손해로 따지자면〕『실락원』을 능
가하는 기록이었다.

1902년부터 1910년까지는 행복하지 않은 사생활에서 오
는 부담과 지적으로 매우 고된 작업이 함께 이어진 세월이었
다. 그 시절에는 내가 어떤 터널 속에 있는 듯했고, 과연 터널
저편 끝으로 빠져나갈 수 있을까 종종 회의가 들었다. 나는 옥
스퍼드 근처 케닝턴의 육교 위에 서서 지나가는 열차들을 바
라보며, 내일은 꼭 저 열차 밑에 드러누우리라 다짐하곤 했다.
그러나 다음 날이면 늘, 언젠가는『수학 원리』가 마무리되리라
는 희망에 젖어 있는 자신을 발견했다. 게다가 내가 처한 난관
을 일종의 도전으로 느꼈기 때문에 부딪쳐 이겨 내지 못한다
는 것이 나약하게 여겨졌다. 그래서 나는 끝까지 물고 늘어졌
다. 결국 작업을 마무리하기는 했으나, 내 지력은 그 부담에서
결코 완전히 회복하지 못했다. 그 작업 이후로는 난해한 추상
적 개념을 다루는 능력이 그전에 비해 확실히 떨어졌기 때문
이다. 내 작업의 성격에 변화가 온 것도 그것이 전적인 이유는
아니더라도 부분적인 이유는 되었다.

이 기간 동안 나는 겨울이 되면 주로 정치 문제에 전념하
곤 했다. 조지프 체임벌린이 보호무역을 주창하기 시작했을
때 나는 어느새 열렬한 자유무역주의자가 되어 있었다. 제국
주의와 제국주의적 관세 동맹의 방향에서 휴인스가 내게 발휘
했던 영향력은 나를 평화론자로 바꾸어 놓은 1901년의 그 운
명적 순간에 증발되어 버렸다. 그럼에도 불구하고 1902년에

시드니 웨브가 만든 '코어피션츠'〔함께하는 사람들〕라는 작은
회식 모임에 가입했는데, 정치 문제를 다소 제국주의적인 시
각에서 바라보는 모임이었다. 내가 그때까지 이름도 들어보지
못했던 허버트 웰스를 처음 알게 된 것도 그 모임에서였다. 회
원들 가운데 그 사람의 관점이 가장 마음에 들었다. 사실 회원
들 대다수가 내게는 큰 충격이었다. 미국과의 전쟁을 상상하
며 유혈 욕망으로 번득이던 에이머리의 눈빛이 떠오른다. 그
는 전쟁이 터지면 우리나라의 모든 성인 남자들을 무장시켜야
한다고 떠들었다. 어느 날 저녁, 에드워드 그레이 경(당시에는
관직에 있지 않았다)이 당시 정부가 아직 채택하지 않고 있던 협
약 정책을 지지하는 연설을 했다. 나는 그 정책에 반대한다는
뜻을 아주 강력하게 표명하면서 그것이 전쟁으로 이어질 가능
성을 지적했으나, 아무도 공감하지 않았다. 그래서 나는 그 모
임에서 나와 버렸다. 두고 보면 알겠지만, 나는 가장 먼저 제1
차 세계대전을 반대한 사람의 하나였다. 그 뒤로는 '자유무역
동맹' 편에 서서 자유무역을 옹호하는 연설에 전념했다. 대중
연설을 해본 적이 없어 처음에는 연설의 효과가 전혀 없었을
정도로 수줍어하고 긴장했으나, 시간이 지나면서 차츰 나아졌
다. 1906년의 선거 이후 한동안 보호주의가 초미의 관심사에
서 멀어진 틈을 타 나는 여성 참정권 운동에 전념했다. 평화
론자 입장에서 나는 호전주의자들을 혐오했으므로 늘 합법적
인 당과 더불어 일했다. 1907년의 윔블던 보궐선거에서는 여
성 참정권을 지지하는 후보로 나서기도 했다. 윔블던 선거전

은 짧고도 험난했다. 여성 평등권에 대한 반대가 얼마나 지독했는지 차세대 사람들은 상상도 하기 어려울 것이다. 몇 년 후에 제1차 세계대전 반대 운동을 하면서도 반대 여론에 부딪혔지만, 1907년 여성 참정권 운동 때에 비하면 아무것도 아니었다. 인구의 대다수가 우리의 모든 이슈를 장난쯤으로 취급했고 군중들은 조롱을 퍼붓곤 했다. 여자들에게는 "집으로 가서 애나 보라"고 소리쳤고, 나이를 불문하고 남자들에게는 "엄마한테 허락이나 받고 나왔어?"라고 소리질렀다. 나한테 던진 썩은 계란에 아내가 맞기도 했다. 나의 첫 집회 때는 쥐를 풀어 놓아 부인들을 놀라게 만들기도 했다. 그 음모에 가담한 여자들은 자신들과 같은 여성들을 망신시킬 목적으로 일부러 공포에 질린 척하며 비명을 질러 댔다. 이 사건에 대해 한 신문 기사는 이렇게 다루었다.

선거소동: 윔블던 선거전에서 쥐를 풀어 여성 참정권론자들을 겁주다.

윔블던 구 여성 참정권론자 후보 버트런드 러셀 선생이 토요일 밤에 선거전을 개시하여 월플 홀에서 개최된, 다소 소란스러운 군중 집회에서 첫 연설을 했다. 사회는 그 지역 '자유당 연합회' 집행부 회원인 비티 씨가 맡았고, 연단에는 후보 본인과 러셀 부인, 총선 때 낙선한 자유당 후보 세인트 조지 레인 폭스피트 씨, 필름 스노덴 부인, 앨리스 가런드 양, 기타 '여성 참정권 협회 전국 연합' 관련자 다수가 등장했는데,

그들을 맞는 반응이 다양했다.

2천 명가량 되는 청중 가운데 한 무리가 처음부터 주최 측에 적대적인 태도를 보였다. 사회자가 여러 차례 조용히 해달라고 호소했으나 허사였다. 집회가 시작된 지 10분도 못 되어 홀 한구석에서 난투가 벌어져 5분이 지나서야 다시 조용해졌다. 사람들이 의자 위로 마구 올라가 싸움꾼들을 부추겼다.

그 다음에는 누군가가 가방에 숨겨 온 큰 쥐 두 마리를 풀어놓았다. 쥐들이 강당 마루를 돌아다니다 앞자리에 앉은 많은 숙녀들 속으로 기어들었다. 한순간 엄청난 소동이 벌어졌다. 숙녀들이 의자 위로 뛰어오르고 남자들이 쥐를 찾아 좌석을 헤집고 다닌 끝에 간신히 잡아 죽였다. 집회가 끝난 후에는 죽은 쥐 한 마리를 빅토리아 크레센트로 가져가 그 후보의 선거 사무실에 던져 넣기도 했다.

그러나 집회에서 난동을 부린 이들은 입장시키지 말았어야 할 무책임한 젊은이들과 청년층 군중들에 불과했기 때문에 정치 폭도들의 망나니 행동을 두고 윔블던 유권자 전체를 비난한다면 공정하지 못한 처사일 것이다.

러셀 씨는 큰 박수와 잡다한 방해를 동시에 받았는데, 방해 언동이 그치지 않자 사회자가 "우리 윔블던 구민들이 낯선 손님을 이런 식으로 맞아서야 되겠습니까?"라고까지 말했다. (그러자 누군가가 "그럼 우리가 기가 죽으랴?" 하니, "아니오"라고 외쳤다.) 1분 정도 후에 사회자가 다시 소란한 쪽을 향해 조용히 해줄 것을 호소하고 윔블던의 이름을 욕되게 하지 말라고 부탁한 후에야 잠잠해졌다.

러셀 씨는 여성들도 남성들과 똑같은 조건의 참정권, 향후 남성들에게 주어지게 될 조건과 똑같은 참정권을 가지는 것을 최우선적으로 지지한다고 선언했다. (누군가가 "우리가 속치마를 원한단 말이야?" 하니, "아니오"라고 외침.)

계속해서 후보는 현 정부를 지지한다고 밝혔다. (환호와 야유가 동시에 터짐.) 자유당과 보수당을 분열시킨 가장 큰 사안은 자유무역이며, 자유무역과 밀접하게 관련된 문제는 지가 과세라고 주장했다.

폭스피트 씨가 만면에 미소를 머금고 일어섰다. 그리고 채플린 씨의 이력에 대해 한마디 하려 했으나 청중이 받아들이지 않았으므로 도리 없이 포기해 버렸다.

필립 스노덴 부인은 좀더 결연한 태도를 보였으므로, 초반에는 고함과 야유에 시달렸으나 꽤 성공적인 연설을 할 수 있었다. 아서 웨브 부인과 앨리슨 가런드 양, 월터 맥래런 씨도 연설을 했으며, 압도적인 다수에 의해 러셀 씨를 지지하는 결의안이 통과되었다.


지배권 상실의 위기에 직면한 남자들의 만행은 이해할 수 있었다. 그러나 여성이 겪는 수모를 연장하고자 나선 다수 여성들의 행동은 납득이 되지 않았다. 흑인 노예들과 러시아 농노들도 해방 과정을 겪었지만, 그처럼 격렬한 반대 운동 사례는 들어 본 적이 없다. 그러나 여성의 정치적 권리를 반대한 가장 유명한 인물은 바로 빅토리아 여왕이었다.

　나는 청년기 때 남녀평등에 관한 밀의 책을 읽은 이후로 여성을 위한 평등의 열렬한 지지자가 되었다. 그리고 몇 년 후, 1860년대에 내 어머니가 여성 참정권 지지 운동에 참여했다는 사실도 알게 되었다. 문명 세계를 통틀어 이처럼 빠른 기간 안에 완벽한 성과를 거둔 운동도 드물다고 할 수 있다. 나는 이렇게 성공적인 운동에 한몫을 했다는 것이 기쁘다.

　그러나 〔좀더 많은 여성들에게 참정권이 주어지도록〕 확대 조치를 얻어 내는 것보다 현 상황에서 요구되는 제한적 여성 참정권을 따내는 일이 더 힘들다는 것을 나는 점차 납득하게 되었다. 권력을 잡고 있는 자유당 입장에서는 전자 쪽이 더 유리하기 때문이었다. 여성 참정권 전문가들도 확대 조치에 반대했다. 그렇게 할 경우 더 많은 여성들에게 참정권이 주어지기는 하겠지만, 남성들과 정확히 동등한 참정권이 되지 못할 것이고, 따라서 남녀평등의 원칙을 양보하는 결과를 초래할 것이란 것이 그들의 생각이었다. 이 문제 때문에 나는 결국 정통파 참정권론자들과 결별하고 성인 참정권을 주장하는 단체에 합류하게 되었다. 마거릿 데이비스(크롬프턴과 시어도어의 누이)가 만들고 아서 헨더슨〔1863~1935년, 영국의 정치가·노동운동가로 1934년에 노벨 평화상을 수상했음〕이 위원장으로 있는 단체였다. 그 시절만 해도 나는 아직 자유주의자였기 때문에 아서 헨더슨을 일개 선동자쯤으로 보려고 애썼다. 그러나 그 같은 나의 노력은 별 소용이 없었다.

간간이 재미있고 즐거운 일들도 있긴 했지만, 1902년에서 1910년까지는 매우 고통스러운 세월이었다. 물론 일적인 면에서는 대단한 수확이 있었다. 하지만 『수학 원리』 집필에서 오는 즐거움은 1900년 후반기의 몇 달 동안에만 집중되었다. 그 후로는 너무도 힘들고 고생스러워 즐거움 따위를 느낄 여력도 없었다. 결실이 점점 눈에 보이는 후반기가 전반기보다 낫기는 했으나, 그 작업을 통틀어 내가 정말로 생생한 기쁨을 느낀 것은 원고를 케임브리지 대학 출판부로 넘겨주었을 때뿐이었다.

# 다시 케임브리지로

『수학 원리』가 마무리되자 나는 다소 혼란스러운 느낌이었다. 기분은 아주 좋았지만 마치 형무소에 있다 나온 사람처럼 어리둥절했다. 그 무렵 나는, 예산안과 의회 조령〔1911년에 제정되었으며, 상원의 권한을 제한하는 내용〕을 둘러싸고 벌어진 자유당과 상원의 다툼에 아주 큰 흥미를 느꼈고 정치에 뛰어들고 싶어졌다. 그리하여 자유당 본부에 선거구를 신청했더니 베드퍼드 구에 추천해 주었다. 나는 그곳에 내려가 '자유당 연합회'에서 연설을 하여 열렬한 호응을 받았다. 그러나 그 전에 자그만 뒷방으로 불려가 의례적인 공식 질의에 답해야 했는데, 기억나는 대로 적어 보자면 다음과 같다.

질문: 당신은 영국 국교회 신자입니까?
대답: 아닙니다. 나는 비국교도로 자랐습니다.

질문: 그럼 지금도 그렇습니까?

대답: 아니오, 지금은 그렇지 않습니다.

질문: 그렇다면 당신을 불가지론자로 생각해도 됩니까?

대답: 네, 그렇습니다.

질문: 가끔 교회에 나갈 생각은 있으신가요?

대답: 아니, 절대로 없습니다.

질문: 당신의 아내는 가끔 교회에 나갈 의사가 있을까요?

대답: 아니오, 안 나갈 겁니다.

질문: 당신이 불가지론자라는 사실을 세상에 밝힐 건가요?

대답: 아마 그럴 겁니다.


이 문답의 결과, 그들은 켈러웨이를 자신들의 후보로 선택했다. 그는 나중에 체신 장관이 되었고, 전쟁 중에는 올바른 견해를 고수했다. 그들은 분명 운이 좋았다고 생각했을 것이다.

운 좋게 모면했다고 느끼기는 나도 마찬가지였다. 베드퍼드 구가 날 받아들일지 말지에 대해 한창 논의하고 있을 때, 트리니티 칼리지에서 수학의 원리를 강의해 달라는 초청이 왔기 때문이다. 내게는 이것이 정치보다 훨씬 매력적이었지만, 만일 베드퍼드 구가 날 받아 주었다면 케임브리지의 초청을 거절해야 했을 것이다. 그리하여 1910년 10월 학기 초에 나는 거처를 정했다. 앨리스와 나는 브리지 가에 숙소를 잡았고, 내게는 네빌스 코트 내의 연구실이 주어졌다. 1894년에 케임브리지를 떠난 후로 온전한 나만의 공간을 가져 보기는 처음이었기 때문에 나는 그곳을 아주 좋아하게 되었다. 우리는 배글리우드의 집을 처분했으며, 새로운 궤도에서 안정된 생활을 할 것으로 생각했다.

그러나 그것은 착각이었다. 내가 아직 배글리우드에서 살고 있던 1910년 1월에 선거가 있었다. 나는 자유당을 최대한 돕기로 마음먹고는 있었으나, 내가 살고 있는 지역구 당원을 도와주고 싶지는 않았다. 내가 중요하다고 여긴 몇몇 공약을 그가 어겼기 때문이다. 그래서 나는 강 건너 이웃 선거구의 당원을 돕기로 했다. 그가 바로 필립 모렐인데, 내 처남인 로건과 함께 옥스퍼드를 다녔으며 로건이 크게 애착을 가졌던 사람이었다. 필립 모렐은 포틀랜드 공작의 누이동생인 오톨라인 캐빈디시 - 벤팅크와 결혼한 상태였다. 햄커먼에 살고 있는 스콧 부인[1]이 그녀의 아주머니였기 때문에 나는 어릴 때부터 그녀를 약간 알고 있었다. 내게는 스콧 부인의 집과 관련된 두 가지 생생한 기억이 있지만 오톨라인과는 무관한 기억들이다. 첫 번째는, 아이들 파티 자리에서 내가 처음으로 아이스크림을 맛본 일이다. 나는 평범한 푸딩이려니 하고 크게 한 숟갈을 떠먹었다. 얼마나 놀랐는지 결국 울음을 터뜨려, 영문을 모르는 어른들을 실망시켰다. 두 번째 일은 그보다 훨씬 더 불유쾌한 경험이었다. 스콧 부인 집 문간에서 마차에서 내리다가

---

1   황태후의 할머니인 엘리자베스.

돌로 포장된 바닥에 넘어져 성기를 다쳤던 것이다. 사고 이후 나는 매일 두 차례씩 뜨거운 욕조 물에 들어가 앉아 해면으로 조심조심 고추를 문질러야 했다. 그때까지 늘 성기를 무시하도록 교육받아 온 탓에 나는 다소 혼란스러웠다. 필립이 오톨라인과 약혼하게 되자 로건은 질투와 분노에 사로잡혀 그녀를 무자비하게 긁어먹곤 했으나 결국은 체념하고 말았다. 나는 필립 부부를 가끔 만나긴 했어도 그를 높이 평가해 본 적은 없었다. 그녀는 향수와 분을 과하게 사용했는데, 그것이 나의 청교도적 편견에 거슬렸다. 그녀에 대한 나의 생각을 처음으로 교정해 준 사람은 크롬프턴 데이비스였다. 그녀도 크롬프턴이 속해 있던 지가 문제 협회에서 활동했는데, 그의 칭송을 받게 될 정도로 훌륭하게 일했던 것이다.

1910년 1월의 선거전이 진행되는 동안, 나는 거의 매일 밤마다 집회에 나가 필립 모렐을 지지하는 연설을 했고 낮에는 표를 호소하고 다녔다. 한번은 이플리에서 어느 퇴역 육군 대령의 집을 찾아갔더니, 그가 현관 마루로 뛰어나오며 벼락같이 소리쳤다. "내가 그따위 악당한테 표를 던질 것 같아? 당장 내 집에서 나가지 않으면 개한테 물어뜯길 줄 알아!" 나는 옥스퍼드와 캐버셤 중간 지역의 마을들을 거의 다 돌며 연설했다. 이렇게 선거운동을 하는 동안 오톨라인을 알 수 있는 기회가 많아졌다. 나는 그녀가 계층을 막론하고 누구에게나 대단히 친절하며 공적인 생활에 아주 열심이라는 것을 알게 되었다. 그러나 필립은 이웃한 다른 모든 자유당원들과 마찬가지로 의석을 잃고 말았다. 곧이어 그는 번리에 새 선거구를 제의받고 1910년 12월부터 '카이저〔독일 황제〕 타도' 선거 때까지 그곳을 대표했다. 그 결과, 나는 한동안 모렐 부부를 자주 볼 수 없었다.

그런데 1911년 3월에 파리에서 세 건의 강연 초청이 들어왔다. 하나는 소르본 대학이고, 두 건은 다른 곳이었다. 도중에 런던에서 하룻밤 묵는 것이 편할 것 같아서, 베드퍼드 스퀘어 44번지에 있는 모렐의 집에서 신세를 좀 지자고 부탁했다. 오톨라인은 다소 생경하면서도 아주 절묘한 취향의 소유자여서 집이 대단히 아름다웠다. 앨리스의 경우에는 퀘이커 교도의 금욕주의와 자기 오빠의 탐미주의 사이에서 갈등하는 면이 있었다. 즉, 응접실이나 강연에 나갈 때의 옷차림 같은 좀더 공적인 삶의 영역에서 최고로 예술적인 기준을 따르는 것이 옳다고 생각했다. 그러나 자기 혼자만 있을 때는 본능적으로 퀘이커 교도의 검소함을 발휘해, 예를 들자면 항상 플란넬 잠옷 차림으로 돌아다니곤 했다. 나는 늘 아름다운 것을 좋아하면서도 스스로 그런 것들을 챙기지 못하는 사람이었다. 오톨라인의 집안 분위기는 내가 결혼 후 오랫동안 굶주려 왔던 것을 채워 주었다. 집에 들어서자마자 신경 거슬리는 외부 세계의 번거로움에서 해방된 것 같은 편안함이 느껴졌다. 내가 파리로 가던 길에 그 집을 찾아간 날은 3월 19일이었는데, 마침 필립이 뜻하지 않게 번리로 갈 일이 생겼다는 것을 가서야 알았다. 결국 나는 오톨라인과 단둘이 있게 되었다. 우리는 저녁 식사를 하면서 번리 일과 정치와 정부의 실책 등에 대해 이야기했다. 식사가 끝나자 대화가 점점 사적인 내용으로 기울어졌다. 머뭇머뭇 접근해 보았더니 놀랍게도 거부 반응이 없었다. 그때까지만 해도 나는 오톨라인이 관계를 허락할 여자라고는 생각지도 않았으나, 밤이 점점 깊어 가면서 그녀와 관계를 갖고픈 욕망이 점점 더 끈덕지게 솟구쳤다. 결국 욕망이 승리하고 말았는데, 이번에는 놀랍게도 내가 그녀를 깊이 사랑한다는 것과 그녀도 내 감정에 호응한다는 사실을 깨달았다. 내가 앨리스말고 다른 여자와 완전한 관계를 가져 보기는 그때가 처음이었다. 비록 그날 밤에는 외부적이고 우발적인 요인들로 인해 오톨라인과 만족한 관계는 맺지는 못했지만, 우리는 조속한 시간에 연인이 되기로 합의했다.

나는 감정이 극도에 달한 상태였으므로 어떤 일에 휘말리게 되든 개의치 않았다. 나는 앨리스를 떠나고 싶었고, 오톨라인을 필립에게서 떠나게 만들고 싶었다. 필립이 어떻게 생각하든 어떻게 느끼든, 상관없었다. 그가 우리 두 사람을 죽이려 했다(화이트헤드 부인이 내게 알려 준 얘기다)는 것을 알았더라도 나는 기꺼이 하룻밤의 대가를 치렀을 것이다. 자제력으로 버텨 온 9년의 세월이 마침내 종말을 고하면서 그 순간만큼은 자제력과 결별했다. 그러나 하룻저녁에 미래를 설계하기에는 시간이 부족했다. 우리가 첫 키스를 나눴을 땐 이미 늦은 시간이었고, 그 뒤로는 비록 새벽 4시까지 자지 않았지만 중간중간 대화가 끊어졌으니까. 이튿날 일찍 나는 파리로 가 대단히 비판적인 관중 앞에서 프랑스어로 강연을 했다. 정신 집중도 잘되지 않았으니까 아마 대단히 서툰 강연이 되었을 것이다. 마치 꿈속에 있는 듯 주변의 모든 것들이 전혀 현실로 느껴지지 않았다. 오톨라인이 스터들랜드(당시에는 아주 작은 마을이었다)로 갈 예정이었으므로 그곳에서 그녀와 합류하여 사흘을 보내기로 약속이 되어 있었다. 그곳으로 가기 전에 나는 펀허스트에서 앨리스와 주말을 함께 보냈다. 치과에 찾아가는 것으로 주말이 시작되었는데, 의사가 내게 암 증세가 있는 것 같다면서 전문가를 추천해 주었다. 그러나 그 전문가가 부활절 휴가를 맞아 떠나고 없었기 때문에 3주가 지나도록 만날 수도 없었다.

그때 앨리스에게 오톨라인에 대해 이야기했다. 그녀는 격분해 펄펄 뛰면서, 반드시 오톨라인의 이름을 끌어들여 이혼하겠노라고 고집했다. 오톨라인은 아이 문제도 있고 남편에 대한 애정도 진심이었으므로 필립과 이혼하는 것을 원하지 않았다. 따라서 내가 그녀의 이름을 끌어들여서는 안 될 상황이었다. 나는 앨리스에게 언제든 원할 때 이혼해 줄 수는 있으나 오톨라인의 이름을 들먹이지는 말라고 했다. 그러나 그녀는 꼭 그렇게 하고 말겠다고 계속 우겼다. 마침내 나는 음성을 낮추고 단호하게 말했다. "그렇게는 절대로 못 할 거야. 당신이 만약 그 목적을 향해 한 걸음이라도 움직이는 날엔 내가 내 목숨을 끊어 당신을 앞지르고 말 테니까." 진심으로 한 말이었고, 그녀도 그것을 알아차렸다. 그러자 그녀의 분노는 견디기 힘들 지경이 되었다. 그녀가 몇 시간에 걸쳐 악을 쓰며 분을 풀고 난 후, 나는 당시 우등졸업시험을 앞두고 있던 그녀의 질녀 카린 코스텔로에게 로크의 철학을 가르쳤다. 그러고는 자전거를 타고 나와 버렸는데, 그것으로 내 첫 결혼은 막을 내리게 되었다. 그 후 계속 앨리스를 보지 못하다가 1950년이 되어서야 다정한 친구 사이로 다시 만났다.[2]

그 길로 나는 곧장 스터들랜드로 향했는데, 그때까지도 나는 내가 암에 걸린 줄로만 알고 있었다. 스워니지에 와서 구식 마차를 한 대 구했으나 말의 속도가 엄청나게 느렸다. 녀석이 느릿느릿 언덕길을 오르내리는 동안 나는 조바심이 나 견딜 수가 없을 지경이었다. 그러다 마침내 길 옆 소나무 숲에 앉아 있는 오톨라인의 모습이 눈에 들어오자마자 마차에서 뛰어내렸다. 짐 실린 마차는 계속 달려가도록 내버려 둔 채. 스터들랜드에서 보낸 그 사흘 동안의 낮과 밤은, 실제로는 그렇지 않지만 마치 인생의 전부인 듯 보였던, 보기 드문 순간의 하나로 내 기억에 남아 있다. 내게 암으로 우려되는 증상이 있다는 사실은 물론 오톨라인에게는 얘기하지 않았지만 그러한 가능성을 생각하는 자체가 나의 달콤한 즐거움에 강도를 더했고, 파멸의 문턱에서 어렵사리 빼내 온 행복이라 생각하니 감정이 더욱 고조되었다. 치과의사가 그런 얘기를 했을 때 내가 보인 첫 반응은, 행복이 눈앞에 있는 듯한 순간에 때맞춰 날 데려가

2  앨리스는 1951년 1월 21일에 사망했다.

려는 신에게 축하를 보내는 것이었다. 아마도 내 마음 깊은 밑바닥에는 교묘하게 고통 주는 것을 낙으로 삼는 신에 대한 믿음이 숨어 있었던 모양이다. 그러나 스터들랜드에 머무는 사흘 동안에는 그 악한 신이 결국 완벽한 승리를 거두지는 못했다고 생각했다. 나중에 마침내 그 전문가를 만나 본 결과, 내게 아무 문제도 없는 것으로 판명되었다.

오톨라인은 키가 매우 컸고, 말처럼 길고 여윈 얼굴과 아주 아름다운 머리털을 가진 여인이었다. 머리털 색깔이 마멀레이드[오렌지, 레몬 등으로 만든 잼] 색과 비슷하면서 약간 더 짙은 보기 드문 색상이어서 관대한 부인네들은 염색을 했으려니 짐작했지만 그런 것은 아니었다. 그녀는 매우 아름답고 부드럽고 울림이 많은 목소리, 굴복하지 않는 용기, 강철 같은 의지를 가지고 있었다. 그녀가 수줍음을 많이 타서 처음에는 우리 둘 다 서로에게 조심스러웠다. 그러나 우리는 깊이 사랑했고, 수줍은 면들이 조금씩 사라지는 것 자체가 또 다른 즐거움이었다. 우리 둘 다 진지하고 인습으로부터 자유로웠다. 그리고 전통에 따르면 귀족이지만 현재의 환경에서는 의도적으로 그렇게 행동하지 않았다. 또한 잔인한 것을 싫어하고, 특권 계급의 오만과 편협을 싫어한다는 점, 그럼에도 우리가 택한 세계에서 약간 이방인 취급을 당한다는 것까지 똑같았다. 태생이 다르다는 이유로 그 세계 사람들이 우리를 제대로 이해해 주지 않고 미심쩍은 눈으로 보았기 때문이다. 우리는 이러한 상황에서 나오는 모든 복합적인 감정들을 공유하고 있었다. 그리하여 서로 간에 깊은 연민이 생겨났고, 그것은 그녀가 살아 있는 동안 끝까지 계속되었다. 비록 연인 관계는 1916년에 깨졌지만 우리는 가까운 친구 사이로 남았다.

오톨라인은 내게 큰 영향을 주었는데, 거의 대부분 유익한 것들이었다. 그녀는 내가 교수나 군자인 양 행동하거나 대화할 때 독재자처럼 구는 것을 비웃었다. 나는 내 마음속이 강철 같은 자제력 아니면 통제할 수 없는 무시무시한 사악함으로 들끓고 있다고 생각해 왔는데, 그녀가 그러한 생각을 서서히 고쳐 주었다. 자기중심적이고 독선적인 면도 그녀 덕분에 많이 고쳤다. 그녀는 유머 감각이 아주 뛰어났으므로 무심코 그것을 자극했다가는 위험하다는 것을 나는 깨닫게 되었다. 그녀는 나의 청교도적인 면과 검열관처럼 비판적인 성향을 대폭 완화시켰다. 공허한 세월 끝에 맛보는 행복한 사랑 그 자체가 매사를 더 쉽게 만들었음은 물론이다. 남자는 대개 여자의 영향을 받게 될까 봐 걱정하는데, 내 경험으로 볼 때 그것은 어리석은 두려움이다. 육체뿐 아니라 정신적으로도 남자에게는 여자가 필요하고 여자에게는 남자가 필요하다. 나는 사랑했던 여인들에게 많은 빛을 지고 있으며, 그들이 없었다면 아마 나는 훨씬 더 편협해졌을 것이다.

스터들랜드에서의 밀회가 끝나자 여러 가지 일들이 말썽을 일으키기 시작했다. 앨리스는 여전히 펄펄 뛰고 있었고 로건도 그녀 못지않게 격분해 있었다. 그때 화이트헤드 부부가 대단한 성의를 보여 주었다. 그들이 그 오누이를 설득하여 마침내 오톨라인을 끌어들여 이혼하려던 생각을 포기하게 만들었다. 앨리스는 그렇게 될 경우 굳이 이혼할 이유가 없다고 결론 내렸다. 나는 오톨라인이 필립에게서 떠나기를 바랐으나 불가능한 일임을 곧 깨달았다. 그 사이 로건이 필립을 찾아가 조건을 내세웠고, 그러자 필립도 오톨라인에게 조건을 강요할 수밖에 없었다. 그것은 우리의 행복한 사랑을 심각하게 방해하는 매우 성가신 조건들이었다. 그중에서도 가장 악조건은 우리 두 사람이 함께 밤을 보내는 일이 절대로 없어야 한다는 것이었다. 나는 몹시 분개하여 필립과 로건, 앨리스 못지않게 펄펄 뛰었다. 이러한 상황들을 오톨라인이 대단히 괴로워했으므로, 결국 첫날의 황홀감을 다시 맛보기는 어려운 분위기로 흘러갔다. 나는 오톨라인의 삶이 견고하다는 것, 그녀에겐 남편과 아이와 재산이 중요하다는 것을 깨닫게 되었다. 반면 내게는 그녀보다 중요한 것이 아무것도 없었다. 이러한 불균형이 내 마음속에 질투심을 불러일으키면서 나를 더 힘들게 만들었다. 그럼에도 불구하고 처음에는 우리 둘의 열정만으로도 모든 난관을 극복할 수 있었다. 오톨라인은 칠턴스의 페퍼드에 자그마한 집을 가지고 있었는데, 그곳에서 그해 7월을 보냈다. 나는 페퍼드에서 9.6킬로미터 떨어진 입스덴에 머물면서 매일같이 자전거를 타고 그녀를 찾았다. 정오쯤에 도착하여 자정 무렵에 나오는 식이었다. 그해 여름은 유난히 무더워서, 그늘에서도 수은주가 섭씨 36도까지 오를 정도였다. 우리는 너도밤나무 숲으로 나가 점심을 먹고 느지막하게 집에 돌아와 차를 마시곤 했다. 비록 오톨라인의 건강이 좋지는 않았지만 행복한 시간이었다. 결국 그녀는 마리엔바트로 가야 했다. 나도 얼마 후에 그녀와 합류했으나, 다른 호텔에 머물렀다. 가을이 되자 그녀는 다시 런던으로 돌아왔다. 나는 그녀가 들를 수 있도록 박물관 근처, 베리 가에 아파트를 하나 얻었다. 나는 케임브리지에서 계속 강의를 하고 있었으나, 아침에 런던에 나왔다가 강의 시간인 오후 5시 반에 맞추어 돌아가곤 했다. 그녀가 극심한 두통에 시달렸기 때문에 가끔 실망스러운 만남도 있었다. 내가 제대로 배려해 주지 못한 적도 몇 번 있었다. 그럼에도 내가 그녀를 종교적이라고 비난하여 야기된 심각한 의견 차이가 하나 있었을 뿐, 그런대로 그해 겨울을 잘 지냈다. 그러나 내가 그녀를 좋아하는 것만큼 그녀가 날 좋아하지 않는다는 생각 때문에 내가 점차 거칠게 굴게 되었다. 때로는 그런 생각이 깨끗이 사라지면서, 그녀가 건강이 좋지 못하여 이따금 내게 무심한 듯 보이는 것이라고 이해할 때도 있었지만, 늘 그렇게 이해하진 못했을 게 분명하다. 당시 나는 치조농루증에 걸렸다는 것을 알지 못했으며, 그 때문에 입냄새가 고약하다는 것도 물론 알지 못했다. 그녀는 내게 그 얘기를 차마 하지 못하다가, 내가 증세를 발견하고 치료하고 난 후에야 그것 때문에 얼마나 힘들었는지 털어놓았다.

1913년 말에 나는 그녀를 만나러 로마로 갔다. 그러나 필립이 와 있었기 때문에 대단히 불편한 시간이 되어 버렸다. 여름에는 가르다 호수[이탈리아 북부의 호수]에서 만난 한 독일인 부인과 친구가 되었다. 그때 생어와 나는 인스브루크에서 출발하여 한 달 꼬박 걸어 알프스 산맥을 넘어 푼토산 비길리오에 도착해 있었다. 그곳에서 친구들 일행과 합류했는데, 실콕스 양, 세인트 펠릭스 학교 여교사인 멜리언 스타웰, 그리고 이름이 생각나지 않는 멜리언의 피보호자가 있었다. 우리는 식탁에 혼자 앉아 있는 젊은 여성을 발견하고 미혼이냐 기혼이냐 논란을 벌였다. 나는 이혼한 여성일 것이라고 주장했다. 결론을 내릴 목적으로 내가 그녀와 안면을 텄는데, 역시 내 짐작이 옳았다. 그녀의 남편은 정신분석학자였고 직업 윤리상 아내와 의좋게 지내기가 어려웠던 모양이다. 결국 우리가 그녀를 보았을 당시에는 이혼한 상태였다. 그러나 명예가 충족되자마자 두 사람은 재결합했으며, 그 후로는 행복하게 살았다. 그녀는 젊고 매력적이었으며 아이가 둘 있었다. 당시 나는 아이에 대한 욕구가 매우 커서, 길에서 노는 아이만 보아도 견디기 힘든 아픔을 느끼곤 했다. 나는 부인과 친구가 되어 함께 그쪽 지역을 여행했다. 그녀에게 구애하고 싶었으나 먼저 오톨라인에 대해 설명해야 할 것 같았다. 내가 얘기를 꺼내기 전까지는 그녀도 잠자코 동의하는 듯했으나 얘기를 듣고는 태도가 싹 바뀌었다. 그러나 그날 하루만큼은 자신의 반대 의사를 무시해도 좋다고 했다. 그 후로 몇 년 동안 간간이 그녀에게서 소식이 오기는 했으나 한 번도 만나지는 못했다.

1913년에 일어난 일 중에 내게 중요한 것은, 조지프 콘래드(1857~1924년, 폴란드 태생의 영국 소설가)와 우정이 시작되었다는 것이다. 그것은 우리 둘 다 오톨라인과 교분이 있었기 때문에 가능했다. 나는 오래 전부터 그의 책을 좋아했지만, 소개받지 않았다면 감히 인사하러 가지는 못했을 것이다. 켄트 주 애슈퍼드 근처에 있는 그의 집을 찾아가는 동안 나는 약간 불안한 기대감에 젖어 있었다. 내가 받은 그의 첫인상은 놀라움에 가까웠다. 그는 이국 액센트가 매우 강한 영어로 말했으며, 그의 태도에서 바다를 연상시키는 면을 찾아보기는 어려웠다. 머리끝부터 발끝까지 철저하게 귀족적인 폴란드 신사였다. 바다와 영국에 대한 그의 감정은 낭만적인 사랑 비슷한 것이었다. 낭만에 때를 묻히지 않아도 될 만큼 일정하게 거리를 둔 사랑 말이다. 그의 바다 사랑은 아주 이른 나이에 시작되었다. 그가 선원 생활을 하고 싶다고 하자 그의 양친은 오스트리아 해군에 입대하도록 권했다. 그러나 그가 원한 것은 모험과 열대의 바다, 깊은 삼림에 둘러싸인 미지의 강이었으니, 오스트리아 해군이 그러한 욕구의 배출구를 제공해 줄 리 만무했다. 그가 영국 상선에서 일자리를 찾는다는 것을 알고 가족들은 펄쩍 뛰었지만 그의 결심은 흔들리지 않았다.

누구든 그의 책을 읽어 보면 알겠지만, 그는 대단히 엄격한 도덕주의자며 정치적 입장도 결코 혁명론자들에게 동정적이지 않았다. 그와 나의 견해는 대체로 일치하지 않았으나, 아주 근본적인 몇 가지 점에서는 희한하게도 똑같았다.

나와 조지프 콘래드의 관계는 그 전까지 내가 맺은 어떤 관계와도 달랐다. 나는 그를 좀처럼 보지 못했고 오랜 세월 동안 못 만났다. 외면만 보면 우리는 거의 남에 가까웠으나 인간의 삶과 운명을 보는 관점이 비슷했기 때문에 처음부터 아주 강한 결속력이 형성되었다. 우리가 안면을 트고 난 직후에 그가 내게 써 보낸 편지가 있는데 그중에 한 구절을 인용해도 무방하리라 본다. 겸손한 사람이라면 인용하지 않는 것이 도리겠지만, 이 구절이 내가 그에 대해 느낀 것을 너무도 정확하게 표현하고 있기 때문이다. 그가 표현해 주었으되 나도 똑같이 느낀 감정은 다음과 같다. "설사 선생이 날 다시 못 보고 내일이면 내 존재를 잊는다 해도 끝까지 변함없이 선생의 것이 될 깊은 존경과 애정."

그가 쓴 작품 중에 내가 가장 감명을 받은 것은 '어둠 한가운데'라는 제목의 무서운 이야기로서, 다소 심약한 한 이상주의자가 열대의 밀림에서 오는 공포와 야만인들에 둘러싸여 느끼는 외로움 때문에 결국 미치고 만다는 내용이다. 나는 이 단편이 그의 인생 철학을 가장 완결되게 표현하고 있다고 생각한다. 이렇게 표현하면 그가 수긍할지 어떨지는 잘 모르겠지만, 그는 도덕으로 견뎌 내는 문명화된 인간의 삶이란 가까스로 식은 용암의 얇은 표면 위를 아슬아슬하게 걸어가는 것과도 같아서 자칫 방심했다가는 언제 어느 때 그 표면이 갈라져 불타는 심연으로 떨어지게 될지 모른다고 생각했다. 그는 인간이 빠져들기 쉬운 다양한 형태의 열정적인 광기에 대해 잘 알고 있었으며, 자기 단련의 중요성을 깊이 믿게 된 것도 그 때문이었다. 그의 관점은 루소의 관점과 정반대라고 말할 수 있

213

겠다. 루소는 "인간은 사슬에 묶여 태어나지만 자유로워질 수 있다"고 보았다. 콘래드였다면 아마도 이렇게 말했을 것이다. "인간은 충동을 풀어놓거나 통제받지 않고 되는 대로 삶으로써 자유로워지는 것이 아니라, 고집 센 충동을 좀더 우위의 목적에 복종시킴으로써 자유로워진다."

그는 정치 제도에 큰 관심이 없었는데도 강렬한 정치적 감정을 일부 가지고 있었다. 그중에서도 가장 강한 감정은 영국에 대한 사랑과 러시아에 대한 증오였는데, 『비밀 요원』이란 작품에 이 두 감정이 다 그려져 있다. 또 『서구인의 목전에서』란 작품에는 제정 러시아의 황제파와 혁명파를 포함해 러시아에 대한 증오가 역력하게 드러난다. 러시아에 대한 그의 혐오는 폴란드의 역사적 전통과 맞닿아 있었다. 정도가 얼마나 심했던지 톨스토이나 도스토예프스키의 공로조차 인정하지 않으려 했다. 다만 투르게네프에 대해선, 자신이 존경하는 유일한 러시아 소설가라고 딱 한 번 말한 적이 있다.

영국에 대한 사랑과 러시아에 대한 증오 외에 정치는 그의 큰 관심을 끌지 못했다. 그의 관심사는, 자연의 냉담함과 인간의 적의에 직면하여 선하고 악한 열정들을 붙들고 내면의 싸움을 벌여야 하는, 그러나 결국 파멸로 이어지고 마는 인간 각자의 영혼이었다. 그의 사고와 감정에서 큰 부분을 차지하는 것은 외로움으로 인한 비극이었다. 그의 가장 대표적인 작품에 속하는 것으로 『태풍』이 있다. 이 이야기 속의 선장은 단순한 영혼의 소유자지만 불굴의 용기와 냉혹한 결단으로 자신의 배를 구해 낸다. 폭풍우가 멎자 그는 아내에게 장문의 편지를 써서 그 이야기를 전한다. 그의 설명에 따르면, 그가 한 역할은 지극히 단순하다. 선장으로서 기대되는 의무를 수행한 데 불과했다. 그러나 독자는 그의 설명을 통해 그가 한 일과 도전하고 참아 냈던 모든 것들을 깨닫게 된다. 그가 편지를 발송하기 전에 선실 급사가 몰래 읽어 보긴 하지만, 결국 다른 사람은 아무도 그 편지를 읽지 못하게 된다. 따분하다고 느낀 그의 아내가 읽어 보지도 않고 내던져 버리기 때문이다.

콘래드의 심상을 가장 크게 차지한 것처럼 보이는 두 가지는 바로 외로움과 낯선 것에 대한 두려움이다. 「어둠 한가운데」와 마찬가지로 『섬의 추방자』도 낯선 것에 대한 두려움과 관련되어 있다. 『에이미 포스터』라는 특히 감동적인 작품에서는 외로움과 두려움을 모두 다루고 있다. 이 소설에는 미국으로 가던 도중에 배가 난파되는 바람에 바다를 떠돌다 홀로 살아남은 한 남부 슬라브족 농부가 등장한다. 그는 파도에 밀려 켄트 주의 어느 마을에 도착한다. 마을 사람들은 모두 그를 두려워하고 냉대하지만, 에이미 포스터라는 우둔하고 소박한 처녀는 굶주린 그에게 빵을 가져다주고 마침내 그와 결혼하게 된다. 그러나 열병에 걸린 그가 자신의 모국어로 말하자 그녀마저도 그의 생소한 모습에 겁을 집어먹고 아이를 빼앗아 그를 버리고 떠난다. 그는 혼자서 낙담한 채 죽어 간다. 콘래드가 영국인들 사이에서 살면서 이 남자의 외로움을 얼마나 절실하게 느꼈을까, 그것을 굳은 의지의 힘으로 얼마나 억눌렀을까, 나는 이따금 생각하게 된다.

콘래드의 관점은 현대적인 것과는 거리가 멀었다. 현대 세계에는 두 가지 철학이 존재한다. 하나는 루소에서 비롯된 것으로 단련을 불필요하다고 일축해 버리는 경향이고, 또 하나는 전체주의에서 자신을 가장 완전하게 드러내는 철학으로서 단련을 본질적으로 외부에서 부과되는 것이라고 보는 경향이다. 콘래드는 좀더 오래된 전통을 고수하여 단련은 내부로부터 와야 한다고 믿었다. 그는 단련되지 못한 것을 경멸했으며, 단순히 외부에 의한 단련도 증오했다.

바로 이 점에서 나는 그와 내가 매우 일치한다는 것을 알았다. 우리는 처음 만나 이야기할 때부터 친밀감이 자라는 것을 느꼈다. 우리 둘이서 어떤 표면을 한 겹 한 겹 뚫고 들어가 중심부의 불꽃에 서서히 도달해 가는 듯한 느낌이었다. 그것은 내가 겪은 어떤 경험과도 달랐다. 우리는 오싹한 두려움과 도취감을 동시에 느꼈고, 서로의 눈 속에서 그와 같은 경지에 나란히 들어선 자신들을 확인했다. 그것은 열정적인 사랑만큼 강렬하고 모든 것을 포용하는 감정이었다. 나는 멍해진 상태로 그와 헤어졌고, 일상생활 속에서 내 갈 길을 찾기도 어려울 정도였다.

전쟁 중에도, 그리고 전쟁이 끝나고 1921년에 내가 중국에서 돌아왔을 때까지도 콘래드와는 전혀 만나지 못했다. 그해에 나의 첫아들이 태어났는데, 나는 콘래드가 형식은 안 갖추더라도 대부 역할을 해주었으면 싶었다. 그래서 콘래드에게

216

편지를 썼다. "제 아들을 존 콘래드라 부르고 싶으니 허락해 주셨으면 합니다. 제 부친의 성함이 존이었고, 조부, 증조부도 존이었으며, 콘래드는 제가 가치를 인정하는 이름입니다." 그는 그 역할을 받아들였고, 그런 행사 때 흔히 쓰이는 잔을 내 아들에게 정식으로 선물했다.

　내가 그해의 대부분을 콘월 지방에서 보낸 데다가 콘래드도 건강이 악화되었으므로 우리는 자주 볼 수 없었다. 그러나 그에게서 매혹적인 편지를 몇 통 받았는데, 특히 중국에 관한 나의 책을 언급한 편지가 기억에 남는다. "나는 늘 중국인들이 좋았소. 찬타분의 한 민가 마당에서 날(그 밖의 다른 몇 사람까지) 죽이려 했던 사람들이나, 방콕에서 밤중에 내 돈을 몽땅 털어 가면서도 아침에 입도록 내 옷을 말끔히 손질해 개어 놓고 시암[태국의 옛 이름]의 어둠 속으로 사라진 작자까지도 말이오. 물론 여러 중국인들에게서 많은 도움을 받기도 했소. 하나 덧붙이자면, 어느 날 저녁 호텔 베란다에서 황제의 대신과 얘기하다 '이방의 중국인들'이란 시를 마지못해 공부하기도 했소. 내가 중국인들에 대해 아는 것은 이것이 전부라오. 그러나 중국인들의 문제에 대한 흥미롭기 그지없는 당신의 견해를 읽고 나니, 그 나라의 장래가 심히 걱정스럽소." 이어서 그는 중국의 장래에 관한 나의 견해가 "사람을 소름끼치게 만든다", 내가 국제 사회주의에 기대를 건다는 점에서 특히 더 그렇다고 적었다. 그리고 이렇게 논평했다. "나는 그런 것에 어떤 뚜렷한 의미도 부여할 수 없소. 나는 인간이 살고 있는 이 세계를 지배하는 것은 운명이라고 보며, 어느 책에서도 누구의 말에서도 나의 이 뿌리 깊은 운명론에 한순간이라도 맞설 만큼 설득력 있는 견해를 발견할 수 없었소." 계속해서 그는 인간이 날 수 있게 되었다고 하지만 "인간은 독수리처럼 나는 것이 아니라 딱정벌레처럼 날지. 딱정벌레의 나는 꼴이 그 얼마나 추하고 우스꽝스럽고 미련해 보이는지는 당신도 잘 알 거요."라고 말했다. 나는 그가 이처럼 비관적인 얘기를 통해, 내가 다소 인위적인 기대로 중국의 행복한 결말을 보여 준 것보다 더 깊은 지혜를 보여 주고 있음을 느꼈다. 어쨌거나 지금까지의 상황으로 봐서는 그의 견해가 옳았다고 말해야 할 것이다.

이 편지를 끝으로 그와 연락이 끊어졌다. 그와 만나 얘기할 기회가 두 번 다시 없었다. 한번은 길 맞은편에서 우연히 그를 보았는데, 예전에 우리 할머니의 집이었으나 할머니 사후에 예술 클럽 회관으로 바뀐 건물의 문간에 서서 내가 모르는 한 사람과 열심히 이야기하고 있었다. 진지한 대화인 것 같아서 방해하지 않으려고 그대로 지나쳐 버렸다. 그로부터 얼마 후에 그의 사망 소식을 들었다. 나는 그때 내가 좀더 과감하지 못했던 것을 후회했다. 그 집은 히틀러가 파괴하여 지금은 없다. 이제 콘래드도 서서히 잊혀져 가고 있는 것 같다. 그러나 그의 강렬하고 열정적인 고결함은 마치 우물 바닥에서 바라본 별처럼 내 기억 속에 빛나고 있다. 그의 빛이 나를 밝혀 주었듯 다른 사람들에게도 환히 비추게 만들고 싶다.

1914년 봄 학기에 보스턴에서 로웰 강좌[미국의 사업가 존 로웰이 1836년 설립한 로웰 재단이 운영하는 대중강좌]를 맡는 동시에 하버드 대학에서 임시 철학 교수로 일해 달라는 초청이 왔다. 로웰 강좌의 주제를 발표하기는 했으나 무슨 이야기를 해야 할지 떠오르지가 않았다. 나는 물즈퍼드에 있는 '장수풍뎅이와 쐐기' 카페 객실에 앉아, 외부 세계에 대한 우리의 지식에 관해 무슨 이야기를 할 수 있을까 궁리하곤 했다. 머지않아 그것에 대해 연속 강연을 해야 했기 때문이다. 1914년 새해 첫날, 이제 정말로 강연을 준비해야 할 때라고 생각하면서 로마에서 케임브리지로 돌아왔다. 그리고 그 이튿날 타자 속기사가 오게끔 일정을 잡았다. 그러나 속기사가 오면 무슨 말을 불러 주어야 할지 막연하기만 했다. 그러나 그 속기사가 방에 들어서자 갑자기 생각이 정리되면서, 그 순간부터 작업이 끝날 때까지 아주 질서 정연하게 쉬지 않고 구술할 수 있었다. 그때 구술한 내용이 나중에 『외부 세계에 대한 우리의 지식: 철학의 과학적 방법을 위한 장』이라는 책으로 출간되었다.

나는 3월 7일에 '모레타니아' 호로 출항했다. 휴 벨 경도 같은 배에 타고 있었다. 항해하는 동안 그의 아내는 남편을 찾아다니거나, 예쁜 아가씨와 함께 있는 남편을 발견하거나 하는 일로 시간을 다 보냈다. '루시타니아' 호[1915년 5월 7일 북대서양에서 독일 잠수함에 격침된 영국의 호화 여객선. 이 사건을 계기로 미국이 제1차 세계대전에 개입했음]가 침몰한 후에 휴 벨 경을 만나면 그때마다 자기가 탔던 배가 바로 '루시타니아'라고 큰소리치고 있었다.

나는 뉴욕에서 기차를 타고 곧장 보스턴으로 갔는데, 기차간에서 내 옆에 앉은 두 사람이 조지 트리벨리언에 대해 이야기를 나누고 있어 고향에 가는 듯한 느낌이었다. 하버드로 간 나는 모든 교수를 다 만났다. 그때 내가, 나중에 사코와 반제티의 죽음에 일조하게 될 로웰〔애버트 로웰, 1856~1943년, 미국의 정치학자로서 1909~33년까지 하버드 대학 총장을 지냈고, 사코-반제티 사건을 조사한 위원회에 참가해 판결을 지지했음〕교수를 아주 싫어한다고 말했던 것이 지금도 자랑스럽다. 당시로서는 사실 그를 싫어할 이유가 없었으나, 그 감정은 훗날 그가 사회 구원자로서 자신을 드러냈을 때 느낀 혐오감 못지않게 강했다. 하버드에서 소개받은 모든 교수가 내게 다음과 같이 말했다. "러셀 박사, 당신도 물론 아시겠지만, 우리 철학과가 최근에 세 건의 큰 손실을 입었어요. 존경하는 우리의 동료 윌리엄 제임스 교수가 애석하게도 타계하셨고, 산타야나 교수는 물론 본인에겐 충분한 이유가 있겠지만 유럽으로 가시기로 했으며, 마지막으로(덜 중요하다는 뜻은 아니지만 어쨌거나) 로이스 교수는 다행히도 아직 여기에 계시기는 하나 졸도한 일이 있지요." 이 얘기를 느릿느릿, 진지하게, 거드름을 피우며 하는 것이었다. 나는 뭔가 보여 주어야 할 것 같은 생각이 들었다. 그래서 다음 차례 교수와 인사하게 되었을 때 최대한 빠른 말로 그 얘기를 내가 해버렸다. 그러나 이 묘안도 별 쓸모가 없었다. "그렇소, 러셀 박사." 그 교수가 말을 받았다. "당신도 아주 제대로 본 바와 같이, 우리 철학과가……" 그렇게 해서 또 그 결론이 나올 때까지 계속하는 것이었다. 교수들이어서 그런 것인지 미국인들이어서 그런 것인지 잘 모르겠지만, 내가 볼 땐 전자인 것 같다. 하버드 교수들에게서 발견한 또 한 가지 특징이 있다. 그들의 도움 없이도 내가 거뜬히 그들의 집을 찾아갔는데도 식사를 함께하고 나면 항상 집으로 가는 길을 가르쳐 주곤 했다는 점이다. 하버드 문화에는 한계가 있었다. 미술과 교수인 스코필드는 앨프레드 노이스(1880~1958년, 영국의 시인)를 아주 훌륭한 시인으로 알고 있을 정도였으니까.

반면에 학생들, 특히 대학원생들은 내게 큰 감명을 주었다. 앞서 언급한 세 교수들이 있을 때까지는 하버드 철학과가 세계에서 우수했다. 나는 1896년에 윌리엄 제임스와 더불어 하버드에 있었고, 수리 논리학을 철학과 커리큘럼에 도입하려 애쓴 로이스를 존경했다. 산타야나는 내 형에게 큰 호의를 보였기 때문에 1893년부터 알고 있었는데, 나는 그와 견해가 다른 면도 많았지만 또 그만큼 존경하기도 했다. 당시까지도 이 세 사람의 전통은 막강했다. 랠프 바턴 페리가 그들의 역할을 대신하기 위해 최선을 다하고 있었다. 이른바 '신新리얼리즘'의 왕성한 활약으로 고무되어 있던 그는 베런슨의 누이와 결혼했다. 그러나 그는 저 뉴잉글랜드 도덕주의의 특성을 이미 드러냈으며, 그로 말미암아 제1차 세계대전을 맞아 지적 파멸을 겪게 되었다. 한번은 그가 내 방에서 루퍼트 브루크를 만나게 되었는데, 당시 그는 루퍼트에 대해 들어 본 적도 없었다.

루퍼트는 그때 남양南洋의 군도에서 돌아온 길이었으므로, 그 쪽 지역에서 식인 풍습을 중단시킴으로써 남성성이 쇠퇴된 상황을 장황하게 이야기했다. 페리 교수는 몹시 못마땅해하면서 식인 풍습은 죄악이라고 했다. 루퍼트가 죽자 그를 신격화하는 움직임이 일었는데, 그때 페리 교수도 분명 동조했을 것이다. 그러나 조국을 위해 목숨을 바친 그 금발의 신이, 그가 내 방에서 만난 그 경박한 청년과 동일인이란 사실은 결코 생각지 못했을 것이다.

그러나 앞에서도 말한 것처럼 학생들은 칭찬할 만했다. 나는 대학원생 열두 명으로 구성된 반을 맡고 있었는데, 일주일에 한 번씩 그 학생들이 차를 마시러 나를 찾아오곤 했다. 그중 한 사람이 T. S. 엘리엇인데, 훗날 우리의 차 모임을 다룬 '미스터 아폴리낙스'란 시를 썼다. 당시 나는 엘리엇이 시를 쓴다는 사실을 알지 못했다. 그때 이미 '어느 숙녀의 초상'이나 '프루프록'도 썼을 테지만, 그는 그런 얘기를 하는 것은 적절치 못하다고 생각했던 것 같다. 그는 유난히 말이 없는 편이었으나 딱 한 번 입을 열어 한 얘기가 인상적이었다. 내가 헤라클레이토스[그리스의 철학자]를 칭찬하자 그가 말했다. "네, 그는 언제나 비용[1431~63년, 프랑스의 위대한 서정시인]을 떠올리게 하지요." 나는 아주 훌륭한 얘기라고 생각했고, 그런 식의 소견을 더 말해 주기를 늘 기대했다. 나의 관심을 끈 또 한 제자는 데모스였다. 그는 그리스 출신으로, 선교단의 영향으로 개종한 부친은 복음파 목사가 되었다. 데모스는 소아시아에서 성장하여 그곳에서 자그만 도서관의 사서가 되었다. 그러나 도서관에 있는 책을 모두 읽고 나자 소아시아에서는 더 이상 얻을 것이 없다는 것을 알았다. 그리하여 그는 보스턴행 3등칸 뱃삯이 마련될 때까지 저축했다. 보스턴에 와서 그가 처음 가진 직업은 식당 웨이터였으며, 그 후 하버드에 입학했다. 그는 열심히 공부했으며 재능도 상당했다. 당연한 결과로 교수가 되었으나, 아쉽게도 그의 지성은 평범한 한계를 벗어나지 못했다. 1917년에 그가 내게 설명하기를, 자신은 다른 교전국들이 전쟁에 끼어들고자 내세우는 명분을 간파할 수 있으며, 그러한 주장들이 허튼소리라는 것을 잘 알지만, 순수한 도덕적 견지에서 참전하려는 그리스의 경우는 사정이 완전히 다르다고 했다.

하버드에서 맡은 학기가 끝나자 다른 대학 몇 군데를 돌며 한 차례씩 강의를 했다. 그중 한 대학인 앤아버에 갔을 때였다. 총장이 내게 새로 지은 건물을 모두 구경시켜 주었는데, 특히 도서관을 대단히 자랑스러워했다. 세계에서 가장 과학적이라 할 만한 카드식 색인을 갖추고 중앙난방 방식도 엄청나게 현대적인 도서관이었다. 그가 이런 것들을 설명하고 있을 때 우리는 훌륭한 책상들이 갖춰진 넓은 도서실 한가운데 서 있었다. "그래, 저 책들을 읽어 보는 학생이 있기는 한가요?" 내가 물었다. 그는 놀라는 눈치였으나 이렇게 대답했다. "그야 물론이지요. 지금도 저기 독서하는 학생이 있잖소." 우리가 다가가 보았더니 그 학생은 소설을 읽고 있었다.

　　나는 앤아버에서 시카고로 가서 저명한 부인병 학자의 가족과 함께 지냈다. 그는 여성의 질병에 관한 책도 썼는데, 그 책의 표지에는 컬러로 된 자궁이 그려져 있었다. 그가 내게 책을 증정했으나 다소 당혹스러웠던 나는 결국 의사 친구에게 주고 말았다. 그는 신학적으로는 자유사상가였으나 도덕적으로는 엄격한 청교도였다. 정욕이 매우 강한 사람임에 분명했는데, 짓눌린 표정에서 자제하려 애쓴 흔적이 엿보였다. 그의 아내는 매력적인 노부인으로, 나이에 비해 아주 날카로웠지만 젊은 세대들에게는 성가시게 느껴졌을 것이다. 그들에게는 딸 넷과 아들 하나가 있었으나, 그 외아들이 전쟁 직후에 사망하여 나는 본 적이 없다. 내가 배글리우드에 살고 있을 때 그 딸들 중 하나가 옥스퍼드로 와 길버트 머리 밑에서 그리스어를 공부했다. 바로 그녀가 브린 모 대학 영문학 교수의 소개장을 들고 찾아온 적이 있다. 그 후 그 아가씨를 옥스퍼드에서 몇 번 더 보았는데, 나는 그 여성이 매우 흥미롭게 느껴져 더 깊이 알고 싶었다. 내가 시카고로 오게 되자, 그녀가 자기 부모의 집에서 지내라고 초청하는 편지를 보내왔다. 역에서 그녀를 만나는 순간 미국에서 만난 그 누구보다 편안한 느낌을 받았다. 알고 보니, 그녀는 매우 훌륭한 시도 쓰고 문학적 감각이 뛰어나고 남달랐다. 나는 그녀의 양친 집에서 이틀 밤을 묵었는데, 둘째 날 밤에는 그녀와 함께 잤다. 양친이 나타날 경우에 대비해 그녀의 세 누이가 망을 봐주었다. 그녀는 전통적인 미인은 아니었으나 대단히 매력이 있었고, 열정적이고 낭만적이며 색

다른 데가 있었다. 그녀는 청춘기를 외롭고 우울하게 보냈는데, 내게서 그 보상을 얻은 것 같았다. 우리는 그녀가 영국으로 건너오는 대로 함께 살기로 약속했고, 내가 이혼을 할 수 있으면 그때 가서 결혼도 하기로 했다. 그 후 나는 곧바로 영국으로 돌아왔다.

선상에서 오톨라인에게 편지하여 그동안 있었던 일을 알려 주었다. 그러나 편지가 그녀의 편지와 엇갈리고 말았다. 그녀는 편지에서 앞으로는 우리가 순수하게 정신적인 애정 관계를 유지했으면 한다고 했다. 그러나 내 편지를 받고는 마음이 바뀌었는데, 내가 미국에서 치조농루증을 치료받았다는 사실도 그녀가 변심한 이유 중의 하나였다. 오톨라인은 나와 함께 있을 때 최상의 컨디션인 경우가 드물었는데, 그것만 아니라면, 그리고 본인만 좋다면, 여전히 훌륭한 연인이었기 때문에 내가 그녀를 떠나기란 불가능해 보였다. 6월에 영국으로 온 나는 그녀가 런던에 있음을 알았다. 우리는 화요일마다 당일로 버넘비치스에 다녀오곤 했다. 이 소풍을 마지막으로 나간 날이 바로 오스트리아가 세르비아에 선전포고를 한 날이었다. 오톨라인의 컨디션은 최상이었다.

한편 시카고의 그 아가씨가 내막을 모르는 부친을 졸라 유럽에 함께 왔다. 그들이 배를 탄 것은 8월 3일이었다. 그녀가 도착했을 당시 나는 전쟁 외에는 생각할 겨를이 없었고, 반전 운동을 공개적으로 할 생각이었기 때문에 사생활에서 추문을 일으켜 상황이 복잡해지는 것을 바라지 않았다. 그러한 추

225

문은 당사자가 설명할 수도 없는 것을 얼마든지 만들어 내는 법이니까. 따라서 나는 그녀와 약속한 계획을 실행하기란 불가능하다고 생각했다. 그녀는 영국에 계속 머물렀고 우리는 이따금 관계를 가졌으나, 전쟁의 충격으로 그녀에 대한 나의 열정이 사라졌으므로 그녀에게 상처를 주게 되었다. 결국 그녀는 희귀한 병의 희생자가 되고 말았는데, 처음에는 온몸이 마비되더니 나중에는 정신도 이상해졌다. 그녀는 실성한 상태에서 자기 아버지에게 그간의 일을 모두 털어놓았다. 내가 그녀를 마지막으로 본 것은 1924년이었다. 당시 그녀는 마비 증세 때문에 걸을 수도 없었으나 잠시 제정신으로 돌아와 있는 상태였다. 그러나 그녀와 이야기해 보니 광기가 깃든 음울한 상념들이 이면에 숨어 있음을 느낄 수 있었다. 그때 이후로 그녀의 정신은 두 번 다시 맑아지지 않은 것으로 안다. 광기가 덮치기 전까지는 보기 드물게 뛰어난 정신과 사랑스러운 성격을 가진 아가씨였다. 전쟁이 끼어들지 않았다면, 우리가 시카고에서 세운 계획이 두 사람 모두에게 큰 행복을 가져다주었을지도 모르겠다. 그 비극을 생각하면 지금도 비통한 심정이 되곤 한다.

# 제2부

---

## 1914~1944

# 더럽혀진 성전

온통 금으로 된 예배당을 보았네
아무도 감히 들어가지 못하고
많은 사람들이 바깥에 울고 서 있었네
눈물짓고, 한탄하고, 예배하고.

하얀 문기둥들 틈으로
뱀 한 마리가 오르는 것을 보았네
녀석이 힘을 쓰고 쓴 끝에
마침내 황금 돌쩌귀들이 허물어졌지.

찬란한 진주와 루비들이 줄줄이 놓인
훌륭한 포장석을 따라
뱀이 번들거리는 기다린 몸뚱이를 끌고 가다
이윽고 하얀 제단에 이르러

빵과 포도주 위에
독을 토해 냈지.
그래서 나는 돌아서서 돼지 우리로 가
돼지들 틈에 몸을 뉘었네.

# 제1차 세계대전

1910년부터 1914년까지는 전환의 시기였다. 1910년 이전까지의 내 인생과 1914년 이후의 내 인생이 마치 메피스토펠레스(중세 7대 악마 중의 하나)를 만나기 전과 후의 파우스트 인생처럼 뚜렷하게 나누어졌다(괴테의 『파우스트』 참조). 나는 일종의 원기 회복 과정을 겪었는데, 그 과정은 오톨라인 모렐에 의해 시작되었고 전쟁에 의해 계속되었다. 전쟁이 사람을 젊어지게 했다는 얘기가 이상하게 들릴지 모르겠으나, 실제로 나는 전쟁을 계기로 나의 편견들을 털어내고 수많은 근본 문제들을 새롭게 생각해 볼 수 있었다. 전쟁은 내게 새로운 종류의 활동도 가져다주었는데, 지난날 내가 수리 논리학으로 복귀하려 할 때마다 날 괴롭혔던 피로감을 그 활동에서는 전혀 느끼지 못했다. 그리하여 나는 나 자신이 불가사의한 힘을 얻기 전의 파우스트이며, 파우스트를 위해 메피스토펠레스가 제

1차 세계대전의 모습으로 등장한 것이라고 습관적으로 생각하게 되었다.

그 무더웠던 7월 하순, 나는 케임브리지에서 아무나 붙잡고 정세를 논하며 지내고 있었다. 나는 유럽이 전쟁에 뛰어드는 미친 짓을 절대로 하지 않을 것이라 믿었으나 이런저런 이야기를 들어 보니 전쟁이 나면 영국도 참전하게 되리라는 견해가 설득력 있게 느껴졌다. 나는 영국이 반드시 중립을 취해야 한다고 생각했으므로 여러 교수와 연구원들에게 서명을 받아 그 같은 취지의 성명을 발표했고, 《맨체스터 가디언》지에 그 내용이 실리기도 했다. 그러나 선전 포고가 내려진 그날로 그들 중 거의 대부분이 생각을 바꾸었다. 돌이켜 보면, 장차 벌어질 일을 좀더 분명하게 알지 못했다는 것이 이상하게 느껴진다. 8월 2일 일요일, 앞에서도 얘기했듯이, 처남의 오토바이를 빌려 런던에 가려고 트리니티의 그레이트 코트를 허겁지겁 뛰어가던 케인스와 마주쳤다.[1] 얼마 후 나는 정부가 재정에 대한 자문을 구하려고 그를 불렀다는 것을 알게 되었다. 그제야 영국의 참전이 절박한 상황임을 깨달았다. 월요일 아침에 나는 런던으로 가기로 했다. 베드퍼드 스퀘어에서 모렐 부부와 점심을 먹었는데, 오톨라인의 생각도 나와 완전히 일치한다는 것을 알게 되었다. 의회에서 평화 지지 연설을 하겠다는 필립의 결심에 대해 그녀도 찬성했다. 나는 에드워드 그레이 경의

---

1  그의 처남인 A. V. 힐은 저명한 의학자였다. 계단 하나를 사이에 두고 그의 방과 내 방이 있었다.

유명한 연설이나 들어 볼까 하고 의회로 내려가 보았으나 군중
이 어마어마해서 결국 들어가지 못했다. 그러나 필립이 예정대
로 연설을 했다는 것을 알았다. 나는 그날 저녁 이리저리 거리
를 쏘다니며 보냈는데, 특히 트라팔가 광장 근처에 머물면서
환호하는 군중들을 주시하고 길 가는 사람들의 감정에 촉각을
세웠다. 그로부터 며칠 동안 나는 일반 대중들이 전쟁을 기대
하며 즐거워한다는 사실을 알고 놀라지 않을 수 없었다. 나는
대부분의 평화론자들이 주장하는 바와 같이, 국민은 싫어하는
데 독재적이고 권모술수에 강한 정부가 억지로 전쟁을 강요한
다고 쉽게 생각해 왔다. 앞서 몇 년 동안 에드워드 그레이 경은
전쟁이 터질 경우 프랑스를 지원할 술책을 꾸며 왔고, 그 사실
이 국민에게 알려지는 것을 막기 위해 교묘하게 거짓말을 해왔
다는 것을 나는 알고 있었다. 그래서 그가 거짓말을 해왔다는
것을 국민이 알게 되면 당연히 분노하리라고 순진하게 생각했
다. 그러나 국민은 그가 자신들의 도덕적 책임을 덜어 준 데 대
해 오히려 감사하고 있었다.

　8월 4일 아침, 나는 대영 박물관 뒤편 텅 빈 거리—지금
은 대학 건물이 들어서 있다—를 오톨라인과 함께 걸어다녔
다. 우리는 우울한 단어들을 써가며 미래에 대해 논했다. 우리
가 예견하는 죄악들에 대해 다른 사람들에게 얘기하면 그들은
우리를 미쳤다고 생각했다. 그러나 나중에 밝혀진 진상에 비
하면 당시 우리는 낙관적으로 얘기하고 있었던 셈이다. 4일 저
녁에 스트랜드 가를 끝에서 끝까지 걸으면서 조지 트리벨리

언과 다투고 난 후 나는 그레이엄 윌러스가 위원장을 맡고 있
던 중립 지지 단체들의 마지막 회의에 참석했다. 회의 도중에
요란한 천둥소리가 한 차례 울렸다. 그러자 나이 많은 회원들
은 모두 독일군의 포탄 소리라고 생각했다. 동시에 중립주의
에 대한 그들의 마지막 미지근한 감정마저 달아나 버렸다. 전
쟁이 발발하고 처음 며칠은 그저 놀라울 따름이었다. 화이트
헤드를 비롯한 나의 절친한 친구들도 사나운 호전주의자로
변해 버렸다. 유럽의 전쟁에 끼어들지 말자는 취지의 글을 다
년간 써온 J. L. 해먼드 같은 사람들도 벨기에가 참전하자 휩
쓸리고 말았다. 나는 사관학교의 한 군인 친구를 통해 벨기에
의 개입이 불가피하리란 사실을 오래 전에 알고 있었기 때문
에 저명한 정치 평론가들이 그 중요한 사안도 모를 정도로 천
박하리라고는 생각하지 못했다. 《네이션》지는 화요일마다 간
부 오찬회를 열었는데, 8월 4일의 오찬회에 참석해 보니 편집
장 매싱엄이 영국의 참전에 적극 반대하고 있었다. 내가 그 같
은 취지로 자기네 신문에 글을 쓰고 싶다고 하자 그가 열렬히
환영했다. 바로 다음 날 그에게서 다음과 같이 시작하는 편지
가 날아왔다. "오늘은 어제가 아닙니다……." 그러면서 자신
의 생각이 완전히 바뀌었다고 말했다. 그럼에도 불구하고 그
는 전쟁에 항의하는 나의 긴 서한문을 그 다음 호에 실어 주
었다. 무엇이 그의 생각을 바꾸어 놓았는지는 나도 모른다. 다
만 허버트 애스퀴스〔1825~1928년, 영국의 정치가로서 1908~16
년에 수상을 역임했음〕의 딸 중 하나가 8월 4일 오후 늦게 독일

대사관 계단을 내려오는 그를 보았다고 하니, 아마도 이와 같은 비상 시국에 애국심을 보여 주지 않는 것은 현명하지 못한 처신이라는 식의 경고를 받았으리라 짐작된다. 그는 전쟁 첫해 정도까지는 애국적인 자세를 견지했으나 시간이 흐르면서 자신이 그러했다는 사실을 잊기 시작했다. 평화를 지지하는 하원 의원 몇 사람이 동조자 두세 명과 더불어 베드퍼드 스퀘어의 모렐 부부 집에서 모임을 갖기 시작했다. 나도 참석하곤 했는데, 그 모임이 결국 '민주적 통제 동맹'의 맹아가 되었다. 나는 평화주의 정치인들 대부분이 전쟁을 막기 위한 실질적인 작업보다도 자신들 중에 누가 반전 운동을 주도하느냐에 더 관심이 많다는 것을 알고 흥미롭게 지켜보았다. 그러나 함께 일할 수 있는 사람이 그들밖에 없었기 때문에 좋게 보려고 최선을 다했다.

다른 한편, 나는 감정적으로 극도의 긴장 상태에서 살고 있었다. 비록 전쟁의 참상을 전부 다 예견하지는 못했지만 내가 일반인들보다는 훨씬 많이 알고 있었다. 그 암담한 전망도 끔찍했지만, 나를 더욱 두렵게 만든 것은 국민의 거의 90퍼센트가 대학살을 기대하며 즐거워한다는 사실이었다. 나는 인간의 본성에 대한 시각을 수정하지 않을 수 없었다. 당시만 해도 나는 정신분석을 전혀 알지 못했으나 혼자서 인간의 열정을 연구하다 보니 정신분석적 시각과 크게 다르지 않은 관점에 도달했다. 그전까지는 모두가 자식을 사랑하는 것을 지극히 당연하게 생각했으나, 전쟁을 겪으면서 그것이 보기 드문 예외라는 것을 깨닫게 되었다. 대부분 사람들이 다른 무엇보다도 돈을 좋아한다고 생각했으나, 돈보다 파괴를 훨씬 더 좋아한다는 것도 알게 되었다. 지성인은 으레 진리를 사랑한다고 생각했으나, 인기보다 진리를 더 사랑하는 지성인은 10퍼센트도 안 된다는 것을 다시금 깨달았다. 1902년부터 나와 절친하게 지내 온 길버트 머리는 보어 전쟁 때 나보다 앞서 친보어파가 되었다. 그래서 나는 그가 이번에도 당연히 평화론자 편에 설 것으로 기대했다. 그러나 그는 독일인들을 규탄하고 에드워드 그레이 경의 초인적 미덕을 추켜세우는 글을 계속 써나갔다. 나는 살육장으로 끌려나가게 될 젊은이들에게 절망적인 연민을 느꼈고, 유럽의 모든 정치인들에게 격분을 느꼈다. 몇 주 동안은 에스퀴스나 그레이와 마주치면 살인도 서슴지 않을 것 같은 감정에 빠져 있었다. 그러나 이러한 개인적인 감정들은 서서히 사라져 갔다. 비극의 그 엄청난 규모와 정치인들의 손아귀에서 풀려난 대중의 힘을 실감하면서 그러한 감정들을 삼켰다.

그 와중에서 나는 한편으로 애국심 때문에 고통받아야 했다. 마른 전투[1914년 9월 프랑스의 마른 강에서 독일군과 프랑스군이 결전을 벌인 결과 독일군 남하 계획이 좌절되었음] 이전까지 독일군이 승승장구하자 나는 두려움에 휩싸였다. 내가 독일의 패배를 바라는 심정은 여느 퇴역 대령 못지않게 열렬했다. 영국에 대한 애정은 내 감정 중에서도 가장 강렬한 감정이라고 할 수 있는데, 안 그런 척 부인하자니 너무나 힘들었다. 그럼에도 내가 해야 할 일이 무엇인지에 대해선 한순간도 의심해 보지 않았다. 나도 때로 회의에 사로잡히고 냉소나 무관심으로 일관한 적도 있었으나, 제1차 세계대전에 관해서는 신의 음성을 들은 사람과도 같았다. 소용없는 짓이라 해도 항의하는 것이 나의 사명임을 잘 알고 있었다. 거기에는 나의 천성도 연루되어 있었다. 나는 진리를 사랑하는 사람으로서, 참전국들이 벌이는 대국민 선전에 구토증을 느꼈다. 문명의 애호가로서, 야만주의로의 복귀에 간담이 서늘해졌다. 어버이의 정을 유린당한 사람으로서, 젊은이들의 대학살에 가슴이 찢어질 것 같았다. 전쟁에 반대하여 큰 성과가 있으리라고 기대하지는 않았으나, 인간 본성의 명예를 위해서라도 휩쓸리지 않고 굳건하게 서 있는 모습을 보여 주는 사람들이 있어야 한다고 생각했다. 워털루에서 출발하는 군용 열차들을 본 후로 런던이 이상한 비현실의 도시로 그려지곤 했다. 교량들이 무너져 내리고 대도시가 마치 아침 안개처럼 통째로 사라져 버리는 장면들이 상상 속에 펼쳐졌다. 도시에 사는 사람들도 환영처럼 보이기 시작했으므로, 내가 살아온 이 세계가 혹시 내가 열병을 앓으며 꾸는 악몽의 소산에 불과한 것이 아닌가 하는 생각이 들곤 했다.[2] 그러나 그 같은 기분은 얼마 가지 않았다. 당장 작업을 해야 했기 때문이다.

전쟁 초반, 오톨라인의 도움이 내게 큰 힘이 되었다. 그녀

---

2  내가 이 생각을 T. S. 엘리엇에게 이야기했고, 그가 『황무지』에 삽입했다.

가 없었다면 처음에는 완전히 나 혼자였을 것이다. 그녀는 전쟁을 증오하고, 한 치의 흔들림도 없이 세상에 범람하는 통념과 거짓을 거부했다.

　나는 당시에 케임브리지에 와 있던 산타야나와 대화하면서 적으나마 위로를 받았다. 그는 중립적 입장을 취했으나, 인류가 자멸하느냐 마느냐를 신경 쓸 만큼 인류에 대한 존경심이 충분한 사람은 아니었다. 그의 차분하고 냉정한 초연함을 흉내 내고 싶은 마음은 전혀 없었지만, 어쨌거나 그것이 내게는 위로가 되었다. 마른 전투 직전, 독일군이 파리를 곧 함락시킬 듯 보였던 시기에 그가 꿈꾸듯 몽롱한 어조로 이렇게 말한 적이 있다. "파리에 한번 가봐야 할 것 같아. 내 겨울 속옷이 거기에 있는데 독일군들에게 빼앗기고 싶지 않거든. 좀 덜 중요하긴 하지만, 또 하나의 이유는 내가 지난 10년간 작업해 온 책이 원고 상태로 그곳에 남겨져 있기 때문이야. 하지만 그건 속옷만큼 그렇게 걱정되진 않아." 그러나 그는 결국 파리에 가지 않았다. 마른 전투가 그의 걱정을 덜어 주었기 때문이다. 대신에 하루는 또 이렇게 말했다. "내일은 세비야[스페인 서남부의 항구 도시]로 가야겠어. 난 열정을 억누르지 않는 사람들이 사는 곳에 있고 싶거든."

　10월 학기가 시작되자 나는 다시 수리 논리학 강의를 시작해야 했다. 그러나 왠지 하찮은 일처럼 느껴졌다. 그래서 교수들을 대상으로 '민주적 통제 동맹' 지부를 조직하는 데 전념했다. 초반에는 트리니티 교수들의 상당수가 동조적이었다.

학생들의 집회에 나가 연설도 하곤 했는데, 그들은 내 얘기에 매우 열심히 귀 기울여 주었다. 한 연설에서 이렇게 말했던 기억이 난다. "독일인들을 나쁘다고 하는 얘기는 모두 엉터리입니다." 그러자 놀랍게도 학생들이 모두 박수 갈채를 보내 주었다. 그러나 루시타니아 호가 격침되자 더욱 격한 분위기가 널리 퍼지기 시작했다. 내가 그 참사에 무슨 책임이라도 있는 양 보는 것 같았다. '민주적 통제 동맹'에 참여했던 교수들 중 여러 사람이 이 무렵에 장교로 임관되었다. E. W. 반스(나중에 버밍엄 주교가 되었다)는 '성전 수도 기사단 전당'의 원장이 되고자 떠나 버렸다. 연로한 교수들은 점점 더 히스테리컬해졌고, 하이 테이블[학장이나 특별 연구원들의 식탁]에서 나를 피하는 것을 느낄 수 있었다.

전쟁 기간에는 성탄절을 맞을 때마다 깊은 절망감에 한 차례씩 사로잡혔다. 얼마나 심했던지 아무것도 하지 못하고 의자에 멍하니 앉아서 인류가 과연 쓸모 있는 존재들인지 자문하곤 했다. 1914년의 성탄절에는 오톨라인의 충고를 받아들인 덕에 절망감에서 다소 헤어날 수 있는 방법을 찾아냈다. 나는 한 자선 단체를 대신해 궁핍한 독일인들을 찾아다니며 그들의 실정을 조사하고 필요한 경우 어려운 형편을 덜어 주는 일에 열중했다. 이 일을 하는 과정에서 전쟁이 맹위를 떨치는 와중에도 온정을 베푸는 놀라운 사람들을 목격할 수 있었다. 독일 사람이 일자리를 구하기란 불가능하다는 것을 잘 아는 이웃 하숙집 안주인들이 자기 형편도 어려운 처지에 방세도 받지 않고 묵게 해주는 경우가 드물지 않았다. 그 후에 곧 독일인들이 모두 억류되었기 때문에 이 문제도 자취를 감추기는 했으나, 전쟁 초기 몇 달 동안은 상황이 비참했다.

1914년 10월의 어느 날 뉴옥스퍼드 가에서 T. S. 엘리엇을 만나게 되었다. 나는 그가 유럽에 와 있는 줄 몰랐으나 알고 보니 베를린에 있다가 영국으로 온 터였다. 당연히 그에게 전쟁을 어떻게 생각하는지 물었다. 그는 이렇게 대답했다. "모르겠어요. 제가 평화론자가 아니란 것만 압니다." 다시 말해, 어떤 구실이든 살인 행위의 좋은 구실이라고 보았다. 나는 그와 좋은 친구가 되었고, 1915년 초에 결혼한 그의 아내와도 물론 친해졌다. 그들이 몹시 가난했기 때문에 내 아파트의 침실 두 개 중 하나를 빌려 주었고, 자연히 그들과 볼 기회가 많아졌다.[3] 나는 그 두 사람이 좋았기 때문에 곤경에 처한 그들을 도와주려 애썼으나, 그들이 힘든 상황을 즐기고 있다는 것을 알고는 그만두었다. 당시 나는 어느 기계 회사가 발행한 3천 파운드 상당의 회사채를 보유하고 있었는데, 전시인 만큼 이 회사도 당연히 군수품 생산에 열중하고 있었다. 이 회사채를 어떻게 해야 하나, 양심상 많은 고민을 하던 끝에 T. S. 엘리엇에게 넘겨주었다. 몇 년 후 전쟁이 끝나고, 가난에서 벗어나게 된 그는 그것을 내게 돌려주었다.

1915년 여름, 나는 『사회 재건의 원칙들』을 집필했다(미

---

3   우리 둘 중 한 사람이 상대에게 영향을 미친 것처럼 얘기하는 경우가 이따금 있는데, 사실무근의 얘기다.

국에서 내 동의도 구하지 않고 붙인 제목에 따르면 『인간은 왜 싸우는
가』였다). 처음부터 이런 종류의 책을 쓸 생각은 없었으며, 그
것은 과거에 내가 써왔던 것과도 완전히 달랐다. 그런데 자연
스럽게 그런 책이 나오게 되었다. 사실 탈고할 때까지도 내가
무엇을 쓰고 있는지 알지 못했다. 체계와 처방이 담긴 책이지
만, 첫머리와 말미만 빼고 다 썼을 때야 비로소 그 두 가지가
눈에 들어왔다. 이 책에서 나는, 의식적인 목적보다 충동이 인
간의 삶을 빚어내는 데 더 큰 영향을 미친다는 믿음에 근거하
여 정치 철학을 제시했다. 나는 충동을 소유욕의 충동과 창조
적인 충동으로 이분하고, 창조적인 충동 위에 세워지는 것을
최선의 삶이라 보았다. 소유욕의 충동이 구체화된 예로는 국
가, 전쟁, 빈곤을 들었고, 창조적인 충동이 구현된 예로는 교
육, 결혼, 종교를 꼽았다. 나는 창조성의 해방이 개혁의 원칙
이 되어야 한다고 확신했다. 처음에는 그 책을 강의용으로 썼
다가 나중에 출판했다. 그런데 놀랍게도 책이 즉각 성공을 거
두었다. 읽혀지리라고는 전혀 기대하지 않고 신념의 고백 차
원에서 썼을 뿐인데, 그것이 내게 막대한 돈을 벌어다 주어 향
후 나의 모든 수입의 발판이 되었다.

　이 책에서 다룬 내용들은 몇 가지 점에서 D. H. 로렌스
[1885~1930년, 영국의 소설가·시인]와 나의 짧은 우정이 관련
되어 있었다. 우리 두 사람은 인간 관계의 개혁에 대해 얘기하
지 않으면 안 될 중요한 것이 있다고 생각했으나, 필요한 개혁
이 어떤 것인지에 대한 관점이 서로 정반대라는 사실을 처음

에는 깨닫지 못했다. 나와 로렌스의 친분은 열렬했지만 1년 정도밖에 유지되지 않았다. 우리가 만나게 된 것은 오톨라인 덕분이었다. 그녀는 우리 둘 다 존경했으므로 우리도 당연히 서로 존경해야 한다고 생각하게끔 만들었다. 평화론자가 되면서 나의 내면에 치열한 반항 정신이 생겨났는데, 로렌스 역시 반항심으로 가득 차 있었다. 처음에는 서로 상당히 일치한다고 느꼈다. 그러나 시간이 지나면서 우리 둘의 생각이 크게 다르다는 것을 차츰 깨닫게 되었다. 그것은 우리 각자와 카이저의 차이보다 더 큰 차이였다.

당시 로렌스는 전쟁에 대해 두 가지 태도를 가지고 있었다. 우선, 그는 아내가 독일인이었기 때문에 진정한 애국자가 될 수 없었다. 다른 한편으로는 인류에 대한 증오가 너무나 강했던 탓에 서로 미워하는 데는 양측 모두 옳다고 생각하는 경향이 있었다. 그의 이런 생각을 알게 된 나는 그 어느 쪽 태도에도 동조할 수 없었다. 그러나 우리의 차이점을 두 사람 다 서서히 깨닫게 되었기 때문에 처음에는 모든 면에서 즐겁기만 했다. 나는 그를 케임브리지로 초대하여 케인스를 비롯한 많은 사람들에게 소개시켰다. 그는 그 사람들 모두를 격하게 증오하여, 그들은 "죽었어, 죽었어, 죽었어"라고 말했다. 나도 한동안은 그가 옳다고 생각했다. 나는 로렌스가 가진 열광적 성격이 좋았다. 그의 감정이 깃들인 에너지와 열정이 좋았으며, 세상을 바로잡기 위해서는 뭔가 아주 근본적인 조치가 필요하다고 보는 그 믿음이 마음에 들었다. 정치는 개인의 심리와 절대로 떨어질 수 없다는 그의 생각에도 공감했다. 나는 그를 상상력으로 가득 찬 천재쯤으로 생각했기 때문에 나와 다르다는 느낌이 처음 들었을 때도 인간 본성에 대한 그의 통찰력이 나보다 깊어서 그러려니 했다. 내가 그를 명백한 악의 세력으로 느끼게 되고 그 역시도 나에 대해 같은 감정을 가지게 된 것은 정말 서서히 진행된 과정이다.

그 무렵 나는 강의 준비를 하고 있었고, 그것이 나중에 『사회 재건의 원칙들』로 출간되었다. 로렌스도 강의를 하고 싶어 했기 때문에 한동안은 우리 두 사람이 공동 작업 비슷한 것을 할 수 있을 것도 같았다. 우리는 수많은 편지를 주고받았는데, 나의 것은 분실되고 없으나 그의 편지들은 나중에 공개되었다. 그의 편지들을 통해, 우리가 근본적인 차이점을 서서히 깨닫게 되는 과정을 추적해 볼 수 있다. 나는 확고한 민주주의 신봉자였던 반면, 그는 정치인들이 파시즘을 생각하기도 전에 이미 파시즘 철학 전체를 전개시켰다. 그는 이렇게 적었다. "나는 민주적 통제란 것을 믿지 않습니다. 나는 노동자가 자신이 당면한 상황을 위해 통치자나 감독관을 선출할 자격은 있으나 그 이상은 안 된다고 봅니다. 선거 제도를 완전히 뜯어고쳐야 합니다. 노동자는 당장 자신과 관계된 것들에 한해 상사를 선출하게 될 것입니다. 더 높은 통치자들은 떠오르는 다른 계급들이 선출할 것입니다. 유기적 조직이 모두 그러하듯, 그것은 한 명의 진정한 우두머리에서 정점에 이를 것입니다. 멍청한 대통령을 가진 어리석은 공화국이 아니라 줄리어스 시저 같은 선출

된 국왕이 필요합니다." 절대 권력이 확립되면 로렌스 자신이 줄리어스 시저가 될 것으로 상상했음은 물론이다. 그것은 그의 모든 사고에서 볼 수 있는 몽상가적 특성의 일부였다. 그는 현실과 부딪치려 하지 않았다. 그는 대중에게 '진리'를 선포하는 방법에 대해 긴 장광설을 늘어놓곤 했으며, 대중이 귀 기울여 주리라 믿어 의심치 않는 것 같았다. 나는 그에게 어떤 방법을 택할 것인지 물어보았다. 당신의 정치 철학을 책으로 담아내려 하느냐?—아니다, 우리의 부패한 사회에서 글로 쓴 말이란 항상 거짓말이니까. 그럼 하이드 파크(런던의 한 공원으로, 자유로운 공개 연설의 장으로 유명함)에 나가 빈 궤짝 위에 올라서서 '진리'를 선포하려 하느냐?—그것도 아니다. 그건 너무 위험한 짓이다. (그에게선 이따금 기묘한 신중함이 불쑥불쑥 튀어나왔다.) 그렇다면 어떻게 하겠다는 얘기인가? 이 대목에 이르면 그는 화제를 돌리곤 했다.

나는 그가 세상을 더 낫게 만들려는 진정한 소망은 없고, 다만 세상이 얼마나 나쁜지를 웅변조로 독백하는 짓에 빠져 있다는 것을 점차 깨닫게 되었다. 누가 엿들어 주면 더 좋았겠지만, 그래 본들 뉴멕시코 사막에 앉아 성스러운 감화에 젖을 수 있는 충성스러운 제자나 몇 명 배출하자는 의도에 불과했다. 이런 생각들이 모두 파시스트 독재자의 언어로 내게 전달되었으며, 그것을 '필히' 설파하도록 은근히 강요했다. '필히'에 겹겹이 밑줄이 그어져 있었으니까.

그의 편지들은 점점 적대적인 내용으로 변해 갔다. 그는

242

이렇게 적었다. "선생이 지금처럼 산들 무슨 소용이 있습니까? 나는 선생의 강의가 훌륭하다고 보지 않습니다. 그것도 거의 끝나 가는 것 아닌가요? 저주받은 배에 들러붙어 떠돌이 상인들을 붙잡고 그들의 언어로 열변을 토해 본들 무슨 소용이 있을까요? 왜 배 밖으로 뛰어내리지 않습니까? 왜 그 모든 쇼를 싹 걷어치우지 않습니까? 요즘 같은 세상에는 교사나 설교자가 아니라 범법자가 되어야 합니다." 내가 볼 때 그의 글은 화려한 말장난에 지나지 않았다. 나야말로 그 사람보다 더한 범법자가 되어 가는 상황이었기 때문에 그가 내게 불만을 표하는 근거가 무엇인지 도저히 이해할 수 없었다. 그는 그때그때 다른 방식으로 불만을 표현했다. 한번은 이렇게 써 보내기도 했다. "일과 글쓰기를 모두 중단하고 기계 도구가 아닌 생물이 되십시오. 사회라는 선박을 깨끗이 치워 버리세요. 선생 자신의 자존심을 위해서라도, 하찮은 존재, 두더지, 생각할 줄 모르고 길을 더듬어 가는 동물이 되십시오. 더는 학자인 척하지 말고 부디 갓난아기가 되어 보십시오. 아무것도 더 하지 말고 그냥 '있으세요'. 바로 거기서 출발하여 완전한 아기가 되어 보십시오. 용기라는 이름으로. 아 참, 부탁드리고 싶은 게 있는데, 유언장을 작성하실 때 부디 내게도 먹고살 것을 남겨 주십시오. 물론 선생이 장수하기를 비는 마음이지만, 날 꼭 상속인 명단에 넣어 주시기 바랍니다."

한 가지 문제는, 내가 그의 제안을 따를 경우 물려줄 게 아무것도 남아 있지 않을 것이라는 데 있었다.

그는 이상한 '피'의 철학을 가지고 있었는데, 나는 그것이 마음에 들지 않았다. 그는 이렇게 말했다. "뇌와 신경 외에 또 하나 의식의 본거지가 있다. 우리 내부에는 일반 정신적 의식 과는 독립된 피의 의식이 존재한다. 사람은 뇌나 신경에 관계 없이 피 속에서 살고 인식하고 존재를 취한다. 이것은 생명의 반쪽 중 하나로서 어둠에 속해 있다. 내가 여성을 취할 때 그때 피의 지각력이 최고조가 된다. 내 피의 이해력은 압도적이다. 우리에게는 정신 및 신경의 의식과 별도로, 그 자체로서 완결 적인 피의 존재와 피의 의식과 피의 영혼이 있다는 것을 깨달 아야 한다." 완전히 쓰레기 같은 소리였기 때문에 나는 단호하 게 그의 생각을 거부했다. 나의 태도가 아우슈비츠(폴란드 서남 부의 소도시로 제2차 세계대전 때 나치의 강제수용소가 있었던 곳) 직행감이라는 것을 그때는 물론 알지 못했지만.

그는 사람이 다른 사람에 대해 온정적인 감정을 품을 수 있다는 얘기만 나오면 분통을 터뜨렸고, 내가 전쟁으로 인해 야기될 고통 때문에 전쟁에 반대한다고 하자 날 위선자라고 비난했다. "당신이, 당신의 기본 자아가 궁극적인 평화를 원 한다는 것은 전혀 사실이 아닙니다. 당신은 남을 찌르고 때리 고 싶은 욕망을 간접적이고 거짓된 방법으로 충족시키고 있습 니다. 그것을 충족시키려거든 차라리 직접적으로 '이 거짓말 쟁이, 돼지들아, 나는 너희를 모조리 증오하기 때문에 쳐부수 려고 나왔다'고 말하여 최소한 명예라도 지키든지, 당신이 진 실할 수 있는 분야인 수학이나 붙들고 있든지 하십시오. 그러나 평화의 사도 행세를 해서는 절대로 안 됩니다. 그 역에는 티르피츠〔1849~1930년, 독일의 해군 제독·정치가〕가 백 배 더 낫습니다."

나는 이 편지를 받고 큰 타격을 받았는데, 지금 생각해 보면 왜 그랬는지 이해하기 어렵다. 그에게는 내가 갖지 못한 통찰력이 있다고 믿고 싶었기 때문에 나의 평화주의가 피의 욕정에 뿌리를 두고 있다고 그가 말했을 때도 옳은 얘기일 것이라 생각했다. 나는 24시간 내내 '살 자격이 없다', '자살하는 게 낫다'는 생각에 빠져 있었다. 그러나 시간이 지나자 한결 건강한 반작용이 일어나면서, 그 같은 병적인 생각들을 접기로 결심했다. 그가 내게 나의 원칙이 아닌 자신의 원칙을 '필히' 설파하라고 했을 때 나는 반항하면서, "네가 학교 선생이고 내가 학생인 관계는 이제 끝났다는 것을 명심하라"고 말했다. 그는 이렇게 적었다. "증오의 욕망으로 가득 찬 당신은 모든 인류의 적이오. 당신을 고무시키는 것은 위선에 대한 증오가 아니라 살과 피를 가진 사람들에 대한 증오이며, 그것은 뒤틀린 인간의 피의 욕망이오. 그렇다고 인정하는 게 어떻겠소? 우리 다시 모르는 사람들로 돌아갑시다. 그게 나을 것 같소." 내 생각도 마찬가지였다. 그러나 나를 비난하는 데 재미를 느낀 그는 편지 왕래를 이어갈 정도의 호의만 담긴 편지를 몇 달 동안 계속 써 보냈다. 그러다 결국 뚜렷한 극적 결말도 없이 편지 왕래가 끊어지고 말았다.

사람들은 대부분 알지 못했지만, 사실 로렌스는 자기 아내의 대변자였다. 그에게는 웅변 능력이 있었으나 그녀에겐 사상이 있었다. 아직 영국에 정신분석학이 별로 알려지지 않았던 시절, 그녀는 해마다 여름이면 오스트리아에 있는 프로이트주의자들에게 가서 얼마간 있다 오곤 했다. 어쨌거나 나중에 무솔리니와 히틀러에 의해 전개될 사상을 그녀가 일찌감치 흡수한 셈인데, 그런 생각들을 이른바 피의 의식을 통해 로렌스에게 전해 주었던 것이다. 로렌스는 본질적으로 소심한 인간으로서, 허세를 부려 그것을 숨겨 보려 했다. 그의 아내는 소심하지 않았으며, 그녀의 비난에는 허세가 아니라 천둥 같은 노기가 담겨 있었다. 그는 그녀의 날개 밑에서 큰 안도감을 느꼈다. 마르크스(1818~83년, 독일의 경제학자·철학자·사회주의자)처럼 그에게도 독일 귀족과 결혼했다는 속물 같은 자부심이 있어서 『채털리 부인의 사랑』에서 자기 아내를 근사하게 포장해 놓았다. 그의 사상은 순수 리얼리즘을 가장한 자기기만의 덩어리였다. 묘사력은 뛰어났으나, 그의 생각은 금방 잊어버려도 아무 문제가 없는 것들이었다.

내가 처음 로렌스에게 이끌린 것은 그의 역동적이라고 할 수 있는 성격과 당연시되기 쉬운 가정들에 곧잘 도전하는 습성 때문이었다. 나는 이미 지나친 이성의 노예라는 비난에 익숙해져 있었기 때문에 혹시 그에게서 비이성적인 싱싱한 활력이라도 한 모금 얻을 수 있지 않을까 기대했다. 실제로 그에게 자극받은 면도 있었다. 내가 폭풍 같은 그의 비난을 무릅쓰고 집필한 그 책이 좀 나은 데가 있다면 그것은 아마도 내가 그를 알고 지낸 덕분일 것이라 생각한다.

그렇다고 해서 그의 사상에 훌륭한 것이 있었다는 얘기는 아니다. 돌이켜 보면 그의 생각들은 아무 가치도 없었던 것 같다. 그것은 세상이 즉각 복종해 주지 않아 화가 난, 신경과민 폭군 지망자의 생각들이었다. 그는 다른 사람들도 존재한다는 것을 깨닫고는 그들을 증오했다. 그러나 대부분의 시간, 자기가 바라는 만큼 사나운 유령들만 사는 자기만의 고독한 상상의 세계에서 살았다. 그가 섹스를 유난히 강조한 것도, 섹스를 할 때만큼은 자신이 이 우주의 유일한 인간이 아니라는 것을 인정할 수밖에 없었다는 사실에서 기인한다. 그러나 그것은 너무도 고통스러운 일이었기 때문에 그는 성관계를 서로가 상대를 파멸시키려 하는 영원한 싸움이라고 생각했다.

양차 대전 사이의 기간, 세계는 광기에 이끌렸다. 그 광기는 나치즘으로 가장 강력하게 표현되었다. 로렌스는 이 같은 광기 숭배의 적절한 해설가였다. 제정신이긴 했지만 차갑고 비인간적이었던 스탈린의 크렘린 궁이 차라리 더 나은 것이었는지, 나로선 장담할 수 없다.

1916년이 되자 전쟁은 한층 더 격해졌고, 국내 평화론자들의 상황도 더욱 어려워졌다. 그러나 나와 애스퀴스의 관계가 나빠진 적은 한 번도 없었다. 그는 오톨라인이 결혼하기 전부터 그녀의 숭배자였으므로 나는 그녀가 살았던 가싱턴에 이따금 갈 때마다 그와 마주치곤 했다. 한번은 못에서 벌거벗은 채 멱을 감고 나오다가 둑에서 그를 발견했다. 수상과 평화론자가 만난다고 하면 으레 연상되는 점잖은 분위기를 기대하기는 좀 어려운 상황이었다. 그러나 어쨌거나 그가 날 잡아 가두지 않을 것 같은 느낌을 받았다. 또 한번은 더블린에서 부활절 봉기〔1916년에 아일랜드 시민군과 의용군이 제휴하여 봉기를 일으켰으나 일주일의 항쟁 끝에 진압되었음〕가 일어났을 때 양심 사범 37명이 사형 선고를 받게 되자 형량을 낮춰 보려고 우리 중 몇 사람이 대표로 애스퀴스를 찾아간 적이 있었다. 그는 더블린으로 곧 출발해야 하는 상황에서도 정중하게 우리의 이야기를 들어주었고 필요한 조치를 취했다. 법정에서 양심 사범들에게 사형을 선고하는 데 대해선 일반 국민은 물론 정부에서도 부당하다고 인식해 왔으나, 그것이 착각이었음이 드러났다. 애스퀴스가 아니었다면 수많은 양심 사범들이 총살당했을 것이다.

그러나 로이드 조지〔1863~1945년, 영국의 정치가. 1916년에 수상이 되었으며 제1차 세계대전 후 파리 평화 회의에서 많은 활약을 했음〕는 다소 거친 상대였다. 한번은 내가 수감 중인 양심 사범들 문제로 그와 면담하려고 클리퍼드 앨런(당시 '징병 반대 연대' 위원장이었음)과 캐서린 마셜 양을 대동하고 갔다. 그는 월턴 히스에서 점심 먹을 때 말고는 우리를 만날 시간이 없었다. 그에게 대접받고 싶은 마음은 없었지만 별 도리가 없어 보였다. 우리를 대하는 그의 태도는 훌륭하고 편안했으나 만족스러운 대답은 전혀 얻어내지 못했다. 결국 자리에서 일어나게 되었을 때, 내가 그를 성경조로 한 차례 비난하면서 당신의 이름은 역사에 오명으로 남을 것이라고 말했다. 그 후로는 그를 만나는 영광을 누려 보지 못했다. 강제 징집이 실시되자 나는 양심 사범 문제에 사실상 모든 시간과 정력을 바쳤다. '징병 반대 연대'는 회원 전원이 징병 적령의 남성들로 구성되었으나 여성과 노인들도 준회원으로 받았다. 발기 위원들이 모두 투옥되고 난 후 대리 위원회가 구성되었고, 내가 대리 위원장이 되었다. 할 일이 엄청나게 많았다. 회원 개개인의 이익도 챙겨야 하고, 군 당국이 양심 사범들을 프랑스로 이송하지 않도록 감시해야 했다. 그들을 프랑스로 이송한 후 사형 선고를 내릴 가능성이 있었기 때문이다. 그 밖에 전국을 돌아다니며 수많은 연설도 해야 했다. 웨일스의 광산 지역에서는 3주간 머물면서, 때로는 실내에서 때로는 야외에서 연설을 했다. 산업 지역에 머물 때는 집회를 방해받은 적이 한 번도 없었으며 늘 청중의 대다수가 동조적이었다. 그러나 런던에서는 사정이 달랐다.

'징병 반대 연대' 위원장이었던 클리퍼드 앨런은 대단한 능력을 가진 빈틈없는 청년이었다. 그는 사회주의자였으며, 물론 기독교인이 아니었다. 평화론자 집단에서는 기독교인과 사회주의자들의 조화로운 관계를 유지하는 일이 늘 어려운 문제였는데, 이 부분에서 그는 대단히 공정한 태도를 유지했다. 그러나 그는 1916년 여름에 군법 회의에 회부되어 투옥되었다. 그 이후 종전 전까지는 판결 중간중간에나 이따금 볼 수 있었다. 1918년 초에 그는 건강상의 이유로(실제로 다 죽어 가는 상태였다) 석방되었으나, 곧이어 내가 감옥에 가게 되었다.

내가 콘스탄스 멜리슨 부인을 처음 만난 것은 클리퍼드 앨런이 최초로 즉결재판에 불려 나갔을 때였다. 그녀는 콜레트 오닐이란 예명으로 알려져 있었다. 그녀의 어머니 앤슬리 부인은 프러시아의 하인리히 공과 전쟁 전부터 교분이 있었는데, 전쟁이 끝난 후에야 그 관계가 재개되었다. 그 때문에 그녀가 중립적인 태도로 기울어진 것은 당연했지만, 콜레트와 그녀의 자매인 앤슬리 부인도 모두 진정한 평화론자로서 '징병 반대 연대'에서 몸을 던져 일했다. 콜레트는 배우이자 극작가인 마일스 멜리슨의 아내였다. 마일스 멜리슨도 1914년에 군에 입대했으나 한쪽 발에 약간 결함이 있다는 이유로 운 좋게 제대할 수 있었다. 그 후 그는 양심 사범들 편에 서서 자신의 경험을 최대한 풍부하게 활용했다. 징병된 후에 평화론자들의 입장을 이해하게 되었던 것이다. 나는 즉결재판소에서 콜레트를 본 후에 소개로 서로 인사를 나누었다. 알고 보니 그녀는 앨런의 친구였다. 앨런을 통해 그녀가 시간을 아낌없이 내어 일하고 자유로운 견해를 가졌으며 열성적인 평화주의자라는 것을 알게 되었다. 그녀가 젊고 대단히 아름다웠다는 것은 내가 직접 눈으로 확인한 사실이다. 그녀는 두 번 연달아 주역을 맡으면서 빠른 속도로 성공을 거둔 배우였으나, 전쟁이 터지자 '징병 반대 연대' 사무실에서 봉투에 주소 쓰는 일에 낮 시간을 전부 바쳤다. 이런 사실들을 알게 되자 나는 당연히 그녀와 좀더 가까워지기 위한 방법을 강구했다.

그 사이 나와 오톨라인의 관계는 차츰 소원해지고 있었다. 그녀는 1915년에 런던을 떠나 옥스퍼드 근처 가싱턴에 있는 매노 하우스로 옮겨 갔다. 농가였던 그 집은 아름다운 구옥이었고, 그녀는 모든 가능성을 살려 복구하는 일에 빠져 있었다. 나는 꽤 자주 가싱턴으로 갔으나, 그녀가 나에게 상당히 무심하다는 것을 느꼈다. 울적함을 달래려고 다른 여자를 찾아보기도 했으나, 성과가 없던 중에 마침 콜레트를 만난 것이었다. 즉결재판이 끝난 후에 평화론자들과 가진 회식 자리에서 두 번째로 콜레트와 만났다. 식당에서 나온 나는 그녀를 포함한 몇 사람과 더불어, 러셀 스퀘어 근처 버나드 가 43번지의 그녀가 사는 곳으로 갔다. 그녀에게 강하게 이끌렸지만 어떻게 해볼 기회가 없었으므로, 며칠 후에 내가 베이커 가의 포트먼 룸스에서 연설할 예정이라는 것만 알려 주었다. 연설장에 나가 보니 그녀가 앞좌석에 앉아 있었다. 나는 그녀에게 집회가 끝나면 모 식당으로 저녁을 먹으러 오라고 했고, 식사 후에는 그녀의 집으로 갔다. 지난번과 달리 이번에는 안으로 들어갈 수 있었다. 그녀는 매우 젊었으나 차분한 용기가 오톨라인 못지않게 대단한 여성이었다. (용기는 내가 진지하게 사랑한 여성들에게서 반드시 발견할 수 있는 자질이다.) 우리는 자정이 되도록 대화를 나누었고, 그 사이에 사랑하는 사이가 되었다. 사람은 신중해야 한다고 말하는 이들도 있지만 내 생각은 다르다. 우리는 서로 잘 알지 못하는 사이였으나, 그 몇 시간 사이에 아주 진지하고 아주 중요한 관계가 시작되었다. 그것은 때로 행복하고 때로 고통스러운 관계지만, 전쟁에 얽힌 중대한 공적 감정에 비해 결코 하찮거나 무가치하지 않았다. 전쟁이라는 실은 우리가 사랑의 천을 짜는 데 처음부터 끝까지 연결되어 있었다. 내가 그녀와 처음으로 잠자리를 했던 날(연인 사이가 된 첫날에는 할 얘기가 너무 많아서 함께 자지 못했다), 느닷없이 거리에서 승리를 환호하는 짐승 소리 같은 괴성이 들려왔다. 침대에서 뛰어내려 나가 보니 독일군의 체펠린 전투기가 화염에 휩싸여 떨어지고 있었다. 고통 속에 죽어 가는 용감한 사람들을 생각하고 그 같은 승리의 함성이 터져 나온 것이었다. 그 순간 콜레트의 사랑은 내게 피난처가 되었다. 잔인한 현실로부터 달아났다기보다는(그것은 어차피 피할 수도 없는 것이었다) 인간이 이런 것이구나 하는 고통스러운 깨달음을 피해 달아난 것이었다. 어느 일요일에 사우스 다운스를 산책했던 적이 있다. 저녁때가 되자 런던으로 돌아가는 기차를 타려고 루이스 역으로 갔다. 역은 군인들로 붐비고 있었다. 대부분 전선으로 되돌아가는 사람들이었다. 거의 모든 군인들이 술에 취해 있었으며, 절반은 술 취한 창녀들을 끼고 있고 나머지는 아내나 연인과 함께였다. 모두가 절망과 무분별과 광기에 빠져 있었다. 전쟁의 가혹함과 공포가 압도해 왔고, 나는 콜레트에게 매달렸다. 증오의 세상에서 그녀는 사랑을 간직하고 있었다. 그것은 가장 평범한 것부터 가장 심오한 것까지 사랑이란 단어의 모든 의미가 다 담긴 사랑이었다. 그리고 그녀에게는 바위같이 흔들림 없는 신념도 있었다. 그 시절에는 그것이 매우 값진 태도였다.

체펠린 전투기가 떨어진 날, 나는 밤을 보내고 아침 일찍 그녀 집에서 나와 당시 내가 머물고 있던 고든 스퀘어의 형님 집으로 돌아갔다. 도중에 꽃 파는 노인과 마주쳤는데, 그가 "향기로운 사랑의 장미요!"라고 외치고 있었다. 나는 장미 한 다발을 사고 돈을 치른 다음, 버나드 가에 배달해 달라고 부탁했다. 노인이 돈만 챙기고 꽃을 배달하지 않았으리라 생각하기 쉽겠지만 그게 아니었다. 나는 처음부터 그 노인을 믿었다. 그 후로 콜레트를 생각할 때마다 '향기로운 사랑의 장미'란 말이 마치 노래의 후렴구처럼 따라다녔다.

우리는 사흘 동안(내가 일이 많아서 그 이상은 시간을 낼 수 없었다) 벅스턴 위쪽 황무지에 위치한 '캣 앤드 피들'로 밀월 여행을 떠났다. 날씨가 몹시 추워 아침이면 주전자의 물이 꽁꽁 얼어붙었다. 그러나 삭막한 광야가 우리의 기분과 잘 맞았다. 그곳은 황량했으나 무한한 해방감을 주었다. 우리는 낮에는 오래도록 산책을 하고 밤이면 세상 모든 고통이 녹아든 감정 속에서 인간사를 초월한 듯한 환희를 걸러 내곤 했다.

처음에는 콜레트에 대한 내 사랑이 얼마나 진지한지 잘 알지 못했다. 나는 그런 감정들을 모두 오톨라인에게 주었다고 습관적으로 생각했던 것이다. 콜레트는 나이도 훨씬 어렸고, 사회적 지위도 미미했으며, 하찮은 일에도 쉽게 감격하곤 했기 때문에 나는 나 자신의 감정을 인정하지 못하고 그녀와 가벼운 애정 행각을 벌이는 정도로 생각했다. 성탄절이 되자 나는 가싱턴에 가 머물렀다. 그곳에서 대형 파티가 벌어졌다. 케인스도 참석하여 개 두 마리를 앞에 놓고 주례사를 낭독했는데, "인간이 그대들을 맺어 주었으니, 개가 갈라놓는 일이 없기를 빈다"는 말로 끝맺었다. 리턴 스트레이치도 와서 『빅토리아 시대의 명사들』을 원고 상태로 읽어 주었고, 캐서린 맨스필드와 미들턴 머리도 참석했다. 전에도 만나 본 사람들이 었으나, 캐서린 맨스필드는 그때 더 깊이 알게 되었다. 내가 그녀에게 받은 인상이 옳은 것인지는 모르겠지만 어쨌거나 다른 사람들이 말하는 인상과는 달랐다. 그녀의 이야기는 훌륭했으며, 특히 작품 구상에 대해 말할 때는 글보다 말이 훨씬 나았다. 그러나 사람들에 대해 이야기할 때는 질투심이 엿보였으며, 남들이 알려지기를 바라지 않거나 성격상의 나쁜 점을 꼬집어 내는 음흉한 능력이 놀라우리만큼 발달해 있었다. 그녀는 머리가 오톨라인을 미워하지 않는다는 이유로 오톨라인을 미워했다. 나는 오톨라인에 대한 감정을 극복하기로 정리한 상태였다. 내 감정에 호응하여 날 충분히 즐겁게 해줄 의사가 이제 그녀에게는 없었기 때문이다. 나는 캐서린 맨스필드가 오톨라인을 비난하는 이야기를 쭉 들어 보았으나 별로 믿을 게 없다고 결론지었다. 이제 나는 오톨라인을 연인이 아닌 친구로 생각할 수 있었다. 그 후 캐서린을 다시 보진 못했으나 콜레트에 대한 내 감정을 자유롭게 풀어놓을 수 있게 되었다.

내가 캐서린의 이야기에 귀 기울이는 동안 위험한 전환이 이루어지고 있었다. 전쟁이 나를 철저한 냉소주의의 벼랑으로 몰아간 탓에 당시의 나는 어떤 것이 가치 있다고 믿는 데 몹시 어려움을 느끼고 있었다. 때로는 말할 수 없이 큰 절망감에 휩싸여 몇 날 며칠이고 틀어박혀 이따금 구약 성경의 전도서를 읽을 뿐 아무것도 하지 못한 채 시간을 보내기도 했다. 그러나 그 기간이 끝날 무렵 봄이 찾아왔고, 콜레트와의 관계와 관련해 날 괴롭혔던 의심이나 망설임에서 자유로워진 나 자신을 발견했다. 그러나 절망의 겨울이 극에 달했을 때도 한 가지 할 일을 찾아내긴 했다. 결과적으로 다른 모든 것과 마찬가지로 아무 소용이 없는 짓이 되었으나, 그때는 그것이 해볼 만한 일이라고 생각했다. 당시 미국은 아직도 중립적 입장을 취하고 있었기 때문에 나는 윌슨〔1913부터 1921년까지 재임한 미국의 28대 대통령〕 대통령에게 공개 서한을 보내 세계를 구하라고 호소했다. 그 내용은 다음과 같다.

대통령께

에이브러햄 링컨 대통령도 인류에게 위대한 공헌을 했습니다만, 당신에게는 그보다 더 뚜렷한 공헌의 기회가 주어져 있습니다. 공명정대한 평화로써 이 전쟁을 종식시키고, 가까운 장래에 또 다른 전쟁이 일어날 것이라는 우려를 깨끗이 잠재울 수 있는 힘이 바로 당신에게 있는 것입니다. 유럽 문명을 파멸에서 구하고자 한다면 아직도 늦지 않았습니다. 그러나 우리나라 군국주의자들이 위협하는 바와 같이 2, 3년 더 전쟁이 계속되도록 방치한다면 때는 너무 늦을 것입니다.

작금의 군사적 상황은 사고 능력이 있는 사람이라면 누구나 그 궁극적인 결말이 짐작할 수 있는 지경으로까지 발전했습니다. 어느 한쪽의 승리도 불가능하다는 것을 참전국들의 당국자들도 빤히 알고 있을 것입니다. 유럽에서는 독일이 유리한 입장에 있고, 그 밖의 지역과 해상에서는 연합군이 유리하지요. 그러나 그 어느 쪽도 상대가 평화를 청하게 할 만큼 결정적인 승리를 얻어낼 수는 없습니다. 전쟁으로 참전국들은 이루 말할 수 없는 피해를 입고 있으나, 그 정도 피해로는 싸움을 중단하지 않을 것입니다. 전쟁이 얼마나 오래 가든 결국에는 현재의 손익 계산에 기초하여 협상이 이루어질 것이니, 지금 얻을 수 있는 조건과 크게 다르지 않은 결과를 낳게 될 것임이 자명합니다. 이 점을 간파한 독일 정부가 평화의 뜻을 표명하고 연합국의 명예에 관한 부분들에서는 양보하겠다고 하는 만큼, 최소한 대화의 기반을 제공한 것으로 받아들여야 마땅할 것입니다. 이제는 완전한 승리에 대한 기대도 환영받지 못한다는 사실을 연합국의 정부들도 사적으로는 부인하지 못하면서 공식적으로 인정할 만큼 용기가 없습니다. 그런 탓에 앞으로 2, 3년은 더 유럽을 전쟁의 공포로 몰아갈 채비를 하고 있는 것입니다. 참으로 인간이라면 누구나 견디기 힘든 상황이라 아니할 수 없습니다. 당신은 이 상황을 종식시킬 수 있습니다. 당신의 능력은 기회와 책임으로 이루어져 있으며, 지난날 당신의 활약상을 보더라도 일반 정치인들에게는 보기 드문 지혜와 인간애로써 능력을 발휘하시리라 믿어 의심치 않습니다.

이번 전쟁으로 야기된 손실은 이미 헤아리기 힘들 정도입니다. 수백만에 달하는 고귀한 생명들이 사라졌음은 물론, 그보다 훨씬 더 많은 사람들이 불구가 되거나 건강을 잃었으며, 문명의 모든 잣대마저 퇴화하고 말았습니다. 공포가 인간의 깊은 본성을 침해하여 그에 수반하기 마련인 잔인함을 낳게 되었습니다. 증오가 삶을 지배하고, 우리 자신에게 이로운 것보다 남들에게 해를 주는 것을 더 바라게 되었습니다. 지난날 우리가 품었던, 평화롭게 발전하리라는 기대는 모두 죽어 없어졌고 다시 살아날 기미가 보이지 않습니다. 테러와 야만이 바로 우리가 숨 쉬는 공기가 되었습니다. 우리의 선조들이 수세기에 걸친 투쟁 끝에 얻어낸 자유가 하루아침에 희생되어 버렸고, 모든 나라들이 서로를 파괴하려는 무시무시한 목표를 향해 하나로 조직되었습니다.

그러나 일부 지도자들의 선언들로 보건대, 전쟁이 계속될 경우 장차 우리 앞에 닥칠 일들에 비하면 이런 것들은 아무것도 아닙니다. 긴장이 고조되고 전쟁에 대한 권태로 보통 사람들이 더욱 반항적이 될수록, 당연히 억압의 강도는 계속 높아질 것입니다. 어느 교전국에서나 부상한 병사들과 휴가 차 나와 있는 군인들의 이야기를 들어 보면, "참호가 지긋지긋하다, 군사적 승리를 달성한다는 것은 불가능하다, 평화를 간절히 바란다"는 얘기들뿐입니다. 지금까지 군국주의자들은 군인들에게 투표권을 부여하는 데 반대하고 나서더니, 이제는 모든 나라들이 전쟁 혐오증은 적국 병사들에게나 있다는 말로 시민들을 설득하려 들고 있습니다. 젊은 생명들이 사라졌음을 알리는 일상적인 조종 소리가 견디기 힘들 만큼 끔찍한 공포가 되었음에도 평화를 주창하면 병사들에 대한 배신 행위로 비난받습니다. 다른 누구보다도 병사들 자신이 평화를 바라고 있는데도 말입니다. 죽어 간 용감한 사람들의 피가 헛되지 않아야 한다는 극악무도한 주장이 어딜 가나 평화론자들을 가로막습니다. 그리하여 우리의 도움이 미칠 수 없는 (죽은) 자들에 대한 거짓되고 어리석은 충절이 아직 살아 있는 병사들에 대한 연민마저 모조리 없애 버립니다. 지금까지 군수품 생산이나 항만 노역 등 전쟁 수행에 필수적인 작업을 담당해 온 사람들조차 하나둘 군에 끌려가고, 변질된 노동당의 사악한 위협을 배경으로 이제 여성들이 그 일을 대신하게 되었습니다. 민족 감정의 불길을 차단할 어떤 조치가 취해지지 않는다면 우리가 아는 유럽 문명은 지난날 야만족들 앞에서 무너진 로마와 같이 완전히 소실되고 말 위험에 처해 있는 것이 현실입니다.

그런데 여론은 전쟁을 수행하고자 하는 당국자들의 모든 행위를 지지하는 듯 보이니 이상하게 생각될 것입니다. 그러나 겉으로 그렇게 보일 뿐 대부분 기만입니다. 전쟁을 계속하자고 적극 주장하는 이들은 영향력 있는 인사들과 모든 면에서 정부의 통제를 받고 있는 언론입니다. 그 외에 사회 여러 분야의 정서는 신문들에 표명된 것과 완전히 다릅니다. 하지만 여전히 여론은 충분한 정보를 접하지 못한 채 침묵으로 일관하고 있습니다. 여론을 이끌 사람들이 가혹한 처벌에 묶여 감히 공개적으로 항의하기가 어렵고, 몇몇 사람이 애쓰고는 있으나 폭넓은 대중성을 확보하기 힘들기 때문입니다. 제 개인적인 경험과 다른 사람들을 통해 알게 된 사실들을 보더라도, 평화에 대한 염원은 군인들뿐 아니라 전체 임금 노동자 계층에서 거의 보편적으로 발견되는 정서이며, 특히 산업 지역의 경우 고임금과 안정된 고용을 누리고 있는데도 그러한 실정입니다. 만일 평화 협상을 시작할 것인지를 두고 국민투표가 실시된다면 압도적인 대다수가 지지하고 나설 것이며 프랑스나 독일, 오스트리아-헝가리 지역의 경우도 마찬가지일 것으로 확신합니다.

계속되는 적대감 속에 그러한 복종이 존재하는 이유는 전적으로 두려움 때문입니다. 모든 나라가 적이 침략자라고 믿으면서 적이 완전 항복하지 않으면 몇 년 후라도 다시 전쟁을 벌일 태세입니다. 미국 정부는 유럽 정부들로 하여금 강화 조약을 맺도록 밀어붙일 힘이 있을 뿐 아니라, 평화의 수호자로 나섬으로써 일반 국민들을 안심시킬 수 있는 능력도 있습니다. 그러한 조치를 취할 경우 각국 정부들의 원성을 살지언정 국민들은 분명 기쁨의 환호 속에 맞이할 것입니다. 만일 독일 정부가 점령지를 반환하고 '평화 실현 연맹'과 같은, 전쟁을 배제하고 반목을 해결해 보려는 방안을 지지해 준다면—지금으로선 독일이 그렇게 해줄 듯합니다— 두려움이 진정될 것이며, 미국이 중재안을 내놓는다면 협상 지지 움직임은 거역할 수 없는 대세가 될 것임이 거의 확실합니다. 그러나 현재와 같은 교착 상태에서는 외부의 힘에 의한 중재 없이는 전쟁 종식이 거의 불가능하다고 보이며, 그러한 중재는 오직 당신만이 할 수 있습니다.

제게 무슨 권리로 이렇게 서신을 올리느냐고 묻는 이가 있을지 모르겠습니다. 제게는 공식 직함이 없으며 어떤 정부 기관에도 속해 있지 않습니다. 저는 다만 해야 하는 일이기 때문에 말하는 것뿐입니다. 다시 말해, 문명과 인류의 동포애를 기억했어야 마땅할 사람들마저 민족 감정에 휩쓸렸기 때문에 그들의 변절로 어쩔 수 없이 제가 이성과 자비의 이름으로 말하게 된 것입니다. 유럽이 지금까지 이루어 온 업적과 아직도 인류를 위해 해야 할 일들이 있다는 것을 정작 유럽 사람들은 아무도 기억하지 못한다는 소리를 듣게 될까 우려해서지요. 세계가 보유한 사상, 학문, 예술, 이상적인 통치 형태나 미래의 희망을 살펴보면, 그 대부분이 유럽 안팎에서 활동하는 유럽 민족들의 공헌에 의한 것임을 알 수 있습니다. 그들이 무익한 대학살을 통해 서로를 파멸시키도록 내버려 둔다면 외교상의 위신보다 더 소중한 것, 승자들마저 멸망시키고 말 백해무익한 승리와는 비교도 안 될 만큼 귀중한 것을 잃고 말 것입니다. 제 동포들과 마찬가지로 저도 연합군의 승리를 열렬히 빌었으며, 승리가 지연되면 저도 그들처럼 가슴 아파했습니다. 그러나 저는 유럽이 수행해야 할 공동 과업을 지고 있다는 것을 늘 기억합니다. 유럽 국가 간의 전쟁은 본질적으로 내전과도 같아서 우리가 적을 비방하면 결국 우리 자신을 비방하는 것과 마찬가지라는 것, 전시 상황에서 교전국이 현실을 제대로 보기는 어렵다는 것을 저는 기억합니다. 무엇보다도 저는 전쟁의 어떤 쟁점도 평화만큼 중요하지는 않다는 것, 우리가 바라는 모든 것을 주지 못하는, 평화로 인한 폐해는 계속되는 싸움에 의한 폐해에 비하면 아무것도 아니라는 것을 잘 알고 있습니다. 유럽의 모든 권력자들이 자기 나라의 이익이라는 거짓 믿음을 대변할 때, 저는 깊은 확신 속에 유럽의 이름으로 모든 나라를 대변하지 않을 수 없습니다. 우리에게 평화를 가져다주시기를 유럽의 이름으로 호소하는 바입니다.

당시에는 검열이 심했기 때문에 이런 서한을 전달하기 어려웠으나 언니 집에 와 있던 헬렌 더들리의 여동생 캐서린이 미국으로 돌아가면서 편지를 반입하는 임무를 맡아 주었다. 그녀는 기발한 방법으로 편지를 숨기고 들어가 계획대로 미국 평화론자 단체에 전달했고, 그 단체를 통해 미국의 거의 모든 신문에 발표되었다. 두고 보면 알게 되겠지만, 나는 당시 대부분의 사람들과 마찬가지로 전쟁이 어느 한쪽의 승리로 끝나기는 어렵다고 판단했다. 만일 미국이 계속 중립을 취했다면 분명 그러한 판단이 사실로 입증되었을 것이다.

1916년 중반부터 1918년 5월 투옥되기 전까지 나는 '징병 반대 연대' 일로 정말 엄청나게 바빴다. 평화운동 일을 하다 그야말로 운 좋게 빼낸 시간들을 이용해 콜레트와 함께하기도 했으나, 그마저 일과 연관된 경우가 대부분이었다. 클리퍼드 앨런은 석방되었지만, 며칠 후 여전히 군의 명령을 거부한다는 사실이 드러나면 다시 군사 재판에 회부되는 과정을 반복하고 있었다. 우리는 그의 재판에 나란히 참석하곤 했다.

케렌스키〔러시아 혁명의 지도자로서 1917년에 임시정부 수상이 되었음〕 혁명이 일어나자 그에 동조하는 사람들이 리즈에서 대규모 회합을 열었다. 나는 그 모임에서 연설을 했으며, 콜레트도 남편과 함께 참석했다. 우리는 램지 맥도널드와 함께 기차 여행을 하게 되었는데, 그가 시간 때우기로 들려준 긴 스코틀랜드 유머가 얼마나 지루하던지 이야기가 언제 핵심에 이르렀는지도 제대로 파악하지 못한 채 흘려버리고 말았다. 리즈의 회합에서는, 러시아를 본따 노동자 및 병사들의 협의체를 키울 수 있도록 영국과 스코틀랜드 각지에 조직을 만들자는 결의가 채택되었다. 이 목적에 따라 런던에서는 사우스게이트로의 브라더후드 교회에서 회합이 열렸다. (그곳은 대단히 궁핍한 지구였는데) 애국 신문들이 우리가 독일군과 교통하고 있으며 적의 전투기에 신호를 보내 포탄 투하 지점을 알려 준다는 내용의 인쇄물을 동네 술집마다 뿌려 놓았다. 그로 인해 우리는 동네에서 인심을 잃게 되었고, 급기야 폭도들이 교회로 몰려들었다. 우리들 대부분이 저항은 옳지 못한 짓이거나 현명하지 못한 처사라고 생각했다. 일부는 철저한 무저항주의자들이었고, 일부는 빈민들에게 완전히 포위당한 상태에서 저항하기엔 우리의 수가 너무 부족하다고 판단했다. 몇 사람은 맞서 싸워 보려 했다. 프랜시스 메넬도 그중 한 사람이었는데, 문간으로 나갔다 돌아오는 그의 얼굴에 피가 줄줄 흐르던 것이 기억난다. 몇몇 경관들을 필두로 폭도들이 쏟아져 들어왔는데, 경관들 외에는 다들 약간씩 술에 취한 상태였다. 그중에서도 가장 과격한 이들은 녹슨 못이 잔뜩 박힌 널빤지를 휘두르는 사나운 여장부들이었다. 경관들은 우리 중에 여자들은 먼저 나가라고 했다. 그렇게 해놓고 우리 남자들을 저들 나름대로 적당히 다룰 속셈이었는데, 그들은 평화론자 남성들을 모두 겁쟁이로 알고 있었다. 그 같은 상황에서 스노덴 부인이 보여 준 태도는 대단히 존경스러웠다. 그녀는 남자들도 함께 가게 해주지 않으면 홀에서 나가지 않겠다고 딱 잘라 말했다. 함께 있던 다른 여자들도 동조했다. 그러자 폭도를 인솔하던 경관들은 다소 난처해졌다. 여자들을 굳이 공격할 생각은 없었기 때문이었다. 그러나 이미 혈기가 잔뜩 오른 폭도들이 날뛰어 실내는 금세 아수라장으로 변해 버렸다. 경관들이 태연하게 구경만 하는 동안 우리는 각자 최선을 다해 피해야만 했다. 술 취한 여장부 두 명이 못 박힌 널빤지로 나를 공격하기 시작했다. 나는 어떻게 방어해야 하는지 몰라 쩔쩔맸다. 그러는 사이에 한 숙녀가 경관에게 가서 나를 보호해 주라고 말했다. 그러나 경관들은 어깨만 으쓱 추켜올릴 뿐이었다. "저분은 저명한 철학자예요." 숙녀가 말했으나 경관들은 여전히 어깨를 으쓱대고 서 있었다. "전 세계가 다 아는 학자라니까요." 그래도 경관들은 꿈쩍도 하지 않았다. 마침내 그녀가 소리쳤다. "저분은 백작의 동생이라구요." 그 말에 경관들이 허겁지겁 내게 달려왔으나 도움이 되기엔 이미 늦은 후였다. 어쨌거나 알지 못하는 젊은 숙녀가 사나운 여장부들과 나 사이에 끼어들어 시간을 끌어 준 덕분에 피할 수 있었으니, 나는 그녀를 생명의 은인으로 생각한다. 다행히도 그녀는 봉변을 당하지 않았다. 그러나 몇몇 여자를 포함해 꽤 많은 수의 사람들이 건물 밖으로 나오는 과정에서 뒷덜미 옷자락이 다 찢겨 나갔다. 콜레트도 현장에 있었으나 폭도들 때문에 우리 둘 다 바깥으로 나오기 전까지는 그녀에게 근접할 수도 없었다. 우리는 깊은 실의에 빠진 채 함께 집으로 돌아왔다.

브라더후드 교회를 맡고 있던 목사는 대단한 용기를 가진 평화론자였다. 그런 일을 겪은 후에도 내게 자기네 교회에서 연설해 달라고 청탁해 왔다. 그러나 이번에는 폭도들이 설교단에 불을 질렀기 때문에 연설을 할 수 없었다. 내가 직접 폭력과 맞닥뜨린 것은 이 두 경우 밖에 없었으며, 다른 집회는 모두 평온하게 진행되었다. 그러나 평화론자가 아닌 친구들이 내게 와서 한 말을 들어 보면 언론 선전의 위력이 얼마나 대단한지 짐작할 수 있다. "집회가 열리는 족족 폭도들의 손에 박살나는데 무엇 때문에 계속 그런 데서 연설하려 하시오?"

이 무렵 정부와 나의 관계는 크게 악화되었다. 1916년, 나

는 법률의 양심 조항을 무시한 채 징역을 언도받은 어느 양심
사범에 대한 글을 써서 '징병 반대 연대'에서 인쇄하여 발표했
다. 인쇄물에는 내 이름이 표기되지 않아 내게는 아무 일도 없
었지만, 인쇄물을 배포한 사람들이 투옥되기 시작했다. 크게
놀란 나는 《타임스》지에 기고하여 내가 그 인쇄물을 썼노라고
밝혔다. 나는 런던 시장 관저에 출두하여 시장 앞에서 기소되
었고 나 자신을 변호하는 긴 연설을 했다. 그 일로 100파운드
의 벌금이 부과되었다. 내가 벌금을 내지 않자 케임브리지에
있던 나의 재산이 강제로 처분되어 벌금으로 충당되었다. 그
러나 친절한 친구들이 그것을 사들여 다시 내게 되돌려 주었
기 때문에 나의 저항이 헛고생이 되어 버린 느낌이었다. 한편
트리니티에서 젊은 연구원들이 모두 임관되어 나가고, 나이
든 사람들만 남아 당연히 그들 나름의 본분을 다하고자 했다.
그리하여 그들은 나의 강사 자격을 박탈해 버렸다. 전쟁이 끝
나고 젊은 사람들이 돌아오자 대학은 나를 다시 초빙했지만,
그때는 이미 돌아가고 싶은 마음이 사라진 후였다.

　기묘한 일이지만 군수품 생산 노동자들이 평화론자가 되
는 경우가 많았다. 나는 사우스웨일스에서 군수 공장 노동자
들을 상대로 몇 차례 연설을 했는데, 형사들이 매번 내용을 부
정확하게 보고하는 바람에 육군성에서 나를 금지 구역에 못
가게 하라는 지시를 내렸다. 금지 구역이란, 간첩이 침투하지
못하도록 특별히 감시하는 구역이었다. 전국의 해안이 모두
거기에 포함되었다. 의원단이 육군성을 설득하여 나를 독일

스파이로 생각하지 않는다고 발표하게 했으나, 그럼에도 내가 잠수함에 신호를 보낼까 우려하여 해안 근처에는 얼씬도 하지 못하게 했다. 엘리엇 부부와 더불어 서섹스의 보샴에 살고 있던 나는 육군성의 지시가 내려졌을 때 당일 예정으로 런던에 올라와 있었다. 나는 엘리엇 부부에게 내 옷솔과 빗, 칫솔을 가져다 달라고 부탁해야 했다. 내가 직접 다녀오도록 허용해 주지 않았기 때문이다. 정부 측에서 이런 갖가지 극성을 부리지만 않았어도 나는 평화주의 운동을 그만두었을 것이다. 작업이 전혀 효과가 없다는 쪽으로 생각이 기울어지고 있었으니까. 그러나 정부는 그렇게 보지 않는다는 사실을 깨닫고, 내가 잘못 판단했구나 마음을 고쳐먹고 운동을 계속했다. 내가 옳은 일을 하고 있느냐의 문제를 떠나서, 어쩌면 결과에 대한 두려움이 내가 운동을 하는 동기인지도 모른다는 생각이 들어 도저히 그만둘 수 없었다.

그러나 나를 감옥에 가게 만든 사건이 벌어질 당시에는 더 이상 할 일이 없다고 최종적으로 결론 내린 상황이었고, 프랭크 형이 그 같은 사실을 정부에 알리기까지 했다. 나는 '징병 반대 연대'에서 발행하는 《트리뷰널》이란 주간지에 매주 글을 싣곤 했다. 내가 주필 자리에서 물러난 후 새로운 사람이 주필이 되었는데, 한번은 그가 몸이 불편하다면서 그 주의 논설을 좀 써 달라고 다급하게 부탁해 왔다. 그래서 나는 '영국의 파업 탄압에 미군들이 고용될 것이다. 그들은 이미 본국에서 그런 일을 많이 해보았다'는 요지의 글을 썼다. 의회 보고서를 인용해 한 얘기일 뿐이었다. 그 때문에 나는 6개월 형을 선고받았으나 그리 불쾌하지는 않았다. 오히려 나 자신의 자존심을 유지할 수 있었고, 도처에서 벌어지는 파괴보다는 덜 고통스러운 것들을 생각해 보는 기회가 되었다. 아서 밸푸어가 손을 써 나를 특별 감방에 넣어 주었기 때문에 수감 생활을 하면서도 마음껏 읽고 쓸 수 있었다. 평화주의 선전을 하지 않는다는 조건이 붙어 있긴 했지만 말이다. 나는 감방 생활이 여러모로 만족스럽다는 것을 알았다. 지켜야 할 약속도 없고, 어려운 결정을 내릴 필요도 없고, 어디서 불러낼까 걱정할 필요도 없고, 작업을 방해하는 것도 없었다. 나는 많은 책을 읽었고, 『수학의 원리』를 쉽게 풀어서 『수리 철학 입문』을 썼으며, 『정신의 분석』을 집필하기 시작했다. 나는 동료 수감자들에게 큰 흥미를 느꼈는데, 그들은 다른 사람들과 비교해 도덕적으로 전혀 뒤떨어지지 않아 보였다. 다만 그들이 붙잡힌 것을 봐도 알 수 있듯, 전반적으로 지능이 평균치를 약간 밑돌았다. 특별 감방이 아닌 곳에 있는 사람들, 특히 독서와 집필에 익숙해 있는 사람들에게는 감옥 생활이 가혹하고 끔찍한 형벌일 테지만, 내 경우는 아서 밸푸어 덕분에 그렇게 힘들지 않았다. 비록 내가 그의 모든 정책을 심하게 반대하긴 했지만 그때 도움을 준 데 대해선 감사하게 생각한다. 형무소에 도착하던 날, 문 앞에서 나를 맞은 교도관 때문에 기분이 아주 좋아졌다. 나의 신상 기록을 작성하는 임무를 띤 그가 종교가 무엇이냐고 묻기에 '불가지론자'라고 대답했다. "글쎄, 여러 종교가 있긴 하지만 내가 볼 땐 다 똑같은 신을 모시는 것 같소." 그 말이 나를 일주일가량 즐겁게 해주었다. 한번은 스트레이치가 쓴 『빅토리아 시대의 명사들』을 읽으면서 요란하게 껄껄대고 웃었더니, 순찰을 돌던 교도관이 날 제지하면서 감옥은 벌 받는 곳이라는 사실을 명심하라고 주의를 주었다. 중국 시를 번역하는 아서 월리가 자신이 번역한 시를 한 편 보내 준 적도 있다. 「빨간 앵무새」라는 시인데, 당시 아직 발표하지 않은 상태였다.

안남에서 선물로 보내 준
빨간 앵무새.
복사꽃 빛깔에
사람의 말을 했네.
많이 배우고 말 잘하는 사람들한테
항상 하는 짓을 했지.
단단한 창살이 박힌 새장에
집어넣고 가두어 버렸다네.

일주일에 한 번씩 면회가 허용되었다. 물론 교도관이 늘 함께했으나 그래도 매우 즐거웠다. 오톨라인과 콜레트가 다른 사람들을 두 명씩 대동하고 교대로 찾아오곤 했다. 나는 잘리지 않은 책장들 속에 편지를 끼워서 몰래 내보내는 방법을 찾아냈다. 교도관 앞에서는 물론 그 얘기를 할 수 없었으므로 오톨라인을 상대로 맨 처음 그 방법을 쓸 때, 『런던 수학회 의

사록』을 건네주면서 책이 보기보다 아주 흥미롭다는 말을 덧붙였다. 이 수법을 발견하기 전에는 다른 방법으로 콜레트에게 사랑의 편지를 보내곤 했다. 교도소장의 검열을 마친 편지들 속에 몰래 섞어 넣는 식이었다. 나는 『프랑스 혁명 회고록』을 읽다가 지롱드당〔프랑스 혁명기의 온건 공화파〕의 뷔조가 롤랑 부인에게 보낸 서한을 발견한 척했다. 그리고 프랑스어로 편지를 쓰고는 책에서 베꼈다고 말했다. 뷔조의 상황이 내 처지와 아주 비슷했기 때문에 그럴싸하게 쓸 수 있었다. 어쨌거나 당시 교도소장이 프랑스어를 모르면서도 모른다고 고백하지 않았던 모양이다.

교도소는 독일인들로 가득했는데, 일부는 대단한 지식인들이었다. 언젠가 내가 칸트 관련서에 대한 평을 발표하자 그들 중 몇 사람이 찾아와 그 철학자에 대한 나의 해석을 두고 열렬한 토론을 벌였다. 내가 형을 사는 동안 리트비노프〔폴란드 태생의 소련 외교관〕도 잠시 같은 교도소에 있었으나, 먼 발치서 가끔 보았을 뿐 얘기 나눌 기회는 주어지지 않았다.

프랭크 형에게 보낸 편지들에서 발췌한 아래 내용을 보면 감옥에 갇힌 나의 기분을 어느 정도 짐작할 수 있을 것이다. 이 편지들은 모두 교도소장의 손을 거친 것들이다.

1918년 5월 6일  ……이곳 생활은 마치 대양을 항해하는 정기 여객선상의 생활과도 같습니다. 무수한 보통 사람들과 한곳에 가두어져, 자신의 전용실로 들어가는 것 외에는 벗어날 길이 없으니까요. 이곳 사람들은 의지력에서 다소 뒤질지는 몰라도 보통 사람들보다 악해 보이는 면을 전혀 찾아볼 수 없습니다. 물론 그들의 얼굴만 보고 하는 얘기지만요. 사실 그것 외에는 달리 판단 기준도 없어요. 채무자들한테 주로 적용되는 얘기겠지요. 한 가지 실질적인 어려움이 있다면 친구들을 만나지 못한다는 것입니다. 지난번에 형을 만나 정말 기뻤습니다. 다음에 오실 때는 다른 사람도 두 명 데리고 와 주세요. 형과 엘리자베스한테 명단이 있는 것으로 압니다. 친구들은 되도록 많이 만나 보고 싶거든요. 그 점에서 제가 냉담해져야 한다고 생각하실지도 모르겠으나, 그건 형이 잘못 생각하신 겁니다. 좋아하는 사람들을 본다는 것은 냉담해질 수 있는 성질의 것이 아니거든요. 물론 그들을 생각하는 것만으로도 큰 만족을 얻긴 하지만 말입니다. 지난날 좋았던 시절의 온갖 일들을 하나씩 그려 보노라면 위안이 되지요.

조바심이 나지나 않을까, 담배를 못 피우는 것 때문에 힘들지는 않을까 걱정했는데 아직까지는 크게 어렵진 않아요. 시간이 지나면 분명 힘들어지겠지요. 휴가가 의무가 되었으니 참으로 좋습니다. 얼마나 기분 좋은지 다른 것은 아무래도 좋다고 생각될 정도입니다. 이곳에서는 아무 걱정이 없어 신경과 의지를 쉬게 할 수 있으니 천국이나 마찬가지입니다. 괴로운 자문들에서도 벗어날 수 있지요. '내가 어떤 일을 더 해야 하나?', '내가 미처 생각지 못한 효과적인 활동이 있는가?', '내게는 모든 것을 놓아 버리고 철학으로 되돌아갈 권리가 있는가?' 등등. 이곳에서는 '어쩔 수 없이' 모든 것을 놓아 버려야 하는데, 스스로 그렇게 하기로 결정한 후에 내 선택이 옳았는지 회의하는 것보다 그게 훨씬 더 마음이 편하답니다. 감옥이란 곳은 가톨릭 교회가 지닌 장점 비슷한 게 있는 듯해요……

1918년 5월 27일 ……오톨라인 부인에게 아마존 강에 대한 책을 두 권 읽고 있다고 전해 주세요. 톰린슨의 책이 마음에 듭니다. 베이츠의 것은 읽는 동안에는 지루하게 느껴졌으나 나중에 머릿속에 선명히 남아서 좋습니다. 톰린슨은 「어둠 한가운데」에서 많은 것을 취하고 있습니다. 베이츠와 두드러지게 대조되는데, 비교해 보면 우리 세대가 약간 미쳐 있다는 것을 알게 되지요. 왜냐하면 우리 세대는 진실을 엿보았지만 그것은 공허하고 제정신이 아니며 소름 끼치는 진실이기 때문에 사람들이 그것을 많이 볼수록 정신 건강은 더 나빠지지요. 빅토리아 시대(의 고귀한 영혼들이)가 건전하고 성공적이었던 이유는 진실의 근처에도 가보지 않았기 때문입니다. 나는 거짓과 더불어 제정신으로 사느니 차라리 진실과 더불어 미치는 쪽을 택하고 싶습니다……

1918년 6월 10일 ……이곳에서 이런 처지에 있음에도 지난날 파리의 대사관에서 외교관 시보로 있었던 시간만큼 불

유쾌하지도 않을뿐더러, 1년 반 동안 있었던 입시 준비 학원
처럼 끔찍한 세계도 아닙니다. 그곳에 있던 젊은이들 대부분
이 군대나 교회로 갈 사람들이었으니 도덕적으로 보자면 평
균 수준보다 훨씬 낮았지요…….

1918년 7월 8일　……오히려 전혀 안달하지 않고 지냅니
다. 처음에는 나 자신의 관심사를 많이 생각했으나 크게 이
성적이었던 것 같지는 않습니다. 그러나 지금은 제가 할 수
있는 것을 다했기 때문에 그런 것들을 거의 생각하지 않습니
다. 독서를 많이 하고 철학에 대해 꽤 충실하게 사색하곤 하
지요. 기묘하고 비합리적인 얘기로 들리겠지만 사실 제 기분
은 다른 무엇보다도 군사 정세에 따라 좌우됩니다. 연합군이
잘해 나가면 기분이 좋아지고 어려워지면 전쟁과 별 상관도
없는 온갖 것들까지 걱정하게 됩니다…….

1918년 7월 22일　……미라보〔1749~91년, 프랑스 혁명기
의 정치가·웅변가〕에 대해 읽었습니다. 그의 죽음이 재미있
어요. 죽으면서 이렇게 말했답니다. "아! 내가 살 수 있다면
피트에게 고통을 주었을 텐데!" 저는 윌리엄 피트의 말보다
이 말이 더 좋아요(디즈레일리의 번역판에 나오는 것 말고).
그러나 미라보의 진짜 마지막 말은 이것이 아니었습니다. 계
속해서 이렇게 말했으니까요. "내가 할 일은 이제 하나, 아무
도 깨우지 않을 깊은 잠으로 기분 좋게 들어갈 수 있도록, 향

기로운 화관을 쓰고 음악에 둘러싸여 있는 것뿐이로다." 그러고는 흐느끼고 있는 친구를 돌아보면서 "뭐라고! 내 친애하는 아름다운 죽음의 지배자여, 이제 만족하는가?"라고 말을 했지요. 이윽고 총성이 몇 발 들려오자 "아실의 장례식이 벌써 시작되었나?" 그런 다음 입을 다물어버린 모양인데 아마도 말을 더 했다면 용두사미가 되었겠지요. 그는 제가 지난 수요일에 형에게 얘기했던 것을 잘 보여 주고 있습니다. 남다른 정력은 모두 남다른 허영에서 비롯된다는 얘기 말입니다. 또 하나 들 수 있는 동기는 바로 권력애입니다. 스페인의 펠리페 2세나 그로브너로의 시드니 웨브가 두드러진 허영의 소유자라고는 할 수 없지요.

감옥에 있으면서 마음에 걸리는 것이 하나 있었다면 바로 콜레트와 관계된 일이었다. 내가 그녀와 사랑에 빠지고 정확히 1년 후에 그녀는 다른 사람과 사랑에 빠져 버렸다. 물론 그녀는 나와 변함없이 관계를 유지하고자 했지만 나는 심한 질투에 사로잡혔다.[4] 전혀 근거 없는 평가는 아니었지만 나는 그 남자를 아주 나쁘게 보았다. 우리는 격하게 다투곤 했고, 둘 사이는 결코 예전으로 돌아갈 수 없었다. 나는 감옥에 있는 내내 질투심으로 고통받았고 무력감에 사로잡혀 미칠 지경이었

---

4   내 감정이 비단 질투에서 나온 게 아니라는 것을 나중에야 깨달았다. 나는 우리가 매우 깊고 진지한 관계라고 생각했다. 그러한 관계들에서는 두 사람의 협력 관계가 깨어진 느낌을 종종 갖게 되는데, 성소가 더럽혀진 듯한 이런 느낌을 그 당시 몇 년 동안에 매우 자주, 여러 가지 측면에서 느끼면서 갖게 된 감정이었다.

다. 질투를 혐오스러운 감정으로 생각했던 나는 질투심에 빠진 나 자신을 받아들일 수 없었다. 그 감정이 나를 소진시켰는데, 어쩌다 그 감정에 한번 빠지기 시작하면 2주 동안 밤마다 잠을 거의 자지 못하여 결국에는 의사가 수면제를 처방해 주어야 잘 수 있었다. 지금 생각해 보면 참으로 어리석은 감정이었는데, 반면에 나에 대한 콜레트의 감정은 사소한 일들이 아무리 많이 닥쳐도 견뎌 낼 수 있을 만큼 진지했던 것 같다. 그러나 그런 문제와 관련해 내가 지금 이런 철학적 태도를 견지할 수 있는 것은 철학보다도 생리적 쇠퇴 현상 덕분이 아닌가 싶다. 사실 그녀는 매우 젊었으므로 당시 내가 살고 있던 극도로 진지한 분위기 속에서 계속 살기는 힘들었을 것이다. 지금은 다 이해하지만 그때는 질투를 견디다 못해 결국 그녀를 격렬하게 비난하는 지경에 이르렀고, 그 결과 나에 대한 그녀의 감정이 크게 식어 버린 것은 당연했다. 우리는 1920년까지 연인 관계를 유지했으나, 첫해의 완전함은 결코 되찾을 수 없었다.

나는 1918년 9월, 종전이 확실시되던 무렵에 감옥에서 나왔다. 종전 직전의 몇 주 동안에는 다른 사람들과 마찬가지로 윌슨 대통령에게 희망을 걸었다. 전쟁이 너무도 순식간에 극적으로 끝나 버렸기 때문에 달라진 상황에 맞춰 감정을 조절할 여유도 없었다. 11월 11일 아침, 나는 휴전 사실을 일반 대중보다 몇 시간 앞서 알게 되었다. 거리로 나가 어느 벨기에 병사에게 얘기했더니 그가 이렇게 말했다. "야호, 잘됐어!" 담배 가게로 들어가 여주인에게 소식을 전했더니, "정말 다행이에요. 이제 억류했던 독일인들을 쫓아 버릴 수 있게 되었으니"라고 말했다. 휴전 발표가 있던 11시에 나는 토트넘 코트로에 있었다. 2분도 채 못 되어 상점과 사무실에 있던 사람들이 모두 거리로 쏟아져 나왔다. 사람들은 버스를 낚아채어 아무 데나 가고 싶은 데로 달리게 했다. 생면부지의 남녀들이 도로 한복판에서 만나 지나가는 사람들과 입맞춤을 나누었다.

그날 나는 밤늦은 시각까지 혼자 거리를 돌아다니며 4년 전 8월에 그랬듯이 군중의 분위기를 관찰했다. 군중들은 여전히 경박했다. 공포의 세월 동안 아무것도 배운 게 없는 듯, 전보다 더 경솔하게 쾌감을 붙잡는 데 여념이 없었다. 나는 마치 다른 행성에서 우연히 떨어진 유령처럼, 환호하는 군중 속에서 기묘한 고독을 느꼈다. 기쁜 것은 마찬가지였지만, 나의 기쁨과 군중의 기쁨 사이엔 아무 공통점도 없었다. 열광하는 군중들이 느끼는 그 일체감을 대규모의 사람들과 더불어 느껴 보고 싶은 것이 내 평생의 바람이었다. 종종 그 갈망이 지나친 나머지 나 자신을 자기기만으로 몰아갈 정도였다. 그동안 자유주의자, 사회주의자, 평화론자를 거쳤고, 스스로도 그렇게 생각해 왔으나, 진정한 의미의 어떤 주의자가 된 적은 한 번도 없었다. 항상 회의하는 지성이 내게 의심의 말을 속삭였고 (그것이 입을 다물어 주기를 간절히 바라는데도), 타인들의 손쉬운 열정에서 나를 떼어 내어 황량한 고독으로 옮겨 놓았다. 전쟁 중에 나는 퀘이커교도, 무저항주의자, 사회주의자들과 더불어 일했으며, 비대중적인 견해에 수반되는 냉담한 반응과 불편을 기꺼이 감수하면서, 퀘이커 교도들에게는 역사 속의 많은 전쟁들이 정당화되었다고 생각한다고 말하고, 사회주의자들에게는 국가의 횡포를 두려워한다고 말하곤 했다. 그들은 나를 곁눈질로 보았으며, 내 도움을 계속 받아들이면서도 나를 자신들의 일원으로 느끼지 않았다. 나는 아주 어릴 적부터 어떤 일을 하든 어떤 기쁨을 느끼든 저변에 깔린 고독의 아픔을 느꼈다. 사랑의 순간에는 그 고통에서 거의 벗어났으나, 돌이켜 보면 그런 순간의 탈출 역시도 어느 정도 착각에 좌우된다는 것을 발견했다.[5] 내게는 지성의 주장이 절대적이었지만 내가 사귄 어떤 여자도 그것을 나만큼 절대적으로 여기지 않았으므로, 지성이 개입될 때마다 내가 사랑에서 추구했던 공감이 무위로 돌아가곤 했다. 스피노자가 말하는 '신에 대한 지적인 사랑'이 의지할 수 있는 최선의 것인 듯 보였으나, 지적인 사랑을 바치고 싶어도 내게는 스피노자의 다소 추상적인 신마저 없었다. 나는 유령을 사랑해 왔으며, 유령을 사랑하는 과정에서 내 깊은 내면의 자아가 유령처럼 되어 버렸다. 그리하여 나는 그 것을 인생에서 만나는 명랑함과 애정과 기쁨의 단층들 저 밑으로 깊이깊이 매장해 버렸다. 그러나 내 감정 중에 심각한 것은 대부분 고독 속에 남겨졌고, 인간사에서는 어떤 동지도 찾아낼 수 없었다. 황무지의 바다와 별과 밤바람, 내게 이런 것들이 가장 사랑하는 사람들보다 더 큰 의미로 다가오기 때문

---

5    이제는 이런 생각들을 하지 않게 되었다(1967년에 삽입한 주).

에 인간의 애정은 근본적으로, 신을 찾으려는 헛된 소망에서 벗어나기 위한 시도라고 생각한다.

1914년부터 1918년까지 이어진 전쟁은 나의 모든 것을 바꾸어 놓았다. 나는 학구적인 자세에서 벗어나 새로운 종류의 책들을 집필하기 시작했다. 인간 본성에 대한 생각도 완전히 바뀌었다. 청교도주의는 인간의 행복에 이바지하지 못한다는 것을 처음으로 깊이 확신하게 되었다. 죽음의 쇼를 보면서 살아 있는 것에 대한 새로운 사랑을 알게 되었다. 사람들은 대개 깊은 불행에 빠져 있어 파괴적인 발작에서 배출구를 찾으려 했다. 그리하여 나는 오직 본능적인 기쁨의 확산을 통해서만 좋은 세상을 만들어 낼 수 있다고 확신하게 되었다. 개혁가나 반동주의자나 우리 시대에는 모두가 한결같이 잔인함으로 일그러졌다. 나는 엄격한 단련을 요구하는 모든 목표들을 수상쩍게 바라보게 되었고, 집단의 전체적인 목표를 반대했다. 일상의 모든 미덕이 독일인들을 살육하는 도구로 쓰인다는 것을 발견한 내가 철저한 도덕률 폐기론자로 빠지지 않기란 참으로 힘들었다.

그러나 세상의 슬픔을 보며 느낀 깊은 연민이 나를 거기에서 구해냈다. 나는 옛 친구들을 잃은 대신 새 친구들을 얻었다. 내가 진심으로 존경할 수 있는 몇 안 되는 사람들을 알게 되었는데, 그중에서도 모렐을 제일 먼저 꼽고 싶다. 전쟁 초기에 그를 알게 되었는데, 그 후 우리 둘 다 투옥될 때까지 자주 만났다. 그는 현실을 진실 그대로 보여 주는 일에 일편단심 전

넘했다. 그는 벨기에인들이 콩고에서 저지른 죄악을 폭로하는 것으로 활동을 시작했기 때문에 '작지만 용감한 벨기에'의 신화를 받아들이기 어려워했다. 모로코 문제와 관련해 프랑스인들과 에드워드 그레이 경의 외교를 상세히 연구한 그는 독일인들만 죄인으로 간주할 수가 없었다. 선전과 검열을 동원한 온갖 장애 앞에서도 그는 지칠 줄 모르는 정력과 엄청난 능력을 발휘하여, 정부가 청년들을 도살장으로 몰아가는 진정한 목적을 전 영국에 알리고자 자신이 할 수 있는 모든 것을 다 했다. 그는 정치인들과 언론으로부터 어느 반전론자보다 많은 공격을 받았기 때문에 그의 이름을 들은 사람들 중에 99퍼센트는 그가 카이저의 녹을 먹는 것으로 믿었다. 결국 그는 아주 사소한 일로 감옥에 보내졌다. 그가 수감된 이유는 로맹 롤랑(1866~1944년, 프랑스의 소설가·극작가·수필가로서 당대의 사회·정치·정신 세계를 주로 다루었음)에게 서신과 문서를 보내면서 우편 대신에 시지윅 양을 이용했다는 것이었다. 그는 나와 달리 특별 감방에 들어가지 못했기 때문에 건강이 크게 나빠졌고, 끝까지 회복하지 못했다. 그런데도 그의 용기는 수그러들 줄 몰랐다. 당시 램지 맥도널드는 겁에 질려 떠는 일이 잦았는데, 모렐은 그런 그를 밤늦게까지 위로해 주곤 했다. 그러나 후에 내각을 구성하게 된 맥도널드는 모렐처럼 친독親獨 성향이 강한 사람을 기용할 생각이 전혀 없었다. 모렐은 그의 배은망덕에 큰 충격을 받았고, 그로부터 얼마 후 수감 생활에서 얻은 심장병이 도져 사망하고 말았다.

퀘이커 교도 중에도 내가 진심으로 존경한 사람들이 있었다. 나와는 시각 차가 컸는데도 말이다. 그 대표적인 인물은 '징병 반대 연대'에서 회계 일을 맡았던 그럽 씨였다. 내가 처음 그를 만났을 때 그의 나이는 일흔이었다. 그는 아주 조용한 노인으로서, 대중 앞에 나서기를 매우 꺼리고 감정이 좀체 흔들리지 않는 사람이었다. 그는 무슨 일이 닥쳐도 감정을 내색하지 않고 받아들였으며, 이기적인 흔적조차 찾아보기 힘들 정도로 감옥에 간 청년들 편에서 일했다. 평화론을 주장하는 간행물을 냈다는 이유로 그를 비롯한 많은 사람들이 기소되었을 때 내 형도 법정에 나가 그의 반대 심문을 지켜보았다. 형은 평화론자가 아니었는데도 그 노인의 인품과 고결함에 감명을 받았다. 형은 검사이자 자신의 친구인 매슈스 옆자리에 앉아 있었다. 매슈스가 그럽 씨에 대한 반대 심문을 끝내고 자리에 앉자 형이 그에게 이렇게 속삭였다. "이봐 매슈스, 토르케마다〔1420~98년, 스페인 최초의 종교 재판장으로서 냉엄하기로 유명했음〕 역은 자네한테 전혀 어울리지 않아!" 그 말에 크게 격분한 매슈스는 그 후로 다시는 형과 이야기하지 않았다.

전쟁 중에 내가 겪은 가장 괴상한 일 중에 하나는, 육군성에서 호출이 와 갔더니, 그들이 날 붙잡고 친절하게 설득하려든 일이다. 붉은 군장의 참모 장교 몇 사람이 더할 수 없이 매력적인 매너와 다정한 태도로, 내게 제발 유머 감각을 좀 가지라고 간청했다. 그들은 유머 감각이 있는 사람은 절대로 인기 없는 견해를 입에 담지 않는다고 생각했던 것이다. 그러나 그들의 노력은 수포로 돌아갔는데, 나중에 생각해 보니, 내가 아침마다 신문에 난 사상자 수를 보면서 포복절도하는 사람이라고 대꾸하지 못한 게 아쉬웠다.

전쟁이 끝나자 내가 해온 모든 일이 나 자신 외에 누구에게도 완전히 무용했다는 것을 알게 되었다. 나는 단 한 생명도 구하지 못했고, 단 1분도 전쟁을 단축시키지 못했다. 베르사유 조약〔1919년 6월에 제1차 세계대전을 종결시키기 위해 연합국과 독일 사이에 맺은 강화 조약〕을 야기한 그 지독한 증오를 완화시켜 보려던 노력도 성공하지 못했다. 그러나 어쨌든 나는 참전국들의 범죄에 공범자는 아니었으며, 개인적으로는 새로운 철학과 새로운 젊음을 얻었다. 나는 교수 자리나 청교도주의에 대한 미련을 떨쳐 버렸다. 전에는 이해하지 못했던 본능의 작용을 깨치게 되었고, 오랫동안 홀로 서 있는 과정에서 평형 감각 비슷한 것도 얻었다. 휴전기에 사람들은 윌슨 대통령에게 큰 기대를 걸었다. 어떤 이들은 볼셰비키가 장악한 러시아에서 희망을 찾기도 했다. 그러나 이 같은 낙관주의 어느 쪽도 쓸모가 없다는 것을 알았음에도 나는 절망하지 않을 수 있었다. 나는 장차 최악의 것이 닥치리라고 조심스럽게 예상하는 바이지만,[6] 바로 그렇기 때문에 선남선녀들이 결국에는 본능적인 기쁨의 소박한 비결을 깨치게 될 것임을 조금도 의심하지 않는다.

6  이 대목은 1931년에 쓰였다.

«9»

# 러시아

전쟁이 끝난 덕분에 나는 전쟁이 계속되었을 경우 발생할 수
도 있었을 몇 가지 불유쾌한 일들을 피해 갈 수 있었다. 1918
년에는 군 복무 연령이 높아져서 나도 처음으로 군 복무를 해
야 할 상황이었다. 만일 그렇게 되었더라도 거부했을 테지만.
신체 검사 통지서가 날아왔으나 나를 감옥에 처넣은 것을 깜
박 잊어버린 당국이 내 소재를 파악하지 못해 무진 애를 먹었
다. 만일 전쟁이 계속되었다면 아마 출감하자마자 곧바로 양
심적 병역 거부자가 되어 다시 감옥에 들어갔을 것이다. 재정
적 측면에서도 종전이 큰 도움이 되었다. 예전에도 할머니께
추가로 물려받은 돈이 마음에 걸리긴 했으나, 『수학 원리』를
쓸 때까지만 해도 유산으로 먹고산다는 것에 대해 아무 가책
을 느끼지 않았다. 그러나 종전 후 나는 그 돈을 몽땅 털어 일
부는 케임브리지 대학에, 일부는 뉴넘 칼리지에, 그리고 나머

지는 각종 교육 사업들에 기부했다. 채권마저 T. S. 엘리엇에게 넘겨주고 나자, 노력 없이 생기는 돈은 1년에 100파운드 정도밖에 되지 않았다. 그 돈은 결혼 정착금이었기 때문에 처분할 수 없었다. 책을 써서 돈을 벌 때는 큰 문제가 없는 듯 보였다. 그러나 감옥에서는 수학에 관한 저술만 허용될 뿐 돈이 될 만한 책을 쓸 수 없었다. 따라서 출감할 당시에는 거의 무일푼 상태였는데, 다행히도 생어와 친구들 몇 명이 주선하여 런던에 철학 강사 자리를 마련해 주었다. 전쟁이 끝나자 나는 다시 책을 써서 돈을 벌 수 있었고, 그 후로 미국에서 몇 차례 어려웠던 것 외에는 심각한 경제적 난관에 처하지 않았다.

종전은 콜레트와 나의 관계에도 변화를 가져왔다. 전쟁 동안에는 두 사람이 함께할 일들이 많았고, 전쟁과 관련한 매우 강한 정서를 공유할 수 있었다. 전쟁이 끝나자 우리 관계는 더욱 힘들어졌고 긴장감이 커졌다. 우리는 수시로 영원한 작별을 했지만, 일시적인 이별로 끝나고 마는 경우가 되풀이되었다. 1919년 여름 석 달 동안 나는 리틀우드(수학자였음)와 더불어 롤워스에서 1.6킬로미터 정도 떨어진 외곽의 언덕 위 농가를 하나 세냈다. 훌륭한 방이 많은 집이어서 여름 내내 손님이 끊이지 않았다. 집 주변은 해안을 따라 넓은 풍경이 펼쳐지는 등 정말 아름다운 곳이었다. 멱 감기에도 좋았고, 산 타는 기술이 아주 뛰어난 리틀우드가 등반가로서 솜씨를 뽐낼 수 있는 곳들도 있었다. 그 사이 나는 두 번째 아내가 될 사람에게 관심을 가지게 되었다.

그녀를 처음 만난 것은 1916년, 그녀의 친구인 도로시 린치를 통해서였다. 두 사람 모두 거턴 칼리지에 다녔으며, 도로시 린치는 내 제자였다. 도로시가 1916년 여름에 나를 포함해 도라 블랙, 장 니코와 함께하는 이틀간의 도보 여행을 마련했다. 장 니코는 프랑스의 젊은 철학자로서 내 제자이기도 했는데, 폐병 때문에 참전을 면할 수 있었다. (그는 1924년에 폐결핵으로 사망했다.) 그는 아주 온화하고 매우 똑똑했으며, 내가 아는 사람들 중에서 가장 매력적인 사람에 속했다. 그리고 기분파 기질이 있어 나를 즐겁게 해주었다. 한번은 내가 그에게, 철학을 배우는 사람들은 일반 대학들이 하듯 옛 철학자들의 체계만 이해하려 들 것이 아니라 세상을 이해하려 노력해야 한다고 말했더니, 그가 대답했다. "맞습니다. 하지만 세상보다는 그 체계들이 훨씬 더 재미있는 걸요." 나는 그때 도라 블랙을 처음 보았는데 금방 흥미를 느끼게 되었다. 쉬어에서 밤을 보내게 된 우리는 저녁 식사 후에 대화로 무료한 시간을 달랬다. 먼저 내가 동행한 사람들에게, 인생에서 가장 원하는 것이 무엇이냐고 물었다. 도로시와 니코가 무슨 대답을 했는지는 생각이 나지 않는다. 나는 아널드 베넷(1867~1931년, 영국의 소설가)의 『생매장』에 나오는 남자처럼 푸트니에서 과부를 하나 찾아낼 수만 있다면 그 남자처럼 사라져 버리고 싶다고 말했다. 도라는 놀랍게도, 결혼하여 자녀를 갖고 싶다고 대답했다. 나는 그때까지 똑똑한 젊은 여성이 그처럼 소박한 소망을 털어놓으리라고는 상상도 해보지 않았기 때문에 그녀를 보기 드물게 진실한 성품의 여성으로 단정하게 되었다. 당시 그녀는 그곳에 모인 다른 사람들과는 달리 철저한 전쟁 반대론자는 아니었다.

1919년 6월, 나는 도로시 린치의 제안에 따라 도라를 다과회에 초대했다. 당시 나는 앨런과 함께 배터시의 아파트에 살고 있었다. 그녀가 응했고, 우리는 부권을 놓고 열띤 논쟁을 시작하게 되었다. 도라는, 만일 자녀를 가지게 되면 자신의 자식으로만 생각할 것이며 부권을 인정할 생각이 없다는 견해를 밝혔다. 내가 흥분하여 응수했다. "누가 내 자식을 낳게 될지는 모르겠으나 절대로 당신은 아닐 거야!" 언쟁이 좀 지나쳤다고 생각한 나는 이튿날 저녁에 그녀와 함께 식사를 했다. 헤어질 무렵, 그녀가 롤워스를 장기간 방문하기로 약속이 되었다. 바로 그날 나는 콜레트에게 여느 때보다 확실한 작별을 고했기 때문에 다시 그녀를 보게 되리라고는 생각지 못했다. 그러나 리틀우드와 내가 롤워스에 도착한 다음 날 콜레트에게서 전보가 왔는데, 기차가 없어 몇 시간을 기다려야 할 상황이어서 자동차를 빌려 타고 내려오는 중이라고 했다. 다행히도 도라가 오기로 한 날까지는 며칠 시간이 있기는 했으나, 그해 여름 내내 나는 두 여성의 시간이 겹치지 않게 하느라 애를 먹었고 따라서 어색한 일도 많았다.

나는 위의 구절을 1931년에 썼으며, 1949년에 콜레트에게 보여 주었다. 그러자 콜레트가 내가 1919년에 자신에게 보낸 편지 두 통을 동봉하여 편지를 보내왔다. 그것은 내가 그 당시 상황을 얼마나 까맣게 잊었는지를 여실히 보여 주었다. 그 편지들을 읽으니, 롤워스에서 지내는 동안 내 감정이 심한 기복을 겪었으며 콜레트의 태도 변화가 바로 그 원인이었다는 것을 기억해 낼 수 있었다. 그녀의 태도는 세 가지로 뚜렷하게 구분되었다. 적극 헌신하는 태도, 체념하고 영원히 헤어지기로 결심한 태도, 가벼운 무관심의 태도. 그녀의 태도가 이렇게 바뀔 때마다 내 마음에 나름의 반향을 불러일으켰는데, 그녀가 동봉해서 보낸 편지들을 보면, 내가 기억하는 것보다 그 반향이 훨씬 컸다. 그녀와 나의 편지들은 감정상의 기억이 믿을 게 못 된다는 것을 잘 보여 준다. 서로가 상대에 대해 잘 알고 있었음에도 요령을 부리다 생겨나는 문제들이 결코 간단치 않았다.

도라가 롤워스에 오자 나는 그녀와 연인 사이가 되었으며, 그녀가 그곳에 머무는 동안 아주 즐거운 시간을 보냈다. 콜레트와의 관계에서 가장 큰 문제는 그녀가 아이를 갖고 싶어 하지 않는 점이었는데, 나로서는 자녀를 가질 계획이라면 더 이상 미룰 수 없다는 생각이었다. 도라는 결혼하든 안 하든 아이를 가지겠다는 입장이었기 때문에 우리는 처음부터 예방 조치를 취하지 않았다. 그러나 얼마 지나지 않아 우리의 관계가 부부처럼 되어 버렸다는 것을 깨닫고 그녀는 약간 실망하는 눈치였다. 그리하여 내가, 이혼하고 그녀와 결혼하고 싶다고 말하자 그녀는 울음을 터뜨리고 말았다. 아마도 결혼하고 나면 혼자 부담 없이 사는 생활도 끝이라고 생각했을 것이다.

그러나 우리가 서로에 대해 느끼는 감정에 바로 그런 안정감이 포함되어 있었기 때문에 진지하지 못한 관계를 유지하기란 불가능했다. 그녀는 책임감의 부담에서 벗어나기만 하면 장난꾸러기 요정 같은 매력을 발휘하곤 했다. 그녀를 공적 분야에서 역량 있는 여성으로만 알고 있는 사람들은 그 같은 면을 믿기 어려웠을 것이다. 그녀의 진지한 일면이 아버지가 되고 싶은 나의 욕망과 사회적 책임감을 자극했다면, 달빛에 젖은 모습, 혹은 이슬 젖은 풀밭을 맨발로 달려가는 모습은 나의 상상력을 사로잡았다고 볼 수 있는데, 두 모습이 다 압도적이었다.

우리는 롤워스에서 즐거운 야외 활동을 고루고루 맛보며 나날을 보냈다. 특히 수영과 잡다한 대화들이 좋았다. 당시는 상대성 이론이 다소 생경할 때였는데, 리틀우드와 나는 그 이론을 두고 끝없이 토론하곤 했다. 우리 집에서 우체국까지의 거리와 우체국에서 우리 집까지의 거리가 똑같으냐 아니냐를 놓고 논쟁이 벌어졌지만 결론에 도달한 적은 한 번도 없었다. 일식 탐사대가 빛의 굴절에 관한 아인슈타인의 예측을 확인시켜 준 것이 바로 이 무렵이어서, 아인슈타인이 예언한 대로 결과가 나왔음을 알리는 에딩턴〔영국의 천체 물리학자로 우주 팽창론을 주장했음〕의 전보가 리틀우드에게 날아오기도 했다.

서로를 잘 아는 사람들끼리 시골에 모여 있다 보면 으레 있는 일이지만, 우리는 어쩌다 찾아오는 방문객들은 이해하기 힘든 우리만의 웃음거리를 갖게 되었다. 때로는 예의를 지켜야 하는 상황에서 그런 익살이 터져나와 괴로울 지경이 되기도 했다. 내가 배글리우드에 살 때 알게 된, 부유하고 아름답고 지적인 피스크 워런 부인은 실제로 매우 지적인 숙녀였다. 모던 그레이츠[옥스퍼드 대학 철학, 정치학, 경제학의 명예 학회]가 처음 생겨나게 된 것도 비공식적으로 그녀에게 혜택을 주기 위해서였다. 신중하게 선발된 교수들이 그리스어도 모르는 그녀에게 그리스 철학을 가르쳤다. 그녀는 매우 신비적인 직관을 가진 숙녀였으며, 시인 블레이크의 숭배자이기도 했다. 나는 1914년에 매사추세츠에 있는 그녀의 시골집에 머문 적이 있는데, 유별나다고 할 수 있는 그녀의 분위기에 맞추느라 몹시 애를 먹었다. 한 번도 만난 적 없는 그녀의 남편은 단일 조세제의 열렬한 신봉자로서, 헨리 조지의 원칙을 실천하고자 안도라[프랑스와 스페인의 국경, 피레네 산맥 동부에 있는 공화국] 같은 작은 공화국을 습관적으로 매입하곤 했다. 우리가 롤워스에 있을 때 그녀가 자기 시집 한 권과 남편의 취미를 다룬 책을 보내왔다. 그와 동시에 그녀의 남편에게서도 편지가 왔는데, 런던에 와 있으니 나를 한번 보고 싶다고 했다. 나는 런던에 있지 않아서 불가능하다고 답했다. 그가 다시 전보를 보내와, 월요일부터 금요일 중 언제든 내가 편할 때 점심을 먹으러 오겠다, 그러자면 런던에서 아침 6시에 출발해야 하지만 감수하겠다고 했다. 나는 금요일로 날을 잡고, 그의 아내의 시집을 황급히 읽어 나갔다. 그러다 「내 옆에 잠든 이에게」란 제목의 시를 발견했는데, 다음과 같은 구절이 있었다. "그대는 이 세상의 고기와 술로 가득 찼다." 나는 일행에게 그 시를 읽어 준

다음 가정부를 불러, 고기를 넉넉하게 준비하고 술도 부족하지 않게 하라고 일렀다. 그를 만나 보니 빼빼 마른 금욕주의자에다 걱정 많고 너무나 성실한 성격이어서, 인생의 단 한 순간도 이런 곳에 내려와 농담이나 경박한 대화로 낭비할 수 없는 사람이었다. 일행이 모두 점심 식탁에 모이고 내가 음식과 술을 권하기 시작하자 그가 서글픈 목소리로 대답했다. "고맙지만 사양하겠소. 나는 채식주의자이자 절대 금주주의자라오." 리틀우드가 재빨리 아주 가벼운 농담을 던졌고, 우리는 별 우습지도 않은 익살에 요란하게 한바탕 웃어 제쳤다.

여름, 바다, 아름다운 전원, 유쾌한 친구들에 덧붙여 사랑이 있고 전쟁까지 종결되었으니, 이상적이라 할 만큼 완벽한 상황이었다. 여름이 가고, 나는 배터 시에 있는 클리퍼드 앨런의 아파트로 되돌아갔다. 도라는 거턴 칼리지의 연구원 자격으로 하고 있던 작업을 계속하기 위해 파리로 갔다. 17, 18세기 프랑스 자유사상 철학의 발단에 관한 연구였다. 나는 런던이나 파리에서 이따금 그녀를 만났다. 한편으로는, 뚜렷한 결정을 못 내린 채 콜레트도 계속 만났다.

성탄절에는 비트겐슈타인을 만나러 헤이그에 갔다가 도라를 만났다. 나는 비트겐슈타인을 전쟁이 터지기 전에 케임브리지에서 처음 만났는데, 그는 오스트리아 사람으로 부친이 굉장한 갑부였다. 처음에 그는 기술자가 될 생각으로 맨체스터로 갔다. 수학 책을 읽다가 수학의 원리에 흥미를 느끼고, 수학 분야에 누가 있는지 맨체스터 사람들에게 물어보았다.

누군가가 내 이름을 거론하자 그는 트리니티로 짐을 싸들고 왔다. 그는 정열적이고 심오하고 강렬하고 지배적이라는 점에서 전통적인 의미의 천재의 완벽한 표본이라 할 수 있었다. 그에게는 순수함 같은 것도 있었는데, 그 점에서 맞먹을 만한 사람은 내가 알기로 G. E. 무어밖에 없었다. 아리스토텔레스 학회 모임에 비트겐슈타인을 데리고 갔던 일이 생각난다. 모임에는 갖가지 멍청이들이 다 나와 있었으나, 나는 그들을 공손하게 대해 주었다. 돌아오는 길에 그는 분통을 터뜨리면서, 그런 사람들에게 멍청하다고 말해 주지 않은 것은 도덕적 타락이라며 날 거세게 몰아붙였다. 그는 파란만장하고 힘든 삶을 살았으며, 개성이 남달랐다. 그는 우유와 야채를 먹고 살았다. 패트릭 캠벨 부인이 버나드 쇼를 보고 '저 사람이 행여 고기를 먹는다면 하느님이 우리를 도우실 것'이라고 생각했다는데, 비트겐슈타인을 보면 나도 그녀의 심정이 되곤 했다. 그는 매일 한밤중에 날 찾아와, 심란한 침묵 속에 들짐승처럼 세 시간씩 방안을 서성대기도 했다. 한번은 내가 물어보았다. "지금 논리학을 생각하는 건가, 자네의 죄를 생각하는 건가?" "둘 다입니다." 그는 이렇게 대답하고 왔다갔다 하는 짓을 계속했다. 그를 쫓아내면 자살하고 말 것 같은 느낌이 그와 나 둘 다에게 있었기 때문에 나는 잘 시간이라는 얘기를 차마 할 수 없었다. 트리니티에서 첫 학기를 마치고 나자 그가 내게 와서 말했다. "선생님은 제가 완전히 백치라고 생각하세요?" 내가 말했다. "그걸 왜 알고 싶은 거지?" 그가 대답했다. "제가 백치라면 비행기 조종사가 될 것이고 백치가 아니라면 철학자가 될 것이기 때문이지요." 내가 그에게 말했다. "여보게, 자네가 완전히 백치인지 아닌지는 나도 모르겠으나, 방학 동안에 자네가 관심 있는 철학적 주제를 가지고 논문을 하나 써오면 그것을 읽어 보고 나서 대답해 주겠네." 그는 내가 시키는 대로 다음 학기가 시작되자 논문을 들고 왔다. 그 첫 문장을 읽는 순간 그가 천재적인 사람임을 알아볼 수 있었다. 나는 그에게 절대로 조종사가 되어서는 안 된다고 확답해 주었다. 1914년 초, 그가 대단히 흥분한 상태로 찾아와 말했다. "전 케임브리지를 떠날 겁니다. 당장 떠나고 말겠어요." "왜?" 내가 물었다. "매형이 런던으로 이사를 왔는데, 그 사람하고 이렇게 가까이 사는 것을 참을 수가 없어요." 그리하여 그는 남은 겨울을 노르웨이의 먼 북쪽에서 보냈다. 초창기에 내가 G. E. 무어에게 비트겐슈타인을 어떻게 생각하는지 물어본 적이 있다. "아주 좋게 생각합니다." 그가 대답했다. 그 이유를 물으니, "내가 강의하면 어리둥절한 표정을 짓기 때문이죠. 다른 사람은 누구도 그런 표정을 짓지 않거든요"라고 대답했다.

전쟁이 터지자 애국심이 매우 강했던 비트겐슈타인은 오스트리아군에 입대하여 장교가 되었다. 처음 몇 달간은 서로 편지를 주고받을 수 있었으나, 얼마 후에는 그마저 불가능해졌기 때문에 그의 소식을 알 길이 없었다. 그러다 휴전이 되고 한 달쯤 지나 몬테카시노에서 보내온 그의 편지를 받았는데, 휴전이 성립되고 며칠 후에 이탈리아군의 포로 신세가 되었으나 다행히 원고는 잘 간수하고 있다는 내용이었다. 참호 속에서 책을 한 권 썼는데 내가 원고를 검토해 주었으면 했다. 그는 논리학 생각에 빠져 있을 때는 포탄이 터져도 알지 못하는, 그 정도는 사소한 일에 불과한 그런 사람이었다. 그가 원고를 보내주었고, 나는 롤워스에서 니코 및 도로시 린치와 더불어 그것에 관해 토론했다. 이 원고가 나중에 『논리 철학 논고』란 제목으로 출간되었다. 그를 만나 직접 토론하는 작업이 반드시 필요했다. 장소는 중립국이 좋을 것 같아서 우리는 헤이그에서 만나기로 결정했다. 그런데 그때 예상치 못한 난관이 발생했다. 그의 부친(카를 비트겐슈타인)은 전쟁이 터지기 직전에 전 재산을 네덜란드로 옮겨 놓았으며 따라서 전쟁 전이나 후나 변함없는 갑부였다. 휴전이 성립될 무렵에 부친이 세상을 뜨자 비트겐슈타인은 재산의 대부분을 물려받았다. 그러나 철학자에게는 돈이 성가신 존재라고 결론 내린 그가 재산을 한 푼도 남김없이 형제자매들에게 주어 버렸다. 그 결과 빈에서 헤이그까지 오는 여비조차 조달할 수 없게 되었는데, 내 도움을 받기에는 그는 너무나 자존심이 강했다. 마침내 이 난국을 타개할 방안을 발견했다. 그는 케임브리지에 살 때 쓰던 가구며 책들이 그대로 남겨져 있으니 나한테 그것들을 팔고 싶다는 의사를 전해왔다. 나는 그것들을 보관하고 있던 케임브리지 가구상에게 물건의 가치를 물어보고, 그가 제시한 가격에 매입했다. 알고 보니 그것들은 가구상이 짐작한 것보다 훨씬 가치가 있었다. 내가 해 본 거래 중에 최고로 잘한 거래였던 셈이다. 이 매매 덕분에 비트겐슈타인은 헤이그에 올 수 있었고, 우리는 일주일에 걸쳐 그의 원고를 한 줄 한 줄 꼼꼼하게 검토했다. 그 동안에 도라는 그곳 공공 도서관에 가서, 살마시우스[1588~1653년, 프랑스의 고전학자]가 밀턴에게 퍼부은 독설을 읽곤 했다.

비트겐슈타인은 논리학자였으나 한때 애국자이자 평화주의자이기도 했다. 그는 러시아인들을 매우 높게 평가했으며, 전선에서 그들과 사귀기도 했다. 그가 내게 들려준 얘긴데, 갈리시아의 어느 마을에서 잠시 시간 여유가 생겼을 때 서점을 하나 발견했다. 거기에 책이 한 권쯤 남아 있을지도 모른다는 생각이 그의 뇌리를 스쳤다. 과연 한 권이 있었는데, 복음에 관한 톨스토이의 책이었다. 그는 당연히 책을 샀고, 읽으면서 큰 감명을 받았다고 한다. 그는 한동안 아주 종교적으로 변하기도 했다. 그 정도가 매우 심하여, 나를 아주 사악한 사람으로 보면서 사귀기를 꺼리기도 했다. 그는 생계를 위해 트라텐바흐라는 오스트리아의 어느 시골 마을에서 초등학교 교사로 일했다. 그때 그는 편지에서 "트라텐바흐 사람들이 아주 악하다"고 했다. 내가 "그래, 인간은 모두 아주 악하다"고 답장하자, 그가 다시 편지를 보내 "그렇긴 합니다만, 트라텐바흐 사람들은 다른 지역 사람들보다 유난히 더 악합니다"라고 했다. 나는 그 같은 주장은 나의 논리적 감각에 거슬린다고 답했다. 그러나 그의 견해에는 나름대로 근거가 있었다. 그 마을 농부들이 그에게 우유를 공급해 주지 않았던 것이다. 그가 자신들의 자녀들에게 돈과 상관없는 산술을 가르친다는 이유에서였다. 그 무렵, 그는 배도 많이 곯고 상당한 궁핍을 겪었을 것이다. 물론 루시퍼[성서에 나오는, 하늘에서 떨어진 거만한 대천사]의 자존심을 가진 사람이어서 자기 입으로 그런 얘기를 하는 일은 극히 드물었지만 말이다. 결국 그의 누이가 집을 신축하기로 하고 그를 건축 기사로 고용했다. 그 덕에 그는 몇 년 동안 충분히 먹고살 돈이 생겼으며, 돈이 떨어질 즈음 교수가 되어 케임브리지로 돌아오게 되었다. 케임브리지에서는 클라이브 벨[1881~1964년, 영국의 문예 및 미술 평론가]의 아들이 비트겐슈타인을 비난하는 영웅시격[2행씩 운을 밟아 대구를 이루는 양식]의 시를 쓰기도 했다. 비트겐슈타인은 사교 행사에 잘 어울리는 편이 아니었다. 화이트헤드가 비트겐슈타인이 맨 처음 자신을 찾아왔을 때의 이야기를 들려주었다. 애프터눈 티[영국에는 오후 4~5시경 스콘, 케이크 등의 티 푸드와 함께 홍차를 마시는 전통이 있음] 시간에 그가 안내를 받아 응접실로 들어왔다. 그는 화이트헤드 부인이 있는데도 개의치 않고, 한동안 말없이 방 안을 서성대더니 마침내 폭탄 선언하듯 말했다. "한 명제에 두 개의 극이 있습니다. 그것은 apb입니다." 화이트헤드는 내게 이렇게 설명했다. "나는 당연히, a와 b가 무엇이냐고 물었으나 아주 잘못된 질문이란 걸 곧 깨달았지. 비트겐슈타인이 천둥 같은 소리로 'a와 b는 정의할 수 없어요'라고 대답했거든."

　위대한 사람들이 그러하듯 그에게도 약점이 있었다. 1922

년, 신비주의에 한창 열을 올리던 그가 내게 똑똑한 것보다는 착한 것이 낫다고 아주 진지하게 호언장담하던 시절, 나는 그가 말벌을 무서워한다는 것을 알게 되었다. 인스브루크〔오스트리아 서부의 도시〕에서 나와 함께 숙박 시설에 묵을 때도 벌레들이 무서워 한 곳에서 이틀을 자지 못했다. 나는 그때 러시아와 중국을 여행한 후여서 그 정도 사소한 문제에는 단련이 되어 있었으나, 세상에 어떤 것을 준다 해도 벌레를 진득하니 참고 살 수는 없다고 하는 그의 확신에는 도무지 단련이 되지 않았다. 그러나 그러한 작은 약점에도 불구하고 그는 분명 인상적인 사람이었다.

나는 1920년 한 해 거의 전부를 여행하는 데 보냈다. 부활절 때는 바르셀로나의 카탈란 대학에서 강연 요청이 들어왔다. 나는 바르셀로나에 들렀다가 마요르카〔지중해 서부의 섬〕로 가 솔레르에서 머물렀다. 그곳 여관(그곳의 유일한 여관) 주인이 말하기를, 자신은 홀아비이기 때문에 음식을 제공해 주지는 못하지만 언제든 과수원에 들어가 오렌지를 따먹어도 좋다고 했다. 그 얘기를 얼마나 공손하게 하던지, 깊은 감사를 표하지 않을 수 없었다.

마요르카에서 도라와 나는 심한 말다툼을 시작하게 되었고, 그 싸움은 위도와 경도를 수차례 바꾸어 가며 여러 달 동안 계속되었다. 나는 러시아에 가볼 생각이었는데 도라도 함께 가고 싶어 했다. 나는, 당신이 정치에 큰 관심을 가진 적이 없으니 거기 갈 이유가 없다, 또 발진티푸스가 유행하고 있으니 위험하다고 주장했다. 우리 둘 다 황소고집이었으므로 타협이란 불가능했다. 지금도 나는 내가 옳았다고, 그녀는 자기가 옳았다고 믿고 있다.

마요르카에서 돌아오자 곧바로 기회가 왔다. 노동당 대표단이 러시아로 갈 계획이었는데, 나의 동행을 원했다. 정부는 나의 신청서를 검토하고 H. A. L. 피셔와 면담하게 한 후에야 출국을 허용해 주었다. 오히려 소비에트 정부를 설득하기가 더 힘들었다. 내가 이미 장도에 올라 스톡홀름까지 가 있는 상황에서도 리트비노프[소련 외무상]는, 지난날 브릭스턴에서 나와 함께 옥살이를 했음에도 여전히 입국 허가를 내주지 않고 있었다. 그러나 마침내 소비에트 정부의 허가도 떨어졌다. 우리는 기묘한 일행을 이루고 있었다. 스노덴 부인, 클리퍼드 앨런, 로버트 윌리엄스, 톰 쇼, 벤 터너라는 엄청나게 뚱뚱한 노조원—이 노인은 아내가 없으면 쩔쩔매는 사람이어서 클리퍼트 앨런에게 장화를 벗겨 달라고 하곤 했다—, 의료 수행원인 하덴 게스트, 기타 노조 간부 몇 사람. 페트로그라드에 가니 황제가 쓰던 자동차를 우리에게 내주었다. 스노덴 부인은 그 호화로운 차를 즐겁게 몰고 다니며 '가엾은 차르'에게 동정을 표하곤 했다. 신지론자神智論者인 하덴 게스트는 성격이 불같고 리비도[성욕, 생활력의 근원인 생명력]가 상당했다. 그와 스노덴 부인은 볼셰비키에 적극 반대하는 입장이었다. 로버트 윌리엄스는 아주 즐거워 보였으며, 우리 일행 중에서 유일하게 소비에트 정부를 기쁘게 하는 연설을 하곤 했다. 그는 늘 당국자들 앞에서 영국에도 혁명이 임박했다고 말했으며, 그들도 그를 높이 평가했다. 나는 레닌에게 그를 믿어서는 안 된다고 말했는데, 과연 바로 이듬해 불길한 금요일[예수가 처형당한 요일]에 그는 변절하고 말았다. 일행 중에는 평화주의 신념 때문에 퀘이커 교도가 된 찰리 벅스턴도 있었다. 내가 그와 함께 선실을 쓸 때, 그는 침묵의 기도를 올려야 한다면서 한창 글을 쓰고 있는 내게 중단해 달라고 부탁하곤 했다. 그가 평화주의자임에도 볼셰비키를 나쁘게 보지 않는 것이 나로서는 놀라웠다.

나로 말하자면, 러시아에서 보내는 시간들이 점점 끔찍해지는 악몽과도 같았다. 나중에 러시아 여행을 돌아보며 진실로 느껴졌던 부분들을 글로 발표하기는 했으나, 그 나라에 있는 동안 날 압도했던 그 살벌한 공포감에 대해선 표현한 바 없었다. 잔인함, 빈곤, 의심, 박해—이런 것들이 바로 우리가 호흡하는 공기였다. 우리의 대화는 끊임없이 감시당했다. 한밤중에 총성이 들리면 이상주의자들이 감옥에서 살해되고 있다는 뜻이었다. 평등이라는 위선적인 장치가 있어 모든 사람을 '타바리시치'[동지, 동무]로 부르지만, 대상이 레닌이냐 게으른 하인이냐에 따라 그 호칭이 얼마나 다르게 발음될 수 있는지, 놀라울 따름이었다. 한번은 페트로그라드에서 깡마른 사람 네 명이 나를 만나러 왔는데, 남루한 옷차림에 보름은 손질하지 못한 듯한 수염, 지저분한 손톱, 헝클어진 머리를 하고 있었다. 그들이 바로 러시아에서 제일 유명한 네 명의 시인이었다. 그중 한 사람은 정부의 허락하에 운율 형식을 강의하여 생계를 유지하고 있으나 당국이 마르크스적 관점에서 가르치라고 강요한다고 불평하면서, 도대체 그 분야에 마르크스가 어떻게 끼어들 수 있다는 것인지 자신은 도저히 이해할 수 없다고 말했다.

페트로그라드 수학 학회 회원들 역시 초라한 몰골이었다. 학회 모임에 나가 보니 어떤 사람이 비유클리드 기하학에 관한 논문을 발표하고 있었다. 나는 그가 흑판에 쓰는 공식들 외에는 전혀 알아들을 수 없었으나, 공식이 지극히 정확했으니 아마 논문 내용도 훌륭했을 것이다. 영국에서는, 걸인이라 해도 페트로그라드의 수학자들처럼 그렇게 초라해 보이는 걸인은 본 적이 없다. 나는 크로포트킨〔1842~1921년, 러시아의 혁명가·지리학자·무정부주의 이론가〕을 만나는 것이 허락되지 않아 결국 보지 못했는데, 그로부터 오래지 않아 그는 세상을 뜨고 말았다. 지배 계층들이 보여 주는 자신감은 이튼이나 옥스퍼드 같은 학교가 만들어 낸 자신감 못지않게 대단한 것이었다. 그들은 자신들의 공식이 모든 난제를 해결해 줄 것으로 믿었다. 좀더 똑똑한 소수의 지식인들은 그게 아니라는 것을 알고 있었으나 감히 입 밖에 내지 못했다. 한번은 잘킨드라는 물리학자와 단둘이 대화를 하게 되었는데, 기후가 성격에 큰 영향을 미친다고 말하기 시작하더니 금세 위축되면서 이렇게 말했다. "물론 실제로는 그렇지가 않지요. 성격에 영향을 주는 것은 경제적 조건밖에 없습니다." 나는 내가 인간의 삶에서 소중하게 생각하는 모든 것들이 말만 그럴듯한 편협한 철학을 위해 말살되고 있으며, 그 과정에서 수백만의 대중이 이루 말할 수 없는 비참함을 겪고 있음을 알았다. 러시아에 있는 동안 나의 공포는 나날이 커졌고, 끝내는 균형 잡힌 판단력까지 모두 상실하고 말았다.

우리는 페트로그라드에서 모스크바로 갔다. 모스크바는 매우 아름다운 도시이며 동방의 영향을 받은 덕에 건축 분야에서 페트로그라드보다 흥미로웠다. 볼셰비키가 대량 생산을 좋아한다며 자랑해 보이는 갖가지 작은 방식들에 나는 웃음을 금할 수 없었다. 하루의 주요 식사는 오후 4시쯤에 이루어지는데, 다른 것보다도 생선 대가리가 꼭 포함되었다. 몸통들은 다 어디로 갔는지 결국 알아내지 못했지만, 아마도 인민 위원들이 먹어 치웠을 것이다. 모스크바의 강에는 고기들이 그득했지만 인민들은 잡을 수 없게 되어 있었다. 낚싯대와 낚싯줄을 대신할 현대적 기계 방식을 아직 찾아내지 못했다는 것이 그 이유였다. 도시가 기아 상태나 다름없는데도, 원시적 방법으로 잡은 생선의 몸통보다는 트롤 어선으로 잡은 생선의 대가리가 낫다고 생각하는 모양이었다.

우리는 기선을 타고 볼가 강을 따라 내려갔는데, 클리퍼드 앨런이 폐렴을 심하게 앓다가 결국 과거에 앓았던 폐결핵이 재발하고 말았다. 우리는 사라토프에 상륙해서 모두 배에서 내렸다. 그러나 앨런의 상태가 심각하여 움직일 수 없었으므로 하덴 게스트와 스노덴 부인, 그리고 내가 배에 남아 그를 돌보기로 했다. 그 사이 배는 아스트라칸을 향해 계속 항해했다. 앨런의 선실은 엄청나게 작았고 상상하기 힘들 만큼 무더웠다. 말라리아 모기 때문에 창문을 꼭꼭 닫아 두어야 했으며, 앨런은 심한 설사로 고생하고 있었다. 우리는 교대로 그를 간호했다. 배에 러시아인 간호사가 있기는 했으나 그가 죽으면 그 귀신이 자기한테 달라붙는다면서, 밤에는 환자 옆에 앉으려 하지 않았기 때문이다.

아스트라칸은 내가 상상해 본 어떤 장면보다 지옥에 가까워 보였다. 강에는 선박들이 오물을 버리는 구역이 있는데, 이 시의 수돗물의 수원이 바로 거기였다. 거리마다 물이 괴어 있어 무수한 모기들의 온상이 되었고, 따라서 해마다 주민의 3분의 1이 말라리아에 걸렸다. 하수 시설은 전혀 되어 있지 않았고, 도심 한가운데 돌출 지대에는 인분이 산더미처럼 쌓여 있었다. 전염병이 이 지방의 풍토병이나 다름없었다. 데니킨〔제1차 세계대전 때 러시아의 육군 중장이었고, 볼셰비키 혁명 후에 반볼셰비키 세력을 규합하여 대항했으나 실패하고 프랑스로 망명했음〕과 싸우는 내전의 여파로 이곳에서는 최근까지도 전투가 벌어졌다. 파리가 얼마나 많은지 식사 때면 식탁보로 음식을 가리고 그 밑으로 손을 집어넣어 한 입 먹을 만큼 잽싸게 떠내야 했다. 식탁보를 치우면 그 즉시 파리들이 새까맣게 달라붙어 음식은 구경도 할 수 없었다. 해수면에서 상당히 내려온 지역이어서 그늘에 있어도 온도가 섭씨 48도를 넘었다. 우리를 수행하는 소비에트 관리들이 그 지방의 유명한 의사들에게 하던 게스트의 강연을 들어 보라고 지시했다. 그가 팔레스타인 지방에서 영국군으로 복무한 경험을 살려 말라리아 퇴치법을 훌륭하게 설명하고 나자 의사들이 말했다. "네, 우리도 다 압니다. 그런데 너무 덥지 않아요?" 소비에트 관리들이 재차 그 지역을 방문했다면 그 의사들은 사형에 처해졌으리라 짐작되지만 확인해 보지는 못했다. 문제의 의사들 중에 제일 이름난 사람이 클리퍼드 앨런을 검진하더니 이틀 이상 살기 힘들다고 말했다. 보름쯤 지난 후에, 앨런을 배에서 내려 레발에 데리고 가 그곳 의사에게 검진받게 했더니 이번에도 이틀밖에 못 산다고 말했다. 그러나 나는 앨런의 살려는 의지가 대단하다는 것을 알고 있었기 때문에 크게 겁을 먹지는 않았다. 그 후 그는 여러 해를 더 살면서, 영국 상원을 빛내는 인물이 되었다.

영국으로 돌아온 후, 러시아로 가기 전과 머무는 동안의 내 감정 변화를 표현해 보려 했다. 실제보다 앞선 날짜로 콜레트에게 편지를 쓰는 형식을 취했는데, 마지막 편지는 나중에 중국에 관해서 쓴 책에 삽입되었다. 지금 뭐라고 적기보다는, 그 편지들이 당시의 내 기분을 더 잘 말해 주고 있기 때문에 여기에 소개하기로 한다.

〈1〉 출발 날짜가 다가왔소. 할 일이 태산 같은데 여기 이렇게 우두커니 앉아 쓸데없는 생각이나 하고 있다오. 잘 정돈된 사람이라면 절대로 품지 않을 엉뚱하고 반항적인 생각들. 일을 하여 싹 지워 버리고 싶은 생각들이지만, 오히려 생각 때문에 일을 하지 못하는 상황이오. 자신이 믿는 바를 항상 확신하는 사람들, 자기 삶의 틀을 이루는 모든 것이 죽어 버린 듯 초연하게 느껴져 괴로워하는 일이 없는 사람들이 얼마나 부러운지 모르겠소. 세상에 쓸모 있는 사람이 되고, 뚜렷한 업적을 이루고, 인류에게 새 희망을 주는 것이 그동안 나의 포부였소. 그런데 막상 기회가 가까이 오니 모든 것이 먼지나 재로밖에 보이지 않는구려. 미래를 들여다봐도 환멸에 찬 내 눈에는 싸움밖에 보이지 않소—더 많은 싸움과 잔인한 횡포, 독재, 테러, 노예 같은 굴종. 내가 꿈꾸는 인류, 꼿꼿하게 서서 두려움 없이 나아가는 관대한 사람들이 지구에 살게 될 날이 과연 올 것인가? 인류는 시간이 다할 때까지, 지구가 식고 태양마저 죽어 무모한 광란에 더 이상 활기를 제공하지 못하는 그날까지, 싸우고 죽이고 괴롭히는 짓을 계속할 것인가? 나도 알 수 없소. 하지만 내가 가슴 깊이 절망하고 있다는 것은 아오. 유령처럼 세상을 떠돌며 남들 귀에 들리지 않는 말을 지껄이고 다른 별에서 떨어진 존재인 듯 방황할 때, 그 엄청난 외로움을 나는 잘 아오.

작은 즐거움과 큰 고통 사이에 벌어지는 그 해묵은 싸움이 계속되고 있소. 작은 즐거움이 바로 죽음이라는 것을 잘 알지만, 그러나 나는 지금 너무나 피로하고 너무나 지쳤소. 이성과 감정이 내 안에서 죽기 살기로 전쟁을 벌이고 있으니 바깥 행동을 할 기력이 남아나질 않소. 투쟁, 냉혹함, 조직, 규율 없이는 어떤 선한 것도 얻을 수 없다는 것을 잘 아오. 집단의 행동을 위해서는 개인이 기계로 바뀌어야 한다는 것도 알고 있소. 그러나 내 이성이 믿으라고 강요하는데도 나는 그런 것들에서 아무 영감도 발견할 수 없소. 내가 사랑하는 것은 개별 인간의 영혼—외로움, 희망과 두려움, 재빠른 충동, 예상 밖의 지극한 사랑을 가진 영혼이오. 군대와 국가와 관리들은 그것과 너무나 멀리 떨어져 있소. 그러나 쓸데없는 감상주의를 벗어나려면 그 먼 여행을 해보는 방법밖에 없소.

험난한 전쟁의 세월 동안 나는 늘 종전 후에 올 행복한 날을 꿈꾸었소—그때는 지중해 해변가, 헬리오트로프〔식물〕향기 그득하고 사이프러스와 신성한 털가시나무 숲에 둘러싸인 양지바른 정원에 당신과 나란히 앉아 보리라. 거기서 마침내 내 사랑을 고백하고 고통만큼 실감나는 기쁨을 맛볼 수 있으리라 생각했소. 마침내 때가 왔소. 그러나 내게는 다른 과업들이 찾아들고 당신에게는 다른 욕망들이 찾아들었소. 이렇게 앉아 생각해 보니 과업도 다 부질없고 욕망도 다 어리석어 보이오.

그러나 내가 이런 생각들을 좇아 행동하지는 않을 것이오.

런던, 1920년 4월 24일

〈2〉  마침내 여기—세계를 역사로 가득 채우고, 가장 끔찍한 증오와 가장 통쾌한 희망을 자극했던 이 도시에 와 있소. 이 도시가 내게 순순히 비밀을 내보일까? 가장 깊은 구석까지 알 수 있을까? 혹은 통계나 관공서 자료를 훑는 선에서 그치고 말 것인가? 나는 눈앞에 보이는 것들을 이해할 수 있을 것인가, 아니면 당혹스러운 이국의 쇼로 남고 말 것인가? 우리는 깜깜한 밤중에 텅 빈 역에 도착했고, 우리가 탄 요란한 소음의 차들이 잠든 거리를 헐떡대며 달렸소. 방에 들어가 창밖을 내다보니 네바 강 건너로 '성 베드로-바울' 감옥이 눈에 들어왔소. 북구의 여명 속에 강물이 반짝이고 있었는데, 어떤 말로도 형용할 수 없는, 마술 같고, 영원한, 오래된 지혜가 느껴지는 아름다운 풍경이었소. "참으로 아름답소." 내가 옆에 서 있던 당원에게 말했더니 그가 대답했소. "물론이죠. 성 베드로-바울은 지금은 감옥이 아니고 군사령부랍니다."

나는 정신을 가다듬었소. '정신 차려, 이 친구야. 너는 관광객으로 여기 온 게 아니야. 일출이나 일몰이나 여행 안내서에 열거된 건물들을 감상하러 온 게 아니라, 사회 문제 연구가로서 정치 및 경제적 실상을 공부하러 왔어. 꿈에서 깨. 영원한 것들은 잊어버려. 이곳 사람들은 그런 것들을 여유가 넘쳐나는 부르주아적 환상에 불과하다고 말할 텐데, 그렇지 않다고 할 자신이 있어?' 그리하여 나는 다시 감상에서 대화로 돌아와, 소비에트 상점에서 우산을 하나 사려 할 때 거쳐야 할 절차를 알아보려 했소. 그러나 미스터리를 파헤치는 것만큼이나 어려웠소.

러시아 땅에 와 지금까지 보낸 열두 시간 동안 얻은 것은 아이러니를 위한 장난거리밖에 없소. 나는 처음부터 육체

303

적 괴로움이나 불편, 불결, 굶주림을 예상했지만, 인류를 위한 화려한 희망으로 가득 차 그 정도는 눈감아 주기로 마음먹고 왔었소. 그러나 무조건 옳은 우리의 공산당 동지들이 판단하기에, 우리는 그런 대우를 받을 '가치가 없었소.' 어제 오후 국경을 넘어온 후로 두 건의 연회와 훌륭한 아침 식사, 일등급 시가 몇 개비를 맛보았고, 밤에도 구체제의 온갖 사치가 그대로 보존된 궁의 호화로운 침실에서 잤소. 도중에 들르는 역마다 병사들이 플랫폼을 메우고 있고 서민들은 눈에 띄지 않도록 통제되고 있었소. 이제부터는 위대한 군사 제국의 지배에 둘러싸인 겉치레 속에서 지내게 될 것 같소. 그러니 나도 기분을 바꾸어야지. 냉소주의가 요구되지만 감정의 동요가 크다 보니 냉소주의를 유지하기가 어렵소. 나는 늘 같은 문제로 되돌아온다오. '이 정열적인 나라의 비밀은 무엇일까? 볼셰비키는 그 비밀을 알까? 어쩌면 이 나라에 비밀이 있다는 것도 모르는 것 아닐까?' 궁금하다오.

페트로그라드, 1920년 5월 12일

〈3〉 내가 와 있는 이곳은 이상한 세계요—죽어 가는 아름다움과 가혹한 삶의 세계. 나는 매순간 근본적인 의문들 때문에 괴롭소. 현명한 사람들은 결코 묻지 않는, 해답 없는 끔찍한 의문들이지. 텅 빈 궁전들, 사람들로 북적대는 식당들, 파괴되거나 박물관에 미라로 남은 과거의 광채. 한편에서는 미국인이 다 되어 돌아온 난민들의 꼴사나운 자신감이 도시 전체에 퍼져 있소. 〔여기서는〕모든 것이 체제화되어야 하오. 조직화되어야 하고, 정의의 분배가 이루어져야 하오. 누구에게나 똑같은 교육, 똑같은 의복, 같은 종류의 집, 같은 책, 똑같은 신조—너무나 공정하여, 다른 나라에서 불의에 희생된 운 좋은 사람들을 제외하고는, 선망이 들어설 여지가 없소.

이제 다른 측면에서 한번 봅시다. 나는 도스토예프스키의 『죄와 벌』, 고리키의 『세상 속에서』, 톨스토이의 『부활』을 기억하오. 과거의 영화를 이룬 발판이 된 저 파괴의 잔인함을 생각하오. 가난, 술, 매음, 그런 것들 속에서 삶과 건강이 쓸데없이 낭비되었지. 그리고 자유를 사랑하여 성 베드로-바울 감옥에서 고생한 모든 이들을 생각하오. 지난날의 태형, 박해, 학살도 떠오르오. 나는 낡은 것을 증오하는 고로 새것을 관대하게 봐줄 수는 있으나 새것 그 자체를 좋아하기는 어렵소.

그러나 나는 새것을 좋아하지 않는 나 자신을 책망하오. 이곳에서는 활기찬 시작의 모든 특징을 다 볼 수 있소. 추하고 무지막지하지만, 건설적 에너지와 스스로가 창조하고 있는 것의 가치에 대한 믿음이 충만하오. 사회주의적 삶을 위한 새로운 장치를 만들고 있기 때문에 그것 외에 다른 것을 생각할 겨를이 없소. 새로운 사회의 몸체가 갖추어지고 나면 영혼을 불어넣는 작업을 생각할 충분한 시간이 있을 것이오. 적어도 나는 그렇게 믿소. "새로운 예술이나 새로운 종교를 생각할 겨를이 없습니다." 그들은 다소 조급한 투로 이렇게 말하오. 몸을 먼저 만들고 나중에 필요한 양의 영혼을 주입한다는 것이 과연 가능할지 모르겠소. 가능할 수도 있겠지. 하지만 나는 의심스럽소.

이런 의문들에 대해 이론적으로는 대답할 수 없지만 나의 감정은 집요하게 답하고 있소. 나는 이 같은 분위기가 말할 수 없이 불쾌하오. 이 나라의 실용주의도 그렇고, 사랑, 아름다움, 충동적인 삶에 대한 냉담함도 그렇고, 내게는 숨이 막히오. 이 나라의 권력자들은 인간의 단순한 동물적인 욕구들을 무척 중시하지만 나는 그렇게 할 수가 없소. 물론 내가 이 나라 사람들처럼 굶주림과 가난 속에 살아 보지 않았기 때문에 그럴 것이오. 그러나 굶주림과 가난이 반드시 지혜를 가져오는가? 모든 개혁가를 고취시키는 것은 이상 사회일진대, 굶주림과 가난이 과연 이상 사회를 잉태하는 인류의 능력을 더 키우거나 줄이거나 할 수 있는가? 나는 그런 것들이 지평선을 넓힌다기보다 오히려 좁혀 놓는다고 생각지 않을 수 없소. 그러나 한 가닥 불안한 의혹이 남아 나를 두 갈래로 찢어 놓는구려……

페트로그라드, 1920년 5월 13일


〈4〉 미지의 신비한 땅을 헤치며 우리가 탄 배는 연일 나아가고 있소. 우리 일행은 떠들썩하고 쾌활하며, 다투기도 하면서 지내고 있소. 모든 것을 그럴듯하게 설명하는 가벼운 이론들이 난무하는 가운데, 이 나라 사람들이 이해할 수 없는 것은 없으며, 이 체제의 범위를 벗어나는 인간의 운명은 없다고 설득당하고 있소. 우리 중 한 사람(클리퍼드 앨런)은 죽음의 문전에서 나약함과 공포와 강한 자들의 무관심에 맞서 준엄한 투쟁을 하고 있는데, 요란한 구애의 목소리와 하찮은 일에 깔깔대는 웃음소리에 밤낮으로 시달리고 있소. 배 주위는 온통 거대한 침묵이오. 죽음처럼 강하고 하늘처럼 깊이를 헤아릴 길 없는 침묵. 아무도 그 침묵에 귀 기울일 여유가 없어 보이건만 내 귀에만 끈덕지게 아우성치니, 선전가들의 장광설도, 아는 것 많은 사람들의 끝없는 정보도, 내 귀에는 들어오지가 않소.

어젯밤 아주 늦게, 집 한 채 없고 높은 모래 언덕만 달랑 있는 황량한 지점에서 배가 멈추었소. 모래 언덕 너머로 포플러들이 줄지어 서 있고 그 뒤로 달이 둥실 솟아 있었소. 적막 속에 강기슭에 오르니, 모래사장에 기묘하게 떼 지어 있는 사람들이 보였소. 어느 먼 고장에서 기근에 쫓겨 온 방랑자나 다름없는 사람들이었는데, 가재도구에 둘러싸여 가족들끼리 부둥켜안은 채 어떤 이는 자고 어떤 이는 말없이 나뭇가지로 작은 모닥불을 피우고 있었소. 나풀대는 불꽃 속에 덥수룩한 수염의 사나이들과 강하고 끈기 있는 원시적인 아낙들, 부모들처럼 진지하고 동작이 느린 아이들이 드러났소. 그들도 분명 사람인데, 나는 왠지 그들보다는 개나 고양이나 말과 친해지기가 훨씬 쉬울 것 같았소. 알고 보니 그들은 배가 들어올 때까지 거기에서 며칠을, 어쩌면 몇 주일을 기다

려 왔소. 배를 타고 자신들이 버리고 온 고장보다 땅이 기름
지다고 하는—거짓 소문일지도 모르지만—어느 먼 곳으로
가기 위해서였소. 도중에 죽는 사람도 있고, 모두가 굶주림
과 갈증과 뜨거운 한낮의 햇볕에 시달릴 테지만, 아마 누구
도 고생스러움을 입 밖에 내지 않을 것이오. 내 눈에는 그들
이 러시아의 진정한 넋을 대표하는 듯 보였소. 표현하지 않
고, 절망에 빠져 움직이려 들지 않고, 진보든 반동이든 나라
의 모든 당들을 구성하고 있는, 서구화된 소수 집단의 배려
마저 받지 못하는 사람들. 러시아 땅은 너무나 광대하기 때
문에, 마치 인간과 인간의 별이 성간星間 공간에서 길을 잃
듯, 자기 생각을 말할 수 있는 소수는 이 땅에서 행방불명되
어 버렸소. 어쩌면 그 이론가들이 다수에게 원시적 본능과
상충되는 행동을 강요함으로써 그들의 고통을 가중시킬 수
도 있겠다는 생각이 들었소. 그러나 나는 산업화와 강제 노
동이라는 복음이 그들에게 행복을 가져다줄 수 있다고는 믿
어지지 않았소.

그럼에도 아침이 되자 나는 유물론 사관과 진정한 인민
의 정부의 장점에 관해 지루하게 긴 토론을 재개해야 했소.
함께 토론한 사람들은 강변에서 자고 있는 방랑자들을 보지
못했는데, 만약 보았더라도 그들에게 관심을 두지 않았을 것
이오. 선전 재료가 될 수 없는 사람들이니까. 그러나 나는 그
사람들의 끈질긴 침묵에서 무엇인가를 전해 들었으며, 입 밖
에 내지 않는 외로운 그 무엇이, 편안하고 익숙한 지적 대화

가 이어지는 내내 가슴에 남아 있었소. 그러다 결국에는, 정치란 히죽대는 악마의 부추김 속에 정력적이고 눈치 빠른 사람들을 대상으로 돈이나 권력이나 이론을 얻고 싶으면 순종하는 대중을 괴롭히라고 가르치는 것에 불과하다는 생각이 들기 시작했소. 우리는 여행하는 내내 농민들에게서 짜내온 음식을 먹고, 그들의 아들들로 선발된 군사력의 보호를 받았소. 우리는 그들에게 무엇으로 보답해야 하나 생각해 보았소. 그러나 답이 떠오르지 않았소. 이따금 그들의 구슬픈 노랫소리나 잊혀지기 힘든 발랄라이카〔러시아 고유의 현악기〕가락이 들려오곤 했소. 그러나 그 소리가 대초원의 거대한 침묵과 어우러지면서 내게 끔찍한 의문의 아픔을 던져 주었고, 그 속에서 서구의 희망이 퇴색해 버리는 것을 느꼈소.

볼가 강에서, 1920년 6월 2일


볼가 강에서 우리와 함께 배를 탄 운송 장관(우리는 그를 이 호칭으로 불러야 했다) 스베르들로프가 병이 난 앨런을 특별히 친절하게 도와주었다. 우리는 사라토프까지 배로 돌아와 거기서 레발까지는 차르의 딸들이 탔던 마차로 쭉 여행했기 때문에 앨런을 한 번도 옮길 필요가 없었다. 마차를 보고 판단하건대, 그들에겐 이상한 습관이 있었던 모양이다. 호화로운 소파로 된 좌석이 있었는데, 그것을 들어 올리니 용변 보기에 적당한 구멍 세 개가 일렬로 나 있었다. 모스크바에서 집으로 돌아오려 할 때, 하덴 게스트와 나는 치체린과 대판 싸움을 벌였다. 그가, 소비에트 의사 두 명의 검진을 받기 전에는 앨런이 모스크바를 떠나는 것을 허용하지 않겠다고 했기 때문이다. 게다가 처음에는, 이틀이나 더 기다려야만 검진을 받게 해 줄 수 있다고 했다. 계단에서 벌어진 싸움이 한창 커지자 나는 마구 언성을 높였다. 치체린은 예전에 롤로 아저씨의 친구였으므로 나는 그에게 희망을 걸었던 상황이었다. 나는 그를 살인자로 고발하겠다고 소리쳤다. 우리나 앨런 본인이나, 하루속히 러시아에서 빠져나가지 않으면 안 된다고 생각했고, 소비에트 의사들을 기다리라는 지시 때문에 그의 목숨이 위험해질 수도 있다고 판단했다. 결국 타협에 의해 의사들을 즉각 데려와 그를 검진하게 했다. 의사 한 명은 포포프라고 했고, 나머지 한 명의 이름은 기억이 나지 않는다. 소비에트 정부는 앨런을 우호적인 인사로 보았기 때문에, 그가 그들에게 유리한 증언을 할까 봐 우려하여 게스트와 스노덴 부인과 내가 앨런이 죽기를 바란다고 생각했다.

레발에서 스탠 하딩 부인을 우연히 만나게 되었다. 나는 초면이었는데, 그녀는 볼셰비키를 열렬히 지지하여 러시아로 들어가는 중이었다. 나는 그녀의 환상을 깨기 위해 나름대로 노력했으나 성공하지 못했다. 그녀는 도착하자마자 감옥에 갇히는 신세가 되었는데, 영국 정부의 끈질긴 요청에 의해 8개월 후에 석방되었다. 그러나 잘못을 따지자면 소비에트 정부보다도 해리슨 부인 쪽의 잘못이 더 컸다. 볼가 강에서 우리와 함께 배를 탔던 해리슨 부인은 미국 명문가의 숙녀였다. 그녀는 눈에 띄게 무서워하면서 러시아를 빠져나가고 싶어 했으나, 볼셰비키 당원들이 그녀를 엄중하게 감시했다. 악시오네프라는 염탐꾼이 한시도 떠나지 않고 그녀를 감시하면서 그녀가 하는 모든 말을 엿들었다. 소비에트가 구체제로부터 인수받은 그 사람은 긴 턱수염과 우울한 표정을 하고 있었으며, 퇴폐적인 프랑스 시를 쓰는 솜씨가 훌륭했다. 그는 야간열차에서도 그녀와 같은 칸에 탔고, 배에서도 그녀가 누구와 얘기를 한다 싶으면 어느새 소리 없이 뒷전에 와 있었다. 몰래 기어드는 솜씨가 아주 뛰어난 사람이었다. 나는 그녀를 가엾게 생각했으나, 그것은 빗나간 동정이 되고 말았다. 사실 그녀는 미국과 영국의 사주를 받는 첩자였던 것이다. 그녀가 첩자라는 사실이 밝혀지자 러시아 측은 자신들을 위해 첩보 활동을 한다는 조건으로 목숨을 살려 주었다. 그러나 그녀는 임무를 수행하기는커녕, 소비에트 지지자들을 고발하고 소비에트의 적들을 도망가게 만드는 등 방해 공작을 폈다. 하딩 부인은 그녀가 첩자라는 사실을 알고 있었기 때문에 러시아에 입국하자마자 감금되었던 것이다. 해리슨 부인이 하딩 부인을 소비에트 당국에 고발한 것도 바로 그 때문이었다. 그럼에도 해리슨 부인은 매력적인 여성이었다. 앨런이 아플 때 간호도 해주었는데, 솜씨나 정성이 앨런의 오랜 친구들보다 오히려 나았다. 나중에 그녀와 관련된 사실들이 백일하에 드러났는데도 앨런은 그녀를 욕하는 말을 듣고 싶어 하지 않았다.

레닌과 한 시간 동안 대화한 후 나는 약간 실망을 느꼈다.

애초에 그를 대단한 사람으로 생각한 것은 아니었으나, 얘기를 나누다 보니 그의 지적 한계가 뚜렷이 느껴졌다. 그의 마르크스주의적 신념은 다소 편협해 보였고, 작은 악마 같은 잔인한 일면마저 엿보였다. 나는 『볼셰비즘의 이론과 실천』이란 책에 레닌과의 면담 내용과 러시아 여행기를 실었다.

　　그 당시 러시아는 봉쇄된 상황이었기 때문에 편지나 전보로는 연락이 닿지 않았다. 그러나 나는 레발에 도착하자마자 도라에게 전보를 치기 시작했다. 그런데 회답이 없었다. 결국 스톡홀름에 도착해서 파리에 있는 그녀의 친구들에게 전보를 쳐 소재를 물어보았더니, 스톡홀름에 와 있다는 소식을 마지막으로 들었다고 했다. 그녀가 나를 만나러 왔구나 짐작하고 24시간을 기다렸으나 그녀는 보지 못하고, 우연히 핀란드인 한 사람을 만나게 되었다. 그 핀란드인은 그녀가 노스 곶을 경유해 러시아로 들어갔다고 전해 주었다. 나는 이것이 우리가 러시아 문제로 오랫동안 끌어온 다툼의 연장선상에 있음을 깨달았으나 크게 걱정하지 않을 수 없었다. 러시아 사람들은 그녀가 온 이유를 알지 못할 테니 자칫하면 감금해 버릴 수도 있었다. 그러나 어떻게 해볼 도리가 없었으므로 그대로 영국으로 돌아와 정신을 좀 가다듬어 보려 애썼다. 러시아에서 받은 충격이 상당히 컸기 때문이다. 얼마 후 러시아에서 돌아오는 친구들 편에 도라의 편지들이 도착하기 시작했다. 나는 그녀가 러시아를 좋아하게 되었다는 것을 알고 깜짝 놀랐다. 게다가 호감의 정도가 내가 러시아를 싫어하는 것 못지않았다. 우리가 과연 이 차이를 극복할 수 있을지 걱정이 되기 시작했다. 그런데 영국에 돌아왔을 때 나를 기다리고 있던 편지들 중에 중국에서 온 것이 있었다. '중국 강연 협회'에서 1년간 강연을 맡아 달라는 초청장이었다. 중국인들로만 구성된 그 단체는 매년 저명한 외국인을 한 사람씩 불러들여 강연을 맡겼는데, 바로 전 해에는 존 듀이 박사[미국의 철학자이자 교육자]가 초빙되었다. 나는 도라가 동행해 주면 가고 그게 아니면 가지 않기로 결정했다. 그런데 러시아가 봉쇄되어 있어 그 일을 어떻게 그녀에게 알리느냐가 문제였다. 내가 레발에서 알게 된 아서 워츠란 퀘이커 교도가 퀘이커 교회의 구호 사업 관계로 러시아를 자주 드나들었다. 나는 몇 파운드의 요금을 치르고 그에게 전보를 보내 상황을 설명한 다음, 힘닿는 대로 도라를 찾아내어 중국 문제를 전해 달라고 부탁했다. 천만다행히도 모든 일이 순조롭게 풀렸다. 우리가 출발하려면 도라가 즉시 돌아와야 했는데, 처음에는 볼셰비키 당원들이 내가 장난을 치는 것으로 오해했다. 그러나 결국 어렵사리 그녀가 돌아왔다.

우리는 일요일에 펜처치 가에서 만났는데 처음에는 서로 남남처럼 적대적인 분위기였다. 그녀는 내가 부르주아적이고 노쇠하고 감상적이어서 볼셰비키를 반대한다고 생각했다. 나는 볼셰비키를 향한 그녀의 사랑을 당혹감과 두려움 속에 지켜보았다. 그녀는 러시아에서 만난 남자들의 태도가 어느 모로 보나 나보다 낫다고 생각했다. 전쟁 중에 내가 콜레트에게서 찾으려 했던 것도 바로 그런 유의 위안이었다. 상황이 이러했음에도 우리는 중국에서 한 해 지내는 데 필요한 절차를 하나씩 밟고 있었다. 말보다 강한, 아니 우리의 의식적 사고보다도 강한 어떤 힘이 둘을 묶어 놓았기 때문에, 두 사람 중 누구도 행동에서 흔들린 적은 없었다. 우리는 말 그대로 밤낮없이 뛰어야 했다. 그녀가 도착하고 중국 출발까지 닷새밖에 시간 여유가 없었기 때문에 옷가지를 사고, 여권 수속을 밟고, 친구 및 친지들에게 작별 인사를 하고, 긴 여행에 수반되기 마련인 온갖 야단법석을 떨어야 했다. 게다가 나는 중국에 가 있는 동안 전처와의 이혼이 이루어지기를 바랐기 때문에, 밤마다 공식적 간통 속에 보내야 했다. 형사들이 너무나 우둔하여 이런 날들이 반복되었다. 그러나 마침내 모든 것이 정리되었다. 도라가 평소 수완을 발휘하여 양친을 완전히 설득한 덕분에 그들이 빅토리아까지 와서, 우리가 정식 부부라도 된 양 전송해 주었다. 그들이 철저하게 인습적인 사고방식의 소유자들이었음을 감안하면 그것은 대단한 발전이었다. 기차가 빅토리아를 빠져나가기 시작하자 지난 몇 달간의 악몽과 복잡한 문제들과 근심들이 모두 떨어져 나가고, 완전히 새로운 장이 시작되었다.

# 중국

우리는 마르세유에서 '포르토'란 이름의 프랑스 선박을 타고 중국으로 향했다. 선상에 전염병이 발생하여 3주간 출항이 연기되었으나, 우리는 런던을 떠나오기 직전에야 그 사실을 알게 되었다. 그러나 고된 작별 인사치레를 재차 거치고 싶지는 않았으므로 우리는 파리로 가서 3주를 보냈다. 그때 나는 러시아에 관해 쓰기 시작했던 글을 다 썼는데, 많이 주저한 끝에 출간하기로 마음먹었다. 볼셰비즘을 비난하는 것은 당연히 반동 세력의 손아귀에 놀아난다는 의미로 받아들여졌으므로, 러시아에 대한 생각이 우호적이지 못하다면 아예 입 밖에 내지 말아야 한다는 것이 내 친구들 대부분의 견해였다. 그러나 제1차 세계대전 때도 애국자 진영으로부터 그와 비슷한 얘기를 듣고도 흔들리지 않았던 나였기 때문에, 입을 다물고 있으면 결국 어떤 좋은 목적에도 봉사할 수 없다는 생각이 들었다. 도라와의 개인적인 관계를 생각하면 문제는 한층 더 복잡했다. 어느 무더운 여름날 밤 도라가 자러 간 후, 나는 일어나 발코니에 나와 앉아 하늘의 별들을 쳐다보았다. 나는 당파적인 열정을 떠나 그 문제를 바라보려 애쓰면서 카시오페이아 성좌와 대화하는 장면을 그려 보았다. 볼셰비즘에 대한 나의 생각을 출간하지 않는 것보다는 하는 편이 낫다, 그랬을 때 내가 별들과 좀더 조화를 이룰 수 있다는 생각이 들었다. 그리하여 나는 하던 일을 계속했고, 마르세유로 출발하기 전날 밤에 탈고할 수 있었다.

그러나 실상 파리에서는 홍해에 어울리는 예복을 비롯해 우리의 비공식적인 결혼에 필요한 혼수품을 장만하는 등 좀더 가벼운 일들에 많은 시간을 썼다. 파리에서 며칠이 지나자 둘 사이에 있던 소원함이 모두 사라지고 우리는 명랑하고 가벼운 마음이 되었다. 그러나 선상에서 몇 번 어려운 상황이 되기도 했다. 러시아를 좋아하지 않는다는 이유로 도라가 내게 모욕적인 말을 퍼부었기 때문에 나는 신경이 예민해져 있었다. 나는 그녀에게 같이 먼 길을 떠나온 자체가 실수였으니 바다에 뛰어드는 게 상책이라는 식으로 말했다. 그러나 주로 무더위 때문에 야기된 이 같은 분위기는 곧 사라졌다.

항해가 5, 6주나 계속되었기 때문에 같이 탄 승객들을 아주 잘 알게 되었다. 프랑스 사람들은 대개가 정부 관리 계층이었다. 고무 농장주나 사업가들이 주를 이루는 영국인들에 비하면 훨씬 지위가 높은 사람들이었다. 영국인과 프랑스인들 사이에 말썽이 생기면 우리가 중재역을 맡아야 했다. 한번은 영국인들이 내게 소비에트 러시아에 대해 연설해 달라고 부탁 했다. 나는 그들이 속한 계급을 고려하여 소비에트 정부에 유 리한 것들만 얘기했다. 그 결과 하마터면 폭동이 일어날 뻔했 고, 상하이에 도착하자 영국인 승객들이 베이징의 총영사관 에 전보를 쳐서 우리의 상륙을 허용하지 말라고 촉구하기까 지 했다. 우리는 우리를 적대시하는 집단의 우두머리가 사이 공〔베트남 호치민 시의 옛이름〕에서 당한 일을 떠올리며 스스로 를 위로했다. 사이공의 한 상인이 코끼리를 몰고 다니며 바나 나를 팔고 있었는데, 방문객들이 그것을 사서 코끼리한테 주 었다. 도라와 내가 바나나를 한 개씩 주자 코끼리는 우리에게 아주 점잖게 절을 했다. 그러나 우리의 적이 바나나를 주지 않 자 코끼리가 더러운 물을 내뿜어 그의 말끔한 옷을 흠뻑 적셔 버렸다. 물론 그 재주도 주인한테서 배웠을 것이다. 그때 우리 가 너무 재미있어한 탓에 그가 우리를 좋아할 수 없었는지도 모르겠다.

상하이에 도착해 보니 아무도 마중 나온 사람이 없었다. 그런 일은 처음이었다. 사실 나는 처음부터 초빙이 장난이 아 닌가 하는 의심이 들었기 때문에 진위를 시험하려는 의미에 서, 출발하기 전에 내 여비를 중국 측에 부담시킨 터였다. 장 난을 위해 125파운드를 쓸 사람은 없으리라 생각했으나 막상 아무도 보이지 않자, 우리는 불안감이 되살아나면서 초라한 꼴로 슬그머니 귀국하게 되는 것 아닌가 하는 생각까지 들기 시작했다. 그러나 알고 보니, 우리를 맞을 사람들이 배 도착 시간과 관련해 작은 착오를 일으킨 것뿐이었다. 그들이 곧 나타났고, 우리를 중국 호텔로 데리고 갔다. 그곳에서 난생 처음 겪어 보는 당혹스럽기 그지없는 사흘을 보냈다. 처음에는 도라에 대해 설명하느라 다소 애를 먹었다. 그들은 그녀를 나의 아내로 생각했는데 우리가 그렇지 않다고 하자, 자기네가 잘못 생각한 것 때문에 내가 불쾌하지나 않았나 걱정했다. 나는 그들에게 도라를 내 아내처럼 대해 달라고 했고, 중국 신문들에도 그런 식으로 발표되었다. 우리가 중국에서 머문 처음부터 끝까지, 만나는 모든 중국인들이 그녀를 깍듯이 대했으며 실제 아내인 양 경의를 표했다. 우리는 그녀를 '블랙 양'으로 불러 달라고 계속 말했지만, 그들의 태도에는 변함이 없었다.

상하이에서는 끝없이 사람 만나는 데 시간을 썼다. 중국인들은 물론이고 유럽인, 미국인, 일본인, 한국인들까지. 우리를 만나러 온 가지각색의 사람들은 대체로 서로 잘 알지 못하는 사이였다. 예를 들어, 폭탄 투척 사건으로 추방된 한국의 기독교인들과 일본인들 사이에 사교적 관계란 있을 수 없었다. (당시 한국에서는 기독교인과 폭탄 투척자가 동의어로 통하는 실정이었다.) 따라서 우리는 호텔 라운지에 손님들을 따로 앉혀 놓고 이 테이블 저 테이블로 종일 옮겨 다녀야 했다. 거창한 연회에도 참석해야 했다. 여러 명의 중국인들이 식후 연설을 했는데, 그런 자리에 꼭 필요한 농담을 섞어 가며 훌륭한 영국식 스타일로 말했다. 중국인들을 처음 겪어 본 우리는 그들의 재

치와 언변에 다소 놀랐다. 나는 그때까지도 개화된 중국인들
이야말로 세계에서 가장 세련된 사람이라는 사실을 알지 못
했던 것이다. 쑨원도 나를 저녁 식사에 초대했으나 그가 제의
한 날이 우리의 출발 날짜 뒤였던 탓에 거절할 수밖에 없었던
것이 두고두고 아쉽다. 그로부터 얼마 후 그는 광둥으로 가서
훗날 중국 전역을 석권하게 될 민족주의 운동을 개시했다. 나
는 광둥에 갈 기회가 없었으므로 결국 그를 만나 보지 못했다.

중국인 친구들이 우리를 이틀 동안 항저우로 안내하여 시
후 호西湖를 구경시켜 주었다. 첫날은 배로 돌아보고, 둘째 날
은 교자를 타고 다녔다. 이탈리아를 능가하는 고대 문명의 아
름다움이 깃든 훌륭한 곳이었다. 우리는 그곳에서 난징으로
갔다가, 다시 배를 타고 한커우로 갔다. 볼가 강에서 보낸 날
들이 끔찍스러웠다면, 양쯔 강에서의 나날은 참으로 즐거웠
다. 우리는 한커우에서, 교육 관련 회의가 열리고 있는 창사
로 갔다. 중국인들은 우리가 그곳에서 일주일 묵으면서 매일
연설해 주기를 바랐지만, 우리 둘 다 지친 상태였기 때문에 어
서 베이징에 가서 좀 쉬고 싶은 생각밖에 없었다. 그리하여 후
난 성 성주가 직접 나서서 우창까지 특별 열차를 내주겠다는
등 온갖 말로 유인하는데도 우리는 24시간 이상은 머물지 못
한다고 밝혔다.

그러나 나는 창사 사람들의 비위를 맞춰 주려고 그 24시
간 동안에 네 차례나 강연했다. 그리고 만찬회에서도 두 번,
오찬회에서도 한 차례 연설을 하는 등 최선을 다했다. 창사에

는 현대식 호텔이 없었으므로 선교사들이 친절하게도 우리에게 숙소를 제공해 주겠다고 했다. 그러나 도라와 내가 각기 다른 장소에 머물러야 한다고 하기에 우리는 그들의 초대를 거절하기로 하고 중국 호텔에 묵었다. 그것은 썩 유쾌한 경험은 아니었다. 밤새도록 벌레 군단이 침상을 지나다녔다.

그곳 군사령관이 성대한 연회를 베풀어 주었는데, 그 자리에서 처음으로 듀이 부부를 만났다. 그들은 대단히 친절했으며, 나중에 내가 병이 났을 때도 존 듀이는 우리에게 큰 도움을 주었다. 그때 병원으로 문병 왔던 그는, 내가 헛소리를 계속하던 와중에도 "평화안을 세워야 해"라고 소리쳐 크게 감명받았다고 한다. 군사령관의 연회에는 100명가량의 손님들이 참석해 있었다. 우리는 아주 넓은 홀에 모였다가 연회가 준비된 다른 홀로 자리를 옮겼는데, 믿어지지 않을 만큼 호화롭게 차려져 있었다. 연회 도중에 군사령관은 차린 것이 변변치 않아 미안하다고 하면서, 우리가 화려한 겉치레 대접보다는 자신들의 일상적인 모습을 보고 싶어 할 것으로 생각했다고 말했다. 원통하기 짝이 없지만 나는 적당한 말이 생각나지 않아 걸맞은 응수를 해주지 못했는데, 통역사가 내 부족한 재치를 채워 주었기를 바란다. 우리가 창사를 떠날 때 마침 월식이 진행되고 있었으므로, 귀신을 쫓으려고 화톳불을 피우고 요란하게 징을 쳐대는 중국의 월식 풍습을 구경할 수 있었다. 창사에서 베이징으로 직행한 우리는 열흘 만에 처음으로 몸을 씻을 수 있었다.

베이징에서 지낸 처음 몇 달은 이루 말할 수 없이 즐겁기만 했다. 그전까지 도라와 나 사이에 존재했던 모든 어려움과 불화를 싹 잊어버릴 수 있었고, 중국인 친구들도 마음에 들었다. 일도 재미있었고, 베이징이란 도시 자체가 상상할 수 없으리만큼 아름다웠다.

우리는 잡다한 일을 하는 하인과 남자 요리사, 인력거꾼을 두고 있었다. 하인이 영어를 좀 했으므로 우리는 그를 통해 다른 사람들에게 의사를 전달하곤 했다. 그런데 영국에서 그 방법을 썼다 해도 더 낫지는 않았으리라 싶을 정도로 효과적이었다. 우리는 집에 들어가 살게 되기 얼마 전에 요리사를 채용하고, 앞으로 며칠 후의 저녁 식사를 첫 식사로 했으면 좋겠다고 말했다. 그때가 되자 과연 저녁이 준비되어 있었다. 하인은 모르는 게 없었다. 한번은 잔돈이 필요한 상황이 되었는데, 낡은 탁자 속에 1달러쯤 넣어 둔 게 생각이 났다. 우리는 그에게 장소를 설명해 주고 집에 가서 가져오라고 했다. 그랬더니 그가 태연하게 "안 돼요, 부인. 남편분이 나빠요"라고 대답했다. [본인이 챙기고 러셀에게 뒤집어씌운 듯하다.] 이따금 일해 주러 오는 침모도 있었다. 우리는 겨울에만 그녀를 고용하고 여름에는 쓰지 않았다. 재미있는 것은, 겨울에는 아주 뚱뚱하던 그녀가 날이 따뜻해질수록 날씬해진다는 사실이었다. 겨울에 입었던 두꺼운 옷들을 하나씩 벗어던지다가 여름이 되면 조촐한 얇은 옷을 입기 때문이었다. 집에 가구가 필요했으므로 우리는 베이징에서 쉽게 볼 수 있는 훌륭한 중고 가구점에서 사온 것들을 들여다 놓았다. 중국인 친구들은 버밍엄에서 수입한 현대식 가구를 두고 낡은 중고 물건을 선호하는 우리를 이해하지 못했다. 우리를 챙겨 주는 일을 맡은 공식 통역사가 한 사람 있었다. 미스터 차오로 불리운 그는 영어 실력이 대단했으며, 특히 영어로 농담할 수 있다는 것을 자랑스럽게 생각했다. 한번은 내가 예전에 쓴 글을 한 편 보여 주었는데, '작금의 혼란의 원인'이란 제목이었다. 그가 평하기를, "글쎄, 제가 보기엔 작금의 혼란의 원인은 바로 과거의 혼란인 것 같은데요" 하고 말했다. 나는 여행하는 동안에 그와 가까운 친구가 되었다. 당시 그는 중국인 처녀와 약혼한 상태였는데, 그들의 결혼을 막아 온 몇 가지 난관을 내가 나서서 해결해 주기도 했다. 지금도 그에게서 이따금 연락이 오며, 그들 부부가 영국으로 날 찾아온 일도 한두 번 있었다.

나는 강의 때문에 매우 분주한 중에도 다소 진보적인 학생들의 세미나를 하나 맡고 있었다. 그들 모두가 볼셰비크였으나 단 한 사람, 황제의 조카만 예외였다. 그들은 하나둘씩 차례로 모스크바로 빠져나갔다. 솔직 담백하고 똑똑했으며, 중국 전통의 굴레에서 벗어나 세상을 알고 싶어 하는, 매력적인 청년들이었다. 그들 대부분이 어릴 때 구식 처녀와 맺은 약혼을 파혼하고 현대식 교육을 받은 여성과 결혼하는 것이 과연 옳으냐, 하는 윤리적 문제로 고민하고 있었다. 전통 중국과 새로운 중국 사이의 간극이 대단히 넓었으므로 현대적 사고방식의 젊은이들은 가족의 구속을 특히 힘들어했다. 도라는 교사 양성 기관인 여자 보통 학교에 나갔다. 학생들이 결혼과 자유연애, 피임 등등에 대해 온갖 질문을 하면 그녀는 아주 솔직하게 대답해 주었다. 유럽의 여자 대학에서는 상상조차 할 수 없는 방식이었다. 그들의 사고방식은 자유로웠지만 전통적인 행동 관습에 묶여 있었다. 우리는 이따금, 내가 맡고 있는 세미나 반 청년들과 보통 학교 여학생들을 불러 파티를 열어 주었다. 처음에는 여학생들이 남학생들은 들어오지 못하리라 생각되는 방으로 숨어 버리곤 했으므로, 그들을 불러내어 남학생들과 어울리도록 도와주어야 했다. 일단 긴장감이 풀리고 나자 부추길 필요도 없었음은 물론이다.

내가 강의를 나간 베이징 국립대학은 대단히 주목할 만한 학교였다. 총장과 부총장은 중국의 근대화에 열성적으로 매달리는 사람들이었다. 부총장은 내가 아는 누구보다도 진지한 이상주의자였다. 급여로 책정된 기금을 항상 군사령관들이 착복하기 때문에 가르치는 일은 봉사나 다름없었다. 학생들 역시 교수들의 열성적인 가르침을 받을 자격이 있는 사람들이었다. 그들은 지식에 대한 갈망이 대단했고 조국을 위해서는 어떤 희생도 치를 각오가 되어 있었다. 위대한 각성에 대한 희망이 전류처럼 번득이는 분위기였다. 중국은 수세기에 걸친 잠에서 깨어나 현대의 세계를 깨달아 가고 있었으며, 당시의 개혁가들은 통치 책무에 따르기 마련인 지저분하고 타협적인 작태에 아직 물들어 있지 않았다. 영국인들은 중국의 개혁가들을 향해 코웃음을 치면서 중국은 언제나 중국으로 머물 것이라고 했다. 그들은 내게 설익은 젊은이들의 공허한 이야기에 귀 기울이는 것은 어리석은 짓이라고 큰소리쳤으나, 그로부터 몇 년이 채 못 되어 그 설익은 젊은이들이 중국을 장악하고 영국인들에게서 가장 소중한 특권들을 상당수 박탈해 버렸다.

중국에서 공산주의자들이 출현하여 권력에 도전하기 시작하자 영국의 대 중국 정책도 미국의 대 중국 정책 이상으로 상당히 개화되어 갔지만, 그 이전까지만 해도 정반대의 상황이었다. 1926년의 경우, 영국군이 무장도 하지 않은 중국 학생 군중을 향해 발포하여 수많은 사상자를 낸 사건이 세 차례나 있었다. 나는 이 같은 만행들을 통렬히 규탄하는 글을 썼으며, 처음에는 영국에서 출간되었고 이어 중국 전역에서도 출간되었다. 나는 중국에 머무는 미국인 선교사와 소식을 주고받고 있었는데, 그 사건들이 있었던 직후에 영국으로 온 그가 말하기를, 중국인의 분노가 얼마나 대단한지 그 나라에 거주하는 영국 사람들의 목숨이 위험할 지경이라고 했다. 그리고 격분한 중국인들이 나로 인해, 영국인이라고 다 나쁘지 않다는 결론에 도달하게 되었으니 중국에 있는 영국인들이 온전한 것은 내 덕분이라고까지 말했다. 물론 나로서는 신뢰하기 힘든 얘기였지만, 어쨌거나 나는 중국에 사는 영국인들뿐 아니라 영국 정부로부터 미움을 사게 되었다.

중국에 와 있는 백인들은 중국인들 사이에서 상식으로 통하는 것들을 모르는 경우가 많았다. 한번은 내가 거래 은행(미국계 은행이었다)에서 프랑스계 은행이 발행한 지폐를 받았는데, 중국 상인들이 그것을 받아 주려 하지 않았다. 은행 측도 크게 놀라면서 다른 지폐를 대신 내주었다. 그로부터 석 달 후 그 프랑스 은행이 파산했고, 중국에 진출해 있던 다른 모든 백 인계 은행들은 놀라움을 감추지 못했다.

내가 볼 때 아시아에 사는 영국인은 주위 환경의 영향을 전혀 받지 않는 듯했다. 그들은 폴로[네 명이 한 조가 되어 말을 타고 하는 공치기]를 즐기고 클럽에 나간다. 현지 문화에 대한 지식을 18세기 선교사들의 작품에서나 얻고, 자기 조국의 지 성인을 멸시하듯 아시아의 지성인을 멸시한다. 아시아에서는 지성인이 존경받기 때문에 영국에서와는 달리 개화된 급진주 의자들도 정세에 영향력을 발휘한다는 사실을 영국인은 간과 한다. 이것은 우리의 현명한 정치를 위해서도 불행한 일이 아 닐 수 없었다. 맥도널드가 반바지 차림으로 윈저 궁에 갔다고 하지만, 중국의 개혁가들은 황제에 대해 그 정도 예의조차 보 여 주지 않았다. 군주 제도의 역사로 따지자면 우리는 중국의 뒤꿈치에도 못 미치는데 말이다.

중국이 무엇을 해야 하는가에 대해서는 나의 책 『중국의 문제』에서 견해를 밝혔으므로 여기서는 반복하지 않을 것이다.

당시 중국은 소용돌이에 휘말려 있었음에도 유럽과 비교 할 때 철학적 평온은 충만한 나라였다. 일주일에 한 번씩 영국 에서 우편물이 도착하곤 했는데, 거기서 오는 편지며 신문들 은 마치 용광로 문을 불쑥 열었을 때 나오는 불같은 열기처럼 뜨거운 광기의 바람을 뿜어내는 것 같았다. 우리는 일요일에도 일을 해야 했으므로 월요일에 쉬곤 했는데, 주로 천단〔베이징 남쪽 교외에 있는 제단으로, 천자가 천제에게 제사를 지내는 곳〕에 가서 온종일 시간을 보냈다. 내가 운이 좋아 이런 것도 다 보는구나 싶을 만큼 아름답기 그지없는 건물이었다. 우리는 별 대화 없이 겨울 햇살 속에 앉아 서서히 평온 속에 빨려들다가, 산만한 우리 대륙의 광기와 열정에 차분하게 맞설 마음의 준비를 하고서야 자리를 뜨곤 했다. 때로는 베이징의 성곽 위를 거닐기도 했다. 어느 날 저녁, 해질녘부터 시작해 둥근 보름달이 떠오를 때까지 계속 걸었던 일이 특히 생생하게 기억난다.

중국인들은 내 취미에 딱 맞는 유머 감각을 갖고 있었다. 공산주의가 그것마저 말살했는지는 모르겠으나, 내가 그 나라에 있을 때 그들은 자기네 고전에 나오는 인물들을 끊임없이 상기시켰다. 어느 무더운 날, 뚱뚱한 중년의 사업가 두 사람이 자동차를 몰고 교외로 나가 반쯤 무너진 어느 유명한 탑을 구경하자고 했다. 그곳에 도착하자 나는 그들도 따라오려니 하면서 나선형 계단을 올라갔는데, 꼭대기에 도착해서 보니 그들은 아직도 땅에 서 있었다. 왜 올라오지 않느냐고 내가 묻자 그들은 엄숙하게 무게를 잡으며 대답했다.

"올라갈 생각을 하고 우리끼리 상의를 해봤지요. 양쪽 다 좋은 의견들이 많았으나 결국 한 가지로 결론을 내렸어요. 저 탑이 언제 무너질지 모르는데, 정말로 무너질 경우 저 철학자 선생이 어쩌다 사망했는지를 증언할 사람들이 있어야겠다고 말입니다."

얘기의 요지는, 날씨는 덥고 자신들은 뚱보라는 것이었다.

이 경우처럼, 중국 사람들 중에는 상대가 이해하기 힘든 농담을 즐기는 세련된 유머 감각의 소유자들이 많았다. 내가 베이징을 떠날 때 한 중국인 친구가 고전에 나오는 긴 글귀를 아주 작은 널빤지에 깨알같이 손으로 새겨서 내게 건네주었다. 그리고 같은 글귀를 종이에 쓴 훌륭한 서예문도 같이 주었다. 내가 글귀의 뜻을 묻자, 그는 "고국에 가시거든 자일스 교수님께 여쭤 보세요" 하고 대답했다. 그가 시키는 대로 한 결과, 나는 그것이 '주술사의 충고'이며 주술사가 찾아온 손님들에게 당신 좋을 대로 하라고 충고만 해준다는 내용임을 알게 되었다. 내가 중국인들이 당면한 정치적 난제에 대해서는 항상 충고를 거부했기 때문에 그 중국인 친구가 날 조롱한 것이었다.

베이징의 겨울 날씨는 아주 차갑다. 거의 매일 몰아치는 북풍이 몽골의 산악 지방에서 차가운 기운을 옮겨 온다. 나는 기관지염이 있었으나 신경 쓰지 않았다. 증세가 호전되는 듯하던 어느 날, 우리는 중국인 친구 몇 사람의 초대를 받고 베이징에서 자동차로 두 시간쯤 걸리는 모처로 갔는데 온천이 있는 곳이었다. 호텔에서 아주 좋은 차를 내주었는데 어떤 사람이 말하기를, 저녁 식사를 망칠 수 있으니 차를 너무 많이 마시는 것은 현명하지 못하다고 했다. 나는 심판의 날이 언제 닥칠지 모르는 판국에 그렇게까지 신중할 필요는 없다고 말했다. 결론적으로 내가 옳았다. 나는 그로부터 석 달이나 지나서야 푸짐한 식사를 다시 할 수 있었으니까. 차를 마시고 난 후 갑자기 몸이 떨리기 시작했다. 한 시간 정도 그렇게 떨다가 당장 베이징으로 돌아가는 게 좋겠다고 판단했다. 돌아오는 길에 우리가 탄 차의 타이어가 구멍이 나 버렸고, 타이어를 수리하고 나니 이번에는 엔진이 식어 버렸다. 그 무렵 나는 거의 의식을 잃을 지경이었다. 중국인 하인들과 도라가 차를 언덕 꼭대기까지 밀고 올라갔다가 다시 내려오자 엔진이 서서히 살아나기 시작했다. 시간이 많이 지체된 탓에 베이징에 도착했을 때는 이미 성문들이 내려져 있었다. 전화로 연락하여 문을 열게 하는 데 한 시간이 걸렸다. 마침내 집에 도착했을 때 나는 심각한 상태였다. 상황 파악도 못한 채 정신이 오락가락했다. 나는 독일계 병원으로 옮겨졌고, 낮에는 도라가 밤에는 베이징에서 유일한 영국인 전문 간호사가 나를 간호했다. 의사들은 저녁마다 내가 아침이 되기 전에 죽을 거라고 판단했고 그런 날들이 2주나 이어졌다. 나는 그때 일을 몇 가지 꿈을 꿈 것밖에는 아무것도 기억하지 못한다. 제정신으로 돌아왔을 때 내가 어디에 와 있는지도 몰랐고, 간호사도 알아보지 못했다. 내가 죽을 정도로 많이 아팠다고 도라가 얘기하자 나는 이렇게 대답했다. "거참, 재미있군." 그러나 기력이 너무 빠져 5분도 못 되어 잊어버렸으므로 도라가 다시 얘기해 주어야 했다. 내 이름조차 기억할 수 없었다. 정신을 차리고도 한 달가량은 내가 언제 죽을지 모른다고들 했으나, 나는 그런 말을 전혀 믿지 않았다. 중국인들이 데려온 그 간호사는 전쟁 때 세르비아의 한 병원을 책임졌던 수간호사로서, 그 방면에 매우 뛰어난 사람이었다. 병원이 독일군들에게 점령되자 간호사들은 불가리아로 이송되었다. 그녀는 불가리아 여왕과 가까워졌다는 이야기를 수도 없이 내게 들려줬다. 그녀는 신앙심이 깊은 여자였는데 내 상태가 호전되기 시작했을 때 말하기를, 차라리 날 죽게 내버려 두는 것이 자신의 의무가 아닐까 심각하게 고민했다고 했다. 그녀가 받은 직업 교육이 도덕의식보다 강했다는 것이 천만다행이었다.

건강이 회복되는 동안, 몸이 쇠약하여 많은 불편이 따르는 가운데도 나는 더할 수 없이 행복했다. 도라는 내게 매우 헌신적이었다. 그 때문에 나는 불유쾌했던 일들을 모두 잊을 수 있었다. 회복기로 접어든 초기에 도라의 임신 사실이 밝혀져 우리 둘에게 커다란 즐거움을 가져다주었다. 아이를 갖고 싶은 나의 욕망은 지난날 앨리스와 함께 리치먼드 그린 공원을 거닐던 때부터 시작해 점점 더 커지다가 마침내는 극도의 집착이 되어 버렸다. 나 자신이 살아남았을 뿐 아니라 아이까지 얻게 되었다고 생각하니, 몸이 회복되기까지 온갖 잔병들이 이어졌음에도 병중에 있다는 사실을 까맣게 잊을 수 있었다. 가장 큰 문제는 양쪽 폐렴이었고, 그 밖에도 심장병, 신장병, 이질, 정맥염 등이 겹쳤다. 그러나 그런 것들도 나의 완벽한 행복감을 방해할 수 없었으며, 온갖 비관적인 예언이 있었지만 완쾌된 후에 후유증도 전혀 겪지 않았다.

죽지 않으리라는 확신 속에 병석에 누워 있는 것은 놀랍

도록 즐거운 경험이었다. 그 전까지는 내가 근본적으로 비관
주의자여서 산다는 것에 큰 가치를 두지 않는다고 늘 생각했
다. 그러나 그것은 완전히 착각이었으며, 내게 삶은 한없이 달
콤한 것이라는 사실을 깨닫게 되었다. 베이징은 비가 오는 일
이 드문데, 회복기에 있는 동안 큰 비가 쏟아졌다. 젖은 대지
의 상큼한 냄새가 창으로 들어오면, 내가 이 냄새를 다시 못 맡
게 되었다면 얼마나 끔찍했을까 생각하곤 했다. 햇빛이나 바
람 소리에도 그런 감회에 젖어들었다. 내 창 바로 바깥에 아주
아름다운 아카시아 나무들이 서 있었는데, 몸이 좀 회복되었
을 때 마침 꽃을 피우기 시작하여 나를 즐겁게 해주었다. 그 후
로는 살아 있음이 뼈저리게 감사하다는 것을 알게 되었다. 대
부분의 사람들이 다 아는 것을 나는 알지 못했던 것이다.

중국인들이 나를 시후 호 근처에 묻고 추모 사당을 세우
려 했다는 것을 나중에 전해 들었다. 무신론자인 내가 만일 신
격화되었다면 그 얼마나 근사했을까 생각하니, 그렇게 되지
못한 것이 약간 섭섭하기도 했다.

당시 베이징에는 소비에트 외교 사절단이 와 있었는데,
그 사람들이 우리한테 큰 친절을 베풀었다. 베이징에서 좋은
샴페인을 가진 사람들은 그들밖에 없었다. 샴페인은 폐렴 환
자가 마셔도 좋은 유일한 음료라 할 수 있는데, 그들이 그것을
마음껏 마시도록 제공해 주었다. 그들은 처음에는 도라를, 나
중에는 나까지 차에 태우고 베이징 인근 지역으로 드라이브를
시켜 주기도 했다. 즐겁기는 했으나 약간 아슬아슬한 경험이

었다. 그들이 혁명 중에 있는 사람들처럼 대담하게 운전을 했기 때문이다.

폐렴 구균을 죽이는 혈청을 조달해 준 베이징 주재 록펠러 재단이 사실상 내 생명의 은인이라 할 수 있을 것이다. 나는 병이 나기 전이나 후나 정치적인 면에서 그 재단을 강력하게 반대했으며, 그들 역시 내 간호사 못지않게 나를 혐오했다는 점을 감안하면 더더욱 감사하지 않을 수 없다.

일본인 저널리스트들은 나를 간호하기도 바쁜 도라에게 끊임없이 인터뷰를 청하며 괴롭혔다. 견디다 못한 그녀가 좀 퉁명스럽게 그들을 대했고, 그러자 일본 신문들이 내가 죽었다고 보도해 버렸다. 이 소식이 우편으로 일본에서 미국으로 전해지고, 미국에서 다시 영국으로 전해졌다. 그런데 영국 신문들이 이 기사를 내보낸 그날 이혼 판결 소식도 전해졌다. 법원이 그 기사를 믿지 않았으니 망정이지 자칫하면 이혼마저 연기될 뻔했다. 덕분에 나는 내 사망 기사를 읽어 보는 즐거움을 누릴 수 있었다. 실현될 것이라고는 기대하지 않았으나, 그런 즐거움을 한번 누려 보았으면 하는 것이 평소의 바람이었기 때문이다. 어느 선교회 신문에 단 한 문장으로 실렸던 나의 부고가 생각난다. "선교사들은 버트런드 러셀 씨의 사망 소식을 듣고 안도의 한숨을 내쉬더라도 용서받을 수 있을 것이다." 내가 결국 죽지 않았다는 것을 알았을 때 아마도 그들은 다른 종류의 한숨을 내쉬었을 것이다. 사망 기사 때문에 영국에 있던 친구들이 다소 고통을 겪었다. 베이징에 있던 우리는 아무것도 모르고 있다가 아직 살아 있느냐고 묻는 프랭크 형님의 전보를 받고서야 그 소동을 알게 되었다. 그동안에 형은, 내가 베이징에서 죽는 짓 따위는 절대 하지 않을 것이라고 말했다 한다.

회복기 중에 가장 지루했던 시기는 정맥염이 발병하여 6주 동안 꼼짝 않고 누워 있어야 했던 때였다. 우리는 고국에 들어가 아이를 낳고 싶은 마음이 간절했으나, 시간이 지날수록 불가능한 일처럼 보이기 시작했다. 그러자 마음이 조급해지지 않을 수 없었는데, 의사들이 기다리는 수밖에 도리가 없다고 말하자 더 안달이 났다. 그러나 때맞추어 문제가 해결되었고, 비록 내 몸이 아직도 많이 쇠약하여 지팡이를 짚고도 간신히 걷는 상태였으나 우리는 7월 10일 베이징을 떠날 수 있었다.

중국에서 돌아오고 얼마 안 되어, 영국 정부는 의화단 사건[배외 사상을 주창한 중국의 비밀 결사 단체인 의화단이 1900년에 일으킨 농민 투쟁]의 배상 문제를 처리하기로 결정했다. 난이 진압된 후 체결된 강화 조약에, 피해를 본 모든 유럽 열강들에게 중국 정부가 해마다 일정액을 지급한다는 규정이 명시되어 있었던 것이다. 미국은 현명하게도, 배상금을 받지 않기로 했다. 영국의 친중국 인사들이 영국도 그렇게 하라고 촉구했으나 허사였다. 결국 중국이 벌금 차원에서 돈을 낼 것이 아니라, 중국과 영국 양자에게 이익이 될 수 있는 방향에서 일정액을 내놓아야 한다고 결론이 내려졌다. 그것을 어떤 형태로 할 것인지를 결정하기 위해 위원회가 구성되었고, 거기에 중국인 두 명이 반드시 포함되어야 했다. 맥도널드가 수상이었을 당시 로스 디킨슨과 내게 위원직을 맡아 달라고 했고, 우리는 팅과 후스를 중국인 위원으로 추천하는 데 동의했다. 그로부터 얼마 후 맥도널드 내각이 실각하고 보수당 내각이 들어섰다. 새 내각은 로스 디킨슨과 내게 위원직 사퇴를 통고했고, 팅과 후스도 위원으로 받아 주지 않겠다고 했다. 우리가 중국에 대해 아는 것이 없다는 것이 그 이유였다. 중국 정부는 내가 추천한 두 중국인 외에는 아무도 위원회에 파견하지 않겠다는 대답을 보내왔다. 이로 말미암아 중국과 친선을 확보해 보려던 작은 노력마저 중단되고 말았다. 노동당이 우호를 표방한 시기에 얻어낸 것이 있다면, 중국 무역을 위해 개방했던 산둥을 폐쇄하고 영국 해군의 골프장으로 바꾼 것밖에 없었다.

　나는 병이 나기 전부터 이미 중국에서 떠날 때 일본에 들러 순회강연을 하려고 계획하고 있었다. 그러나 이 계획은 결국 한 차례의 강연으로 축소해야 했고, 다양한 사람들을 만나보는 것으로 끝났다. 우리는 일본에서 12일 동안 몹시 바쁜 나날을 보냈는데, 매우 흥미롭기는 했으나 즐거웠다고는 할 수 없는 시간들이었다. 중국인들과 달리 일본인들은 예의가 썩 바르다고 할 수 없었을 뿐 아니라, 남의 일에 끼어들지 않고는 못 배기는 사람들이었다. 내 몸이 여전히 쇠약했기 때문에 우리는 불필요하게 피곤한 일을 피하고자 애썼으나, 기자들이 아주 골치 아픈 존재들로 다가왔다. 배가 처음 항구에 도착하니 벌써 30여 명의 기자들이 대기하고 있었다. 비밀리에 여행하려고 나름대로 애를 썼는데도 경찰을 통해 우리의 움직임을 알아낸 것이었다. 일본 신문들이 나의 사망 보도 취소를 거부한 일도 있고 해서, '나는 죽은 사람이니 인터뷰를 할 수 없다'는 내용의 쪽지를 도라가 타이프로 쳐서 기자들에게 나눠 주었다. 그들이 아쉬운 듯 혀를 차며 이렇게 말했다. "Ah! veree funnee〔장난이 지나치시네〕!"

우리는 먼저 《재팬 크로니클》지의 편집장인 로버트 영을 만나려고 고베로 갔다. 배가 부두로 접근하고 있을 때 수많은 사람들이 플래카드를 들고 행진하는 것이 보였는데, 나를 환영한다고 쓴 플래카드도 보인다면서 일본어를 아는 사람들이 깜짝 놀랐다. 알고 보니, 부두에서 대규모 파업이 진행되고 있었는데 경찰이 저명한 외국 인사를 환영하는 경우 외에는 떼지어 행진하는 것을 금했다는 것이다. 결국 시위를 하자면 그 방법밖에 없었던 것이다. 파업을 이끄는 사람은 가가와라는 기독교계 평화주의자였다. 나는 그의 안내로 파업자 회의에 몇 번 참석했고, 한 차례 연설도 했다. 로버트 영은 1880년대에 영국을 떠났기 때문에 그 후의 사상적 타락에 동참한 바 없는 매력적인 사람이었다. 그의 서재에는 그가 열렬히 존경한다는 브래들로〔1833~91년, 영국의 자유주의적 정치운동가〕의 대형 사진이 걸려 있었다. 나는 그의 신문을 내가 아는 어떤 신문보다 훌륭하다고 보는데, 그는 식자공으로 일하며 받은 임금을 저축해 모은 10파운드의 자본으로 신문사를 시작했다고 한다. 그가 나를 나라로 안내해 주었다. 나라는 일본의 옛 자취가 남아 있는 대단히 아름다운 곳이었다. 이어서 우리는 《개조》라는 현대식 잡지의 야심만만한 편집자들의 수중으로 떨어졌다. 그들은 우리를 교토와 도쿄로 안내했는데, 기자들에게 우리의 도착 시간을 알리는 것을 절대로 빼먹지 않았기 때문에 우리는 잠잘 때조차 플래시 세례를 받고 사진이 찍혀야 할 정도로 끊임없이 시달렸다. 두 도시 모두에서 우리는 그들이 초청한 많은 수의 교수들과 만나야 했다. 우리는 극도의 아첨을 받는 동시에 경찰 정탐꾼의 미행을 받았는데, 호텔에서는 타자기를 갖춘 경찰 무리가 우리 바로 옆방에 잠입했다. 웨이터들은 우리를 왕족인 양 대하면서 뒷걸음질 쳐 방에서 나가곤 했다. 우리가 "웨이터가 왜 저 모양이야?"라고 하면 그 즉시 타닥거리는 경찰의 타자기 소리가 들려왔다. 우리를 위해 열린 교수들의 파티 석상에서 내가 누군가와 좀 활기찬 대화로 접어들라치면 어느새 플래시가 터지고 사진을 찍어 대는 바람에 대화가 중단되기 일쑤였다.

여자들을 대하는 일본인들의 태도는 다소 원시적이었다. 교토에서 도라와 내게 주어진 모기장은 둘 다 구멍난 것들이어서 모기 때문에 제대로 잘 수가 없었다. 아침에 내가 그 점에 대해 불평했다. 그날 저녁, 내게는 손질한 모기장이 주어졌으나 도라의 모기장은 그대로였다. 다음 날 내가 다시 불평을 하자 그들은 이렇게 말했다. "숙녀분에게 그게 문제가 될 줄은 몰랐습니다." 한번은 우리처럼 일본을 여행 중이던 사학자 아일린 파워와 함께 교외 열차를 타게 되었다. 앉을 자리가 없었는데, 한 일본인이 친절하게도 일어나며 내게 양보했다. 나는 그 자리를 도라에게 넘겨주었다. 그러자 또 한 사람이 일어나 내게 앉으라고 했다. 이번에는 아일린 파워를 그 자리에 앉혔다. 그쯤 되자 사내답지 못한 나의 행동을 일본인들이 얼마나 역겨워하던지, 소동이라도 벌일 것 같은 분위기가 되었다.

우리가 만난 일본인 중에 유일하게 마음에 쏙 드는 사람은 이토 양뿐이었다. 젊고 아름다운 그녀는 저명한 무정부주의자와 동거하면서 아들을 하나 두고 있었다. 도라가 그녀에게 물었다. "당국이 당신들에게 어떤 짓을 할지 걱정되지 않으세요?" 그녀가 손으로 자기 목을 자르는 시늉을 하며 말했다. "조만간 이렇게 되리란 거, 잘 알아요." 훗날 대지진[1923년 관동 대지진. 지진을 빌미로 일본 관헌과 자경단이 한국인과 일본인 사회주의자들을 학살했음] 때 그녀가 무정부주의자와 살고 있던 집에 경찰이 찾아왔다. 그들 남녀와 어린 조카(경찰은 그 아이가 그들의 아들인 줄 알았다)가 집에 있었는데, 경찰서 출두 명령을 받았다. 경찰서에 도착하자 경찰관들은 세 사람을 각각 다른 방에 집어넣었고, 나중에 목졸라 죽였다. 그러고 나서 그들은, 경찰서로 오는 도중에 아이와 친해졌기 때문에 아이를 처리하는 데는 별 애로가 없었다고 자랑삼아 떠들어 댔다. 그때 그 경찰관들은 민족의 영웅이 되었으며, 아동들에게는 그들을 찬양하는 글을 짓도록 강요하기도 했다.

우리는 교토에서 요코하마까지, 엄청난 무더위 속에 열 시간을 가야 했다. 날이 어두워진 직후에 요코하마에 도착하니 마그네슘 탄〔플래시 전구에 마그네슘이 쓰임〕이 연발 터졌다. 한 방씩 터질 때마다 도라가 깜짝깜짝 놀랐으므로 나는 아이가 유산되지 않을까 점점 더 걱정되었다. 피츠제럴드의 목을 졸라 본 후로(앞서 설명한 일화임) 그처럼 화가 치밀기는 처음이었다. 플래시를 든 녀석들을 붙잡으려 했으나 절뚝거리는 몸이었기 때문에 따라잡을 수 없었다. 내 손에 붙잡혔다면 분명히 죽임을 당했을 것이니 다행이라면 다행이었다. 야욕에 찬 사진 기자 하나가 두 눈이 분노로 이글거리는 내 얼굴을 찍는 데 성공했다. 내게 그렇게 광기에 찬 면모가 있는 줄은 나 자신도 미처 몰랐다. 그 사진으로 도쿄에 나를 소개한 셈이었다. 그 순간의 나는 인도 폭동〔1857~58년 벵골의 반란〕 때 인도에 거주한 영국인들이나, 흑인 폭도들에 둘러싸인 백인들이 느꼈을 법한 감정에 휩싸여 있었다. 이민족의 틈바구니에서 가족들을 다치지 않게 보호하려는 욕구야말로 인간이 느낄 수 있는 가장 거칠고 강한 감정이라는 것을 나중에야 깨달았다. 내가 일본에서 겪은 마지막 사건은 어느 애국 신문이, 일본국에 띄운 나의 고별 메시지라면서 발표한 기사였다. 내가 일본인들에게 좀더 국수주의적이 되라고 촉구했다는 내용이었다. 나는 그 신문에 그런 글을 보낸 일이 없었다. 아니, 다른 어떤 신문사에도 고별 메시지 따위를 보낸 일이 없었다.

우리는 요코하마에서 캐나다인 퍼시픽사의 배편으로 출항했는데, 이토 양과 무정부주의자 오즈키가 전송해 주었다. '엠프리스 오브 아시아' 호에 올라타자 갑자기 사교 분위기가 달라지는 것을 느낄 수 있었다. 도라는 아직 겉으로는 임신한 것처럼 보이지 않았으나 선박 주치의가 그녀에게 전문가다운 눈길을 던진다 했더니, 어느새 승객들에게 자기 소견을 떠벌리고 다녔던 것이다. 그 결과 누구나 우리의 사진을 찍고 싶어 하면서도 말을 걸어오는 사람은 거의 없었다. 유일하게 대화를 청해 온 사람들은 바이올리니스트인 미샤 엘만과 그의 일행이었다. 배에 탄 사람들 모두가 그와 얘기해 보고 싶어 했기 때문에 그가 항상 우리와 함께하는 것을 보고는 상당히 언짢아했다. 우리는 별 탈 없이 여행을 마치고 8월 말에 리버풀에 도착했다. 비가 몹시 내리는 날씨였는데, 사람들이 모두 가물어서 큰일이라고 투덜대는 것을 보니, 조국에 돌아온 것이 실감 났다. 도라의 어머니가 우리를 마중할 겸 (임신한) 딸에게 조언도 해줄 겸 부두에 나와 계셨는데, 그런 얘기를 하는 것을 몹시 부끄러워하셨다. 우리는 국왕 대소인代訴人(유언, 혼인, 이혼 따위 소송에 참가할 직권을 가진 사법관)을 재촉하여 9월 27일에 혼례를 올렸다. 이 혼례를 위해 나는 채링크로스(런던 중심부의 번화가)의 연단에 올라가, 도라가 그동안 나의 공식적 간통 상대였다는 것을 하느님 앞에 맹세하는 절차를 거쳐야만 했다. 11월 16일에 아들 존이 태어났고, 이때부터 오랫동안 내 삶의 주요 관심사는 아이들이 되었다.

# 두 번째 결혼

1921년 9월에 중국에서 돌아오자 나의 생활은 새로운 감정에 중심을 둔, 다소 기복이 덜한 국면으로 접어들었다. 청년기부터 『수학 원리』가 완성될 때까지 나의 근본적인 관심사는 지적인 분야였다. 나는 이해하고 싶었고, 남들도 이해하도록 만들고 싶었다. 또한 나의 이름을 길이 남길 수 있는 커다란 업적도 남기고 싶었는데, 그 점에서 내가 헛되게 살지 않았다는 생각이 든다. 제1차 세계대전 발발 이후부터 내가 중국에서 돌아온 시점까지는 사회 문제들이 내 감정의 중심을 차지하고 있었다. 그러나 전쟁과 소비에트 러시아는 한결같이 날 비감하게 만들었으며, 나는 인류가 좀더 덜 고통스럽게 사는 법을 깨치게 되기를 희망했다. 나는 지혜의 비법을 밝혀내고자 애썼고, 그것을 전 세계가 귀 기울이고 동의할 수 있을 만큼 설득력 있게 선포하고자 노력했다. 그러나 점차 열정은 식어 가고 희망도 줄어들었다. 그리하여 인류가 어떻게 살아야 하는가에 대한 견해에는 변함이 없었으나 예언자적 열정도 식고 나의 운동이 성공하리라는 기대감도 줄어든 상태였다.

1894년 여름, 의사의 답변을 들은 후 앨리스와 함께 리치먼드 그린 공원을 거닐었던 그날 이후로 나는 아이를 갖고 싶은 욕구를 억누르려고 애써 왔다. 그러나 그 욕망은 계속해서 커졌고, 결국 감당할 수 없는 지경에까지 이르렀다. 1921년 11월에 첫아이가 태어나자 나는 억압된 감정이 일시에 풀리는 것을 느꼈고, 그때부터 10년 동안은 부모로서의 삶이 나의 주요 목적이 되었다. 나 자신도 겪어 보았지만, 부모가 가지는 감정은 대단히 복잡하다. 그중에서도 으뜸은 자식에 대한 완전히 동물적인 감정과 귀여운 어린것이 청년으로 커가는 것을 지켜보는 기쁨이다. 그 다음으로는 피해 갈 수 없는 의무감이 있는데, 그것은 회의주의자도 쉽사리 의문을 달지 못하는 일상생활의 목적을 제공해 준다. 다음에는, 매우 위험스러운 이기적 감정이 있다. 즉 내가 실패한 분야에서 자식이 성공하기를 바라는 마음, 내가 죽거나 노쇠하여 더는 노력해 볼 수 없게 된 일을 자식들이 계속해 주기를 바라는 마음, 그리고 여하튼 나는 자식들을 통해 생물학적으로 죽음을 면했고 따라서 나의 인생은 미래로 흘러들어 가지 못하는 정체된 물웅덩이로 덩그러니 남겨지는 게 아니라 전체 강물의 일부가 되어 흐를 것이라는 생각. 나는 이 모든 감정들을 경험했으며, 그로 인해 몇 년 동안은 행복과 평화로 충만한 생활이 이어졌다.

우선은 살 곳부터 마련해야 했다. 아파트를 세내려 해보았으나 나를 정치적으로나 도덕적으로 바람직하지 못한 사람이라고 생각한 주인들이 집을 빌려 주려 하지 않았다. 결국 첼시 시드니 가 31번지의 자유 보유권 주택을 매입했고, 거기에서 위로 두 아이가 태어났다. 그러나 1년 내내 런던에만 있는 것은 아이들한테 좋지 않다고 생각했으므로 1922년 봄에 콘월의 포스쿠노에 집을 한 채 장만했다. 랜즈 엔드에서 6킬로미터가량 떨어진 곳이었다. 그때부터 우리는 런던과 콘월에서 거의 반반씩 살았는데, 1927년 이후로 런던에서는 아예 살지 않았고 콘월에서 보내는 시간도 줄어들었다.

콘월 해안의 아름다움은, 바다와 바위와 태양과 폭풍우의 기쁨을 깨달아 가는 건강하고 행복한 두 아이를 지켜보는 즐거움과 떼어 놓고 생각할 수 없는 기억으로 남아 있다. 나는 여느 아버지들보다 훨씬 많은 시간을 아이들과 함께했다. 1년 중 콘월에서 보내는 6개월 동안 우리는 여유로우면서도 고정된 일과를 보냈다. 아내와 나는 보모와 가정교사가 차례로 아이들을 돌봐주는 오전 시간에 일을 했다. 점심을 먹고 나면 집에서 걸어가도 되는 거리에 있는 여러 해변 중에 하나를 택해 모두 그리로 갔다. 아이들은 벌거숭이가 되어 수영도 하고, 바위에도 기어오르고, 모래성도 쌓으며, 기분 내키는 대로 뛰어놀았는데, 물론 우리도 참여했다. 몹시 시장기가 느껴질 때쯤 집으로 돌아와, 많이 늦었지만 아주 성대한 티타임을 가지고 나면 아이들은 침대에 누워 자고 아내와 나는 다시 각자의 성

숙한 취미로 되돌아갔다. 물론 잘못된 기억이겠지만, 4월 이후
로는 항상 화창하고 포근했던 것 같다. 그러나 4월에는 바람이
차가웠다. 4월의 어느 날, 케이트〔러셀의 딸. 본명은 캐서린 제인
러셀〕가 두 돌을 넘기고 석 달 반쯤 되던 때였는데, 나는 아이
가 혼자 중얼대는 소리를 듣고 그대로 적어 보았다.

북풍이 북극을 지나가네.
데이지꽃들이 풀을 덮쳤네.
바람이 블루벨을 쓰러뜨리네.
북풍이 남쪽 바람을 날려 버렸네.

아이는 누가 듣고 있는 것도 몰랐고, '북극'이 무엇인지도
물론 몰랐을 것이다.

이러한 상황에서 내가 교육에 관심을 가지게 된 것은 당
연한 일이었다.『사회 재건의 원칙들』에서 이미 그 주제를 간
략하게 다룬 적은 있으나, 이제는 그것이 내 생각의 많은 부
분을 차지하게 되었다. 나는『교육 – 특히 유년기 초기의 교
육에 관하여』라는 책을 써 1926년에 출간했는데, 상당히 많
이 팔렸다. 지금 생각해 보면, 그 책의 심리학이 지나치게 낙
관적이고 내가 너무 어린아이들에게 가혹한 교육 방법을 제시
했다는 생각도 들지만, 그 가치들에 대해선 수정할 필요를 전
혀 못 느낀다.

1921년 가을부터 1927년 가을까지 6년의 삶 전체가 긴

여름휴가 같은 목가적인 생활이었다고 생각해선 안 된다. 부모가 되고 보니 돈을 벌지 않을 수 없었다. 집을 두 채나 샀기 때문에 내게 남아 있던 돈이 거의 바닥나 버린 상태였다. 중국에서 돌아오자 뚜렷한 벌이 수단이 없었으므로 처음에는 상당히 걱정스러웠다. 이따금 잡지나 신문에서 글 청탁이 들어오면 이것저것 가리지 않고 응했다. 아들 존이 태어날 무렵에는 '중국의 불꽃놀이'라는, 그 상황에서 정신을 집중하기엔 너무나 생경한 주제를 놓고 글을 쓰기도 했다. 1922년에는 중국에 관한 책을 냈고, 1923년에는 (아내 도라와 공동으로) 『산업문명의 전망』이란 책을 냈다. 그러나 두 권 다 큰돈을 벌어다 주지는 못했다. 『원자의 ABC』(1923년)와 『상대성의 ABC』(1925년), 『이카루스 혹은 과학의 미래』(1924년), 『내가 믿는 것』(1925년) 따위 작은 책들이 차라리 성과가 좋았다. 1924년에는 미국에서 순회강연으로 많은 돈을 벌었다. 그러나 1926년에 교육에 관한 책을 내기 전까지는 대체로 곤궁하게 지냈다. 그때부터 1933년까지는 형편이 아주 좋았는데, 특히 『결혼과 도덕』(1929년), 『행복의 정복』(1930년)이 성공을 거두었다. 이 시기에 나온 나의 책들은 대부분 대중적이었으며 돈을 벌 목적으로 쓴 것들이었다. 그러나 그렇다고 좀더 전문적인 작업을 전혀 하지 않은 것은 아니다. 1925년에는 『수학 원리』에 여러 가지를 추가하여 재판을 냈고, 1927년에는 『물질의 분석』을 출간했다. 어떤 의미에서 보면 이 책은 감옥에서 쓰기 시작해 1921년에 출간한 『정신의 분석』 후속편이라 할 수 있다. 1922년과 1923년에는 첼시에서 의원 후보로 나서기도 했으며, 도라는 1924년에 출마했다.

1927년, 도라와 나는 우리 둘이 똑같이 책임져야 할 어떤 결정에 이르게 되었다. 우리가 최선이라고 생각하는 방식대로 아이들을 교육시키기 위해 우리 나름의 학교를 세워 보자는 것이었다. 오산이었는지도 모르지만, 우리는 아이들에겐 다른 아이들과의 교제가 필요하기 때문에 우리 아이들만 따로 키우는 데 만족해서는 안 된다고 생각했다. 그러나 기존의 학교 중에는 만족할 만한 데가 하나도 없었다. 우리는 특이한 두 요소를 겸비한 학교를 원했다. 첫째, 우리는 점잔 빼는 교육, 종교 교육이 싫었고, 기타 전통적 학교들에서 당연시되는 자유에 대한 무수한 제약들이 싫었다. 둘째, 우리는 금욕주의적 교육을 중시하지 않거나 자제력 훈련을 완전히 도외시하는 대부분의 '현대' 교육가들에게 동조할 수 없었다. 그리하여 우리는 존과 케이트 또래의 아이들을 스무 명쯤 모아, 일반 학교에 다니는 만큼의 기간을 우리가 직접 교육하기로 했다.

이 목적을 실현시키기 위해 우리는 치체스터와 피터스필드 사이의 사우스 다운스에 있는 프랭크 형님 집 텔레그래프 하우스를 세냈다. 이 집이 그런 이름을 갖게 된 것은 조지 3세 시절에 포츠머스와 런던 사이에서 메시지를 전달했던 여러 신호소[불빛이나 수기手旗로 전하는 방식] 중 하나였기 때문이다. 아마 트라팔가 해전 소식도 그런 식으로 런던에 도착했을 것이다.

본래는 아주 작은 집이었으나 형이 하나둘씩 증축해 놓은 상태였다. 형은 그 집에 대한 애착이 매우 커서, 훗날 『나의 인생과 도전』이란 제목의 자서전에도 그 얘기를 길게 적어 놓았다. 볼품도 없고 쓸모도 별로 없는 집이었으나, 위치 하나는 최고였다. 북쪽을 제외하고는 사방으로 전망이 확 트여 있어 이쪽을 보면 서섹스 월드에서 리스 언덕까지 보이고, 저쪽을 보면 와이트 섬도 보이고 사우샘프턴으로 다가오는 여객선들도 보였다. 사면에 큼직한 창이 달린 탑이 있었는데, 나는 그 탑을 연구실로 삼았다. 전망이 그렇게 아름다운 곳은 처음 보았다.

집 옆으로는 약 94만 제곱미터에 달하는 야생 산림이 쭉 펼쳐졌는데, 히스와 고사리 숲도 일부 있었지만 대부분은 처녀림으로 장대한 너도밤나무와 굉장히 오래되고 크기도 어마어마한 주목朱木들이 서 있었다. 숲에는 노루를 비롯한 온갖 야생 동물들이 득실거렸다. 1.6킬로미터쯤 나가면 드문드문 몇 채 보이는 농가들이 제일 가까운 이웃들이었다. 동쪽으로는 80킬로미터쯤을 계속 걸어도 울타리 하나 없이 텅 빈 내리막 지대가 이어졌다.

형이 이곳을 좋아한 것도 당연했다. 그러나 형은 투기에 잘못 손을 댔다가 가진 재산을 한 푼도 남김없이 잃고 말았다. 나는 다른 누구한테 받을 수 있는 임대료보다 많이 주겠다고 했고, 곤궁했던 형은 마지못해 내 제의를 받아들였다. 그러나 형은 그 거래를 몹시 싫어했고, 자신의 낙원을 차지하고 산다는 것 때문에 그 후로 나한테 원망을 품게 되었다.

그러나 그 집이 형에게 항상 즐거운 기억만 주진 않았을 것이다. 형은 본래 모리스 양과 교제를 즐길 수 있는 신중한 은거처로 그 집을 장만했다. 형은 여러 해 동안, 첫 아내한테 서 벗어날 수만 있으면 모리스 양과 결혼하리라 생각했다. 그러나 모리스 양은 나중에 형의 두 번째 아내가 될 몰리에게 그의 애정을 빼앗기고 말았다. 형은 몰리를 위해, 동료 귀족들에게 중혼죄를 선고받고 옥고를 치르기까지 했다. 첫 아내와 이혼한 것도 몰리를 위해서였다. 리노[미국 네바다 주의 도시]에서 이혼 판결을 받고 그 즉시 거기에서 몰리와 결혼했다. 영국으로 돌아온 형은 영국 법이 자신의 결혼을 중혼으로 간주한다는 것을 알게 되었다. 리노에서 결혼한 것에 대해선 영국 법도 타당성을 인정하지만 그곳에서의 이혼은 인정하지 못한다는 이유에서였다. 몸이 매우 뚱뚱했던 형의 두 번째 아내는 녹색의 느슨한 코르덴 반바지를 자주 입었다. 텔레그래프 하우스의 꽃밭에서 허리를 굽히고 있는 그녀를 뒤에서 보고 있노라면 도대체 형은 그녀의 가치가 무엇이라고 생각했기에 그런 고초까지 겪었을까 궁금해지곤 했다.

모리스 양처럼 몰리와의 사랑도 막을 내리고 형은 엘리자베스와 사랑에 빠졌다. 형이 이혼을 원하자 몰리는 그 대가로 400파운드의 연금을 평생 지급하라고 요구했고, 형이 죽은 후에는 내가 그 돈을 지불해야 했다. 그녀는 90세 가까이 살다 죽었다.

이번에는 엘리자베스가 형을 떠났고, 형을 몹시 잔인하게 다룬 『베라』라는 소설을 썼다. 이 소설에서 베라는 이미 죽은 사람인데, 살아생전 형의 아내였으므로 형이 그녀를 잃고 크게 상심하는 것으로 되어 있다. 베라는 텔레그래프 하우스의 탑에서 뛰어내려 죽는다. 이야기를 따라가다 보면, 독자는 그녀의 죽음이 사고사가 아니라 내 형이 잔혹한 짓을 하여 불러온 자살이라는 쪽으로 슬슬 짐작하게 된다. 그 일로 나는 우리 아이들에게 특별히 다음과 같이 충고했다. "소설가와는 절대로 결혼하지 말아라."

이처럼 많은 추억이 있는 그 집에서 우리는 학교를 시작했다. 학교를 운영하는 과정에서, 미처 예상치 못한 어려움을 수도 없이 겪었다. 우선, 재정 문제가 있었다. 엄청난 금전적 손실이 발생할 게 뻔했다. 손실을 예방하자면 학교 규모를 키우고 식사의 질을 다소 낮추는 방법밖에 없었는데, 학교의 성격을 바꾸어 인습적인 부모들에게 호소하지 않고는 규모를 확대할 수가 없었다. 다행히 당시에 내가 책을 내고 미국에서 순회강연을 하여 나오는 수입이 상당했다. 나는 모두 네 차례에 걸쳐 순회강연을 했다. 1924년(여기에 대해선 이미 언급했다), 1927년, 1929년, 1931년. 1927년의 순회강연은 우리 학교 첫 학기 기간과 겹쳐 개교에 아무 도움을 주지 못했다. 두번째 학기 때는 도라가 미국 순회강연에 나섰다. 결국 처음 두학기 모두 우리 중 한 사람 외에는 책임질 사람이 없었던 셈이다. 나는 필요한 돈을 벌기 위해 미국에 가 있지 않으면 책을 써야 했다. 따라서 학교에 모든 시간을 바칠 수가 없었다.

두 번째 어려움은 일부 직원들과 관련된 것이었다. 우리가 원칙을 거듭거듭 제아무리 꼼꼼하게 설명해 주어도 그들은 우리만 없었다 하면 원칙에서 벗어난 행동을 일삼곤 했다.

세 번째가 어쩌면 가장 심각한 문제였는데, 문제 아이들의 비율이 너무 높았다. 이러한 함정에 빠지지 않도록 우리가 미리 조심을 해야 했으나, 처음에는 어떤 아이든 거의 모두 반갑게 받아 주었다. 새로운 방법을 적극 시험하려는 부모들은 대부분 아이 때문에 어려움을 겪는 사람들이었다. 그러한 문제가 발생하는 것은 대개 부모들 탓이었는데, 현명하지 못한 부모에게서 나쁜 영향을 받는 일이 휴일마다 반복되었다. 원인이 무엇이든 간에 다수의 아이들이 잔인하고 파괴적인 성향을 보였다. 아이들을 자유롭게 풀어놓자 강자가 약자를 벌벌 떨게 만들며 괴롭히는 공포의 지배가 시작되었다. 학교도 세상과 똑같아서 오직 정부만이 짐승 같은 폭력을 막아 줄 수 있다. 그리하여 나는 아이들이 수업 시간을 벗어나서도 잔혹한 짓을 못하도록 감시하지 않을 수 없었다. 우리는 아이들을 큰 집단, 중간 집단, 작은 집단, 이렇게 셋으로 나누었다. 중간 집단의 한 아이가 작은 집단 아이들을 늘 괴롭히기에 왜 그러느냐고 내가 물어보았다. 그러자 아이는 "큰 애들이 날 때리니까 나도 작은 애들을 때리는 거에요. 공평한 거잖아요"라고 대답했다. 그 아이는 진심으로 그렇게 믿고 있었다.

때로는 정말 흉악한 충동이 드러나기도 했다. 아이들 중에 남매가 있었는데, 그 어머니가 아주 감상적이어서 남매간에 비현실적일 만큼 다정한 척하도록 교육해 놓았다. 어느 날 점심시간에 감독을 돌던 교사가, 국자로 막 떠낼 참이던 수프에 모자에 꽂는 핀이 들어 있는 것을 발견했다. 조사해 보니, 다정스럽게만 보였던 그 누이가 핀을 넣은 것으로 밝혀졌다. "이걸 삼키면 네가 죽을 수도 있다는 것을 몰랐니?" 우리가 물었다. 아이가 대답했다. "물론 알아요. 하지만 전 수프를 안 먹거든요." 좀더 깊이 캐본 결과, 누이가 자기 남동생이 희생되기를 바랐다는 사실이 명백하게 드러났다. 또 한번은, 인기가 없는 한 아이에게 토끼 한 쌍을 주었더니 다른 두 아이가 토끼들을 불태워 죽이려 하기도 했다. 그 과정에서 큰불이 나 수천 평에 달하는 땅이 새까맣게 타 버렸는데, 바람의 방향이 바뀌지 않았다면 집까지 태웠을 것이다.

게다가 우리 부부와 두 아이들은 개인적으로 남다른 걱정거리가 있었다. 다른 소년들은 당연히 우리 아이들이 편애받는다고 생각했고, 우리는 우리대로 내 아이들을 편애하지 않기 위해 휴일 외에는 그들과 인위적으로 거리를 둘 수밖에 없었다. 그러자 아이들은 결과적으로 부모에 대한 충실함이 손상되는 아픔을 겪었다. 고자질꾼이 되든지 우리한테 거짓말을 일삼든지 둘 중에 하나를 택해야 했던 것이다. 이렇게 해서 우리가 존과 케이트를 통해 누렸던 그 완벽한 행복은 깨져 버리고, 어색하고 당혹스러운 감정이 그 자리를 메웠다. 부모와 자녀가 한 학교에 있다 보면 그런 일이 벌어지게 마련인 것 같다.

　돌이켜 보면 학교 운영 원칙들 중 몇 가지 실수가 있었다고 생각된다. 집단생활을 하는 어린아이들은 어느 정도의 질서와 일과가 주어지지 않으면 행복할 수가 없다. 저희들끼리 즐기도록 내버려 두면 이내 싫증을 내고 약한 아이를 괴롭히거나 파괴적인 쪽으로 관심을 가지게 된다. 아이들에게 자유 시간을 줄 때는 반드시 어른이 같이하면서 좋아할 만한 게임이나 오락을 제시해 주고, 어린아이들에게는 기대하기 힘든 계기를 제공해 줄 필요가 있다.

　또 하나 잘못되었던 점은, 실제보다 더 많은 자유가 있는 척했다는 것이다. 위생과 건강 부분에서는 거의 자유가 없었다. 아이들은 씻고 양치하고 제때 잠자리에 들게 되어 있었다. 사실 그런 부분들까지 자유롭게 한다는 얘기는 우리 입으로 한 적도 없었는데, 어리석은 부모들과 특히 자극적인 기사를 찾는 기자들이 우리가 모든 구속과 강제로부터 완전히 자유로운 교육을 주창한다고 말하거나 믿었다. 고학년 아이들에게 양치하라고 말하면 때로 빈정거리며 이렇게 투덜대곤 했다. "이게 무슨 자유 학교야!" 학부모들이 우리 학교에 기대하는 자유에 관해 이야기하는 것을 들은 사람들은, 아이들을 저지하지 않았을 때 어디까지 못된 짓을 할 수 있는지 한번 보자는 심리로 시험까지 하곤 했다. 우리는 확실히 해로운 것들만 금하고 있었기 때문에 시험 삼아 하는 그 같은 장난들로 인해 큰 어려움을 겪기 일쑤였다.

　1929년에는 나는 『결혼과 도덕』을 출간했다. 백일해를 앓고 회복되는 시기에 구술로 받아쓰게 하여 완성한 책이었다. (나는 나이 때문에 병에 대한 진단을 받지 않고 있다가 결국 학교 학생들까지 거의 다 감염시키고 말았다.) 훗날 1940년에 뉴욕에서 나를 공격하는 주요 물적 근거가 된 것이 바로 이 책이었다. 나는 그 책에서, 결혼 생활에서 완벽한 정절을 지킨다는 것은 대체로 기대하기 힘들기 때문에 남편과 아내는 피차 염문이 있더라도 서로 좋은 친구 사이를 유지할 수 있어야 한다는 견해를 펼쳤다. 그러나 아내가 남편이 아닌 다른 사람의 자식을 가지면 결혼 생활을 연장하는 데 유리하다고 주장한 바는 결코 없었다. 오히려 그럴 때는 이혼하는 것이 바람직하다고 생각했다. 지금은 결혼이라는 문제를 어떻게 생각하는지 나도 잘 모르겠다. 결혼에 대한 일반론들은 한결같이 감당하기 힘든 반대론에 부딪히는 것 같다. 다른 제도들이 초래하는 불행과 비교할 때, 어쩌면 이혼이 쉬울수록 불행도 줄어들지 모른다. 그러나 결혼 문제에 대해서는 이제 독단적으로 나갈 능력도 없다.

그 이듬해인 1930년, 나는 『행복의 정복』이란 책을 발간했다. 이 책은 사회 및 경제 제도를 변혁시켜 어떤 것을 이룬다는 시각에서 벗어나, 한 개인이 기질 때문에 야기되는 불행을 어떻게 극복할 수 있는지에 대해 상식선에서 충고하는 내용으로 되어 있었다. 이 책은 수준이 다른 세 부류의 독자들에게 각기 다르게 평가 받았다. 애초에 소박한 독자들을 겨냥해 쓴 것이기도 했지만, 어쨌거나 그들은 이 책을 좋아했고 그 결과 많은 책이 팔려 나갔다. 그러나 지식인입네 하는 사람들은 돈벌이를 위해 쓴 한심한 글, 정치가 아니어도 말하고 작업해 볼만한 유익한 것들이 얼마든지 있다는 평계를 굳히고자 쓴 도피주의자의 책으로 간주했다. 그러나 또 다른 부류의 독자들, 즉 정신과 전문가들은 이 책을 극찬했다. 어떤 평가가 옳은지는 나도 모르겠지만 한 가지 분명한 것은, 이 책을 쓸 당시 내가 많은 자제력을 필요로 하는 상황에 있었고 어느 정도나마 행복을 유지하려면 어떻게 해야 하는지를 뼈아픈 경험을 통해 많이 배운 상태였다는 점이다.

그로부터 몇 년 동안 나는 상당히 불행했기 때문에 지금 희미한 기억을 가지고 말하기보다 그 당시에 쓰인 글들을 보면 나의 기분을 좀더 정확하게 알 수 있다.

당시 나는 《허스트 프레스》에 일주일에 한 편씩 글을 쓰고 있었다. 1931년의 성탄절은 미국에서 순회강연을 하고 돌아오다가 대서양에서 맞게 되었다. 나는 '바다에서 맞는 성탄절'이란 제목으로 그 주의 글을 써보기로 했는데, 다음과 같은 내용이었다.

바다에서 맞는 성탄절

내 생애 두 번째로 대서양에서 성탄절을 보내고 있다. 첫 번째는 35년 전이었는데, 내가 기억하는 그때의 심경과 지금의 심경을 비교해 보면 사람이 늙어 간다는 것이 어떤 것인지에 대해 많은 것을 깨닫게 된다.

35년 전 그때 나는 갓 결혼한 몸이어서 아이도 없었고, 매우 행복했으며, 성공의 기쁨을 맛보기 시작한 상황이었다. 내게는 가족이 자유를 구속하는 일종의 외부적인 힘으로 보였고, 세계란 것도 개인적 모험의 세계로만 생각되었다. 나는 전통이나 웃어른들, 기타 나의 취향에서 벗어나는 것들에 아랑곳하지 않고 나만의 사상을 생각하고, 나만의 친구들을 찾고, 나만의 보금자리를 정하고 싶었다. 버팀목의 도움 없이 혼자 설 수 있는 힘이 있다고 생각했다.

그때는 몰랐지만 지금 와 생각해 보면, 활력이 남아도는 덕에 그러한 태도가 가능했던 것 같다. 바다에서의 성탄절도 아주 재미있게 느껴졌고, 고급 선원들이 축제 분위기를 살려 보려고 애쓰는 것도 좋았다. 배가 엄청나게 흔들렸는데, 그럴 때마다 한 번씩 각 전용실 침대 밑에 넣어 둔 트렁크들이 천둥 같은 소리와 함께 이쪽저쪽으로 미끄러지곤 했다. 그 소리가 커질수록 내 웃음소리도 커졌다. 그때는 모든 게 다 재미있었다.

시간이 사람을 원숙하게 만든다고들 말한다. 나는 그 말을 믿지 않는다. 시간은 사람을 겁쟁이로 만들고, 두려움은 사람을 타협하게 만든다. 타협적으로 변했기 때문에 남들 눈에 원숙해 보이려고 애를 쓰는 것이다. 두려움이 생기면 애정이 필요해지기 마련이다. 차가운 세상의 한기를 몰아내 줄 인간의 온기 말이다. 내가 말하는 것은 단순히 개인적인 혹은 주로 개인적인 두려움, 다시 말해 죽음이나 노쇠, 궁핍, 기타 세속적인 갖가지 불행에 대한 두려움이 아니다. 나는 좀더 형이상학적인 두려움을 얘기하고 있다. 인생에 나타나기 마련인 주요 해악들—이를테면 친구의 배신, 사랑하는 사람의 죽음, 보통 사람의 본성에 숨어 있는 잔인성의 발견—을 경험하는 과정에서 사람의 정신 속에 스며드는 두려움을 말하고 있는 것이다.

맨 처음 대서양에서 성탄절을 맞은 후로 35년의 기간 동안 나는 이 같은 주요 해악들을 경험하면서 인생에 대한 무의식적인 태도마저 바뀌었음을 깨닫는다. 도덕적으로 노력한다면 지금도 홀로 설 수는 있겠지만 모험가의 기분으로 즐기지는 못할 것이다. 나는 자식들이 함께 있어 주기를 바라고, 가족이라는 난로의 온기를 원하며, 위대한 나라의 역사가 계속되기를, 그리고 그 나라의 한 일원이 되기를 원한다. 이런 것들은 사실 중년에 접어든 사람들이 성탄절을 맞아 흔히 느끼는 너무나 평범한 인간적 기쁨이다. 그 점에서는 철학자도 다른 사람들과 다를 게 없을 뿐 아니라, 오히려 그 기쁨들이 평범하기 때문에 우울한 고독감을 좀더 효과적으로 완화시켜 줄 수 있는 것이다.

한때는 즐거운 모험이었던 바다의 성탄절이 지금은 고통스러운 것이 되어 버렸다. 마치 자신이 속한 무리의 판단보다 자신의 판단을 더 믿고 홀로서기를 결심한 사람의 외로움을 상징하는 것만 같다. 이런 상황에서 우울한 기분이 되는 것은 불가피하며 피할 이유도 없을 것이다.

그러나 다른 측면에서도 할 말은 있다. 감미로운 즐거움이 모두 그러하듯 가정에서 오는 기쁨들도 의지를 약화시키고 용기를 훼손할 수 있다. 전통에 따라 성탄절을 가정에서 따뜻하게 보내는 것도 좋겠지만, 남풍도 좋고, 바다에서 떠오르는 해도 좋고, 수평선의 자유도 좋다. 이런 것들의 아름다움은 인간의 어리석음과 사악함에 의해 훼손되지 않으니 중년의 휘청대는 이상주의에 언제나 힘을 불어넣는다.

1931년 12월 25일

불행의 깊은 원인을 무시하려 애쓰다 보면 자연히 그렇게 되듯, 나는 우울함의 객관적 이유들을 발견하게 되었다. 20세기 초반 몇 해 동안 나는 개인적인 고통으로 가득 차 있었다. 그러나 그때는 어느 정도 플라톤적인 철학을 갖고 있었으므로 인간 세계 바깥에 존재하는 우주의 아름다움을 볼 수가 있었다. 인간 세상에서 아무런 위안도 받을 수 없을 때 수학과 별들이 나를 위로해 주었다. 그러나 나의 철학에 변화가 생기면서 그 같은 위로마저 빼앗겨 버렸다. 특히 에딩턴의 해석과 같은 물리학 해석들을 공부한 후로는 자기중심주의가 나를 압박했다. 우리가 자연의 법칙이라고 생각해 온 것들이 한낱 언어의 약조에 불과하고 물리학이 실제로 외부 세계와는 아무 관계가 없는 듯 느껴졌다. 내가 철저히 그렇게 믿었다는 얘기가 아니라, 그런 생각이 점차 나의 상상력을 침범하여 악몽처럼 나를 따라다니게 되었다는 뜻이다. 안개가 잔뜩 낀 어느 날 밤, 다른 사람들은 모두 잠들고 홀로 텔레그래프 하우스의 탑에 앉아 있을 때 나는 비관적인 명상 속에서 이 같은 기분을 다음과 같이 표현했다.

현대 물리학

한밤중에 탑에 홀로 앉아 낮에 보았던 숲과 들판, 바다와 하늘을 떠올려 본다. 지금 이렇게 동서남북 사방으로 난 창을 하나씩 내다보자니 안개 속에 괴물같이 뿌연 형체로 희미하게 비쳤다 흐려졌다 하는 내 모습만 보인다. 무슨 상관이랴? 잠에서 깨어나면 내일의 태양이 외부 세계의 그 아름다움을 되돌려 줄 텐데.

그러나 내게 내려앉은 정신적 밤은 그렇게 짧지도 않고 자고 나면 깬다는 보장도 없다. 지난날에는 별들의 광채와 지질학적 시대의 장엄한 행렬 사이에 끼인 인간 삶의 잔인함과 야비함과 시시한 성마른 열정이, 마치 억지로 해결한 불협화음처럼, 보잘것없는 것으로 보였다. 만일 우주가 만물의 죽음 속에 종말을 고한다면? 그래도 우주는 여전히 평온하고 장엄했다. 그러나 지금은 그 모든 것이 움츠러들어, 나는 영혼의 창으로 아무것도 없는 어둠을 내다보고 있고 그 창에 비쳐진 내 모습밖에 남지 않았다. 성운의 순환, 별들의 탄생과 죽음은, 나 자신 혹은 나보다 크게 나을 바 없는 사람들이 감각을 연결하는 하찮은 작업에서 편리를 위해 만들어 낸 허구들에 불과하다. 우리 시대의 물리학이라는 유령이 우리를 가둬 놓고 있는 지하 감옥처럼 지독하게 깜깜하고 비좁은 감옥은 세워진 바 없었다. 다른 감옥의 죄수들은 담장 밖에 자유 세계가 있다는 것을 누구나 알고 있었지만, 지금 우리의 감옥은 그 자체가 우주 전체로 되어 버렸기 때문이다. 바깥에는 암흑이 있고 내가 죽으면 안도 암흑이 될 것이다. 광채나 광대함은 어디에도 없다. 다만 한순간 보잘것없는 것이 나타났다가 다시 무로 돌아갈 뿐이다.

이런 세상에 왜 사는가? 왜 죽기까지 하는가?

1931년 5월과 6월, 나는 인도 왕족의 비서로 일하다 당시에는 나의 비서로 일했던 펙 애덤스에게 구술하여 짤막한 자서전을 집필했다. 지금 이 책의 1921년 이전 부분은 그것을 토대로 한 것이다. 그 책은 에필로그로 끝맺었는데, 읽어 보면 알겠지만, 나는 거기에서 개인적인 불행은 인정하지 않고 정치적 · 형이상학적 환멸감만 시인했다. 여기에 그 글을 삽입하는 것은, 그것이 지금 나의 심경을 표현하고 있어서가 아니라, 변화하는 세계와 너무나 소박한 철학에 나 자신을 적응시키는 과정에서 겪었던 지대한 어려움을 잘 보여 주고 있기 때문이다.

에필로그

중국에서 돌아온 후로 나는 개인적으로 행복하고 평화로운 생활을 했다. 아이들에게서 적어도 기대했던 만큼의 본능적

만족감을 얻었으며, 주로 아이들을 고려하여 내 생활을 조절했다. 그러나 개인적인 생활은 만족스러웠던 반면 비개인적인 부분에 대한 나의 전망은 점차 어두워졌으며, 지난날 내가 품었던 희망들이 적당한 미래에 실현되리라고 믿기는 더욱더 힘들어졌다. 나는 내 아이들의 교육과 그들을 위한 돈벌이에 몰두함으로써, 나에게 내려앉으려 하는 비개인적인 절망들을 생각에서 몰아내려고 애썼다. 나는 사춘기 이후로 선의와 명쾌한 사고라는 두 가지의 가치를 믿었다. 처음에는 그 두 가지가 다소 별개로 유지되었다. 다시 말해, 의기양양할 때는 주로 명쾌한 사고를 믿었고 반대의 기분일 때는 주로 선의를 믿었다. 그런데 점차 그 두 가지가 내 감정 속에서 하나로 합쳐졌다. 명쾌하지 못한 생각은 잔인함을 위한 구실로 존재하고, 잔인함은 미신적인 믿음들의 부추김을 받는다는 것을 알았다. 제1차 세계대전은 내게 인간 본성에 깃들인 잔인성을 생생하게 깨닫게 해 주었으나, 나는 전쟁이 끝나면 반작용이 있으리라 기대했다. 세상에 선의를, 특히 아이들과 관련해 선의를 증대시키고자 하는 목적에서 볼 때, 러시아는 내게 기존의 정부를 전복시키는 반란에서 기대할 수 있는 것이 거의 없다고 생각하게끔 만들었다. 인습적인 교육 방식이 아이들에게 가하는 잔혹 행위는 소름이 끼칠 정도이며, 좀더 선의의 제도를 제안하는 사람들에게 보이는 증오에 놀라지 않을 수 없었다.

나는 조국을 사랑하는 사람으로서, 영국의 몰락을 지켜

보며 우울해지지 않을 수 없다. 아직까지는 부분적인 현상이 지만 머지않아 훨씬 더 총체적인 몰락으로 이어질 가능성이 높다. 지난 400년의 영국 역사가 내 피에 담겨 있으니, 지난 날 귀중하게 여겨왔던 공공 정신의 전통을 내 아들에게 물려 주고 싶은 마음은 당연한 것이다. 그러나 내가 예견하는 세 계에는 그러한 전통이 설 자리가 없을 것이며, 내 아들이 목 숨을 부지하는 것만도 행운일 것이다. 파멸이 임박했다고 생 각하면 영국을 무대로 벌어지는 모든 행위들이 다 부질없게 느껴진다.

문명이 살아남는다고 가정하고 세계의 대략적인 앞날을 점쳐 볼 때 미국이나 러시아 중 하나가 패권을 잡게 될 것이 며, 둘 중 어떤 체제가 되든 잘 짜여진 조직이 개인을 국가 에 완전히 종속시켜 뛰어난 개인들은 더 이상 출현할 수 없 을 것이다.

그렇다면 철학은 어떻게 될까? 나는 좀 확실한 지식을 찾아낼 수 있을까 하는 기대로 내 인생의 황금기를 『수학 원 리』에 바쳤다. 그리하여 세 권이나 되는 방대한 책을 만들어 냈음에도 내면의 의심과 당혹감 속에 그 모든 노력이 종결되 고 말았다. 형이상학에 대해 말하자면, 처음에 무어의 영향 을 받아 독일 관념주의에 대한 믿음을 떨쳐냈을 때 나는 감 각의 세계가 실재함을 믿을 수 있게 된 것이 너무나 기뻤다. 그러나 그 기쁨은 주로 물리학의 영향하에 조금씩 조금씩 사 라져 버렸고, 나는 버클리[1685~1753년, 영국의 경험주의 철학자·과학자·성공회 주교)와 다를 바 없는 입장으로 내몰리고 말았다. 물론 그가 믿었던 신과 영국 국교도로서의 자기 만족은 제외하고 말이다.

나의 생을 돌아보면 불가능한 이상들에 매달린 무용한 인생인 것처럼 느껴진다. 전후戰後의 세계에서는, 내가 실현 불가능하다고 생각하게 된 이상들을 대신할 만한 실현 가능한 어떤 이상도 찾아볼 수 없었다. 내가 소중하게 여기는 것들에 관한 한, 세계는 암흑의 시대로 접어들고 있는 것 같다. 로마가 무너졌을 때, 그 시대의 볼셰비키라 할 수 있는 성 아우구스티누스(354~430년, 초기 기독교 교회의 지도자)는 새로운 희망으로 스스로를 위로할 수 있었다. 그러나 우리 시대를 바라보는 나의 전망은 그와 닮았다기보다 차라리 동로마제국의 유스티니아누스 황제 시절의 그 불운했던 이교도 철학자들에 가깝다고 할 수 있다. 에드워드 기번(1737~94년, 영국의 역사가)의 설명에 따르면, 그들은 페르시아에서 피신처를 구하려 했으나 그곳에서 목격한 것에 크게 염증을 느끼고, 기독교라는 편협한 신앙이 철학의 설파를 금하고 있는데도 아테네로 되돌아갔다고 한다. 그러나 그들에게는 끝까지 확고하게 지킨 지적 믿음이라도 있었으니 어떤 면에서는 나보다 운이 좋았다고 볼 수 있다. 그들은 플라톤의 위대함을 전혀 의심하지 않았다. 하지만 나로 말하자면, 대다수 현대의 사상에서 위대한 사상 체계—심지어 최근의 체계까지—를 좀먹는 요소를 발견하게 되기 때문에, 현대의 철학자들과 과학자들이 건설적인 노력을 하고 있다고는 하지만 그들의 파괴적인 비판에 타당성을 부여할 만하다고는 결코 보지 않는다.

나는 습관의 힘에 밀려 계속 움직이고 다른 사람들과 어울리면서 내 일상의 일과 즐거움 밑에 깔린 절망을 잊는다. 그러나 하릴없이 혼자 있는 시간이면, 내 인생에는 목적이 없었으며 남은 여생을 바칠 새로운 목적도 찾아내지 못했다는 사실을 스스로에게 숨길 수가 없다. 나는 지금 감정적으로나 철학적으로나 출구를 찾을 길 없는 막막한 고독의 안개 속에 휘말려 있음을 느낀다.

1931년 6월 11일

# 텔레그래프 하우스 시절

내가 도라를 떠난 후에도 그녀는 비콘힐 학교를 계속 운영했다. 비록 1934년부터는 텔레그래프 하우스를 떠나 다른 곳에서 운영했지만, 어쨌거나 제2차 세계대전이 시작된 후로도 학교 운영은 계속되었다. 존과 케이트는 대법관청의 보호를 받게 되었으며, 다팅턴의 학교로 가 즐겁게 생활하고 있었다.

한 해 여름을 프랑스 앙다유에서 보내고 또 한 해 여름에는 말라가[스페인 남부의 항구 도시] 근처에 있는 제럴드 브레넌의 집에서 얼마간 살았다. 그 전까지 브레넌 부부를 전혀 몰랐으나, 사귀고 보니 재미있고 유쾌한 사람들이었다. 놀라운 것은 부인인 가멜 브레넌이 대단히 해박하고 폭넓은 관심을 가진 학자로서, 온갖 종류의 단편적이고 기이한 지식들을 갖추었을 뿐 아니라 매혹적이고 격식에 맞는 운율을 구사하는 시인이란 사실이었다. 우리는 차츰 우정을 키워 나갔고 그녀도

362

이따금 우리를 찾아왔는데, 막 황혼기에 접어든 매력적인 여인이었다.

1932년 여름에는 캐른 보엘에서 생활했는데, 훗날 내가 도라에게 넘겨준 집이다. 그곳에 있는 동안 나는 『교육과 사회 질서』를 집필했다. 그 책을 쓴 후로는, 학교로 인한 재정적 부담에서 벗어난 상황이었기 때문에 돈벌이를 위한 글은 쓰지 않기로 했다. 그리고 부모로서도 실패한 처지였기 때문에, 가치 있는 책을 써보고 싶은 야망이 다시 꿈틀대는 것을 느꼈다.

1931년, 나는 미국에서 순회강연을 하면서 알게 된 출판업자 W. W. 노턴과 출판 계약을 하고 글을 쓰기 시작해, 1934년에 『자유와 조직, 1814~1914년』이란 제목으로 출간했다. 나는 이 책을 피터 스펜스로 알려진 패트리셔 스펜스와 협력하여 집필했는데, 처음에는 엠퍼러스게이트(이곳에 와본 존과 케이트는 황제도 문도 없다는 것을 알고는 실망스러워했다)에 있는 한 아파트에서, 나중에는 노스웨일스의 듀드래드 캐슬에서 작업했다. 당시 그곳은 포트메이리언 호텔의 별관으로 사용하고 있었다. 나는 책 작업이 너무나 즐거웠으며 포트메이리언에서 지내는 것이 좋았다. 그 호텔은 건축가인 클러프 윌리엄스엘리스와 그의 아내이자 작가인 애마벨이 소유하고 있었는데, 둘 다 나의 친구들이었으므로 그들과 어울리는 것도 즐거웠다.

『자유와 조직』의 집필이 끝나자 텔레그래프 하우스로 돌아가기로 결정한 나는 도라에게 다른 곳으로 이사하도록 요청하기로 했다. 경제적인 이유 때문이었다. 나는 텔레그래프 하우스에 대해 법적으로 매년 400파운드의 집세를 물고 있었는데, 그 돈은 형의 두 번째 아내에게 별거 수당으로 지불되었다. 또 존과 케이트한테 들어가는 모든 비용은 물론 도라에게도 별거 수당을 지불해야만 했다. 반면에 수입은 엄청날 정도로 줄어 있었다. 공황기여서 책을 사서 보는 사람들이 줄어든 것도 원인이었지만, 내가 대중적인 책을 더 이상 쓰지 않았다는 것과 1931년에 캘리포니아의 성에서 함께 지내자고 한 허스트(1863~1951년, 미국의 언론 재벌)의 제의를 거절한 것도 두루두루 원인이 되었다. 그 전까지 나는 허스트가 소유한 신문들에 매주 글을 써주고 연간 1천 파운드씩 받았으나, 그의 제의를 거절한 후로는 그 액수가 절반으로 깎였고, 얼마 지나지 않아 내 글을 더 이상 원하지 않는다는 통고를 받게 되었다. 텔레그래프 하우스는 규모가 컸으며, 각각 1.6킬로미터쯤 되는 두 개의 개인 전용 자동차 도로를 통해서만 출입할 수 있었다. 나는 그 집을 팔고 싶었으나 학교가 거기 있는 동안에는 시장에 내놓을 수 없었다. 그곳에 가 살면서, 잠재적 구매자들이 좀더 매력을 느낄 수 있도록 집을 단장하는 수밖에 달리 희망이 없었다.

학교가 옮겨간 후 텔레그래프 하우스에 정착한 나는 우선 카나리아 제도로 휴가를 떠났다. 돌아오는 길에 문득, 정신은 멀쩡하지만 창조적 충동이 거의 고갈되어 무슨 일을 해야 할지 몰라 당혹해하고 있는 나 자신을 발견했다. 그래서 오로지 기분 전환을 목적으로, 입방체 표면의 27개 직선에 관한 문제를 붙들고 두 달가량 씨름했다. 하지만 그런다고 될 일이 아니었다. 그것은 아무짝에도 쓸모없는 일이었고, 나는 벌이가 좋았던 지난 몇 년—1932년으로 막을 내렸다—동안에 모아 둔 돈으로 살아가는 형편이었다. 나는 나날이 커지고 있는 전쟁의 위협에 관해 책을 쓰기로 마음먹었다. 『어느 것이 평화로 가는 길인가?』란 제목의 이 책에서도 나는 제1차 세계대전 때부터 취해 온 평화주의의 입장을 견지했다. 다만 세계 정부가 수립된다고 가정할 경우, 그 정부는 반란 세력에 맞서 무력으로 자위하는 것이 바람직하다고 주장했다는 점에서 예외를 하나 인정한 것은 사실이다. 그러나 가까운 미래를 위협하는 전쟁에 대해서는 양심적 참전 거부를 촉구하였다.

하지만 이 같은 태도는 무의식중에 위선이 되어 버렸다. 지난날 나는 카이저가 군림하는 독일이 패권을 잡게 될 가능성을 예견한 바 있었고, 마지못해 묵인하는 입장이었다. 독일이 패권을 잡을 경우 비록 해악이 되기는 하겠지만 세계대전이나 그로 인한 여파에 비할 만큼 큰 해악은 아닐 것이라는 게 당시 나의 생각이었다. 그러나 히틀러가 군림하는 독일은 경우가 달랐다. 나는 잔인하고 고집불통인 데다 우둔하기까지 한 나치 당원들이 대단히 혐오스러웠다. 도덕적으로나 지적으로나 그들이 불유쾌하게 느껴졌고, 따라서 나는 평화주의적 신념에 매달리면서도 그 입장을 고수하기가 점점 더 힘들어졌다. 1940년, 영국이 침공당할 위기에 놓이게 되자 나는 내가 제1차 세계대전 때 완패 가능성을 한 번도 심각하게 생각해 보지 않았다는 사실을 깨달았다. 그 같은 가능성을 묵과할 수 없다는 것을 깨닫고 나는 마침내 결단을 내렸다. 그것은 의식적이고 확고한 결단으로서, 승리의 길이 아무리 힘들고 고통스러운 결과들을 수반한다 하더라도 제2차 세계대전에서 승리할 수 있도록 필요한 지원을 해야 한다는 것이었다.

그것은 1901년 '전환'의 순간에 내게 다가왔던 여러 믿음들을 하나둘씩 서서히 포기해 온 마지막 단계라고 할 수 있었다. 나는 무저항주의의 철저한 지지자가 결코 될 수 없었다. 나는 언제나 경찰과 형법의 필요성을 인정했으며, 심지어 제1차 세계대전 때는 정당한 전쟁이 있을 수 있음을 공공연히 주장했다. 그러나 내가 무저항주의—아니, 차라리 비폭력 저항주의라고 하는 게 맞겠다—라는 방법에 부여해 온 의미는 훗날의 경험이 정당화시켜 줄 수 있는 선을 넘어선 것이었다. 인도에서 간디가 영국에 맞서 승리를 이끈 데서도 볼 수 있듯, 무저항주의가 큰 의미를 지닌다는 것은 분명하다. 그러나 그 같은 방법은 상대가 어느 정도의 도덕성을 지녔느냐에 따라 좌우된다. 지난날 인도인들은 철로 위에 드러누워 자신들을 깔아뭉개 보라고 당국자들을 위협했다. 영국인들은 그런 잔인한 짓을 도저히 할 수 없었다. 그러나 나치들은 그 같은 상황에서도 아무런 양심의 가책을 느끼지 않았다. 톨스토이가 무저항주의 앞에서는 권력자들도 도덕적으로 다시 태어날 것이라고 주장하여 큰 공감을 불러일으킨 바 있지만, 1933년 이후의 독일에는 전혀 먹혀들지 않는 소리였다. 톨스토이의 주장은 권력자들의 무자비함이 어느 선을 넘지 않을 때에나 옳았다. 나치들은 분명 그 선을 넘어 서 있었다.

그러나 나의 신념들이 변화하게 된 데는 개인적인 경험도 세계 정세 못지않게 관련되어 있었다. 나는 학교를 운영하는 과정에서, 약자가 억압받지 않게 하기 위해서는 대단히 단호하고 강력하게 권위를 행사할 필요가 있음을 깨달았다. 예를 들어 수프에 머리핀을 집어넣은 사건의 경우, 즉각적이고 단호한 조치를 취해야 좋은 환경이 서서히 작용하도록 내버려 둘 수 있는 상황이 아니었다. 나는 재혼해 살면서도 그 점에서 아내의 자유를 존중해 주는 것이 내 신조에 따르는 길이라 생각했고, 그렇게 해주려고 애썼다. 그러나 용서와 이른바 기독교적 사랑이란 것에서 나의 수용 능력이 나의 요구를 감당하지 못한다는 것, 가망 없는 노력을 계속해 나갈 경우 나 자신에게도 큰 해가 될 뿐 아니라 남들을 위해 하고자 했던 좋은 일마저 제대로 하지 못하게 된다는 것을 깨달았다. 이미 누군가가 그런 얘기를 내게 해주었을 테지만, 내가 이론에 눈이 멀어 있었던 것이다.

과장하고 싶은 생각은 전혀 없다. 1932년부터 1940년까지 서서히 이루어진 내 관점의 변화는 결코 혁명이 아니었다. 그것은 양적 변화이자 강조점의 이동에 불과했다. 나는 무저항주의를 절대적으로 신봉한 바도 없었고, 이제 와서 완전히 거부한다는 것도 아니었다. 그러나 제1차 세계대전 반대와 제2차 세계대전 지지의 현실적 차이가 너무나 컸기 때문에, 실제로 상당한 수준의 이론적 일관성이 존재했음에도 불구하고 그 점은 가려지고 말았다.

이성적으로는 완전히 확신에 도달했으나 내 감정은 쉽사리 따라 주지 않았다. 제1차 세계대전을 반대할 때는 나의 전체가 가담한 반면, 제2차 세계대전을 지지한 것은 나의 절반뿐이었다. 1914년부터 1918년까지 나의 소신과 감정은 완전히 하나가 되어 움직였으나, 1940년 이후로는 두 번 다시 그런 경험을 할 수 없었다. 그때는 내가 과학적 지성이 확인해 줄 수 있는 선 이상으로 신조를 중시했기 때문에 그 같은 하나 됨이 가능했던 것 같다. 나는 나를 어떤 결론으로 끌고 가든 과학적 지성을 따르는 것이야말로 나의 도덕 지침에 가장 필수적인 요소라고 늘 생각했으며, 심지어 깊은 정신적 통찰을 위해 취했던 것을 잃게 될 처지에 처하더라도 그 같은 지침을 따랐다.

나는 내 부모님의 짧은 생애를 기록한 『앰벌리 문집』을 만드느라 피터 스펜스와 함께 1년 반가량을 보냈다. 그리고 나는 피터와 한동안 사랑하는 사이가 되었다. 이 책에는 속세에서 멀리 떨어진 상아탑 같은 분위기가 담겨 있었다. 내 부모님은 우리 시대가 안고 있는 것과 같은 문제들에 부딪힌 적이 없었다. 따라서 그들의 급진주의는 자신만만했으며, 그들이 사는 동안에는 세계가 좋게 느껴지는 방향으로 움직이고 있었다. 그리고 비록 본인들은 귀족의 특권에 반대했으나, 그것이 고스란히 남아 있었던 때였으므로 좋든 싫든 혜택을 누릴 수 있었다. 그들은 편안하고 넓은 희망에 찬 세상에서 살았다. 그럼

에도 나는 부모님을 전적으로 인정해 줄 수 있었다. 나는 평온
한 마음으로 문집 작업을 할 수 있었고, 부모님을 기리는 일을
하는 가운데 자식 된 도리를 다한다는 만족감도 느낄 수 있었
다. 그러나 그것이 정말 중요한 작업인 척할 수는 없었다. 나
는 창조력이 고갈된 시기를 겪었다. 그러나 그 기간도 끝나고
이제 좀더 현실적인 작업으로 돌아와야 할 때였다.

　그 다음에 쓴 책은 『권력, 새로운 사회 분석』이었다. 이 책
에서 나는, 자유라는 것은 사회주의 국가에서도 여전히 합당
하지만 자유주의적 용어가 뜻하는 개념에서 탈피하여 그 범
위를 새롭게 규정해야 한다고 주장했다. 지금도 나는 이 주장
이 중요하다고 생각하는데, 당시엔 내가 기대했던 것만큼 많
은 주목을 끌지는 못했다. 이 책의 의도는 마르크스와 고전주
의 경제학자들을 모두 반박하는 데 있었다. 어떤 세부적인 사
항이 아니라 그들이 공유하는 근본적인 가정들에 대해 반박하
는 것이었다. 나는 부가 아닌 권력이 사회 이론의 기초 개념이
되어야 하며, 사회적 정의는 권력이 현실적으로 얼마나 평등
화되어 있는지에 달려 있다고 주장했다. 그리고 국가가 민주
적이지 않는 한, 또 민주적인 국가라 하더라도 관료들의 권력
을 억제하는 장치들이 마련되어 있지 않는 한, 토지와 자본의
국유화는 결코 진보가 아니라고 주장했다. 나의 이런 주장이
버넘의 『경영의 혁명』에 일부 채택되어 널리 알려지기는 했으
나, 내 책 자체는 실패에 가까웠다. 그러나 나는 지금도, 특히
사회주의 체제에서 전체주의의 폐해를 피하기 위해서는 그 책

에서 말하는 내용이 대단히 중요하다고 생각한다.

1936년 나는 피터 스펜스와 결혼했고, 1937년 막내둥이 콘래드가 태어났다. 내게는 큰 기쁨이 아닐 수 없었다. 아이가 출생하고 몇 달 후에 나는 마침내 텔레그래프 하우스를 파는 데 성공했다. 몇 년 동안 사겠다는 사람이 없더니 갑자기 두 사람이 한꺼번에 나타난 것이다. 한 사람은 폴란드의 귀족이었고, 다른 한 사람은 영국의 실업가였다. 그 두 사람이 서로 사겠다고 경쟁한 덕분에 나는 24시간 만에 집값을 1천 파운드까지 올릴 수 있었다. 결국 실업가가 경쟁에서 이겼고, 나는 악몽 같은 무거운 짐을 덜게 되었다. 집이 처분되지 않는 한 계속 돈이 들어가야 했는데, 남은 돈이 거의 없었으므로 자칫하면 파산에 이를 수도 있는 상황이었던 것이다.

경제적 사정을 생각하면 텔레그래프 하우스를 처분한 것은 다행이었으나, 그 집과 작별하게 되어 마음이 아팠다. 나는 그곳의 들과 숲, 사방이 훤히 보이는 탑 속의 내 방을 좋아했다. 또 내가 40년 넘게 알고 지낸 곳이고, 프랭크 형 생전에 점차 커지던 모습도 보아 왔다. 그 집은 지속성을 상징했다. 나는 내 인생도 그러하기를 바랐으나 작업을 제외하고는 기대에 훨씬 못 미쳤던 것이 사실이다. 집을 팔고 난 후의 심정을 말하자면, 약제사들이 흔히 변명하듯 '내 의지가 아니라 내 궁핍이 동의해서'였다. 그 후로 오랫동안 내게는 일정한 거주지가 없었으며, 그런 것을 갖게 될 가능성도 없다고 생각했다. 나는 그것이 못내 아쉬웠다.

『권력』의 집필을 끝내고 나자, 내 생각이 다시 이론 철학으로 돌아가는 것을 발견했다. 나는 1918년에 수감 생활을 하면서, 초창기에 철저히 무시해 왔던 의미와 관련된 문제들에 관심을 가지게 되었다. 나는 이 문제들을 『정신의 분석』에서 일부 다루었고, 그 무렵에 쓴 각종 글에서도 다룬 바 있었다. 그러나 못다 한 말이 훨씬 더 많았다. 나는 논리 실증주의자들의 일반적인 견해를 대폭 지지하는 입장이었으나, 몇 가지 점에서 오류에 빠진 그들이 경험주의를 버리고 새로운 종류의 스콜라 철학으로 빠져드는 것처럼 느껴졌다. 그들은 언어의 영역을 그 자체가 실재인 양, 비언어적 사건들과는 아무 관계도 맺을 필요가 없는 양 다루는 경향이 있었다. 옥스퍼드에서 강좌 요청이 들어오자 나는 '말과 사실'을 주제로 정했다. 그때 강의한 것을 기초로 1940년에 책을 출간했는데, 그것이 바로 『의미와 진리의 탐구』이다.

우리는 옥스퍼드 근처의 키들링턴에 집을 장만하고 1년 가량 살았으나, 옥스퍼드 사람들 중에 우리 집을 찾은 이는 어느 숙녀 한 사람뿐이었다. 우리는 존경받는 집안이 못 되었던 것이다. 나중에 케임브리지에서도 비슷한 경험을 했다. 나는 유서 깊은 학문의 전당인 그 두 곳이 그 점에서 독특하다는 것을 깨달았다.

# 미국: 1938~1944년

1938년 8월, 우리는 키들링턴에 있는 집을 팔았다. 사는 쪽에
서, 집을 당장 비워 달라는 조건을 달았기 때문에 우리는 8월
중 2주를 어디서든 때워야 할 처지가 되었다. 우리는 주거용
차를 전세 내어 펨브로크셔의 해안에서 시간을 보냈다. 피터
와 나, 존, 케이트, 콘래드, 그리고 우리 집 큰 개 셰리가 함께
했다. 거기 있는 동안 거의 매일 비가 퍼부었으므로 모두 꼼짝
없이 차 안에 박혀 있어야 했다. 그때처럼 불편을 느낀 적도 없
었던 것 같다. 피터가 식사를 준비해야 했는데, 그 일을 몹시
싫어했다. 마침내 존과 케이트가 다팅턴으로 돌아갔고, 피터
와 콘래드와 나는 미국행 배에 올랐다.

　나는 시카고에서 대규모의 세미나를 열고 옥스퍼드에서
다룬 주제—즉 '말과 사실'—를 가지고 계속 강연했다. 그러
나 단음절 단어들을 사용하면 미국인들이 내 강연을 존경하

지 않는다는 얘기를 듣고, '말과 신체의 운동 신경 습관의 상
호 관계' 비슷한 것으로 제목을 바꾸었다. 그런 식의 제목을 붙
이자 비로소 세미나가 인정을 받았다. 대단히 즐거운 세미나
였다. 카르나프와 찰스 모리스도 가끔 참석했고, 매우 뛰어난
능력을 가진 세 명의 제자들—댈키, 캐플런, 코필로위시—도
함께해 주었다. 우리는 밀고 당기며 충실하게 논쟁한 끝에 피
차 만족할 만한 아주 명쾌한 결론을 도출하는 데 성공했다. 철
학 논쟁에서는 보기 드문 일이었다. 이 세미나 외에는 시카
고에서 별로 유쾌한 시간을 보내지 못했다. 시내는 지저분했
고, 날씨는 몹시 궂었다. '우수 도서 100선' 작업에 바쁜 허친
스 총장은 철학과 교수들에게 신新토미즘〔토마스 아퀴나스의 신
학〕을 강요하는 사람이었으므로 당연히 나를 달가워하지 않았
다. 계약 기간이 끝나고 내가 떠나게 되자 아마 그는 속이 시
원했을 것이다.

　　나는 로스앤젤레스에 있는 캘리포니아 대학의 교수가 되
었다. 시카고는 아직도 찬바람 몰아치는 겨울 날씨였는데, 그
끔찍한 곳에 있다가 봄으로 접어든 캘리포니아에 도착하니 너
무나 기뻤다. 우리가 그곳에 간 것은 3월 말이었으나, 9월부터
학기가 시작하기 때문에 몇 개월의 여유가 있었다. 처음에는
순회강연으로 시간을 보냈는데, 그때 일로 뚜렷하게 기억에
남는 것은 두 가지뿐이다. 하나는 휴이 롱에 관한 일이다. 루
이지애나 주립대학에 강연을 나가 보니, 그곳 교수들은 모두
휴이 롱을 좋게 평가하고 있었다. 이유인즉, 그가 그들의 봉급

을 올려 주었기 때문이었다. 다른 한 가지는 그보다 유쾌한 기억이다. 진짜 시골인 한 마을에 가서 미시시피 강을 둘러싸고 있는 제방에 올라가 보았다. 강연과 긴 여행과 더위 탓에 몹시 지쳐 있던 나는 평온함을 느꼈다. 당시의 나에겐 극히 드문 체험이었는데, 아마 흐르는 물이 있어 가능했던 것 같다.

1939년 여름에는 방학을 맞은 존과 케이트가 우리를 찾아 미국으로 왔다. 그런데 아이들이 도착하고 바로 며칠 후에 전쟁이 발발하여 개학 때가 되어도 영국으로 돌려보낼 수 없게 되었다. 아이들이 계속 공부할 수 있게 만들어 주는 일이 시급했다. 존은 열일곱 살이어서 캘리포니아 대학에 입학시켰으나, 케이트는 열다섯 살밖에 되지 않아 대학에 보내기엔 좀 어렸다. 로스앤젤레스에 있는 학교 중에 학업 수준이 가장 높은 곳이 어디냐고 친구들에게 물어보았더니, 이구동성으로 추천하는 학교가 있어 케이트를 거기로 보냈다. 그런데 그 학교에서 가르치는 과목 중에 케이트가 아직 못 배운 과목은 하나밖에 없었고, 그것은 자본주의 제도의 미덕에 관한 것이었다. 결국 케이트가 어린데도 대학에 보내지 않을 수 없었다. 존과 케이트는 1939년부터 1940년까지 1년 동안 우리와 함께 살았다.

1939년 여름 우리는 샌타바버라에 집을 하나 세내어 몇 달간 살았는데, 대체로 즐거운 곳이었다. 불행하게도 내가 등뼈를 다치는 바람에 참기 힘든 좌골 신경통에 시달리며 한 달을 꼼짝없이 누워 있어야 했다. 그 결과 강의 준비가 늦어져, 그 학년 내내 과로에 시달리면서도 언제나 강의가 미흡하다는 생각이 들었다.

대학 분위기는 시카고보다 훨씬 못했다. 학생들도 그다지 능력이 없었고, 학장도 내가 아주 싫어하는 타입이었다. (지금도 나의 평가가 옳았다고 본다.) 누구든 지나치다 싶게 자유주의적인 발언을 했다 하면 일을 제대로 못한다는 구실을 달아 해고해 버렸다. 교수 회의가 열릴 때면 총장이 마치 군화라도 신은 양 거침없이 진군해 들어와, 자기 마음에 들지 않는 의제에 대해 무조건 위반 판정을 내리곤 했다. 그가 표정을 찡그리기만 해도 모든 사람들이 벌벌 떠는 모습은 히틀러 치하의 국민의회를 연상시켰다.

1939~40년도 학년이 끝나갈 무렵 나는 뉴욕 시립대학으로부터 교수로 와달라는 초청을 받았다. 거의 결정이 난 듯한 상황이어서 나는 캘리포니아 대학 총장에게 사직서를 써냈다. 그에게 사직 의사를 밝힌 내 편지를 전하고 난 뒤 30분 후, 나는 뉴욕의 일이 확정적이지 않다는 것을 알았다. 그리하여 사직 의사를 철회하기 위해 총장을 찾아갔으나 그는 너무 늦었다고 말했다. 그동안 열성적인 기독교인 세납자들이 신앙도 없는 사람에게 봉급을 주기 위해 세금을 낼 수는 없다고 항의해 온 터였으므로 총장은 내가 물러나 주는 게 반가웠던 것이다.

뉴욕 시립대학은 시 정부가 운영하는 기관이었다. 이 학교에 다니는 사람은 거의 대부분 가톨릭 신자 아니면 유태인이었다. 가톨릭 신자들로선 분통 터지는 일이었겠지만, 장학금은 사실상 유태인들에게 다 돌아갔다. 뉴욕 시 정부가 사실상 로마 교황청의 위성 도시나 다름없었음에도 시립대학 교수들은 대학의 자유 비슷한 것이나마 지켜보려고 안간힘을 썼다. 그들이 나를 추천한 것도 물론 이 같은 목적을 위한 것이었다. 그러나 사주받은 영국 국교회 소속의 한 주교가 나를 비난하고 나섰고, 그러자 주로 아일랜드 가톨릭 계열의 사제들이 경찰을 대상으로, 지역에서 범죄가 발생하는 것은 나 때문이라고 설교를 했다. 시립대학에서도 나와는 아무 상관없는 학과에 다니는 딸을 둔 한 부인이 소송을 제기해, 내가 그 학교에 있으면 자기 딸의 정조가 위험해진다고 주장했다. 이것은 나를 상대로 한 것이 아니라 뉴욕 시 당국을 고발하는 형식을 취하고 있었다.[1] 나는 소송에 참여해 보려고 애썼으나 나와는 무관한 일이라는 답변만 들었다. 시 당국은 명목상 피고일 뿐, 그 선량한 부인이 승소를 바라는 것 못지않게 자신들이 패소하길 바라고 있었다. 원고 측 변호사는 내 저서들을 가리켜, "선정적이고 호색적이며 성욕을 자극한다. 색정광, 최음제에 가깝다. 불경하고 편협하며 진실과는 거리가 멀고 도덕성이 상실되었다"고 단언했다. 이 소송은 아일랜드 출신의 판사가 담당했고, 결국 그는 독설을 퍼부으며 내게 불리한 판결을 내렸다. 나는 항소하고 싶었으나 뉴욕 시 당국이 항소를 거부하고 나섰다. 나를 비난하는 말들 중에는 완전히 지어낸 애

1   이 소송에 관한 정보를 얻으려면 『나는 왜 기독교인이 아닌가』(앨런 언윈 출판사, 1957년) 부록 편을 참조할 것.

기들도 있었다. 예컨대 아주 어린아이들이 자위행위를 했다고 벌을 주어서는 안 된다는 얘기를 내가 했다면서 사악하다고 욕했다.

전형적인 미국식 마녀 사냥이 나를 상대로 시작되었고,[2] 나는 미국 전역에서 금기시되는 인물이 되었다. 나는 본래 순회강연을 할 예정이었으나, 마녀 사냥이 시작되기 전에 예약이 된 것은 한 건뿐이었다. 이 약속을 했던 랍비(유태교의 율법학자)마저 계약을 파기했지만, 그를 탓할 생각은 없다. 강당 소유자들이 내가 강연을 하게 되면 장소를 빌려 주지 않겠다고 했던 것이다. 그 당시에 내가 어디든 공공장소에 모습을 드러냈다면 경찰의 완전 묵인하에 가톨릭 신자 폭도들 손에 맞아 죽었을지도 모른다. 내 글을 실어 주겠다는 신문이나 잡지도 전혀 없었으므로 나는 갑자기 모든 생계 수단을 박탈당하고 말았다. 영국에서 돈을 가져오는 것은 법률상 불가능했기 때문에, 부양해야 할 아이가 셋이나 되는 상황에서 나는 매우 곤란한 처지에 놓이게 되었다. 자유주의 사상을 가진 많은 교수들이 나를 위해 항의 운동을 벌였지만, 모두들 내가 백작의 신분이니 물려받은 땅도 많고 아주 부유하리라 생각했다. 내게 실질적인 도움이 되어 준 사람이 딱 한 명 있었는데, 바로 반스 박사였다. 아지롤이라는 방부제를 만든 발명가이자 필라델

---

2  뉴욕 카운티의 등기 공무원인 한 여성은, 나를 "흠씬 두들겨 패서 이 나라에서 쫓아내 버려야 한다"라고 공개적으로 말했다. 당시 일반 대중의 비난이 어느 정도였는지 잘 보여 주는 발언이다.

피아 부근에 소재한 반스 재단의 설립자였다. 그는 내게 5년 간 자신의 재단에서 철학에 관해 강연하는 일자리를 주었다. 그 덕에 나는 큰 걱정을 덜 수 있었다. 그가 날 불러 주기 전까지는 곤경에서 벗어날 아무 방도가 없었다. 영국에서 돈을 가져올 수도 없었고, 영국으로 돌아가는 것도 불가능했다. 세 아이들이 귀국할 수 있는 길을 찾아내는 것도 오랜 시간이 걸려야 가능했을 것이고, 설사 가능했다 하더라도 전쟁 포화 속으로 아이들을 보내고 싶은 마음은 추호도 없었다. 존과 케이트를 대학에서 퇴학시키고 마음 좋은 친구들의 도움이나 받으며 최대한 절약해 사는 수밖에 도리가 없는 듯했다. 이와 같은 암울한 전망에서 나를 구제해 준 사람이 반스 박사였던 것이다.

내게 1940년의 여름은 공적으로는 공포, 사적으로는 즐거움이 기묘한 대조를 이룬 시기였다. 우리는 시에라네바다 산맥 지대인 타호 호수 근방의 폴른리프 호에서 여름을 보냈는데, 내가 운 좋게 알게 된 여러 아름다운 장소들 중에서도 가장 아름다운 곳에 속했다. 이 호수는 해발 1천 829미터가 넘는 고지에 있으며, 1년 중 반 이상 눈으로 깊게 덮여 있어 그 일대 전체가 사람이 살기 힘든 곳이다. 그러나 여름철 석 달 동안은 황금기여서 해가 연일 나오고 날이 포근하며 극심한 더위가 없다. 산자락의 초원들은 더할 수 없이 아름다운 야생화들로 그득하고 공기에는 소나무 냄새가 짙게 배어 있다. 우리는 호수에서 가까운 소나무 숲 한가운데에 있는 오두막에 묵었다. 콘래드와 보모는 집 안에서 잤으나, 나머지 가족들은 잘

방이 없어 모두 여기저기 흩어져 잤다. 인적 없는 전원을 헤치고 폭포나 호수, 산정까지 수도 없이 산책했으며, 눈 위에서 별로 차갑지 않은 깊은 물속으로 뛰어들 수도 있었다. 나는 창고보다 나을 바 없는 자그만 공부방을 마련하여 거기서 『의미와 진리의 탐구』를 탈고했다. 종종 날이 너무 더워 옷을 홀딱 벗고 글을 쓰기도 했다. 그러나 나는 더위에 강하기 때문에 더위서 일을 못 해본 적은 없었다.

이처럼 즐겁게 지내는 와중에도 우리는 영국이 침공당했는지, 런던이 아직 무사한지가 궁금하여 매일매일 소식을 기다렸다. 익살맞고 약간 사디스트적인 유머 감각을 가진 우체부가 어느 날 아침 큰 소리로 외치며 들어섰다. "소식 들었어요? 런던이 모조리 파괴되어 집 한 채도 안 남았대요!" 그러나 그의 말을 믿어도 되는 건지 알 수 없었다. 오랫동안 걷고 여러 호수에서 멱을 감으면서 그럭저럭 지루하지 않게 시간을 보내다 보니, 9월쯤에는 영국이 침공을 면할 것 같은 생각이 들기 시작했다.

나는 시에라네바다 산악에서 무계급의 사회를 발견했는데, 내가 알기론 그런 사회는 그곳밖에 없다. 집집마다 거의 대부분 대학교수들이 거주했으며, 필요한 작업은 대학생들이 담당했다. 우리에게 식료 잡화를 가져다주었던 청년도 내가 겨울 내내 강의를 해주었던 학생이었다. 단순히 휴가를 즐길 목적으로 온 학생들도 많았는데, 모든 것이 원시적이고 소박했기 때문에 아주 저렴한 휴가가 될 수 있었다. 관광객을 다루는 측면에서는 미국인들이 유럽인들보다 훨씬 낫다고 할 수 있다. 호수 근처에는 집들이 많이 있었지만, 소나무 숲에 가려 지도록 세심하게 배려하여 지어졌기 때문에 보트에서 보이는 집은 거의 없었다. 그리고 집 자체도 소나무로 지어져 전혀 눈에 거슬리지 않았다. 우리가 살았던 집의 한 모퉁이는 살아 있는 소나무로 되어 있었다. 그 나무가 너무 자라 버리면 집이 어떻게 될는지, 상상하기도 어렵다.

1940년 가을, 나는 하버드에서 윌리엄 제임스 강좌를 맡았다. 뉴욕에서 말썽이 일어나기 전에 계약한 일이었다. 하버드 대학으로선 후회막심한 계약이었겠지만, 예의를 지켜 내 앞에서는 내색하지 않았다.

반스 박사와 맺은 계약에 따라 나는 1941년 정초부터 일을 시작했다. 우리는 필라델피아에서 48킬로미터가량 떨어진 곳에 농가를 하나 세냈다. 영국의 도싯셔 내륙처럼 언덕이 많은 시골에 자리 잡은, 200년 정도 된 아주 매력적인 집이었다. 과수원과 근사한 헛간과 복숭아나무 세 그루도 딸려 있었는데, 그 나무들에는 엄청나게 많은 열매가 맺힐 뿐 아니라 맛도 내가 먹어 본 복숭아 중에 제일 나았다. 강 쪽으로 넓은 언덕이 펼쳐지고 상쾌한 숲도 있었다. 우리 집에서 16킬로미터 떨어진 곳에는 필라델피아 교외선 열차들의 종점인 파올리(코르시카의 애국자 이름을 딴 지명)가 있었다. 나는 그곳에서 기차를 타고 반스 재단으로 가, 대부분 누드화인 프랑스 현대화들이 걸린 화랑에서 강의하곤 했다. 철학을 강의하기엔 다소 어울리지 않는 분위기였다.

반스 박사는 이상한 성격의 소유자였다. 그에게는 개와 아내가 있었는데, 그는 개한테 무척 헌신적이었고 아내는 그에게 매우 헌신적이었다. 그는 흑인들을 후원하고 동등하게 대하는 것을 좋아했다. 이유를 따지자면, 바로 자기 자신이 그들을 동등하지 않다고 믿기 때문이었다. 그는 아지롤을 발명하여 엄청난 돈을 벌었으며, 그 사업이 정점에 달했을 때 처분하여 정부 담보물에 모든 돈을 투자했다. 그리고 나서 그는 미술품 감정가가 되었다. 그는 프랑스의 현대화들이 전시된 아주 훌륭한 화랑을 소유했고, 그 화랑과 연계하여 미학의 원리를 가르쳤다. 그는 남들의 쉴 새 없는 아첨을 즐겼으며, 싸우는 것을 좋아했다. 사실 나는 그의 제안을 받아들이기 전에, 그가 사람들을 쉽게 싫증 내는 사람이니 조심하라는 이야기를 들었기 때문에 일부러 5년 계약을 맺었던 것이다. 그러나 1942년 12월 28일, 나는 1월 1일자로 직무를 그만두라는 편지를 받았다. 이렇게 해서 나는 또 한 번 풍요에서 궁핍으로 떨어지게 되었다. 물론 내게는 계약서가 있었고, 법률가에게 물어본 결과 법정에 문제를 제기하면 완벽하게 보상받을 수 있다는 얘기도 들었다. 그러나 법적 보상을 받으려면, 더구나 미국 같은 나라에서는 시간이 많이 걸리기 마련이었다. 나는 그 사이 어떻게 해서든 먹고살아야 할 형편이었다. 르 코르뷔지에[1887~1965년, 스위스 태생의 프랑스 건축가·도시 계획가]가 미국에 관해 쓴 책에도 반스의 전형적인 행실에 관한 이야기가 나온다. 순회강연을 돌고 있던 코르뷔지에는 반스 박사의 화랑을 구경하고 싶었다. 그는 허락을 구하는 편지를 썼다. 그런 요청을 받으면 늘 마지못해 응하곤 했던 반스 박사는, 모월 모일 토요일 아침 9시에는 구경해도 좋으나 그 외의 시간에는 안 된다고 답했다. 코르뷔지에는 강연 일정상 그 시간에는 불가능하니 다른 시간에는 안 되겠느냐고 다시 편지로 물어보았다. 반스 박사는 엄청나게 무례한 편지를 보내 그 시간이 아니면 절대로 안 된다고 말했다. 그러자 코르뷔지에는 장문의 답장—그의 책에도 실려 있다—을 보내, "나도 싸움을 싫어하는 사람은 아니지만, 미술 관련 문제로 입장이 다른 사람들과 싸우는 게 차라리 낫겠다. 당신과 나는 둘 다 현대적인 그림을 좋아하는 사람들이니 우리가 의견의 일치를 못 보는 것은 유감스러운 일인 것 같다"고 말했다. 반스 박사는 그 편지를 뜯어 보지도 않고 봉투에다 "빌어먹을"이라고 적어 되돌려 보냈다 한다.

내 사건이 법정에 올려지자 반스 박사는, 내가 강의 준비를 충분히 하지 않아 수박 겉핥기 식의 형식적인 강의가 되었다고 주장했다. 나는 『서양 철학사』 원고를 가지고 강의했는데, 그 책의 전반부 3분의 2까지 진행하고 강의가 중단된 상황이었다. 판사가 읽어 보리라고는 생각하지 않았지만, 어쨌거나 나는 거기까지의 원고를 제출했다. 반스 박사는 내가 피터고라스와 엠피독클레스Pithergawras and Empi-Dokkles(그는 피타고라스Pythagoras와 엠페도클레스Empedocles를 이렇게 발음

했다)를 제대로 다루지 못했다고 불평했다. 나는 판사가 주목할 만한 진술을 했고, 결국 승소했다. 물론 반스 박사는 틈나는 대로 항소를 했으며, 나는 영국에 돌아와서야 비로소 보상금을 받을 수 있었다. 한편 그는 내 죄를 잔뜩 적은 인쇄물을 만들어 트리니티 칼리지의 학장과 교수들에게 일일이 발송하고, 나를 모교로 다시 부른 것은 어리석은 짓이었다고 경고했다. 나는 그것을 읽어 보지는 않았지만, 분명 재미있는 읽을거리였을 것이다.

1943년 초부터 몇 달 동안 경제적으로 다소 절박한 형편이긴 했으나, 우려했던 만큼 고생하지는 않았다. 우리는 살고 있던 셋집을 다시 세놓고, 집주인이 흑인 부부를 고용할 경우 거처로 제공하기 위해 지은 작은 집으로 이사했다. 방 세 개에 화덕이 세 개 딸린 집이었는데, 거의 한 시간마다 각 화덕에 불을 지펴야 했다. 하나는 난방용이고, 하나는 취사용, 나머지 하나는 온수용이었다. 화덕에 불이 꺼져 다시 살리려면 대여섯 시간씩 걸렸다. 당시 콘래드는 피터와 내가 하는 이야기를 다 알아듣는 나이였다. 아이가 듣고 걱정할 만한 이야기는 하지 않는 게 좋았겠지만, 우리에게는 의논해야 할 걱정거리가 많았다. 그러나 그 무렵부터 시립대학과 관련된 말썽이 가라앉기 시작하더니 뉴욕 및 기타 도시에서 이따금 강연 청탁이 들어오곤 했다. 금기 분위기를 맨 처음 깨준 것은 브린 모 칼리지의 웨이스 교수였다. 강좌를 하나 맡아 달라고 요청해 왔던 것이다. 적지 않은 용기가 필요했을 것이다. 한번은 내가 돈이 없어 뉴욕까지 편도 표를 끊은 적이 있었는데, 돌아올 때는 강연 사례비로 그가 요금을 낸 적도 있었다. 『서양 철학사』 원고가 거의 완성되어 가고 있었으므로 나는 미국에서 내 책을 내주곤 했던 출판업자 노턴에게 편지하여, 나의 어려운 경제적 사정을 고려해 선불로 해줄 수 있느냐고 물었다. 그는 존과 케이트를 아끼는 사람으로서, 또한 옛 친구와의 우정을 생각하여, 500달러를 선불로 주겠다고 대답했다. 나는 다른 출판사에 의뢰하면 돈을 더 받을 수 있을 것 같아 사이먼 앤드 슈스터에 접근해 보았다. 개인적으로 전혀 알지 못하는 사람들이었는데, 즉석에서 2천 달러를 주고 6개월 후에 1천 달러를 더 주겠다고 했다. 그 무렵 존은 하버드에, 케이트는 래드클리프에 다니고 있었다. 나는 돈이 없어 아이들을 중퇴시키는 상황이 될까 봐 늘 걱정했는데, 사이먼 앤드 슈스터 덕분에 그럴 필요가 없게 되었다. 그 무렵에 개인적으로 아는 친구들에게도 돈을 빌려 도움을 받았고, 다행히 곧 갚을 수 있었다.

　『서양 철학사』는 우연히 쓰게 된 책이지만 결과적으로 오랜 세월 나의 주요 수입원이 되었다. 작업을 시작할 때만 해도, 그것이 나의 다른 어떤 책도 못 해낸 큰 성공을 거두고 한동안 미국의 베스트셀러 목록 상단에서 빛을 발하는 책이 되리라고는 전혀 예상치 못했다. 내가 아직 고대 철학을 다루고 있을 때 반스가 해고를 통고해 와 강의는 중단되고 말았지만, 나는 책 작업이 아주 재미있었다. 특히 그 전에는 거의 알지 못했던 중세 초기 부분과 예수 탄생 직전의 유태인 부분이 흥미로웠으므로 조사 작업이 끝날 때까지 연구를 계속했다. 브린 모 칼리지가 고맙게도 도서관을 이용하도록 허락해 주었다. 그 도서관은 훌륭했으며, 특히 R. H. 찰스 목사의 귀중한 책을 볼 수 있었다. 그는 예수 시대 직전에 쓰여 예수의 가르침을 상당 부분 예견할 수 있었던 유태인들의 저작을 번역해 출간한 사람이다.

내가 즐거운 마음으로 이 역사서를 쓸 수 있었던 것은, 역사는 넓게 다루어야 한다는 것이 평소의 생각이었기 때문이다. 예를 들어 기번이 다루는 주제들의 경우, 그보다 짧은 책이나 몇 권의 책으로는 제대로 다룰 수 없다고 생각했다.『서양 철학사』의 전반부는 문화사를 쓴다는 생각으로 썼으나, 후반부로 가면서 과학이 점점 중요해지자 이 같은 틀에 맞추기가 어려워졌다. 나름대로는 최선을 다했으나 성공했는지에 대해선 자신할 수 없다. 때로는 비평가들이, 진정한 역사를 쓰지 않고 내가 자의적으로 선택한 사건들을 편파적으로 다루었다며 비난하곤 했다. 그러나 편견 없는 사람이 과연 있는가 하는 것도 의문이지만, 편견을 갖지 않고서는 재미있는 역사서를 쓸 수 없다는 것 또한 나의 생각이다. 편견이 없는 척하는 그 자체가 위선인 것이다. 또한 책이란 것은, 다른 모든 작업과 마찬가지로, 그 나름의 관점하에 결합되어야 한다. 책을 하나의 실체로 볼 때, 흔히 한 사람이 쓴 것보다 여러 작가의 글을 모아 놓은 것이 재미가 덜한 이유도 바로 여기에 있다. 나는 편견 없는 사람이 있다는 것을 인정하지 않기 때문에, 일단 작가의 편견을 인정해 주되 그것이 불만인 독자들은 정반대의 편견을 표현한 다른 작가들을 찾아보는 것이 방대한 역사를 이해하는 최선의 방법이라고 본다. 어느 편견이 진실에 더 가까우냐는 후세에 맡길 문제다. 역사 서술에 대한 관점이 이러하므로 나는 『서양의 지혜』보다 『서양 철학사』를 더 좋아한다. 후자를 정리하여 다시 쓴 『서양의 지혜』는, 삽화는 마음에 들지만 지나치게 매끄럽고 맥빠진 감이 있다.

우리는 미국에서의 마지막을 프린스턴에 있는 호숫가 작은 집에서 보냈다. 프린스턴에 있으면서 나는 아인슈타인을 매우 깊이 알게 되었는데, 일주일에 한 번씩 그의 집을 찾아가 아인슈타인 본인은 물론 괴델〔오스트리아 태생의 미국 수학자·논리학자〕, 파울리와 더불어 토론하곤 했다. 그러나 토론들은 다소 실망스러운 감이 없지 않았다. 그 세 사람 모두 유태인 망명객으로서 세계주의를 지향하는 사람들이었으나, 형이상학을 대하는 태도가 모두 독일 편향적이어서 아무리 애써도 논쟁의 전제조차 합의에 도달하지 못했다. 괴델은 순수 플라톤주의자인 것으로 드러났으며, 영원한 '무無'는 천국에나 있으니 정숙한 논리학자들이 죽어 천국에 가면 만나게 되리라고 믿는 것 같았다.

프린스턴의 사교계는 매우 재미있었다. 전체적으로 내가 미국에서 경험한 어느 사교 집단보다 유쾌한 분위기였다. 그 무렵 다시 영국으로 돌아간 존은 영국 해군에 입대하여 일본어를 배우기 시작했다. 케이트는 래드클리프에 만족하고 자기 일을 아주 잘해내더니 대단치는 않지만 교사직을 하나 따냈다. 따라서 우리는 영국으로 돌아가는 통행권을 구하기가 어렵다는 것 외에는 미국에 계속 머물 이유가 없었다. 그러나 이 문제는 오래도록 해결될 기미가 없었다. 나는 워싱턴으로 가서, 영국 상원에서 내 의무를 수행할 수 있도록 해달라고 요청하고, 의무 수행의 욕구가 아주 강하다는 점을 당국자들에게 설득시키려고 애썼다. 그러다 결국 영국 대사관을 납득시킬 수 있는 논점을 하나 찾아냈다. 내가 그들에게 물었다. "이번 전쟁이 파시즘에 반대하는 전쟁이라는 것을 인정하오?" "그렇소." 그들이 대답했다. "그렇다면 입법부를 집행부에 종속시키는 것이 파시즘의 본질이라는 것도 인정하오?" "그렇소." 그들이 약간 주저하던 끝에 대답했다. 내가 계속해서 말했다. "지금 당신들은 집행부이고 나는 입법부인 입장이오. 그러니 당신들이 필요 이상으로 날짜를 끌면서 나의 입법 직무를 가로막는다면 당신들이야말로 파시스트가 아니고 무엇이겠소." 한바탕 웃음이 터지는 가운데 그 자리에서 당장 나의 항해 여권이 발급되었다. 그러나 기묘한 난관이 아직 남아 있었다. 아내와 나는 순위에서 A등급을 따냈으나, 우리 아들 콘래드는 아직 아무 입법 기능이 없다는 이유로 B등급밖에 얻지 못한 것이다. 콘래드는 당시 일곱 살에 불과했으므로 우리는 당연히 아이와 어머니가 함께 여행할 수 있기를 바랐다. 그러나 그렇게 되려면 아내가 B등급으로 분류되는 수밖에 없었다. 주어진 자격보다 낮은 등급을 원하는 경우는 그때까지 한 건도 없었기 때문에

관리들은 매우 어리둥절해했고, 몇 달이 지나서야 상황을 이
해했다. 마침내 날짜가 정해졌다. 피터와 콘래드가 먼저 출발
하고 나는 2주쯤 후에 출발했다. 우리가 대서양을 건넌 것은
1944년 5월이었다.

# 제3부

---

## 1944~1967

제3부 머리말

─────────────

이 책은 현재 세계를 나누고 있는 굵직한 이슈들이 여전히 해결되지 않은 상황에서 출간될 것이다. 아직까지는, 그리고 앞으로도 당분간은 불확실한 세상이 될 것이다. 세계는 아직도 절반씩의 희망과 공포 사이에 정지되어 있다.

　　나는 그 문제가 해결되는 것을 보지 못하고 죽을 것 같은데, 다음 두 개 중에 어느 것이 나의 마지막 말이 될지 모르겠다.

　　찬란한 낮은 다하고
　　우리는 어둠을 위해 존재한다.

　　또 하나는, 이따금 품어 보는 희망이지만,

　　세상의 위대한 시대가 새로 시작되니,
　　황금 시대가 돌아오고……
　　천국이 미소짓고, 믿음과 제국들이 번득인다.
　　마치 흩어지는 꿈의 파편들처럼.

나는 근소한 내 무게를 보태어 저울이 희망 쪽으로 기울도록 최선을 다했으나, 거대한 힘들에 맞선 보잘것없는 노력이었다.

우리 세대가 못한 것들을 후세가 이어가기 바란다.

1944년이 되자 전쟁이 끝날 조짐이 점차 보였고, 실제로 독일의 패배로 끝나 가고 있었다. 덕분에 우리는 영국으로 돌아갈 수 있게 되었고, 큰 모험을 하지 않아도 아이들과 함께 있을 수 있게 되었다. 다만, 조국에 가든 미국에 머물든 의무적으로 군 복무를 해야 하는 존이 문제였다. 다행히도 전쟁이 조속히 매듭지어진 덕분에 아들은 그렇지 않았을 경우 감수해야만 했을 거북한 선택을 피해 갈 수 있었다.

영국에서의 생활은 예전과 마찬가지로 공적인 일과 사적인 일들이 뒤엉켜 돌아갔으나, 사적인 부분에 점차 무게가 실리게 되었다. 나는 사적인 일과 공적인 일, 혹은 오래 전에 끝난 사건과 현재 내 삶의 한가운데서 계속되고 있는 사건들을 똑같은 태도로 설명하기는 힘들다는 것을 깨달았다. 그 결과 생겨난 태도의 변화에 놀라는 독자들도 있을지 모르겠다. 나로서는 독자들이 변화의 불가피성을 파악하고, 명예 훼손에 관한 법률 때문에 말조심을 하지 않을 수 없다는 점을 이해해 주기 바랄 뿐이다.

# 영국으로 돌아오다

1944년 상반기에 대서양을 건넌다는 것은 상당히 복잡한 일이었다. 피터와 콘래드는 '퀸 메리' 호를 탔는데, 속도는 빨랐으나 어린아이들과 어머니들이 미어터지게 탄 배였으므로 엄청나게 불편한 항해였다. 어머니들은 모두 아이들을 나무랐고, 아이들은 모두 바다에 떨어질 수도 있는 아슬아슬한 행동으로 극도의 불안감을 조성했다. 그러나 이 모든 이야기는 내가 영국에 도착한 후에야 들을 수 있었다. 나는 코르벳 함(대공대잠수용 장비를 갖춘 소형 쾌속함)과 비행기들의 경호를 받으며 자전거 속도로 위풍당당하게 전진하는 거대한 호위함을 타고 왔다. 당시 나는 『서양 철학사』 원고를 소지하고 있었는데, 적에게 유용한 정보가 들어 있는지 검토하는 일을 맡은 운 나쁜 검열관들이 그것을 속속들이 읽어 보아야 했다. 결국 철학에 관한 지식은 독일인들에게 아무 소용이 없다고 판단되자 그들은 매우 공손한 태도로 내 책을 아주 재미있게 읽었노라 말했지만, 그 말은 솔직히 믿기 어려웠다. 모든 것이 비밀에 둘러싸여 있었다. 언제 항해하는지, 어느 항에서 출발하는지를 친구들에게 알리는 것조차 금지되어 있었다. 어느덧 나는 처녀 항해에 나선 리버티 선[미국이 2차 세계대전 중에 대량으로 만든 1만 톤급 수송선]에 올라 있었다. 선장이 유쾌한 사람이어서, 수송선 중에 첫 항해를 하다 두 동강 난 경우는 네 척 중에 많아야 한 척이라고 말하며 격려해 주곤 했다. 말할 것도 없이, 그 한 척은 미국 배였고 선장은 영국인이었다. 고급 선원 중에 진심으로 나를 인정해 준 사람이 하나 있었다. 기관장인 그는 『상대성의 ABC』를 읽어 보았으나 저자에 대해선 전혀 아는 바가 없었다. 하루는 그와 함께 갑판을 거닐고 있었는데, 그가 그 작은 책을 칭찬하기 시작했다. 내가 바로 그 책의 저자라고 말하자 그는 너무 기뻐 어찌할 바를 몰랐다. 승객 중에 사업가인 사람이 있었는데, 선원들은 그가 전투에 나가도 충분한 나이라고 생각하여 그를 별로 좋게 보지 않았다. 그러나 나는 그가 유쾌한 사람이란 것을 알았고, 그 덕분에 무기력해지기 쉬운 3주를 아주 즐겁게 보낼 수 있었다. 아일랜드 해안에 접근하기 전까지는 잠수함 공격을 걱정하는 분위기가 아니었으나, 그때부터는 모두 바지 차림으로 잠자리에 들라는 지시가 내려졌다. 그러나 아무런 사고도 일어나지 않았다. 여행이 끝나기 며칠 전, 우리는 라디오를 통해 그날이 바로 디데이[1944년 6월 6일 연합군의 반격 개시일]란 것을 알았다. 승무원들은 거의 대부분 그 방송을 들을 수 있었다. "자, 조국의 자식들이여, 가자, 영광의 날이 왔다Allons, enfuts de la patrie, le jour de patrie, le jour golire est arrivé"가 영어로 "자, 전우들이여, 이것이 그것이다Well, friends, this is it"로 번역된다는 것을 그날 라디오에서 배웠다.

일요일이 되자 그들은 우리를 퍼스오브포스의 북쪽 해안에 있는 작은 항구에 조용히 내려놓았다. 우리는 얼마간의 고생 끝에 제일 가까운 마을로 갔고, 그곳에서 전시 상황의 영국을 처음으로 접할 수 있었다. 그곳엔 폴란드 군인들과 스코틀랜드 처녀들만 있는 것 같았는데, 군인들은 아주 씩씩했고 처녀들은 아주 매력적이었다. 나는 야간열차를 타고 이튿날 아침 런던에 무사히 당도했으나, 한동안은 피터와 콘래드 소식을 알 길이 없었다. 열심히 전화하고 전보를 치고 한 끝에 그들이 시드머스에 있는 장모님 댁에 머물고 있다는 것과 콘래드가 폐렴에 걸렸다는 것을 알았다. 나는 단숨에 그리로 달려갔고, 아이가 빠르게 회복되고 있음을 알고서야 마음을 놓았다. 우리는 해변가에 앉아, 셰르부르〔프랑스 서북부의 도시로, 1944년 6월에 미국이 독일에게서 탈환한 곳〕 쪽에서 들려오는 군함 대포 소리에 귀를 기울였다.

트리니티 칼리지가 5년 계약 강의를 제의해 왔고, 나는 그 초청을 받아들였다. 특별 연구원 자격과 칼리지 숙소 사용권이 첨부된 계약이었다. 케임브리지로 가서 보니 방들이 대체로 쾌적했다. 꽃이 만발한 론볼스〔잔디밭에서 하는 나무 공 경기〕

구장이 한눈에 들어오는 위치였다. 나는 케임브리지의 아름다움이 그대로임을 알고 안심했으며, 그레이트 코트의 평화로움도 큰 위안이 되었다. 그러나 피터와 콘래드가 살 집을 마련하는 문제가 남아 있었다. 케임브리지가 초만원 상태여서 온갖 애를 썼음에도 하숙집의 누추한 방밖에 얻지 못했다. 내가 칼리지에서 쾌적하게 사는 동안 아내와 아들은 그곳에서 제대로 먹지도 못하고 비참하게 지냈다. 그러던 중 반스와 맞붙은 소송에서 돈이 나올 전망이 확실해지자 나는 당장 케임브리지에 집을 샀고, 한동안 우리는 그곳에서 살았다.

우리가 그 집에 사는 동안 브이제이 데이〔대일對日 전승 기념일, 1945년 8월 15일〕를 맞았고, 곧이어 총선이 실시되었다. 내가 『인간의 지식, 그 범위와 한계』라는 책의 대부분을 집필한 곳도 바로 거기였다. 케임브리지에서 행복하게 지낼 수도 있었으나 그곳 숙녀들이 우리를 못마땅하게 여겼다. 나는 노스웨일스의 페스티니오그에 전망이 아주 좋은 작은 집을 샀다. 그 다음에는 런던에 아파트를 하나 구했다. 강연 때문에 대륙을 자주 방문하느라 시간이 없기도 했지만, 나는 그 몇 년간 중요한 작업을 전혀 하지 못했다. 1949년, 아내는 나를 더 이상 원하지 않는다고 밝혔고 우리의 결혼 생활도 끝이 났다.

1940년대와 1950년대 초반까지는 핵 문제 때문에 마음이 혼란스럽고 동요된 상태였다. 핵전쟁이 발발하면 문명은 끝장이 날 게 분명했다. 또한 동서로 나뉜 양 진영의 정책에 변화가 없는 한 핵전쟁이 언제든 터질 수 있다는 것도 분명했다. 핵의 위험성은 1920년대 초반부터 내 마음 깊숙이 자리 잡고 있었다. 그러나 그 당시에는 몇몇 박식한 물리학자들이 다가올 위험을 감지했을 뿐, 일반인들은 물론 과학자들조차 대다수가 "오, 인류가 그렇게까지 어리석진 않을 겁니다"라고 쉽게 말하면서 핵전쟁의 가능성을 외면하곤 했다. 1945년 히로시마와 나가사키에 원폭이 투하되자 비로소 핵전쟁 가능성이 과학자들과 일부 정치인들의 관심을 끌게 되었다. 일본의 두 도시에 대한 폭격이 있은 지 몇 달 후 나는 상원 의회에서 연설하면서, 핵전쟁이 확대될 가능성이 있으며, 그렇게 될 경우 전 세계가 파멸하고 말 것이 확실하다고 지적했다. 그리고 핵분열을 이용한 과거의 폭탄과 달리 핵융합을 이용한 수소 폭탄이 현재도 존재하며, 앞으로 히로시마와 나가사키에서 사용된 것보다 훨씬 더 위력적인 핵폭탄이 제조될 것이라고 설명했다. 그 당시에는 내가 우려한 무기 경쟁이 아직 시작되지 않았기 때문에, 핵폭탄이라는 이 괴물이 전쟁이 아닌 평화적 목적에 쓰일 수 있도록 통제하는 것이 어느 정도 가능했다. 만약 통제 방안을 짜내지 못한다면 손 놓고 기다리는 것과 다름없는 상황이 될 터였다. 그것은 대단한 상상력이 없어도 얼마든지 예견할 수 있는 일이었다. 연설이 끝나자 누구도 나의 우려가 지나치다는 식으로 얘기하지 않고 모두가 박수를 보냈다. 청중들은 이것이 자신의 손자 손녀들을 위한 문제라는 점에 모두 공감했다. 하지만 수십만에 달하는 일본인들이 사망했음에도 불구하고 영국이 화를 면한 것은 요행에 불과하며 다음 전쟁에서는 운이 따르지 않을 수도 있다는 점을 아무도 간파하지 못했다. 그것이 강대국들 간의 협정에 의해서만 막을 수 있는 국제적인 위험이라고 보는 사람도 없었다. 논의가 없었던 것은 아니었으나 아무런 조치도 취해지지 않았다. 심지어 오늘날까지도 문외한들 사이에는 이처럼 안이한 태도가 남아 있다. 원자폭탄 이야기를 하여 사람들의 심기를 불편하게 만드는 사람은 공연한 분쟁이나 일으키는 사람, 피해야 할 사람, 마른하늘에 비가 온다는 어리석은 예상으로 화창한 날의 즐거움을 망쳐 놓는 사람쯤으로 간주된다.

그와 같은 무심한 태도에 맞서, 나는 몇몇 사람들과 더불어 기회가 주어질 때마다 핵무기의 위험성을 지적하곤 했다. 당시에도 그랬고 지금도 그렇게 생각하지만, 다가오는 위험을 처음 보았을 때야말로 저지할 방안을 짜고 조치를 취해야 할 때인 것이다. 일단 위험이 진전되기 시작하면 저지하기가 훨씬 어려워진다. 그래서 나는 미국이 러시아에 대해 이른바 바루크안〔미국이 1946년 국제 원자력 위원회에서 제시란 최초의 원자력 관리안〕을 제안했을 때 희망을 느꼈다. 그때는 그 제안 자체와 미국이 제안하는 동기, 둘 다를 상당히 좋게 생각했다. 나중에는 좀 다르게 생각하게 되었지만, 러시아가 그 안을 받아들이지 않았다는 것이 지금도 아쉬움으로 남는다. 그러나 러시아는 받아 주지 않았다. 1949년 8월 러시아 최초의 핵폭탄이 터졌고, 이제는 그들이 파괴력—완곡하게 말하자면 방어력—면에서 미국과 대등해지고자 총력을 기울일 것임이 명백해졌다. 무기 경쟁을 피하기 위한 과감한 조치가 취해지지 않는 한 경쟁은 불가피했다. 1948년 후반에 내가, 러시아가 핵무기를 포기하도록 만들려면 미국이 러시아를 상대로 즉각적인 전쟁을 선포하여 협박하는 것도 한 방법이 될 수 있다고 제안한 이유도 바로 거기에 있었다. 내가 그런 주장을 한 이유는 나의 책 『상식과 핵전쟁』 부록에 밝혀져 있다. 1948년 당시의 내 관점을 변호하자면, 나는 러시아가 서방의 요구에 쉽게 굴복할 것이라고 보았다. 그래서 그런 제안을 했던 것이다. 그러나 러시아가 상당 규모의 핵폭탄 함대를 보유하게 된 후로는 그 같은 가능성은 생각할 수 없게 되었다.

그때 내가 한 제안은 지금까지도 나를 비난하는 증거로 사용된다. 공산주의자들이 내 제안에 반대한 이유는 쉽게 이해할 수 있다. 그러나 일반적으로 쏟아진 비난은, 평화주의자인 내가 한때 전쟁 협박을 주장했다는 것이었다. 나는 평화주의자가 아니라고, 아주 극소수이긴 하지만 어떤 전쟁은 정당화될 수 있으며 심지어 필요하다고까지 믿는다고, 진저리가 날 만큼 되풀이해 말해 왔지만 별로 도움이 될 것 같진 않다. 전쟁이 필요해지는 이유는 흔히 상황이 분명 나쁜 쪽으로 진행되는데도 평화적 수단으로는 저지할 수 없을 때까지 질질 끌며 내버려 두기 때문이다. 또한 나를 비난하는 사람들은 냉전이 계속된 결과 생겨난 폐해들을 고려하는 것 같지가 않다. 만약 1948년에 전쟁 위협을 하자는 나의 제안이 받아들여졌다면 냉전 자체는 물론 그러한 폐해까지 피할 수 있었을지 모른다. 만약 내 제안이 받아들여졌다면, 그 결과는 물론 가정으로 남겠지만, 내 관점에서 보자면, 그러한 충고를 했다는 것은 결코 수치도 아니고 내 사고의 '비일관성'을 보여 주는 것도 아니다.

그럼에도 그 당시 나는 실제로 받아들여질 것이란 기대도 없이 그저 무심하게 그렇게 제안하고는 곧 잊어버렸다. 나는 어느 사적인 편지에서 그 얘기를 했고, 어느 연설에서 또 한번 이야기했다. 그것이 언론의 해부 대상이 되리라고는 생각도 하지 못했다. 나중에 그 수취인이 편지를 공개해도 좋으냐고 묻기에 나는 편지 내용도 생각해 보지 않고, 늘 그랬듯 좋을 대로 하라고 대답했다. 그는 그렇게 했다. 그리고 나는 예전에 한 나의 제안을 보고 깜짝 놀랐다. 앞서 말한 연설에서 그 얘기를 했다는 것도 나는 까맣게 잊고 있었다. 논쟁의 여지없이 명백한 이 증거가 내 앞에 제시되기 전까지, 불행하게도 나는 그런 제안을 한 바 없다고 강력하게 부인하고 있었다. 딱한 일이었다. 자기가 한 말을 부인하는 것은 수치스러운 일이다. 변호하든지 취소하든지 할 수 있을 뿐이다. 나는 결국 나의 말을 변호할 수 있었고, 그렇게 했다. 진작에 그렇게 했어야 마땅했으나, 내가 오랜 세월의 경험만 생각하고 지나치게 과신하게 된 내 기억력이 죄라면 죄였다.

한편 나의 개인적인 생각들은 점점 더 혼란스러워지고 있었다. 나는 점차 비관주의자로 변하여, 위험을 면할 수 있겠다 싶으면 어떤 제안도 시도해 볼 준비가 되어 있었다. 나의 정신 상태는 대단히 과장된 신경성 두려움증에 떨고 있었다. 그 것은 지평선 위로 천둥을 동반한 먹구름이 몰려드는데도 아직 해가 남아 있을 때 느끼게 되는 두려움 같은 것이었다. 온건한 정신을 유지하기도 어려웠고, 주변에서 제안하는 조치를 거절 하기도 매우 어려웠다. 나의 가정생활이 행복하지 못했다면 그 같은 상황을 제대로 극복하기 힘들었을 것이다.

벨그레이브 스퀘어에 있는 왕립국방대학에서 몇 년에 걸 쳐 해마다 강연 요청이 들어왔다. 그러나 내가 그곳 강연에서 다음과 같은 얘기를 한 후로는 강연 요청이 뚝 끊기고 말았다. "여러분이 종교의 도움이 없으면 전쟁에서 이길 수 없다고 생 각한다는 것을 알고 내가 〔마태복음의〕산상 수훈을 읽어 보았 으나, 놀랍게도 거기에는 수소 폭탄에 관한 얘기가 전혀 없었 습니다." 청중들이 당혹스러워하는 것 같았다. 모두들 훌륭한 전사인 동시에 독실한 기독교인이었기 때문이다. 그러나 나는 전쟁과 대량 살상 무기를 기독교 정신과 결합시키는 것 자체 가 정당화하기 어려운 생각이라고 보았다.

1948년, 서구 열강들은 단일 세계 정부의 맹아가 될 연 합체를 구성해 보려고 힘을 기울였다. 보수당은 이를 지지하 면서 영국도 그 일원이 되기를 희망했다. 노동당은 한동안 망 설인 끝에 반대를 표명했으나, 그 제안을 지지하느냐 마느냐 는 소속 의원들 각자에게 맡기는 것이 좋겠다고 판단했다. 나 도 그 안을 논의하고자 헤이그에서 소집된 국제회의에 참석 했는데, 거기에서 몇몇 공산주의자 중 한 사람을 조금 심하게 공격했다. 그는 연설에서, 공산주의자들이 다른 사람들보다 높은 윤리성을 갖추었다고 주장했다. 당시는 체코슬로바키아의 민주 정부가 무너진 직후였으므로 참석자들의 상당수가 내 얘기에 전폭적인 공감을 표했다. 공산주의자들이 마사리크(1886~1948년, 체코슬로바키아 초대 대통령의 아들)를 거칠게 다룬 결과 마침내 그가 자살하게 되자 우리는 모두 큰 충격을 받았고, 거의 대다수가 동구와의 협력은 당분간 불가능하다고 믿게 되었다. 나는 이렇게 말했다. "만일 당신들이 가장 저명한 시민 한 명을 죽음으로 몰아넣은 것이 서구보다 윤리관이 높다는 것을 입증한다고 날 설득할 수 있다면 나도 기꺼이 당신들을 지지하겠지만, 그러나 그 전에는 절대로 그런 일이 없을 것이다."

전쟁이 막바지로 치닫고 있을 때 영국으로 돌아온 나는 한동안 정부가 주관하는 군부대 강연에 초빙되곤 했다. 전쟁이 거의 끝나가고 있어서인지 군대는 예상보다 평온한 분위기였다. 한번은 해럴드 래스키(1893~1953년, 영국의 급진적 정치학자)와 내가 공군 병사들을 상대로 나란히 연설하게 되었다. 래스키가 나보다 과격해서인지 청중들이 모두 그에게 공감을 표했다. 강연을 진행하던 나는 문득 청중의 절반이 강당에서 슬그머니 빠져나가고 있음을 눈치채고, 내가 충분히 과격하지도 못하면서 너무 격하게 말하여 청중들의 비위가 상한 건가 했다. 나중에 알고 보니, 독일의 마지막 영국 공습에 대응하고자 병사들을 불러낸 것이었다.

베를린 공수 시절 나는 정부의 부름을 받고 베를린에 파견되었다. 러시아가 베를린에서 연합국을 몰아내려 하고 있는데 그에 맞서 저항하는 것이 바람직하다는 것을 베를린 사람들에게 납득시켜 달라는 요청이었다. 그때 나는 처음이자 마지막으로 군인의 자격으로 행진하는 기회를 가질 수 있었다. 한시적으로 공군 병사가 되어 군인 통행증도 받았는데 아주 재미있었다.

예전의 베를린을 너무나 잘 아는 나는 끔찍하게 파괴된 베를린을 보고 충격 받지 않을 수 없었다. 내 방 창에서 내다보면 온전하게 있는 집이 겨우 한 채쯤이나 될까 말까 해보였다. 독일인들은 대체 어디에서 살고 있는지 알 길이 없었다. 베를린이 이처럼 철저하게 파괴되기까지에는 영국인들 탓도 있고 러시아인들 탓도 있었는데, 어쨌거나 너무나 끔찍하게 느껴졌다. 드레스덴을 무자비하게 파괴하는, 해명하기 힘든 짓을 내 동포들이 저질렀다고 생각하니 가슴이 아팠다. 나는 독일의 항복 가능성이 확실하면 그것으로 충분하다고 생각했다. 13만 5천 명에 달하는 독일인은 물론 그들의 집과 수많은 보물까지 파괴하는 것은 야만적인 행위라고 생각했다.

연합국이 독일을 처리하는 과정은 믿어지지 않으리만큼 어리석었다. 전승국들이 독일의 일부를 러시아에 주고 또 다른 일부를 서구에 귀속시킴으로써 동구와 서구의 지속적인 경쟁을 보장한 셈이었다. 특히 베를린의 경우, 한 도시가 반으로 갈라지는 바람에 서구에 귀속된 베를린 땅으로 들어가자면 공중으로 날아가는 길밖에 없었다. 그들은 러시아와 서구 연합 국들의 평화로운 공조 관계를 꿈꾸었지만, 실제로 그렇게 될 가능성은 없다는 것을 내다보지 못했다. 국제적 정서의 측면 에서 그 후의 상황을 정리하자면, 서구 공동의 적이 되어 버린 러시아와 계속 전쟁 상태였다고 할 수 있다. 결국 제3차 세계 대전을 위한 무대가 마련된 셈인데, 그것은 연합국 정부들의 지독한 어리석음이 고의로 빚어낸 결과였다.

나는 러시아 봉쇄 정책을 어리석은 짓으로 생각했기 때 문에 영국인들의 노련함으로 그 정책이 실패로 돌아가자 내심 반가웠다. 그 무렵 나는 영국 정부와 좋은 관계를 유지하고 있 었다. 내가 비록 핵전쟁에 반대하기는 해도 정부와 같은 반공 주의자였기 때문이다. 그러나 1953년 스탈린의 사망과 1954 년 비키니〔북태평양 마셜 군도에 있으며, 미국이 핵실험을 한 곳〕실 험을 지켜보면서, 나중에는 공산주의에 대해 좀더 호의적으 로 변했다. 그리고 핵전쟁의 위험성이 전적으로 러시아의 탓 이라고만은 할 수 없으며, 서구와 미국의 책임도 크다는 것을 서서히 깨닫게 되었다. 나의 생각이 이렇게 변하기까지, 매카 시즘〔미국 공화당 상원 의원 조지프 매카시에서 비롯된 극단적인 반 공 운동〕이나 시민 자유권의 억압과 같은 미국 내 상황의 영향 도 컸다.

나는 BBC의 여러 지국에서 방송 일을 많이 하고 있었 는데, 스탈린이 사망했을 때 방송 요청이 한 건 들어왔다. 나 는 스탈린을 더할 수 없이 나쁜 인간인 동시에 러시아에서 발생하는 고통과 테러의 근본 원흉이라고 생각했기 때문에 그의 사망 소식을 접하고 크게 기뻐하던 차였다. 그리하여 나는 방송 중에 그를 비난하면서 세상에서 사라진 것을 축하했다. BBC가 민감하고 점잖은 방송국이란 것을 깜박 잊었던 것이다. 결국 내가 방송한 내용은 전파를 타지 못했다.

내가 독일로 간 그해에 정부는 나를 노르웨이로 보냈다. 러시아가 아닌 연합국에 가담하도록 노르웨이 사람들을 설득해 보라는 것이었다. 내가 파견된 곳은 트론헤임이었는데, 날씨가 매우 궂고 추웠다. 오슬로에서 트론헤임까지는 수상비행기로 가야 했는데, 비행기가 수면에 내려앉았을 때 뭔가 크게 잘못되었음이 분명했다. 그러나 안에 있는 우리들로선 무엇이 문제인지 알 길이 없었다. 그대로 앉아 있는데 그 사이 비행기는 서서히 가라앉고 있었다. 소형 보트들이 비행기 주위로 모여들었고, 즉각 바다로 뛰어들어 보트까지 헤엄쳐 오라는 지시가 떨어졌다. 나와 같은 칸에 타고 있던 사람들은 모두 그렇게 했다. 그러나 금연 칸에 탔던 열아홉 명의 승객들은 전원 목숨을 잃고 말았다는 것을 나중에야 알았다. 비행기가 수면을 칠 때 기체에 구멍이 뚫려 물이 쏟아져 들어온 것이었다. 그 전에 나는 내 자리를 알아봐 주겠다는 오슬로의 한 친구에게, 반드시 담배를 피울 수 있는 곳이어야 한다고 당부하면서 농담 삼아 이렇게 말한 적이 있었다. "담배를 못 피우면 나는 죽어." 그런데 뜻밖에도 그 말이 현실이 되고 만 것이다. 흡연 칸에 탔던 사람들은 내 자리 바로 옆에 있는 비상탈출 창을 통해 모두 빠져나올 수 있었다. 보트들이 너무 근접해 있으면 기체가 가라앉을 때 빨려 들어갈 우려가 있었기 때문에 우리는 멀찍이 떨어진 보트까지 헤엄쳐 갔다. 우리는 보트를 타고 트론헤임에서 몇 킬로미터 떨어진 해안으로 갔고, 그곳에서 차를 타고 호텔로 향했다.

모든 사람들이 내게 극진한 친절을 베풀었고 옷이 마를 때까지 침대에 누워 있게 했다. 한 무리의 학생들은 심지어 내 성냥까지 하나하나 말려 주었다. 그들이 내게 필요한 게 없느냐고 묻기에 이렇게 대답했다. "독한 브랜디 한 잔과 큰 컵에 커피." 곧이어 나타난 의사는 그거야말로 지당한 대답이었다고 말했다. 그날은 일요일이었는데, 노르웨이의 호텔들은 일요일에는 술을 제공하지 못하게 되어 있었다. 그 당시 나는 그런 사실을 전혀 몰랐지만. 그러나 의료 차원에서 필요했기 때문에 아무도 이의를 제기하지 않았다. 어느 성직자가 내게 옷이 마를 때까지 입으라며 성직복을 제공해 준 재미있는 일도 있었다. 모든 사람들이 질문을 퍼부었다. 심지어 코펜하겐에서 전화로 물어 오는 사람도 있었다. 그 목소리가 말하기를, "물속에 잠겨 있을 때도 신비주의와 논리학을 생각하진 않으셨겠죠?" 내가 대답했다. "그렇소." 전화 속 목소리가 끈질기게 물었다. "그럼 무슨 생각을 하셨나요?" "물이 차갑다고 생각했소." 나는 이렇게 대답하고 수화기를 내려놓았다.

사회를 맡기로 되어 있는 사람이 익사했고, 나의 강연도 취소되었다. 그러자 학생들이 나를 근처 산지에 위치한 학교로 데리고 갔다. 오고 갈 때 그들이 빗속을 걸어 나를 바래다주기에, 물속에 있으나 물 밖에 있으나 트론헤임은 늘 젖어 있다고 말했다. 학생들은 그 얘기를 아주 재미있어했다. 산악 지역이어서 비는 곧 눈으로 변했지만, 어쨌거나 비만 아니라면 트론헤임은 유쾌한 곳이었다. 그런데 주교와 시장이 그곳 지명을 서로 다르게 발음하여 약간 혼란스러웠다. 나는 결국 주교의 발음을 택했다.

그 사고 때 내 행적을 두고 소동이 일어나 깜짝 놀란 일도 있었다. 모든 상황들이 과장되어 있었다. 나는 당시 90미터쯤의 거리를 헤엄쳐 갔는데, 사람들에게 수 킬로미터가 아니었다고 아무리 설명해도 소용이 없었다. 사실 나는 긴 외투를 입고 헤엄쳤으며, 그 과정에서 모자도 없어지고 작은 서류 가방도 물에 떠내려갔다. 가방은 그날 오후에 곧 되찾아—지금도 그 가방을 사용하고 있다—내용물을 말릴 수 있었다. 런던으로 돌아오자, 내 여권에 남은 바닷물 흔적을 보고는 관리들이 모두 미소를 머금었다. 당시 서류 가방 안에 들어 있었던 것인데, 나는 그것을 되찾게 되어 기뻤다.

1944년에 영국으로 돌아오자 어떤 면에서 나의 시각이 변화했다는 것을 느낄 수 있었다. 영국에는 토론의 자유가 가득했고, 나는 미국에서 누리지 못한 그 자유를 다시 한 번 만끽할 수 있었다. 미국에 있을 때는 경관이 우리를 부르기만 해도 내 어린 아들이 울음을 터뜨렸으며, (경우에 따라 조금씩 다르기는 하겠지만) 대학교수들이 속도위반으로 고발당한다는 얘기도 사실이었다. 쉽게 열광하지 않는 영국 국민의 태도가 나의 열정을 가라앉혔고, 나는 고향에 돌아온 기분을 만끽했다. 1940년대 말, BBC로부터 강연 프로그램인 리스 강좌의 첫 과정을 맡아 달라는 요청을 받자 그러한 기분이 더 고조되었다. 악인 취급을 받으며 청년층에나 제한적으로 접근해야 했던 상황에 비하면 크게 다른 분위기였다. 나는 자유로운 토론 분위기를 더 한층 중시하게 되었고, 그 영향으로 강의 주제도 '권위와 개인'으로 잡았다. 그것은 1949년에 같은 제목으로 출간되었는데, 산업주의의 확대를 동반하는 경향이 있는 개인적 자유 약화 현상을 주로 다루었다. 그러나 그 같은 위험을 인정하면서도 그로 인해 야기되는 폐해를 줄이기 위한 노력은 그때나 그 후로나 거의 없었다.

나는 이 강좌에서 진보에 필요한 만큼의 개인의 독창력과 생존에 필요한 만큼의 사회적 응집을 어떻게 결합할 수 있을지 생각해 보자고 제안했다. 이것은 작은 주제가 아니기 때문에 여기에서 하는 얘기는 그 강좌의 주석에 불과하며, 그 책을 쓴 이후로 나의 관심을 끌어온 주제들로 확대되는 경우도 있을 것이다.

이 문제는, 사회가 인류를 위해 안전과 정의는 물론 진보까지 확보하고자 분투해야 한다는 사실로 귀착된다. 이런 것들을 얻기 위해서는 확립된 어떤 틀, 다시 말해 국가뿐 아니라 개인적 자유도 있어야 한다. 그리고 개인적 자유를 확보하기 위해서는 문화적 사안들을 기존 체제로부터 분리시킬 필요가 있다. 지금 현재 안전이 요구되는 주요 사안은 해로운 적들에 맞서 각 나라의 안전을 확보하는 것이며, 그 목적을 달성하기 위해서는 국제적 상황에서 각 나라의 정부를 좌지우지할 수 있을 만큼 강력한 힘을 가진 세계 정부가 확립되어야 한다.

어떤 단일국가가 좀더 힘 있는 나라나 그런 나라들로 이루어진 집단과 맞서면 방어가 불가능해지기 때문에 국제적 상황에서 한 국가의 안전은 외부적 보호가 좌우하게끔 되어야 한다. 어떤 국가가 다른 어떤 국가나 국가 집단에 의해 침략받지 않도록 국제법으로 막아야 하며, 호전적인 국가가 제멋대로 주도하도록 방치해서는 안 된다. 그렇게 하지 않으면 국가란 것은 어느 순간 파멸될지 모른다. 무기의 변화가 힘의 균형을 바꾸어 놓는 경우는 자주 발생한다. 예를 들어 15세기에, 권력자들이 성을 사수하던 관행에서 벗어나 이동 포병대에 의존하게 되자 프랑스와 영국 간에 그런 현상이 발생했다. 그 결과 그때까지 일반적인 현상이었던 봉건적 무질서에 종지부를 찍게 되었다. 핵무기도 그런 식으로 국가 간의 전쟁이 종지부를 찍고, 국제적 병력이 어떤 경쟁에서도 확실히 승리할 수 있게끔 역할을 해 주어야만 평화가 존재할 수 있다. 그러한 개혁이 도입되려면 국제적 병력이 어느 국가와 전쟁을 하더라도 확실하게 승리할 수 있을 만큼 강력하게 무장되어야 하기 때문에 쉬운 일은 아니다.

이처럼 전쟁 위험과 연결짓지 않더라도, 대량 파괴력을 가진 무기들이 당시 한창 개발되는 상황이었던 만큼 그 강좌는 내 인생에서도 중요한 의미를 갖고 있었다. 왜냐하면 내가 특히 1914년 이후 이런저런 방식으로 몰입해 온 한 주제의 토대를 바로 그 강좌가 제공해 주기 때문이다. 그 주제는 바로, 개인과 국가의 관계, 양심적 병역 거부, 시민 불복종이다.

개인적 자유를 위해서는 전쟁 방지가 필수적이다. 전쟁이 임박했거나 실제로 진행되는 상황에서는 각종 중요한 자유들이 축소되며 평화적 분위기에서나 부활을 기대할 수 있다. 일반적으로 자유에 대한 간섭은 필요 이상으로 심한 경우가 많으나, 이것은 극심한 두려움증이 낳은 불가피한 결과다. 루이 16세의 목이 잘려지자 다른 나라의 군주들은 자신의 목도 안전하지 못하다고 생각했다. 그들은 서둘러 전쟁을 일으켰고, 프랑스 혁명에 동조하는 모든 세력을 처벌했다. 때로 그보다는 덜 과격한 형태이긴 했지만, 러시아 혁명으로 각국 정부들이 겁을 집어먹었을 때도 그 비슷한 일이 일어났다. 개인이 자기 몫의 자유를 모두 가질 수 있으려면 본인이 가장 좋다고 생각하는 정부 형태를 자유롭게 주장할 수 있어야 하며, 그러기 위해서는 국제적 권위의 보호가 반드시 필요하다. 핵무기가 서로의 내정에 간섭하는 국가들의 힘을 증대시켜 놓았기 때문에 특히 더 그렇다. 전시戰時의 개인적 자유는 개인의 전쟁 참여로 확대되어야 한다.

이 강좌를 진행하면서 나는 정부 권력의 성장과 쇠퇴에 관해 간략하게 정리했다. 위대한 그리스 시대에는 그런 것이 크게 많지 않았다. 위대한 사람들은 살아 있는 동안에 자신의 능력을 자유롭게 발전시킬 수 있었으나, 종종 전쟁과 암살이 그들의 노고를 단축시켰다. 로마는 질서를 가져왔으나, 동시에 개인의 성취를 상당히 실추시켰다. 로마 제국 치하에서 개인의 독창력이 크게 축소된 결과 외부로부터의 새로운 공격에 저항할 능력마저 상실해 버렸다. 로마의 멸망 이후 천 년 동안에는 권위도 너무나 보잘것없었고 개인적 독창력도 너무나 보잘것없었다. 그러다 점차 새로운 무기들이, 특히 화약이 통치권에 힘을 제공하여 근대적인 국가를 발전시켰다. 그러나 그 과정에서 과다한 권위가 생겨났다. 핵무기의 세상에서 자유를 지키는 문제는 전혀 새로운 문제이기 때문에 사람들이 대처할 마음의 준비가 되어 있지 않다. 만일 우리가 지난 몇 세기에 필요했던 것보다 더 큰 노력을 기울여야만 자유를 지킬 수 있는 이 상황에 적응하지 못한다면, 사적인 무기력에 빠져 공적인 에너지에 희생되고 말 것이다.

특히 과학 쪽에서 어려운 문제들이 발생한다. 현대의 문명국가는 여러 가지 측면에서 과학에 의존하고 있다. 일반적으로, 공인된 낡은 과학이 있고, 나이 많은 사람들이 혐오의 눈길을 보내는 새로운 과학이 있다. 그 결과, 아버지 세대의 과학을 숭상하는 노인들과 동시대인들의 작업이 가치 있다고 생각하는 젊은이들 간에 끊임없는 전투가 벌어진다. 이 싸움은 어느 선까지는 유용하지만 그 선을 넘어가면 피해가 막심하다. 오늘날의 예로 가장 중요한 예가 바로 인구 폭발이다. 이 문제는 노인 세대들이 불경하다고 생각하는 방법으로만 해결할 수 있다.

어떤 이상들은 파괴적인 성격이 있어서, 전쟁이나 혁명 같은 방법이 아니면 제대로 실현될 수 없다. 그런 것들 중에 현재 가장 중요한 것이 바로 경제적 정의다. 정치적 정의는 산업화된 세계에서 이미 전성기를 누렸으며 후진 산업국들에서는 지금도 추구되고 있으나, 경제적 정의는 여전히 고통스럽게 추구되고 있는 목표다. 경제적 정의를 실현하려면 세계적 차원의 경제 혁명이 요구된다. 과연 피를 흘리지 않고도 그 이상이 달성될 수 있을지, 혹은 세계가 그것 없이도 변함없이 존속할 것인지, 나도 알지 못한다. 일부 나라들에서, 특히 상속 능력을 제한하는 방식으로 조치들이 취해지고 있는 건 사실이지만, 아직까지는 매우 부분적이고 제한되어 있다. 신세대들은 교육을 거의 혹은 전혀 받지 못하고, 어른들은 안락함의 기본 조건조차 이해할 능력이 없는, 그런 곳이 세계적으로 널리 존재한다고 상상해 보라. 이 같은 불평등은 질시를 불러오며 대규모 무질서의 잠재적 원인이 된다. 과연 세계가 평화적인 방법으로 가난한 나라들의 상황을 개선할 수 있을까? 내가 볼 때는 매우 회의적인 얘기이며, 이 문제야말로 다가올 미래에 통치권이 안게 될 최고의 난제가 될 소지가 높다.

전쟁이 자유를 침해하는 현상과 관련해 매우 어려운 문제들이 제기된다. 그중에서도 가장 뚜렷한 문제는 바로 징병 제도다. 전쟁이 일어나면 군부 측은, 우리 편 사람들을 모두 싸우게 만들지 않으면 승리할 수 없다고 주장한다. 어떤 사람들은 반대하고 나선다. 종교적 이유에서 그럴 수도 있고, 혹은 자신들이 지금 현재 하고 있는 일이 싸우는 것보다 더 유용하다고 생각해서일 수도 있다. 이런 경우 노인 층과 젊은 층이 편이 나뉘기 쉽다. 아니, 정도 차가 있을 뿐 분명히 그렇게 된다. 노인들은 너무 늙어 못 싸운다고 할 것이고, 청년들 대다수는 싸움터에서 싸우는 것보다 자신의 일이 승리에 더 보탬이 된다고 말할 것이다.

좀더 보편적인 것은 종교적 이유에서 전쟁에 참여하지 않는 경우다. 교양인들은 다른 사람을 죽이는 것은 나쁘다고 생각하게끔 교육받았으며, 어떤 사람들은 전쟁이라는 상황이 그 같은 윤리적 명령을 정지시킨다는 사실을 인정하지 않는다. 하지만 이런 견해를 가진 사람들은 그리 많지 않으며, 돌이켜 봐도 그들의 행동에 의해 판가름 난 전쟁이 있었던 것 같지도 않다. 공동체의 입장에서 보면, 전쟁 중에도 인간애의 명령에 복종할 만큼 그것을 굳게 믿는 사람들이 있다는 것은 좋은 일이다. 그리고 논의에서 좀 벗어난 얘기지만, 사람에게 자신이 나쁘다고 생각하는 행위를 강요하는 것은 야만적인 일이다. 우리가 이 점을 인정하지 않을 수 없는 경우는, 예를 들어 어떤 사람이 채식주의자라는 이유로 그를 처벌하기 위한 법률이 제안되었을 때다. 그러나 사람의 목숨이 달린 일일 경우 우리는 이 사람이 과연 친구인지 적인지 의심하게 되며, 만약 적이라고 판단되면 법을 동원해 그를 벌하는 것이 옳다고 본다.

모든 전쟁이 나쁘다고 생각하는 사람들 외에, 특정한 전쟁에 반대하여 싸우기를 거부하는 사람들도 있다. 한국전쟁과 그보다 후에 일어난 베트남전쟁 때 많은 사람들이 그러한 태도를 보였다. 그러나 싸우기를 거부하는 사람들은 처벌을 받는다. 어떤 전쟁에서든 적어도 어느 한편이 악을 부추기고 있음이 명백한데도, 법률은 모든 전쟁을 비난하는 사람들은 물론 특정 전쟁을 비난하는 사람들까지 처벌한다. 특정 전쟁이나 법, 혹은 특정한 정부의 조치에 반대하는 입장을 가진 이런 사람들이 정당성이 없다고 보기는 매우 힘들기 때문에 그들을 옳다고 볼 수 있을지도 모르겠다. 그들이 악인으로 가정된 사람들을 처벌하는 것을 비난한다는 점을 감안하면, 그러한 사고방식은 결국 형법 전체를 의심하게 만든다고 말할 수도 있을 것이다. 나는 그 얘기가 옳다고 믿으며, 유죄 판결을 받은 모든 범죄 사건이 크든 작든 어느 정도 의심을 불러일으킨다고 생각한다.

뉘른베르크〔독일 서부의 도시로, 독일 전범에 대한 국제 군사 재판이 열린 곳〕 재판처럼 재판 대상이 적인 경우는 특히 그러하다. 만일 뉘른베르크 포로들을 독일인들이 재판했다면 유죄 판결을 받지 않았을 것이라고, 당시 대부분의 사람들은 생각했다. 만일 독일 정부의 적들 중에 어떤 병사가 그와 같은 시민 불복종을 실천했다면 사형에 처해졌을 테지만, 그들은 독일인들에게 그런 정신이 없었다는 것을 독일인들을 비난하는 구실로 내세웠던 것이다. 유죄 판결을 받은 독일인들 다수가 상급 당국자들의 명령하에서만 범죄 행위를 저질렀다고 항변했으나 받아들여지지 않았다. 뉘른베르크 재판을 맡은 판사들은 그 독일인들이 품위와 인간애의 이름으로 시민 불복종을 했어야 했다고 믿었다. 만일 그들이 적이 아니라 동포들을 재판했다면 그와 같은 견해를 가졌으리라 보기 어렵다. 그러나 나는 그것이 적에게나 친구에게나 똑같이 적용된다고 믿는다. 시민 불복종을 용인하고 못하고 하는 기준은 그것이 행해진 이유를 가지고 판단해야 하는 것이다. 다시 말해, 그러한 행위를 하게 된 목적의 진지함과 그 필요성에 대한 믿음의 깊이를 가지고 판단해야 하는 것이다.

내가 리스 강좌를 맡기 몇 년 전에 나의 옛 스승이자 친구이며 『수학 원리』의 공동 저자인 화이트헤드가 메리트 훈장〔1920년에 제정한 것으로, 문무文武의 수훈이 있는 자에게 주는 명예 훈장〕을 받았다. 그런데 1949년 초반쯤 되자 당국의 눈에 나도 훌륭한 사람으로 보였던지 메리트 훈장을 수여하자는 분위기가 일었다. 내가 이렇게 말하면 많은 영국인들, 특히 영국 관리들 대다수가 놀라움을 금치 못할 테지만, 어쨌거나 나는 내 조국의 수반에게서 하사받은 그 영예를 보물같이 소중하게 생각한다. 당시 나는 그것을 받기 위해 버킹엄 궁으로 가야 했다. 왕〔조지 6세〕은 친절하게 대해 주었으나, 아주 기묘할 뿐 아니라 죄수 경력까지 있는 사람을 정중하게 대해야 하는 것이 좀 당혹스러운 모양이었다. 그는 이렇게 말했다. "당신은 때로, 일반적으로 해서는 안 될 행동을 해오셨구려." 그때 내가 불쑥 떠오른 대답—"폐하의 형도 그러셨지요."—을 입 밖에 내지 않았다는 것이 두고두고 다행스럽다. 그러나 국왕이 내가 양심적 병역 거부자였다는 것을 염두에 두고 하는 얘기였으므로 잠자코 넘어가서는 안 될 것 같아 이렇게 말했다. "사람의 행동은 직업에 달려 있습니다. 예를 들어 우체부가 편지를 전해 주자면 거리의 모든 문을 두드려야 하지요. 그러나 우체부 아닌 다른 사람이 그런 식으로 노크한다면 아마 사회에 폐를 끼치는 사람으로 낙인찍힐 것입니다." 국왕은 답변을 피하려고 불쑥 화제를 바꾸어, 가터 훈장과 메리트 훈장을 다 받은 유일한 사람이 누구인지 아느냐고 물었다. 내가 대답하지 못하자 왕은 포털 경이라고 정중하게 일러 주었다. 나는 그 사람이 바로 나의 사촌이란 얘기는 하지 않았다.

그해 2월, 소르본 대학에서 강연 요청이 들어왔는데, 나는 그 강연을 '개인과 근대 국가'라고 이름 붙였다. 강연 도중에, 1924년에 사망한 똑똑하고 사람 좋은 청년 수학자 장 니코에 대해 애정 어린 칭찬을 했다. 그의 미망인이 청중석에 있었다는 사실을 강연이 끝난 뒤에야 알고, 내가 그렇게 하길 잘했다는 생각이 들었다.

1950년 6월 말, '오스트레일리아 국제문제연구소'의 초청으로 여러 대학에서 냉전과 관련된 주제로 강연하기 위해 오스트레일리아로 건너갔다. 나는 이 주제를 자유롭게 해석하여 산업주의의 미래에 관한 고찰이라는 내용으로 강연했다. 당시 오스트레일리아는 노동당이 집권하고 있었는데, 중국 특히 일본에 대한 증오와 우려가 극심한 것은 당연했지만, 이어질

415

1960년대와 비교하면 한결 희망적이고 좋은 상황이었다. 나는 그곳 사람들이 마음에 들었으며, 국토가 워낙 커서 일상의 사적인 대화나 잡담도 무전으로 이루어지는 것이 매우 인상적이었다. 땅이 넓어 사람들이 상대적으로 고립되어 있는 탓에 도서관이나 서점들이 엄청나게 많고 훌륭했으며, 독서의 양도 다른 어느 곳보다 많았다. 나는 주요 도시들을 돌아보았는데, 특히 아주 외딴 고장이라는 앨리스스프링스를 구경하고 싶었다. 그곳은 농업의 중심지로서 주민의 대부분이 양을 치는 이들이었다. 구치소를 구경했는데, 안락하다 싶을 만큼 시설이 훌륭했다. 그 이유를 물어보니 이런 대답이 나왔다. "아, 지도자급 시민들도 모두 한두 번은 감옥에 다녀왔기 때문이죠." 그곳 사람들에겐 틈나는 대로 서로의 양을 훔치는 현상이 당연시되고, 그런 일이 정기적으로 발생한다는 것이었다.

나는 태즈메이니아를 제외한 오스트레일리아의 모든 지역을 방문했다. 당시는 한국전쟁이 한창이었는데, 처음 전쟁이 터졌을 때 퀸즐랜드 북부 지역의 주민들을 모두 대피시켰다는 이야기를 듣고 놀랐다. 그러나 내가 그 지역을 찾아갔을 때는 사람들이 다시 돌아와 있었다.

오스트레일리아 정부는 원주민들을 꽤 잘 대접해 주는 것 같았으나, 경찰과 국민 대중은 혐오하는 태도를 보였다. 한번은 원주민 관리 일을 맡고 있는 공무원의 안내로 원주민들만 사는 마을을 보러 갔다. 한 주민이 자전거를 도둑맞았다며 불평했다. 그러나 경찰에 신고하기를 매우 꺼려했다. 안내인에게 그 이유를 물었더니, 원주민들은 경찰에 호소해 본들 심한 푸대접만 받기 때문이라고 했다. 내가 본 바로, 백인들은 대체로 원주민들을 나쁘게 말했다.

내가 접한 또 다른 정부 사안은 관개 사업이었다. 산들이 죽 이어진 '스노이마운틴스'란 고장이 있었는데, 이 산들을 이용해 관개 사업을 한다는 것이 연방정부의 계획이었다. 내가 그곳에 갔을 때는 그 사업으로 혜택을 받지 못하는 주들의 반대 때문에 계획이 좌초된 상태였고, 관개 목적이 아니라 국토 방위 차원에서 안을 상정해 보자는 움직임이 일고 있었다. 이처럼 오스트레일리아 정치의 주요 고민은 주들 간의 갈등을 피하는 것이었다.

나는 연설과 언론 인터뷰로 매우 분주한 나날을 보냈다. 체류 일정이 끝나는 날, 아름답게 장정한 기사 스크랩북을 선물로 받았다. 기자들이 보도한 내용의 대부분이 내 마음에 들지는 않았지만, 어쨌거나 그 책을 소중하게 보관하고 있다. 한 번은 오스트레일리아에서 산아제한을 주장했는데, 로마 가톨릭 입장에서는 물론 못마땅했을 것이다. 그래서였는지 멜버른〔오스트레일리아 동남부의 항구 도시〕 대주교가 공개석상에서, 내가 과거에 미국 정부에 의해 미국에서 쫓겨난 적이 있다고 말하는 일이 벌어졌다. 사실과 무관한 얘기였으므로 나는 주교를 고소하겠다고 맞받아쳤다. 그러자 기자들이 주교에게 발언에 대해 캐묻기 시작했고, 주교는 공개적으로 자신의 잘못을 시인하고 말았다. 나는 다소 실망했다. 주교한테서 손해 배상금을 받을 수 있는 기회를 놓친 셈이었으니까.

내가 영국으로 돌아올 때 탄 비행기는 싱가포르와 카라치〔파키스탄의 옛 수도〕, 봄베이〔인도의 항구 도시〕 등지를 경유했다. 비행기가 오래 머물지 않았기 때문에 공항 내에 머물렀을 뿐 거치는 도시들을 한 곳도 구경하지 못했으나 라디오 연설에는 응할 수 있었다. 나중에 나의 싱가포르 연설을 실은 8월 26일자 《시드니 모닝 해럴드》지의 기사를 읽어 보았더니, 내가 한 얘기가 이렇게 보도되어 있었다. "나는 영국이 전쟁 상황으로 내몰릴 때까지 기다릴 게 아니라 인도에서 그랬듯이 아시아에서도 깨끗하게 철수해야 한다고 생각합니다…….이러한 방식을 택하면 선의가 승리할 것이고, 판딧〔'스승'이란 뜻의 힌두어〕 네루의 주도하에 중립적인 아시아 블록이 형성될 수 있습니다. 지금으로선 이것이 가장 최선의 상황이며, 그렇게 되기 위해서는 무엇보다도 전략적으로 움직일 필요가 있습니다." 비록 무시되기는 했지만, 지금 생각해도 좋은 충고였던 것 같다.

오스트레일리아에서 돌아온 지 얼마 안 돼 나는 다시 미국으로 건너갔다. 뉴잉글랜드의 유명한 여자 대학인 마운틴 홀리오크 칼리지에서 한 달간의 '단기 철학 강좌'를 맡아 달라고 요청해 왔기 때문이다. 그곳 일을 마친 후에는 프린스턴으로 가서 늘 그랬듯이 강연을 한 차례 하고 여러 옛 친구들과 재회했는데, 아인슈타인도 그중의 하나였다. 내가 노벨상 수상자로 결정되었다는 소식을 접한 것도 그곳에서였다. 그러나 그때 미국 방문에서 주로 기억에 남는 것은 컬럼비아 대학에서 '매체트 재단'에 관해 세 차례 연속 강연한 일이다. 나는 프라자 호텔의 사치스러운 숙소를 배정받았고, 어딜 가나 줄리 메들록 양의 감시를 받았다. 컬럼비아 대학 측에서 나를 안내하도록 보낸 여성이었는데, 국제 문제에 관해 자유주의적이고 자비로운 견해를 가지고 있었다. 우리는 그 후로도 편지를 통해 혹은 그녀가 이따금 영국으로 찾아오면 국제 정세를 논하곤 했다.

그 강연과 옥스퍼드의 러스킨 칼리지에서 처음 했던 강의, 그리고 1949년에 '런던왕립의학회'에서 맡았던 로이드 로버츠 강좌를 묶어 『과학이 사회에 미치는 영향』이란 책으로 선보였다. 그런데 컬럼비아 대학 측이 나의 3회 강연을 묶어 따로 책을 출간했는데, 불행하게도 그 제목과 이 책의 제목이 똑같아서 서지학자들에게 혼란을 야기할 뿐 아니라, 사람들이 컬럼비아 대학이 낸 책만 접하고는 때로 실망하는 일까지 발생하고 있다.

과거 뉴욕에서 비록 잠깐이긴 했지만 지독한 욕을 먹었던 터라, 나는 내 강연이 인기가 좋아 군중을 끌어모은다는 사실에 깜짝 놀랐다. 첫 강연에서야 그처럼 끔찍한 소문이 났던 인물이니 얼굴이나 한번 보자는 생각에서, 충격과 스캔들과 반항적인 분위기를 기대하고 사람들이 모여들었다고 볼 수도 있었다. 그러나 내가 놀란 것은 강연이 계속될수록 더 많은 수의 열렬한 학생들이 강당을 꽉 채운다는 사실이었다. 사람이 얼마나 많았던지 입석조차 부족하여 왔다가 그냥 돌아간 사람들도 많았다. 아마 주최자들도 놀랐을 것이다.

당시 나의 주요 관심사는 과학적 지식 덕분에 인간의 능력이 증대되었다는 사실이었다. 내 첫 강연의 골자는 다음의 문장에 담겨 있었다. "여러분이 원하는 대로 상황을 만들 수 있는 것은 기도나 겸손 덕분이 아니라, 자연 법칙에 관한 지식을 획득했기 때문입니다." 나는 이렇게 획득한 힘이, 과거 인간이 신학적 수단으로 달성하고자 했던 힘보다 훨씬 더 위대하다는 점을 지적했다. 2차 강연에서는 인간이 과학 기술을 응용하여 더 큰 능력을 얻어 가는 과정을 다루었다. 그 시초는 화약과 선원들의 나침반이었다. 화약은 성벽 요새의 능력을 무너뜨렸고, 나침반은 세계의 다른 지역들을 제압하는 유럽의 능력을 창출해 냈다. 그로 인해 통치권의 힘이 증대한 것도 물론 중요한 사실이지만, 더욱 중요한 것은 산업혁명이 가져온 새로운 능력이었다. 나는 이 강연에서 산업화 초기 능력의 부정적인 효과와 강대국이 벌이는 과학에 의한 품종 개량이 가져올 위험들을 주로 다루었다. 그리고 과학적 방법이 동원되었을 때 전쟁의 해악이 얼마나 더 커질 수 있는가의 문제로 연결시켰다. 이것이야말로 현재 우리 시대에서 가장 뚜렷한 형태의 과학적 응용이다. 그것은 인류는 물론 미생물 크기 이상의 모든 생물들에게 파멸을 가져올 수 있다. 인류가 정녕 살아남고자 한다면 과학을 동원한 전쟁 능력을 하나의 최고 국가에만 집중시켜야 할 것이다. 그러나 이것은 아직까지 인간의 정신적 습관에 크게 상반되는 생각이므로 아마 대다수는 절멸의 위험을 무릅쓰는 쪽을 택할 것이다. 바로 이 점이 우리 시대 최고의 위험인 것이다. 그와 같은 세계 정부가 과연 제때 수립될지 여부 또한 최고의 의문이다. 3차 강연에서는 선악에 대한 몇 가지 시각, 많은 사람들이 그것만이 과학적이라고 생각함에도 내 입장에서는 동의할 수 없는 견해들을 주로 다루었다. 그 견해들은 선한 것과 유용한 것을 동일시한다. 나는 행복한 세상이 되려면 반드시 우선시해야 하는 특성들을 검토하는 것으로 3차에 걸친 강연을 마무리했다. 우선 교조주의가 없어져야 한다는 것을 꼽고 싶다. 교조주의는 거의 필연적으로 전쟁으로 연결되기 때문이다. 당시 내가 세상을 구하는 데 필수적이라고 생각했던 것들이 요약된 대목을 인용해 보겠다. "우리 시대가 필요로 하는 것들이 있고, 피해야 할 것들이 있습니다. 우리에게는 동정심과 인류의 행복에 대한 소망이 필요합니다. 지식에 대한 욕구와, 우스꽝스러운 신화들을 피하려는 결단이 필요합니다. 그리고 무엇보다도 과감한 희망과 창조적인 충동이 필요합니다. 우리가 피해야 할 것들은 바로 우리를 대파국의 벼랑으로 몰아온 주범들, 다시 말해 잔인함과 질투, 탐욕, 경쟁, 비합리적이고 주관적인 확신에 매달리는 태도, 그리고 프로이트주의자들이 말하는 이른바 '죽음의 소원'〔정신분석학 용어로서, 죽고 싶다는 소원 혹은 남의 죽음을 바라는 마음〕입니다."

　청중들이 내 강연을 좋아하는 것을 보고 놀란 것 자체가 잘못되었다는 생각도 든다. 젊은 대학가 청중들은 대개가 자유주의적이기 때문에 권위 있는 사람이 말하는 자유주의적인, 더 나아가 반半혁명적인 견해를 듣고 싶어 하는 법이다. 또한 보수적이든 아니든 이미 용인된 견해를 조롱하는 것도 좋아한 다. 그 일례가 되겠지만, 나도 한동안 아리스토텔레스가 했다 는 말—뒤쥐〔쥐의 일종〕한테, 특히 임신 중인 뒤쥐한테 물리면 매우 위험하다—을 두고 조롱한 일이 있다. 청중들도 불손했 고 나 역시 그랬다. 아마 이런 점이 그들이 나의 강연을 좋아 한 주요 근거가 아니었나 싶다. 나의 반反보수성은 비단 정치 에 국한되지 않았다. 1940년에 뉴욕에서 성도덕 때문에 치른 곤경은 이미 유야무야되었지만, 일부 청중들은 여전히 연로한 정통파들에게 충격이 될 만한 이야기를 기대하고 있었다. 내 가 말한 과학적 품종 개량을 논하다 보면 그런 항목들이 아주 많이 나왔다. 그리하여 나는 예전에 내가 배척받는 이유가 되 었던 바로 그 얘기들을 하여 박수를 받는 즐거운 경험을 했다.

그런데 마지막 강연 말미에 언급한 한 구절이 말썽을 낳 고 말았다. 문제가 된 구절은, 세계가 필요로 하는 것은 '사랑, 기독교적 사랑, 혹은 동정심'이란 말이었다. 내가 '기독교적' 이란 단어를 사용한 결과 보수적인 용어를 사용했다고 개탄하 는 자유사상가들의 편지와, 목자의 우리로 돌아온 것을 환영 한다는 기독교인들의 편지가 쇄도했다. 그로부터 10년 후, 브 릭스턴 교도소 소속 목사가 그 단어를 들먹이며 "선생께서 빛 을 보신 것 같아 정말 기쁩니다"라며 나를 반겼다. 나는 그에 게 "완전히 오해하신 것이다. 나의 견해는 전혀 바뀌지 않았

다. 당신은 '빛을 보았다'고 말하지만, 나는 '암중모색이었다'
고 표현하고 싶다"고 설명해야만 했다. 내가 '기독교적' 사랑
이라고 했을 때는 성적인 사랑과 구분하는 의미에서 '기독교
적'이란 수식어를 붙인 것이며, 문맥을 보더라도 그 점이 뚜렷
이 드러난다고 생각했던 것 같다. 그 구절에 이어 나는 이렇게
말하고 있다. "이와 같은 사랑을 느끼게 되면 존재의 동기, 행
동의 지침, 용기의 이유, 지적 정직성의 긴급한 필요성이 생겨
난다. 그것을 느끼면 당신은 종교의 길을 가는 사람에게나 필
요하다고 여겨졌던 모든 것을 갖추게 되는 것이다." 이런 얘
기를 두고 기독교 정신에 대한 설명이라고 생각한다는 것 자
체가 나로서는 도무지 이해가 되지 않는다. 특히 기독교인들
이 그동안 기독교적 사랑을 보여 준 예가 그 얼마나 드물었던
가―기독교인 중에도 이 사실을 기억하는 사람들이 있을 것
이다―를 돌이켜 보면 더더욱 그렇다. 나는 그동안 내가 부주
의하여 미심쩍은 수식어를 애매하게 사용한 결과 고통받아 온
비기독교인들을 위로하고자 최선을 다해 왔다. 이 주제에 관
해서는 1957년에 폴 에드워즈 교수가 나의 에세이와 강연 내
용들을 편집하여, 1940년에 내가 뉴욕에서 겪은 시련을 다룬
자신의 짧은 글과 함께, 『나는 왜 기독교인이 아닌가』라는 제
목으로 출간한 바 있다.

　1950년 말, 노벨상―『결혼과 도덕』 덕분에 문학상 부문
에 선정되었다는 것이 나로서는 다소 놀라웠다―을 받으러
스톡홀름으로 오라는 호출을 받자 걱정이 앞섰다. 그때로부터

정확히 300년 전에 데카르트가 크리스티나 여왕의 부름을 받고 겨울철에 스칸디나비아로 갔다가 추위 때문에 사망한 예를 잘 알고 있었기 때문이다. 그러나 우리는 따뜻하고 편안한 대접을 받을 수 있었는데, 다만 눈 대신에 비가 내렸다는 게 약간 실망스러웠다. 수상식 행사는 매우 거창하면서도 유쾌하여 즐거웠다. 그런데 아주 딱한 몰골의 한 수상자가 너무 부끄러움을 탄 나머지 아무와도 이야기하지 않고 모든 수상자들이 하게 되어 있는 공식 연설도 하지 않아 아쉬움을 남겼다. 나는 만찬 때 이렌 졸리오 퀴리[퀴리 부인의 딸로 남편 프레데릭 졸리오 퀴리와 함께 노벨 화학상을 수상한 핵물리학자]와 동석하게 되었고, 그녀의 이야기에 흥미를 느꼈다. 국왕이 베푼 저녁 파티에 참석했을 때 한 부관이 다가와, 국왕이 나와 얘기하고 싶어 한다고 전해 주었다. 국왕은 스웨덴이 노르웨이, 덴마크와 연합하여 러시아를 견제하기를 원했다. 나는 만약 서구와 러시아 간에 전쟁이 터진다면 러시아로서는 노르웨이의 항구들을 거쳐 스웨덴의 영토를 넘어오는 길밖에 없을 것이라고 말했다. 왕도 나의 견해에 공감을 표했다. 나의 연설도 스스로 만족스러웠는데, 특히 기계 상어 대목이 좋았던 것 같다. "나는 큰 도시마다 사람들이 아주 부실한 카누를 타고 내려올 수 있는 인공 폭포와 기계 상어가 득실대는 수영장이 있었으면 합니다. 누구든 예방 전쟁[적국의 적대 행동에 대해 선제 공격하는 것]을 주창하는 자가 발견되면 하루에 두 시간씩 그 영리한 짐승들과 함께하는 형벌에 처해야 마땅합니다." 내 얘기를 듣고 노벨상 수상자 중에 두서너 명도 완전히 무시해 버릴 얘기는 아니라고 말했다. 그 후 나는 연설 내용을 『윤리학과 정치학에서 본 인간 사회』라는 책의 2부에 실어 발표했고, 미국에서는 그것을 가지고 축음기 음반이 만들어지기도 했다. 많은 사람들이 그것을 듣고 내 예상보다 훨씬 큰 감명을 받았다는 소식이 들려와 흐뭇했다.

메리트 훈장으로 시작하여 노벨상으로 마감된 1950년은 나에 대한 사회적 존경이 정점을 기록한 해였던 것 같다. 나는 다소 불편해지기 시작했고, 이런 게 바로 맹목적 정통의 징후가 아닐까 걱정스러웠다. 누구든 악해지지 않고는 존경받을 수 없다는 것이 나의 지론이었는데, 나의 도덕 감각이 얼마나 무뎌졌던지 내가 도대체 어떤 부분에서 죄를 지었는지조차 알 수 없었다. 명예와 더불어 『서양 철학사』가 팔리기 시작하면서 수입도 늘어나게 되자 자유로움과 자신감이 느껴졌고, 그리하여 하고 싶은 일을 하는 데 내 모든 힘을 기울일 수 있었다. 덕분에 나는 엄청난 양의 작업을 마쳤고, 그 결과 나는 낙관적이고 열정이 넘치는 사람으로 변했다. 그동안 내가 인류를 위협하는 더 어두운 가능성들만 지나치게 강조해 온 것은 아닌가, 이제 작금의 논점 중에 좀더 밝은 것들을 부각시키는 책을 써야 할 때가 아닌가 하는 생각이 들었다. 나는 그 책에 『변화하는 세계의 새 희망』이라고 제목 붙이고, 두 가지 가능성에 직면할 때마다 '아마' 좀더 밝은 쪽이 현실화될 것이라고 의도적으로 강조했다. 기분 좋은 대안과 가슴 아픈 대안 중에 어느 하나가 더 가능성이 높다는 얘기가 아니라, 어느 것이 승자가 될지 예측할 수 없다는 의미였을 뿐이다. 이 책은, 우리가 그렇게 선택했을 때 세상이 어떻게 변할 것인지를 그리는 것으로 끝맺고 있다.

인간은 나무에서 내려온 후로 오랜 세월, 막막한 먼지 사막을 힘들고도 아슬아슬하게 통과해 왔다. 그 길에는 굶주림과 갈증, 야생 짐승에 대한 공포, 적에 대한 두려움으로 미쳐 버린 끝에 죽고 만 자들의 백골이 사방에 널려 있었다. 살아 있는 적도 적이지만, 스스로의 두려움이 너무 컸던 나머지 위험한 세계에만 모습을 드러내는 죽은 경쟁자의 유령들도 인간의 적이었다. 마침내 인간은 사막에서 벗어나 미소의 땅으로 접어들었으나, 밤이 너무 길었던 탓에 웃는 법을 잊어버렸다. 우리는 아침의 찬란함을 믿지 못한다. 하찮은 것, 속기 쉬운 것이라고 생각한다. 그러면서 우리를 공포와 증오, 특히 비참한 죄인들인 우리 자신들에 대한 증오 속에 계속 살아가게끔 만드는 옛 신화들에 매달린다. 이것은 어리석은 짓이다. 지금 인간이 스스로를 구원하는 데 필요한 것은 오직 한 가지뿐이다. 기쁨에 마음을 열고, 두려움은 잊혀진 과거의 흐릿한 어둠 속에서나 지껄이도록 내버려 두는 것. 이제 인간은 위를 올려다보며 말해야 한다. "아니오, 나는 비참한 죄인이 아닙니다. 나는 길고도 험한 길을 걸어온 끝에, 지능을 발달시켜 자연적 장애물을 극복하는 법, 나 자신과 모든 인류와 더불어 자유와 기쁨 속에 평화롭게 사는 법을 발견한 존재입니다"라고. 인류가 슬픔이 아닌 기쁨을 택하면 이렇게 될 수 있다. 그렇게 하지 못할 경우, 영원한 죽음이 인간을 응분의 망각 속에 매장시킬 것이다.

그러나 불안한 마음은 커져 갔다. 사람들로 하여금 자신들과 모든 인류의 앞에 놓인 위험을 직시하게 만들지 못하는 나의 무능력이 중압감으로 다가왔다. 고통이란 게 때로 그러하듯 어쩌면 그 때문에 나의 즐거움이 더 커졌는지도 모르겠지만, 어쨌거나 고통은 현실이었고, 그것의 원인을 남들에게 공감시키는 데 실패했다는 생각이 들면 들수록 고통도 가중되었다. 나는『변화하는 세계의 새 희망』이 좀더 깊은 새로운 점검이 필요하다고 생각하기 시작했고, 『윤리학과 정치학에서 본 인간 사회』에서 그 작업을 시도해 보았다. 그 작업이 끝나자, 나의 두려움을 효과적인 형태로 표현하고자 했던 갈망이 잠시 만족된 듯했다.

내가 윤리학에 대해 쓰게 된 것은, 다른 학문 분야들에 대해선 어느 정도 회의적인 탐구를 하면서도 무어의『윤리학 원리』를 해설한 초기의 에세이 한 편 외에는 윤리학이란 주제를 피해 왔다는 비난을 자주 들었기 때문이었다. 여기에 대해 나는 윤리학은 학문의 한 분야가 아니라고 대답했다. 따라서 나는 다른 방식으로 그 작업에 착수했다.『윤리학과 정치학에서 본 인간 사회』의 전반부에서는 윤리학의 근본 개념들을 다루었고, 후반부에서는 이 개념들을 현실 정치에 응용하는 문제를 다루었다. 전반부에서 분석하는 개념에는 선과 악, 죄악, 미신적 윤리학, 윤리적 제재 등과 같은 도덕규범들이 있다. 이 과정에서 나는 전통적으로 윤리라고 꼬리표가 붙은 주제들에서 하나의 윤리적 요소를 찾아내고자 했다. 내가 도달한 결론은, 윤리학은 결코 독립된 구성 요소가 아니며 최종 분석에서 정치학으로 되돌아간다는 것이었다. 예를 들어, 당사자들끼리 공평하게 맞붙은 전쟁이 있다면 우리는 그것에 대해 무엇이라 말할 수 있겠는가? 이 경우 당사자 모두 각각 자신이 옳다고, 자신이 패하면 인류에게 큰 재앙이 될 것이라고 주장할 것이다. 잔인함에 대한 증오, 지식 혹은 예술에 대한 사랑과 같은 다른 윤리적 개념들에 호소하지 않고는 그들의 주장을 입증할 길이 없을 것이다. 예를 들어 당신은 르네상스가 성 베드로 대성당을 짓게끔 했기 때문에 르네상스가 훌륭하다고 생각하지만, 누군가 성 베드로 대성당이 더 훌륭하다고 말하여 당신을 난처하게 만들 수도 있을 것이다. 또 앞서 말한 전쟁의 경우 어느 한쪽이, 상대 쪽에서도 똑같은 허위가 있었음이 드러나기 전까지, 싸울 만한 훌륭한 근거처럼 보이는 거짓말을 했기 때문에 전쟁이 터졌을 수도 있다. 이런 유의 논쟁에는 완벽하게 합리적인 결론이란 있을 수 없다. 지구가 둥글다고 믿는 사람이 있고 평평하다고 믿는 사람이 있을 경우, 두 사람이 함께 항해를 해보면 합리적으로 판단할 수 있을 것이다. 그러나 한 사람은 프로테스탄티즘을 믿고 다른 한 사람은 가톨릭을 믿는 경우, 합리적인 결론에 도달하는 방법이란 없다. 이런 이유들로 해서 나는, 윤리적 '지식' 따위는 존재하지 않는다고 하는 산타야나의 주장에 동의하게 되었다. 그럼에도 윤리적 개념들이 역사에서 차지하는 중요성이 너무나 컸기 때문에 윤리학을 빼놓고 인간사를 바라보는 것은 부적합하고 편파적이라고 볼 수밖에 없었다.

나는 윤리학은 정념에서 나오며 정념에서 당위적 행위에까지 이를 수 있는 타당한 방법은 존재하지 않는다고 하는 원칙을 내 생각의 지침으로 삼았다. 그리고 "이성은 정념의 노예이며, 또 그렇게 되어야만 한다"고 한 데이비드 흄의 좌우명을 받아들였다. 만족스럽지는 않지만 그것이 내가 할 수 있는 최선이다. 비평가들은 내가 철저하게 합리적이라고 즐겨 공격하지만, 적어도 이 경우는 내가 전적으로 그렇지는 않다는 것을 입증해 준다. 정념에 대한 실질적인 구분은 성공 여부와 관련되어 있다. 다시 말해, 바라는 바대로 성공으로 이어지는 정념이 있고 그렇지 못한 정념이 있다. 만일 전자를 추구한다면 행복해질 테지만 후자를 추구한다면 불행해질 것이다. 적어도 그런 것들이 넓은 의미의 일반 규칙일 것이다. '의무', '자기부정', '당위' 등의 고상한 개념들을 연구한 결과치고는 빈약하고 천박해 보일지 모르겠으나, 나는 한 가지 특수 경우를 제외하고는 그것이 타당한 성과의 총체라고 본다. 우리는 자신이 불행해지는 대신 폭넓은 행복을 가져다주는 사람을, 자신의 행복을 위해 타인들에게 불행을 가져다주는 사람보다 훌륭하다고 생각한다. 나는 그런 견해가 어떤 합리적인 근거에서 나오는 것인지를 알 수 없으며, 다수가 바라는 것이 소수가 바라는 것보다 바람직하다고 하는—약간 더 합리적인—견해에 대해서도 마찬가지로 생각한다. 이것은 순수하게 윤리적인 문제들이지만, 내가 볼 때는 정치나 전쟁이 아니고는 어떤 방법으로도 해결될 수 없는 문제들이다. 이 주제와 관련해 내가 할 수 있는 얘기는, 윤리적 견해는 윤리적 공리에 의해서만 변호될 수 있다, 그러나 그 공리가 받아들여질 수 없다면 합리적인 결론에 도달할 수 있는 방법은 없다는 게 전부다.

어느 정도 타당성을 가진 윤리적 결론에 도달하면서 합리적 방법에 접근하는 방법이 하나 있기는 하다. 바로 양립 이론이라 할 수 있는 것인데, 그 내용은 다음과 같다. 어떤 사람에게든 만족할 수 있는 욕구들과 갈등을 일으키는 욕구들이 있다. 예를 들어, 열렬히 민주당을 지지하는 사람이 있다고 하자. 그런데 그는 그 당의 대통령 후보를 싫어한다. 이 경우 그 당에 대한 사랑과 그 개인에 대한 혐오는 양립할 수 없다. 혹은 어떤 사람을 미워하는데 그의 아들을 좋아하는 경우도 있을 수 있다. 이때 그 부자가 늘 함께 다닌다고 해도 당신은 그들이 한 초로 양립한다고 볼 수 없을 것이다. 정치의 기술은 자신과 양립할 수 있는 사람들의 집단을 최대한 많이 찾아내는 것에 주로 달려 있다. 행복하기를 바라는 사람은 양립 가능한 욕구들로 이루어진 최대한 많은 수의 집단이 자신의 삶을 지배하도록 만들려고 노력할 것이다. 이론적으로 볼 때 이런 이론은 궁극적인 해결을 허용하지 않는다. 행복이 불행보다 낫다고 가정하고 있을 뿐이다. 이것은 증명이 불가능한 윤리적 원칙이다. 내가 양립성을 윤리학의 기초로 보지 않았던 것도 바로 그 이유 때문이었다.

내가 윤리적 고려 사항들을 냉담하게 무시한다고 생각지는 말았으면 좋겠다. 인간도 하등 동물들처럼 자연을 통해 정념을 공급받기 때문에 그러한 정념들을 함께 끼워 맞추자면 힘이 들기 마련인데, 긴밀하게 짜인 공동체에 몸담고 있을 경우 특히 더 그렇다. 이럴 때 필요한 기술이 바로 정치의 기술이다. 이 기술이 전혀 없는 사람은 야만인이 될 것이며, 문명사회에서 살아갈 수 없을 것이다. 『윤리학과 정치학에서 본 인간 사회』라고 이름 붙인 이유도 그 때문이다.

책에 대한 비평들은 더 바랄 나위 없이 좋았으나, 내가 그 책에서 가장 중요하게 생각한 것, 다시 말해 윤리적 감정과 윤리 이론들을 일치시키기란 불가능하다는 점에 크게 주목한 사람은 아무도 없었다. 내 마음 깊은 곳에서 항상 이처럼 어두운 좌절감이 도사리고 있었다. 나는 좀더 가벼운 문제들을 생각들 속에 흩어 놓으려고 애를 썼는데, 특히 환상적 요소가 담긴 소설 쓰기를 많이 했다. 지나치게 양식화되어 있어 취향에 맞지 않는다는 사람들도 일부 있었지만, 많은 사람들이 내 이야기들을 재미있다고 했다. 그러나 예언적인 이야기라고 생각하는 사람은 거의 없었던 것 같다.

그보다 오래 전 얘기지만 나는 20세기 초에 다양한 소설

을 썼으며, 그 후에도 콘월에서 아이들과 함께 지낼 때 해변에
서 집까지 올라가는 지루한 시간을 이용해 동화를 지어 들려
주곤 했다. 나중에 그 동화들의 일부를 글로 옮기기는 했지만
발표한 적은 없다. 1912년에는 말록의 『신공화국』 양식으로,
『존 포스티스의 난국』이라는 장편소설을 썼다. 소설 전반부는
지금 생각해도 나쁘지 않지만 후반부가 아주 지루한 것 같아
서 한 번도 출간을 시도해 보지 않았다. 그 밖에도 출간되지 않
은 이야기를 하나 더 지었다.

러더퍼드가 최초로 원자의 구조를 발견한 그 순간부터 원
자력이 조만간 전쟁에 이용될 것이 분명했다. 그리하여 나는
인간이 스스로의 어리석음 때문에 완전히 파멸에 이를 수 있
다고 여겼다. 내 소설을 보면, 한 순수 과학자가 우주 전체의
물질을 파멸시킬 수 있는 작은 기계를 만들어 낸다. 그때까지
그가 아는 세계는 자신의 실험실뿐이었으므로 그는 기계를 사
용하기 전에 먼저 세상이 과연 파멸되어 마땅한지를 확인해야
했다. 그는 그 기계를 자신의 양복 조끼 호주머니에 넣고 다니
는데, 그가 손잡이만 누르면 세상은 사라지게 되어 있었다. 그
는 세상을 돌아다니며 악이라고 생각되는 것들을 모두 검토해
보지만 어느 경우에도 확신이 서지 않는다. 그러던 중에 메이
어 경의 연회에 참석했다가 정치인들이 얘기하는 말도 안 되
는 소리에 환멸을 느끼게 된다. 그가 벌떡 일어나, 세상을 멸
망시키겠다고 소리친다. 다른 참석자들이 그를 저지하려고 달
려든다. 그는 조끼 주머니에 엄지손가락을 집어넣는다. 그러

나 연회복으로 갈아입고 오면서 깜박 잊고 그 작은 기계를 두고 왔다는 것을 알게 된다.

당시에는 이 이야기가 현실과 너무 거리가 있다고 생각해서 출간하지 않았다. 그러나 원자폭탄이 출현하면서 현실과의 거리감이 사라지자 그와 비슷한 교훈이 담긴 다른 이야기들을 더 썼다. 그중 일부는 원자폭탄의 파괴로 끝이 나고, 내가 '악몽들'이라 불렀던 나머지 이야기들은 저명인들의 숨겨진 두려움을 드러내 보였다.

이런 이야기들을 쓰는 작업은, 그때까지 표출하지 못했던 내 감정들과 합리적 근거가 없는 두려움들을 언급하지 않고는 말할 수 없었던 내 생각들에 커다란 분출구가 되었다. 이야기의 범위도 점차 확대되었다. 나는, 오직 소수의 사람들만이 위험을 인식하고 있는 상황에서 어리석은 얘기로 여겨지기 쉬운 위험들을 이와 같은 소설 형태로 표현할 수도 있다는 것을 알았다. 어느 정도는 믿으나 믿음의 확고한 근거가 결여된 생각들을 소설에서는 말할 수가 있었다. 이런 방법으로 나는 가까운 미래에 발생할, 어쩌면 발생하지 않을 수도 있는 위험들을 경고할 수 있었다.

나의 첫 소설책은 『도시 근교의 사탄』이었다. 소설 제목을 정하는 데 영향을 준 두 사람이 있었는데, 한 사람은 모틀레이크에서 마주친 낯선 사람이었다. 그가 날 보더니 도로를 건넜고, 가면서 십자가를 그려 보였다. 또 한 사람은 산책할 때 마주치곤 했던 가난한 미치광이 여인이었다. 스토리를 보자면,

음흉한 방법을 써서 사람들을—단 한 번의 타락으로—회복할 수 없는 파멸로 밀어 넣는 사악한 과학자가 등장한다. 사진 촬영을 갈취의 기회로 삼는 한 사진사도 그런 사람들 중의 하나였다. 내가 모델로 삼은 사람은 내 사진을 찍으러 왔던 어느 멋쟁이 사진사였다. 그는 얼마 후에 죽고 말았는데, 알고 보니 놀랍게도 내가 소설에서 고발한 모든 죄악을 저질렀던 사람이었다. 다른 소설 중 하나에는 주인공이 저주를 퍼붓는 장면이 나오는데, 이때 '조로아스터〔페르시아의 종교 지도자로서 조로아스터교의 창시자〕와 마호메트〔이슬람교의 창시자〕의 턱수염'이 언급된다. 어떻게 감히 조로아스터를 놀림감으로 삼느냐고 펄펄 뛰며 항의하는 조로아스터교 신자의 편지를 한 통 받기도 했다. 나는 이 이야기를 내 비서(정말로 순진한 젊은 여성이었다)를 위해 썼다. 그녀가 휴가차 코르시카로 간다고 하기에 어떤 일이 닥칠지 모른다는 점을 경고할 생각이었다. 어느 잡지에다 이 이야기를 익명으로 발표하면서 작가를 알아맞히면 상금을 주겠다고 했다. 아무도 짐작하지 못했다. 등장인물 중에 Prz 장군이 나오는데, 그 이름을 '피시Pish로 발음하라'는 각주가 달려 있다. 어떤 사람이 그 잡지사로 "정답은 Trz입니다(토시 Tosh로 발음하세요)"라고 적어 보내왔기에 그에게 상금을 주었다. 또 다른 소설에서는 지구인들과 화성인들 간에 벌어지는 처절한 싸움을 그렸다. 여기에는 모든 인류를 향해, 차이점을 잊어버리고 '인간'을 지키기 위해 일어서라고 부탁하는, 처칠식의 웅변적인 호소가 나온다. 나는 처칠의 연설 방식을 최대한 흉내 내어 이 연설을 음반에 녹음했는데, 아주 재미있었다.

1년 후에는 『저명인사들의 악몽들』이라는 연작소설을 또 하나 썼다. 잠잘 때 위대한 사람들을 괴롭히는 은밀한 공포를 그려 보자는 게 의도였다. 이와 함께 발표된 「자하토폴크」라는 제법 긴 단편소설도 있는데, 처음엔 자유사상으로 출발한 것이 혹독한 박해의 종교로 굳어져 가는 과정을 다루었다. 지금까지 모든 위대한 종교의 운명이 바로 그러했으며, 장차 그것을 어떻게 피할 수 있을 것인지는 나도 모른다. 내 비서가 그이야기를 타이핑하고 있을 때, 반신半神이 되어 버린 그 왕이 아름다운 숙녀를 제물로 삼아 아침 식사를 하는 대목에 이르렀다. 작업이 잘되고 있나 하고 들어가 보았더니 그녀가 무서워서 달달 떨고 있었다. 내 작품들에 나오는 다른 이야기들과 마찬가지로, 이 이야기도 영화와 연극으로 만들기 위해 여러 사람들이 각색을 시도했으나, 중요 대목에 이르면 아무도 제작하려는 사람이 없거나 때로 불쾌할 정도로 천박하게 각색되는 경우가 많아 내가 제작을 반대하거나 했다. 나로선 아쉬운 일이며, 『악몽들』 중에 발레 무용극으로 만들어진 게 하나도 없다는 게 특히 아쉽다. 어쨌거나 이런 다양한 소설들은 내가 사람들의 관심을 불러일으키고자 하는 여러 가지 문제들을 제기할 뿐 아니라 이따금 해답까지 제공해 준다.

『악몽들』 중 한 이야기를 쓰고 있을 때 재미있는 경험을 했다. 프랑스인으로 나오는 주인공이 프랑스어로 된 시를 읊으며 자신의 서글픈 운명을 한탄하는 대목이 있었다. 어느 날 내가 에퀴 드 프랑스에서 저녁을 먹다가 그 주인공의 마지막 대사를 낭독하기 시작했다. 최고의 프랑스 고전 양식이라는 평가를 은근히 기대하면서 말이다. 그곳은 프랑스 식당이었으므로 프랑스인들이 주 고객이었다. 손님들 대부분이 고개를 돌려 놀라는 눈치로 나를 쳐다보더니, 혹시 자신들이 무명의 프랑스 시인과 우연히 마주친 것 아니냐며 서로 수군거렸다. 그들의 궁금증이 얼마나 오래 갔는지는 알 수 없다.

『악몽들』에 포함된 또 다른 이야기는 미국의 한 정신분석 의사에게서 영감을 받았다. 그는 정신분석이 일반적으로 활용되는 양상을 다소 못마땅해하면서, 사람은 누구나 평범한 정상 상태가 될 수 있다고 생각했다. 그리하여 나는 셰익스피어의 주인공들이 정신분석 과정을 겪은 후에 더 재미있어진 모습을 그려 보려 했다. 그 꿈에서 셰익스피어의 머리가 말을 하는데, 이런 말로 끝맺는다. "맙소사, 인간들은 얼마나 멍청한 자들인가." 나는 그 미국인 의사에게 칭찬의 편지를 받았다.

나는 편집자들과 독자들이 소설가로서의 나를 쉽게 받아들이지 못한다는 것을 깨달았다. 그런 나를 접하면, 내가 자신들에게 익숙하지 못한 일에 손을 대고 있다는 사실에 화가 치미는 모양이었다. 사람들은 내가 최후의 심판을 하고 끔찍한 일을 예언하는 저술가로 계속 남아 주기를 원했다. 예전에 내가 중국 학자들에게 무엇을 강의해야 하느냐고 물었을 때 그들이 한 대답이 문득 떠올랐다. "아, 당신이 마지막 책에서 얘기한 그런 내용이면 됩니다." 글 쓰는 사람들이 자신의 스타일을 바꾸거나 과거에 다룬 주제들과 결별하고 싶어도 대중들은 허락하지 않는 법이다.

내가 소설 쓰기를 변호하는 까닭은 우화야말로 요점을 전달하는 가장 좋은 방법이란 것을 종종 발견하기 때문이다. 1944년에 미국에서 돌아온 나는 영국의 철학계가 아주 이상한 상태에 있다는 것을 알게 되었다. 즉, 하찮은 것들에만 매달려 있는 것 같았다. 철학계의 모든 사람들이 '공통 어법'을 가지고 재잘대고 있었다. 나는 그 철학이 마음에 들지 않았다. 모든 학문의 분야에는 제 나름의 어휘가 있는 법인데, 왜 철학이 그 즐거움을 박탈당해야 하는지 이해할 수 없었다. 그리하여 나는 이 같은 '공통 어법' 숭배 풍조를 조롱하는 다양한 우화들이 담긴 짧은 작품을 하나 써서, 철학자들이 실제로 무슨 의도로 '공통 어법'이란 용어를 쓰는지를 지적했다. 이것이 발표되자 그 세력의 수장쯤 되는 사람한테서 편지가 한 통 날아왔다. 작품은 좋으나, 자신은 그 같은 숭배 현상을 전혀 알지 못하기 때문에 과연 누구를 겨냥하고 쓴 것인지 알 수 없다는 내용이었다. 그러나 그 후로 '공통 어법'에 대한 논의가 잠잠해지는 것을 느낄 수 있었다.

내 책들을 쭉 되돌아보면 대부분 논점을 강조하려고 지어낸 이야기임을 알게 된다. 예를 들어, 나는 최근에 『과학이 사회에 미치는 영향』에서 다음과 같은 대목을 찾아냈다. "내가 강조하고 싶은 것은, 지금 드물지 않게 목격되는 무기력한 절망감 같은 것이 비합리적이라는 사실이다. 인류는 지금 힘들고 위험한 절벽을 오르고 있는 사람과 같은 처지에 놓여 있다. 절벽 꼭대기에는 향기로운 초원이 펼쳐지는 고원이 있다. 그는 한 걸음씩 올라갈 때마다 떨어지고, 떨어지고 나면 더 비참해진다. 걸음을 뗄 때마다 피로가 가중되면서 올라가기가 더욱 힘들어진다. 그러다 마침내 한 걸음만 더 오르면 되는 위치까지 오지만, 머리 위로 바위가 튀어나와 있어 앞이 보이지 않기 때문에 그는 이 사실을 알지 못한다. 이때 그가 손을 놓아 버리면 죽음 속에서 휴식을 찾게 될 것이다. 희망이 소리친다. '조금만 더 힘을 내. 이번만 애쓰면 끝일지도 몰라.' 아이러니[빈정대는 사람이란 뜻으로 쓰였음]가 반박한다. '어리석은 인간! 지금까지 희망의 말에 귀 기울이더니 한번 보라구. 지금 네가 어떤 상황에 와 있는지.' 낙관주의가 말한다. '살아 있는 한 희망은 있어.' 비관주의가 으르렁댄다. '살아 있는 한 고통밖에 없어.' 기진맥진한 이 등반가는 과연 한 번 더 힘을 낼 것인가? 아니면 손을 놓아 버리고 심연으로 추락할 것인가? 그 해답은 우리 중에 몇 년 후에도 아직 살아 있는 사람들이 알게 될 것이다."

악몽, 꿈, 기타 등등 나의 나머지 이야기들은 나중에 『사실과 허구』라는 책의 '허구' 부분에 편집되었다. 책 제목이나 내용을 두고 비평가들이 조롱하지 않을까 우려했으나, 그런 일은 일어나지 않았다. 나는 그 책에 들어 있는 '라 로슈푸코의 잠언집'이 아주 재미있게 느껴져 정기적으로 내용을 첨가해 왔다. 『선량한 시민의 알파벳』은 제작 과정이 매우 즐거웠다. '가베르보쿠스'(폴란드 말로 횡설수설이란 뜻이라고 한다) 출판사의 내 친구들인 테머슨 부부가 펴냈는데, 특히 프란치스카 테머슨이 작업한 삽화들이 대단히 훌륭하여 책의 주제를 살려 주었다. 세계의 종말에 관한 재치 있는 생각을 담은 『간략한 세계사』라는 짧은 책도 그들이 출간했는데, 나의 90회 생일을 맞아 금박으로 장정해 주었다. 내가 시 분야에서 해본 유일한 모험은 '휴머니스츠 오브 아메리카' 출판사에서 출간되었으며—루이스 캐럴〔영국의 수학자이자 아동 문학가인 찰스 루트위지 도지슨의 필명〕에게 바치는 사과의 말과 함께— '고위 성직자와 소련 인민 위원'이란 제목이 달려 있다.

# 국내외 활동

내가 어두운 불안과 전조로 얼룩진 마지막 20년을 헤쳐 나오는 데 무엇보다 큰 힘이 되었던 것은 이디스 핀치와 서로 사랑하는 사이가 되었다는 사실이었다. 그녀는 내가 세기의 전환기에 알게 된 루시 도넬리의 가까운 친구였다. 나는 이런저런 일로 미국을 방문했을 때 루시 도넬리를 잘 알게 되었고, 1930년대와 1940년대에 미국에 머무는 동안에는 이디스를 깊이 알게 되었다. 루시는 브린 모의 교수로 있었고, 이디스도 그 대학에서 학생들을 가르쳤다. 나는 그 대학 총장이었던 사람의 사촌(첫 부인이었던 앨리스를 말함)과 결혼한 후로 브린 모와 좋은 관계를 유지하고 있었다. 내가 뉴욕 시립대에서 해고되자 미국에서 나를 배척하는 움직임이 일었는데, 맨 먼저 그 분위기를 깨준 것도 브린 모 대학이었다. 당시 그 대학 철학과의 폴 웨이스가 강의를 맡아 달라고 요청해 왔고, 나는 흔쾌히 받아들였다. 그리고 내가 『서양 철학사』를 쓰고 있을 때 매우 고맙게도 브린 모 대학 관계자들이 자신들의 훌륭한 도서관을 이용할 수 있게 허락해 주었다. 루시가 사망하자 이디스는 뉴욕으로 옮겨 갔고, 나는 1950년에 컬럼비아 대학에 강의차 갔다가 그녀를 다시 만날 수 있었다.

우리의 우정은 급속도로 익어 갔고, 얼마 지나지 않아 우리는 대서양을 사이에 두고 헤어져 사는 상황을 참을 수 없게 되었다. 결국 그녀가 런던에 와 자리를 잡았고, 당시 나는 리치먼드에 살고 있었기 때문에 우리는 자주 만날 수 있었다. 그렇게 만나는 시간들은 무한히 즐거웠다. 리치먼드 파크는 추억이 가득한 곳이었는데, 대부분 어린 시절의 추억들이었다. 얘기하다 보면 추억들이 새롭게 되살아나 마치 과거를 완전히 다시 살고 있는 기분이었는데, 그것은 신선하면서도 한층 편안한 느낌이었다. 회상을 즐기다 보면 핵 위기도 잊어버릴 정도였다. 나는 그녀와 함께 펨브로크 로지의 들판과 리치먼드 파크, 큐 가든스를 돌아다니면서 장소에 얽힌 온갖 사연들을 회고했다. 펨브로크 로지 바깥에 분수가 하나 있다. 내가 어릴 때 물을 무서워하자 어른들이 나를 한 하인에게 맡겼다. 그는 분수 물에 내 머리를 집어넣고 발꿈치를 잡고 쳐들었다. 현대적인 모든 교육적 견해들과 상치되는 이 방법이 완벽한 성공을 거두었다. 단 한 번 만에 내가 다시는 물을 무서워하지 않았으니까.

이디스와 내게는 각자 가문의 신화가 있었다. 내 가문의 신화는 헨리 8세와 더불어 시작된다. 그의 부하였던 우리 가문의 창시자가 말을 탄 채 런던 탑에서 앤 불린의 처형 신호를 기다렸다고 한다. 전설은 1815년 나폴레옹을 반대해서는 안 된다고 촉구한(워털루 전투가 벌어지기 전이다) 내 조부의 연설로 이어진다. 그 다음은 조부께서 엘바 섬을 방문한 일인데, 그때 나폴레옹이 다정스럽게 조부의 귀를 비틀었다고 한다. 그 후 전설에 상당한 공백이 있다가, 국빈으로 방문한 샤Shah〔이란의 국왕〕가 리치먼드 파크에서 비를 만나 하는 수 없이 펨브로크 로지로 피해 온 일이 있었다. 내 조부께서 집이 너무 작아 송구하다고(내가 듣기로는 그렇게 말했다고 한다) 하자, 샤가 대답했다. "그렇긴 하오만, 작은 집에 위대한 사람이 사는구려." 펨브로크 로지에서는 템스 계곡이 아주 넓게 펼쳐진 경관이 보였는데, 내 할머니께서는 불쑥 튀어나온 공장 굴뚝 하나가 경관을 망쳐 놓았다고 생각하셨다. 누군가가 그 굴뚝에 대해 물어볼라치면 할머니는 빙그레 웃으시며 이렇게 대답하셨다. "아, 그건 공장 굴뚝이 아니라 미들섹스〔잉글랜드 동남부의 옛 주〕 순교자 기념물이에요."

이디스의 가문 신화를 듣고 보니, 그쪽이 훨씬 더 로맨틱한 것 같았다. 1640년 무렵 한 선조가 붉은 인디언들 손에 교살 되었던가 납치된 사건이 있었다. 그녀의 부친은 어린 소년 시절에 인디언들 틈에서 모험을 감행했으며, 그의 가족은 한동안 콜로라도에서 개척자의 삶을 살았다. 말안장이 그득 쌓인 다락방에서 살던 그녀의 가족들은 뉴잉글랜드에서 필라델피아 의회로 진출했다. 그리고 매사추세츠 주 디어필드에서 발생한 대학살 때 인디언들한테 납치된 유니스 윌리엄스가 죽임을 당한 곳에서 가까운 바위투성이 계곡에서 카누도 타고 헤엄도 쳤다. 가히 페니모어 쿠퍼(1789~1851년, 미국의 소설가) 소설의 한 장면이라 할 만했다. 남북전쟁이 터지자 이디스 가문 사람들의 견해도 남과 북으로 나뉘었다. 친척 중 한 형제도 그런 상황이었는데, 결국 남부군 대장이었던 사람이 북부군 대장이었던 자기 형제한테 검을 넘겨주어야 했다. 이디스 본인은 뉴욕 시에서 태어나 성장했는데, 그녀가 기억하는 뉴욕은 자동차는 없고 자갈 깔린 거리와 2륜 마차들만 있었던, 내가 젊은 시절에 경험한 뉴욕과 거의 흡사했다.

이 모든 회상이 아무리 즐거웠던들, 사실 케이크의 설탕 장식 정도에 불과했다. 우리는 곧 우리 자신의 신화들을 추억에 덧보태게 되었다. 어느 날 아침 큐 가든스를 거닐고 있던 우리는 벤치에 앉아 있는 어떤 사람들을 보았다. 두 사람이었는데, 거리가 너무 멀어 작은 형태로만 보였다. 그런데 느닷없이 그중 한 사람이 벌떡 일어나더니 우리를 향해 급히 달려왔다. 그리고 우리 앞에 당도하자 무릎을 꿇더니 내 손에 입을 맞추었다. 나는 무섭기도 하고 크게 당혹스럽기도 해서 도대체 무슨 말을 해야 하는지, 어떻게 행동해야 할지, 아무런 생각도 떠오르지 않았다. 그러나 나와 이디스는 곧 그의 감정을 이해하게 되었다. 이디스가 침착을 되찾고 알아본즉슨, 그는 영국에 살고 있는 독일인인데 어떤 일로 나한테 고마워하고 있었던 것이다. 그러나 그 일이 무엇인지는 알 수 없었다.

우리는 리치먼드 인근과 런던의 강변, 공원들, 일요일의 도심을 오래도록 산책하곤 했고, 때로는 차를 타고 멀리 들로 나가 걷기도 했다. 한번은 포츠머스로에서 사고를 당했다. 우리의 과실은 전혀 없었으나 농장용 트럭과 충돌한 우리 차는 박살이 났다. 다행히도 사고 당시 우리가 아무 잘못도 없었음을 목격한 사람들이 많았다. 사고로 마음이 심란했음에도, 우리는 지나가던 친절한 차의 동승 제의를 받아들여 길퍼드로 갔다. 그리고 거기에서 다시 택시를 잡아타고 블랙 다운으로 가 당초 계획했던 대로 걸었다. 그곳에 가니 어릴 적 일이 떠올랐다. 내가 두 살이었을 때 우리 가족은 테니슨의 자택에서 여름 휴가를 보냈는데, 어른들이 나를 황무지에 세워 놓고는 애절한 백파이프 소리에 맞춰 가사를 읊게 했다.

오, 나의 사촌, 무정하기도 해라! 오, 나의 에이미, 이제 내 사람이 아니네!
오, 쓸쓸하고 쓸쓸한 황무지여! 오, 텅 빈 적막한 해변이여!

우리는 현대극, 고전극 등 극도 많이 관람했다. 리전트 파크에서 공연된 「심벌린」〔셰익스피어의 로맨스극〕, 우스티노프의 「다섯 명의 대령」, 「작은 오두막」이 특히 기억에 남는다. 사촌인 모드 러셀이 우리를 파티에 초대했다. 보리스 안레프가 디자인한 내셔널갤러리의 모자이크 마루가 완성된 것을 축하하는 자리였다. 거기서 나는 우물에서 '진리'를 불러내는 모습으로 묘사되었고, 기타 내 동시대인들의 초상화도 담겨 있었다. 야콥 엡슈타인이 내 흉상을 만들고 싶다고 하여 즐거운 마음으로 모델 노릇을 했는데, 그 흉상은 지금 내가 가지고 있다.

이런 일들을 지금 돌이켜 보면 사소하게 느껴지지만, 그 당시에는 모든 것이 서로의 발견과 서로의 기쁨이라는 찬란한 빛에 흠뻑 젖어 있었다. 우리는 너무나 행복하여 무서운 외부 세계를 잠깐이나마 잊고 우리 자신들과 서로에 대해서만 생각할 수 있었다. 우리는 서로를 전적으로 사랑한다는 것을 알게 되었을 뿐 아니라, 취향과 감정도 많이 일치하고 관심사도 거의 대부분 공통된다는 것을 점차 깨닫게 되었다. 그것은 사랑의 발견 못지않게 중요한 사실이었다. 이디스는 철학이나 수학에 대한 지식이 없었고, 나 역시 그녀가 아는 것 중에 모르는 것들이 있었다. 그러나 우리는 사람들과 세상을 대하는 태도가 비슷했다. 친구로 지내던 그때 느꼈던 만족감이 자라나 지속적이고 든든한 행복감이 되었고, 우리 생활의 기반이 된 그 만족감은 지금도 무한히 커가는 것 같다. 따라서 이제부터 내가 하는 대부분의 이야기들에 그녀가 등장하게 될 것이다.

우리가 처음으로 함께한 긴 여행은 퐁텐블로〔프랑스 파리 동남쪽의 도시로, 퐁텐블로 숲과 역대 국왕의 거주지인 궁전으로 유명함〕였다. 무사데크〔1880~1967년, 이란의 정치가, 이란 내 영국 석유 회사를 국유화시키고 국왕 축출을 기도하다 실패했음〕가 페르시아 원유 독점권을 확보하려고 여론 다툼을 불러일으키고 있던 때였다. 그것 말고는, 우리의 행복은 천상에서나 가능할 만큼 평온했다. 날씨도 화창하고 포근했다. 우리는 산딸기와 신선한 크림을 엄청나게 먹었다. 한번은 파리로 나갔는데, 프랑스 라디오 방송국이 지난 일에 감사한다는 뜻에서 뜻밖의 돈을 왕창 내주어 고급 식당에서 거창한 점심도 먹고 좀더 귀한 것들도 살 수 있었다. 우리는 뤼일리 정원을 산책하고 노트르담도 방문했다. 퐁텐블로 성에는 아예 가지 않았다. 우리는 아주 많이 웃었고, 때로 아무것도 아닌 것을 가지고 깔깔대기도 했다.

그 후로 파리에서 휴가를 자주 보내게 되었는데, 특히 1954년 휴가 때는 관광을 열심히 해보기로 작정했다. 우리 둘다 이미 파리에 오래 있어 본 사람들이었으나, 나는 꼭 보아야 할 곳을 하나도 구경하지 못한 상태였다. 유람선을 타고 강을 오르내리는 것도 즐거웠고, 여러 성당과 화랑, 꽃과 새를 파는 시장을 찾는 것도 즐거웠다. 그러나 이따금 방해를 받기도 했다. 하루는 생샤펠 성당에 갔더니 아이슬란드 사람들로 꽉 차 있었다. 그곳의 아름다움에 대해 설명을 듣고 있던 그들은 나를 발견하자마자 안내원을 내버려 두고 내 주위로 몰려들었다. 말하자면 내가 더 중요한 '볼거리'였던 셈이다. 생샤펠과 관련된 내 기억은 다소 왜곡되어 있다. 우리는 쥐스티스 궁전 맞은편에 있는, 우리가 좋아하는 식당의 테라스로 후퇴했다. 그 다음 날에는 우리 둘 다 좋아하는 샤르트르 대성당에 갔다. 그러나 안타깝게도, 그곳은 우편엽서와 선물로 가득한 관광객들의 메카로—나름대로 최대한—변해 있었다.

1952년 봄에는 그리스를 방문하여 아테네에서 좀 묵다가 열흘 정도 펠로폰네소스 반도를 돌아보았다. 우리도 다른 사람들처럼 곧장 아크로폴리스로 향했다. 그런데 지름길로 가려고 하다가 아크로폴리스 뒤쪽으로 접근하는 실수를 저지르고 말았다. 결국 염소들이 다니는 길로 가서 철조망을 넘어가며 절벽을 기어오른 끝에 제대로 도착할 수 있었다. 우리는 여기저기 긁히고 숨도 찼지만 승리감을 느꼈다. 다시 돌아갈 때는 훨씬 정통이라 여겨지는 길을 택했다. 달빛 비치는 그 풍경이 너무나 아름답고 너무나 고요했다. 그런데 갑자기 팔꿈치께에서 어떤 목소리가 말했다. "혹시 러셀 선생님 아니신가요?" 각 음절마다 불길함이 느껴지는 액센트였는데, 알고 보니 우리처럼 관광 온 미국인이었다.

산봉우리에는 아직 눈이 덮여 있었지만 계곡은 꽃이 만발한 과실수로 가득했다. 아이들이 들판을 깡충깡충 뛰어다녔고 사람들은 행복해 보였다. 당나귀들조차 만족하는 듯 보였다. 유일하게 어두운 곳은 스파르타였다. 무서운 악의 정기를 발산하는 타이게토스 아래로 펼쳐진 풍경이 음울하고 뚱해 보였다. 아르카디아에 도착하니 반가웠다. 시드니[16세기 영국의 시인·저술가·정치가]의 상상력에서 나온 듯 목가적이고 아름다웠다. 티린스에 가니 옛 성을 지키던 문지기가 성을 형편없이 복원해 놓았다며 탄식했다. 이렇게 비참한 복구가 언제 이루어졌느냐고 그에게 물었더니, "미케네 시대"라고 대답했다.

델피에서는 아무런 감동도 받지 못했으나, 에피다우로스는 차분하고 아름다웠다. 우리가 도착한 직후에 버스로 독일인들 한 무리가 왔는데도 그 도시의 평온이 깨어지지 않는 것이 아주 신기했다. 그곳 극장에 우리가 앉아 있을 때 갑자기 아름답고 맑은 목소리가 날아올라 우리에게까지 전해졌다. 그 독일인들 중에 오페라의 디바〔주연 여가수〕가 있었는데, 그녀도 우리처럼 그곳의 매력에 홀렸던 것이다. 다른 관광객들이 우리를 성가시게 하는 경우는 별로 없었다. 미군들만 제외하고는. 어딜 가나 미군 트럭들이 보였는데 특히 아테네에 많았으며, 도심마다 거칠고 오만한 미군들의 고함과 따지는 소리로 시끄러웠다. 반면에 우리가 직접 만나거나 지나가는 사람들로 보건대, 그리스인들은 점잖고 쾌활하고 똑똑한 것 같았다. 아테네의 공원에서 아이들과 놀아 주며 행복해하는 모습도 인상적이었다.

나는 그리스에 가본 적이 없었으므로 보는 것마다 아주 흥미로웠다. 그런데 놀라운 면이 하나 있었다. 만인이 경탄하는 그 위대하고 확고한 위업에 감명을 받은 후 나는 그리스가 비잔틴 제국의 일부였던 시대에 지어진 어느 작은 교회로 들어갔다. 그런데 놀랍게도 파르테논 신전이나 기타 이교도 시대에 지어진 그리스 건물들보다 그 작은 교회가 더 편안하게 느껴지는 것이 아닌가. 기독교적 시각이 내가 생각한 것보다 훨씬 확고하게 나를 붙잡고 있다는 것을 그때 깨달았다. 그것은 내 믿음이 아니라 내 감정을 붙들고 있었다. 그리스가 현대

448

화된 세계와 다른 점들이 있다면, 그것은 주로 [기독교적] 죄책
감이 없다는 것과 연관되어 있다는 생각이 들었다. 그리고 나
자신도 비록 믿음의 측면은 아니지만 감정적으로 그러한 죄책
감의 영향을 크게 받고 있다는 것을 발견하고 다소 놀랐다. 어
쨌거나 나는 고대 그리스 유적 중 일부에서는 깊은 감동을 받
지 못했다. 내가 가장 감명을 받은 것은 올림피아에 있는 아름
답고 인정 많은 헤르메스[그리스 신화에 나오는 신들의 사자使者로
서 과학·웅변·상업의 신]였다.

1953년, 이디스와 나는 스코틀랜드에서 3주를 보냈다. 도
중에 우리는 와이 계곡 위쪽 언덕에 위치한 나의 생가에 들렀
다. 레이븐스크로프트라 불리었다가 지금은 클레이던 홀로 불
리는 곳이다. 건물은 남아 있었으나 전쟁 동안에 뜰이 엉망으
로 변해 버린 상태였다. 내 부모님은 당신들의 유언대로 거기
서 가까운 숲에 묻히셨는데, 나중에 가족들의 뜻에 따라 체니
스에 있는 가족 묘지로 이장했다.

우리가 여행 중에 방문한 또 한 곳은 보르데일의 시톨러
였다. 내가 1893년에 독서회의 일원으로 5주간 머물렀던 곳이
다. 그때 했던 독서 발표회가 아직도 기억나는데, 내방객 방명
록을 보니 내가 이디스한테 말했다가 실없는 사람 취급당했던
얘기의 증거가 거기 담겨 있었다. 즉, 옛날에 우리 시중을 들
던 페퍼[후추] 양이 그 후에 허니[꿀] 씨와 정말로 결혼한 것이
었다. 세인트필란스(우리의 목적지였다)에 도착한 나는 마중 나
온 여성에게, 1878년 이후로 처음 와 보았다고 말했다. 그녀

가 놀라 쳐다보더니 말했다. "하지만 그땐 당신은 아주 작은 꼬마였을 것 아니에요." 1878년 방문과 관련해 내 기억에 남아 있는 것은 주로 세인트필란스의 다양한 건조물이었다. 강에 걸린 목재 다리, 우리가 '네이시'라 불렀던 호텔의 옆집, 어린 내가 기도서에 나오는 '여러 곳'의 하나라고 생각했던 바위투성이 항만 등. 그때 이후로 그곳에 가본 적이 없었기 때문에 내 기억이 정확했음이 입증된 셈이었다. 우리는 차로 여러 곳을 다녔는데, 때로는 수레나 다니는 좁은 길만 따라가기도 했고, 우리에게 잊을 수 없는 기억으로 남아 있는 황야 지대를 걸어서 건너기도 했다. 어느 날 오후에는, 우리가 산머리에 올라섰을 때 암사슴과 새끼가 정상에서 나타나 종종걸음으로 다가온 적도 있다. 하산 길에는 자연 그대로의 작은 호숫가에서 거만해 보이면서도 아주 유순한 후투티〔새의 일종〕가 내려앉더니 우리를 가만히 훑어보았다. 우리는 음산한 글렌코 계곡을 지나 세인트필란스의 숙소로 돌아왔다. 계곡의 음울하고 무시무시한 분위기가 옛날의 대학살을 마치 어제 일처럼 느껴지게 했다.

우리는 2년 후에 다시 세인트필란스를 찾았다. 그러나 이번에는 그렇게 태평한 시간을 가질 수 없었다. 우선 도중에 글래스고에 들러야 했다. 나는 그곳에서, 세계 정부를 위해 쉬지 않고 일해 온 로더글렌을 노동당 후보로 추천하는 연설을 했다. 당시 내 목에 이상이 생겨 제대로 삼키지 못하는 증세가 깊어졌기 때문에 우리는 다소 가라앉은 기분이었다. 나는 그것

을 두고, 정치인들의 성명을 애써 삼키려 하다 보니 생긴 병이
라고 장난삼아 말하곤 했다. 그러나 그보다 훨씬 더 힘들었던
것은 큰아들 존이 중병으로 몸져누운 일이었다. 그때의 이른
바 '휴가' 기간 내내 우리는 아들 걱정에 시달렸다. 아들의 어
린 세 자식도 걱정스러웠다. 그 당시에는 우리가 손자들을 좀
봐주는 정도였으나, 나중에는 거의 전적으로 돌보게 되었다.

피터가 떠난 후에도 나는 한동안 페스티니오그에서 계속
살았다. 그곳 산언저리에 위치한 집에서 즐겁게 일했는데, 계
곡이 내려다보이는 풍경이 마치 옛 계시록의 낙원을 조각해
놓은 듯 아름답기 그지없었다. 런던에는 아주 가끔씩 갔는데,
그럴 때면 이따금 리치먼드에 사는 아들 가족을 찾아갔다. 그
들은 리치먼드 파크에서 가까운 자그만 집에 살고 있었다. 아
이 셋을 데리고 살기엔 너무나 작은 집이었다. 아들은 직장을
그만두고 글쓰기에 전념하고 싶다고 말했다. 나로서는 섭섭
한 일이었으나 아들의 심정을 이해할 수는 있었다. 나는 노스
웨일스에서 살고 아들에게는 런던에 집을 장만해 주고 싶었으
나, 경제적으로 그럴 여유가 없어 그들을 어떻게 도와주어야
할지 난감했다. 결국 내가 페스티니오그에서 이사를 오고 리
치먼드에 집을 장만하여 아들 가족과 함께 쓰는 것이 어떨까
하는 생각까지 들었다.

어린 시절을 보낸 리치먼드로 돌아오니 스스로를 유령으
로 생각하는 습관이 다소 되살아나, 내가 아직도 육신을 가지
고 존재한다는 것이 믿어지지 않을 때가 이따금 있었다. 한때

훌륭한 저택이었던 펨브로크 로지는 관공서의 지시에 따라 허물어져 가고 있었다. 그것이 유명한 사람들의 집이었다는 것을 알게 된 그들은—얘기해 주기 전까지는 전혀 모르고들 있었다—가능한 모든 수단을 동원하여 그 집의 역사적 중요성을 파괴하기로 결정했다. 그리하여 저택의 절반은 공원 관리인들의 숙소로 변했고 나머지 절반은 찻집으로 변했다. 정원은 철조망을 복잡하게 쳐서 망가뜨렸다. 당시 나는 그 목적이, 정원에서 얻는 즐거움을 최소화하려는 데 있다고 생각했다.[1]

나는 어떻게든 펨브로크 로지를 임대하여 내 가족과 함께 살겠다는 막연한 희망을 품었다. 그러나 불가능한 일로 드러났기 때문에, 리치먼드 파크 근처에 큰 집을 하나 장만하여 아래로 두 개 층은 아들 가족이 쓰게 하고 꼭대기 층은 내가 차지했다. 두 가족이 붙어 살 때 흔히 발생하기 쉬운 문제들이 있었지만 한동안은 그럭저럭 잘 지냈다. 우리는 각자 자기 손님을 맞고 원할 때 함께 모이는 식으로 나누어 생활하면서 그곳에서 즐겁게 지냈다. 그러나 가족들이 오가고, 내 일도 해야 하고, 끊임없이 밀려오는 손님들도 맞아야 했기 때문에 매우 빡빡한 생활이 되었다.

앨런과 메리 우드 부부도 그때 찾아온 손님들이었다. 앨런은 나의 철학 작업에 관해 책을 쓰고 싶다면서 찾아왔다가 곧 마음을 바꾸어 먼저 나의 일생을 다루기로 했다. 책을 준비

---

1 나중에는 생각이 바뀌어, 어차피 해야 할 작업이었다면 썩 잘 개조되었다고 생각하게 되었다.

하는 과정에서 그들 부부와 자주 만나던 우리는 그들을 아주
좋아하고 의지하게 되었다. 그러나 이상한 손님들이 찾아오기
도 했다. 차나 마시고 싶다며 찾아온 미국의 어느 신사는 미국
의원 조지프 매카시의 정부를 데리고 나타났는데, 그녀가 매
카시를 극구 칭찬하여 나를 화나게 만들었다. 딸과 함께 찾아
온 어느 인디언의 경우도 그랬다. 그는 나를 위해 자기가 반주
를 하고 딸이 춤을 추겠다고 우겼다. 그때 나는 병원에서 돌아
온 지 얼마 되지 않은 상황이어서, 거실 가구를 모조리 뒤로 밀
치는 것도 못마땅했고, 그의 딸이 펄쩍펄쩍 뛰어 온 집안이 흔
들리는 것도 반갑지 않았다. 다른 상황에서 그 춤을 보았다면
빙빙 도는 것이 아름답다고 생각했을지도 모르겠다.

그때 병원에 입원했던 일은 앞서 내가 말한 신화의 하나
가 되었다. 어느 날 아침 아내와 나는 리치먼드에서 장시간 산
책을 하고 왔다. 점심 식사 후에 그녀는 내 거실 위층에 있는
자신의 거실로 올라가 있었다. 그런데 갑자기 내가 몸이 이상
하다고 외치면서 나타났으니 그녀가 겁에 질린 것도 당연했
다. 그날은 여왕의 대관식을 바로 앞둔 화창한 일요일이었다.
아내는 이웃 사람들이나 리치먼드 및 런던에 있는 우리 주치
의들과 연락해 보려 했으나 아무와도 연락이 닿지 않았다. 결
국 그녀는 999〔영국의 응급구조 번호〕로 전화했고, 매우 수고스
러웠겠지만 고맙게도 리치먼드 경찰이 구조하러 왔다. 그들은
어렵사리 의사를 하나 찾아내어 데리고 왔는데, 전혀 모르는
사람이었다. 경찰이 우리 주치의들과 겨우 연락이 닿았을 즈

음 내 몸은 이미 시퍼렇게 변해 가고 있었다. 그때 불려온 다섯 명의 의사들 중 하나인 아주 유명한 전문의는, 내가 두 시간밖에 못 버틸 거라고 말했다고 한다. 나는 구급차에 실려 병원으로 보내졌는데, 의사들이 내게 산소를 투입하자 살아났다.

리치먼드에서 지낸 생활은 즐거웠으나 힘든 때도 있었다. 1953년 성탄절 날, 나는 큰 수술을 받기 위해 다시 병원에 입원할 날을 기다리고 있었고 아내와 가족들은 모두 감기에 걸려 분위기가 가라앉아 있었다. 아들과 며느리는, 며느리의 표현으로 말하자면, "아이들한테 질렸다"고 결론 내렸다. 그들은 아이들과 나를 불러 성탄절 만찬을 치른 후에, 아이들은 남겨 두고 남은 음식만 싸들고 떠나 버렸다. 그리고 돌아오지 않았다.

우리 부부는 물론 손자들을 좋아했으나 새로 맡겨진 이 의무에 질겁하지 않을 수 없었다. 그것은 행복하지만 나름대로 이미 빡빡한 우리의 생활에 너무나 많은 골칫거리를 던지는 의무였다. 한동안은 아이들 부모가 돌아와 제 역할을 해주려니 기대도 했지만 아들이 병이 난 후로는 아예 기대를 접었고, 아이들의 교육과 방학을 위한 장기 계획을 마련해야 했다. 게다가 경제적인 부담이 커져서 다소 불안할 지경이었다. 노벨상 수상금으로 받은 1만 1천 파운드가량의 돈 중에 1만 파운드는 이미 세 번째 아내에게 주어 버렸다. 당시 나는 두 번째, 세 번째 아내에게 이혼 수당을 지급하는 것은 물론 막내아들의 교육 및 휴가비도 대주어야 하는 실정이었다. 거기에 덧붙여, 큰아들의 병과 관련해 막대한 비용이 들어갔으며, 아들이 오랫동안 체납해 온 소득세까지 내가 내야 할 상황이 되어 버렸다. 손자들을 부양하고 교육시키는 것도 즐거운 일이겠으나, 내 경우에는 문제가 많았다.

나는 병원에서 퇴원한 후 한동안은 몸이 좋지 않았지만 5월쯤 되자 회복된 것 같았다. 나는 펜클럽(PEN club)에서 '역사는 예술이다'란 제목으로 허먼 울드[1885~1951년, 영국의 극작가이자 시인] 추모 강연을 했다. 강연이 끝난 후에 펜클럽 간사가 우리 부부를 저녁 식사에 초대했고, 나는 그 자리에서 나의 문학적 애증을 마음껏 털어놓았다. 내가 특히 싫어하는 사람은 워즈워스다. 그의 작품 중에 뛰어난 것들도 있다는 것은 인정하지만—그래서 감탄도 하고 좋아하기도 하지만—대부분 참기 힘들 정도로 따분하고 점잔 빼며 시시하다. 불행하게도 내가 훌륭하지 못한 시를 기억하는 재주가 남달라, 워즈워스를 지지하는 웬만한 사람은 얼마든지 골려 줄 수 있다.

얼마 후, 우리는 스코틀랜드에서 리치먼드로 돌아오는 길에 노스웨일스에 들렀다. 친구인 루퍼트와 엘리자베스 크로샤이-윌리엄스 부부가 그곳에서 플라스 펜린이라는 집을 발견하고, 우리 부부와 손자들이 그 집에서 휴가를 보내면 좋을 것이라고 알려줬던 것이다. 집 자체는 작고 수수했으나, 아주 멋진 정원과 작은 과수원이 딸려 있고 아름드리 너도밤나무도 많았다. 무엇보다도 남쪽으로 바다가 보이고, 서쪽으로 포트머독과 카나번 산이, 북쪽으로는 글래슬린 계곡에서 스노던까지 내려오는 전망이 기막히게 아름다웠다. 나는 그 집에 반했으며, 특히 시인 셸리가 살았던 집이 계곡 너머로 보인다는 게 마음에 들었다. 집주인도 인심 좋게 허락했다. 그 사람도 셸리를 좋아하기 때문에 내가 '사나이 셸리'(흔히 그를 '무력한 천사'라고 하는 것과 반대 의미로)에 관해 에세이를 쓰고 싶다고 한 것이 크게 작용했던 것 같다. 나중에 나는 셸리의 집인 태니랄트에서 자칭 식인종이었다는 사람을 만났는데, 아마 내가 만나본 최초이자 유일한 식인종일 것이다. '사나이 셸리'의 집에서 그런 사람을 만나다니, 잘 어울리는 것 같았다. 플라스 펜린은 아이들이 방학을 보내기에 최적의 장소였는데, 특히 그 근처에 아들 내외의 친구들이 살고 있어 더욱 좋았다. 우리 손자들도 잘 아는 사람들일 뿐 아니라 또래 아이들까지 있었기 때문이다. 아이들이 리치먼드에서 영화나 보고 '캠프'에 참여하는 것보다는 거기가 훨씬 좋을 것 같았다. 우리는 서둘러 계약을 했다.

그러나 이런 것들은 일상의 배경이자 잠깐의 휴식이었을 뿐, 나의 주요 관심사는 국제 문제라는 어두운 세계에 놓여 있었다. 『윤리학과 정치학에서 본 인간 사회』에 대한 반응은 매우 호의적이었으나 책을 출간한 후에도 나는 불안감을 떨칠수 없었다. 세계가 맹목적으로 위험을 향해 정면으로 달려가고 있다는 사실을 이해시킬 방법을 반드시 찾아야 한다는 생각이 들었다. 그러다 문득, 『윤리학과 정치학에서 본 인간 사회』의 일부 내용을 BBC를 통해 되풀이하면 지금까지 해온 것보다 인상적으로 받아들여질 것이라는 생각이 들었다. 그러나 BBC는 이미 발표한 내용을 반복할 수 없다며 나의 제의를 거절했다. 그리하여 나는 인류를 위한 새로운 장송곡을 짓는 작업에 들어갔다.

그때는 핵무기에 의한 파괴에 맞서는 투쟁이 시작된 시기였음에도, 내가 이미 여러 다양한 방법으로 밝혀 온 내용을 획기적으로 전할 새로운 방법을 찾기란 거의 불가능해 보였다. 내가 처음에 쓴 방송 원고는 온갖 사정을 다 봐주는, 무기력함의 소산이었다. 나는 당장 그것을 집어던지고 마음을 다잡은 다음, 조치를 취하지 않으면 필히 닥칠 끔찍한 상황을 있는 그대로 말하기로 결심했다. 그 결과, 그때까지 내가 말해 온 모든 것들의 정수가 담긴 원고가 탄생되었다. 얼마나 빈틈없이 엮었던지, 그 후로 내가 그 주제에 관해 말해 온 본질적인 얘기는 그 안에 다 들어 있다. 그러나 BBC는 내 얘기가 듣는 사람들을 따분하게 만들고 겁을 줄 수 있다며 여전히 난색을 표했다. 대신에, 그런 불길한 예감을 상쇄시켜 줄 수 있는 젊고 쾌활한 축구 선수와 토론하는 형식으로 하자고 제의했다. 그것은 경박하기 짝이 없을 뿐 아니라, 내가 절박하게 느끼는 문제가 무엇인지를 BBC 관계자들이 전혀 이해하지 못하고 있음을 명백하게 보여 주는 태도였다. 나는 그들의 제의에 응하지 않았다. 그러다 결국, 12월에 나 혼자 출연해 방송을 한다는 쪽으로 합의가 이루어졌다. 그 방송에서 나는, 앞서 말한대로, 내가 느끼는 우려와 그 근거들을 모두 밝혔다. 그 방송은 지금 '인류의 위기'란 이름으로 불리는데, 다음과 같은 말로 끝맺고 있다. "우리가 선택만 하면, 행복과 지식과 지혜 속에 계속 발전할 수 있는 길이 우리 앞에 놓여 있습니다. 그와 반대로, 우리가 벌이고 있는 다툼을 잊지 못하여 결국 죽음 쪽을 선택하시겠습니까? 나는 한 사람의 인간으로서 인간들에게 호소하는 바입니다—여러분의 인간애를 기억하라고, 나머지는 모두 잊어버리라고. 여러분이 그렇게만 할 수 있다면 새로운 낙원으로 가는 길이 활짝 열려 있습니다. 그러나 그렇게 하지 못한다면 여러분 앞에는 전 인류의 죽음만 있을 뿐, 아무것도 없습니다."

　이 방송은 개인적으로나 공적으로나 효력이 있었다. 개인적으로는 나의 걱정을 잠시나마 덜어 주고, 이 문제에 대해 적절한 말을 찾아낸 느낌을 가져다주었다. 더 중요한 것은 공적인 효과였다. 나는 무수한 편지를 받았고, 연설 및 글 청탁이 감당하지 못할 정도로 쇄도했다. 또 그 전까지 몰랐던 아주 많은 사실들도 알게 되었는데, 개중에는 다소 씁쓸한 것들도 있었다. 일례로 배터시 주 의회 의원이 찾아와 말하기를, 배터시 의회는 핵 공격을 받을 경우 모든 지역 주민들이 반드시 따라야 할 규정을 마련했다고 했다. 사이렌 경보를 듣는 즉시 모두 배터시 공원으로 달려가 버스에 올라타면 안전한 지역으로 옮겨 주게끔 되어 있다는 얘기였다.

　방송에 대한 반응은 내가 아는 한 거의 대부분 진지했으며 격려해 주는 내용이었다. 그러나 강연을 할 때는 중간에 우

스운 일이 벌어지기도 했다. 그중에 한 경우를 생각하면 지금
도 으쓱해지면서 즐거워진다. 강연 도중에 어떤 사람이 격분
하여 일어서더니 내게 꼭 원숭이 같다고 말했다. 나는 이렇게
대꾸했다. "그렇다면 당신은 당신 조상의 목소리를 듣는 영광
을 누리고 있군요."

　나는 한 해 동안 두드러진 활동을 했다는 이유로 '피어스
백과사전'에서 주는 상을 받았다. 그 전해의 수상자는, 1.6킬로
미터를 4분 안에 주파한 어느 청년이었다. 지금도 보관하고 있
는 수상 기념컵에는 이렇게 적혀 있다. "버트런드 러셀, 평화로
가는 길을 밝히다. 1955년."

　내가 강연하러 나간 회합들 가운데 가장 인상적이었던 것
의 하나는 1955년 4월에 개최된 모임이었는데, 1943년 2월에
바르샤바에서 사망한 유태인들을 추모하는 자리였다. 슬프고
아름다운 음악이 흐르는 가운데 참석자들이 진심으로 애도하
는 모습을 보여 너무나 감동적인 자리가 되었다. 그때 내가 한
연설은 음악과 함께 음반으로 만들어졌다.

　내 견해에 뚜렷한 관심을 보여 준 초기 단체들 중에 '세계
의회주의자들'과 좀더 진지한 분위기의 '의회주의 세계 정부
연합'이 있었는데, 그들과는 여러 차례 협의도 해보았다. 1955
년 4월, 그들은 로마에서 합동 회의를 개최했고 나는 연설자
로 초대받았다. 그때 우리가 머문 호텔이 기묘하게도 내가 반
세기 전에 모드 이모와 함께 로마로 처음 여행 왔을 때 묵었던
곳이었다. 너무 낡아 식사 제공마저 중단해 버린 차가운 병영

같은 호텔이었지만, 유서 깊은 그 도시에서도 아주 좋은 위치에 자리 잡고 있었다. 마침 봄이어서 날씨도 포근했다. 티베르 강〔테베레 강의 옛 이름〕을 따라가 보기도 하고 핀치오 언덕에도 올라가 보고 하면서 도시 이곳저곳을 돌아다니는 것이 무척 재미있었다. 그렇게 하지 않으면 식사를 해결할 수 없었기 때문이다. 그때 참석한 회의는 무척 감동적이고 흥미로웠다. 하원에서 열린 회의를 비롯해 모든 회의에서 사람들이 나의 연설에 감명을 받는 것 같아서 기뻤다. 어느 회의에서나 청중은 매우 다양한 사람들로 구성되어 있었다. 한번은 연설을 마치고 내려오니 어떤 사람이 울먹거리며 나를 붙들었다. 자기가 영어를 몰라서 무슨 말인지 하나도 알아듣지 못했다는 것이었다. 그는 내가 한 얘기를 에스페란토어로 번역해 달라고 간청했다. 그러나 안타깝게도 내겐 그럴 능력이 없었다. 문학계 및 정계의 우호적인 명망가들을 많이 만날 수 있는 것도 즐거웠다. 그동안 그들의 작업에 관심을 가져왔으나 만나서 사안을 토론할 기회는 가져 보지 못했던 터였다.

로마에서 북쪽으로 올라오는 길에, 세티냐노에 사는 버나드 베런슨한테 들르고 싶었다. 그러나 일이 많아 갈 수가 없었다. 나의 게으름에 대해 그가 아주 나쁘게 생각한다는 것을 나중에야 알았다. 더구나 그는 나와 마지막으로 만났을 때 오만하고 박정한 느낌을 받았다는 말까지 했다고 한다. 나는 매우 섭섭하지 않을 수 없었다. 그에 대한 나의 감정은 예전과 다름없이 지극히 우호적이었고, 내가 그에게 오만하게 군 적도 없다고 생각했기 때문이다. 그러나 그가 말한 마지막 만남 때 내가 다소 힘들었던 것은 사실이었다. 그때 그의 아내인 메리가 자신들과 함께 점심이나 먹자고 해서 갔다. 예전에 내가 자신의 동생인 앨리스와 별거에 들어가자 메리는 내게 절교를 선언하는 편지를 보내왔다. 자신들은 나와 더 이상 관계를 맺고 싶지 않다는 내용이었다. 그로부터 여러 해가 흐른 뒤에 그녀가 날 점심 식사에 초대했던 것이다. 나는 그들과 맺은 우정에 금이 가기를 바란 적이 한 번도 없었으므로 기꺼이 응하기는 했으나, 그녀가 예전에 보내온 편지를 완전히 잊을 수는 없었기 때문에 다소 어색하고 쑥스러운 기분이었다. 버나드 베런슨은 그 편지에 대해 아는 바가 없었거나 혹은 잊어버린 게 분명했다. 어쨌거나 나는 그 오찬 만남으로 불화가 해소되었다고 생각했으며, 그가 내게 자신의 화랑에 다시 한 번 들러 달라고 했을 때도 반갑게 받아들였고, 꼭 그렇게 하고 싶었으나 무산된 것뿐이었다.

한편, 방송으로 한 연설에 대한 반응을 평가하고 다음으로 할 일을 고민하던 나는 국가가 협력의 필요성에 주안점을 두어야 한다는 것을 깨달았다. 좀더 많은 공동 활동을 촉구하는 공식 성명서를 작성하여 자본주의와 공산주의 양 진영에서 존경받는 저명한 과학자들에게 서명을 부탁하면 많은 이들이 기꺼이 응해 줄 것이란 생각이 들었다. 그러나 실행에 들어가기에 앞서, 아인슈타인이 이 계획을 어떻게 생각하는지 알기 위해 그에게 편지로 문의했다. 그는 적극 지지한다고 대답했으나, 자신은 건강이 좋지 못하여 현재 관여하는 일들도 유지하기 힘든 형편이니 동조할 것으로 판단되는 여러 과학자들의 명단을 보내 주는 것 외에는 아무 도움도 줄 수 없다고 말했다. 그럼에도 그는 나의 생각을 현실화시켜 꼭 성명서를 발표하라는 당부를 덧붙였다. 나는 성탄절에 방송한 '인류의 위기'를 기초로 성명서를 썼다. 그리고 동·서 양 진영의 과학자 명단을 작성하고 성명서를 동봉하여 그들에게 편지를 보냈다. 내가 의회주의자들과 협의하기 위해 로마로 떠나기 직전의 일이었다. 물론 아인슈타인에게도 성명서를 보내 승인을 요청했으나, 이상하게도 내용을 어떻게 생각하는지, 그도 서명을 할 것인지에 관해서는 아무런 연락이 없었다. '의회주의 세계 정부 연합'이 파리에서 후속 회의를 열기로 되어 있었으므로 우리는 로마에서 곧장 파리로 날아갔다. 그런데 기내 방송에서 아인슈타인이 사망했다는 소식이 발표되었다. 나는 하늘이 무너지는 기분이었다. 다른 이유들도 있었지만, 그의 지원 없이는 내 계획이 무산되리라는 생각이 들었기 때문이었다. 그러나 파리의 호텔에 도착해 보니 그에게서 서명에 동참하겠다는 내용의 편지가 도착해 있었다. 그것이 그의 마지막 공식 활동의 하나였던 셈이다.

파리에 있는 동안에는 나의 계획에 관해 프레데릭 졸리오 퀴리와 긴 토론을 벌였다. 그는 나의 계획을 적극 환영했고 성명서에 대해서도 한 구절을 빼고는 다 좋다고 했다. 그것은 이런 내용이었다. "수많은 폭탄이 사용될 경우 전 인류의 죽음이 우려된다. 운 좋은 소수는 급사할 것이지만 다수는 질병과 붕괴 속에 서서히 고통당할 것이다." 그는 '운 좋은' 소수란 표현을 못마땅해했다. "죽는 것은 행운이 될 수 없지요." 그가 말했다. 그 말도 옳은 것 같았다. 세계의 문제를 다루면서 반어법을 쓴다는 것은 장난처럼 비춰질 수도 있다. 어쨌거나 나는 그 대목을 삭제하기로 동의했다. 영국으로 돌아오고 한동안 그에게서 아무 소식도 없었다. 나중에 알고 보니 병을 앓았다고 했다. 뿐만 아니라, 여러 다른 유명 과학자들한테서도 대답을 이끌어 낼 수 없었다. 중국의 한 과학자한테도 편지를 보냈으나 소식이 없었다. 아마 주소가 잘못되었던 것 같다. 아인슈타인이 생전에, 닐스 보어〔덴마크의 물리학자로서 1922년에 노벨상을 수상했음〕가 나의 계획과 성명을 분명 지지할 것 같으니 그의 도움을 구해 보라고 충고한 바 있었다. 그러나 수차례 편지와 전보를 보냈는데도 여러 주 동안 그의 대답은 오지 않았다. 이윽고 짧은 편지가 한 통 왔는데, 나의 계획이나 성명에 관여할 생각이 없다는 내용이었다. 여전히 서방 세계를 미심쩍게 보던 러시아 학자들도 계획에 대해선 다소 호의적이었으나 서명은 할 수 없다고 했다. 오토 한 교수도 나와 몇 차례 연락한 끝에 서명을 거부했다. 그가 곧 발표 예정이었던 과학자들의 '마이나우 선언'을 위한 작업 때문이었을 것이다. 이 선언이 추진 중이라는 것은 나도 잘 알고 있었지만, 서방 세계의 과학자들에 한해 서명을 받으려 했기 때문에 다소 미흡하다고 평가하고 있었다. 다행히도 마이나우 선언에 서명한 다른 사람들은 내 성명서에도 서명해 주었다. 개인적으로 가장 실망스러웠던 것은 '왕립학회' 회장이자 내 모교 트리니티 칼리지의 학장이었던 에이드리언 경의 서명을 받아 낼 수 없었다는 것이다. 나는 그가 내가 방송에서 말한 원칙들에 공감한다는 것을 알고 있었으며, 내가 서명받고자 하는 성명서도 바로 그 원칙들에 입각해 있었기 때문에 납득이 되지 않았다. 그 자신도 공개석상에서 그와 비슷한 맥락의 이야기를 한 바 있었다. 그리고 그 전에 트리니티가 나의 '인류의 위기' 원고를 도서관에 반입하고자 한다는 것을 알고 흐뭇하게 생각하기도 했었다. 그러나 그를 만나 얘기를 하다 보니 그가 서명을 꺼리는 이유를 알 것도 같았다. 내가 편지를 보낸 많은 과학자들은 선뜻 서명에 응해 주었다. 라이너스 폴링〔미국의 물리 화학자, 노벨 화학상(1954) · 노벨 평화상(1962) 수상〕의 경우, 나의 계획을 직접 전해 듣지 못했음에도 서명할 뜻을 밝혀 왔다. 나는 흔쾌히 수락했다.

그 시절을 돌이켜 보면 어떻게 내가 그렇게 밤낮으로 뛰어다닐 수 있었는지 모르겠다. 로마에 갔다가 파리로, 다시 스코틀랜드로 돌아다녔고, 그 밖에도 가족 문제, 노스웨일스의 집 계약 문제, 서신 교환, 토론, 방문객, 수많은 연설, 게다가 기사도 무수하게 썼다. 내가 예전에 쓴 다양한 에세이를 수집하여 편집하던 마시와도 자주 면담하고 서신 교환도 많이 했다. 그의 작업은 이듬해에 『논리와 지식』이란 제목으로 출간되었다. 나는 1956년에 출간할 예정으로 『기억 속의 초상』이란 책도 준비하고 있었다. 1955년 1월에는 영국 아카데미에서 존 스튜어트 밀에 관해 강연했는데, 원고를 준비하느라 애를 많이 먹었다. 밀에 대해서는 이미 수없이 얘기해 왔다. 그러나 그때 강연에는 내가 지금도 소중하게 생각하는 구절이 하나 들어 있었다. 나는 '명제들이 주어와 술어를 가진다'는 점에 대해 이야기하고, 그로 인해 '3천 년 역사의 중대한 오류'가 야기되었다고 말했다. 그 연설은 극도의 호평을 받았다. 청중들이 기립하여 발을 구르고 손뼉을 칠 정도였다.

6월이 왔는데도 내가 과학자들에게 보낸 편지의 답장을 모두 받지 못했다. 어쨌거나 이 성명을 발표하는 방법에 관해 구체적인 계획을 세워야 한다는 생각이 들었다. 성명 자체와 그 내용, 그리고 그것을 지지하는 사람들의 명성에 관심을 모을 수 있는 극적인 방식으로 발표하는 것이 좋을 것 같았다. 여러 안들을 검토하다 포기해 버리고 전문가의 자문을 구하기로 했다. 나는 《옵저버》지의 편집장과 좀 아는 사이였는데, 자유주의적이고 협조적인 사람 같았다. 과연 그랬다. 그는 동료들과 더불어 그 문제를 논의했다. 그들은 성명서가 작성되고 다양한 이념을 가진 저명한 과학자들이 다수 서명했다는 사실을 발표하는 것으로 끝나서는 안 된다고 합의했다. 그리하여 기자 회견을 열어, 내가 성명서를 낭독하고 관련 질문들에 대답하는 형식으로 하자고 제안했다. 그들의 역할은 거기서 그치지 않았다. 자신들이 회견을 준비하고 경비를 조달하겠다고 했다. 단, 자신들이 한 일을 나중까지 공개해서는 안 된다는 조건을 달았다. 마침내 1955년 7월 9일에 회견을 가지기로 결정됐다. 일주일 전에 캑스턴 홀에 방을 하나 예약했다. 국내의 모든 신문, 잡지사 편집장들과 외국계 신문 대표들은 물론, BBC 방송, 런던에 파견된 외국계 라디오와 텔레비전 방송 대표들에게도 초청장을 보냈다. 초청장에서는 세계적인 중대한 관심사를 발표하는 회견이라고만 밝혔다. 반응이 열렬하여 그 홀에서 제일 큰 방으로 장소를 변경해야 했다.

끔찍한 한 주였다. 전화벨과 초인종이 온종일 울렸다. 기자들과 라디오 제작자들은 그 중대한 뉴스가 과연 무엇인지 알아내려고 안달이었다. 모두들 특종을 노리고 있음이 분명했다. 《데일리 워커》지의 누군가는 하루에 세 번이나 전화하여 자기네 신문사에는 초청장이 오지 않았다고 말했다. 그때마다 우리는 분명히 초대했노라고 대답했다. 그러나 냉대받는 데 익숙했던지 그들은 도무지 믿으려 들지 않았다. 비록 그들에게는 밝힐 수 없었지만, 어쨌거나 성명의 유일한 목적은 공산주의와 비공산주의 세계의 협력을 고무시키자는 데 있었다. 이 모든 소동의 처리는 아내와 가정부의 몫이었다. 나는 가족들 외에는 모습을 보이지도 전화를 받지도 못하게 되어 있었다. 가족들은 아무도 집 밖에 나갈 수 없었다. 나는 서재 의자에 앉아 독서를 해보려고 애쓰며 그 주를 보냈다. 나중에 들은 얘기지만, 내가 중간에 한 번씩 침울하게 중얼거리곤 했다고 한다. "헛일이 될 거야." 그 주 내내 비가 내리고 매우 추웠던 것이 기억에 남는다.

466

준비 과정에서 최악의 사태가 닥쳤다. 거사일이 얼마 남지 않았을 때 졸리오 퀴리의 편지를 받았는데, 결국 성명서에 서명을 못 하게 될 것 같다는 내용이었다. 그가 무슨 이유로 마음이 바뀌었는지 이해가 가지 않았다. 나는 그에게 런던에 와서 의논해 보자고 간청했으나 그는 심한 병중이었다. 나는 이 성명이 공산주의권 사람들을 불쾌하게 만드는 일이 없도록 하기 위해 부르호프 박사와 지속적으로 연락을 취하고 있었다. 부르호프와 나를 만나 졸리오 퀴리가 반대하는 부분들을 논의하고자 회견 예정일 바로 전날 밤에 파리에서 비카르 씨가 건너오기까지는 부르호프의 힘이 컸다. 그 후 비카르 씨는 '과학자 세계 연맹'에서 졸리오 퀴리가 맡았던 자리를 대신하게 되었다. 그들은 밤 11시 30분에 도착했다. 우리는 자정을 한참 넘기고서야 합의에 도달했다. 성명서는 아인슈타인이 서명했을 당시의 형태로 가져갈 수밖에 없었다. 혹시 변화를 준다 해도 다른 서명자들의 동의를 얻어내기엔 시간이 너무 늦어 버린 상황이었다. 따라서 나는 졸리오 퀴리가 반대하는 내용을 필요한 대목에서 각주 형태로 덧붙이고, 이튿날 아침에 내가 성명서를 읽을 때 그것도 낭독하겠다고 제안했다. 그 아이디어는 그 전에 어느 미국 과학자가 제기한 이의를 처리하는 과정에서 떠오른 것이었다. 졸리오 퀴리의 밀사가 마침내 나의 제안에 동의했고, 그를 대신해 성명서에 서명했다. 합의가 이루어지면 그렇게 해도 좋다고, 권한을 위임받고 왔던 것이다.

나를 괴롭힌 또 하나의 난제는 사회자를 물색하는 일이
었다. 사회자는 행사를 빛내 주는 동시에, 필히 나오게 될 전
문적인 질문에서 나를 도와줄 수 있는 역량 있는 사람이어야
했다. 몇몇 사람에게 접근해 보니 모두들 이런저런 이유로 거
절했다. 솔직히 말해 나는 그들이 비겁해서 거절하는 것이라
고 의심했다. 누구든 이 성명서나 그것의 발표 과정에 참여하
는 사람은 비난을 감수할 각오를 해야 했으며, 적어도 한동안
은 손해를 보거나 조소에 시달리게 될 터였다. 사실 그들이 훨
씬 더 걱정하는 것은 후자인지도 몰랐다. 혹은 이 행사가 의도
적으로 극적 효과를 노린다는 게 싫어서 거절한 사람들도 있
을 것이다. 어쨌거나 나는 조지프 로트블랫 교수가 협조적이
란 것을 알아냈다. 그는 당시 [런던에 있는] 성 바르톨로뮤 병원
의과대학의 저명한 물리학자인 동시에 '원자력 관련 과학자
협회'의 집행부 부위원장이었으며, 지금도 여전히 그러하다.
그가 과감하게 사회자 역을 맡겠다고 선뜻 동의했고, 때가 되
자 대단히 능숙하게 해냈다. 나로서는 행운의 만남이었고, 그
때부터 나는 종종 로트블랫 교수와 긴밀하게 작업하게 되었으
며, 그를 매우 존경하게 되었다. 용기와 고결함, 완벽한 자기
희생이란 면에서 경쟁자가 몇 없는 사람이라고 할 수 있는데,
그는 그러한 자세로 핵 위기를 비롯해 기타 유사한 해악들에
맞서 투쟁해 왔고, 그 일에 전념하고자 자신의 전업을 포기해
버렸다(그럼에도 그는 여전히 저명한 전문가다). 그 같은 해악들
이 근절되고 국제적 사안들이 해결되는 날, 여러 주역들 중에

서도 그의 이름이 한참 높은 자리에 올려져야 마땅할 것이다.

이 행사와 관련해 다른 누구보다도 내게 용기를 주었던 사람은 앨런 우드와 메리 우드였다. 그들은 행사를 무사히 치르기 위해 《옵저버》지의 케니스 해리스와 더불어 귀찮고 성가신 갖가지 일들을 처리해 주었다. 과연 행사는 잘 치러졌다. 사람은 물론 녹음기와 텔레비전 방송 장비들로 홀이 미어터졌다. 나는 성명서와 서명자 명단을 낭독하고, 성명서가 나오게 된 경위와 이유를 설명했다. 이어서 발언권을 얻은 사람들의 질문에 대해 로트블랫의 도움을 받아 가며 대답했다. 아인슈타인의 서명이 도착하기까지의 극적인 상황을 듣고 기자들이 큰 감명을 받은 것은 당연했다. 그때부터 이 성명은 '아인슈타인–러셀 선언(혹은 러셀–아인슈타인 선언)'이라 불려졌다. 회견 초반까지만 해도 언론은 상당히 회의적이거나 무심해 보였고, 일부는 아주 적대적이기까지 했다. 그러나 회견이 계속 이어지면서, 기자들의 태도가 동정적으로 변하더니 지지하는 분위기로까지 발전했다. 다만 미국인 기자 한 사람만 예외였는데, 내가 질문에 대답하면서 언급한 어떤 대목을 자기네 나라를 모욕하는 발언으로 받아들였던 모양이다. 회견은 두 시간 반 만에 열기 속에 끝났다. 이것을 계기로 과학자들의 모임이 열리는 성과가 나오리라는 기대감도 커졌다.

그러나 일이 모두 끝나고 우리가 주말을 보내고 있던 밀뱅크의 아파트로 돌아오자 성명에 대한 반응이 시작되었다. 나는 서명자들에 대해 여러 가지 얘기하는 과정에서 로트블

랫 교수를 리버풀에서 왔다고 말해 버린 것을 뒤늦게 깨달았
다. 비록 로트블랫 본인은 그 실수를 눈치채지 못하고 넘어
간 듯했지만, 나로서는 부끄럽기 짝이 없었다. 그 일이 걸리더
니 마음속에서 점점 커졌다. 나는 너무나 창피하여 그 얘기를
입 밖에 낼 수조차 없었다. 우리는 석간신문들이 우리의 회견
을 어떻게 다루었나 확인하려고 의회 바깥에 설치된 신문 게
시판에 가 보았다. 그 내용이 신문의 톱으로 나와 있음을 보
고도 나는 즐겁지가 못했다. 그러나 더 운 나쁜 일이 기다리
고 있었다. 내가 막스 보른[1882~1970년, 독일의 물리학자, 1954
년 노벨 물리학상 수상] 교수의 이름을 서명자 명단에서 빠뜨렸
을 뿐 아니라, 그가 서명을 거부했다는 얘기까지 했던 것이다.
사실은 그와 정반대였다. 그는 서명을 했음은 물론 더할 수 없
이 호의적으로 협조했던 사람이었다. 내 입장에서는 심각하기
짝이 없는, 그 후로도 늘 후회로 남는 큰 실수였다. 실수를 깨
달았을 때는 이미 너무 늦은 때였지만, 그럼에도 나는 그 부분
을 바로잡기 위해 할 수 있는 모든 수단을 동원했으며, 지금까
지도 그렇게 해오고 있다. 당사자인 보른 교수는 도량이 넓은
사람이어서 그 후로도 계속 나와 우정 어린 서신을 주고받았
다. 다른 서명자들의 생각도 대부분 그랬지만, 성명 발표를 시
도하고 무사히 해내는 것이 개인적인 감정들보다 우선이었기
때문이다.

　　성명 발표와 관련해, 전 세계의 다양한 언론들의 말이 계
속 쏟아져 들어왔는데, 대부분 호의적이었다. 나도 기분이 좋

아졌다. 그러나 한동안 핵무기를 성토하는 다음 작업을 진행
시킬 수가 없었다. 그 다음 주를 집안일에 바쳐야 했기 때문이
다. 그 전 주 내내 끔찍하게 전화가 울렸지만 집안 이야기는
없었는데, 성명 발표가 끝나고 나자 큰아들 존의 병세와 관련
해 고통스러운 소식을 알리는 전화들이 이어졌다. 나는 그 문
제와 가족의 이사 문제에만 전념해야 했다. 노스웨일스에 새
로 장만한 집에서 여름을 보낼 수 있게 해야 했기 때문이다. 우
리가 없는 동안 고맙게도 루퍼트와 엘리자베스의 도움으로 집
이 말끔하게 단장되었다. 우리는 전에 살던 세입자의 살림살
이 중에서 가구를 매입했고, 그 밖에 더 필요한 것은 6월 말에
닷새에 걸쳐 런던에서 사들였다. 그리하여 그럭저럭 모든 준
비가 끝났다. 우리는 손자들을 가급적 빨리 데려오려고 미리
가서 준비를 했다. 런던에서 벗어날 수 있어 기뻤다. 사람들은
흔히 나를 도회풍 사람으로 보지만 사실 나는 인생의 거의 대
부분을 시골에서 보냈으며, 도시보다 전원 생활을 훨씬 더 좋
아한다. 그러나 리치먼드에서 몇 년간 우리 아이들을 돌봐 온
보모와 아이들을 새집에 정착시킨 후 나는 다시 파리로 떠나
와야 했다. 세계 정부 관련 회의가 또 하나 예정되어 있었기 때
문이다. 시테 유니베르시테르[외국인 학생들을 위한 파리의 대학
촌]에서 열린 그 회의는 매우 흥미로웠으며 공식적·비공식적
으로 다양한 모임들이 열렸다. 오르세 역에서도 집회가 있었
고, 위대한 디자이너 스키아파렐리의 집에서 칵테일 파티 형
식으로 진행된 모임도 있었다. 내가 그 집 정원으로 들어서자

한 무리의 여자들이 잽싸게 나를 에워쌌다. 핵전쟁과의 싸움에서 여자들이 특별한 일을 해야 한다고 생각하는 사람들이었다. 그들은 나에게 자신들의 계획을 지지해 달라고 했다. 나는 핵전쟁과 맞서 싸운다면 누구든 전폭적으로 지지하는 사람이지만, 남녀가 함께 싸울 수 없다는 생각은 이해할 수 없었고, 지금도 그러하다. 내 경험상, 자녀들의 행복을 염려하는 마음은 아버지들도 어머니들 못지않다. 그때 아내는 정원 위쪽 베란다에 서 있다가 느닷없이 들려오는 노기 띤 내 목소리를 들었다. "여보시오. 나는 어머니가 아니란 말이오!" 아내가 당장 사람을 보내 나를 구해 주었다.

7월 말에 파리 회의가 끝나자 우리는 또 다른 회의를 위해 리치먼드로 돌아왔다. 6월에 '의회주의 세계 정부 연합'이 동·서 진영 및 기타 지역의 과학자들이 모두 참여하는 회의를 8월 초에 열기로 계획해 놓았던 것이다. 그들도 나처럼, 공산주의자들과 비공산주의자들이 함께 작업해야 할 때가 왔다고 믿고 있었다. 나는 그들의 논의에도 참여했고, 첫 회의 때 연설도 하기로 되어 있었다. 모스크바 아카데미에서 러시아인 세 명이 파견되어 왔고, 기타 세계 각지에서 과학자를 중심으로 하는 많은 사람들이 파견되어 왔다. 그때 러시아 대표단 단장이 바로 아카데미 회원인 도프치예프였다. 나는 나중에 그를 자주 만나게 되면서 존경하게 되었음은 물론 아주 좋아하게 되었다. 러시아 공산주의자들이 서방의 회의에 참석하기는 전쟁 이후 그때가 처음이었으므로 우리는 회의가 잘되기를 간절히 빌었고, 대체로 잘되어 가고 있었다. 그러나 회의 둘째 날이 끝날 즈음 한 위원회 모임에 참석한 러시아인들이 서방 측 동료들의 견해에 동의하지 않는 사태가 잠시 발생했다. 주최자들이 내게 전화하여 사태를 좀 진정시켜 달라고 했다. 다행히도 어렵사리 합의가 이루어졌다. 그리하여 나는 마지막 회의에서 만장일치로 얻어낸 결정 사항들을 낭독할 수 있었다. 전반적으로 협력 활동의 좋은 징조를 보여 준 행사였다. 나는 상황이 마침내 바라던 대로 움직이고 있다는 느낌을 받았고, 그리하여 즐거운 마음으로 웨일스로 돌아와 몇 주 동안 제대로 된 휴가를 보낼 수 있었다.

휴가 중이라고 일이 딱 끊긴 것은 물론 아니었다. 과학자들의 성명을 제대로 실행하기 위해서는 관련된 제반 사항 및 핵 위험과 유사한 모든 문제들을 의논할 수 있는 회의가 필요했고, 나는 이미 로트블랫 교수 및 파웰 교수와 더불어 그 방안을 논의하고 있었다. 졸리오 퀴리 교수는 건강이 너무 나빠 우리의 계획에 직접 참여하지 못했지만 멀리서나마 격려해 주었다. 그 무렵 우리는 동·서 양 진영의 과학자들이 협력하여 훌륭한 단체를 구성할 수 있으리라고 낙관하게 되었다.

그 전에 나는 성명서를 준비하면서 인도 과학자들 및 정부도 지지해 주었으면 하는 바람을 갖고 있었다. 1955년 2월에 네루가 런던을 방문하게 되자 나의 희망도 솟구쳐 올랐다. 네루는 아주 협조적인 듯 보였다. 나는 그와 함께 점심을 먹었고, 각종 회의와 환영회에서 만나 얘기를 나누었다. 그는 엄청나게 우호적이었다. 그러나 네루의 방문이 끝나갈 무렵에 인도 정부의 최고 과학자인 바바 박사[1909~66년, 인도 원자력 개발의 아버지로 불림]를 만났는데, 그에게서 찬물 벼락을 맞고 말았다. 그는 내가 염두에 두고 있는 회의는 물론이고 그 같은 성명에 대해서도 깊은 의구심을 나타냈다. 인도의 과학계에서 지지를 얻어내기란 어렵겠구나 싶었다. 그러나 성명이 성공적으로 선포되고 나자 좀더 우호적이었던 네루의 입장이 지지를 얻었다. 그리하여 인도 정부의 승인과 도움하에, 1957년 1월에 뉴델리에서 동·서 진영 과학자들이 함께하는 첫 회의를 열기로 계획을 잡을 수 있었다.

우리는 1956년 초반에 그 회의를 위한 안을 최대한 완성시켰고, 그해 중반쯤에 60여 명의 과학자들에게 내 이름으로 초청장을 보냈다. 그러나 개인적으로 1956년은 부스러기 같은 해였다. 나는 주로 방송 일과 기사 쓰는 일로 보냈다. 즐거운 일이긴 했지만 옛 친구들과 새 지인들이 끝없이 밀려왔다 가곤 했다. 우리는 리치먼드의 집을 처분하고 노스웨일스에 정착하기로 했다. 그러나 런던 밀뱅크의 아파트 전망이 매우 좋아 임시 거처로 남겨 두었다. 훗날 우리는 밀뱅크 지역 현대화에 밀려 그 집에서 쫓겨나고 말았다. 정치적으로는, 다양한 사안들과 관련해 무수한 모임에 참석했다. 키프로스 분쟁과 관련된 것도 있었고 세계 정부와 관련된 것도 있었다. (2월에 '세계 정부 연합'이 나를 위해 하원 의회에서 만찬을 열어 주었다. 나를 위한 자리라는 것을 참석자 중에 몇 명이나 알고 있었는지가 의

심스럽긴 하지만, 어쨌거나 몇몇 연설은 내가 진심으로 받아들일 수
만 있었다면 우쭐대며 좋아했을 법한 내용이었다.) 내가 특히 관심
을 가진 것은, 미국에서 모턴 소벨의 투옥과 관련해 벌어진 운
동이었다.

1951년에 로젠버그 부부[소련에 원자폭탄 제조 기밀을 넘겼
다는 이유로 미국 역사상 최초로 간첩죄가 적용되어 처형되었으나 본
인들은 끝까지 결백을 주장함]가 재판을 받고 얼마 후 사형되었
을 때(나는 사형이 아니라 암살이라고 말하고 싶다)만 해도, 부끄
러운 얘기지만 그 사건에 대한 나의 관심은 피상적인 수준이
었다. 그런데 1956년 3월에 내 사촌 마거릿 로이드가 모턴 소
벨의 모친인 소벨 부인을 내게 데리고 왔다. 소벨은 멕시코에
서 미국 정부에 의해 납치되어 와 로젠버그 사건과 관련해 재
판을 받았다. 그리고 위증자로 알려진 사람의 증언 때문에 30
년형을 선고받고 5년째 복역 중이었다. 그의 가족은 지지자를
확보하려고 애써 왔는데, 그 과정에서 그의 모친이 도움을 청
하고자 영국까지 오게 된 것이었다. 미국의 몇몇 저명인사들
이 용기 있게 나서 그를 변호해 보았으나 아무 소용이 없었다.
무엇이 그를 그러한 곤경으로 몰아넣었는지를 영국인과 미국
인들 모두가 모른 척하고 있었다. 나는 매우 유명하고 존경받
는 한 연방법원 재판장과 그 사건에 대해 얘기해 보았다. 그
는 모턴 소벨 사건을 전혀 알지 못한다고 딱 잘라 말했고, 내
가 하는 얘기에 크게 충격을 받은 듯했다. 그러나 나는 나중
에 그가 사실을 바로잡거나 파악하려는 어떤 노력도 하지 않

는다는 것을 알았다. 내가 볼 때 그것은 터무니없는 사건이었으므로 나는 최대한 노력하여 사람들의 관심을 불러일으켜 보겠다고 동의했다. 그 작업을 하는 작은 단체가 이미 런던에서 활동하고 있었으며, 그들도 나를 도와주기로 했다. 나는 신문들에 편지를 보내고 그 문제에 관한 글들을 썼다. 그때 보낸 한 편지에 "겁에 질린 위증자 집단"이란 문구가 들어 있었는데, 나로서는 만족스러웠으나 내 견해에 동의하지 않는 사람들을 격분시키는 표현이었다. 미국인들을 비롯해 여러 사람들의 성난 편지들이 쇄도했다. 그들은 나의 표현을 부정하면서, 어떻게 감히 미국의 사법부에 이의를 제기할 수 있느냐고 분통을 터뜨렸다. 앞서 말한 런던의 단체 회원들을 포함해 내 견해에 동의하는 사람들한테서도 몇 통의 편지가 오긴 했으나, 내가 아는 한 영국에서 나의 관점을 공식적으로 지지한 사람은 아무도 없었다. 나는 반미주의자로 자주 공격받았는데, 악의에 찬 공격도 종종 있었다. 그리고 지금까지도 내가 미국 사람이나 미국의 일에 대해 불리한 비판을 할 때면 자주 그런 소리를 듣고 있다. 나는 그 이유를 이해할 수 없다. 나 자신 오랜 기간 그 나라에서 살았고, 그곳 친구들도 많이 있을 뿐 아니라, 여러 미국인들과 미국의 행위들에 대해 자주 존경을 표해 온 사람이기 때문이다. 게다가 나는 두 명의 미국 여성과 결혼하기도 했다. 어쨌거나 그로부터 10년이 지나자 모턴 소벨 소송 사건은 이치에 맞지 않다는 쪽으로 대체적인 의견이 모아졌다. 1962~63년에 항소 법정이 그 사건에 대한 공식 입장을 밝혔다. 판결문을 읽어 본 나는, 소벨에게 재심의 기회를 줄 가치가 없다는 내용으로 이해했다. 그것과 관련해 소벨의 변호인단에게 자문을 요청했더니 이런 답변이 왔다. "판결문은 당신이 생각한 만큼 그렇게 조잡하지는 않았지만 어쨌거나 끔찍했습니다." 변호인단의 주장은 이러했다. "당초 재판 과정에서 에델 로젠버그의 헌법상의 권리(수정 제5항)가 침해되었으며, 이 점은 그 후 '그뤼너발트' 판결로 알려진 대법원 판결에서 충분히 입증되었습니다. 이 판결은 에델 로젠버그에게 재심의 권리가 있었음을 보여 주었으며, 그녀의 결백은 남편과 소벨의 결백을 입증할 수 있기 때문에 그들에게도 재심의 권리가 있음을 보여 주었습니다……. 불행하게도 로젠버그 부부는 이제 활동할 수 없게 되었으나 소벨은 반드시 법정에 설 날이 와야 합니다." 그의 석방을 위해 가족들이 오랜 세월을 용감하게 싸우고 있으나, 모턴 소벨은 아직도 감옥에서 복역 중이다.

1947년 초 나는 상원 의회에서 "누구든 미국에서 유엔(국제연합)을 지지하는 사람에게는 위험한 '빨갱이' 딱지가 붙여진다"고 말한 적이 있다. 그로 인해 무비판적 반공주의자들로부터 경고를 받았는데, 자유주의자들이라고 자칭하는 단체들이 나의 발언을 자주 사용하게 되면서 특히 협박이 심해졌다. 1953년 초, 이런 이유로 해서 나는 '문화적 자유를 위한 미국위원회'에서 사퇴하지 않을 수 없었다. 그리고 '문화적 자유를 위한 국제대회'의 명예위원장으로 남았다. 그로부터 3년 후, 시카고 대학 법대 교수 맬컴 샤프가 『로젠버그-소벨 사건의 재판은 공정했는가?』란 책을 증거로 보내왔다. 책을 읽어 보니 그것이 오심이었다는 것은 누가 보더라도 명백했다. 나는 언론을 통해, 로젠버그 부부와 소벨을 상대로 사용된 반공 히스테리와 경찰국가적 수법을 고발했다. 그 당시 '문화적 자유를 위한 미국 위원회'가 보여 준 반응은 어처구니가 없었는데, 세월이 흐르면서 증거가 점점 늘어나니 더더욱 기가 막힌다. 당시 그 위원회는 이렇게 발표했다. "로젠버그 사건과 관련해 연방 조사국이 잔학 행위를 했다거나 자객을 고용했다고 볼 만한 어떤 증거도 없다. 당신은 죄 없는 소벨이 정치적 히스테리에 의해 희생되었다고 말하지만, 그것은 아무도 지지할 수 없는 주장이다. 겁에 질린 상태였든 아니든 위증자들의 증언을 기초로 소벨이나 로젠버그 부부에게 유죄 판결이 내려졌다고 하는 당신의 주장에는 아무 근거도 없다⋯⋯. 미국의 사법 절차 운운하고, 연방 정보국이 마치 나치 독일이나 스탈린 치하의 러시아 경찰인 양 언급하는 것이야말로 자유와 민주주의의 대의에 큰 해가 되는 소행이다." 나는 그 위원회가 다른 곳은 다 빼고 공산주의 국가들에서만 문화적 자유를 거론한다는 것을 깨닫고 '문화적 자유를 위한 미국 위원회'에서 사임했던 것이다.

1956년 여름이 되자 적어도 과학자 회의에서만큼은 상황이 우리 쪽으로 움직이고 있는 듯 보였다. 그러나 10월이 되자 두 가지 불운한 사건이 세계를 덮쳤다. 하나는 헝가리 의거 및 진압[2] 이었고, 또 하나는 이집트의 수에즈 전쟁이었다. 나는 후자의 문제 때문에 충격을 받았으며, 공공연히 말했듯이, 군부를 비롯한 우리 정부의 책략에 정이 뚝 떨어졌다. 나는 게이츠켈〔1955~63년, 영국의 경제학자·정치가·노동당 당수〕의 연설이 비록 때늦은 감이 있고 좀 무뚝뚝하기는 하지만 당연히 언급되었어야 할 많은 얘기들을 다소나마 공식적으로 말했다는 점에서 환영하는 입장이었다. 그러나 영국으로서는 수에즈 사태의 결과로 국제적인 영향력을 상실하는 고통을 겪지 않을 수 없었는데, 내가 볼 때는 거의 회복이 불가능할 정도였다. 어쨌거나 그로 인해 1957년 1월에 인도에서 열리는 과학자 회의에 서방측 참가자들이 도착하자면 다른 길로 빙 돌아갈 수밖에 없게 되었고, 그것은 불가능한 일로 보였다. 따라서 우리는 다음 조처를 다시 짜내지 않을 수 없었다.

　문제는 일을 어떻게 진행시키느냐, 어디에서 회의를 열 것인가, 그리고 무엇보다도 자금 조달을 어떻게 할 것이냐였다. 나는 회의가 특정 단체의 주장이나 생각에 구속되어서는 안 되며 완전히 중립적이고 독자적이어야 한다고 확신했고, 함께 안을 짜는 다른 사람들의 생각도 마찬가지였다. 그러나 영국에서는 자금을 대주려 하는 개인이나 조직을 찾아낼 수 없었으며, 설사 그럴 능력이 있다 하더라도 아무 조건 없이 그

---

2　당시 러시아가 헝가리 반란을 진압했을 때 왜 호통을 치지 않았느냐는 질문을 이따금 받는다. 그것은 내가 나설 필요가 없었기 때문이다. 이른바 서구 세계의 대부분이 호통치고 있었기 때문이다. 수에즈 사태에 대해선 서방 세계를 강력히 비난하는 용감한 사람들도 일부 있었으나, 대부분의 사람들이 묵인했다.

렇게 해줄 사람은 없어 보였다. 그보다 얼마 전에 나는 미국의 시러스 이튼이란 사람에게 내가 하는 일을 칭찬하는 따뜻한 편지를 받았다. 그는 돈으로 도와주겠다고 제의했다. 그리스의 선박 왕 아리스토틀 오나시스도 몬테카를로에서 회의가 열릴 수만 있으면 도와주겠다고 했다. 시러스 이튼에게 의사를 확인해 보니, 자신의 출생지인 노바스코샤(캐나다 동북부의 반도 및 주)의 퍼그워시에서 회의가 개최될 수 있으면 지난번에 제의한 대로 하겠다고 했다. 그는 이미 그곳에서 성격이 완전히 다르다고 할 수 없는 다른 회의들도 개최한 바 있었다. 우리는 그 조건에 동의했다. 로트블랫 교수와 파웰 교수의 지휘로 계획이 일사천리로 진행되었다. 그 과정에서 부르호프 박사와 패트리셔 린돕 박사가 큰 도움을 주었는데, 성 바르톨로뮤 병원 대학 물리학자인 패트리셔는 그 후로도 많은 도움을 주었다. 과학자 집단의 평화와 협력이라는 대의를 위해 그녀가 보여 준 전문적이고도 헌신적인 열정은 로트블랫 교수에 버금가는 것이었다. 그녀는 무심한 듯 보이지만 사려가 깊어 자신의 일과 자녀 및 가사, 그리고 과학자들을 요령 있게 잘 다루었다. 이렇게 해서 1957년 7월 초 퍼그워시에서 제1차 회의가 열리게 되었다.

그러나 나는 노령과 건강상의 문제 때문에 1차 회의에 참석할 수 없었다. 1957년은 내 목에 무슨 문제가 있는지 판단하기 위한 각종 검사를 받느라 많은 시간을 보냈다. 그해 2월에, 나는 후두암 여부를 알아보기 위해 잠시 병원에 입원했다.

입원한 그날 저녁에 BBC 방송을 통해 다운사이드의 버틀러 대수도원장과 토론을 했는데, 나도 매우 즐거웠고 그도 그랬던 것으로 안다. 고역이었지만 수월하게 일이 진행된 결과 암이 아닌 것으로 드러났다. 그렇다면 무엇이 문제란 말인가? 그리하여 검사가 계속되었고, 유아식 비슷한 음식물만 먹고사는 생활도 계속되었다.

그때 이후로도 대여섯 차례 해외로 나가긴 했으나 퍼그워시가 제일 긴 여행이었을 정도다. 내가 긴 여행을 싫어하는 이유 중의 하나는, 내가 어느 한 나라에 갈 경우 도중에 그냥 지나치게 되는 다른 나라의 사람들이 모욕감을 느끼게 될까 봐 걱정되기 때문이다. 그런 사태를 막을 수 있는 유일한 방법은, 관직에 있는 몸도 아니니만큼 장거리 여행을 포기해 버리면 된다. 그러나 1958년에는 오스트리아에서 열리는 '퍼그워시 회의'에 참석해야 했기 때문에 여행에 나설 수밖에 없었다. 회의가 끝난 후에도 나는 아내와 함께 더 머물면서 자동차로 여행을 했다. 우리는 다뉴브 강을 따라 뒤른슈타인까지 달렸는데, 어릴 때 리처즈 쾨르들리옹에서 즐거웠던 이후로 늘 구경해 보고 싶었던 곳이었다. 강변의 깎아지른 듯한 절벽 위에 있는 황량하면서도 당당한 위엄을 자랑하는 멜크[오스트리아 북동쪽의 도시]와 아름다운 도서관이 너무나 인상적이었다. 계속해서 우리는 넓게 한 바퀴 돌아 산맥을 넘어 빈으로 돌아갔다. 공기가 상쾌하고 향긋했다. 동화 속 풍경 같은 전원도 그렇고, 인정 많고 순박하고 쾌활한 사람들도 그렇고, 마치 어릴 적 동화책으로 들어가 여행하는 기분이었다. 어느 작은 마을에 가니 마을 위쪽에 커다란 라임 나무가 한 그루 서 있었다. 저녁때나 일요일에 주민들이 모여 앉아 잡담을 나누는 곳이었다. 그것은 조용하고 상큼하며 평화가 가득한 신비한 목초지에 서 있는 요술 나무와도 같았다. 한번은 기세 좋게 산기슭을 흐르는 개울 옆으로 난 오솔길을 달리다가 산사태가 난 곳에 이르렀다. 아름드리 전나무 줄기들이 길을 가로막고 쌓여 있었다. 돌아가지도 지나가지도 못하게 된 우리는 어찌할 바를 모르고 서 있었다. 그때 갑자기 마치 땅에서 솟아난 듯 근처 농장의 남녀들이 나타났다. 그리고 우스갯소리로 즐겁게 떠들면서 장애물을 치우기 시작했다. 내 느낌에는 순식간에 길이 뚫린 것 같았다. 그들이 미소 띤 얼굴로 우리에게 어서 가라고 손짓했다.

다시 퍼그워시 회의로 돌아가야겠다. 1차 회의가 진행될 당시 나는 편지와 전화로 긴밀하게 연락을 주고받았으며, 들려오는 소식에 무척 반가워했다. 우리는 물리학자들뿐 아니라 생물학과 사회과학 분야의 학자들도 초청했다. 미국, 소련, 중국, 폴란드, 오스트레일리아, 오스트리아, 캐나다, 프랑스, 영국, 일본에서 모두 22명이 참석했다. 회의는 영어와 러시아어로 진행되었다. 그 사실 자체가, 지극히 상이한 '이데올로기'를 지닌, 따라서 여러 가지로 견해가 다른 것은 물론 과학적 견해에서도 상충될 수 있는 과학자 집단에서 우리가 얻고자 했던 바의 진정한 협력을 보여 준다는 점에서 나는 특히 만족스러웠다.

이 회의는 '퍼그워시 과학자 회의'로 이름 붙여졌으며, 이 운동을 이어가자는 뜻에서 퍼그워시란 명칭을 계속 사용하고 있다. 무엇보다 1차 회의에서는, 다섯 명으로 구성되는 '계속 추진 위원회'가 구성되었다. 나는 차후의 회의들을 조직하는 일을 맡게 된 이 위원회의 위원장을 맡았다. 그리고 더 중요한 성과는 차후의 회의들이 따르게 될 회의 형식을 확립했다는 것이다. 중요한 보고서들을 발표하는 본회의가 수차례 열렸다. 막 출범한 소위원들의 모임은 훨씬 더 많았는데, 여기서는 일반적인 주제의 특정 부분들이 논의되고 결정되었다. 그러나 무엇보다 중요한 성과는 회의가 우호적인 분위기에서 진행되었다는 점이었다. 1차 회의를 비롯해 그 후로 이어진 퍼그워시 회의가 독특한 점이 있다면, 참석자들이 예정된 모임뿐 아니라 여가 시간에도 교제를 함으로써, 적대적일 수도 있는 특정 믿음이나 국적을 가진 과학자로서가 아니라 같은 인간으로서 서로를 알게 되었다는 점일 것이다. 이처럼 중요하기 그지없는 특성을 갖추기까지는, 상황에 대한 그리고 우리가 얻고자 하는 것에 대한 시러스 이튼의 철저한 이해와 빈틈없는 접대가 큰 역할을 했다.

내가 현장에 없었던 관계로, 이 회의나 기타 다른 회의들에서 취한 행동이나 결과들을 상세하게 설명하지는 않겠다. 로트블랫 교수가 1차 회의를 시작으로 그 후 책이 출간되는 1962년까지 일곱 차례 개최된 회의의 역사를 포괄적으로 잘 정리해 놓았다. 여기서는 1차 회의 때 세 개의 위원회가 있었음을 언급하는 것으로 충분할 것 같다. 원자 에너지의 사용으로 야기되는 위험을 다루는 위원회, 핵무기의 통제를 다루는 위원회(여기서는 군비 감축의 일반 목적들의 윤곽을 잡고, 그 후에 이어진 회의들에서 상세한 사항을 논함), 과학자들의 사회적 의무를 다루는 위원회가 그것들이다. 첫 번째 위원회의 결과는, 로트블랫 교수가 지적하는 바와 같이, 핵실험의 영향과 관련해 동·서 진영의 과학자들 간에 이루어진 최초의 합의였다고 볼 수 있다. 세 번째 위원회는 활동 결과를 열한 개 항목으로 된 공동 신념 속에 요약했는데, 이것은 1년쯤 지난 후에 '빈 선언'으로 발표된 선언문의 근간이 되었다. 제1차 퍼그워시 회의에서 발표된 성명서는 소련과학아카데미가 공식 인정하고 중국에서도 큰 환영을 받았으나 서방에서는 별로 알려지지 못하고 좀 더 나중에 알려지게 되었다.

'계속 추진 위원회'는 1957년 12월에 런던에서 첫 회합을 가졌으며, 이어 1958년 봄에 캐나다의 라크보포르에서, 이번에도 시러스 이튼의 도움으로 유사한 성격의 회의가 개최되었다. 그 후 더욱 야심에 찬 시도로 이어졌는데, 1958년 9월에 오스트리아의 키츠뷔얼에서 개최된 대규모 회의가 바로 그것이다. 이 회의는 한스 터링 교수의 호의와 '테오도어-쾨르너 재단'의 후원 덕분에 성사될 수 있었다. 그 뒤로 빈에서 회의가 잇달아 열렸다. 그 전 회의들에서는 언론이나 참관인들의 참석이 허용되지 않았다. 그러나 이 세 번째 회의에서는 참관인들이 참석할 수 있었을 뿐 아니라 참석자 가족들도 함께할 수 있었다. 빈에서 열린 대규모 회의에서는 언론이 증인이 되었다. 오스트리아 과학 아카데미에서 열린 회의에서는 9월 20일 아침에 이른바 '빈 선언'을 발표했다. 그것은 키츠뷔얼 회의에서 단 한 명의 기권을 제외하고 참석자 전원이 수용한 성명서로서, 로트블랫 교수도 말했듯이, 퍼그위시 운동의 '신조'라고 할 수 있는 것이다. (여기서 다루기에는 그 내용이 너무 길기 때문에 로트블랫 교수의 책을 참고하기 바란다.) 오스트리아에서 적극 환대해 주었으므로 오스트리아 의장인 아돌프 셰프 박사가 회의를 개시했다. 나는 이 운동의 의장이자 '계속 추진 위원회' 위원장 자격으로 동·서 양 진영을 대표해 연설했다. 내게는 감명적이고 잊지 못할 공식 행사였던 것 같다. 나는 연설에서, 크림 전쟁 때 내 조부께서 회의(그 회의 역시 빈에서 열렸다)에 참석하여 평화 지지 연설을 했으나 위압당하고 만 일을 회고했다. 대회의가 끝난 후 우리는 알터호프에서 오스트리아 의장 주최 오찬에 참석했다. 이어서 회의 참석자 중 열 명이 빈 시청에서 1만 명의 군중을 상대로 연설한 중요한 회합이 열렸으나, 나는 거기엔 참석하지 못했다.

퍼그위시 운동의 가장 뚜렷한 성과는, 평화시에 지상에서의 핵실험을 금지하기로 한 부분적 '실험 금지 조약'을 이끌어 냈다는 것이다. 그러한 결론이 나오게 된 데는 이 운동의 역할이 컸다. 개인적으로 나는 그 같은 부분적인 금지가 만족스럽지 못했고, 지금도 마찬가지다. 그것은 달래 주어선 안 될 양심과 두려움을 달래는 것에 불과하며, 앞으로도 그럴 것이다. 또한 그것은 우리 모두가 노출되어 있는 위험들을 일부 완화해 주는 데 그친다. 나는 그것이 우리가 바라는 전면적 금지를 획득하는 데 도움이 되기보다는 방해물이 될 가능성이 높다고 생각한다. 그럼에도 그것은, 동·서가 함께 바라는 것을 얻기 위해 함께 노력할 수 있음을 보여 주었으며, 퍼그워시 운동이 언제 어디서든 바라는 효과를 발휘할 수 있다는 것을 보여 주었다. 그것은 지금까지 오랜 세월 우리가 미심쩍은 눈으로 지켜본 갖가지 '군비 감축 회담들'의 신빙성을 포기한 것이라 할 수 있었다.

이제 퍼그워시 운동은 확고한 틀을 다졌고, 과학계와 국제 문제 사이의 관계를 크게 발전시키는 역할을 해내고 있는 듯하다. 최근 몇 년 사이 나는 그러한 발전에 직접적으로 관여하지는 않았다. 전쟁, 특히 핵무기를 필두로 하는 대량 살상 무기를 추방함에 있어 사람들과 각 나라의 정부들을 설득하는 새로운 방안들로 관심이 옮겨졌기 때문이다. 좀더 보수적인 과학자들의 눈에는 이러한 새로운 시도를 하는 내가 다소 밉살스럽게 보였을 것이다. 1962년 9월, 퍼그워시 운동은 런던에서 전 세계의 과학자들이 참여하는 대규모 회의를 개최했다. 나는 운동의 창시에 관해 연설을 하게 되어 있었는데, 야유를 받으리라 확신했기 때문에 친구들에게도 미리 그렇게 얘기했다. 그러나 내가 연설하려고 자리에서 일어서자 우레 같은 기립 박수가 터져나와 나는 크게 감동하고 말았다. 나중에

들은 얘기지만 헤일샴 경을 제외한 모든 참석자들이 기립했다
고 한다. 그는 왕실 과학부 장관 자격으로 참석해 있었다. 그
도 개인적으로는 내게 다분히 우호적이었으나 직위의 중압감
때문에 꼼짝 않고 앉아 있었을 것이다. 내가 퍼그워시 회의에
공개적으로 참여한 것은 그것이 마지막이었다.

# 트라팔가 광장

1957년 초반 5개월 동안 나는 BBC에서 꽤 여러 차례 방송을 했다. 그 마지막회는 앨런 우드가 출간한 나의 전기와 관련해 앨런과 나, 그리고 BBC 측 대표가 대담하는 형식으로 주로 진행되었다. 앨런은 이 대담을 끝내고 상당히 실망스러워했다. 그는 방송 경험이 나보다 적었기 때문에 BBC 측 대표로 나온 여성이 리허설 때는 묻지 않았던, 나의 사생활에 관련된 질문을 퍼붓자 크게 놀랐다. 우리 둘 다 그녀의 질문에 약간 당황했다. 하지만 광고가 나소 미지근했음에도 책 자체는 호평을 받았다. 나는 훌륭한 작품이라 생각한다.

　앨런이 그 책에 바쳐진 평론들에서 위안을 얻었기를 간절히 바란다. 내 생일에 옛 친구들과 친지들 몇 명을 밀뱅크로 초대하여 작은 파티를 열고 즐거운 분위기에서 책을 공개했다. 그것이 내가 앨런을 본 마지막 순간이나 다름없었다. 그로부터 얼마 안 되어 그가 심하게 앓더니 10월에 사망했기 때문이다. 두 달쯤 지난 뒤에는 그의 아내인 메리도 사망했다. 가슴 아픈 일이 아닐 수 없었다. 그들은 젊고 행복하고 똑똑하고 유능했으며, 자신들의 미래와 어린 두 아들의 미래에 대해 잔뜩 계획을 짜 놓고 있었다. 그들의 죽음은 내게도 말할 수 없이 큰 손실이었다. 나는 그들을 대단히 좋아했을 뿐 아니라 함께 작업하는 모든 것에서 그들의 지식과 공감에 의존하게 되었기 때문에 그들과 함께하는 것이 너무나 즐거웠다.

하지만 앨런이 나의 책들에서 논의된 문제들을 이해함에 있어 어느 정도 한계가 있었다는 점은 꼭 지적하고 넘어가야겠다. 그러한 한계는 특히 정치적 문제들에서 드러났다. 나는 그를 다소 보수적이라고 생각했고, 그는 나를 실제 모습―과거든 현재든―이상으로 급진적이라고 생각했다. 내가 누구에게나 선거권이 주어져야 한다고 주장하면, 그는 모든 사람의 능력이 똑같다는 얘기로 받아들였다. 내가 타고난 능력의 차이와 관련해서는 우생학을 지지한다고 지적해 주어야만 그의 생각을 바로잡을 수 있었다. 그러나 그와 같은 의견 차이가 우리의 우정을 훼손한 적은 없었으며 순수하게 철학적인 대화를 할 때는 그런 것이 아예 들어설 자리도 없었다.

그런 우울한 일에 이어 6월 초에는 아내마저 악성 심장병으로 드러눕게 되어 몇 달 동안은 우리의 활동이 혼란 속에 빠졌다. 나는 한동안 공익적 활동은 거의 하지 못했다. 그러나 11월쯤 되자 국제 문제에 대한 관심이 점점 커졌다. 러시아와

미국이라는 두 강대국의 정책에 적으나마 상식이 개입될 수
있도록 다시 한 번 촉구해야 한다고 생각했다. 두 나라는 맹목
적으로 그러나 결연하게 파멸의 길로 질주하는 듯 보였고, 그
환각의 길의 끝에는 어쩌면 우리 모두를 삼켜 버릴 수도 있는
파괴가 기다리고 있었다. 나는 아이젠하워 대통령과 흐루쇼프
서기장에게 띄우는 공개서한을 작성했다. 그들을 '가장 힘 있
는 각하들'로 호칭한 그 편지에서 나는 그들이 공통적으로 가
진 것이 차이점보다 훨씬 많고 훨씬 중요하며, 따라서 협력했
을 때 실보다는 득이 더 많다는 점을 이해시키려고 애썼다. 그
당시 나는 국가들 간의 협력이야말로 전쟁을 방지하는 유일한
방법이며, 전쟁 방지야말로 재난을 피할 수 있는 유일한 수단
이라고 믿었고, 지금도 그 생각에는 변함이 없다. 물론 여기에
는 모든 나라들의 양보가 필수적인데, 그 과정에서 피차 불만
족스러울 수는 있다. 그로부터 10년 후 러시아는 협력의 필요
성을 인식한 듯 보였으나, 다만 같은 공산주의 국가인 중국과
의 관계에서는 예외인 것 같았다. 미국은 계속 협력을 힘의 우
위와 혼동했다. 그러나 1958년 당시 나는 비록 실낱같은 기대
이긴 했으나 두 강대국이 정신을 차릴 것으로 기대했기 때문
에 서한을 보내 나의 생각을 전달해 보려 애썼다.

서한을 띄우자마자 흐루쇼프 서기장에게서 답장이 왔다.
아이젠하워 대통령에게서는 아무 대답이 없었다. 두 달 후에
대통령을 대신해 존 포스터 덜레스(당시 미국의 국무장관)가 답
장을 보내왔다. 이것이 흐루쇼프를 자극하여 다시 나에게 편지

를 쓰게 만들었고, 여기에서 그는 덜레스가 지적한 여러 가지
사항들에 답변했다. 이 편지들은 모두 《뉴 스테이츠맨》지에 실
렸다. 그 편지들은 곧 책으로 출간되었는데, 《뉴 스테이츠맨》
편집장인 킹슬리 마틴의 서문과 내가 덜레스와 흐루쇼프에게
마지막으로 보내는 답장이 첨부된 형태였다. 그 편지들은 그들
을 대변하고 있고, 나의 최종 답장은 그것들에 대한 나의 견해
를 담고 있다. 덜레스가 편지에서 보여 준 강직하고 견고한 마
음의 껍질은 흐루쇼프의 폭발적인 때로는 모순되는 발언들보
다 더 불길한 예감을 갖게 했다. 내가 볼 때는 후자가 대안과
현실에 대해 어느 정도 기본적인 이해를 보여 주는 것 같았다.
그러나 전자에게서는 그런 것을 전혀 느낄 수 없었다.

그해 가을에는 BBC에서 리스 강좌를 맡은 조지 케넌이
미국과 러시아의 정책에 대한 폭넓고도 직접적인 지식에서 나
오는 예리한 강의를 했다. 12월 초, 킹슬리 마틴의 초청으로
나를 포함한 몇몇 사람들이 회동하여 정세를 논했다. 그 회동
은 내가 기억하는 한, 나중에 '핵무기 감축 운동(Campaign for
Nuclear Disarmament: CND)'으로 발전하게 될 최초의 불씨가
싹튼 자리였다. 1958년 1월 초 아멘코트에 있는 캐넌 콜린스
의 자택에서 '핵무기 실험 폐지를 위한 국민 협의회' 발기인들
의 회합이 열림으로써 CND가 형식을 갖추게 되었다. 협의회
간부는 다음과 같이 결정되었다. 위원장 캐넌 콜린스, 간사에
페기 더프 부인, 그리고 내가 회장. 집행위원회는 기존의 반핵
운동 지도자들과 기타 관심 있는 명망가 몇 사람으로 구성되

었다. 국제 정세에 따른 위험들을 극복하고자 한동안 여러 다양한 단체들이 활동하고 있었는데, CND는 그러한 단체들을 모두, 아니 적어도 거의 대부분 흡수할 계획이었다.

1958년 2월 17일, 웨스트민스터 센트럴 홀에서 열린 대규모 회합에서 CND가 공식 출범했다. 회합에 참석한 사람이 너무 많아 회의장 밖으로 넘쳐날 수밖에 없었다. 지금은 CND가 처음부터 국가적인 행사의 일부였던 것처럼 인식되고 있고, 많은 사람들에게 친숙해지면서 그 광채와 에너지를 상실해 버린 것 같다. 그러나 초창기에는 CND의 정보와 이론이 진지하면서도 신선한 것으로 받아들여졌기 때문에 전국의 다양한 개인들과 주요 집단들로부터 상당한 관심을 끌었다. 그리하여 첫 회합은 성대하게 성공적으로 치러졌다. 또한 CND에 대한 관심도 급속하게 확산되었다. 얼마 후 전국 각지에서 위원회가 생겨나 지역 위원회로 자리 잡았다. 많은 모임들이 개최되었고, 나도 몇몇 자리에서 연설을 했다. 특히 기억에 남는 것은 1959년에 열렸던 맨체스터의 회합인데, 당시 위덴쇼의 사이먼 경이 위원장을 맡고 있었다.

그 당시 나는 사이먼을 자주 만났으며, 1960년 10월에 그가 사망할 때까지 관계가 지속되었다. 그는 핵 위험에 지대한 관심을 가지고 그것을 알리기 위해 열심히 노력하는 사람이었다. 상원 의회에서 그 주제로 토론을 벌이기도 했고, 런던 자택에서 무수한 모임과 기자 회견을 열기도 했다. 그는 CND 집행위원회 위원으로 일했으며, 우리는 대부분의 사안들에서 완전히 의견의 일치를 보았다. 그는 '직접 행동 위원회'의 활동들을 지지하게 되었는데, 나는 그 전부터 이미 지지자였다. 우리 두 사람은 대중들이 핵의 위험성을 인식하도록 가능한 모든 방법을 동원해야 한다고 믿었다. 우리가 회합이나 행진의 수준에서 머물면 그것을 제아무리 훌륭하게 치른다 한들 이미 설득된 사람들에게 설교하는 것으로 끝난다는 것이 우리의 생각이었다. CND의 위원장은 시민 불복종을 인정하지 않았기 때문에 명목상으로는 '직접 행동 위원회'가 허용되고 있었으나 CND의 공개적인 지원은 이루어지지 않았다. 예를 들어 1958년에 올더마스턴 행진이 벌어졌을 때도 CND는 참가하지 않았는데, '직접 행동 위원회'가 그 행사를 주최했기 때문이었다. 행진이 성공적이었다고 판명되자 이듬해에는 CND가 그 행사를 통째로 넘겨받아, 당연한 결과지만, 훨씬 더 대규모의 중요한 행사로 발전시켰다. 나는 1959년에 트라팔가 광장에서 열린 행진 및 후속 모임들에는 참여하지 못했으나, 이듬해에 열린 행진 행사 말미에 광장에서 연설을 했다. 당시 나는 행진에 참여할 수 있을 만큼 젊지 못하다는 것이 못내 아쉬웠다. 세월이 흐르면서 행진 행사는 연례 소풍 같은 것으로 퇴보하는 듯 보였다. 참가자 개개인의 태도는 더할 수 없이 진지하고 훌륭했으나 진지한 관심을 불러일으키고 우리의 운동을 확산시킨다는 본래의 목표를 달성함에 있어 행진은 극히 비효율적이었다. 대부분의 경우 지겹거나 괴로운 행사, 혹은 재미나게 한판 노는 행사가 되어 버려 우리의 뜻에 동참하지 않는 사람들을 변화시키는 사례가 매우 드물었다. 그럼에도 행진 행사는, 비록 운동을 확대시키지는 못하더라도, 운동을 계속해 나가는 데 도움이 되었다. 지금도 여전히 그러한 역할을 하고 있다고 생각한다. 사람들의 생각을 변화시키고 극히 다양한 관점을 가진 사람들의 관심을 지속적으로 붙들어 놓기 위해서는 위험한 핵 정책에 반대하는 신선하고도 새로운 형태의 방식이 지속적으로 모색되어야 한다.

1960년의 올더마스턴 행진이 끝난 직후, 아이젠하워와 흐루쇼프의 정상 회담이 열렸으나 결렬되고 말았다. 우리 모두는 정상 회담에 큰 기대를 걸었기 때문에, U2 정찰기 사건에 이어 회담마저 결렬되자 큰 충격을 받았다. 그 배후의 사기극에 대해 알게 될수록 불길한 예감은 더욱 커졌다. 그것은 군비 축소는 물론 협력을 지향하는 발전에 불길한 징조를 드리웠다. 사람들의 좌절감이 무관심으로 되돌아가기 전에, 국제 정세의 증폭되는 심각성을 각인시킬 수 있는 새로운 방법들을 모색할 필요성이 그 어느 때보다 큰 것 같았다. 그러나 과연 어떤 새로운 방법이 가능할지, 나는 해답을 찾을 수 없었다.

CND는 일방적 군축을 성사시키고자 작업하고 있었다. 영국이 핵 경쟁에서 담당해 온 역할을 포기하고 더 나아가 영국에 주둔한 미군기지의 철수를 요구하게 되면 다른 나라들도 그 선례를 따르지 않겠느냐는 믿음에서였다. 그렇게 될 가능성은 매우 희박했지만, 그럼에도 그것은 하나의 희망이었고, 지금도 마찬가지 상황이다. 어쨌거나 한번 해볼 만한 작업인 것 같았다. 이 운동의 또 하나 희망 사항은 설득 작업을 통해 일반 대중은 물론 정부까지 그와 같은 사고방식으로 바꾸어 보자는 것이었다. 이 운동은 지지자들이 대부분 노동당 출신 이었기 때문에 노동당 의원들을 움직이는 작업으로 이어졌다. 나는 이 문제가 당 정책을 뛰어넘는, 나아가 국가의 경계마저 초월하는 문제라고 보았다. 내게는 합리적인 관점으로 보였 던 그것이 대중의 마음을 사로잡는 데 실패했기 때문에 나는 이 운동의 노력을 기꺼이 지원했다. 우리 모두가 바라는 목적 으로 다가갈 수 있다면 수단은 별로 중요하지 않았다. 노동당 을 설득하여 이 운동을 지원하게 만들 수 있다면 목표로 향하 는 우리의 걸음도 단축되리라는 것이 내 생각이었던 것 같다.

1958년 여름에 써서 1959년 초에 출간한 『상식과 핵전 쟁』의 서문에서 나는 내 견해를 분명하게 밝혔다. 1958년, 칼 링가상을 수상하게 되자 더 큰 용기를 얻었다. 나는 인도까지 가기가 어려워 파리의 유네스코에서 상을 받았다. (그때 나를 따라다니며 보살피는 일을 맡았던 그 프랑스 물리학자는 내가 견해 를 설명하고 난 후에 자신의 아내에게 분명 이렇게 위로했을 것이다. "신경 쓰지 말아요, 여보. 내년에는 프랑스도 독자적으로 폭탄을 터뜨 릴 수 있을 게오.") 흐루쇼프와 아이젠하워(덜레스가 대신하지만) 의 공개적 서신 교환에서 드러난 관심과 더불어 퍼그위시 운 동도 계속해서 성공적이었기 때문에 고무적인 분위기였다. 나 는 정부의 시각을 포함해 대중의 견해를 움직일 수 있는 새로 운 접근법을 찾아내고자 꾸준히 노력했고, 지금까지도 그 노력은 계속하고 있다. 내가 1958년에 성공적으로 해낸 일들은 비교적 소규모의 이런저런 단체 사람들을 감동시키는 데서 그쳤다. 그때 CND가 좀더 일반 대중에게 다가설 수 있는 희망을 제공했던 것이다. 당시 나는 정부의 정책들을 상식적 견지에서 바라보아야 한다고 생각했으며, 지금도 그 생각에는 변함이 없다. 관료적 형식주의와 '전통', 보편적인 신비감을 벗겨내야 한다. 그러고 나서 보면 그것들이 전체의 파멸로 다가갈 뿐이라는 사실이 눈에 들어올 것이다.

상식이 지배하는 정책이 필요했다. 만일 대중이 이 점을 분명하게 인식할 수 있다면 상식에 부합하는 정부 정책을 요구하고 나설 것이란 게 작으나마 나의 희망이었다. 나는 이 같은 바람에서 『상식과 핵전쟁』을 썼다. 책은 상당히 많이 읽혔고 평도 좋았던 것 같다. 그러나 각 개인이 정확히 어떤 방식으로 소견을 알리고 정책 입안에 영향력을 발휘할 수 있는지의 문제가 다루어지지 않아 일부 독자들의 불만을 사게 되었다. 당시 국방 장관이었던 던컨 샌디스가 책을 평하면서 나와 얘기해 보고 싶다고 말했을 때 나는 잠시 큰 기대를 걸었다. 그는 보수주의자이고 정부 정책 입안자였으며, 그 주제에 관한 소책자 작업에 직접 참여하기도 한 사람이었다. 그러나 내가 만나러 갔을 때 그는 이렇게 말했다. "훌륭한 책이긴 합니다만, 필요한 것은 핵 감축뿐 아니라 전쟁 그 자체의 추방입니다." 나는 그 책에서, 핵전쟁으로부터 세계를 보호하는 유일한 방법은 전쟁을 추방하는 것이라고 말한 구절을 지적해 주었으나 허사였다. 그는 내가 크게 현명한 얘기를 하지는 못했다고 계속 생각했다. 그리고 나의 다른 주장들을 내던져 버렸다. 나는 낙담한 채 물러났다. 문제를 이미 인식한 사람들은 아주 강한 편견을 가지고 나의 책을 읽기 때문에 자신들이 받아들이고 싶은 것만 받아들인다는 것을 그때 깨달았다. 그리하여 나는 그 후 몇 달 동안 단편적인 작업들로 복귀하여, CND와 기타 단체의 모임에서 연설하고 방송 일을 하고 개인 생활을 즐기는 것으로 시간을 보냈다.

나의 87회 생일을 축하하는 의미에서 아내와 나는 배스, 웰스, 글래스턴베리를 거쳐 도싯까지 드라이브를 했다. 애버츠베리의 백조 사육장과 공원에 갔을 때는 우연히 공작의 구애 춤을 구경하게 되었다. 감정이 정확하게 표현된 그 춤은, 내가 본 중에서 가장 황홀하고 아름다운 발레였다. 우리는 18세기에 이탈리아식으로 지어진 킹스턴 러셀의 자그만 자택을 방문하고 감상에 젖기도 했다. 나는 그 집을 생전 처음 구경했는데, 집도 완벽했고 공원과 계곡에서 자리 잡은 위치도 완벽해 보였다. 직접 그 집에서 살고 싶은 욕구가 강하게 일었다. 내가 그런 식의 선망을 느끼는 경우는 좀체 드문데, 어쨌거나 킹스턴 러셀 하우스는 깊은 감명을 주었다. 내 가족의 이름난 역사가 시작된 장소인 오래된 농장 건물들과 계곡을 찾아다니는 것도 흥미로웠다. 대체로 만족스러운 여행이었으나, 무슨 이유인지 기억나지 않지만 아무튼 중단해야만 했다. 그래서 우리는 계획했던 휴가를 다 채우기 위해 내 생일이 지난 다음에 다시 여행길에 올랐는데, 이번에는 피크 지구를 찾았다. 그러나 즐거워야 할 그 여행은 완전 실패였다. 쓸쓸하고 조용해야 할 장소들이 우리처럼 휴가를 즐기러 나온 사람들로 붐비고 있었다. 제인 오스틴의 베이크웰처럼, 적막하지만 생기 넘쳐 보였던 장소들이 관례적인 모임들로 더럽혀져 있었다. 어쩌면 애초에 앨덜리를 방문하여 나쁜 인상을 받은 탓에 모든 것이 그렇게 우울해 보였는지도 모른다. 그곳은 내 외조부의 소유지가 있었던 곳인데, 저택은 다 망가지고 정원만 버려진 채 남아 있었다. 정부가 별로 신성하지 못한 사업을 추진하고자 인수한 상태였다. 옛날에 '앨덜리 최후의 날 떡갈나무'를 베어 낼 때 그곳 목수가 그 나무로 내 어머니를 위해 자그만 탁자를, 아버지를 위해 좀더 큰 탁자를 만들어 주었는데, 지금은 내가 그것들을 보관하고 있다. 어쨌거나 그곳 전체가 나를 우울하게 만들었다. 너무나 황폐해져 있었다

　1960년 초, 우리는 코펜하겐에 다녀왔다. 내가 유럽 문화에 공헌했다는 이유로 코펜하겐 대학이 수여하는 소닝상을 받게 되었기 때문이다. 나는 수락 연설을 기회로 삼아, 현재의 문화적 차이는 문화가 과거에 겪은 변화의 역사에 근거해 있다는 견해를 간략하게 정리했다. 만일 그러한 태도에 대한 고찰이 이루어지고 타당한 것으로 채택된다면—내가 볼 때는 지금도 타당하지만—나라들 간의 협력을 지금보다 바람직한 쪽으로 변화시킬 수 있을 뿐 아니라 훨씬 깊이 있고 효과적인 협력을 증대시키게 될 터였다. 이 연설은 나중에 나의 책『사실

과 허구』에서 '구문화와 신문화'란 제목으로 발표되었다.

수상식도 즐거웠고 리셉션과 그 후에 이어진 국빈 만찬도 훌륭했다. 아내는 교육부 장관과 닐스 보어 교수 사이에 앉게 되었는데, 장관이 영어를 못한다고 하여 보어 교수가 대화를 책임져야 할 입장이 되었다. 보어 교수는 의무를 다하고자 연회가 진행되는 동안 내내 말을 했다. 그는 모국어인 덴마크어로 덴마크 사람들에게 말할 때조차 이해하기가 매우 힘든 사람으로 알려져 있었는데, 그런 사람이 영어로, 게다가 아주 빠르게 지껄이면 나도 그의 얘기를 따라가기가 상당히 힘들었다. 아내는 아예 불가능하다고 판단한 모양이었다. 그녀가 듣고 싶어 했던 것들에 대해 이야기하고 있음이 분명한데 못 알아들으니 화가 치밀 만도 했다. 그러나 더 곤란한 것은 그가 자기 얘기에 정신이 빠져 점점 더 아내 쪽으로 몸을 기대고 있다는 점이었다. 마침내 그가 아내의 접시에 담긴 맛있는 사탕과자도 집어먹고 그녀의 와인까지 마시는 지경에 이르자, 만찬에 참석한 저명인사들도 미소를 머금은 채 넋을 잃고 그 광경을 바라보았다. 그런데도 아내가, 또한 내가 그를 계속 좋아할 수 있었던 것은 순전히 그의 매력 덕분이었다.

그 시절 내가 한 많은 연설과 기고문들은 주로 핵 문제에 관한 것이었기 때문에 별로 즐거운 작업이 아니었다. 그러나 코펜하겐에서 그랬듯이 즐거운 소풍 삼아 이따금 다른 문제들을 다루기도 했다. 코펜하겐에서 돌아와 얼마 후, 나는 《타임스》지에 띄운 편지에서 셰익스피어 해석을 둘러싼 문제까지 감히 다루기도 했다. 인쇄된 소네트[14행시]를 헌정받았던 인물을 두고 신중하고도 악의에 찬 편지 교환이 몇 주에 걸쳐 맹위를 떨치고 있을 때였다[셰익스피어 소네트 서문집에 "이 소네트들의 '유일한 아버지'인 Mr W. H.에게 바친다"라고 되어 있는데, 이 W. H.가 누구의 이니셜인가를 두고 의견이 분분했다]. W. H.란 머릿글자는 상상력을 얼마나 발휘하느냐, 지식이 얼마나 많으냐에 따라 이렇게도 해석될 수 있고 저렇게도 해석될 수 있었다. 나는 멜기세덱[성서에 나오는 살렘의 왕이자 사제로, 예수의 현현으로 보기도 함]의 경우처럼 Mr W. H.는 그 소네트들의 '유일한 아버지'인 Mr W. S.의 오기라고 생각했다. 그리하여 망설임 끝에 재미삼아 나의 견해를 감히 내놓았던 것이다. 그런데 아무도 내 견해에 눈길을 주지 않았고, 그 주제에 관한 편지 교환도 중단되었다. 아마도 내가 학자들의 재미난 판을 망쳐 버렸던 것 같다.

어느 날 저녁, 나는 아시아 출신 여러 학생들과 더불어 한 아시아 방송에 출연했다. 내가 방송 장소였던 호텔의 복도를 걸어가고 있을 때, 벽을 따라 중간중간 놓인 크고 붉은 플러시천 옥좌의 하나에 앉아 있던 작고 가녀린 숙녀가 벌떡 일어나 내 앞에 와 서더니 "저는 셸리를 똑똑히 봤어요"[로버트 브라우닝의 시 「기억」의 첫 구절. "아, 당신은 셸리를 똑똑히 봤나요?"를 염두에 둔 표현으로 보임]라고 말하더니 앉았다. 나는 비틀대다 넘어지고 말았지만 마음은 흐뭇했다.

나는 우드로 와이어트가 사회를 본 텔레비전 대담 시리즈에도 출연했으며, 그 내용을 묶어 『버트런드 러셀의 심경 고백』이란 책으로 냈다. 그것은 내가 국제 문제를 포함한 다른 많은 것들에 관해 말하고 싶었던 것을 세계 각지의 많은 청중들에게 마음껏 들려줄 수 있는 기회가 되었다. 1960년 2월에는 CBS〔미국 컬럼비아 방송〕 주관으로 에드 머로가 사회를 맡은 가운데 인도의 과학자 바바, 폭탄의 아버지인 에드워트 텔러〔헝가리 태생의 미국 핵물리학자〕와 더불어 토론을 했다. 그것은 매우 괴로운 자리였다. 세 사람 모두 자기 나라 말로 했기 때문에 이야기하면서 얼굴 표정이나 상대의 반응을 포착할 수 없어 토론하기가 힘들었기 때문이다. 나는 텔러를 대단히 싫어했는데, 그 감정을 억제하기도 힘들었고 음흉하게 느껴지는 아첨을 참아 주기도 힘들어서 더더욱 곤혹스러웠다. BBC 스튜디오에서 나오면서, 내가 우리의 실상을 제대로 전달하지 못하여 내 견해를 지지하는 사람들을 낙심시켰다는 생각이 들었다. 텔레비전 방송 중에 또 하나 실망스러웠던 자리는 BBC에서 마련한 핵 문제 토론회였다. 루스벨트〔엘리너〕 부인, 부드비 경, 게이츠켈 씨, 그리고 내가 토론자로 참석한 자리였다. 루스벨트 부인이 세상을 공산주의에 넘겨주느니 차라리 인류가 멸망하는 게 나으며 자신은 기꺼이 그쪽을 택하겠다고 선언하는 것을 듣고, 나는 기가 막혔다. 방송을 마치고 나오면서 혹시 내가 잘못 들은 건가 싶었다. 다음 날 조간에 실린 그녀의 발언 내용을 읽어 보니 그녀가 위험천만한 견해를 표명한 게 사실이었다.

그 무렵 나는 시드니 훅이라는 미국인 철학자와 논쟁을 벌였는데, 논리적으로 처신하기가 힘들었던 논쟁이었다. 그는 러시아의 세계 지배를 두려워하게 된 멘셰비키〔러시아 사회 민주 노동당의 소수파로서 온건파〕라고 할 수 있었다. 그 점을 얼마나 두려워했던지 차라리 인류가 멸망하는 게 낫다고 생각할 정도였다. 나는 미래는 알 수 없는 것이며 인류가 존속하는 한 과거보다는 미래가 훨씬 더 나을 것이라는 근거하에 그의 견해와 싸웠다. 그리고 겨우 한 세대 거리인데도 한 사람은 끔찍하고 한 사람은 존경스러운, 칭기즈 칸〔1162~1227년, 원나라의 태조이자 몽골 제국의 시조〕과 쿠빌라이 칸〔1259~94년, 원나라의 초대 황제〕을 예로 들었다. 그러나 훅이 제시할 수 있는 반대 사례들이 수없이 많았으므로 그러한 시각에서는 확실한 결론이 불가능했다. 그럼에도 나는 더 나은 세상이 올 가능성은 희망에 달려 있으며 따라서 그 기회를 택해야 한다고 주장했다. 논리적인 주장은 아니었지만, 나는 대부분의 사람들이 그 점을 확신하리라 생각했다. 몇 년 후, 훅이 다시 나를 공개적으로 공격했는데, 이번에는 내가 논평할 필요조차 없는 태도로 나왔다. 그런데 재미있었던 것은, 그가 '자유'를 변호하고 베트남에 관한 나의 견해를 공격하는 매체로 삼았던 한 언론사가 훗날 중앙정보국CIA의 돈을 받았음을 시인했다는 사실이다.[1] 인간의 멸망에 대한 인간들의 태도가 나를 놀라게 했다. 1959년 12월, 나는 네빌 슈트〔1899~1960년, 영국의 소설가·항공 기사〕의 『해변에서』를 읽고 나서 그것을 영화화한 작품의 시사회에 초대받아 참석했다. 나는 영화가 핵전쟁에 수반되는 끔찍하고 가혹한 현실들—유독 물질에 오염된 공기와 물과 토양이 야기하는 질병과 고통, 의사 전달 수단이 전혀 없는 무정부 상태의 대중들에게서 발생하는 약탈과 살인 가능성, 기타 예상되는 모든 해악과 고통—을 애써 외면하는 것을 보고 실망했다. 그것은 마치 제1차 세계대전 때 참호전에 대한 이야기가 나오면 이따금 들을 수 있었던 조잡하게 꾸며진 전투담 비슷했다. 그럼에도 그 영화는 개봉됐고, 공포를 축소하지 않고 상황 그대로 보여 주고자 하는 사람들한테도 좋은 평을 받았다. 내가 특히 괴로웠던 것은 전혀 없는 것보다는 조금이라도 있는 게 낫다는 식의 잘못된 생각에 빠져 나 자신도 영화를 보고 난 직후에 칭찬했다는 사실이었다. 나는 바로 그런 것들이, 충격적인 혐오를 불러와야 마땅할 진정한 의미를 대수롭지 않은 것으로 만드는 동시에 앗아가 버린다고 생각하게 되었다. 「닥터 스트레인지러브」〔스탠리 큐브릭 감독의 희극 영화〕나 「전쟁은 정말 아름다워」〔조안 리틀우드의 극〕 같은 작품들의 반어법은 차원이 다르다. 적어도 잠깐은 생각하게 만드니까.

1960년 여름 무렵이 되자 나는 퍼그워시와 CND, 기타

---

1 《뉴 리더》지는 중국을 비난하는 글을 실어 주는 대가로 장제스에게서 3천 달러를 받았다. 그 후에는 『기만적 전략: 범세계 공산주의 전술 연구』란 책을 출간해 주고 미국 정부로부터 1만 2천 달러를 받았다. 미국 정보국은 의회 소위원회에서 '도서 개발비'를 9만 5천 달러에서 19만 5천 달러로 증액해 줄 것을 요청하면서, 그 돈은 '우리의 입장을 밝히고' '강력한 반공주의적 내용'을 담게 될 책들에 쓰일 것이라고 의원들을 설득했다(《뉴욕 타임스》, 1964년 5월 3일자).

우리가 대중에게 알리는 수단으로 써온 것들이 효과 면에서 한계에 이르렀다는 생각이 들었다. 일반 대중을 진정으로 감동시키면 그들이 '일제히' 나서게 되고, 불가항력의 힘으로 현재의 정책을 바꾸도록 정부에 요구하게 될지도 모른다. 먼저 영국에서 그런 작업이 이루어지면 세계의 다른 나라들로도 파급될 수 있을 것이다. 그러나 한동안은 나의 고민을 감춰 둘 수밖에 없었다. 구체적인 형태나 뼈대를 전혀 갖추지 못했기 때문에 특히 더 그랬다. 그 즈음에 딸과 사위, 외손자들이 나를 보러 왔다. 나는 미국에 마지막으로 머문 후로 오랫동안 그들을 보지 못했는데, 그 후 사위가 감독파 교회의 훌륭한 목사가 되어—그 전에는 평신도로서 국무성에서 일했다—선교사로 부름을 받고 우간다로 가족을 모두 데리고 갈 예정이었다. 내 딸 역시도 아주 종교적인 사람이 되어 남편의 포부에 진심으로 공감하고 있었다. 그 점에서 내가 딸과 사위에게 별로 공감하지 못한 것은 당연했다. 그들이 영국으로 오기 직전에 돈을 좀 부쳐 줄까 하고 영국의 은행에 나간 적이 있었다. 내가 송금을 요구하자 모두들 씩 웃거나 때로 비웃기까지 했다. 나처럼 늙고 확고한 무신론자가 복음의 대리인이 되려 하는 사람들을 도와주려 한다는 게 그 이유였다. 그러나 딸 내외와 나는 여러 가지 점에서 의견이 같았으며, 특히 자유주의적 정치관이 일치했다. 그리고 나는 딸을 매우 사랑했고 그 애의 가족도 좋아했다. 그들은 2년간 영국에 머물면서 선교 사업을 준비할 예정이었다. 해마다 7월이 되면 그들은 노스웨일스의 포트메이리언 호텔 별장에 와 묵었으므로 우리는 그들을 매일 볼 수 있었다. 그해 여름 두 달 동안에는 이 일 외에도 여러 가지 소소한 일들이 내 시간을 거의 전부 잡아먹었다.

1960년 7월 하순, 랠프 쉰먼이라는 미국인 청년이 찾아왔다. 나는 그가 CND와 관련해 활동하고 있다는 얘기를 들었기 때문에 약간 호기심을 느꼈다. 그를 만나 보니, 그는 정력이 넘쳐나고 아이디어가 풍부하며, 경험이 부족하고 다소 이론에 치우치기는 해도 정책에 밝았다. 그가 풍자적 감각과, 본질적으로 매우 중대한 일 속에서 유머를 발견하는 능력의 소유자란 점도 마음에 들었다. 나는 평소 내가 지지하는 명분하에 일하는 많은 사람들에게 부족한 점이 바로 그런 것이라고 느꼈고, 그 점을 한탄해 온 바였다. 또한 그는 쉽게 공감하는 충동적인 사람이었다. 시간이 흘러야만 드러나기 때문에 내가 아주 서서히 깨닫게 된 그의 또 다른 면은, 반대를 잘 수용하지 못한다는 것과 놀라우리만큼 완벽하여 아무도 건드릴 수 없는 자신감이었다. 나는 경험에 입각해 움직이는 지성이 그에게 필요한 수양을 강요하게 되리라 믿었다. 처음에는 그를 충분히 이해할 수 없었지만, 먼저 그가 나를 인정하게 되었고, 곧이어 나도 당시 그가 하고 있던 일을 인정하게 되었다. 그가 내게 지속적으로 보여 준 관대함에 대해선 그때도 깊이 감사하게 생각했고 지금도 그럴 수밖에 없다. 그의 두뇌는 매우 빠르고도 확실하게 움직였고 정력은 지칠 줄 모르는 것 같았다. 그에게 의지하여 일을 처리하고 싶은 생각이 유혹처럼 다가왔다. 특히 우리의 만남 초기에 그는 어떻게 하면 CND의 작업에 새로운 활력을 불어넣을 수 있을까 모색하던 나에게 촉진제와도 같은 역할을 했다. 그는 대중운동으로 성장하게 될 시민 불복종 운동을 열망하고 있었는데, 그것은 결국 대중이 자신의 견해를 정부에 직접적으로 강요할 만큼 강력하게 정부의 핵 정책과 맞선다는 뜻이었다. 아무리 작게 출발하더라도 그것은 '대중' 운동이 될 수밖에 없었다. 그 점에서 이 운동은 새로웠으며, 개인들의 양심에 호소하고자 개인의 증언에 지나치게 관심을 가졌던 기존의 '직접 행동 위원회'와는 성격이 달랐다.

나는 그 구상이 대단히 가능성 있게 느껴졌으며 쉰먼과 이야기해 볼수록 더욱더 그쪽으로 마음이 기울어졌다. CND 위원장은 시민 불복종에 찬성하지 않으며 '직접 행동 위원회'에 대해서조차 별 공감을 느끼지 않는다는 것을 나는 잘 알고 있었다. 그러나 CND가 관대하다는 것, 행동은 못하지만 말로나마 '직접 행동 위원회'의 활동을 지지하는 쪽으로 점점 기울어지고 있음도 알고 있었다. 나는 위원장을 만나 그 문제를 논의해 보았다. 그는 시민 불복종의 효과와 가능성을 논박하지도 않았고 내가 그런 운동을 지지하는 것에 반대하지도 않았다. 다만 노동당 협의회가 끝나기 전까지는 이 새로운 시도를 발표하지 말아 달라고 신신당부했다. 그는 노동당의 협의회에서 '일방적 군축 쪽으로 기울' 가능성이 있으며, 그렇게 될 경우 우리의 주장을 적어도 일부는 수용하게 될 것으로 기대하고 있었다. 나는 흔쾌히 동의했다.

위원장이 새 운동에 반대도 도움도 주지 않을 것임을 확인한 만큼 우리의 세세한 준비 작업을 그와 상의해야 한다는 생각은 들지 않았다. 나는 쉰먼과 작업을 계속하여 이 운동을 지지할 만한 사람들의 명단을 준비했다. 그리고 내 이름으로 그들에게 편지를 발송했다. 동조적이지 않다고 판단되는 사람에게 편지가 들어가는 일이 없도록 노력했는데도 실수가 발생했다. 우리가 의도한 수취인과 이름이 비슷하고 주소가 다른 어떤 사람에게 편지가 전달되었는데 불행하게도 그는 우리와 전혀 관점이 다른 사람이었다. 그는 우리의 활동과 의도를 통렬하게 비판하는 본인의 편지를 첨부하여 우리의 편지를 즉각 《이브닝 스탠더드》지로 보냈다. 우리 계획이 완벽한 형태를 갖추고 참가자들을 규합하기까지 아직 많은 시간이 필요한 시점에서 편지가 공개되고 말았는데, 더 큰 문제는 위원장이 생각하는 발표 시기보다 너무나 일렀다는 점이었다. 9월 24일에 트라팔가 광장에서 대집회가 열렸고, 나도 참가하여 연설했다. 집회가 열리기 전 나는 위원장에게, CND 내부에서 제기된 시민 불복종이라는 새로운 대중운동에 대해 이야기하겠다고 제안했다. 그는 그렇게 할 경우 CND가 노동당 협의회에 영향력을 미칠 가능성이 줄어들 것이라고 대답했다. 나는 '운송 노동자 연맹'의 수장인 프랭크 커즌스와 의논해 보겠다, 그 사람도 CND의 목표에 도움이 되지 않는 일이라고 생각한다면 나는 그 문제에 대해 언급하지 않겠다고 말했다. 프랭크 커즌스에게 편지한 결과 짤막한 답장이 왔는데, 내가 무슨 짓을 하든 무슨 말을 하든 상관없다고 말했다. 나는 위원장에게 커즌스의 편지 내용을 알리고, 그러므로 새 운동에 대해 말하겠다고 했다. 위원장이 허락했으므로 나는 트라팔가 광장에서 새 운동에 관해 이야기했다.

시민 불복종 대중운동이 계획되고 있음을 《이브닝 스탠더드》지가 이미 발표한 후였으므로 우리의 계획을 앞당길 필요가 있었다. 그러나 그 행사는 큰 소동을 불러일으켰다. CND 위원장이 자신의 동조자들과 집행위원회와 언론에 성명서를 돌려, 자기 모르게 새로운 운동을 추진했다고 나를 비난하면서 CND의 주요 인사들은 그 운동을 허용하지 않는다고 선언했다. 10월 첫 주, 나는 해스커 가에 있는 나의 집에서 거의 매일 그를 만나 몇 시간씩 얘기하면서 '잠정적 타협'을 이끌어 내려 애썼다. 그가 우리 집에 올 때면 자신의 친구를 한 사람 데리고 오곤 했는데, 시민 불복종이란 방법을 지지하지 않는 사람에 속했다. 나는 균형을 맞추자는 뜻에서, 당시 내 뜻에 동조를 표명했던 CND 집행위원회 위원 중 한 사람을 요구했다. 그리고 내가 한 말과 하지 않은 말들을 두고 엉터리 주장들이 너무 많았기 때문에 우리의 논의를 녹음하자고 주장했다. 그리하여 테이프 한 부는 위원장이 CND 사무실로 가져가고 원본 테이프는 내가 보관했다.

10월 7일경, 우리는 계속 공동 작업을 하기로 합의하고 그러한 취지의 성명서를 언론에 배부했다. 그러나 내가 위원장과 협력하지 않을 수 없는 자리인 회장직을 계속 유지하기는 힘들다는 것이 얼마 안 가 명백해졌다. CND란 조직의 조화로운 운영을 유지하기 위해서라도 내가 물러나지 않을 수 없었다. 나는 위원장에게 먼저 편지를 보내고 이어 언론에 편지를 띄워 사의를 밝혔다.

그 결과, 전국 각지 CND 지지자들의 편지와 방문이 그야말로 홍수같이 쇄도했다. 그들 대부분이 나를 훈계하면서 CND에 분열을 야기했다고 비난했다. 나는 놀라지 않을 수 없었다. 내게 그런 의도가 전혀 없었기 때문이다. 지금도 나는 내가 분열을 획책했다고 생각하지 않는다. 그뿐만 아니라 나의 행동 때문에 그 단체의 활동이 약화된 징후도 발견하지 못했다. CND는 지도부가 서로를 확실하게 믿지 못하는 상태보다는 간부들이 적어도 큰 틀에서 서로 의견이 일치될 때 더욱 잘 굴러갈 것 같았다. 당시에도 분명하게 말했고 그 후로도 계속 되풀이하는 얘기지만, 나는 CND의 작업에 대한 지원을 철회할 생각이 없었다. 나는 이 점과 내 행동의 이유를 설명하는 성명서를 작성하여 여러 CND 지부들에 보냈다. 내가 알기로 그 성명서는 읽히지도 못했다. 11월 5일에 열린 CND 집행부 회의에서 나의 사의가 받아들여졌다. 한 회원이 나의 말인가 글 중에 어떤 대목을 걸고 넘어져 나를 중상죄로 고발하자고까지 했다 한다. 주변에서 그를 설득하여—아마도 내 개인적 평판 때문이었겠지만—일이 더 진행되지는 않았지만 나로선 유감스러운 일이었다. 나는 요청이 들어오면 CND 집회에

나가 연설하는 일을 계속했으며, CND 웨일스 지부장직도 유
지했다. 다만 CND의 정책 입안에 대한 관심을 줄였고, 지난
날 회장 자리에 있으면서 간부들의 행동과 관련해 져야 했던
책임을 내놓았다.

한편, 대중적 시민 불복종을 지향하는 새 운동은 '100인
위원회'란 이름을 갖게 되었다. 나는 초기의 지지자들이었던
몇몇 청년들과 잦은 접촉을 가졌다. 소규모였던 이 집단은 주
로 랠프 쉰먼의 열의 덕분에 상당히 규모가 커졌고 꾸준히 확
대되어 갔다. 쉰먼이 9월 초에 마이클 스콧 목사를 내게 데리
고 왔다. 스콧은 '직접 행동 위원회'의 적극적인 일원이었는
데, '100인 위원회'의 가장 충실한 일원의 하나가 되었다. 나
는 쉰먼과 그를 거의 매일 만났으며, 우리 위원회의 핵심 노선
이 담긴 '행동이냐 멸망이냐'란 제목의 인쇄물을 그와 공동 명
의로 발표하기도 했다.

'100인 위원회'의 초기 회원들은 대부분 CND와 '직접 행
동 위원회' 간부 출신들이었다. 많은 활동이 이루어지고 매일
같이 회의가 열렸으나, 나는 거의 대부분 참석하지 못했다. 내
가 위원회에서 연설한 것은 1960년 10월에 유스턴의 프렌즈
하우스에서 열린 회의가 전부였던 것 같다. 그 후 12월에 킹스
웨이 홀에서 열린 기자 회견에서도 또 한 번 연설했다. 외부의
지지자들도 점차 늘어나고, 홀리 로크의 폴라리스 미군기지를
중심으로 확산된 반대 여론과 제1차 시민 불복종 시위 공고로
작업도 한층 가속화되었다. 우리는 1961년 2월 18일에 국방

성 건물 밖에서 '연좌시위'를 하기로 했는데 적어도 2천 명은 참여하리라 기대하였다. 계속 시위를 이어가되, 매회 더 많은 사람들을 참여시킴으로써 진정한 대중이 될 수 있을 때까지 인원수를 늘려 가자는 것이 우리의 계획이었다. 1차 연좌시위가 성공적인 출발점이 될 수 있도록 하기 위해 최대한 많은 사람들한테 참가 맹세를 받기로 결정했다.

2월 18일을 앞두고 위원회는 더 한층 열심히 뛰었다. 포스터를 붙이고(그리고 나중에 떼어 내는 작업까지), 거리에서 사람들을 붙잡고 혹은 술집이나 카페에서 접근하여 다가올 시위의 필요성을 인정할 때까지 설득하곤 했다. 그러나 나는 이 같은 활동 상황을 전해 들었을 뿐이다. 나는 끝없이 늘어지는 토론에 참석하는 일밖에 할 수 없었다.

내가 지금 '100인 위원회'나 CND의 역사를 기록하려고 이러는 것은 아니다. 아니, 다른 어떤 운동이나 공적인 사건에 대해서도 쓸 생각이 없다. 다만 내 인생에 영향을 준 일들을 기억나는 대로 열거해 보려는 것뿐이다.

나는 2월 18일을 위해 이루어지는 작업과 준비에 높은 열의로 임했으며, 위원회의 계획과 포부를 전적으로 지지했다. 시민 불복종에 대한 나의 견해는 이 책에서 이미 언급했지만, 당시 나는 그런 생각들을 연설과 기고문에서 공공연히 밝혔으며, 특히 2월 17일자《뉴 스테이츠맨》지에서 소상히 피력했다. 다만 우리의 계획이 너무 일찍 공개되는 바람에 작업이 다소 급하게 단편적으로 이루어졌다는 것과, 반대 세력과 부딪칠 경우 대규모 군중 속에서 폭력을 피하기가 어려울 것—어쩌면 불가능할 것—이란 점이 걱정스러웠다. 대규모의 열광적인 분위기에서 수동적 저항을 설득하기란 매우 힘들 것이기 때문이었다. 그러나 결과적으로 아무런 어려움도 없었다.

2월 18일 아침, 날이 가랑비가 내릴 듯 어두컴컴하고 쌀쌀하여 우리의 사기를 꺾어 놓았다. 만약 비가 내리면, 이미 참가를 맹세하긴 했지만 시위 참가자의 수가 줄어들 것이 분명했다. 그러나 트라팔가 광장에는 엄청난 군중이 와 있었다. 얼마나 대단한 숫자였는지 정확하게 말하기는 어렵다. 언론과 경찰과 위원회가 각기 추정한 숫자를 평균하여 말하자면 2만 명가량이었다. 연설들이 재빨리 잘 진행되었다. 이어서 대형기를 앞세우고 화이트홀 위쪽으로 행진이 시작되었는데, 위원회 사령부가 아주 노련하게 진행했다. 광장에 모였던 5천 명의 군중이 물결처럼 그러나 차분하고 진지하게 행진했다. 어느 지점에 다다르자 경찰이 우리를 제지하면서, 교통에 방해가 된다는 이유로 행진을 중단시키려 했다. 그러나 뻔한 얘기지만 아무 효과가 없었고, 행진은 계속되었다. 이윽고 5천여 명의 사람들이 국방성 보도에 앉거나 드러누웠다. 그리고 거기에서 어둠이 내릴 때까지 두 시간 정도 계속 있었다. 정부의 핵정책에 맞선 너무나 효과적이고, 완전 침묵이었다고는 할 수 없지만 너무나 조용한 항의였다. 그 사이 상당히 많은 사람들이 우리와 합류했고 구경꾼들도 더 많아졌다. 물론 언론과 방송계 사람들도 몰려와 질문을 퍼부었다. 행진에 참여한 사람들이 모두 착석했다는 전갈이 들어오자마자 마이클 스콧과 쉰먼, 그리고 나는 준비해 온 벽보를 꺼내어 국방성 현관에 붙였다. 정부가 소방국에 우리에게 소방 호스를 사용하도록 요청했다고 들었으나, 다행히도 소방국이 거절했다. 오후 6시가 되자 우리는 연좌시위가 끝났음을 알렸다. 한 자락 환희의 물결이 군중을 쓸고 지나갔다. 어스름과 가로등 불빛 속에 환호하는 지지자들을 지나치며 다시 화이트홀을 향해 행진할 때 나는 너무나 행복했다. 우리는 그날 오후에 시작한 일을 무사히 마쳤으며, 우리의 진지한 목적을 만천하에 알린 것이다. 나를 반기는 환호성과, 내가 지나갈 때 터져 나온 "저 분은 정말 훌륭한 사람이야"란 말도 감동적이었다.

시위는 우리가 기대했던 것보다 훨씬 성공적이었다. 그 후 몇 달 동안 위원회는 자금이 풍성했다. 전국 각지와 몇몇 외국에 위원회 지부가 생겨났고, 일부 나라들은 독자적인 위원회를 발전시켰다. 사무실 비슷하게나마 갖추어야 했고, 지부 설립 작업과 '문서'(인쇄물, 성명서 등)의 인쇄 및 배포 작업에도 막대한 비용이 들었다. 이것은 결국, 고정 회원이나 회비 없이 유지되는 조직이 늘 그러하듯, 기금 조성에 많은 시간을 들여야 함을 의미했다. 그럼에도 많은 사람들의 관대하고 희생적인 자원봉사 덕분에 위원회의 힘은 커졌다.

나는 CND를 변함없이 지지한다는 것을 보여 주기 위해 3월 중순에 CND 버밍엄 청년회에서 연설을 했고, 4월 중순에도 한 차례 했다. 그런데 이 연설들 가운데 내가 당시 수상에 대해 한 말 때문에 소동이 빚어졌다. 언론 여기저기에서 문맥을 무시한 채 나의 발언을 인용했다. 문맥으로 보자면 그것은 앞서 말한 주장의 부연에 불과하다. 그 소동이 터졌을 즈음 나는 불행하게도 몸져눕는 바람에 몇 주 동안 나 자신을 변호할 수 없었고, 결국 해명할 기회를 놓치고 말았다. 나는 올더마스턴 행진 말미에 트라팔가 광장에서 열린 집회에서도 연설했다.

3월 하순에는 펭귄 출판사와 계약을 맺었고, 이어 펭귄 출판사는 평소 나의 책을 출판해 온 스탠리 언윈 경과 협약을 맺었다. 『상식과 핵전쟁』의 연장선상에서 부분적으로 확대하여 핵 문제와 군축에 관한 책을 하나 더 쓰기로 한 것이다. 새 책의 제목은 『인류에게 미래는 있는가?』로 정해졌고, 나는 바로 집필에 들어갔다. 그러나 중간에 런던에서 일련의 녹음 작업이 있었고, 버밍엄 집회가 두 차례, 한동안 아무 일도 못할 정도로 지독한 피부병도 앓았다. 그러나 회복기 동안에 상당량의 원고를 써서 1차 마감 시한에 맞추어 끝낼 수가 있었다. 책은 가을에 출간되었다.

'100인 위원회'는 8월 6일 '히로시마 데이'를 맞아 두 개의 집회를 준비했다. 먼저 오전에는 화이트홀에 있는 세계 대전 전사자 기념비에 헌화식을 치르고, 오후에는 마블 아치에서 연설회를 가질 계획이었다. 헌화식은 엄숙하게 진행되었다. 히로시마에 핵폭탄이 터졌을 당시의 상황을 사람들에게 상기시키자는 것이 우리의 바람이었다. 또한 우리는 영국인 전사자들을 추모하면서, 이들의 죽음을 헛되이 하지 않게 하는 것이 우리 산 자들의 몫이란 점을 환기시킬 수 있을 것이라 생각했다. 오후로 예정된 연설회가 이 같은 관점을 지지하는 자리가 되기를 기대했다. 그러나 히로시마 및 나가사키의 죽음들과 제2차 세계대전 때 일본인들과 싸웠던 사람들의 죽음을 하나의 괄호로 묶는 것에 대해 많은 사람들이 불경스럽다는 반응을 보였다. 만약 조지 워싱턴 장군이나 스머츠 장군〔남아프리카의 정치가, 군인〕의 동상을 공공 의례 장소에 설치한다면 그때도 그 사람들이 반대하고 나설 것인지 의심스럽다.

하이드 파크에서 아주 활기찬 집회가 열렸다. 경찰은 공원 규칙을 내세워 마이크의 사용을 금했다. 그것은 과거의 많은 집회들이 무시해 온 규칙이었으나 유독 우리한테 강하게 적용시켰다. 우리는, 군중 속에서 의사 전달을 하는 데도 물론 마이크가 필요했지만, 공원 규칙 집행상의 기묘한 모순을 폭로하기 위해서라도 마이크를 사용하기로 결정했다. 어쨌거나 우리는 시민 불복종을 지향하는 단체였으니까. 그리하여 나는 마이크를 이용해 연설하기 시작했다. 경관 하나가 조용하게 항의했다. 그래도 나는 연설을 계속했다. 그러자 그가 마이크를 치워 버렸다. 우리는 일단 해산하고, 집회를 계속하기 위해 트라팔가 광장으로 행진하겠다고 발표했다. 그것은 모두 사전에 계획된 일이었는데, 그럭저럭 계획대로 되어 가고 있었다. 그러나 우리가 미처 계산에 넣지 못한 것이 있었으니, 엄청난 천둥 번개와 비가 그것이었다. 군중들이 옥스퍼드 가를 따라 이동할 때 내리기 시작한 비가 광장에서 집회가 진행되는 내

내 계속되었다.

　한 달 후, 나와 아내가 노스웨일스에서 오후 드라이브를 마치고 돌아와 보니 현관 앞에 경찰 하나가 오토바이에 걸터앉아 있었다. 싹싹한 사람이었는데, 아주 난처해하면서 아내와 내게 소환장을 전해 주었다. 대중에게 시민 불복종을 선동한 혐의로, 9월 12일에 보 가로 나와 달라는 내용이었다. 위원회 지도부 전원에게 소환장이 발부되었다고 들었으나, 실제로는 몇 사람에게만 전달되었다. 소환된 사람 중에 출두하지 않은 사람은 극히 드물었다.

　우리는 사무 변호사들과 의논하기 위해 런던으로 갔는데, 사실 더 중요한 목적은 우리 동료들과 협의하는 것이었다. 나는 명분을 위해 순교자가 될 생각은 없었지만, 어떤 기회든 우리의 견해를 널리 알릴 수 있는 기회로 만들어야 한다고 생각했다. 우리는 우리의 구금이 파장을 몰고 온다는 것을 모를 만큼 순진하지는 않았다. 우리는 아직까지 우리의 근거를 이해하지 못하는 사람들의 머리를 일깨우고자 일해 왔기 때문에 이 일을 계기로, 우리 행동의 근거와 관련해─적어도 일부나마─공감을 불러일으킬 수 있을 것으로 기대했다. 우리는 의사들에게 우리가 최근에 건강이 몹시 나빠 장기 구금은 어렵다는 내용의 소견서를 받아 냈다. 소견서는 보 가에서 우리의 사건을 맡게 될 법정 변호사에게 건네졌다. 우리가 만나 본 사람들 그 누구도 우리가 구금형을 선고받으리라 예상하지 않았다. 그렇게 될 경우 득 될 게 없다는 것을 정부도 잘 알고 있

516

으리라고 모두들 짐작했다. 그러나 그들이 과연 어떤 방식으로 구금형을 피할 것인지는 우리도 알 수 없었다. 그동안 우리의 활동이 정부를 골치 아프게 한 것은 분명했다. 경찰이 위원회 사무실을 급습하기도 했고, 사무실에 자주 출입하는 여러 회원들에 대해 어쭙잖은 감시 활동까지 있었다. 법정 변호사는 아내와 나의 투옥을 확실하게 막을 수 있다고 믿었다. 그러나 우리 둘은 극단적으로 잘되는 경우를 바라지 않았다. 우리는 변호사에게, 무사히 풀려나게 만들지 말고 2주 이내의 구금형을 받게끔 노력해 보라고 지시했다. 결국 우리는 각자 2개월의 구금형을 선고받았는데, 의사들의 소견서 덕분에 1주일로 감형되었다.

10시 30분을 바로 앞둔 시각, 구경꾼들을 헤치고 법원을 향해 보 가를 걸어가자니 거리가 마치 무대 세트인 양 느껴졌다. 창마다 사람들이 무리지어 있었고, 어떤 창들에는 꽃상자들이 환하게 놓여 있었다. 그러나 법정 안 풍경은 마치 도미에의 에칭〔부식 동판〕화 분위기여서 대조적이었다. 나에게 2개월형이 선고되자 방청석에서 "창피해라, 창피해, 여든여덟 살 노인한테!"라는 외침이 들려왔다. 나는 그 소리를 듣고 화가 치밀었다. 좋은 뜻에서 한 소리란 것은 알지만, 나로서는 원했던 처벌이었을 뿐 아니라 어떤 소송이든 나이는 죄와 아무 상관도 없다는 것이 나의 생각이었기 때문이다. 만약 상관이 있다면 나이 많은 나는 죄가 더 무거워질 뿐이었다. 내게 좀더 의젓하게 처신했어야 할 나이라고 말한 판사가 차라리 더 똑똑해 보였다. 법원 및 경찰 관계자들은 우리가 기대했던 것보다 대체로 점잖게 대해 주었다. 재판 절차로 들어가기 전 우리는 좁은 나무 벤치에 쭈그리고 앉아 있었는데, 내게 깔고 앉을 쿠션을 찾아 주려고 한 경관이 여기저기 뒤지고 다녔다. 결국 쿠션을 찾아내지는 못했으나—나는 못 찾아서 다행이라고 생각했다—그의 노력이 고마웠다. 몇 사람에 대한 발언이 지나치게 가혹하다는 생각은 들었지만 그럭저럭 참았다. 그러나 우리 중에 독일에서 온 유태인 난민이 한 명 있었는데, 판사가 그 사람에게 말하는 것을 들었을 때는 정말 분통이 터졌다. 경찰 쪽 목격자가 증거를 대러 나왔으나 궁색하게 보였다. 우리 쪽 사람들은 품위를 지키면서 효과적으로 잘 이야기했다. 나로서는 전혀 놀랍지 않은 얘기들이었다. 그리고 발언 기회가 주어졌을 때 나도 마음먹었던 얘기를 거의 다 했기 때문에 흡족했다.

점심때쯤 되자 우리에 대한 심리는 모두 끝났고, 한 시간의 식사 시간이 주어졌다. 아내와 나는 첼시로 돌아가 먹기로 했다. 우리가 법원에서 나오자 군중들이 환호했고, 한 여성이 달려와 나를 포옹하여 당혹스럽게 만들었다. 그러나 오전에 판사가 한 얘기와 그의 대체적인 관점으로 볼 때 가벼운 처벌로 끝날 것 같지는 않았다. 오후가 되자 우리는 판결을 받기 위해 법원으로 되돌아왔다. 한 사람씩 알파벳 순으로 판결을 받은 후 감방으로 보내졌다. 감방에 간 우리는 노래도 부르고 이야기도 하는 등 마치 방학 맞은 소년들처럼 굴었다. 불확실한 상황에서 오는 긴장감도 풀렸고, 블랙 마리아[영국의 죄수 호송

차)에 실려 나갈 때까지 애써 할 일도 없었기 때문이다.

전에도 감방에 와 본 적은 있었지만, 그때는 택시를 타고 브릭스턴으로 이감되었기 때문에 블랙 마리아를 타기는 이번이 처음이었다. 그러나 너무 지쳐서 나는 그 진기한 경험을 즐길 겨를도 없었다. 교도소 병동으로 보내진 나는 일주일 내내 거의 침상에서 보냈다. 의사가 매일같이 와서 내가 소화시킬 수 있는 유동식을 먹는지 확인했다. 보호 감금이라면 모를까, 아무도 구금 상태를 좋아하는 체할 수는 없다. 그것은 섬뜩한 경험이다. 특별히 가혹한 푸대접이나 육체적 불편에 대한 두려움은 아마도 제일 가벼운 축에 속할 것이다. 무엇보다 두려운 것은 그곳의 일반적인 분위기다. 24시간 감시당하는 느낌, 죽음과도 같은 냉기와 음울함, 어김없이 코를 찌르는 감방 냄새, 그리고 다른 죄수들의 눈길. 우리는 이런 것들을 일주일밖에 겪지 않았다. 우리의 많은 친구들은 여러 주에 걸쳐 겪고 있다는 것, 우리는 그들보다 '죄'가 적어서가 아니라—우리의 행동도 죄라고 한다면 말이다—특수 상황인 덕분에 고생을 면했다는 것을 우리는 너무나 잘 알고 있었다.

그 사이 '100인 위원회'는 내가 브릭스턴에서 보낸 메시지로 인쇄물을 발행했다. 인쇄물 뒷면에는 모든 동조자는 9월 17일 일요일 5시에 트라팔가 광장으로 모이라는 다급한 호소가 담겨 있었다. 의회 광장으로 행진하여 거기서 대중 집회를 열고 연좌시위에 돌입한다는 계획이었다. 우리가 트라팔가 광장을 행사에 이용하지 못하도록 내무 장관이 공개 지시를 내렸으나, 위원회는 강행하기로 결정했다. 불행하게도 아내와 나는 거사일 다음 날까지 감옥에서 풀려나지 못했다. 내가 불행하다고 말하는 것은, 그것이 기억에 오래 남을 통쾌한 시위였기 때문이다.

월요일 아침 일찍 자유의 몸이 되어 집에서 아내와 다시 만나니 반가웠다. 그러나 그것도 잠시, 우리는 곧 해스커 가로 벌떼같이 모여든 신문, 라디오, 텔레비전 관계자들에게 포위되었다. 그들을 상대하느라, 전주의 보 가 회합 이후의 상황을 제대로 전해 듣기까지 시간이 좀 걸렸다. 우리가 구금된 것에 항의하여 영국뿐 아니라 다른 나라들에서도 집회와 연좌시위가 벌어졌다는 것은 감옥에서 신문을 통해 알고 있었다. 아내는 홀로웨이의 다른 죄수들에게, 17일의 시위가 성공적이었다는 소식까지 들었다. 죄수들이 라디오를 듣고는 자기네 감방 위에 있는 교도소 대강당 베란다로 나와 엄지손가락을 쳐들고 아내를 격려하면서 연좌시위가 아주 훌륭하게 진행되고 있다고 격앙된 목소리로 외쳤다고 한다. 시위가 과연 얼마나 대단한 성공을 거두었는지는 나중에야 서서히 알게 되었다.

시위의 상세한 내용은 역사가나 참가자들이 들려주어야 할 것이다. 중요한 것은 전례 없이 많은 수의 사람들이 참가했다는 점이다. 그날의 시위는 우리가 희망했던 대중운동이란 방식을 훌륭하게 보여 주었다. 초저녁 무렵이 되자, 광장과 인근 거리는 앉아 있는 사람들로 넘쳐났다. 현장을 구경하려고 나온 사람들도 엄청나게 많았는데, 더 잘 보이는 위치를 차지하려고 아우성들을 쳤다. 의회 광장까지 행진하기란 불가능했다. 시도를 해보기는 했으나 아무도 빠져나갈 수가 없었다. 연좌시위 참가자들이 폭력이나 소란을 일으킨 사례도 전혀 없었다. 그들은 진지했다. 그리고 일부는 개인적으로 영웅적이라 할 만한 행동을 보여 주기도 했다. 예를 들어, 화가인 오거스터스 존은 전부터 쭉 건강이 나빴던 노인이었는데도(그는 시위에 참가하고 얼마 후에 사망했다) 내셔널갤러리에서 나와 광장 가운데로 들어가 앉았다. 아무도 그의 참가 의사를 알지 못했기 때문에 그를 알아보는 사람은 드물었다. 나는 아주 한참 뒤에야 그의 행동에 대해 알게 되었고, 존경을 담아 기록하는 바다. 영웅적인 행동으로 깊은 믿음을 입증해 보인 사례는 그 밖에도 많았다. 웃지 못할 해프닝도 아주 많았다고 들었다. 그날 저녁 늦게 상황을 돌아보기 위해 여러 유명 인사들이 현장에 도착했는데, 경찰이 그들을 열렬한 위원회 지지자들로 오인하여 블랙 마리아에 밀어 넣었다고 한다. 그러나 경찰을 탓할 수만도 없는 실수였다. 군중이 워낙 많았기 때문에 제아무리 목을 뻣뻣이 세워도 일일이 신원 확인이 불가능한 상황이었던 것이다. 그러나 경찰이 야만적으로 대응한 사례도 적지 않아 큰 비난을 받았다. 경찰의 유감스러운 행동 사례를 포착한 현장 사진이 많았기 때문에 그 점에 대해선 왈가왈부할 것도 없다.

　이 시위와 앞서 발생한 구금 사태를 다룬 논평과 그림들이 텔레비전과 언론을 타고 세계 각국으로 전해졌다. 그것은 우리가 무슨 일을 하고 있는지, 무엇을 하려고 하며 그 이유는 무엇인지에 대해 세계 도처의 사람들로 하여금 생각해 보게 만드는 훌륭한 효과를 낳았다. 우리가 바랐던 바가 바로 그것이었지만, 우리는 사후에 닥쳐올 압도적인 선전 효과와 관심에 충분히 대비하지 못한 상황이었다. 우리는 처음부터 어떤 시위를 하든 회원 중 몇 사람만 감옥에 가게 될 것이란 가정하에 준비하곤 했다. 후속 작업을 맡을 지도부가 늘 준비되어 있었던 것이다. 그러나 정부가 회원들을 대량 구속하여 실형을 내리자—특정 시간 특정 불법 행위에 근거한 것이 아니라 일괄적으로 선동죄를 적용하여—이 당번제는 거의 무너질 지경에 이르렀다. 설상가상으로 9월 17일 연좌시위의 혼란 속에 체포가 진행되어, 누가 체포되고 누가 모면했는지 상황 파악이 되지 않았다. 그 결과 위원회에는 당면 사안과 미래의 계획을 처리할 경험자들이 몇 남지 않게 되었다. 나는 지쳐 있었을 뿐 아니라, 주로 나의 구금과 관련해 야기된 일들이어서 나 외에는 아무도 처리할 수 없는 일들 때문에 정신이 없었다. 좋은 기회가 주어졌는데도 우리가 그것을 활용할 수 없는 매우 안타까운 상황이었다.

감옥에서 나온 그 주 주말에 우리는 노스웨일스로 되돌아갔다. 그러나 어딜 가나 기자들과 텔레비전 인터뷰의 공세에 시달려야 했고, 매일같이 세계 각국에서 손님들이 찾아왔다. 이탈리아, 일본, 프랑스, 벨기에, 스리랑카, 네덜란드, 북미, 남미 등등. 우리는 지친 나머지 틈만 나면 우리끼리 차를 몰고 야외로 나가곤 했다. 모험도 많이 겪었다. 어느 날 오후, 우리는 모래사장을 걸어 바위가 튀어나온 뒤쪽으로 빙 돌아갔다. 튀어나온 바위에 마른 수초가 덮여 있었다. 처음에는 길이 안전한지 확인해 가며 걸었으나 점차 무신경해졌고, 어느 순간 앞서 가던 내가 허벅지까지 빠지고 말았다. 움직일 때마다 더 깊이 빠져들었다. 아내는 위험 지역 언저리에 와 있었다. 그녀가 기어서 바위로 올라갔고 어렵사리 나를 끌어올려 주었다. 모래사장인가 습지에 차가 빠져서 끌어올린 적도 있다. 그런데 견인해 준 차가 핵발전소 소속 트럭이어서 우습기도 하고 약이 오르기도 했다.

런던으로 돌아와서도 해프닝을 겪었다. 어느 날 아침, 청년 두 명과 젊은 여자 한 명이 현관 앞에 와 나를 만나겠다고 했다. 반핵 운동에 대해 토론하고 싶다는 것이었다. 나는 그들과 한동안 이야기를 나눈 다음 이제 그만 돌아갔으면 하는 뜻을 비쳤다. 그들은 못 가겠다고 했다. 당시 집에는 나와 가정부밖에 없었는데, 우리가 어떤 말을 해도 그들은 꿈쩍하지 않았고 완력으로 하자니 그럴 기운이 없었다. 그들은 계속해서 내 거실에서 연좌농성을 벌였다. 나는 불안한 나머지 경찰을 불렀다. 경찰의 태도는 나무랄 데가 없었다. 조롱이나 야유는 물론 미소조차 짓지 않았다. 결국 농성자들은 쫓겨났다. 나중에 알고 보니 그 여성은 여배우였고 도와주러 온 두 남자는 그녀의 팬이었는데, 자기 이름을 알리고 싶어 그랬던 것으로 드러났다. 그들은 결국 유명세를 탔으며, 내게도 훌륭한 이야깃

거리와 재미를 제공해 주었다. 위원회 일각에서는 내가 경찰을 불러들인 데 대해 다소 불쾌하게 생각했다.

그 후 몇 달 동안 '100인 위원회'가 주관하는 공적·사적 모임이 무수히 많았다. 나도 참석하여 연설을 했는데, 10월 29일의 트라팔가 광장 집회와 11월 1일의 카디프 집회가 특히 기억에 남는다. 12월 9일에 영국 각지의 미 공군 및 핵 기지에서 동시다발 시위를 하기로 발표되었다. 그러나 런던을 벗어난 전국적 대규모 시위의 경험이 없었던 위원회는 계획 과정에서부터 너무 낙관적이었는데, 특히 수송 문제를 너무 쉽게 생각했다. 예를 들어, 시위자들을 런던에서 목표지의 하나인 웨더즈필드로 옮기기 위해 버스를 전세 내기로 했는데 버스 기사들이 위원회의 관점에 동조한다고 공언했기 때문에 지도부는 당연히 버스가 나타나리라 믿었다. 그러나 우리 중 일부가 우려한 대로 버스 회사가 막판에 버스 제공을 거부했다. 일부 강경하고 결연한 시위자들은 다른 교통수단을 이용해 웨더즈필드로 향했으나, 버스도 없고 다른 뾰족한 대안도 준비되지 않아 참가자 수가 당초 기대보다 훨씬 밑돌 게 뻔했다. 이어서 맞닥뜨린 난관들도 대단했는데, 경찰의 책략과 정부의 진압책이 바로 그것이다. 경찰은 위원회 사무실을 급습하여 회원들을 괴롭혔고, 정부는 위원회가 목표로 정한 장소들을 보호한다는 명목으로 비폭력을 맹세하고 비무장한 사람들을 상대로 육공군 병력과 안내견, 소방 호스까지 동원했다. 그럼에도 불구하고 겉모양은 괜찮은 시위가 되었다. 그러나 기대 이상의 성과를 거둘 것이라고 사전에 선언한 것이나, 예상되는 난관들에 대한 대안을 철저하게 계획하지 못한 것은 분명 지도부의 실수였다.

위원회는 다른 점들에서도 이미 약화 조짐을 보이고 있었다. 핵과 군축 문제에만 전념할 것이냐, 국내의 모든 사회 정치적 불의에 맞설 것이냐를 두고 회원들 간에 긴 토론이 시작되고 있었다. 그것은 시간 낭비인 동시에 정력을 분산시키는 짓이었다. 사회 정치 전반에 대한 저항 운동으로 확대시키는 것은 훗날 위원회의 힘과 능력이 견고해졌을 때 생각해야 마땅할 문제였다. 그 같은 기획들은 시간만 지연시킬 뿐이었다. 이처럼 불행한 경향이 생겨나게 된 것도 위원회가 정치나 운영에 있어 현실적인 경험이 부족한 것이 주원인이었고, 9월 17일 성공의 의미를 과대평가한 것도 한 원인이었다. 9월 17일 시위가 대단히 큰 힘이 되었다고 볼 수 있지만, 그것이 '대중적' 시민 불복종 운동의 확실한 미래를 보장해 주는 것은 결코 아니었다. 전국의 인구를 따져 볼 때 우리의 운동은 여전히 소수의 운동이었으며, 굳건한 반대에 맞설 수 있는 역량조차 확실하게 검증되지 못한 상태였다. 12월 9일 시위의 상대적 실패를 교훈 삼아 조직 강화의 시기로 넘어가지 못하고 낙담하는 데서 머물고 말았다는 것은 불행한 일이었다. 나는 그 당시 공개 성명서를 통해 실의에 찬 분위기를 극복해 보고자 했고, 사석에서도 그 교훈을 열심히 설득했다. 그러나 두 가지 시도 모두 실패로 돌아갔다.

12월 9일 시위의 직접적인 여파로, 지도부 다섯 명이 1911년 제정된 공무상 기밀에 관한 법 위반죄로 고발되었다. 그것은 문외한이 보더라도 기이하기 짝이 없는 재판이었다. 자신의 논거를 충분히 제시하게끔 허용받은 검찰 측은, 권한도 없는 사람들이 웨더즈필드 비행장에 들어가 항공기를 이륙하지 못하게 한 것은 국가의 안전을 침해한 행위라는 식의 논리로 몰아갔다. 변호인단은 전국의 핵 '방어' 기지가 모두 그러하듯 웨더즈필드 기지도 존재 그 자체가 나라의 안전을 위협한다고 주장했다. 웨더즈필드는 그 당시 핵 정책의 산물에 불과했는데, 그러한 정책의 위험성을 증언하고자 미국에서 건너와 있던 물리학자 라이너스 폴링 교수, 전파 탐지기 발명자 로버트 왓슨와트 경, 그리고 나는 오랜 시간 가택 연금을 당해야 했다. 변호인 측 증인 중 일부는 아예 증언대에 서지도 못했지만, 어쨌거나 다른 증언들과 마찬가지로 우리 세 사람의 모든 증언도 고발 내용과 무관하다고 선언되었고, 결국 채택되지 못했다. 대단히 법적으로 진행되는 듯 보였으나 검찰 측은 법의 온갖 허점들을 동원하여 변호인 측을 가차 없이 봉쇄했다. 물론 재치 있는 순간도 몇 번 있었다. 일례로, 검찰 측 주요 증인으로 나온 공군 사령관 맥길은 런던에서 웨더즈필드까지 거리가 얼마냐는 질문을 받고, "빠른 비행기로 가면 80킬로미터쯤 됩니다"라고 대답했다. 배심원단은 유죄 평결을 내렸는데, 흥미로운 것은 그들이 네 시간 반 동안 나가 있었다는 점이다. 그런 상황에서 다른 평결이 나오리라 기대한 사람은 아무도 없었다. 다섯 명의 기결수에게는 각각 18개월의 구금형이 선고되었고, 위원회 복지부 간사였던 유일한 여성에게는 1년이 선고되었다.

비록 참가하지는 못했으나 그 시위를 격려했던 사람으로서, 나는 유죄 선고를 받은 사람들 못지않은 '죄인'이란 것을 너무나 잘 알고 있었으므로 마침내 재판정에서 발언 기회를 얻게 되자 어렵사리 그렇게 이야기했다. 다른 많은 사람들도 나와 비슷한 감정이었기 때문에 재판이 끝나자 우리는 캐년가 경찰서로 몰려가 우리가 죄인이라고 선언했다. 경찰은 정중하게 받아 주었지만, 예상했던 대로 아무도 우리의 선언에 주목하지 않았다. 위원회는 그 재판의 취지와 그에 대한 입장을 발표하기 위해 트라팔가 광장에서 집회를 열었다. 눈과 강풍이 몰아치는 가운데 로버트 왓슨와트 경과 나를 포함한 여러 사람들이 적지 않은 청중을 상대로 연설했다.

그로부터 한동안 나는 위원회의 공식 발표에 거의 관여하지 않았다. 7월 마지막 주, CND와 '100인 위원회' 모두 모스크바에서 개최되는 '세계 군비 감축 회의'에 참가자를 파견했다. 회의가 열리기 직전에 나는 버널 교수로부터, 회의에 띄우는 메시지를 대리인편에 보내라는 요청을 받았다. 위원회의 입안 및 행동 과정에 참여해 온 크리스토퍼 팔리가 나를 대신해 출국했다. 그는 모스크바에 머무는 동안 다른 비공산주의자 몇 명과 함께 붉은 광장에서 대중 집회를 열고 인쇄물을 나누어 주었다. 그것은 불법 행위였으므로, 그곳에 가 있던 CND

527

위원장이 여러 수단을 동원해 격하게 성토했다. 시민 불복종 운동에 참여해 온 다른 사람들도 반대했으며 일부 국내 활동가들까지 가세했다. 회의 참석자들은 자신들이 러시아의 손님으로 왔기 때문에 주최국의 엄정한 법에 따라야 한다고 믿었다. 집회는 해산당했으나 주동자들은 자신들이 시민 불복종 운동의 국제적 성격을 지적했다고 믿고 의기양양해했으며, 해산되기 전에 토론 비슷한 것도 할 수 있었다. 그때 나는 열띤 반대만 받았을 뿐 반대하는 근거를 전혀 제시받지 못했다. 팔리가 돌아와 자신이 한 이야기를 전해 주었을 때 나는 그가 집회를 지원한 것이 옳은 행동이었다고 판단했다. 그리고 우리가 중립이라는 것, 따라서 국제적 대의가 있는 곳이면 어디서든 시민 불복종을 이끌어 내야 한다는 점을 확인시키는 데 도움이 되었다고 평가했다.

8월 하순이 되자 위원회는 9월 9일로 예정된 시위를 준비하기 시작했다. 지난 12월 9일의 실패를 교훈삼아 시위 장소를 다시 런던 중심부로 옮기고 사람들에게 참가 서약을 받기로 결정했다. 지도부는 7천 명의 서약을 받아 내지 못하면 시위를 하지 않겠다고 발표했다. 9월 9일은 하루하루 다가오는데 그 전까지 그 숫자를 채우기는 어려울 것임이 확실해지고 있었다. 나는 그들의 공개 선언을 보면서 시위가 무산될 것 같은 느낌을 강하게 받았다. 특히 서약자들이 약속된 수의 참가자들이 보장되지 않더라도 시위에 참여해야 하는지를 물어 오곤 했기 때문에 더 그랬다. 런던 위원회 간사는 시위 포기를 적극 반대했고 많은 회원들도 그럴 필요는 없다고 믿었다. 정해진 약속을 팽개치는 이와 같은 모습에 나는 혐오감을 느꼈으며, 위원회가 붕괴되고 있다는 판단이 더욱 강해졌다. 결국 시위는 취소되고 말았다.

공무상 기밀 관련 재판 이후로 내게는 위원회와 무관하게 많은 일들이 있었다. 런던 주재 외국 언론인들이 베풀어 준 오찬 등 여러 오찬 행사가 있었고, 서스킨드라는 사회자와 장시간 대담한 미국 방송을 비롯해 텔레비전 방송에도 많이 출연했다. 여행 중인 주요 인사들의 방문도 많이 받았는데, 다섯 명의 러시아 주요 언론인도 웨일스로 찾아와 오후 시간을 함께 보냈다. 3월 말에는 2주 남짓 휴가를 내어 드라이브를 했는데, 날씨가 춥고 구질구질하고 음산하여 우리 둘 다 심한 감기에 걸리는 바람에 완전히 실패한 휴가였다. 개인적으로는 5월 18일 90회 생일과 관련된 행사들이 무엇보다 의미가 컸다.

사실 상당히 떨리는 마음으로 생일 잔치를 기대했다고 고백하지 않을 수 없다. 행사를 완성시키기 위해 어떤 노고와 걱정들이 따랐는지 알 수 없었지만, 아무튼 예정되어 있다는 것을 들어 알고 있었기 때문이다. 콘서트 홀 프로모터와 무대감독들이 특이하게 훼방을 놓았으나 반대로 지휘자, 오케스트라, 독주자들은 더할 수 없이 친절하고 관대했다는 등등의 내막을 나중에야 들을 수 있었다. 친구들이 나를 즐겁게 해주기 위해 여러 주에 걸쳐 엄청난 시간과 에너지와 생각과 결연한 의지를 투입했다는 사실을 나는 뒤늦게 조금씩 알게 되었다.

그중에서도 가장 적극적으로 뛴 사람은 랠프 쉰먼이었다. 훌륭한 준비로 나를 지극히 기쁘게 해주었던 프로그램을 비롯해 음악회 준비 작업 일체를 그가 거의 떠맡다시피 했다. 이 모든 사실을 알고 난 후 나는 큰 감동을 받았으며, 생일 파티 그 자체도 감동적이었다. 그와 같은 뜻밖의 따뜻한 갈채와 찬사의 한가운데서 너무나 즐거워하는 나 자신을 발견하고 나도 놀랐다.

생일 당일에는 손자 두 명과 런던의 가정부 진 레드먼드가 참석한 가운데 가족끼리 즐거운 다과회를 가졌고, 행운의 초를 든 꼬마 순경이 꼭대기를 장식한 근사한 케이크(빵집 주인이 기증해 준 것이다)를 앞에 놓고 축하했다. 저녁에는 에이어와 루퍼트 크로샤이-윌리엄스가 준비한 만찬이 카페 로열에서 열렸다. 즐거운 자리였다. 친구 몇 사람이 연설을 했는데, 에이어와 줄리언 헉슬리는 나를 크게 치켜세웠고, E. M. 포스터는 젊은 날 케임브리지 시절을 회고하면서 나의 옛 친구 보브 트리벨리언의 이야기로 자리를 즐겁게 해주었다. 그리고 우리 집안의 수장 격인 베드퍼드의 공작과 그의 아내도 처음으로 만나 보았다. 나는 그가 어려운 여건에서 개인적으로 큰 대가를 치르면서도 워번의 사유지를 결연히 지키는 점을 높이 평가하고 있었다. 그의 탈인습적인 태도도 좋았다. 나를 축하하기 위한 음악회에서 한마디 해달라는 요청에 그가 주저없이 응했다고 전해 들었다. 따라서 나는 이미 그를 좋아할 준비가 되어 있었는데, 과연 실망은 없었다. 아서 월리, 마일스 멜리

슨 같은 많은 옛 친구들과의 관계를 재확인하고 새 친구들까
지 몇 명 사귈 수 있었다는 점에서도 즐거운 저녁이었다고 하
지 않을 수 없다.

　다음 날 오후에는 페스티벌 홀에서 축하 잔치가 열렸다.
고맙게도 홀 프로모터인 T. E. 빈이 후원해 준 행사였는데, 정
말 무슨 말을 어떻게 해야 할지 모를 정도로 감격스러웠다. 나
를 위해 음악과 공연이 준비되었다는 얘기는 들었지만, 콜린
데이비스가 이끄는 오케스트라와 릴리 크라우스의 독주 음악
이 그처럼 아름다울 줄은 정말 상상도 하지 못했다. 그리고 여
러 사람들이 그처럼 감동적이고 후한 인사말을 해줄 것이라고
도 짐작하지 못했다. 행사 감독을 맡았던 랠프 쉰먼, 빅터 퍼
셀, 덴마크의 소닝 부인, 스위스 조각가인 에른스트 빌리, 아
프리카의 몰리 느코시, 여배우 버네사 레드그레이브, 나의 사
촌 이언 베드퍼드. 그 자리에 참석하지 못한 사람들이 보내온
선물도 몇 점 받았다. 사촌인 플로라 러셀이 보내온 소크라테
스의 흉상, 화가 한스 어니가 직접 그려서 보내 준 나의 훌륭한
초상화 등. 메시지를 보내온 사람들도 많아서 일부는 쉰먼이
낭독해 주고 일부는 '헌정 프로그램'에 실었다. 프로그램 표지
에는 포트머독의 T. E. 모리스가 찍은 내 사진이 실렸다. 프로
그램을 세계 도처의 사람들에게 보낸 것으로 알고 있다. 음악
인 연맹에서 음악 녹음을 거부했고 BBC 방송도 행사를 녹화
해 주지 않겠다고 했다. 선물과 프로그램, 개인적으로 만들어
진 녹화 테이프도 소중하지만, 특히 공연 배우들을 비롯해 관

중들에게서 느낀 그 따뜻한 우정은 지금도 나의 보물이며 앞으로도 늘 그럴 것이다. 그때 나는 너무나 큰 감동을 받은 나머지 말조차 잘 나오지 않았기 때문에, 내가 느끼는 고마움이나 행사가 내게 주는 의미를 표현하기도 어려웠다. 그러나 다행히도 할 말이 생각났다. 내가 지금 다시 말한다 해도 녹화 테이프에 담긴 것보다는 못할 것이다. 거기에 그 당시 나의 감정이 가장 생생하고 정직하게 표현되어 있기 때문이다.

친구 여러분,
지금 이 자리에 대해 무어라고 말해야 좋을지 모르겠습니다. 나는 말로 다할 수 없는 감동, 도저히 표현할 수 없는 깊은 감동을 받았습니다. 일단 이 행사를 위해 수고하신 여러분들에게 진심으로 감사해야 할 것 같습니다. 훌륭한 음악을 훌륭하게 연주하여 더없는 기쁨을 제공해 주신 음악인 여러분들, 내 친구 쉰먼처럼 무대 뒤에서 고생하신 여러분들, 그리고 선물을 보내 주신 여러분들—이 선물들은 그 자체로도 귀중하지만 이 위험한 세상에 영원할 희망의 표현이기도 합니다.

나는 죽어 흙이 되는 것보다는 삶과 기쁨과 아름다움이 훨씬 낫다는 아주 소박한 신념을 가지고 있으며, 따라서 오늘 들은 것과 같은 그런 음악을 들을 때 우리 모두가 반드시 기억해야 할 사실이 있다고 봅니다. 그러한 음악을 만들어 내고 들을 수 있다는 것이야말로, 어리석은 다툼 속에 날려

버려서는 안 될, 소중하게 지켜야 할 것이라는 점입니다. 너무 단순한 얘기라고 할지 모르겠지만, 사실 우리에게 중요한 것들은 모두 아주 소박한 것들입니다. 그런 신념이면 충분하다고 생각하며, 여러분들도 그렇게 생각하리라 봅니다. 그렇게 생각지 않는 분이라면 지금 이 자리에 앉아 계시지도 않을 테니까요.

그러나 크고 작은 학대와 비방과 공격을 불러올 수밖에 없는 험난한 길로 접어든 사람이 오늘 나처럼 이렇게 환영받는 자리에 서게 되기란 그 얼마나 힘든 일인지를 꼭 지적하고 넘어가고 싶습니다. 그 생각을 하면 나는 좀더 겸허해지는 동시에, 이 자리를 만들어 준 사람들의 우정과 기대에 어긋나지 않게 살아야겠다고 다짐하게 됩니다. 부디 내가 그럴 수 있기를 빌면서, 여러분, 진심으로 감사합니다.

내 생일과 관련된 마지막 공식 행사는 그 다음 주에 열렸다. 페너 브록웨이가 나를 위해 고맙게도 하원에서 오찬을 열어 주었던 것이다. 상원이든 하원이든 의원들이 내게 경의를 표하겠다고 나설 줄은 예상하지 못했기 때문에 나는 행사를 앞두고 다소 긴장했다. 연회가 준비된 하코트 룸으로 이어진 대기실에서 기다릴 때, 식전 음료를 마시고 있는 의원들을 다소 부러운 눈길로 바라보며 문간에 서 있을 때 긴장감이 더 한층 고조되었다. 그러나 막상 파티가 시작되자 유쾌하고 호의적인 분위기였고, 나는 참석해 준 많은 사람들에게 고마운 마음이 들었다. 그때만큼은 정치인들의 행태를 공격할 수도 없었고 그들에게 직격탄을 퍼부을 기회도—심지어 의무감도— 찾아낼 수 없었던 것 같다.

아흔으로 접어든 나를 위해 벌어졌던 시끌벅적하고 즐거운 행사들이 모두 끝나자 아내와 나는 다시 웨일스로 돌아가 칩거했다. 그리고 국제 사회의 핵 및 군비 감축 정책들에 관해 우 탄트〔미얀마의 정치가, 1961~71년에 국제연합 사무총장을 역임했음〕와 얘기를 나누고자 7월에 며칠 나온 것 외에는 런던에 오는 일이 드물었다. 나는 그때 그를 처음 만나 보았는데, 정력적이고 상황 파악력이 뛰어난 것은 물론 공정하고 객관적이며 사려 깊고 훌륭한 유머 감각까지 겸비하여 나는 그에게 큰 감명을 받았다. 그 무렵에 위번 수도원을 난생 처음 방문하기도 했다. 웅장한 건물들은 매우 훌륭했고, 고요한 아름다움이 느껴지는 공원도 좋았다. 아름드리 나무들이 데이비드 신부가 키우는 사슴들의 은신처가 되고 있었고, 고요 속에 녹색 잔디가 넓게 펼쳐져 있었다.

그해 후반 몇 달은 쿠바 사태와 뒤이은 중국-인도 국경 분쟁으로 시끄러웠다. 12월 초에 펭귄 출판사가 이 두 사태에 관해 써보겠다는 나의 제의를 받아들였고, 나는 이듬해 1월에 집필을 마쳤다. 그리고 4월에 펭귄과 앨런 언윈 두 출판사에서 『비무장의 승리』란 제목의 책으로 출간되었다. 그 책에서 그 당시 나의 생각과 행동에 대해 할 만한 얘기는 다했으므로 여기서 되풀이할 생각은 없다. 그러나 그 당시 두 사태와 관련해 내가 한 일 중에 후회되는 것은 없다는 점을 덧붙이고 넘어가고 싶다. 그 후에 더 연구해 보았지만, 그 당시 나의 관점과 달라진 바가 없다. 지엽적인 문제이긴 하지만 한 가지 아쉬운 것은, 그해 10월 23일에 내가 케네디 대통령에게 전보를 치면서 좀더 부드러운 표현을 쓰지 못했다는 점이다. 표현이 직선적이어서 큰 효과를 거두지 못했다는 견해에 동의한다. 그러나 미국 정부가 신속한 철수라는 현명한 태도를 보여 주리라고는 별로 기대하지 않았으며, 같은 상황이라면 지금도 역시 크게 기대하지 않았을 것이다.

나는 9월의 행사들에서 드러난 '100인 위원회' 지도부 일각의 어리석은 태도들과 위원회의 노선이 점차 흐트러지는 과정을 지켜보며 고민하던 끝에, 이듬해 1월 초 런던 위원회 본부에서 물러났다. 그러나 그런 이유들을 공개적 사임을 통해 거론하고 싶지는 않았다. 내가 웨일스에 머무는 시간이 점차 늘어난 탓에 본부의 작업에 제대로 참여하기가 힘들었다는 것도 나로서는 다른 것들 못지않게 타당하고 결정적인 이유였다. 지금도 나는 위원회의 초반 목표와 행동들에 크게 공감하기 때문에, 성공 가능성이 높다고 판단되는 행동에 대해선 얼마든지 지원할 것이다. 국제 정책들이 과거보다 악화되었다고까지는 할 수 없지만 여전히 문제점을 안고 있는 상황에서 나는 대중적 시민 불복종이야말로 그러한 정책들을 공격하는 가장 효과적인 방법의 하나라고 본다.

한편, 영국 정부는 핵전쟁이 터졌을 때를 대비해 나름의 행동 방침을 마련했다. 우리가 그 계획의 내용을 일부나마 알게 된 것은 자칭 '평화를 위한 스파이들'이란 조직을 통해서였다. 이 조직이 전쟁 발발시 가동될 당국의 비밀 계획을 탐지하는 데 성공했던 것이다. 그 내용에 따르면, 영국을 여러 개의 지역으로 분할하고 각 지역마다 자체 정부와 독재적 권력이 부여되며, 사전에 편성해 놓은 관리 집단 중 무사히 살아남은 자들이 '각 지역 정부 소재지' 지하에서 그러한 권력을 행사하게 되어 있었다. 따라서 나머지 사람들의 운명이 어떻게 될지, 특히 우리가 살아남았을 경우 죽음의 재를 어떻게 피할 것인지를 (적이 허용하는 한도 내에서) 그들이 결정하게끔 되어 있었다. 그러한 조치가 준비되어 있다는 것을 국민들이 알게 되면 좋을 것이 없기 때문에 극비에 붙여진 계획이었다. 관련 문서를 일부 찾아낸 '평화를 위한 스파이들'은 발표하고 싶어 안달이었다. 자금이 없었던 그들이 내게 호소해 왔다. 나는 찬성을 표하고 그들에게 50파운드를 내주었다. 그 즉시 문서가 발표되었고, 올더마스턴 행진 참가자들에게도 복사물이 배포되었다.

평화주의자들이 비밀스런 방법을 이용한다는 사실에 CND 지도부가 충격을 받은 것은 내가 볼 때 불행한 일이었다. 그들은 '스파이들'이 애써 확보한 정보가 확산되는 것을 막으려고 안간힘을 썼다. 추가로 일부 문서를 확보한 '스파이들'은 평화주의를 지지하는 주요 언론사의 편집장에게 그것을 넘겼다. 그 편집장이 그 정보를 발표해 주리라 기대했던 것이다.

그러나 그것을 폭로하고 발표할 경우 틀림없이 보복을 당하리라 판단한 편집장은 겁을 집어먹고 '스파이들'의 일원 중 한 사람의 어머니에게 그것을 보냈는데, 그 어머니가 경찰의 습격을 우려하여 소각해 버리고 말았다. 이렇게 해서 정부의 자구책과 살아남은 우리들의 지원 방안을 알 수 있는 우리의 희망은 사라져 버렸다. 이 일은 우리의 입지를 해명하는 데 큰 타격이 되었고, 결국 어수룩하고 마음만 좋은 평화주의자들이 평화운동을 주도하게 되는 결과를 낳고 말았다.

# 재단

핵 위기는 각국 정부가 핵무기를 보유하는 한 계속될 터였고, 그 파괴적 물건들이 개인의 손에 들어가게 될 경우 그 위험은 훨씬 더 오래 지속될 수 있었다. 처음에는 그 위험성을 자각시키는 일이 크게 힘들지 않을 것으로 예상했다. 나는 자기 보존이란 것이 흔히 다른 모든 동기에 앞서 작동하는 매우 강력한 동기라고 생각했고, 그것이 일반적인 믿음이기도 했다. 나는 사람들이 자기 가족과 이웃, 자신이 아는 모든 사람들과 함께 산 채로 튀김이 되는 것을 달가워하지 않을 것이라 믿었다. 필요한 것은 그 위험성을 알리는 작업일 뿐, 그 작업만 이루어지고 나면 모든 정파의 사람들이 예전의 안전을 되찾고자 단결할 것이라 믿었다. 그러나 그것은 착각이었다. 자아 보존보다 더 강력한 동기가 있으니, 바로 다른 사람을 이기려는 욕망이었다. 과거에 내가 그랬듯 흔히 간과되는 중요한 정치적 사실을 나는 깨닫게 되었다. 사람들은 적을 절멸시킬 수만 있으면 자신의 생사—나아가 인류의 생사—도 크게 문제 삼지 않는다는 것이다. 우리가 살고 있는 세계에는 총체적인 죽음의 위험이 항시 도사리고 있다. 위기를 제거할 방법을 모두가 빤히 알면서도 누군가 다른 사람이 반역자 역을 맡아 주리라는 너무나 낮은 가능성에 매달리며, 그 결과 거의 모든 사람이 안전의 확보보다 핵 위험을 감수하고 사는 쪽을 택하는 기막힌 상황에 처해 있다. 나는 총체적 파멸의 위험을 충분히 가시화시키면 바람직한 효과를 거둘 것으로 생각했고, 지금도 그렇게 생각한다. 그러나 개인이 혹은 개인들의 집단이 어떤 방법으로 그런 것을 보여 준단 말인가? 나는 생각이 같은 사람들과 더불어 여러 가지 다양한 방법들을 모색했다. 처음에는 이성적인 방법을 시도하여, 핵무기의 위험과 흑사병의 위험을 비교해 설명했다. 그러나 사람들은, "정말 옳은 얘기군요"라고 말하고는 아무 행동도 취하지 않았다. 그래서 이번엔 특정 집단의 생각을 바꿔 보려 했다. 어느 정도 제한적인 성공을 거둘 수는 있었으나 일반 대중이나 정부들에는 거의 영향을 주지 못했다. 다음으로, 다수의 사람들이 시위행진을 하는 대중적 호소를 시도했다. 그러자 모든 이들이 말했다. "행진은 남에게 폐를 끼치는 행위다." 그 다음에는 시민 불복종 방법을 시도했으나, 이것 역시 실패로 돌아갔다. 지금까지도 이 모든 방법들이 이용되고 있고, 나도 가능한 모든 방법을 지지하고 있다. 하지만 부분적 효험에 그쳤을 뿐 그 어느 것도 더 나은 성과를 낳지는 못했다. 지금 나는, 정부들과 대중에게 복합적으로 호소하는 새로운 시도에 관여하고 있다. 내가 살아 있는 한 이러한 노력은 계속될 것이며, 반드시 이 작업이 계속 이어지도록 만든 후에 물러날 것이다. 그러나 인류가 과연 스스로를 보존 가치가 있다고 생각하는지, 그 자체가 의심스러운 문제다.

나는 오랜 세월 박해받는 소수들과 부당하게 투옥되었다고 판단되는 여러 나라 사람들에게 관심을 가져왔다. 나가 지역(인도와 미얀마 국경 지대의 산지)과 앞서 이야기된 소벨을 도우려 한 것도 그런 예들이다. 그로부터 얼마 후에는 집시들의 참상에 관심을 가지게 되었는데, 특히 말끔한 위생 시설과 최소한이나마 적당한 교육을 받을 기회 등의 필수 생활 요건이 갖추어진 지속적인 주거지를 집시들에게 제공하고자 한 그라탄 푹손의 노력에 관심을 가졌다.

구속된 사람들을 해방시키려는 나의 노력에 오점이 전혀 없지는 않음을 인정한다. 오래 전에 어느 젊은 유태계 독일인 난민이 내게 도움을 요청하러 왔었다. 내무부는 그에게 독일로 돌아가도록 지시했으나, 돌아가면 사형될 처지였다. 어리석기는 했으나 전혀 해를 끼칠 만한 청년 같지 않았다. 나는 그와 함께 내무부로 가서 말했다. "보시오, 이 사람이 위험한 사람이라고 생각하시오?" 그들이 대답했다. "글쎄, 그런 것 같지는 않지만." 그들은 그를 본국으로 돌려보내지 않겠다고 동의했다. 대신에 새 여권을 만들어야 한다고 말했다. 그리고 즉시 그 절차에 필요한 질문으로 들어갔다. "아버지는 누구

요?" "모릅니다." "어머니는?" "모릅니다." "언제 어디에서
태어났소?" "모릅니다." 관리들이 움찔했다. 그가 제대로 아
는 것은 유태인이란 사실밖에 없었다. 그쯤 되니 내 얼굴도 약
간 붉어질 수밖에 없었지만, 어쨌거나 나의 고집스럽고 완강
한 표정을 본 관리들이 밀어붙여 결국 그에게 여권을 만들어
주었다. 내가 그에게서 들은 마지막 소식은, 영국에서 살려면
자기 앞가림을 해야 한다고 생각하게 되었고, 돈을 버는 제일
확실한 방법은 영국인 여자를 임신시키는 것이며, 그렇게 되
면 정부 지급 물품을 신청하여 탈 수 있다는 내용이었다. 최근
그의 계획이 실패로 돌아갔다는 풍문을 접하고 나는 아주 약
간 마음이 놓였다.

역시 오래 전 얘기인데, 외설적인 시를 썼다는 이유로 구
속된 한 폴란드 청년이 내게 도움을 호소해 왔다. 나는 '시인을
감옥에 처넣다니! 절대로 안 돼! 있을 수 없는 일이야!'라고 생
각했다. 그리하여 이번에도 내무부에 호소했다. 그러고 나서
그의 시를 좀 읽어 보았는데, 얼마나 지독하게 혐오스럽던지
그가 받았던 판정에 공감이 가고도 남았다. 그러나 그는 결국
영국 체류를 허락받았다.

위의 두 일 모두 다소 부끄러운 기억들이긴 하지만 후회
는 하지 않는다. 일반 대중에게 해가 되지 않는 어리석음을 빌
미로 사람을 감옥에 집어넣는 것은 말도 안 된다는 것이 나의
판단이었다. 그러한 사고방식을 논리대로 밀어붙이면 자유롭
게 살 수 있는 사람이 몇 명이나 되겠는가. 게다가 법과 감금시

킨다는 협박을 동원해 외설 문제를 다룰 경우 효과는커녕 피해만 더 커진다. 어리석거나 고약한 것일 뿐인데, 오히려 거기에 사악한 흥미와 유혹의 후광을 보태 줄 뿐이다. 그런 방법은 외설을 줄이는 데 아무 도움이 되지 않는다. 나는 정치범 문제도 그렇게 생각한다. 어떤 사람을 단순히 정치적 견해 때문에 감옥에 집어넣을 경우—그러고 싶은 유혹은 크겠지만—그의 견해의 유포를 막기는커녕 더 확산시키게 되는 수가 있다. 그런 짓은 인간 세상에 비극의 양을 늘리고 폭력을 더 조장하게 만든다. 앞서도 말했듯, 나는 최근 몇 년 사이 정치나 종교적 견해로 인한 개인 및 집단의 감금과 박해에 맞서는 작업에 점점 깊이 개입하게 되었다. 세계 도처에서 도움을 요청하는 개인과 단체들의 호소문이 계속 늘어가고, 단체 대표들이 거의 매일같이 찾아온다. 내가 직접 그 먼 나라들에 가볼 수는 없는 처지여서, 가능하면 현장에서 가장 객관적인 정보를 얻고자 여러 나라들에 대리인을 파견할 수밖에 없다.

1963년은 그리스 저항 투사들에 대한 나의 관심이 극에 달한 해였다. 그들은 과거 나치스에 항거했으나 대다수가 '공산주의자들'이었기 때문에 여전히 감옥에서 시들어 가고 있었다. 그들의 대표들이 다수 나를 찾아왔는데, 4월과 5월에 영국을 방문한 그리스 하원 의원들도 그중 일부였다. 그리스에서 '버트런드 러셀 100인 위원회'가 구성되었고, 4월 말에 시위행진이 열렸다. 정확히 말하자면 시위행진을 벌일 예정이었고, 나도 그 행사를 위해 대리인을 파견했다. 그때 살로니카에서 하원 의원 람브라키스가 살해되는 사건이 발생했다. 당국의 묵인하에 발생한 사건임이 분명했다. 나는 그 일로 깊은 충격을 받았고, 다른 자유주의자들도 마찬가지였다. 아테네에서 거행된 람브라키스의 장례식에 초청받은 나는 또다시 대리인을 파견했다. 대리인은 너무나 감동적인 이야기를 듣고 돌아왔다. 나도 물론 공감하는 감정이었다. 그러한 감정이 한창 들 끓고 있던 7월에 그리스 왕가가 버킹엄 궁을 방문하게 되었다. 나는 트라팔가 광장에서 방문 반대 연설을 하고 시위에 참가했다. 여왕 폐하의 백성들이 그처럼 볼썽사나운 짓을 하자 영국 언론은 충격을 받았고, 내각 장관들은 볼멘소리를 냈으며, 경찰은 연행된 시위자들의 호주머니에 벽돌을 집어넣고는 불법 무기 소지죄로 고발했다. 가장 억척스럽고 용감한 영국인 시위자 중 하나인 베티 앰버틸로스의 남편은 그리스 사람이었는데 수년째 감옥에 갇혀 있었다. 2년 후 그녀의 남편은 석방되어 런던으로 우리를 찾아오기도 했으나, 다른 수감자들은 여전히 감옥에 남아 있었다. 훗날 그는―한동안은 그의 아내도―재수감되었으며, 그리스 당국에 의해 더 많은 구속자들이 정치범 수용소로 보내졌다. 타오르는 태양 아래 물도 없고 위생 시설도 없이, 아무런 보살핌도 받지 못한 채 수용소에서 집단생활을 했던 그들의 삶을 생각하면 가슴이 아프다.

같은 해인 1963년 4월, 나는 팔레스타인 지역 아랍 난민들의 실태를 조사하고자 이스라엘로 대리인을 파견했다. 팔레스타인 난민 문제와 관련해 유태인과 아랍인의 갈등이 해결될 수 있는 가장 효과적인 방법을 찾기 위해서였다. 그 후로 종종 요청에 의한 경우도 있었지만, 나는 이스라엘과 이집트 양국에 대리인들을 파견하여 두 나라의 개별적인 혹은 공동의 문제들을 논의하게 했다. 반대로 그들이 내게 사절을 보내오기도 했다. 나는 소비에트 연방에 거주하는 유태인들의 참상에 대해서도 관심이 많았고 지금도 마찬가지여서, 그 문제를 두고 소련 정부와 지속적으로 많은 의견 교환을 하고 있다. 덧붙여서, 제2차 세계대전으로 이산가족이 된 상당수의 동유럽 유태인 가족들이 해외, 주로 이스라엘에서 재결합할 수 있도록 노력하고 있다. 처음에는 개별적으로 그들의 출국 허가를 호소했으나 나중에는 수백 건에 달하는 부탁에 못 이겨 그 집단 전체를 대신해 호소하기 시작했다. 그런 일들을 하다 보니 나는 어느새 40여 개국의 정치범들을 위한 석방 운동을 하고 있었다. 그들은 칭송받아 마땅할 일을 하고도 거의 잊혀진 채 억류되어 있는 경우가 많았다. 내 동료들과 나의 구명 운동 덕분에 여러 나라에서 많은 정치범들이 석방되었다고 들었으나, 아직도 감옥에 남아 있는 사람들이 많기 때문에 운동은 계속되고 있다. 소벨 사건 때처럼 때로 그런 일과 관련해 어려움을 겪기도 하고 욕도 많이 먹었는데, 훗날 하인츠 브란트 석방 운동 때도 그런 일을 겪었다. 동독인들이 히틀러 치하 강제 수용소에서 살아남은 브란트를 납치하여 감금한 것은 너무나 비인간적인 처사였으므로, 예전에 동독 정부로부터 받았던 카를 폰 오시에츠키 메달을 되돌려 보내지 않을 수 없었다. 그런

데 브란트가 얼마나 빨리 석방되었던지 나도 깜짝 놀랐을 정
도다. 1963년 1월에 내가 '미국 비상 시민 자유 위원회'로부터
톰 페인상을 받게 된 것도 어쨌거나 부분적으로 수감자 구명
활동¹ 덕분이었던 것 같다.

　예전에도 그랬지만 특히 근래에 와서 내가 단체의 일부로
서 이 작업을 수행했기 때문에 진상 조사를 위해 세계 각지에
대리인들을 파견할 수 있었다. 그들은 동서를 막론하고 유럽
의 나라에는 거의 다 가보았고, 캄보디아, 중국, 실론(스리랑카
의 옛 이름), 인도, 인도네시아, 일본, 베트남 등 동양 여러 나라
들에도 파견되었다. 아프리카의 에티오피아, 이집트, 동서아
프리카의 신생국들에까지 다녀왔다. 아메리카 대륙의 나라들
도 포함되었음은 물론이다. 우리 조사단은 해당국 정상을 비
롯해 정부 관리들, 해당 사안을 다루는 단체의 장들에게 후한
대접을 받곤 했다. 일반 대중들과도 물론 대화를 나누었다. 나
는 그 연장선상에서 각국의 정상 및 관리들과 의견 교환을 꾸
준히 계속하고 있으며, 특히 동유럽, 아시아, 아프리카인들과
런던에서 만나 다양한 국제 문제들에 관해 토론하기도 했다.
그 같은 만남은 연방 회담차 열리는 모임들 덕분에 이루어진
경우가 많았다. 그중 일부는 적절한 장식들—번쩍이는 눈들,
예복, 언월도(초승달처럼 굽은 아랍식 검), 보석, 키 크고 사납게

1　수감자 석방을 위해 동료들과 나는 정파나 신조를 따지지 않았으며, 그들에게
가해진 처벌의 정당성 혹은 부당성, 불필요한 잔학 행위의 유무만을 기준으로 삼
았다.

생긴 수행원들—까지 갖춘 유쾌한 자리가 되기도 했는데, 내
게 아주 즐거운 기억으로 남아 있는 1965년 바레인 지도자와
의 만남도 그런 경우였다. 물론 런던 주재 대사들과도 자주 접
촉하여 특별한 사안들을 논하고 있다.

이러한 활동에 대한 요구는 꾸준히 높아져서 1963년쯤
되자 도와달라는 수요가 급속히 늘어, 나처럼 남다른 능력과
성의를 가진 사람도 혼자 힘으로는 감당하기 힘들 지경이 되
었다. 게다가 여행 및 의견 교환—서신, 전보, 전화 등—, 경
비, 비서들과 협력자들에게 들어가는 돈이 만만치 않아 개인
자금으로 충당하기가 힘들어졌다. 원맨쇼를 하는 데서 오는
부담감도 적지 않았다. 그리하여 점차 활동 계획이 모양을 갖
추고 조직의 형태로 꾸려지게 되었는데, 이번에도 역시 랠프
쇤먼의 풍부한 창의력이 한몫했던 것 같다. 이 조직은 어떤 특
정 목적에만 매달릴 수는 없었다. 전쟁과 군비 경쟁에 반대하
는 투쟁, 주로 그 문제와 관련해 피지배층 개인 및 국민들이 겪
어야 하는 소요 사태와 불의에 맞서는 투쟁을 지향한다면 무
엇이든 목적이 되어야 했다. 이와 같은 성격의 단체가 성장하
면 폭넓고 다양한 요구들에 부응할 수 있을 터였다. 또한 변화
하는 상황에 맞추어 조직의 방향을 재조정할 수도 있었다. 그
리하여 나는 조직의 창설을 위한 계획을 논의하느라 1963년
의 상당 시간을 할애했다. 이 논의에 함께한 사람들 중 다수가
'100인 위원회' 초창기부터 나와 함께 일해 온 사람들이었다.

동료들은 조직 경험이 없었고 나도 조직에 크게 익숙한

사람이 못 되었으나, 어쨌든 우리는 우리가 세운 목표들을 어느 정도 응집력 있게 이끌어 낼 수 있었다. 이 과정에서 우리가 실수한 것이 있다면, 변화와 성장을 허용하는 유연성에 있었다. 조직 활동 초기에 우리가 부딪힌 문제는 예전만큼이나 많은 일을 해야 한다는 사실이었다. 나는 공적인 책임을 거의 다 맡고 그 최후 중재자 역까지 맡았다. 우리는 조직을 점차적으로 키워 가고 싶었다. 그러나 하루하루의 일은 물론 책임과 기획까지 조직이 하나의 실체로서 때맞춰 처리해 내야 한다는 것을 알게 되었다. 그때를 돌이켜 보면, 우리가 처음 3년 동안에 기대를 훨씬 뛰어넘는 일들을 했던 것 같다.

많은 사람들이 '재단'의 설립에 협력했지만 나 개인적으로나 조직 차원에서나 랠프 쉬먼에게 많은 빚을 졌다는 점을 특히 지적하고 싶다. 때로 그는 거의 혼자 힘으로 일을 해냈다. 풍성한 아이디어들의 대다수도 그에게서 나온 것이다. 그의 독창력과 거의 초인적인 정력과 과감한 결단력이야말로 조직의 일을 수행하는 데 큰 보탬이 되었다. '재단'과 내가 빚지고 있는 또 한 명의 동지, 크리스토퍼 팔리에 대해서도 알리고 싶다. 내가 최근에 알게 된 그 친구의 판단력과 깊은 생각이 없었더라면, 이 정도나마 안정적으로 조직을 유지하기는 어려웠을 것이다. 그는 과묵하고 겸손한 사람이어서 대체로 뒤에서 작업하는 편이다. 그는 핵심을 재빨리 간파하고도 입에 담기를 주저하는 경우가 있어, 나는 처음에 소심한 사람이어서 그러려니 했다. 그러나 지나치게 철저하기 때문에 그렇다는 것을 이제는 안다. 그가 얼마나 깊은 생각에서 정의를 추구하는지, 그 노력에 얼마나 많은 동정심과 끈기가 녹아 있는지를 깨닫게 되기까지는 한동안 시간이 걸렸다. 오늘날의 인간과 상황들에 대한 그의 정확한 지식이 폭넓은 독서와 과거에 대한 깊은 연구 덕분에 더욱 풍성하다는 것을 나는 아주 서서히 알게 되었다. 경박한 정신의 소유자가 그러한 것들을 갖추었다면 자칫 독단주의로 빠지거나 인기에 영합하거나 허풍을 늘어놓기 쉬웠겠지만, 그는 아이러니와 불합리에 대한 뚜렷한 인식과 자신의 많은 생생한 관심사들로 그러한 여지를 없애 버렸다. 그의 소견들은 섬세한 동시에 독창적이다. 이런 모든 점들이 그를 흥미롭고 유쾌하며 도움이 되는 동반자로 만든다.

1963년 봄부터 초여름 사이, 우리는 신설된 '재단'의 후원자가 되어 줄 만한 다수의 사람들에게 내 이름으로 편지를 발송했다. 여름이 끝날 무렵에 보니 그중 아홉 명이 동의한 상태였다. 후원을 받게 된 우리는 다른 사람들도 곧 동참하리라 볼 만한 근거도 있고 해서 우리의 계획을 공식화할 때가 되었다고 판단했다. 과연 '재단' 설립이 발표된 직후에 일곱 사람이 더 동참했다.

우리의 목표—주요 목표는 진정한 국제 조직의 수립이었다—와 우리가 찾아내야 하는 장기적 수단들, 수행할 작업의 윤곽—과거에 한동안 우리가 해온 것과 같은 성격의 작업이었다—을 우리는 잘 알고 있었다. 우리의 목적을 달성하는 데

548

에 막대한 돈이 필요하다는 것도 잘 알고 있었다. 나는 반대했으나 동료들은 '재단'에 내 이름을 넣자고 성화였다. 나는 그렇게 할 경우 우리의 작업 자체를 지지할 수도 있는 많은 사람들이 '재단'에 대해 선입견을 갖게 될 수 있다고 생각했다. 든든하게 자리 잡고 점잔 빼는 조직들은 물론, 영국의 수많은 개인들, 특히 우리를 재정적으로 지원할 수 있는 사람들 역시 편견을 갖게 될 것이 분명했다. 그러나 내 동료들은, 지난 몇 년간 자신들이 도와주긴 했으나 내가 이 일을 오랫동안 해왔고 세계 각지에서 이 일로 이름이 알려져 있기 때문에, 내 이름을 넣지 않으면 활동의 퇴보로 해석될 수 있다고 강력히 주장했다. 나는 그들의 뜻이 고맙기는 했으나 과연 지혜로운 생각인지에 대해선 여전히 의심스러웠다. 그러나 결국 동의하고 말았다. 그런데 영국에서는 내 이름을 내건 조직이 자선 단체로서의 지위를 확보할 수 없다는 사실을 알게 되었다.

결국, 우리 사무 변호사들이 두 개의 '재단'을 만들어 타협하자고 제안했다. 그리하여 '버트런드 러셀 평화 재단'과 '대서양 평화 재단'이 생겨났고, 후자는 자선 단체의 지위를 얻을 수 있었다. 두 재단은 협력하면서 일하기로 했고 지금도 그렇게 하고 있지만, 후자는 교육적인 목적만 수행하고 있다. '대서양 평화 재단'의 목표는 전쟁과 평화에 관한 연구, 그 결과의 탐구 및 발표 기회의 창출과 관련해 다양한 분야에서의 연구 작업을 확립하는 데 있다. '자선 위원회'가 이 재단을 자선 단체로 등록시켰기 때문에 7년 단위 계약에 따라 거둬들이는 기부금에서 표준 세율에 따른 고득세를 돌려받을 수 있는데, 이는 다시 말해, 기부금이 약 60퍼센트씩 늘어난다는 얘기가 된다.

'버트런드 러셀 평화 재단'은 좀더 정치적이고 논란의 여지가 많은 사안들을 담당하기로 했으며, 이 재단에 내는 기부금은 많든 적든 일반적인 증여로 간주된다. 재단이 설립되고 처음 3년 동안에 개인 및 단체들, 각국 정부들로부터 수천 파운드의 기부금이 답지했다. 그러나 재단과 연줄이 있는 기부금은 받지 않는다. 특히 정부 차원의 기부금을 받을 때는, 돈의 출처가 지출 방식이나 결과에 조금도 영향을 주지 못한다는 점을 기부자에게 분명히 밝힌다.

우리의 계획을 공식 발표하기로 결정한 9월 초에 불행하게도 내 건강이 몹시 나빠졌으나, 그 달 말인 1963년 9월 29일에 무사히 행사를 치를 수 있었다. 먼저 내가 열띤 성명을 발표한 후에 동료들이 각 재단에 관해 준비해 온 인쇄물을 기자들에게 제공했다. '버트런드 러셀 평화 재단'에 관한 인쇄물에는 당시 후원자들의 명단과 우 탄트가 외부용으로 써 보낸 편지를 실었다. 나는 사전에 우리의 계획에 대해 그와 얘기를 나누었고, 편지로 설명하기도 했었다. 그는 적극 동조했으나 유엔 사무총장이라는 직위 때문에 후원자가 될 수는 없다고 설명했다. 그러나 사려 깊은 내용의 격려 편지를 보내 주어 우리의 인쇄물에 실을 수 있었다.

우리의 야심찬 계획을 읽어 본 기자들은 기금을 어떻게 확보할 생각이냐고 물었다. 그것은 적절한 질문인 동시에 충분히 예상 가능한 질문이었다. 우리는 9월 29일까지는 계획을 미리 밝힐 생각이 없었으므로 그동안 기금 모금을 제대로 할 수 없었다. 그리하여 우리는 필요한 기금을 적극 조성할 것이며 조만간 가능할 것으로 믿는다는 답변밖에 할 수 없었는데, 상당히 회의적인 반응이 나온 것도 당연했다.

그날 행사를 돌이켜 보면, 현장에 모인 기자들의 태도를 탓할 수도 없고 언론이 대체적으로 우리의 출발을 격려해 주는 것과는 거리가 멀었던 것을 탓할 수도 없다. 미래에 관한 자신의 비전을 행동으로 뒷받침하고자 마음먹은 사람은 '괴짜'란 소리를 들을 각오가 되어 있어야 하는데, 우리는 그럴 각오가 되어 있었다. 게다가 고무된 상태였다. 그것은 우리가 그렸던 목적들을 향해 다시 한 번 공개적으로 일할 수 있게 된 자유 같은 것이었다. 그리고 당연히 우리의 첫 노력은 활동 자금의 확보에 집중되었다.

우리는 셀 수 없이 많은 사람에게 접근했는데, 희한하게도 부자들한테서는 별 성공을 거두지 못했다. 그들은 대개 이런 식으로 말했다. "아, 그럼요. 우리는 당신들이 훌륭한 일을 하고 있다고 생각합니다. 당신들의 운동을 전적으로 믿으며 성공을 빕니다. 하지만 아시다시피 우리가 이미 관여하고 있는 것만 해도 너무 많아서……." 돈을 구걸하는 것은 늘 거북하고 내키지 않는 일이지만, 불유쾌한 대접을 받은 경우는 별로 많지 않았고 악의적으로 무례하게 나오는 경우도 한 번밖에 겪지 않았다. 돈 많은 유태인들이 모인 파티장이 바로 그 현장이었는데, 그들이 소비에트 연방국들에 거주하는 유태인들에게 아주 관심이 많다고 하기에 내가 그쪽과 관련된 우리의 활동 내용을 설명하고자 만든 자리였다. 불유쾌했던 경우들은 반응이 뜻밖이었기 때문이다. 우리가 전문가의 충고를 참고하여 특정 프로젝트를 가지고 접근했을 때 본인들 스스로가 그것에 아주 관심이 많다고 한 사람들, 우호적인 태도를 보이면서 나와 나의 활동을 '매우 존경한다'고 늘 말했던 사람들에게서 그런 일들이 발생하곤 했다. 기분 좋은 쪽이든 분통 터지는 쪽이든 깜짝 놀랄 일도 많았다.

그러나 세계 각지의 많은 사람들이 우리를 도와주었다. 여러 나라의 예술가들—화가, 조각가, 음악가—이 특히 관대했다. 실제로 우리가 기금 조성을 위해 처음 벌인 행사 중 하나가 바로 미술품 판매였다. 그들이 보내 준 그림과 조각품들을 모아 베드퍼드의 공작 주선으로 워번 수도원에서 판매 행사를 벌였다. 나는 매장 개막식에는 참석하지 못하고 얼마 후에 따로 가보았는데, 재미있는 것은 마침 그날 워번에서 세계 미인대회가 열리고 있어서 미인들을 만나는 특혜를 누렸다는 것이다. 판매 행사가 큰 성공을 거두었고, 그 후 우리는 다른 예술품도 받아 팔아서 큰 도움을 받고 있다. 음악인들도 우리에게 아량을 보였으나 대개의 경우 대리인이나 프로모터, 콘서트 홀 경영주의 방해로 뜻을 이루지 못했다. 우리에게 공연 수익금이나 이런저런 특별 무대를 약속한 배우와 극작가들은 많았지만 한 푼도 들어오지 않았다. 각국 정부 수뇌들과의 접촉에서는 한결 운이 따랐다. 아마도 우리가 하는 일을 좀더 잘 이해할 수 있는 사람들이기 때문이었을 것이다. 기부금을 청탁하면서 겪어야 했던 애로 사항 중 하나는, 우리의 활동 중 많은 부분—이를테면 특별 수감자나 이산가족, 소수 집단들과 관련된 일들—이 성과가 있을 때까지는 입 밖에 낼 수 없는 내용들이라는 점이었다. 사전에 정보가 새어 나갈 경우 자동적으로 허사가 되어 버리기 때문이다. 국제 문제의 조정에 관련된 토론과 계획들의 경우 특히 더 그러했다. 따라서 정확히 어떤 활동을 하는지 설명해 달라고 하면 우리는 주로 모호하고 일반적인 용어들로 말할 수밖에 없었는데, 그것은 눈치가 아주 빠른 사람이나 사고방식이 이미 우리와 같은 사람들에게나 통하는 설명이었다.

이렇게 닥치는 대로 돈을 끌어오기는 했으나, 문제는 언제 어느 정도의 돈이 들어올지 예측할 수 없다는 점이었다. 비축할 만큼 넉넉한 거액이 일시에 들어오는 경우는 전무했고, 약속들이 늘 신속하게 지켜지는 것도 아니었다. 그 결과, 어떤 때는 돈이 넉넉하여 아주 야심에 찬 계획을 가지고 전진하고 어떤 때는 빈털터리에 가까웠다. 이상에 대한 헌신, 그리고 함께 일하는 사람들, 특히 랠프 쉰먼, 크리스토퍼 팔리, 패밀러 우드의 끈질긴 의지가 없었다면 그런 어려운 시기들을 견뎌 내기란 불가능했을 것이다. 이 세 사람은 서로 다른 방식으로 힘을 합쳐 좋을 때나 어려울 때나 활동을 이끌어 왔다. 그 밖에도 여러 다양한 국적의 사람들이 자원봉사나 고용의 형식으로 일을 도와주었지만, 지금까지는 이런저런 이유로 일시적인 일 꾼들, 때로 급료만 너무 높은 직원들에 불과했던 것 같다. 그 러나 이제는 다소 안정된 듯한 진용이 갖추어져 우리 재단의 다양한 일들을 아주 잘 처리해 내고 있다.

영국 언론이 우리를 도와준 일은 거의 없었다. 그들은 우 리를 침묵으로 대하거나, 우리 꼴을 우습게 만들거나 했으며, 때로 나쁜 인상을 줄 수 있는 건수를 찾아내면 은근히 야유하 곤 했다. 어쩌면 그것은 당연한 일인지도 모른다. 우리가 지극 히 합법적인 방법을 쓴다고는 해도, 나라의 정책으로 확정된 것들에 반대하는 활동을 해왔으니 말이다. 다시 말해, 해럴드 윌슨〔1964~70년에 영국 수상을 역임했음〕 내각이 1, 2차에 걸쳐 집권하기 전에 약속한 정책들이 아니라 집권 후에 채택한 정 책들을 반대하기 때문이다. 시기는 각각 다르지만 다른 나라 들의 언론도 같은 이유로 우리를 욕하거나 우리에 대해 언급 하기를 거부해 왔다. 물론 나 개인에 대해서도 언론인과 비평 가들은, 노망이 들었다고 곧잘 표현한다. 특히 미국 언론들이 그런 소리를 자주 하는 이유는, 내가 그 나라에서 폭력이 늘어 나는 점을 쭉 우려해 왔고 최근 발표된 나의 글들이 대부분 그 나라 정부의 호전적인 정책을 격렬하게 반대하는 내용이기 때 문이다. 나의 영향력을 줄이려는 이러한 수법이 내 친구들을 놀라고 분노하게 만드는 동시에 나를 모욕하고 있지만, 나와 견해가 다른 사람들의 관점에서 보자면 그것이 그들의 유일한 항변이라고 할 수도 있을 것이다. 어쨌거나 그러한 비난이 사실이라면, 노망든 노인네의 수다를 두고 이러쿵저러쿵 수고스럽게 논평하는 이유는 무엇인지 모르겠다.

내가 정말 노망이 들었는지, 혹은 예전에 생각했던 것보다 노망기가 더 깊어졌는지 제대로 확인하고 싶은 사람들이 있었다면, 나는 그들에게 많은 기회를 주었다고 생각한다. 신문과 텔레비전으로 셀 수도 없이 많은 인터뷰를 했고 영화도 몇 편 만들었으니 말이다. 인터뷰 요청에 응하느냐 마느냐를 결정할 때 내가 고수하는 일반 원칙은, 나의 일과 이상보다 이른바 나의 시시콜콜한 '사생활'에 더 관심을 보인다 싶으면 무조건 거절한다는 것이다. 나는 일과 이상에 대해선 흔쾌히 밝히며 그에 대한 정직한 보도와 비평도 환영한다. 최근 몇 년 사이에 응했던 텔레비전 대담 중 방송된 것들 가운데 제일 잘되었다고 생각하는 것은, 1963년 10월 초에 존 프리먼과 함께했던 것, 1964년 4월 초에 로버트 볼트가 질문자로 나온 것(나중에 1967년에도 그와 더불어 출연했으나 내가 방송을 보지 못했다), 1965년 9월에 랠프 밀리밴드와 함께 출연한 것이다. 그러나 방송되지 않은 것도 물론 많았다. 내가 한 대중 연설 중에 가장 중요한 두 가지는 1965년 2월 중순에 한 연설과 그로부터 8개월 후에 한 연설인데, 해럴드 윌슨 수상이 이끄는 노동당 정부의 불성실한 태도에 관한 내용들이었다. 1차 연설에서는 정부의 일반적인 국제 정책을 다루었고, 2차 연설에서는 특히 베트남과 관련된 정책들을 고찰했다. 따라서 2차 연설은 나의 책 『베트남에서의 전쟁 범죄』에도 실려 있는데, 연설 말미에서 나는 노동당을 떠나겠다고 선언하고 나의 노동당 당원증을 찢어 버렸다. 그런데 놀랍게도, 뒤이어 나온 두 명의 다른 연사가 내 연설과 행동에 크게 불쾌해했는데, 한 사람은 의원이었고, 다른 한 사람은 CND 의장이었다. CND 의장은 언론을 통해, 내가 뒤에서 상황을 조종했다고 말했다. 내가 만일 그런 능력이 있었다면 왜 그렇게 하지 않았는지 모르겠지만, 사실 모든 조종권은 그날 집회를 후원했던 CND 청년회의 수중에 있었다. 평소 베트남에 대해 나와 비슷한 견해를 표명해 왔던 그 의원은 뒤늦게 연설장에 도착하여 나의 행동을 가지고 괜히 거드름을 피웠다. 둘 다 나와 같은 얘기를 해온 사람들이었기 때문에 나는 그들의 기이한 행태에 깜짝 놀라지 않을 수 없었다. 한 가지 다른 점이라면 그들은 노동당을 비난하면서도 당적을 유지했다는 사실일 것이다.

그 밖에도 나를 겨냥한 비난이 네 가지 더 있는데, 그것들 역시 '노망'과 관련된 것 같으니 이 기회에 얘기해 보겠다. 제일 심한 것은, 내가 글이나 연설에서 출처를 대지도 못하고 극단적인 발언들을 한다는 비난이다. 아마 나의 책 『베트남에서의 전쟁 범죄』를 겨냥한 얘기인 것 같다. 그러나 누구든 이 책을 면밀히 연구해 보면 증거 자료가 잘 갖추어져 있음을 알게 될 것이다. 혹시 내가 근거를 제시하지 않고 말하는 경우가 있다면, 자명한 얘기라고 생각되거나, 그 책의 다른 부분에 나오는 사실들에 입각해 있는 얘기거나, 혹은 너무나 잘 알려진 얘기여서 출처를 밝힐 필요도 없는 경우라고 보면 된다.

이것과 관련된 또 다른 비난은, 연설문이나 기고문, 내 이름으로 발표되는 성명서 등을 내가 직접 작성하지 않는다는 것이다. 각국 정부 관리나 재계 주요 인사들이야말로 비서나 동료들이 작성한 것을 들고 나와 발표하는 경우가 다반사인데, 그것에 대해서는 아무도 이의를 제기하지 않으니 이상한 일이다. 평범한 아마추어가 그렇게 하면 왜 가증스럽다고 해야 하는가? 사실대로 밝히건대, 내 이름으로 나가는 것들은 대개 내가 직접 작성한다. 직접 작성하지 않았더라도 나의 견해와 생각이 담길 수 있다. 편지든 좀더 공식적인 문서든 내가 토론하고 읽어 보고 승인하지 않은 것에는 절대로 서명하지 않는다.

또 다른 소문 두 가지가 돌고 있다는 것을 나는 최근에야 알게 되었는데, 이것들 역시 부아가 치미는 얘기들이다. 하나는, 내게 오는 편지와 문서들이 나를 성가시게 할까 우려하여 비서들 선에서 잘라 버린다는 것이고, 또 하나는, 내 비서와 동료들이 나를 만나고 싶어 하는 사람들을 막는다는 것이다. 하지만 나는 집으로 오는 모든 것들을 직접 개봉하고 읽어 본다. 우편물이 너무 많아 일일이 답장해 줄 수 없기 때문에 내가 말하고 싶은 것을 비서에게 전달하여 답장의 초안을 잡게 하고, 그것을 내가 직접 읽어 본 후에 발송하게 한다. 이런저런 일로 나를 만나러 오는 사람들을 모두 만나기가 어려운 것도 역시 너무 많기 때문이다. 예를 들어 1966년 연말에 '전쟁 범죄 법정' 예비 모임을 개시하고자 런던에서 일주일 묵었는데,

나와 얘기하고 싶다는 사람들이 매일같이 오전, 오후, 저녁때를 가리지 않고 찾아들었다. 그러나 그 한 주 동안 면담을 요청해 온 사람이 100명을 훨씬 넘었기 때문에 100명 가까운 많은 사람들이 거절당해야 했다.

내가 이런 비난들에 대해 이처럼 길게 얘기하는 것은 지각없는 노인으로 평가받기 싫어서이기도 하지만, 그런 비난들 때문에 나의 주장과 발언들을 업신여겨 읽어 보지도 들어 보지도 않는다면 그것처럼 분통 터지는 일도 없기 때문이다. 또한 내가 부탁한 일을 인심 좋게 해주었다는 이유로 내 동료들이 비난받는 것도 싫다.

'재단'이 설립되고 두 달이 채 못 되어, 케네디 대통령이 암살되었다는 소식이 들려왔을 때 나도 세상 모든 사람들과 마찬가지로 충격을 받았다. 이 흉악한 공격 소식에 내가 다른 사람들보다 조금 덜 놀랄 수 있었다면, 그것은 세상에서, 특히 미국에서 고삐 풀린 폭력이 날이 갈수록 더욱 용인되는 경향에 대해 내가 다년간 글을 써왔기 때문이었을 것이다. 이 문제에 대한 나의 글 중에 일부는 발표되었으나, 일부는 계약을 맺었던 출판사 편집자들의 눈에 너무 노골적으로 비쳤다.

대통령 암살 소식에 이어 오즈월드에게 불리한 증거로 알려진 것과 그가 잭 루비의 총에 숨졌다는 사실을 언론 보도로 접했을 때, 소름 끼치는 오판이 발생했으며 대단히 추잡한 무엇인가가 숨겨져 있을지도 모른다는 생각이 들었다. 1963년〔1964년의 오기誤記로 보임〕 6월, 처음부터 오즈월드의 모친 편에서 사건을 파헤쳐 왔던 뉴욕의 변호사 마크 레인을 만나 그가 그동안 수집해 온 자료들을 보니 나의 의심은 더 한층 굳어졌다. '재단' 관계자들도 모두 나의 견해에 공감했으므로 우리는 마크 레인을 돕고 그가 알아낸 사실들을 유포하고자 개인적으로 혹은 공동으로 모든 노력을 기울였다. 은밀한 방식들이 동원되고, 사실들이 거부되거나 무시되는 것으로 보아 대단히 중요한 문제들이 걸려 있음이 분명했다. 나는 관련 자료를 추적하는 마크 레인의 열정과 기민함, 그리고 철저하게 객관적인 태도에 크게 감명받았다. 그는 자료에 내재되지 않은 의미를 추론하거나 암시하는 일이 절대 없었다.

우리는 진상을 캐고 있는 사람들을 지원하고 그 정보를 보급하는 일에 '재단'이 직접 개입하지는 않는 것이 좋겠다고 판단했다. 그리하여 '누가 케네디를 죽였는가? 영국 위원회'라는 썩 마음에 들지는 않는 명칭으로 자율적인 위원회를 발족시켰다. 후원자도 꽤 많이 모았고 비서도 한 명 채용했으나, 많은 사람들이 우리 영국과는 무관한 일이라고 생각했기 때문에 애로가 없지는 않았다. 미국 당국자들의 사기 행각이 미국 국민들뿐 아니라 세계 모든 사람들에게 예고하는 의미를 이해하는 사람은 소수에 불과했다. 그리고 그 소수는 고초를 겪었다. 우리는 그야말로 지독한 비방에 시달렸다. 미국 대사관 측이 우리 전화번호 중 하나로 협박 전화를 걸어오기도 했다. 다른 몇 개 나라들에도 우리 위원회와 유사한 단체들이 생겨났는데, 그 단체들의 일부 직원들도 비슷한 경고를 받

았다. 결국 '재단'이 위원회를 감싸안을 수밖에 없었고, 이렇게 작업이 추가된 결과 재단 회원들은 밤낮으로 고생해야 했다. 내가 「암살에 관한 열여섯 가지 의문」이란 글을 쓴 8월 무렵이 되자 모임들이 개최되고, 다른 곳에서도 성명서와 글들이 발표되고 있었다. 분위기가 고조되었다. 마크 레인도 자기 나라는 물론 영국을 비롯한 여러 나라들로 직접 뛰어다니며 자신이 파헤치고 있는 진상을 설명했다. 그것은 이 사태와 관련해 당국이 발표한, 따라서 일반적으로 인정하고 있던 내용과 전혀 달랐다. 1965년 9월에 '워런 위원회 보고서'가 발표되었는데, 그 전에 내게 한 부가 도착했기에 즉각 내 소견을 말했다. 그랬더니 여러 사람들이 화가 난 모양이었다. 내가 아주 헛소리를 하고 있으며 그 보고서를 읽어 보지도 않았다, 읽었을 리가 없다는 말이 나돌았다. 사실대로 말하자면 레인이 일찌감치 한 부를 보내와 읽어 보았고, 숙고의 시간까지 가졌다. 지금은 '워런 위원회 보고서'가 낱낱이 검토되었기 때문에 그것을 비판해도 '욕을 먹지 않으며', 많은 사람들이 나의 생각에 동의한다. 그리고 지난날 자신들과 나의 태도가 어떠했던가를 슬그머니 잊어버렸다. 그 당시 그들은 겁을 내면서 밝혀진 사실들을 듣지도 따르지도 않았고, 공식적 견해를 맹목적으로 받아들였다. 그들은 진상을 알리려는 우리의 노력을 좌절시키고자 할 수 있는 모든 일을 다했던 것이다.

1963년 4월 직전부터 나는 베트남에서 벌어지고 있던 전쟁에 시간과 생각을 점점 더 많이 뺏기게 되었다. 다른 관심사들은 대부분 뒷전으로 밀려날 수밖에 없었다. 물론 가족과 개인적인 일들에도 시간을 내기는 한다. 그리고 아주 드물긴 하지만, 예전에 내가 관심을 가졌던 철학이나 특히 논리학 쪽 문제들을 생각하는 기회도 가진다. 그러나 그런 작업을 하기엔 내가 너무 녹이 슬어 부끄럽기까지 하다. 1965년에 스펜서 브라운이라는 젊은 수학자가 자신이 쓴 것을 검토해 달라고 졸랐다. 그것을 이해할 수 있는 사람은 자기가 볼 때 나밖에 없다는 얘기였다. 사전에 그의 연구 내용을 조금 보니 괜찮아 보였고, 기성세대의 무관심이란 역경에 맞서 자신들의 신선한 미지의 작업에 관심을 끌어 보려 애쓰는 사람들이 너무 측은하게 느껴져, 같이 토론해 보자고 동의했다. 그러나 그가 도착할 시간이 가까워지면서, 내가 그의 작업이나 새로운 표기 체계를 도저히 감당할 수 없으리라는 생각이 굳어졌다. 나는 잔뜩 겁을 집어먹었다. 그러나 막상 그가 도착하여 설명을 들어 보니 다시 발을 들여놓을 수 있었고, 그의 작업을 따라갈 수 있었다. 그 며칠 동안 아주 즐거웠는데, 특히 그의 작업이 독창적이고 훌륭해 보여 더욱 좋았다.

근래 몇 년 동안 제일 즐거웠던 일 중의 하나는 빅터 퍼셀과 나눈 우정이었는데, 내 아내도 함께했었다. 1965년 1월 그의 사망은 내게는 가장 가슴 아픈 일에 속한다. 그는 유머와 균형 잡힌 판단력의 소유자였다. 문학 방면으로 뛰어난 이해력과 재능, 상당한 학식을 갖추었을 뿐 아니라 세상일에 대해서도 많이 알았다. 그는 동남아시아의 행정관으로서, 케임브리지의 보직 교수로서 많은 것을 이루었다. 그가 하는 이야기는 내게 즐거움을 주었다. 그와 나는 오랫동안 그가 쓴 정치적 저술을 통해 알고 지냈다. 그가 이따금 자신의 글을 보내오면 내가 소견을 적어 보내 주곤 했던 것이다. 얼마 후 나는 그가 미라 버틀Myra Buttle('나의 반박My Rebuttal'을 가지고 말장난한 이름이다)이란 필명으로 쓴 재치 있는 시들을 좋아하게 되었다. 그러나 그를 만나보지는 못했는데, 1962년에 페스티벌 홀에서 열린 내 생일 파티에서 그가 연설하게 되어 처음 대면했다. 우리가 동남아시아와 관련된 '재단'의 활동에 관해 토론하는 자리에 그를 끌어들이기 전까지는 사실 그를 제대로 안다고 할 수도 없었다. 1964년 4월에 '재단'이 후원하는 모임이 맨체스터에서 열려, 그도 연설했고 나도 연설했다. 그러고 나서 곧바로 그는 우리를 위해 '동남아시아의 평화 가능성'을 개관하는 훌륭한 소논문을 작성해 주었다. 그 당시에는 런던에서 가끔 그를 만났을 뿐이고, 우리가 서로를 진정으로 알게 된 것은 1964년 5월, 그가 노스웨일스의 우리 집에 잠깐 들렀을 때였다. 우리는 끝없이 이야기했다. 경쟁하듯 이야기와 인용을 끄집어내고 좋아하는 시나 산문을 서로에게 들려주었다. 우리는 서로의 지식, 특히 역사에 관해 탐색하고 중대한 문제들을 토론했다. 내 얘기의 의도를 즉각 이해하는 사람이 있다는 것, 완전히 공감하지 않는 경우에도 어떤 주제든 끈기와 호감을 가지고 기꺼이 토론해 주는 사람이 있다는 것이 무엇보다 큰 위안이 되었다. 그는 12월에 죽음을 2주 남짓 앞두고 다시

우리 집을 방문했으며, 서로 알고 지낸 시간이 그처럼 짧았음
에도 그가 말했듯, 문득 오랜 친구 같은 느낌을 받았다. 그 마
지막 방문 때 그가 별안간 「리시다스」〔밀턴의 시로, 사고로 죽은
친구를 애도한 작품〕를 너무나 아름답게 암송하던 모습이 특히
기억에 남는다. 그러고 나서 그는 미라 버틀이란 필명으로 낸
자신의 최신작을 읽고, 노랫말에서 패러디한 구절들을 노래로
불렀다. 그는 용감하면서도 사려 깊고, 인정이 많으면서도 떠
들썩한 사람이었다. 내가 그를 얼마나 그리워하는지를 깨닫고
때로 깜짝 놀라기도 한다. 그가 좀더 오래 살았더라면 내게 즐
거움뿐 아니라 도움도 주었을 것임을 믿어 의심치 않는다. 내
나이에 그처럼 만족스럽고 소중한 새 친구를 얻기란 힘들 것
이니, 그렇게 짧은 시간에 이만한 애정과 믿음과 이해가 자랐
다는 것이 믿기 어려울 정도다.

　　1967년 1월 초, 베트남의 상황과 그 의미를 다룬 나의 책
『베트남에서의 전쟁 범죄』가 양장본과 페이퍼백으로 출간되
었다. 그 책이 영국에서 출간될 수 있었던 것은 아량과 자유주
의적 태도를 갖춘 앨런 언윈 출판사 덕분이었는데, 특히 스탠
리 언윈에게는 제1차 세계대전 이후로 줄곧 많은 신세를 져 왔
다. 이 책에는 내가 1963년 이후로 발표한 무수한 편지, 성명
서, 연설문, 기고문 중 몇 가지가 실려 있다. 그리고 1967년 초
상황과 그에 대한 나의 태도의 총체적인 배경을 설명하는 서
문, 내가 참여했던 '전쟁 범죄 법정'에 관해 간략하게 설명한
후기, 랠프 쉰먼이 베트남에 가 여러 주 머물면서 찾아낸 사실

들이 일부 포함된 부록을 덧붙였다. 전쟁에 대한 나의 태도와 그 근거 자료들은 『베트남에서의 전쟁 범죄』에 다 설명되어 있기 때문에 여기서는 다루지 않겠지만, 이것들은 내가 지난 몇 년 동안 무수히 공개하고 살포해 온 자료들이다. 일부 언론에서 이 책을 상당히 적대적으로 논평했기 때문에, 페이퍼백이 발간된 지 2주 만에 매진되고 미국을 비롯해 세계 여러 나라 말로 번역 출간되었다는 얘기를 듣고 반가웠다.

쉰먼의 보고서는 견문에 입각한 소견뿐 아니라 전쟁 희생자들의 구두 설명을 담고 있어 매우 중요했는데, 그것은 희생자 본인들은 물론 설명이 이루어질 때 함께 자리한 신뢰할 만한 증인들에 의해 입증된 얘기들이었다. 또한 이 보고서는 '국제 전쟁 범죄 법정'에서 파견된 팀들이 인도차이나에서 수행하고 있던 좀더 공식적인 조사 작업의 길을 닦아 주었다. 베트남전에 관한 나의 태도와 발언들은 다른 특별 조사원들의 보고서뿐 아니라, 쉰먼이나 크리스토퍼 팔리 같은 사람들의 보고서에도 일부 근거를 두고 있다. 크리스토퍼 팔리는 현장의 직접적인 정보를 얻고자 1964년 11월에 재단 사람들 중 제일 먼저 베트남에 다녀왔다. 그러나 내 소견의 주요 근거는 일간신문들, 특히 미국 일간지들에 보도된 사실들이었다. 그러한 사실들이 사설 논조에 아무 영향을 미치지 못한 것을 보면, 활자화되었다는 자체가 요행에 가까웠다.

나는 이따금 북베트남인들의 초청을 받고, 베트남전의 다양한 상황에 관해 소견을 들려주었다. 그들은 언론인 자격으

로 하노이를 방문하려 하는 《뉴욕 타임스》지의 부편집장 해리
슨 솔즈베리를 허락하는 것이 바람직한지를 두고 내게 충고를
부탁했다. 솔즈베리는 그 전에 '워런 위원회 보고서'에 쓴 서문
에서 나를 공격한 사람이었다. 그때 그는 그 보고서가 "찾아낼
수 있는 모든 증거를 한 점 남김없이 속속들이 검토했다"고 적
었다. 이 논평은 곧 조롱거리가 되고 말았지만, 나는 그가 북
베트남에서 광범위하게 자행된 민간인 폭격의 증거를 무시하
느라 상당히 애를 먹을 것이라 짐작했다. 나는 그들에게 그의
방문은 가치 있는 모험이 될 것이라고 충고했으며, 그로부터
몇 주 후에 그가 하노이에서 보내온 기사를 읽고 반가웠다. 그
기사들은 워싱턴을 발칵 뒤집어 놓았으며, 그가 퓰리처상을
놓친 것도 아마 그 때문이었을 것이다.

나는 런던에 와 있는 두 명의 북베트남 대표와 파리 주재
북베트남 정세 담당관과도 물론 긴밀하게 접촉했다. '남베트
남 민족 해방 전선'의 다양한 멤버들, 미국 민간인들 및 군인
들과도 전쟁을 지지하건 반대하건 여부를 떠나 연락을 취하고
있다. 정보를 얻으려고 마음먹으면 부족하지는 않다. 그러나
그것을 일반 대중에게 알리고 관심을 갖도록 설득하는 작업이
매우 힘들다. 읽거나 듣기에 즐거운 내용이 아니기 때문이다.

상황을 파헤쳐 볼수록 베트남에 대한 미국의 태도가 전
적으로 방어적인 것만은 아니라는 것, 새로운 고문 방법을 동
원해 전례 없이 잔혹한 전쟁이 되고 있다는 것이 더욱더 분명
해졌다. 우리는 대량 수집한 엄청난 양의 자료들을 면밀히 검

토한 끝에, 전쟁은 조속히 끝나야 하며, 종전의 유일한 방법은 북베트남과 해방 전선을 확실하게 밀어주는 것이라고 결론내렸다. 게다가 이 전쟁이 계속되는 한, 미국이 이것을 단계적 확전의 구실로 이용하여 결국 세계 전쟁으로 이어질 가능성이 높다는 점도 우려되었다. 우리는 '베트남 연대 운동'을 시작하고, 베트남전을 영세 민족에 대한 세계 최강국의 극악무도한 침략으로 보는 집단들을 규합했다. 이 운동의 지지자들은 정의의 요구에 따라 베트남인들을 전적으로 지지해야 한다고 생각했다. 나는 1966년 6월에 '베트남 연대 운동' 출범식에서 개막 연설을 했으며, 이 연설은 나중에 베트남에 관한 나의 책에도 실렸다. 운동 본부가 전국 각지에 연설자들을 파견하는 것과 동시에 '재단'도 전쟁 사진전을 열었다. 그리하여 이 운동은 영국에서 '국제 전쟁 범죄 법정' 지지 세력의 핵심으로 떠올랐다.

나의 베트남 책에서도 다루어지고 있는 '국제 전쟁 범죄 법정'이 전 세계 수많은 대중들의 상상력을 자극했다. 나는 미국이 남베트남을 부당하게 종속시키고자 자행하고 있는, 믿기 어려운 만행을 훨씬 효과적으로 세상에 알릴 수 있는 방법을 이미 4년에 걸쳐 모색하고 있었다. 사실 그 전에는 한국전쟁 때 조지프 니덤 교수를 비롯한 몇 사람이 제기한 주장들을 믿을 수 없었다. 당시 그들은 미국인들이 한반도를 새로 개발한 대량 살상 생화학 무기들의 시험장으로 이용해 왔다고 고발했다. 나는 그러한 공격이 너무 극단적이라고 생각했는데,

그 점에 대해 늦게나마 니덤 교수 및 몇 사람에게 진심으로 사과하고 싶다. 1963년쯤 되자, 나는 그들의 주장이 옳았다는 것을 확신하게 되었다. 미국이 베트남에서도 그러한 짓을 하고 있음이 분명해졌기 때문이다. 그해 초, 나는《뉴욕 타임스》지에 기고한 글에서, 미국인들이 베트남에서 하는 짓은 "독일인들이 동유럽에서, 일본인들이 동남아시아에서 자행한 전쟁 행위를 떠올리게 하는" 만행이라고 표현했다. 그 당시로선 너무 지나친 발언이었던지《뉴욕 타임스》지는 먼저 사설을 통해 나를 공격하더니 이어 내가 보낸 답변서를 잘라 버렸고, 결국에는 자기네 칼럼난에 아예 쓰지도 못하게 했다. 나는 사실을 알릴 수 있는 다른 방법들을 시도하는 한편, 당시의 '은밀한 전쟁'에 대해 더 많이 밝혀내기로 결심했다. 밝혀낼수록 미국인들의 의도와 작태는 더 무시무시하게 느껴졌다. 야만적 행위뿐 아니라, 그들이 소국의 독립에 대한 소망을 비웃으며 너무나 무자비하게 짓밟고 있다는 것도 알게 되었다. 제네바 협정을 파기하고, 독재 권력을 지지하며, 경찰국가를 확립하고, 반대자들을 모조리 파멸시키는 행위들은 도저히 묵과할 수 없는 범죄였다. 그 이듬해 나는 인도차이나에 정기적으로 감시인들을 파견하기 시작했다. 그들의 보고서는 쉬지 않고 전쟁의 확대를 알려 왔다. 전쟁의 '단계적 확대', 특히 북베트남에 대한 공격의 이유들을 듣고 있자니, 25년 전 유럽에서 히틀러가 끔찍한 만행을 위해 만들어 냈던 구실들과 다를 바 없다는 생각이 들었다. 침략, 무기 실험, 무차별적 전쟁 행위, 강제 수용소

프로그램이 뒤섞인 실상을 파헤치는 데는 내가 감당해 온 것보다 훨씬 철저하고 공식적인 조사가 요구된다는 것을 깨닫게 되었다.

1966년 여름, 나는 광범위한 연구와 계획 끝에 세계 각지의 많은 사람들에게 편지를 보내 '국제 전쟁 범죄 법정'에 참여하도록 초청했다. 고무적인 반응이 나왔고, 약 열여덟 명으로부터 수락 의사를 통지받았다. 나는 장 폴 사르트르가 동참해 주어 특히 반가웠다. 철학적 문제들에서는 서로 견해가 다르지만, 그의 용기를 매우 높게 평가하고 있었기 때문이다. 유고슬라비아 작가인 블라디미르 데디예르는 그 전에 벌써 웨일스로 나를 찾아왔으며, 서구와 공산주의 세계에 대한 그의 폭넓은 지식을 통해 귀중한 동맹자임을 입증해 주었다. 나는 10년 동안 만나지 못했던 수필가이자 정치적 저술가인 아이작 도이처도 크게 의지하게 되었다. '법정'과 관련해 텔레비전 및 기타 매체에서 인터뷰 요청이 쇄도할 때 런던에 있는 도이처에게 부탁하면, 그가 언론을 상대로 세계 정세와 우리의 활동에 관해 박식하고 설득력 있게 평해 주곤 했다. 1966년 11월, 나는 예비 토론을 위해 모든 멤버들을 런던으로 초청했고, 나의 연설과 더불어 본론으로 들어갔다. 베트남의 실상을 철저하게 점검하는 작업이 극히 중요하다고 판단되었으므로, 확실하게 흠이 없는 사람들만 초청된 자리였다. 회의는 매우 성공적이었고, 우리는 이듬해에 여러 주에 걸쳐 공개 '법정'을 개정하기로 했다. 그리고 개정에 앞서, '법정'을 대신하는 국제 팀을 인도차이나에 연속 파견하기로 했다.

잔학 행위를 조사하기 위해 멤버들을 선정, 파견하겠다고 '법정'이 최초로 제의했을 때 미국 측은 잔학 행위가 없었다고 주장하며 제의를 비웃었다. 그러나 이 설전이 부각되자 미군 당국자들이 처리할 것이라는 말이 나왔다. 이 사실이 드러나자, 저명한 법조인들이 그런 일을 맡아 스스로를 웃음거리로 만들었다고 했다. 한술 더 떠, 잔학 행위를 처벌하지 말고 내버려 두자는 주장까지 나왔다. 언론, 군당국자들, 미국 및 영국의 많은 법조계 권위자들은 뉘른베르크 재판에 적용되었던 기준들을 채택하는 것보다, 장교들이 부녀자와 아이들을 불태워 죽이도록 내버려 두는 쪽이 자신들의 명예와 인간성에 도움이 된다고 생각했다. 이것은 히틀러의 유산을 받아들였다는 의미였다.

우리의 적들이 우리가 준비하고 있는 일의 심각성을 깨달았을 때 내가 여러 해에 걸쳐 익히 들어온 아우성이 터져 나왔다. '재단'을 후원해 왔던 세 명의 아프리카 정상들이 물러났는데, 그들의 변절 뒤에 숨겨진 손을 찾아내기란 어렵지 않았다. 그들 중 한 사람은 예전에 내가 '법정'과 관련해 백악관의 리든 존슨 대통령에게 보냈던 편지의 사본까지 내게 보내왔는데, 미국 중앙정보국도 개탄했을 법한 서투른 짓거리였다. 그 다음은 각종 언론인들이 우리 '법정'의 편파성에 의문을 제기할 차례였다. 내가 상당히 재미있게 느낀 점은, 이 비판가들 대다수가 바로 얼마 전에 케네디 대통령 암살 사건을 다룬 '워런 위원회'의 충실한 지지자들과 동일인이었다는 것이다.[2] 그러나 그들이 새로 찾아낸 편파성이란 흥밋거리는 우리의 입장을 설명할 수 있는 기회를 제공해 주었다. 물론 우리는 곧 평가하게 될 일부 증거들에 대해 많이 생각해 온 터였다. 우리의 머리는 텅 비지도 않았지만 닫혀 있지도 않았다. 나는 '법정' 멤버들의 고결함, 그들이 어떤 나라의 권력도 대변하지 않는다는 사실, 완전 개방된 심리라는 점이 재판 절차의 객관성을 보장해 줄 것임을 믿었다. 우리는 출처를 가리지 않고 가능한 모든 증거를 받아들이기로 했으므로, 나는 존슨 대통령에게도 편지하여 '법정'에 참석하도록 초청했다. 불행하게도 그는 베트남인들을 폭격할 계획을 짜느라 너무 바빠서 답장을 주지 않았다.

'법정'을 둘러싼 이 같은 소동은 당연히 '재단' 자체에 대한 관심을 새로이 불러일으켰다. '대서양 평화 재단'은 자선 단체로 등록되어 있었고, '버트런드 러셀 평화 재단'은 보증 유한 책임 회사가 되어 아르헨티나, 오스트레일리아, 뉴질랜드, 프랑스, 인도, 이탈리아, 일본, 필리핀, 미국 등에 지부를 둔 상태였다. 런던의 '재단'은 헤이마켓 외곽에 자그만 본부 사무실을 처음부터 두고 있었을 뿐 아니라 '전쟁 범죄 법정' 측에 훨씬 큰 사무실까지 제공하고 있었다. 또한 큼직한 자유보유 부동산을 매입하여 많은 작업을 그리로 옮겨 놓은 상황이었다. 이러한 모든 여건 덕분에 더욱 견고한 발판 위에서 활동하며 앞

2  워런 위원회의 주요 구성원은 전직 미 중앙정보국 국장과 FBI 준요원이었다.

으로의 발전을 위한 길을 닦을 수 있었다. 내가 범세계적인 지원을 끌어들여 '법정'을 중심으로 하는 활동을 생각한 것은 이때가 처음이었던 것 같다.

1940년대 말부터 1950년대 초까지 나는 스탈린 독재의 공포에 크게 충격을 받고 냉전이 쉽게 해결되지 않으리라 믿게 되었다. 나중에 알고 보니 스탈린은 무자비하면서도 대단히 보수적인 사람이었다. 서구 사람들이 대부분 그렇듯 나도 예전에는 그의 전제정치를 팽창주의로 생각했으나, 훗날 드러난 증거들로 볼 때 그에게 제2차 세계대전 전리품의 일부로 동유럽을 넘겨준 것은 바로 서구였으며, 그는 서구와 맺은 협정을 대부분 준수했던 게 분명했다. 그가 죽고 난 후 나는 세계가 핵무기의 그늘에서 영원히 산다는 것의 어리석음과 위험을 깨닫게 되기를 진심으로 소망했다. 세계 패권을 다투는 나라들을 고립시킬 수만 있다면 중립국들이 국제 정세에 이성의 목소리를 전할 수 있으리라 생각했다. 그것은 작은 희망이었다. 왜냐하면 내가 중립국들의 힘을 과대평가했으니까. 인도의 네루가 그랬듯, 그들이 냉전과 맞서는 압력에 의미 있는 무게를 보탤 수 있는 경우는 극히 드물었다.

내가 이념보다 인류의 생존을 더 중시한다는 점에서, 중립국들은 나의 견해를 꾸준히 구체화했다. 그러나 새로운 위험이 전면에 부상했다. 러시아는 이제 세계 제국의 꿈을 접었으나 그 꿈이 이제는 미국 쪽으로 건너갔다는 것이 분명해졌다. 베트남전의 기원과 상황들을 파헤친 나의 연구에서도 드러났듯, 미국이 착수한 군사적 모험으로 이제는 러시아 대신 전쟁이 점차 세계를 위협하는 주요인이 되었다. 시장과 자원에 대한 끊임없는 탐욕과 결합된 미국의 광신적 반공주의 때문에 어떤 진지한 중립국도 미국과 러시아가 똑같이 세계를 위협한다고 보기 힘들어졌다. 미국의 군사, 경제 정책과 냉전 정책이 본질적으로 하나라는 사실은 베트남전에서 보여 준 더러운 욕심과 잔혹성에 의해 서서히 드러났다. 서구 사람들에게 이것은 극히 인정하기 힘든 사실이었으므로 나는 또다시 지난 10년 동안 내 견해를 수용했던 사람들의 침묵이나 반대를 경험했다. 그러나 제3세계에서는 우리에 대한 지지가 상당히 높다. 잔인함이 아무 도전도 받지 않고 사라진 적은 없었다.

미래에 대한 나의 견해는 셸리의 다음 시〔그리스 독립 전쟁에서 촉발되어 쏨〕에 가장 잘 표현되어 있다.

오 멈추어라! 증오와 죽음이 복귀해야 하는가?
멈추어라! 인간들이 죽이고 죽어야 하는가?
멈추어라! 비통한 예언의 단지를 남김없이 마시지 말라.
세상은 과거에 지쳐 버렸으니,
죽게 하든지, 마침내 쉬게 하든지 하소서!

「헬라스」의 마지막 연

# 내가 믿는 것들

―――――――

소년기 이후 내 삶의 진지한 부분은 서로 다른 두 개의 목적에 바쳐졌으며, 그 둘은 오랜 세월 따로 존재하다가 최근 몇 년 사이에 비로소 하나로 통합되었다. 우선, 나는 인간이 과연 어떤 것을 이해할 수 있는지 없는지를 파헤쳐 보고 싶었다. 다른 한편으로는, 좀더 행복한 세상을 만들기 위해 할 수 있는 모든 일을 하고 싶었다. 38세까지는 첫 번째 과업에 모든 정력을 바쳤다. 회의주의로 고민했고, 그 결과 지식으로 알려진 대부분의 것들이 합리적 의혹에 노출되어 있다는 결론에 어쩔 수 없이 도달하게 되었다. 사람들로 하여금 종교적 믿음을 받아들이게 만드는 확실성, 내가 원한 것은 그런 유의 확실성이었다. 나는 다른 무엇보다 수학에서 확실성을 찾을 수 있다고 생각했다. 그러나 스승들이 받아들이라고 말하

―――――

1  이 후기는 '80회 생일을 맞는 감상'이란 제목으로 『기억 속의 초상』에도 실렸다.

573

는 수많은 수학적 증명들이 오류투성이임을 알았고, 수학에서 제대로 확실성을 찾아내려면 지금까지 안전하다고 여겨졌던 기초들보다 더 견고한 기초들에 입각한 새로운 종류의 수학에서나 가능하다는 것을 깨달았다. 그러나 작업이 진행될수록 코끼리와 거북이의 우화가 머리에서 떠나지 않았다. 수학의 세계를 받쳐 주는 코끼리를 세웠으나 흔들리는 것을 발견하고, 코끼리가 넘어지지 않도록 받쳐 줄 거북이를 세우기 시작했다. 그러나 코끼리와 마찬가지로 거북이도 안전하지 못했고, 결국 20여 년의 각고 끝에 수학적 지식을 의심의 여지없게 만드는 길에서 내가 할 수 있는 일은 더 이상 없다는 결론에 이르렀다. 그때 제1차 세계대전이 터졌고, 나의 사고는 인류의 고통과 어리석음에 모아지게 되었다. 나는 어떤 고통이나 어리석음도 인간이 피할 수 없는 숙명은 아니라고 본다. 그리고 지혜와 끈기, 설득만 있으면 조만간 인류를 스스로 자초한 고통에서 끌고 나올 수 있다고 믿는다. 그 사이에 인류가 자멸해 버리지 않는 한 말이다.

이러한 믿음 위에서 나는 늘 어느 정도 낙관해 왔다. 비록 나이를 먹을수록 낙관주의는 냉정해지고 행복한 결말은 멀어져 갔지만. 그러나 인간은 고통받기 위해 태어난다고 하는 견해를 숙명적으로 받아들이는 사람들에게 지금도 나는 절대로 동의할 수 없다. 과거와 현재의 불행한 원인을 확인하는 것은 어려운 일이 아니다. 인간이 자연을 부당하게 지배하는 탓에 궁핍과 역병, 기근이 존재해 왔다. 인간이 동료 인간들에게 가지는 적의 때문에 전쟁과 억압과 고통이 존재해 왔다. 그리고 사람의 내면을 심각한 불일치 상태

574

로 이끌어 외부의 온갖 번영을 무용하게 만들어 버리는 병적인 고통은 비관적인 신념들이 키워 온 것들이다. 이런 것은 모두 불필요하며, 극복할 수 있는 방법들도 이미 알려져 있다. 현대 세계의 불행한 공동체들은 무지와 습관과 믿음과 열정을 가지고 있는 탓에 그런 경우가 많다. 그런 것들을 행복보다 심지어 삶보다 더 귀하게 여기기 때문이다. 이 위험한 시대를 살아가는 많은 사람들은 고통이나 죽음과 사랑에 빠진 듯, 희망이 제시되면 오히려 화를 낸다. 그들은 희망을 불합리하다고 생각하며, 자신들처럼 안이하게 절망하고 앉아 있는 것을 현실과 직면하고 있다고 생각한다. 나는 이런 사람들에게 공감할 수 없다. 우리의 세계에서 희망을 지키려면 지혜와 정력이 필요하다. 절망하는 사람들에게 흔히 부족한 것이 바로 정력이다.

내 인생의 후반부는 인류 역사상 가장 힘든 시기에 속했다. 세계는 점점 더 상황이 악화되어, 확실한 듯 보였던 과거의 승리가 뒤에 와서 보니 일시적 승리에 지나지 않았다. 내가 어릴 때는 빅토리아 시대적 낙관주의가 당연시되었다. 질서 정연한 과정에 따라 자유와 번영이 세계 전역으로 서서히 확산될 것이라 믿었고, 잔인함, 학정, 불의는 지속적으로 줄어들 것이라고 여겼다. 대규모 전쟁에 대한 두려움에 사로잡힌 사람도 거의 없었다. 19세기를 과거의 야만주의와 미래의 야만주의 사이에 끼인 짧은 막간으로 보는 사람도 없었다. 그러한 분위기에서 성장한 사람들이 현 세계에 적응하기란 힘든 일이었다. 정서적으로나 지적으로나 힘들었다. 온당하다고 여겨졌던 생각들이 부당한 것으로 밝혀졌다. 어떤 분야에서는 고귀한 자유를 지키기가 매우 힘든 것으로 드러났다. 또 다른 분야, 특히 국가들 간의 관계에서 과거에 고귀하게 여겨졌던 자유들이 재난의 잠재적 근원들로 밝혀졌다. 위기일발의 현 상황에서 세계가 탈출하려면 새로운 사상, 새로운 희망, 새로운 자유, 그리고 자유에 대한 새로운 제한이 필요하다.

사회 정치적 문제들과 관련해 내가 해온 일들이 큰 중요성을 지녔던 것처럼 말하고 싶지는 않다. 이를테면 공산주의처럼, 독단적이고 엄격한 신조를 수단으로 큰 효과를 발휘하는 것은 비교적 쉬운 일이다. 그러나 나는 독단적이거나 엄격한 것이 인류에게 필요한 것이라고는 보지 않는다. 그뿐만 아니라 인간 삶의 일부나 어떤 측면만을 다루는 편파적인 신조를 진심으로 믿을 수도 없다. 모든 것은 제도에 달려 있으며, 좋은 제도가 필연적으로 황금시대를 가져다줄 것이라고 주장하는 사람들이 있다. 반면에, 마음의 변화가 필요하다고 믿는 탓에 상대적으로 제도를 경시하는 사람들도 있다. 나는 두 견해 중 어느 것도 받아들일 수 없다. 제도가 사람을 빚어내고 사람이 제도를 변형시킨다. 양쪽에서 나란히 개혁해 나가야 한다. 그리고 개인들이 적정선의 주도권과 유연성을 확보할 수 있으려면 만인을 하나의 엄격한 틀에 억지로 밀어 넣어서는 안 된다. 다른 비유로 말하자면, 모두를 하나의 군대로 훈련시켜서는 안 된다. 하나의 신조를 전체가 수용하게 만드는 데 방해가 되기는 하겠지만 다양성은 필수적이다. 그러나 이러한 생각을 설파하기란 힘든 일이며, 특히 열정의 시대에는 더욱 힘들다. 어쩌면 비극적인 경험을 통해 쓰라린 교훈을 배울 때까지는 얘기해도 아무 효과가 없을지 모르겠다.

이제 나의 작업도 막바지에 이르렀으니 전체적으로 개관할 때가 온 것 같다. 나는 얼마나 성공했으며 얼마나 실패했는가? 나는 어릴 적부터 나 자신이 위대하고 열정적인 과업에 헌신하리라 생각했다. 75년 전쯤에, 티르가르텐에서 차갑게 반짝이는 3월의 태양 아래 녹아내리는 눈길을 홀로 걸으며 나는 두 종류의 책들을 쓰기로 결심했다. 하나는 추상적인 것에서 출발하여 점차 구체적인 쪽으로 다가가는 것이고, 또 하나는 구체적인 것에서 출발하여 추상적인 쪽으로 다가가는 것이었다. 그리고 순수 이론과 현실 사회 철학의 결합으로 그 둘을 마침내 종합할 생각이었다. 최후의 종합에 대해선 아직도 정리가 되지 않지만, 그것 외에는 마음먹은 대로 책들을 써왔다. 나의 저서들은 갈채와 칭찬을 받았고 수많은 사람들의 생각에 영향을 끼쳤다. 여기까지 본다면 나는 성공한 것이다.

그러나 반대로 실패한 부분들도 있는데, 외적 실패와 내적 실패의 두 종류로 나누어 볼 수 있다.

우선 외적인 것들을 살펴보자. 티르가르텐은 사막으로 변해 버렸다. 그 3월의 아침에 내가 걸어 들어갔던 브란덴부르크 기념문은 서로 으르렁대는 두 제국의 경계가 되어 버렸다. 그들은 장벽을 사이에 두고 서로 노려보면서 무서운 인류의 파멸을 준비하고 있다. 공산주의, 파시스트, 나치즘이 내가 좋다고 평가했던 모든 것들에 도전하여 성공했으며, 그들을 격파하는 과정에서 그들의 적들이 보존하고자 애써 온 많은 것들이 상실되었거나 상실되어 가고 있다. 자유는 나약함으로 여겨지게 되었고, 관용은 반역이란 의상을 걸치도록 강요되었다. 과거의 이상들은 시대에 뒤떨어지는 것으로 판정되었고, 가혹하지 않은 신조는 존경받지 못한다.

내적 실패는, 세상의 입장에선 별로 중요하지 않을지 모르지만, 나의 정신적 삶을 끊임없는 전투 상태로 만들어 왔다. 처음에는 플라톤적 영원한 세계에 대한 종교에 가까운 믿음에서 출발했다. 그 세계에서는 수학이 마치 단테의 『천국』 마지막 편처럼 아름답게 빛을 발했다. 그러나 나는 결국 '영원한 세계는 하찮은 것이다. 수학은 동일한 것을 다른 언어로 말하는 기술에 불과하다'는 결론에 도달하게 되었다. 그리하여 나는 자유롭고 용기 있는 사랑이야말로 싸우지 않고 세계를 정복할 수 있다는 믿음으로 시작했다. 고통스럽고 끔찍한 전쟁을 지원하게 된 것이다. 이런 측면들에서 본다면 실패였다.

그러나 이와 같은 실패의 부담 밑에는 승리할 수 있다는 생각이 여전히 자리 잡고 있다. 내가 이론상으로 진리를 잘못 파악했을 수도 있겠지만, 그러한 것이 존재하며 우리가 그것을 위해 헌신할 가치가 있다고 생각했다는 점에서는 잘못이 없었다. 인류가 자유롭고 행복하게 사는 세상으로 가는 길을 너무 짧은 길로 판단했는지는 모르겠으나, 그러한 세상이 가능하다고 생각하고, 그런 세상을 앞당기는 것을 목표로 살아 볼 가치가 있다고 생각했다는 점에서는 틀리지 않았다. 나는 개인적으로나 사회적으로나 비전을 좇아 살아왔다. 개인적으로는 고귀한 것, 아름다운 것, 온화한 것을 좋아했고, 더욱더 세속화된 시대에 지혜를 줄 수 있는 통찰의 순간들을 두고자 했다. 사회적으로는, 개인들이 거리낌 없이 성장하는 사회, 증오와 탐욕과 질시가 자랄 토양이 없어 죽어 버린 사회의 탄생을 그렸다. 이런 것들이 내가 믿는 것이며, 비록 끔찍한 것들로 가득한 세상이지만 세상이 나를 흔들리지 못하게 만들었다.

# 러셀, 휴머니즘으로 세상을 깨우치다

---

버트런드 러셀의 이 자서전을 가리켜, "서구의 사상, 지식, 과학의 보고와도 같은 책"이라고 표현한 것을 보았다. 많은 훌륭한 인물들이 명멸했지만 러셀만큼 폭넓고 깊었던 지성인도 드물었음을 보여 주는 말이다. 그러나 내용에서 그러하다면 형식 또한 '보물'과도 같은 책이다. 수학 공식처럼 명쾌하고 깔끔한 문체, 재기 넘치는 표현, 위대한 학자치고는 너무나 진솔하고 따뜻한 인간성. 사실과 감정의 정곡을 찌르는 그의 글쓰기는 1950년에 노벨 문학상이 입증해 주었지만, 웬만하면 원서로 읽어 보라고 하고 싶을 만큼 감칠맛 나는 문장들이 많다(역자가 그 맛을 온전히 살려 내기엔 역부족이었지만).

수학자로서 버트런드 러셀은 기호 논리학을 집대성하고 분석 철학의 기초를 다진 위대한 학자였다. 당대의 철학은 러셀의 『수학의 원리』에서 시작했다고 프랑스의 철학자 쥘 뷜멩은 말했다. 영국의 철학자 길버트 라일은 러셀의 저작이 20세기 철학에 '전체 궤도'를 제시했다고 생각했으며, 그가 다른 학자들처럼 학파를 만들려고 욕심내지 않았음을 지적하면서 "누구도 러셀주의자는 아니다. 그러나 우리는 모두 러셀주의자의 색채를 띠고 있다"고 했다. 한마디로 현대 철학에 던진 그의 파문은 대단하다. 그런데 그를 수학과 논리와 철학의 세계로 이끈 동기는 의외로 단순했다. 프롤로그에서 그는 세상과 우주와 인간을 이해해 보고 싶었노라고 밝혔다. 학문에 매진할 수 있는 내외적 조건은 완벽했다.

청소년기의 내적 갈등을 거쳐 전통과 종교의 굴레에서 벗어난 그는 수학을 공부하고자 케임브리지 대학에 진학했고, 더 넓고 자유로운 세상에서 당대의 천재들과 더불어 역사를 만들어 갔다. 그리고 마침내 그 분야의 기념비적 저서인 『수학 원리*Principia Mathematica*』(화이트헤드와 공저)와 『수학의 원리*The Principles of Mathematics*』가 완성되기까지 그의 모든 노력은 학문에 바쳐졌다. 그런데 『수학 원리』의 집필에 들어간 1901년, 스승이자 학문 동료인 화이트헤드의 부인이 병고를 치르는 것을 지켜보다 신비한 정신적 경험을 하게 된다. 그 순간 "발밑에서 땅이 무너지면서 완전히 다른 영역에 들어서 있는 나를 발견했다"고 그는 표현했다. 모든 인간의 영혼은 근본적으로 고독하며 지고지순한 사랑만이 그것을 극복할 수 있다는 깨달음이 학문적 분석이 아닌 감정의 채널로 그에게 밀려왔고, 그 몇 분이 지나자 그는 "제국주의자에서 친보어파, 평화주의자, 휴머니스트로" 변해 있었다.

이 경험이 그에게 준 의미는 간단치 않았다고 본다. 그것은

'지식과 사랑의 인도하에 천국으로' 오르려던 그를 '지상으로 되돌아오게' 만든 '참기 힘든 연민'의 뿌리와 닿아 있기 때문이다. '연민'이란 표현이 그를 고통받는 대중 위에서 자비를 베풀려는 성인인 양 오해하게 만들 수도 있겠지만, 조숙했던 유년기 이후로 그의 내면을 지배했던 고통과 갈등의 근원을 이해하게 되면 그 역시 고통받는 한 인간이었으며, 그러한 입장에서 동료 인간들에 대해 느낀 감정이란 것을 알 수 있다. 조실부모하고 엄격한 조부모 밑에서 성장한 러셀은 인간의 근원적 고독에 일찌감치 눈을 떴고, 절대적으로 의지할 수 있는 어떤 확실성, '영원한 것'에 대한 갈구로 목말라했다. 이러한 내적 갈망이 오랫동안 그를 따라다니며, 이 세상에 없는 것을 추구하는 데서 오는 격심한 고통을 불러일으키고, 인간들 속에서 스스로를 '외계에서 온 유령' 같은 존재로 느끼게 만들곤 했다. 그가 완고한 혁명가가 되지 못하고 사회주의의 언저리를 맴돌게 된 것도 인간 개인의 정신적 자유와 '영원한' 가치(그는 이 세상에서 자연이 가장 여기에 가깝다고 보았다), 초월에 대한 강한 동경 때문이었던 것 같다. 어떤 의미에서는 그런 것들이 바로 그가 추구한 '신God'이었다. 따라서 제도화된 종교를 누구보다 신랄하게 비판했음에도 불구하고 그는 무신론자라기보다 불가지론자에 가깝다.

어쨌거나 그의 정신적 고통은 같은 이유로 혹은 여러 다른 이유들로 고통받는 동료 인간들을 돌아보게 만들었고, 심오한 휴머니즘적 감수성을 키워 나가는 원천이 되었다. 그가 전도유망한 천재적 학자의 길에서 이탈하여 인간사의 진흙탕에서 영원한 보석을 찾으려 애쓰게 된 것은 결코 우연이 아니다. 물론 순탄한 길은 아니었다. 한때 정신적 반려자였던 연인 오톨라인 모렐과의 공통점을 그는 이렇게 표현했다. "그녀와 나 둘 다 인습으로부터 자유로웠고, 전통에 따르면 귀족이지만 현재의 환경에서는 의도적으로 그렇게 행동하지 않았다. 우리는 잔인한 것을 혐오했고 특권 계급의 오만과 편협을 싫어했다. 그럼에도 우리가 택한 세계에서 약간 이방인 취급을 당한다는 것도 똑같았다."

정치적으로 진보적 자유주의를 고수해 온 러셀 가문의 내력을 고려하면 그가 정치를 통해 새로운 이상을 실천하고자 한 것은 자연스러운 일이었다. 그러나 시대를 크게 앞서 가는 그의 자유주의와 휴머니즘은 번번이 장벽에 부딪혔고, '잘하는 수학이나 하지 왜 정치판에 끼어드느냐'는 식의 조롱을 불러일으켰다. 이어 발발한 제1차 세계대전은 그의 모든 것을 바꾸어 놓았다. 그는 죽음의 쇼를 지켜보면서 인간 본성에 대한 생각을 바꾸었고, 세상의 슬픔과 고통에서 오는 연민에서 한 걸음 더 나아가 살아 있는 것에 대한 새로운 사랑을 확인했다. 이때의 심경을 그는 이렇게 표현했다. "상심하는 젊은 세대를 생각하면 연민으로 가슴이 저리다. 그것은 내가 속한 세대의 어리석음과 탐욕 때문에 생겨난 상심이다." 그는 학구적인 태도에서 벗어나 인류를 위해 새로운 책들을 쓰기로 결심한다.

그 후 러셀은 국내외의 여러 대학에서 틈틈이 강의하는 한편, 강대국들의 음모를 폭로하고 조직과 권위와 전통에 억눌린 개인의 해방을 부르짖고 인류 공영으로 나아가는 길을 제시하는 작업에 헌신했다. 사상가, 수학자, 교육 실험가, 지성과 사회와 성 해방의 옹호자, 평화와 시민권과 인권을 주창한 운동가—그의 이름 앞에 이처럼 많은 수식어가 붙는 것은 그가 세계와 인류를 위해 전방위적 활동을 펼쳤음을 반증한다. 여성인 역자에게 특히 감동을 준 것은 성에 대한 그의 생각이었다. 그는 남녀의 육체적·정신적 상호 보완성을 인정하면서, "나의 연인들이 없었다면 나는 훨씬 더 편협해졌을 것"이라고 고백했다. 이른바 '능력' 있는 권위적인 남성들의 입에서는 절대로 나올 수 없는 얘기다. 그 같은 사상과 자유로운 결혼 생활로 입에 담기도 힘든 비방과 고초를 감수해야 했지만, 그는 여자들만의 운동을 인정하기도 싫어할 만큼 철저한 남녀평등을 고수했다.

제1, 2차 세계대전 이후 동구와 서구가 대립하는 이데올로기 냉전 시대로 넘어오면서, 그는 인류의 사활이 걸린 핵전쟁 문제에 맞서 온몸으로 투쟁했다. 그리고 세계 각지의 영토 분쟁 해결을 위해 노력하고, 정치적으로 탄압받는 수감자 구명 운동과 소수 집단을 위해서도 일했다. 새로이 등장한 미국의 패권주의를 우려하여 격하게 성토하고 나선 것도 그였다. 그의 이러한 모든 활동은 말년에 '버트런드 러셀 평화 재단' 설립으로 결실을 맺음으로써 젊은 세대와 함께하는 새로운 출발점에 서게 되었다. 그의 운동은 근본적으로 휴머니즘에 기초해 있었기 때문에 이데올로기나 당파성, 국경을 초월한 숭고하고 보편적인 운동이었다. 그리고 그 근간을 이루는 그의 폭넓고 현명한 생각들이 수많은 저서로 출간되어 대중의 몽매함을 깨우쳐 주었다. 천재 물리

학자이자 평화주의자였던 아인슈타인은 러셀을 가리켜, "자신의
뛰어난 문학적 재능을 대중의 계몽과 교육에 활용해 온 사람"이
라고 평했다.

러셀이 20세기 세계에 보기 드문 영향력을 발휘할 수 있었던
것은, 비범한 지성과 명쾌한 웅변, 폭넓은 역사 지식, 의로운 용기
라는 우수한 자질들 덕분이라고 흔히 말한다. 덧붙여서 역자는 자
서전을 통해 확인되는 그의 인간성을 꼽고 싶다. 천재들이 대부분
그러하듯, 그의 머리는 냉철했지만 그의 가슴은 누구보다 따뜻하
고 넓었다. 냉철하고 분석적인 성향을 넘어 관용과 연민으로 세상
을 바라보려는 노력이 곳곳에 엿보인다. 그의 저서들이 오늘날까
지 호소력을 발휘하는 이유도 거기에 있을 것이다. 인류가 존재하
는 한 휴머니즘은 우리의 영원한 화두일 테니까.

송은경

주요 사건과 저작

1872년 5월 18일 영국 웨일스에서 존과 케이트 앰벌리 부부 사이에
　　서 출생. 러셀의 집안은 영국의 오랜 귀족 가문이었고, 조부인
　　존 러셀 백작은 빅토리아 여왕 시대에 수상을 두 번 역임.
1874년(2세) 모친과 누나가 디프테리아로 사망.
1876년(4세) 부친의 사망으로 형 프랭크와 함께 펨브로크 로지로 옮
　　겨 와 조부모 밑에서 성장.
1878년(6세) 조부 사망.
1890년(18세) 케임브리지 트리니티 칼리지에 입학.
1892년(20세) 스승인 화이트헤드의 추천으로 학내 토론클럽인 '소사
　　이어티'에 회원으로 선발됨.
1894년(22세) 파리 주재 영국 대사관 명예 직원으로 근무하고 돌아
　　와 앨리스 피어솔 스미스와 결혼.
1895년(23세) 베를린 방문, 특별 연구원으로 선발됨. 런던 정치경제
　　대학에서 강의.
1896년(24세) 첫 책인 『독일 사회민주주의 German Social Democ-
　　racy』 출간. 앨리스와 함께 미국 방문.
1897년(25세) 트리니티 칼리지 펠로십 논문을 고쳐 쓴 철학서 『기하
　　학의 기초에 관한 소론 An Essay on the Foundations of Ge-
　　ometry』 출간.

1898년(26세) 조모 사망.

1900년(28세) 『라이프니츠 철학에 대한 비판적 해설A Critical Exposition of the Philosophy of Leibniz』 출간. 『수학의 원리The Principles of Mathematics』 집필 시작.

1901년(29세) 『수학 원리Principia Mathematica』 집필 시작, 1910년까지 지적으로 매우 고단한 시간을 보냄. 케임브리지로 돌아와 두 학기 동안 강의. 앨리스에 대한 감정이 변하기 시작함.

1903년(31세) 『수학의 원리』 출간, 기호 논리학의 기초를 세움.

1907년(35세) 여성 참정권을 지지하는 후보로 윔블던 보궐선거에 출마했으나 낙마함.

1908년(36세) 영국 학술원 회원으로 선출.

1910년(38세) 화이트헤드와의 공저로 『수학 원리』 출간. 케임브리지의 초청으로 트리니티 칼리지에서 '수학의 원리' 강의 시작.

1911년(39세) 앨리스와의 결혼 생활 청산. 비트겐슈타인과의 첫 만남, 이후 비트겐슈타인의 논리철학 연구에 영향을 줌.

1913년(41세) 소설가 조지프 콘래드와의 우정 관계 시작. 오스트리아와 이탈리아 방문.

1914년(42세) 미국 보스턴에서 로웰 강좌로 초청을 받은 후 하버드 대학 철학과 임시 교수가 됨. 학생이었던 T. S. 엘리엇과 만나고, 소설가 D. H. 로렌스와 교류함. 6월 영국으로 돌아옴. 로웰 강연을 정리한 『외부 세계에 대한 우리의 지식: 철학의 과학적 방법을 위한 장Our Knowledge of the External World as a Field for Scientific Method in Philosophy』 출간.

1916년(44세) 러셀에게 막대한 돈을 벌어다 준 『사회 재건의 원칙들Principles of Social Reconstruction』 출간, 미국에서는 '인간은 왜 싸우는가Why Men Fight'란 제목으로 출간됨. 1차 세계대전 징병 반대 문건을 쓴 혐의로 100파운드의 벌금형을 선고받고, 트리니티 칼리지의 강사 자격을 박탈당함.

1918년(46세) 반전을 다룬 주간지 《트리뷰널》에 비판적인 칼럼을 썼다는 이유로 6개월 형을 선고받아 투옥됨. 『수학의 원리』를 쉽게 풀어서 『수리 철학 입문*Introduction to Mathematical Philosophy*』을 쓰고, 『정신의 분석*The Analysis of Mind*』 집필 시작.

1920년(48세) 노동당 대표의 일원으로 러시아 방문, 러시아라는 새로운 공산주의 사회에 회의를 느낌. '중국 강연 협회'의 초청을 받아 중국으로 건너감. 『볼셰비즘의 이론과 실천*The Practice and Theory of Bolshevism*』 출간.

1921년(49세) 베이징에서 중병에 걸렸는데 일본 언론이 사망 보도를 냄. 9월에 영국으로 돌아옴. 앨리스와 이혼, 도라 블랙과 결혼. 큰아들 존 출생. 『정신의 분석*The Analysis of Mind*』 출간.

1922년(50세) 중국 강연 활동을 바탕으로 쓴 『중국의 문제*The Problem of China*』 출간.

1923년(51세) 큰딸 케이트 출생. 아내 도라와 함께 집필한 『산업문명의 전망*The Prospects of Industrial Civilization*』과 『원자의 ABC*The ABC of Atoms*』 출간.

1924년(52세) 『이카루스 혹은 과학의 미래*Icarus or The Future of Science*』 출간.

1925년(53세) 『상대성의 ABC*The ABC of Relativity*』, 『내가 믿는 것*What I Believe*』 출간.

1926년(54세) 『교육-특히 유년기 초기의 교육에 관하여*On Education, Especially in Early Childhood*』 출간.

1927년(55세) 도라와 함께 실험학교인 비콘힐 학교 설립. 『물질의 분석*The Analysis of Matter*』 출간.

1929년(57세) 『결혼과 도덕*Marriage and Morals*』 출간.

1930년(58세) 『행복의 정복*The Conquest of Happiness*』 출간.

1931년(59세) 형 프랭크의 죽음에 따라 백작 지위 승계.

1932년(60세) 『교육과 사회 질서*Education and the Social Order*』 출간.

1934년(62세) 『자유와 조직, 1814~1914년*Freedom and Organization, 1814–1914*』 출간.

1935년(63세) 『게으름에 대한 찬양*In Praise of Idleness*』 출간.

1936년(64세) 도라와 이혼 후 피터 스펜스와 결혼. 『어느 것이 평화로 가는 길인가?*Which Way to Peace?*』 출간.

1937년(65세) 막내아들 콘래드 출생, 조지프 콘래드가 아들의 대부가 되어 줌.

1938년(66세) 마르크스주의와 고전주의 경제학 모두를 반박하기 위해 쓴 『권력, 새로운 사회 분석*Power: A New Social Analysis*』 출간. 피터, 콘래드와 함께 미국으로 건너 감.

1939년(67세) 미국 캘리포니아 대학(UCLA)의 철학과 교수로 임명됨.

1940년(68세) 『결혼과 도덕』에서 보여 준 성도덕에 대한 급진적인 견해가 교수 활동에 부적절하다는 이유로 뉴욕 시립대학의 교수 임명이 취소됨. 옥스퍼드에서 '말과 사실'을 주제로 강의했던 것을 기초로 쓴 『의미와 진리의 탐구*An Inquiry into Meaning and Truth*』 출간.

1943년(71세) 미국에서 후원을 받던 반스 재단으로부터 해고되었으나, 불공정 해고 소송에서 승소함.

1945년(73세) 영국으로 돌아와 트리니티 칼리지로 복귀. 미국과 영국을 오가며 2차 세계대전 중에 쓴 『서양 철학사*A History of Western Philosophy*』 출간, 이 책은 오랫동안 주요 수입원이 됨.

1948년(76세) 『인간의 지식, 그 범위와 한계*Human Knowledge: Its Scope and Limits*』 출간. 피터 스펜스와의 결혼생활 청산. BBC 리스 강좌에서 '권위와 개인*Authority and the Individual*'이란 주제로 강연 진행.

1949년(77세) 영국 정부로부터 메리트 훈장을 받음. 리스 강연을 묶어 같은 제목으로 출간.

1950년(78세) 노벨 문학상 수상.

1951년(79세) 『변화하는 세계의 새희망New Hopes for a Changing World』 출간.

1952년(80세) 피터와 이혼. 이디스 핀치와 결혼하여 리치먼드에 정착. 컬럼비아 대학 강연과 옥스퍼드의 러스킨 칼리지에서 처음 했던 강의, 그리고 1949년에 '런던 왕립 의학회'에서 맡았던 로이드 로버츠 강좌를 묶은 『과학이 사회에 미치는 영향The Impact of Science on Society』 출간.

1953년(81세) 첫 소설책 『도시 근교의 사탄Satan in the Suburbs』, 『선량한 시민의 알파벳The Good Citizen's Alphabet』 출간.

1954년(82세) 연작소설 『저명인사들의 악몽들Nightmares of Eminent Persons』 출간.

1954년(82세) 『윤리학과 정치학에서 본 인간 사회Human Society in Ethics and Politics』 출간.

1955년(83세) 아인슈타인과 함께 핵무기와 세계평화를 논의하는 과학자들의 국제회의인 퍼그워시 회의 제창. 세계 각국에 핵무기 위험성과 전쟁 회피의 중요성을 강조한 '러셀-아인슈타인 선언' 발표.

1956(84세) 『기억 속의 초상Portraits from Memory』 출간.

1957년(85세) 퍼그워시 회의의 초대의장으로 선출됨. 『나는 왜 기독교인이 아닌가Why I Am Not A Christian』 출간.

1958년(86세) 아이젠하워와 흐루쇼프에게 전쟁 방지를 위한 미국과 러시아 간의 협력을 촉구하는 공개서한을 보냄.

1959년(87세) 핵무기 감축 운동(CND) 설립, 회장으로 선출됨. 핵 감축과 상식에 부합하는 정부 정책의 필요성을 제기하는 『상식과 핵전쟁Common Sense and Nuclear Warfare』, 『서양 철학사』를 정리하여 다시 쓰고 삽화를 곁들인 『서양의 지혜Wisdom of the West』 출간.

1960년(88세) 대중적 시민 불복종 운동의 필요성을 느껴 '100인 위원회'를 구성함. 텔레비전 대담 시리즈 내용을 묶은 『버트런드 러셀의 심경 고백*Bertrand Russell Speaks His Mind*』출간.

1961년(89세) 트라팔가 광장 집회와 국방성 연좌시위에 참가. 시민 불복종 운동을 선도했다는 이유로 1주일간 복역. 『상식과 핵전쟁』의 연장선상에서 핵 문제와 군축에 관해 쓴『인류에게 미래는 있는가?*Has Man a Future?*』,『사실과 허구*Fact and Fiction*』출간.

1962년(90세) 90회 생일 축하 행사를 가짐. 세계의 종말에 관한 재치 있는 생각을 담은『간략한 세계사*History of the World in Epitome*』출간.

1963년(91세)『비무장의 승리*Unarmed Victory*』출간. '100인 위원회'에서 사퇴한 후 버트런드 러셀 평화 재단을 설립하고, 베트남 전쟁 문제에 몰입하기 시작함.

1964년(92세) 존 F. 케네디 암살 진상 조사를 후원함.

1966년(94세) 미국의 베트남 개입에 반대하여 '베트남 연대 운동' 시작.

1967년(95세)『베트남에서의 전쟁 범죄*War Crimes in Vietnam*』,『버트런드 러셀 자서전*The Autobiography of Bertrand Russell*』1권(1872~1914) 출간.

1968년(96세)『버트런드 러셀 자서전』2권(1914~1944) 출간.

1969년(97세)『버트런드 러셀 자서전』3권(1944~1967) 출간.

1970년(98세) 2월 2일, 영국 웨일스 펜린듀드레스에서 사망.

# 찾아보기

## ㄱ

간디, 모한다스 K. 366
『결혼과 도덕』 343, 350, 423
고리키, 막심 305
『과학이 사회에 미치는 영향』 419, 437
『교육-특히 유년기 초기의 교육에 관
하여』 342
『교육과 사회 질서』 363
괴델, 쿠르트 386
『권력, 새로운 사회 분석』 369, 371
글래드스턴, 윌리엄 에와트 22, 54,
79, 80, 83
기번, 에드워드 69, 360, 385
『기하학의 기초에 관한 소론』 160, 167

## ㄴ

나폴레옹, 보나파르트 21, 22, 442
『나는 왜 기독교인이 아닌가』 376, 423
『내가 믿는 것』 343
네루, 자와할 418, 473, 474
노턴, W. W. 363, 384
『논리와 지식』 464
니코, 장 283, 291, 415

## ㄷ

데이비스, 마거릿 169, 197
데이비스, 시어도어 루엘린 85-87,
111, 112, 191, 283, 291, 415
데이비스, 크롬프턴 루엘린 80, 85-94,
111, 157, 202
데카르트, 르네 67, 424
도스토예프스키 45, 214, 305
『도시 근교의 사탄』 433
도이처, 아이작 568
듀이, 존 313, 320
디즈레일리, 벤저민 272
디킨슨, G. 로스 98, 333

## ㄹ

라이프니츠, G. W. 169, 170
『라이프니츠 철학에 대한 비판적 해설』
174
래스키, 해럴드 401
러셀, 롤로 20, 31, 32, 45, 59, 60, 80,
81, 107, 121, 123, 134, 310
러셀, 애거서 20, 31-34, 41, 42, 45,
78-80, 134, 139, 149

러셀, 윌리엄(윌리) 20, 139
러셀, 존(엠벌리, 존) 13-19, 36, 82
러셀, 존 경 17, 21-24, 41, 49
러셀, 존 부인 17-31, 41, 45, 47, 49,
　58, 76-78
러셀, 존 콘래드 216, 217, 338, 343,
　344, 349, 362, 372, 374, 378,
　384, 451, 471
러셀, 캐서린 제인(케이트) 342, 344,
　349, 362, 372, 374, 378, 384,
　386
러셀, 케이트(엠벌리, 케이트) 13-18,
　36
러셀, 콘래드 세바스티안 로버트 370,
　372, 378, 383, 387, 388, 392,
　394, 395
러셀, 프랜시스(프랭크) 16, 35-37,
　45, 55, 57, 78, 82, 145, 269,
　332, 334, 370
레닌, V. I. 296, 311, 312
로건, 어니스트 63
로렌스, D. H. 239-247
로웰, 애버트 220
로이드 조지, 데이비드 89, 248, 249
르 코르뷔지에 381, 382
리틀우드, J. E. 282, 284, 286, 288

마틴, 킹슬리 491
매카시, 조지프 453
머리, 길버트 178, 224, 234
모렐, 오톨라인 202-210, 212, 225,
　229-231, 235, 237, 240, 247,
　251, 253, 254, 268, 271

모렐, 필립 201, 202
모리스, 찰스 W. 373
모리스, T. E. 531
무솔리니, 베니토 127, 171, 246
무어, G. E. 99, 100, 113, 119, 170,
　289, 290, 359, 427
『물질의 분석』 343
밀, 존 스튜어트 13, 68, 79, 465
밀턴, 존 25, 44, 66, 292

ㅂ

바이런, 로버트 25, 66
반제티, 바르톨로메오 16, 220
『버트런드 러셀의 심경 고백』 501
버틀러, 헨리 몬터규 103-106, 159
번존스, 에드워드 경 54, 55
『변화하는 세계의 새 희망』 427
베르그송, 앙리 155
베일리, 지미 48, 60, 64
『베트남에서의 전쟁 범죄』 555, 563,
　564
벤담, 제레미 131
벨, 휴 경 54, 219
보른, 막스 470
보어, 닐스 463, 499
볼트, 로버트 555
브라우닝, 로버트 73, 74
블랙, 도라 윈프레드 283-288, 292,
　294, 312-314, 316-318, 320,
　322, 328-331, 334-338, 343,
　347, 362-364
블레이크, 윌리엄 88, 287
비트겐슈타인, 루트비히 288-293
『비무장의 승리』 534

빌리, 에른스트 531

ㅅ

사르트르, 장 폴 568
『사실과 허구』 438, 499
사코, 니콜라 15, 220
『사회 재건의 원칙들』 238, 241, 342
『산업문명의 전망』 343
『상대성의 ABC』 343, 393
『상식과 핵전쟁』 398, 495, 496, 514
생어, 찰스 퍼시 83-85, 109, 111,
    112, 211, 282
『서양의 지혜』 386
『서양 철학사』 382, 384-386, 392,
    425, 441
『선량한 시민의 알파벳』 438
성 아우구스티누스 156, 360
셰익스피어, 윌리엄 25, 44, 66, 436
셸리, 퍼시 비셰 18, 26, 66, 135, 456,
    500, 572
소벨, 모턴 475, 477, 478, 540, 544
솔즈베리, 해리슨 565
쇤먼, 랠프 505-507, 510, 513, 530-
    532, 546, 547, 553, 563, 564
쇼, 조지 버나드 84, 126, 127, 289
『수리 철학 입문』 267
『수학 원리』 57, 181, 182, 187-189,
    192, 198, 199, 281, 339, 343,
    414
『수학의 원리』 177, 182, 189, 267
스탈린, 조세프 403
스탠리 경 49
스탠리 부인 49-55
스트레이치, 리처드 경 117

스트레이치, 리턴 113, 114, 116-120,
    254, 268
스트레이치 부인 114, 117
스펜스, 패트리셔(피터 스펜스) 363,
    368, 370, 372, 383, 388, 392,
    394, 395, 451
스폴딩, D. A. 16, 17
스피노자, 베네딕트 드 99, 276
실러, F. C. S. 26
쑨원 319


ㅇ

아리스토텔레스 422
아인슈타인, 알베르트 286, 386, 418,
    461-463, 467, 469
『어느 것이 평화로 가는 길인가?』 365
언윈, 스탠리 경 514, 563
에드워즈, 폴 423
에디슨, 토머스 A. 172
에딩턴, A. S. 286, 355
에이드리언, 에드거 경 464
엘리엇, T. S. 222, 235, 238, 266, 282
영, 로버트 334
오나시스, 아리스토틀 480
오스틴, 제인 44, 133, 498
오시에츠키, 카를 폰 544
오웬, 로버트 131
오즈월드, 리 하비 558
와일드, 오스카 167
『외부 세계에 대한 우리의 지식』 219
요아킴, 해럴드 107
워즈워스, 윌리엄 92, 455
『원자의 ABC』 343
월리, 아서 268, 531

웨브(수학 지도교수) 83, 111
웨브, 비어트리스 14, 123-131
웨브, 시드니 94, 123-131, 193, 273
웨브, 아서 부인 196
웰스, H. G. 128, 193
『윤리학과 정치학에서 본 인간 사회』
    425, 427, 431, 456
『의미와 진리의 탐구』 371, 379
『이카루스 혹은 과학의 미래』 343
이튼, 시러스 480, 483, 484
『인간의 지식, 그 범위와 한계』 395
『인류에게 미래는 있는가?』 514

ㅈ

자우잇, 벤저민 59
『자유와 조직, 1814~1914년』 363
잘킨드 박사 297
잭슨, 에마벨 후스 44, 45
『저명인사들의 악몽들』 433, 435, 436
『정신의 분석』 267, 343, 371
제임스, 윌리엄 17, 132, 184, 220,
    221, 380
제임스, 헨리 146
조지, 헨리 79, 89, 287
존, 오거스터스 521
존슨, L. B. 569, 570
졸리오 퀴리, 프레데릭 462, 467, 473
『중국의 문제』 325

ㅊ

차오, Y. R. 322
처칠, 윈스턴 경 434
체임벌린, 조지프 192

ㅋ

칸토어, 게오르크 108, 153, 181
칸트, 이마누엘 100, 155, 160, 269
칼라일 경 22, 54, 55, 68
케네디, J. F. 535, 558, 559, 569
케인스, 존 메이나드 113-116, 190,
    230, 240, 254
콘래드, 조지프 212-219
콜린스, 캐넌 존 491
크로샤이-윌리엄스, 루퍼트 455, 530
크로포트킨, 페테르 297
크롬프턴, 헨리 15
크립스, 리처드 스태퍼드 경 131

ㅌ

터링, 한스 484
테니슨, 알프레드 경 66, 444
톨스토이, 레오 214, 292, 305, 366
톰슨, 조지 44
트리벨리언, 로버트(보브) 82, 100-
    102, 112, 530
트리벨리언, 조지 매콜리 101, 120,
    220, 231
트리벨리언, 찰스 경 82, 100, 101
틴들, 존 80, 81

ㅍ

파울리, 볼프강 386
페리, 랠프 바턴 221, 222
페이터, 월터 132
폴링, 라이너스 464, 526
푸앵카레, 앙리 158, 169
프라이, 로저 98, 138
프레게, 고틀로프 108

프리먼, 존 555
플라톤 85, 360
피셔, H. A. L. 295
피어솔 스미스, 로건 121, 132, 133, 135, 138, 162, 183-187, 201, 202, 209
피어솔 스미스, 앨리스 121-123, 133-150, 160, 164-166, 174-191, 200, 203-206, 208, 209, 329, 340, 344, 461
피츠제럴드, 에드워드 73-75, 337
핀치, 이디스 440-443, 445, 449

ㅎ
한, 오토 463
『행복의 정복』 343, 351

헉슬리, 줄리언 경 530
헤겔, G. W. F. 100, 149
헤일샴 경 487
호더, 앨프레드 163
홀데인, 윌리엄 92
화이트헤드, 앨프레드 노스 42, 43, 57, 83, 85, 109, 112, 151, 154-159, 168, 175-182, 187-189, 191, 208, 293, 414
휘트먼, 월트 123, 160
휴인스, W. A. S. 153, 192
흄, 데이비드 429
흐루쇼프, 니키타 490, 491, 494, 495
히틀러, 아돌프 127, 218, 246, 365, 375, 544, 567, 569